国家哲学社会科学成果文库

NATIONAL ACHIEVEMENTS LIBRARY
OF PHILOSOPHY AND SOCIAL SCIENCES

积极扩大进口与中国经济增长

魏浩 著

人民出版社

作者简介

魏浩　1979年生，江苏省徐州市人。北京师范大学经济与工商管理学院教授、博士生导师，国际经济与贸易系主任，国家进口研究中心主任。主要研究领域是国际贸易、世界经济，发表学术论文180多篇，其中20多篇被人大复印资料、《中国社会科学文摘》等全文转载，出版专著4部，主编教材4部，在《人民日报》《光明日报》等发表署名文章；主持国家社会科学基金重大项目、国家自然科学基金面上项目、教育部人文社会科学基金项目等20多个项目的研究；荣获第七届高等学校科学研究优秀成果奖（人文社会科学）、安子介国际贸易研究奖、全国商务发展研究成果奖、全国统计科研优秀成果奖、北京市哲学社会科学优秀成果奖等省部级奖励20多项。荣获国家"万人计划"青年拔尖人才、北京高等学校青年英才、宝钢优秀教师奖、中国哲学社会科学最有影响力学者、中国人文社科最具影响力青年学者等称号。

《国家哲学社会科学成果文库》
出版说明

为充分发挥哲学社会科学研究优秀成果和优秀人才的示范带动作用，促进我国哲学社会科学繁荣发展，全国哲学社会科学工作领导小组决定自 2010 年始，设立《国家哲学社会科学成果文库》，每年评审一次。入选成果经过了同行专家严格评审，代表当前相关领域学术研究的前沿水平，体现我国哲学社会科学界的学术创造力，按照"统一标识、统一封面、统一版式、统一标准"的总体要求组织出版。

全国哲学社会科学工作办公室
2021 年 3 月

目　　录

CONTENTS

前　　言

　　积极扩大进口是中国一项新的重大发展战略。自 2012 年以来，中国政府颁布和实施了一系列鼓励进口的政策和指导意见，明确提出要积极扩大进口规模、优化进口结构、提高进口质量。国家主席习近平在不同时间、不同场合反复强调积极扩大进口、主动扩大进口的重要战略意义。2018 年 11 月 5 日上午，国家主席习近平在首届中国国际进口博览会开幕式上向世界宣布："中国主动扩大进口，不是权宜之计，而是面向世界、面向未来、促进共同发展的长远考量。"因此，深入研究进口的经济效应具有重大的现实意义。

一、中国货物贸易进口的整体情况

　　自新中国成立以来，中国货物贸易进口发生了巨大的变化，进口规模不断迈上新台阶，逐步跻身于世界进口贸易大国之列。2018 年中国货物进口总额大约是 2001 年的 9 倍，大约是 1979 年的 136 倍，大约是 1950 年的 3663 倍。2009 年，中国货物进口额超过德国，首次成为仅次于美国的世界第二大进口国，到 2018 年中国连续十年位居世界第二大进口国地位。

　　1950—1978 年，中国进口总额占全球进口总额的比重一直低于 2%，占全球进口比重较低。1979—2001 年，中国进口总额虽然有所增长，但增长幅度相对较小，到 2001 年中国进口总额仅为 2435.53 亿美元。中国进口贸易的跨越式增长始于 2001 年中国加入 WTO 之后，自 2002 年开始，中国进口总额开始呈现出指数增长的态势。自 2011 年开始，中国进口占世界进口的份额一直维持在 10% 左右。2018 年，中国进口总额达到 2.14 万亿美元，占世界进口总额的比重是 10.75%，有进口记录的企业数量是 21.1 万家。

二、中国进口商品结构及其变化情况

自 2000 年以来，中国进口商品结构发生了调整，非农业型初级产品、高技术产品在中国进口总额中所占份额大幅度增加，目前，中国主要进口非农业型初级产品、高技术产品、中高技术产品。非农业型初级产品是中国第一大进口商品，高技术产品是中国第二大进口商品。在中国市场，进口产品中具有比较优势的产品数量和比较优势水平都下降了，其中，低技术产品、中低技术产品、中等技术产品和中高技术产品中具有比较优势的产品数量下降最多、比较优势水平下降幅度最大。

从中国进口结构与世界整体进口结构的比较来看，中国进口相对较多的商品是非农业型初级产品、中等技术产品、中高技术产品，进口相对较少的商品是农业资源型制成品、低技术产品、中低技术产品、高技术产品、特高技术产品。

与 10 个发展中国家（菲律宾、马来西亚、巴西、南非、墨西哥、泰国、印度、印度尼西亚、越南和俄罗斯）相比，高技术产品在中国进口中的比例高于巴西、泰国、印度、印度尼西亚和越南，中高技术产品在中国进口中的比例高于菲律宾、南非和印度。中国从发展中国家的进口商品比较集中于某一类或两类商品，除了特高技术产品之外，这 10 个发展中国家在中国各类产品进口中的总份额都提高了，但是，除了在中国农业型初级产品进口中所占份额较高之外，在其他各类产品进口中所占份额基本上都低于 25%；中国在发展中国家各类产品出口总额中所占的比例基本上都是提高的，中国在发展中国家各类产品出口中的比例大于发展中国家在中国各类产品进口中的比例。也就是说，中国是这些发展中国家的主要出口国，但是，这些发展中国家不是中国的主要进口来源国。

与 8 个发达国家（韩国、美国、荷兰、日本、新加坡、英国、德国和法国）相比，除了日本、韩国之外，中国与其他 6 个发达国家的进口商品结构基本类似，高技术产品在中国进口总额中的比例已经基本与其他 6 个发达国家持平；除了非农业型初级产品之外，中国各类产品进口占世界同类商品进口总额的比例小于美国。这说明中高技术产品、高技术产品在中国进口总额中的份额还是偏低的。这8个发达国家在中国低技术产品、中等技术产品、金属类制成品、农业资源型制成品、其他资源类制成品等各类产品进口总额中的比例都表现为大幅下降的趋势，但是，在中国中高技术产品、高技术产品、特高技术产品等各类产品进口总额中的比例一直保持较高的份额，都在50%以上。中国从发达国家的进口在发达国家各类产品出口中所占的份额基本上都表现为提升的态势，但是，中国在发达国家出口中比例小于发达国家在中国各类产品进口总额中的比例。也就是说，中国不是这些发达国家的主要出口国，但是，这些发达国家是中国的主要进口来源国。美国、德国的情况比较特殊，美国、德国在中国中高技术产品、高技术产品、特高技术产品进口中所占份额低于中国在这两个国家出口中的份额。

三、中国进口地区结构及其变化情况

在新中国成立之后，中国开始了独立自主的对外贸易。由于当时西方国家对中国实施禁运政策，以及当时的外交关系，苏联等社会主义国家成为中国的主要进口贸易伙伴。从苏联进口在中国进口总额中的比重从1950年的31.93%上升到1952年的58.23%，苏联一跃成为中国第一大进口贸易伙伴，直到20世纪60年代中苏关系破裂，中国才逐渐减少从苏联进口，中国的主要贸易伙伴开始从社会主义国家向亚洲国家和西方发达国家转变。从进口贸易伙伴数量来看，1979年中国进口贸易伙伴主要涉及全球42个国家和地区，2018年中国进口来源地已涵盖全球230多个国家和地区。

2018年，中国大陆货物进口的前10大地区是东盟、欧盟、韩国、日本、中国台湾、美国、澳大利亚、巴西、俄罗斯、沙特阿拉伯。2018年，东盟是中国第一大进口来源地，在中国总进口中所占的比例大约是12.58%；欧盟是中国第二大进口来源地，在中国总进口中所占的比例大约是11.69%；韩国是中国第三大进口来源地，在中国总进口中所占的比例大约是9.58%。

1998—2018年，中国进口商品的洲际分布主要在亚洲、欧洲和北美洲。中国最大的进口地区是亚洲，所占份额在55%—67%之间；其次是欧洲，所占份额在14%—20%之间；再次是北美洲，所占份额一般在10%左右。大洋洲、非洲和拉丁美洲三个大洲所占的份额较小，都在7.5%以下。

　　中国在各个地区的进口情况是：（1）在亚洲地区，目前中国进口主要集中在中国台湾、日本、韩国、东盟和沙特阿拉伯5个地区，此外，印度和中国香港也占了一定的份额，中国从这7个国家和地区的进口在中国从亚洲进口额中所占的比例较大，1998—2018年，这7个国家和地区所占份额之和基本上都在70%以上，最高曾达到92.83%。（2）在拉美地区，从整体来看，中国从拉美地区的进口主要分布在巴西、智利、阿根廷、墨西哥和秘鲁5个国家。1998—2018年，这5个国家所占份额之和一直都保持在75%以上。2018年，巴西是中国在拉美地区的第一大进口来源国，占中国从拉美地区进口总额的48.97%，智利是中国在拉美地区的第二大进口来源国，占16.88%的份额。（3）在欧盟地区，从整体来看，中国进口主要集中于德国、法国、英国、意大利、荷兰、瑞典、西班牙、奥地利、芬兰和比利时10个国家。从具体国家来看，德国、法国、英国、意大利一直是中国最主要的进口来源地，其中，德国一直是中国第一大进口来源国。2018年，德国在中国从欧盟进口总额中所占的份额是42.60%，法国所占比例是12.90%，意大利是8.44%，英国是9.56%。（4）在东盟地区，中国从东盟的进口主要集中于印度尼西亚、马来西亚、菲律宾、新加坡、泰国和越南6个国家，这6个国家几乎占中国从东盟进口的全部。1998—2018年，从这6个国家的进口占中国从东盟进口总额的份额之和一直维持在95%以上。2018年，马来西亚是中国在东盟地区的第一大进口来源国，所占份额是23.53%；越南是第二大进口来源国，所占份额是23.81%；泰国是第三大进口来源国，所占份额是16.62%。

　　1998—2018年，中国进口的国际地区结构在部分地区存在一定程度的不平均性，进口市场过于集中的现象比较突出。从洲际地区来看，中国进口严重依赖亚洲，中国大约1/2的进口来自亚洲。从区域来看，中国在欧盟的进口过度依赖德国，在拉美的进口过度依赖巴西。与此同时，中国在拉美地区的整体进口地区结构表现为恶化的趋势，中国在欧盟的整体进口地区结构自2002年以来整体表现为稳定的趋势，其他地区的整体进口地区结构在不断优化，但是优化速度比较缓慢，其中东盟的整体进口地区结构优化最为显著。

四、中国进口产品质量及其变化情况

从国家层面来看，在 2008 年经济危机前，中国一般贸易整体进口产品质量呈现下降趋势；在 2008 年经济危机后，中国一般贸易整体进口产品质量变动趋势不明显。无论经济危机前还是经济危机后，资本密集型行业进口产品质量均没有较大变动。经济危机前，劳动密集型行业进口产品质量呈现下降趋势；经济危机后，进口产品质量变动趋势不明显。总的来看，在考察期内，在 2008 年经济危机前，中国国家层面一般贸易进口产品质量总体轻微下降，其主要是受劳动密集型行业进口产品质量下降影响；在 2008 年经济危机后，中国一般贸易总体进口产品质量没有发生明显改变。

从企业层面来看，在一般贸易进口方式下，企业一般贸易进口产品整体质量呈现下降的趋势。资本密集型行业的企业一般贸易进口产品质量未有明显变动，劳动密集型行业的企业一般贸易进口产品质量有较大幅度的下降。在 2008 年经济危机前，国有企业和民营企业一般贸易进口产品质量均有所上升，而外资企业一般贸易进口产品质量有所下降；在 2008 年经济危机后，不同所有制企业一般贸易进口产品质量变动趋势都不明显。总的来看，在考察期内，一般贸易进口方式下，在 2008 年经济危机前，中国企业一般贸易进口产品质量总体轻微下降，其主要是受劳动密集型行业和外资企业进口质量下降影响。

从企业层面来看，在加工贸易进口方式下，不管是经济危机前，还是经济危机后，企业加工贸易进口产品质量都有所下降。不管是经济危机前，还是经济危机后，中国资本密集型行业企业加工贸易进口产品质量都下降明显。经济危机前，劳动密集型行业企业加工贸易进口产品质量有所增加，经济危机后，进口产品质量有所下降。不管是经济危机前，还是经济危机后，国有企业加工贸易进口产品质量变化不显著，但是，外资企业和民营企业进口产品质量都有所下降。总的来看，在考察期内，中国企业加工贸易进口产品总体质量下降，其主要是由资本密集型行业、外资企业和民营企业进口质量下降导致。

五、中国进口增长的特点

从多边角度看，自 2000 年以来，中国进口产品广度变化不大，进口产品广度对中国进口增长没有实质性的贡献；中国进口产品价格长期高于世界平均水平，表现为略微增长的趋势，但整体上对中国进口增长的贡献也不大；中国进口产品数量总体上呈现快速增长的态势，也就是说，中国进口规模的增长主要源于中国进口产品数量的快速增长。

从双边角度看，对于日本、美国、韩国和德国这些中国传统的贸易伙伴来讲，中国进口这些地区的产品广度一直处于高位且基本保持稳定，进口产品价格一直经历波动，但没有明显上升和下降的趋势，只有进口产品数量呈现较明显的上升态势，因此，中国从这些地区的进口增长主要来源于进口产品数量的增长；对于澳大利亚、巴西、南非、越南、印度尼西亚、泰国这些国家来讲，中国进口这些国家的产品广度和产品数量都经历了稳定增长，而中国进口这些国家的产品价格一直经历着上下波动，因此，中国从这些国家的进口增长是依靠进口产品广度和进口产品数量共同增长带动，进口产品价格贡献不大。

从影响因素看，进口来源国相对中国的经济规模对中国进口产品广度、进口产品数量都有显著的正影响，进口来源国相对中国的固定贸易成本对中国进口产品广度有显著的负影响，进口来源国相对中国的劳动生产率对中国进口产品广度、进口产品数量都有显著的负影响，外商直接投资和对外直接投资分别对中国进口产品广度、进口产品数量有显著的正影响。

六、影响中国企业进口的因素

（一）融资约束与中国企业进口

从理论上来看，对于企业来说，进口市场范围和进口产品范围的扩张都将带来交易费用的增加，与新国家建立分销网络、让新产品服从国际贸易规则等行为将带来固定成本的增加，而进口规模的增加将带来保险费用、运输费用、关税等可变成本的增加。企业如果想扩大进口，就需要更多的资金去支付进口贸易增加带来的固定成本和可变成本，可见，融资约束是影响企业进口行为的重要因素之一。基于中国企业的实证分析表明，融资约束对企业进口决策存在显著的抑制作用，融资约束与企业的进口产品总价值、代表扩展边际的进口来源国数量和进口产品种类存在显著负相关关系，与代表集约边际的进口平均价值则不存在显著负相关关系。也就是说，高融资约束企业主要是难以克服进口扩展边际增加带来的固定成本，而不是难以克服进口集约边际增加带来的可变成本。从企业所有制类型来看，相对于外资企业，内资企业的进口更容易受融资约束的影响；从进口方式来看，相对于一般贸易进口，企业的加工贸易进口更容易受融资约束的影响；从出口状态来看，相对于只进口的企业，同时具有进口和出口行为的企业更容易受到融资约束的影响。

（二）知识产权保护与中国进口

从理论上来看，如果进口国能够为贸易伙伴提供强有力的专利保护，那么，贸易伙伴就会放心地向这个国家出口高新技术产品，而不用担心遭受侵权，即使遭受侵权也会得到合理的补偿；相反，如果某个进口国的专利法规不健全、执行强度松散，那么，生产创新型产品与核心技术产品的出口企业对该进口国的出口将存在很多顾虑，不利于进口国高新技术产品的进口。基于中国的实证分析表明，中国专利保护程度的提升会增加高新技术产品的进口，但是，这种效应对于从专利保护指数较低国家、发展中国家进口更明显，也就是说，中国专利保护程度提高后，从发展中国家进口高新技术产品的增加幅度高于发达国家。中国专利保护强度提升对高新技术产品进口的促进效应高于世界平均水平，即世界各类进口国专利保护程度提升对本国高新技术产品进口贸易的平均促进效应明显小于中国。中国国内专利保护程度提升对中国从发达国家进口航空器材、电子通信设备、医药制品、科学设备、电力机械、化学材料、武器与军用设备的促进作用是显著的，对中国从发达国家进口电脑及办公设备、非电力机械的促进作用是不显著的。

七、进口贸易对中国经济的影响

（一）进口商品技术含量对经济发展方式转变的影响

从整体来看，货物贸易进口技术含量的提升会为中国工业经济发展方式的转变带来正向影响。从不同类型行业的考察来看，资本密集型行业进口商品技术含量的提升会显著地促进该行业发展方式的转变，但是，劳动密集型行业进口商品技术含量的提高则会阻碍该行业发展方式的转变。从不同类型商品进口的考察来看，消费品进口技术含量的提升对劳动密集型行业、资本密集型行业经济发展方式转变的影响都是正效应，在资本密集型行业中这种效应更为显著；资本品进口技术含量的提升对劳动密集型行业经济发展方式转变具有促进作用；中间品进口技术含量的提升对劳动密集型行业经济发展方式转变具有阻碍作用，但对资本密集型行业经济发展方式转变具有显著的正影响。从行业外部进口的考察来看，其他行业进口商品技术含量的提升会对本行业经济发展方式的转变产生显著的正影响，资本密集型行业之间的相互促进作用十分显著，劳动密集型行业之间表现为抑制作用，资本密集型行业与劳动密集型行业之间的相互促进作用不显著。

（二）进口专业化程度对行业经济增长的影响

一般来说，人均收入的提高会使消费者开始逐渐偏好于多样化的产品、高质量的产品，因此，从消费者的角度来看，在制定进口战略时，国家政府不仅要重视进口规模本身的变化、进口产品质量的变化，还要高度重视进口产品种类的多样化。但是，从生产者的角度来看，当进口专业化程度较低时，过度分散的进口将会导致与生产无关、与前沿技术无关的产品进口增加，反而不利于技术进步。相反，专业化的进口将有助于企业把自身力量聚焦于某一方向，进而有可能在某些方面取得突破性进展，进口专业化也会带来经济增长中的规模经济效应，有利于企业节约成本、稳定运营，进而帮助企业提升在市场中的竞争力。实证结果表明：从全部行业来看，中国工业行业进口专业化程度的提高对工业行业经济增长具有显著的正向影响；从细分行业来看，进口专业化程度提高对劳动密集型行业经济增长具有正向影响，但结果不稳健，进口专业化程度提高对资本密集型行业经济增长具有显著的正效应且结果稳健，资本密集型行业进口专业化的经济增长效应比劳动密集型行业大得多。也就是说，从生产者的角度来说，进口专业化程度提升有利于经济增长。

（三）进口对地区经济增长的影响

从整体来看，进口规模增加、进口技术含量增加、进口商品种类增加都会显著促进地区经济增长，但是，进口市场集中度的提高显著抑制了地区经济增长。从不同技术类型商品视角来看，中高技术与高技术类型商品进口技术含量的增加显著促进了地区经济增长；从贸易方式看，一般贸易与加工贸易进口规模的增加都会促进地区经济增长，但是，一般贸易进口增加对经济增长的促进作用大于加工贸易；从进口商品用途看，中间品进口的增加会显著促进经济增长，而消费品与资本品进口的增加对经济增长没有显著影响；从进口来源地看，来自高收入水平国家进口规模的增加会显著促进经济增长，而来自中等收入水平国家进口规模的增加会显著抑制经济增长，来自低收入水平国家进口规模的增加对经济增长没有显著影响；从国内区域来看，沿海和非沿海地区进口规模的增加都会显著促进经济增长，进口规模对沿海地区的促进作用更大。

（四）中间品进口来源地结构对企业生产率的影响

基于从不同类别国家进口、不同贸易方式进口、不同类型企业进口、不同出口行为企业进口等四个视角的考察，研究结果都表明，进口来源地数量的增多、进口来源地集中度下降均有利于中国企业全要素生产率的提升。从理论上来说，进口来源地的结构变化主要通过成本节约机制或生产互补机制来改变企业生产率水平。实证结果表明，进口种类多元化带来的生产互补机制是提升中间品进口企业生产率的显著渠道，尤其对于异质产品进口企业更显著。此外，只从发达国家进口的企业和同时从发达国家、发展中国家进口的企业，其进口来源地数目对企业全要素生产率的影响显著为正，只有同时从发达国家和发展中国家进口的企业，其进口集中度的上升对全要素生产率的影响显著为负；外资企业增加进口来源地个数、降低进口来源地集中度对其全要素生产率的提升效应最大，合资企业次之，内资企业最小；与非出口企业相比，出口企业增加进口来源地个数、降低进口来源地集中度对其全要素生产率的提升效应较大。

（五）投入品进口质量对企业创新的影响

中国企业进口产品质量的提升，不仅对企业创新有促进作用，而且对企业持续创新时间有正向影响。企业进口产品质量的提升显著促进了企业自身的创新，进口资本品和中间品质量的提升均对企业创新有显著正向影响，进口产品质量的提升对出口企业、外资企业、东部地区企业、劳动密集型企业和垄断性企业创新活动的促进作用更大。在中长期内，相对于进口低质量产品的企业，进口高质量产品的企业创新持续时间概率更大，即进口投入品质量的提升有利于增加企业持续创新的时间。一般来说，投入品进口主要通过技术溢出效应、降低成本效应和市场扩大效应影响企业创新。在技术溢出方面，由于企业的技术创新需要以知识和技术积累为基础，存在显著的技术门槛效应，高质量投入品的进口带来的技术溢出使得企业通过吸收技术溢出克服技术门槛，进而有利于提升创新能力；在市场扩大方面，企业进口高质量中间品和资本品会提升企业自身产品的质量，从而有助于提升企业在国内外市场中的份额，规模经济使得高技术的边际回报增加，进而促进企业创新；在成本下降方面，企业通过进口更低成本、更高质量和更多种类的投入品可以降低企业的生产成本。研究结果发现，进口产品质量从技术溢出和市场规模两个路径显著促进了中国企业创新。但是，生产成本路径不是影响企业创新的主要路径。也就是说，中国企业通过进口高质量投入品提升创新能力的侧重点是吸收技术外溢和获得更大的市场规模，而不是降低生产成本。

（六）进口投入品对企业就业变动的影响

一般来说，进口投入品对企业就业变动的影响受制于进口投入品的属性，并可能会通过就业再配置效应、生产率提升效应和出口市场扩张效应三个渠道来实现，当进口投入品与国内生产是互补关系时，如果生产率提升带来的技能劳动力需求增加幅度大于对非技能劳动力减少幅度、出口市场扩张效应显著拉动就业增长，那么，进口投入品就会促进企业就业创造和就业规模增加。统计分析发现，相对于非贸易企业、纯出口企业和纯进口企业，有出口行为的进口企业就业规模最大、就业增长最快、就业创造最多、就业破坏最少。实证分析结果发现，进口强度、进口产品数、进口来源国收入水平以及进口产品属性，都是影响中国企业就业变动的显著因素，进口强度越大、进口产品数越多，企业就业增长就越快。相对于一般贸易方式进口，加工贸易方式进口对企业就业增长效果更为显著，其原因可能是，从事加工贸易更多为劳动密集型企业和劳动密集生产环节，对劳动力需求较大。相对于同质产品进口的就业破坏作用，异质产品进口的就业创造效果更为显著，其原因可能是，异质进口品会增加企业产出品的差异化程度，给企业带来一定的垄断定价能力，促进企业发展和对劳动力需求的增加，而同质产品可能会对企业原本生产环节产生替代，降低企业对劳动力的需求。

八、进口对经济增长影响的国际经验

针对全球 104 个国家，基于进口商品结构、进口技术结构、进口产品多样性三个视角，实证分析了进口对经济增长的影响。研究结果发现：（1）资本品进口份额的增加对经济增长具有显著的正效应，中间品进口份额的增加对经济增长具有明显的抑制作用，消费品进口份额的增加对经济增长的促进作用不显著。消费品进口份额的增加对不同类型国家经济增长的作用存在异质性，消费品进口份额的增加对发展中国家经济增长具有显著的正效应，消费品进口份额的增加对发达国家经济增长具有显著的负效应。（2）相对于低技术密集型产品来说，中等技术产品和高技术产品的进口份额增加对经济增长具有显著的促进作用。低技术产品进口份额增加对发展中国家经济增长的正作用不显著，中等技术产品、高技术产品的进口份额增加对发展中国家的经济增长具有显著的正作用；低技术产品、中等技术产品进口份额的增加对发达国家经济增长的作用并不显著，只有高技术产品进口份额的增加，才能促进发达国家的经济增长。（3）进口产品多样化对不同发展程度的进口国具有相同的影响，进口产品多样化对发展中国家、发达国家的经济增长都具有显著的正效应。

九、中国积极扩大进口的政策建议

长期以来，在评价对外贸易对经济增长的贡献时，政府和学者几乎都把关注的焦点放在出口或者是贸易顺差上，似乎只有出口才能对经济增长起推动作用，追求贸易顺差是政府的目标之一。实际上，进口在经济发展中也具有极其重要的作用，即使是晚期的重商主义都强调了进口的积极作用，更不用说自由贸易理论了。因此，中国政府要对进口作用进行重新审视，充分发挥进口对经济增长、就业、出口等的促进作用。

积极扩大进口是中国国内经济自身发展的内在需要，是中国向经济强国迈进的必然要求，是中国应对和缓解外部发展环境制约的有效途径，是为中国国家重大发展战略服务的。增加战略性进口、协调好投资体系和国内消费的关系、利用增加进口加速亚洲地区一体化的步伐、加强对跨国公司的监管和对国内市场的重视是中国扩大进口应该注意的问题。

目前，中国进口发展存在的问题是：进口地区结构有待于进一步优化、对发达国家高技术产品的依赖过大、进口商品技术结构还需继续优化、进口定价权缺失问题日益凸显、部分进口来源国存在"中国威胁论"的错误认识、中国和部分进口来源国未签订自贸区协议、部分进口来源国的国内政治不稳定、部分进口来源国的基础设施不发达、部分进口来源国的贸易便利水平较低。因此，针对积极扩大进口的政策建议是：实施进口市场多元化战略、优化进口商品技术结构、提升进口定价权、注重防范进口来源国的政治风险、积极应对"中国威胁论"的不利影响、重点挖掘从"一带一路"沿线国家进口贸易的新增长点、加快进口来源国的基础设施建设。

第　一　章

中国进口贸易的发展历程与现状

自新中国成立以来，中国经济发生了翻天覆地的变化，经济规模不断扩大，综合国力与日俱增，国际地位和影响力显著增强。从新中国成立初期至20世纪90年代，中国工业结构是以钢铁、建材、农副食品、纺织等传统行业为主。进入21世纪特别是党的十八大以来，中国大力发展高技术产业和先进制造业，积极推动战略性新兴产业，工业经济不断向中高端迈进。在新中国成立以来的不同时期，根据国内经济发展和国内消费需求的需要，中国进口贸易的情况也有所不同，进口规模、进口商品、进口来源国等发生了一定的变化。在对世界货物贸易进口发展的总体情况、中国进口贸易发展的总体情况进行分析的基础上，本章针对1950—1952年、1953—1977年、1978—1991年、1992—2001年、2002—2017年等5个时期中国进口的情况进行了分析。

第一节　世界货物贸易进口发展的总体情况

一、世界进口贸易规模

（一）世界进口的发展阶段

从增长趋势来看，世界进口贸易呈现出明显的阶段性特征。结合图1-1和表1-1来看：1950—1972年是缓慢增长阶段，1950年世界进口总额是

640 亿美元，1972 年是 4330 亿美元；1973—2000 年是平稳增长阶段，1973 年世界进口总额是 5950 亿美元，2000 年是 67240 亿美元；2001—2018 年是快速增长阶段，2001 年世界进口总额是 64830 亿美元，2018 年是 198665 亿美元。总的来看，1950—2018 年，世界进口贸易发展十分迅速，2018 年世界进口额是 1950 年的 310 倍。

（单位：亿美元）

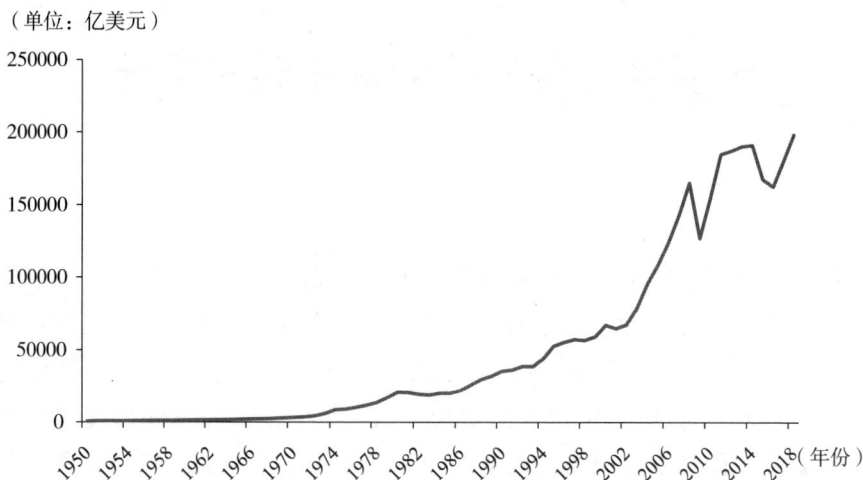

图 1-1　1950—2018 年世界进口总额变化趋势

资料来源：根据 WTO 数据整理计算。

表 1-1　1950—2017 年世界进口总额情况

（单位：亿美元）

年份	进口额	年份	进口额	年份	进口额	年份	进口额
1950	640	1967	2280	1984	20140	2001	64830
1951	880	1968	2520	1985	20150	2002	67420
1952	880	1969	2870	1986	22060	2003	78670
1953	850	1970	3290	1987	25820	2004	95680
1954	890	1971	3660	1988	29640	2005	108600
1955	990	1972	4330	1989	32010	2006	124440
1956	1090	1973	5950	1990	35500	2007	143110

续表

年份	进口额	年份	进口额	年份	进口额	年份	进口额
1957	1210	1974	8610	1991	36320	2008	165410
1958	1150	1975	9120	1992	38810	2009	127360
1959	1230	1976	10260	1993	38750	2010	155055
1960	1370	1977	11710	1994	44280	2011	185036
1961	1430	1978	13580	1995	52830	2012	187387
1962	1510	1979	16940	1996	55440	2013	190495
1963	1640	1980	20750	1997	57370	2014	191330
1964	1830	1981	20660	1998	56810	2015	167870
1965	1990	1982	19410	1999	59210	2016	162849
1966	2180	1983	18900	2000	67240	2017	180433

资料来源：根据 WTO 数据整理计算。

（二）主要国家进口的比较

本节主要选取了中国、日本、英国、美国进行比较分析。[①] 通过图 1-2 可以发现，中国、美国的进口贸易发展趋势与世界发展趋势较为接近，但是，中国进口贸易快速发展始于 1978 年改革开放之后，较美国和世界的快速发展期稍晚；另外，值得关注的是，中国在加入 WTO 之后，进口贸易呈现增速迅猛的态势。与中国相比，2000 年之后日本和英国的发展速度较为缓慢，两国的进口贸易额均在 2003 年被中国超越。就日本而言，日本在 1950 年进口金额仅为 9.6 亿美元，远小于英、美等国，与中国的进口体量相当；20 世纪五六十年代，日本的进口贸易迎来了高速发展期，并于 1974 年首次超越英国，1950—1980 年间年均增速达到 18.1%。

二、世界前十大进口地区变迁

从世界前十大进口地区的构成来看，如表 1-2 所示，2000 年之前，世

[①] 由于 1990 年联邦国和民主德国进行合并，1990 年后数据为两德合并后的数据，为保证数据连贯性，故未选取德国。

（单位：亿美元）

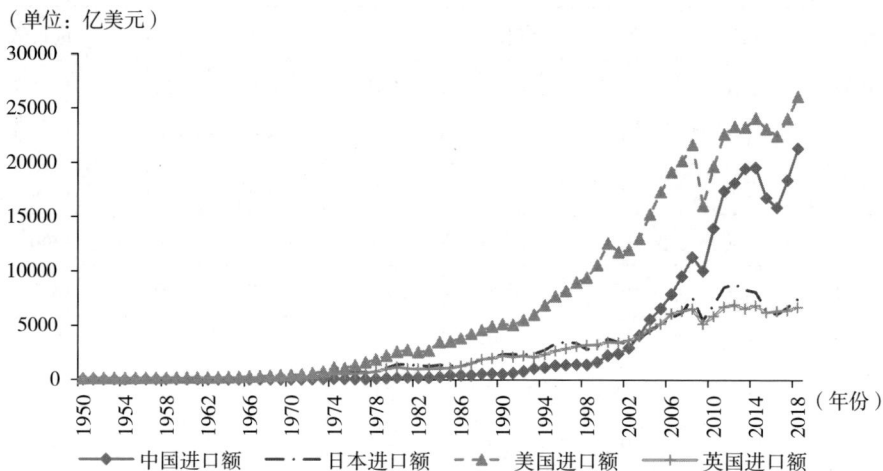

图1-2 1950—2018年世界主要国家进口额比较

资料来源：中国数据来源于国家统计局，其他数据来源于WTO数据库。

界前十大进口地区绝大部分是欧美国家；2000年之后，一些亚洲国家和地区开始进入世界前十大进口地区的行列。2018年，世界前十大进口地区分别是美国、中国、德国、日本、英国、法国、荷兰、中国香港、韩国、印度。其中，有一半来自亚洲，分别为中国、日本、中国香港、韩国和印度。

从世界前十大进口地区的位次比较来看，如表1-2所示，美国一直是世界第一大进口国，其进口占世界的比重虽然有所波动，但是历年所占份额在11.9%—18.7%之间波动。德国一直位列前五大进口国，在1970年、1980年、1990年和2000年更是位列世界第二大进口国。对于中国而言，2009年，中国首次超过德国成为世界第二大进口国。到2018年，中国继续保持世界第二大进口国的位置，中国进口比重达到10.8%，成为除美国外的唯一进口比重超过10%的国家。

从世界前十大进口地区进口比重来看，如图1-3所示，1950—2018年，世界前十大进口地区占世界总进口比重合计均在50%以上，变化幅度不大。进一步观察可以发现，世界前三大进口地区占世界总进口比重合计均在30%水平附近，这说明世界进口国家头部集中现象明显，且这一现象在过去70年未出现明显改变。

（单位：%）

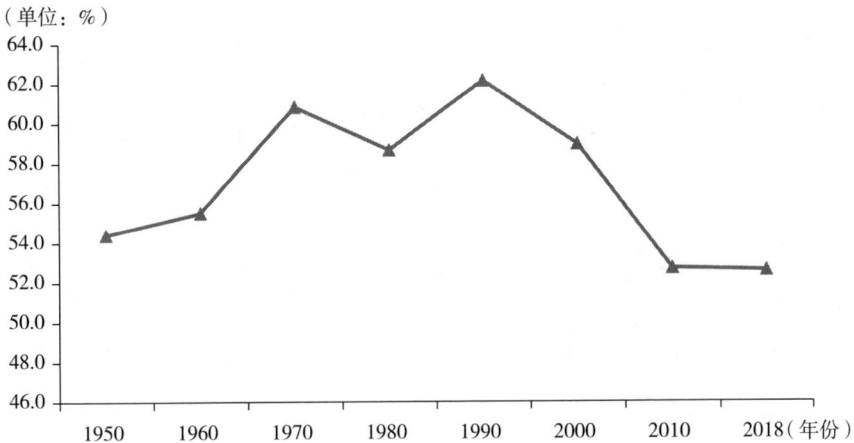

图 1-3 1950—2018 年世界前十大进口地区所占比重合计

资料来源：根据 WTO 数据整理计算。

表 1-2 1950—2018 年世界前十大进口地区

（单位：%）

1950 年		1960 年		1970 年		1980 年	
国家或地区	比重	国家或地区	比重	国家或地区	比重	国家或地区	比重
美国	15.1	美国	11.9	美国	12.9	美国	12.4
英国	11.4	英国	9.5	联邦德国	9.1	联邦德国	9.1
加拿大	4.9	联邦德国	7.4	英国	6.6	日本	6.8
法国	4.8	法国	4.6	法国	5.8	法国	6.5
联邦德国	4.2	加拿大	4.4	日本	5.7	英国	5.6
荷兰	3.8	苏联	4.1	荷兰	4.8	意大利	4.8
比利时－卢森堡	3.1	荷兰	3.9	意大利	4.5	荷兰	3.8
澳大利亚	2.5	意大利	3.5	加拿大	4.3	比利时-卢森堡	3.5
意大利	2.3	日本	3.3	苏联	3.6	苏联	3.3
苏联	2.3	比利时-卢森堡	2.9	比利时-卢森堡	3.5	加拿大	3.0
1990 年		2000 年		2010 年		2018 年	
国家或地区	比重	国家或地区	比重	国家或地区	比重	国家或地区	比重
美国	14.4	美国	18.7	美国	12.7	美国	13.1

续表

1990 年		2000 年		2010 年		2018 年	
国家或地区	比重	国家或地区	比重	国家或地区	比重	国家或地区	比重
德国	9.9	德国	7.4	中国	9.0	中国	10.8
日本	6.5	日本	5.6	德国	6.8	德国	6.5
法国	6.5	英国	5.2	日本	4.5	日本	3.8
英国	6.2	法国	5.0	法国	3.9	英国	3.4
意大利	5.1	加拿大	3.6	英国	3.8	法国	3.4
荷兰	3.5	意大利	3.6	荷兰	3.3	荷兰	3.2
加拿大	3.4	中国	3.3	意大利	3.1	中国香港	3.2
苏联	3.4	荷兰	3.2	中国香港	2.8	韩国	2.7
比利时－卢森堡	3.3	中国香港	3.2	韩国	2.7	印度	2.6

资料来源：根据 WTO 数据整理计算。

第二节 中国进口贸易发展的总体情况

据国家统计局数据显示，2018 年中国国内生产总值达到 90.03 万亿元，相比 1952 年增长了 175 倍，年均增长率达 8.1%。2018 年中国人均国民总收入达到 64644 元，高于中等收入国家平均水平，创造了人类发展史上的伟大奇迹。[①] 与此同时，中国进口贸易在进口规模、进口商品结构和进口贸易伙伴等方面也发生了巨大变化。

一、中国进口规模的变化

从图 1-4、图 1-5 中可以看出，1950—1978 年，中国进口规模发展相对缓慢，进口总额占全球进口总额比重在 0.62%—1.77% 之间波动，比重较小。1979—2000 年，中国进口规模表现为稳定增长的态势，逐步跻身于世界进口贸易大国之列，2000 年中国位居世界第 8 大进口国。2001 年中国加入世界贸易组织（WTO）。2001—2018 年，中国进口规模开始呈现出迅猛

---

① 国家统计局：《新中国成立 70 周年经济社会发展成就系列报告》，2019 年。

增长的态势。从 2011 年开始，中国进口占世界进口的份额一直维持在10%左右。2018 年，中国进口贸易额达到 2.14 万亿美元，占世界总进口比重为 10.75%。2018 年中国进口额大约是 2001 年的 9 倍，1979 年的 136倍，1950 年的 3663 倍。2009 年，中国进口贸易额超过德国，首次成为仅次于美国的世界第二大进口国，到 2018 年中国连续十年稳居世界第二大进口国地位。

（单位：亿美元）

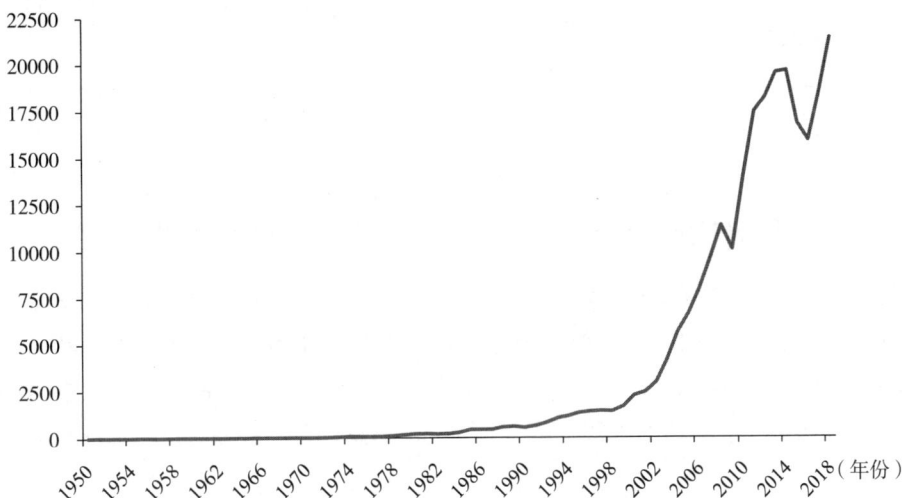

图 1-4 1950—2018 年中国进口贸易额变化趋势

资料来源：根据《中国对外贸易统计年鉴（1984）》、国家统计局和 WTO 数据整理计算。

二、中国进口商品结构的变化

自 1950 年以来，由于中国社会经济的总量和结构在不同时期存在较大差异，中国进口商品结构也呈现出明显的时代特征。如图 1-6 所示，在 20世纪 50 年代，中国经济处于恢复期，国内生产资料匮乏。这个时期，生产资料进口大约占进口总额的 91.5%，生活资料进口大约占 8.5%。[①] 20 世纪60 年代初，由于中苏关系恶化、三年自然灾害等问题，生活资料进口所占

---

① 沈觉人主编：《当代中国对外贸易》（下册），当代中国出版社 1992 年版，第 11 页。

（单位：％）

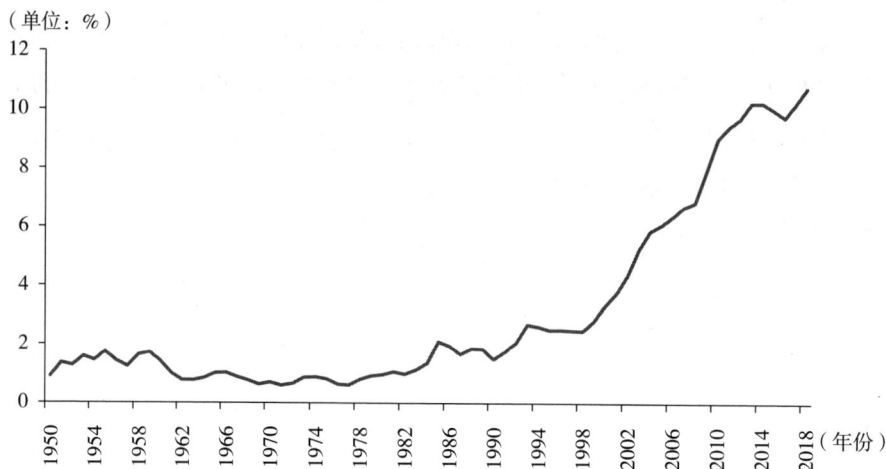

图 1-5　1950—2018 年中国进口贸易占世界进口比重变化趋势

资料来源：根据《中国对外贸易统计年鉴（1984）》、国家统计局和 WTO 数据整理计算。

比重突增，1964 年所占比重已经达到 44.5%。从改革开放至 20 世纪末，中国先进技术进口特别是生产制造技术进口得到了相对快速发展，1979—1998 年间，中国共引进技术 27829 项，合同金额达 1054.8 亿美元，技术进口的项数和合同金额分别是改革开放前 30 年总和的 32.93 倍和 8.8 倍。[①] 进入 21 世纪特别是加入 WTO 以后，非农业型初级产品、高技术产品在中国进口总额中所占份额大幅度增加。目前，中国主要进口非农业型初级产品、高技术产品、中高技术产品，其中非农业型初级产品成为中国第一大进口商品，高技术产品是中国第二大进口商品。[②]

三、中国进口贸易伙伴的变化

从图 1-7 可以看出，1950 年，中国前五大进口贸易伙伴占中国总进口比重高达 78.57%，进口来源地较为集中，由于当时特殊的外交关系，进口贸易伙伴主要是社会主义国家，排名第一的苏联更是占到总进口额的

[①]　裴长洪主编：《共和国对外贸易 60 年》，人民出版社 2009 年版，第 467 页。
[②]　魏浩、赵春明、李晓庆：《中国进口商品结构变化的估算：2000—2014 年》，《世界经济》2016 年第 4 期。

（单位：%）

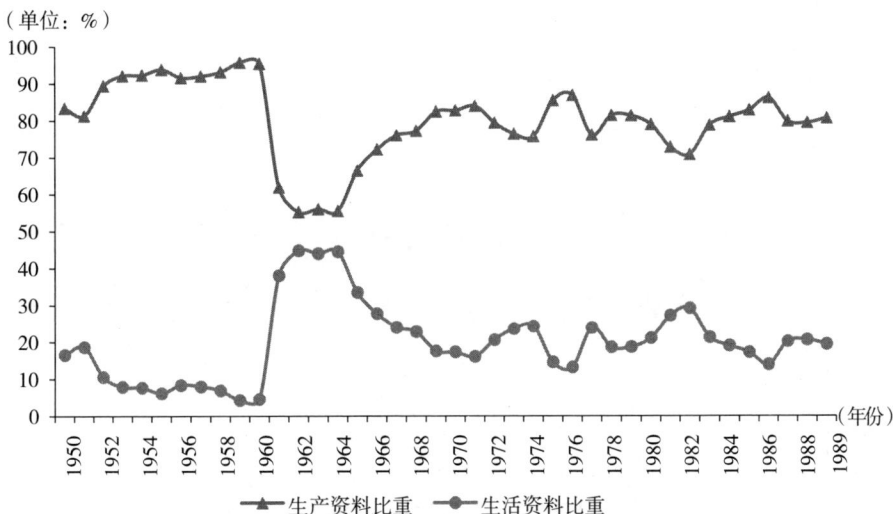

图 1-6　1950—1989 年中国进口商品结构变迁

资料来源：根据《中国对外经济贸易年鉴（1984、1990）》数据整理计算①。

31.93%。但是，在 20 世纪 60 年代，由于中苏关系破裂，中国从苏联的进口额从 1959 年的 9.7 亿美元下降到 1969 年的 2698 万美元。与此同时，通过中日"友好贸易"以及"备忘录贸易"，中国从日本进口的金额由 1961 年的 1445 万美元上升至 1969 年的 3.82 亿美元，日本取代苏联成为中国第一大进口贸易伙伴，中国的主要贸易伙伴开始从社会主义国家向亚洲国家和西方发达国家转变。在 1990 年之后，中国前五大进口贸易伙伴占中国总进口比重明显呈现出持续下降趋势。到 2018 年，中国大陆的主要进口来源地集中在韩国、日本、中国台湾、美国和德国等国家和地区，进口比重合计约 39%，并且排名前三位的占比均未超过 10%。

从进口贸易伙伴数量来看，1979 年中国进口贸易伙伴主要涉及全球 42 个国家和地区，伴随着中国改革开放进程的加快，中国扩大进口政策举措相继落地，2018 年中国进口来源地已涵盖全球 230 多个国家和地区。

---

① 1990 年之后统计年鉴不再按照生产资料和生活资料口径进行统计。

（单位：%）

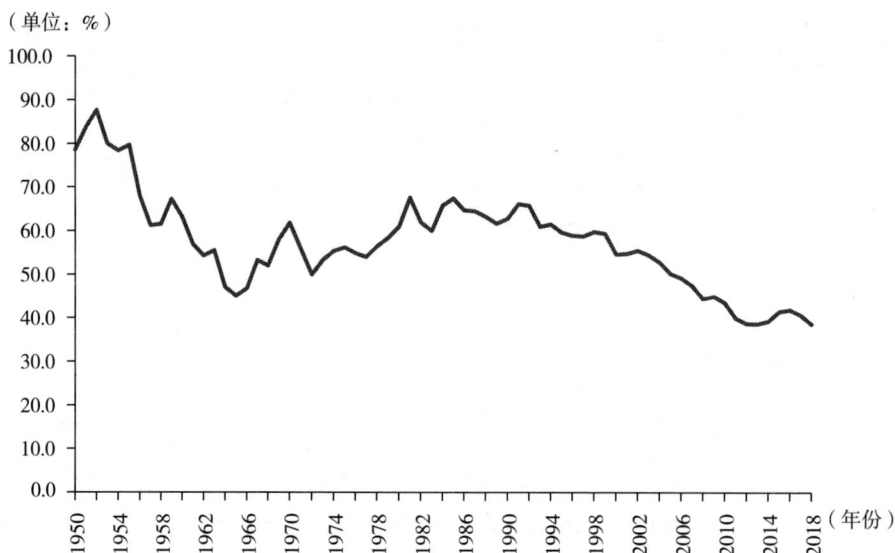

图 1-7 1950—2018 年中国前五大进口贸易伙伴占总进口额比重变化趋势
资料来源：根据历年《中国对外经济贸易年鉴》《中国统计年鉴》数据整理计算。

第三节 中国进口贸易的发展历程

自新中国成立以来，中国进口发展进程可以划分为 5 个阶段：进口贸易恢复期（1950—1952 年）、进口贸易曲折调整期（1953—1977 年）、进口贸易改革试点期（1978—1991 年）、进口贸易改革突破期（1992—2001 年）、进口贸易迅速发展期（2002—2017 年）。

一、中国进口贸易恢复期（1950—1952 年）

（一）进口贸易概况

1949 年，新中国的成立结束了中国大陆的百年动荡，实现了国家的统一和独立。在国际贸易政策体制方面，新中国成立后，中国摆脱了进出口贸易被帝国主义和官僚买办资产阶级垄断控制、进口商品被帝国主义倾销、贸易对象集中在少数西方列强的局面，建立起了独立自主的对外贸易政策体制。

面对国内经济基础薄弱、战后一穷二白的局面，中国共产党领导全国各族人民进行了三年国民经济恢复工作。新中国成立后的三年，中国经济得到了空前的发展。1952年，全国社会总产值达到1015亿元，相比1949年增长了82.2%。其中，农业在1952年的产值相比1949年增长了41.4%，工业在1952年的产值相比1949年增长了149.3%（见表1-3）。

表1-3　1949—1952年中国社会总产值结构表

（单位：亿元;%）

年份	1949		1950		1951		1952	
指标	金额	较上一年增速	金额	较上一年增速	金额	较上一年增速	金额	较上一年增速
社会总产值	557	——	683	22.6	820	20.1	1015	23.8
其中：农业	326	——	384	17.8	420	9.4	461	9.8
工业	140	——	191	36.4	264	38.2	349	32.2
建筑业	4	——	13	225.0	24	84.6	57	137.5
运输业	19	——	19	0.0	24	26.3	35	45.8
商业	68	——	76	11.8	88	15.8	113	28.4

资料来源：根据《中国统计年鉴（1983）》数据整理计算。

国内各经济部门，特别是工农业的快速恢复，为对外贸易的发展奠定了扎实基础。同时，对外贸易作为一国经济的重要组成部分，在经济恢复期也得到了国家的高度重视。1949年，中央贸易部（商务部前身）和海关总署相继在北京成立，建立起国家集中领导、统一管理对外贸易的贸易体制，在对外贸易上实行贸易管制。

在处理进口贸易和出口贸易的关系上，为保护中国经济利益，反对外国资本对中国本土市场的控制，力争中国进口需求与出口创汇能力相匹配，中国整体上实行了相对保护的贸易政策，优先发展出口贸易，增强创汇能力，进而保证必要的进口。1949年，时任政务院（国务院前身）财政经济委员会主任陈云更是强调："进口什么东西，要严加管制；出口的东西要放宽尺度，凡是能够出去的东西，不管鸡毛蒜皮都可以出"①。1950 年 1 月 24 日—2 月 3 日，贸易部召开了全国进口会议，立足满足国内的实际需要，专门讨论了民用品进口问题，进口贸易得到了有效恢复。

如图 1-8 所示，到 1952 年，中国进口贸易额达到 11.2 亿美元，相较 1950 年的 5.8 亿美元增长了 93.1%。但由于中国对进口贸易进行管制，1950—1952 年中国进口贸易占世界比重分别为 0.91%、1.36% 和 1.27%，未出现明显增长。

（单位：亿美元）

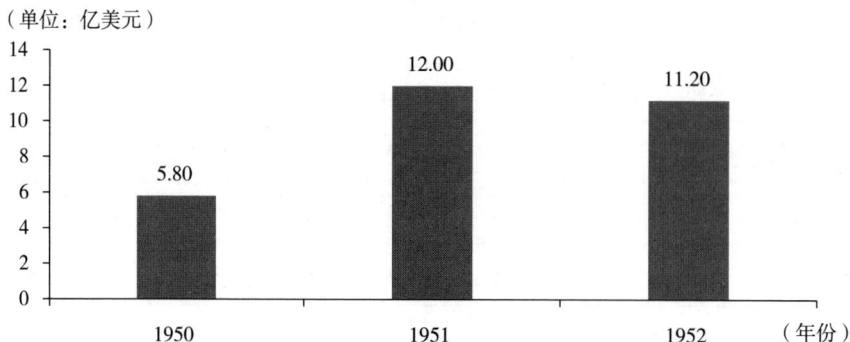

图 1-8　1950—1952 年中国进口贸易额

资料来源：根据《中国对外经济贸易年鉴（1984）》数据整理计算。

（二）进口贸易商品结构

由于中国工业基础薄弱、机器设备及工业生产原材料匮乏，为快速恢复经济，急需进口大量生产设备和原料。按照生产、生活资料划分，如表 1-4 所示，在 1950—1952 年间，中国进口了大量生产资料，生产资料占总进口的比重分别为 83.4%、81.3%、89.4%。其中，机械设备的占比呈现出逐年上升趋势，1952 年机械设备占总进口比重达到了 55.7%，较 1950 年的 22.5% 提升了 33.2 个百分点。相反，生产原料的占比呈现出逐年下降趋势，1952 年生产原料占总进口比重仅为 33.7%，较 1950 年的 60.9% 下降了 27.2 个百分点。

①《陈云文选》（第二卷），人民出版社 1995 年版，第 94 页。

表 1-4　1950—1952 年中国进口商品结构（按照生产、生活资料划分）

（单位：亿元；%）

年份	进口总额	生产资料									生活资料	
		总值		（一）机械设备		（二）生产原料						
						总值		工业原料		农业生产用物资		
		金额	比重	金额	比重	金额	比重	金额	比重	金额	比重	金额	比重
1950	5.83	4.86	83.4	1.31	22.5	3.55	60.9	3.45	59.2	0.10	1.7	0.97	16.6
1951	11.98	9.74	81.3	4.21	35.1	5.53	46.2	5.27	44.0	0.26	2.2	2.24	18.7
1952	11.18	9.99	89.4	6.22	55.7	3.77	33.7	3.49	31.2	0.28	2.5	1.19	10.6

资料来源：根据《中国对外经济贸易年鉴（1984）》数据整理计算。

　　按照商品类别划分，如表 1-5 所示，在 1950—1952 年间，中国没有进口轻工、工艺、纺织品、粮油食品、土产畜产，进口商品主要集中在工业设备和工业原材料上。其中，成套设备和技术类产品进口增速明显，这类产品在中国进口中所占份额从 1950 年的 0.1% 增长到 1952 年的 26.3%。化工类产品在 1950 年和 1951 年均为进口比重最高的产品类别，但是 1952 年出现回落，仅为 9.2%，与 1950 年最高点时相比减少了 14.9 个百分点。机械仪器和五金矿产这两类的进口比重相对稳定，三年间，两类产品的进口比重均稳定在 10%—16% 范围内。

表 1-5　1950—1952 年中国进口商品结构（按照商品类别划分）

（单位：万美元；%）

年份	进口总额	成套设备和技术		机械仪器		五金矿产		化工		轻工	
		金额	比重	金额	比重	金额	比重	金额	比重	金额	比重
1950	58278	40	0.1	6759	11.6	8030	13.8	14031	24.1	—	—
1951	119841	13295	11.1	17222	14.4	18213	15.2	22835	19.1	—	—
1952	111825	29408	26.3	15547	13.9	11531	10.3	10255	9.2	—	—

年份	进口总额	工艺		纺织品		粮油食品		土产畜产		其他	
		金额	比重	金额	比重	金额	比重	金额	比重	金额	比重
1950	58278	—	—	—	—	—	—	—	—	29418	50.4

续表

年份	进口总额	工艺		纺织品		粮油食品		土产畜产		其他	
		金额	比重	金额	比重	金额	比重	金额	比重	金额	比重
1951	119841	—	—	—	—	—	—	—	—	48276	40.2
1952	111825	—	—	—	—	—	—	—	—	45084	40.3

资料来源：沈觉人主编：《当代中国对外贸易》（下册），当代中国出版社1992年版。

从具体产品种类来看，如表1-6所示，在1950—1952年间，中国共进口钢材合计149.83万吨、有色金属合计10.69万吨、化工原料合计14690万美元、飞机10架、起重机2525台、拖拉机394台、机床10577台、载重汽车8392辆。

表1-6　1950—1952年中国主要进口商品

年份	钢材（万吨）	有色金属（万吨）	化工原料（万美元）	飞机（架）	起重机（台）	拖拉机（台）	机床（台）	载重汽车（辆）
1950	40.75	3.14	3123	—	—	—	3386	2014
1951	63.09	4.79	6855	5	2411	209	3188	4577
1952	45.99	2.76	4712	5	114	185	4003	1801

资料来源：根据《中国对外经济贸易年鉴（1984）》数据整理。

（三）进口贸易伙伴

在新中国成立之前，由于对外贸易被西方资本主义控制和垄断，中国的进口贸易伙伴主要为西方资本主义国家。1936年，中国大陆前五大进口贸易伙伴分别为美国、日本、德国、英国、中国香港（见表1-7）。在新中国成立之后，中国开始了独立自主的对外贸易。由于当时西方国家对中国实施禁运政策，以及当时的外交关系，苏联等社会主义国家开始成为中国的主要进口贸易伙伴。毛泽东主席就明确指出："在国际关系上，我国必须倒向苏联"。1950年中国从苏联进口总值约9477万美元，东北、关内和新疆三个地区分别占76%、16.5%和7.5%。在进口的货物中，工业设备器材及油脂占63.7%、铁路设备器材及油脂占9.9%、交通通信器材及油脂占7%、农业机械及种畜籽种占4.8%。[①] 在此背景下，中国从苏联进口的商品比重从

---

① 董志凯主编：《1949—1952年中国经济分析》，中国社会科学出版社1996年版，第306页。

1950 年的 31.9% 上升到 1952 年的 58.23%（见表 1-7），苏联一跃成为中国第一大进口贸易伙伴，直到 20 世纪 60 年代中苏关系破裂，中国才逐渐减少从苏联进口。同时期，除苏联外，中国还与波兰、捷克斯洛伐克、朝鲜等社会主义国家签订了贸易协议。总的来看，新中国成立后，中国进口贸易伙伴由西方资本主义国家转变为社会主义国家。

表 1-7　1936—1952 年中国大陆前十大进口贸易伙伴

（单位:%）

排名	1936 年	1949 年	1950 年		1951 年		1952 年	
	国家或地区	国家或地区	国家或地区	比重	国家或地区	比重	国家或地区	比重
1	美国	中国香港	苏联	31.9	苏联	41.44	苏联	58.23
2	日本	美国	美国	24.6	中国香港、中国澳门	35.82	中国香港、中国澳门	12.06
3	德国	苏联	马来西亚	10.5	马来西亚	2.77	巴基斯坦	7.15
4	英国	英国	英国	7.1	巴基斯坦	1.95	民主德国	5.87
5	中国香港	印度	日本	4.5	捷克斯洛伐克	1.83	捷克斯洛伐克	4.36
6	印度尼西亚	朝鲜	巴基斯坦	2.7	波兰	1.77	匈牙利	2.24
7	法国	印度尼西亚	德意志联邦	1.8	英国	1.63	斯里兰卡	2.07
8	印度	泰国	中国香港、中国澳门	1.5	联邦德国	1.29	波兰	1.98
9	比利时	日本	瑞士	0.7	日本	1.00	英国	1.22
10	越南	马来西亚	法国	0.7	瑞士	0.68	埃及	0.77

资料来源：1950—1952 年数据来源于《中国对外经济贸易年鉴（1984）》、1936 年和 1949 年数据来源于《1949—1952 年中国经济分析》。

1950—1952 年间，中国进口贸易伙伴结构较为单一，对部分国家的进口依赖较大。中国进口商品主要集中在前五大进口贸易伙伴，进口来源集中度较高。图 1-9 表明，1950—1952 年间，前十大进口贸易伙伴占比总和分别为 86.0%、90.2%、95.9%；前五大进口贸易伙伴占比总和分别为 78.6%、83.8%、87.7%。三年间，前五大进口贸易伙伴比重总和与前十大进口贸易伙伴比重总和仅分别相差 7.4%、6.4%、8.2%。

（单位：%）

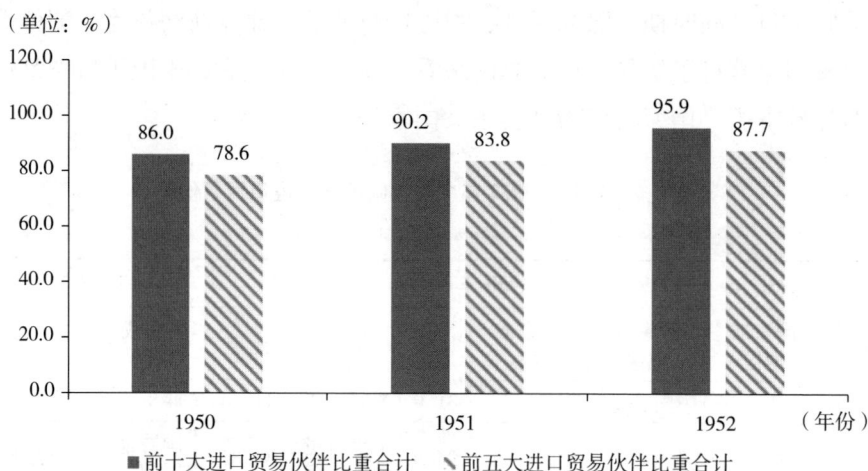

图 1-9 1950—1952 年中国前五大进口贸易伙伴和前十大进口贸易伙伴比重变迁
资料来源：根据《中国对外经济贸易年鉴（1984）》数据整理计算。

二、进口贸易曲折调整期（1953—1977 年）

（一）进口贸易概况

从进口贸易额来看，1953—1977 年，虽然中国经历了"大跃进""文化大革命"等事件，但是，中国进口规模整体上还是呈现出增长趋势，1977 年中国进口贸易额达到 72.1 亿美元，是 1966 年的 3.20 倍，是 1953 年的 5.34 倍（见图 1-10）。

从进口增速来看，第一个五年计划阶段（1953—1957 年），中国进口贸易增速有负有正，1953 年和 1955 年为正增长，1954 年、1956 年和 1957 年均为负增长；其后，在"大跃进"时期，1958 年结束了 1956—1957 为期两年的负增长，进口增长率达到了 26%，1959 年的进口增速为 12.2%；在"大跃进"之后，受中苏关系破裂和"左"倾错误影响，中国进口增长出现了持续三年的负增长，其中，1961 年更是达到了 25.6% 的负增长。随后，中国进入十年"文化大革命"时期（1966—1976 年），虽然受"文化大革命"影响，但是，由于中国恢复联合国席位，中国与日本、英国等 33 个国家建交或恢复大使级外交关系①等事件的积极响应，中国进口贸易在1972—1974年分别实现了30%、80.4%和47.7%的高速增长（见图1-10）。

从中国进口贸易额占世界总进口贸易额的比重来看，1953—1977年，中国进口贸易额占世界进口总额最高时仅达1.7%，其他年份主要在1%水平上下波动，这一现象说明中国进口贸易在世界的权重并未得到明显改变（见图1-10）。

（单位：亿美元）　　　　　　　　　　　　　　　　　　（单位：%）

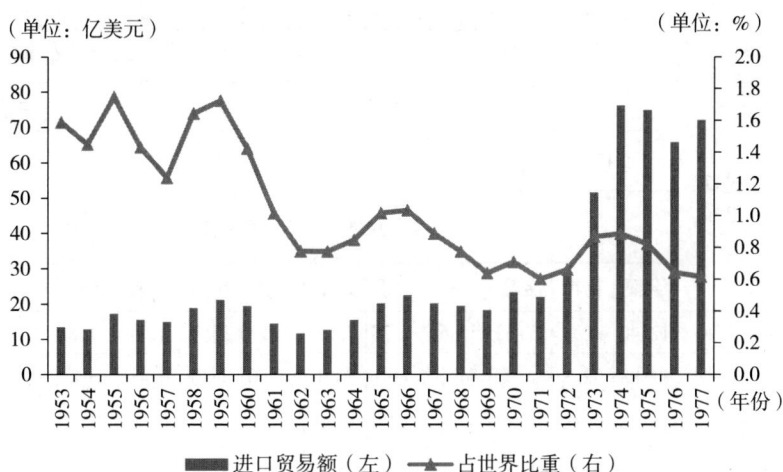

进口贸易额（左）　占世界比重（右）

图1-10　1953—1977年中国进口贸易额及其占世界比重的变迁

资料来源：根据《中国对外贸易统计年鉴（1984）》和WTO数据整理计算。

（二）进口贸易商品结构

1953—1977年，由于中苏关系、中日关系等外交关系的变化，中国进口商品结构也呈现出明显的时期特性。

1953—1960年。按照生产、生活资料划分，中国进口的商品主要以生产资料为主，各年份生产资料进口占比均在90%以上，1959年最高达到了95.7%，其中，机械设备为生产资料的主要组成部分，机械设备的进口占总进口的比重平均达到了53.4%（见表1-8）。同期，生活资料的进口比重均低于10%。按照商品类别划分，成套设备和技术在各年占比均为最高，平均占比为28.6%，其次为机械仪器，平均占比为18.8%，两类产品合计平均

---

① 根据外交部数据统计，https：//www.fmprc.gov.cn/web/ziliao_ 674904/2193_ 674977/。

占比接近总进口的一半（见表 1-9）。这主要是由于该时期中国处于第一个五年计划，为加快工业化进程，从苏联引进了 156 个重点项目以及从东欧引进了 68 个项目，其中，从苏联引进的 156 个项目包括 6 个大型钢铁联合厂、14 个有色金属冶炼加工厂、32 个机器制造厂、18 个动力及电力机器设备制造厂、26 个国防工厂、23 个煤矿、22 个电站、1 个炼油厂、3 个制药厂、1 个造纸厂。①

表 1-8　1953—1977 年中国进口商品结构（按照生产、生活资料划分）

（单位：亿美元；%）

年份	进口总额	生产资料										生活资料	
		总值		（一）机械设备		（二）生产原料							
						总值		工业原料		农业生产用物资			
		金额	比重	金额	比重	金额	比重	金额	比重	金额	比重	金额	比重
1953	13.46	12.40	92.1	7.62	56.6	4.78	35.5	4.53	33.7	0.25	1.8	1.06	7.9
1954	12.87	11.88	92.3	6.97	54.2	4.91	38.1	4.50	35.0	0.41	3.1	0.99	7.7
1955	17.33	16.26	93.8	10.88	62.8	5.38	31.0	4.82	27.8	0.56	3.2	1.07	6.2
1956	15.63	14.32	91.6	8.37	53.6	5.95	38.0	5.07	32.4	0.88	5.6	1.31	8.4
1957	15.06	13.85	92.0	7.90	52.5	5.95	39.5	5.21	34.6	0.74	4.9	1.21	8.0
1958	18.90	17.60	93.1	8.50	45.0	9.10	48.1	7.86	41.6	1.24	6.5	1.30	6.9
1959	21.20	20.30	95.7	11.20	52.8	9.10	42.9	8.10	38.2	1.00	4.7	0.90	4.3
1960	19.53	18.63	95.4	9.70	49.7	8.93	45.7	8.13	41.6	0.80	4.1	0.90	4.6
1961	14.45	8.95	61.9	3.30	22.8	5.65	39.1	4.98	34.5	0.67	4.6	5.50	38.1
1962	11.73	6.48	55.2	1.72	14.6	4.76	40.6	4.12	35.1	0.64	5.5	5.25	44.8
1963	12.66	7.09	56.0	1.22	9.6	5.87	46.4	4.76	37.6	1.11	8.8	5.57	44.0
1964	15.47	8.58	55.5	1.69	10.9	6.89	44.6	5.90	38.2	0.99	6.4	6.89	44.5
1965	20.17	13.42	66.5	3.58	17.7	9.84	48.9	8.08	40.1	1.76	8.8	6.75	33.5
1966	22.48	16.24	72.2	5.02	22.3	11.22	49.9	9.19	40.9	2.03	9.0	6.24	27.8

①　史真：《第一个五年计划的制定与成就》，《党员文摘》2019 年第 7 期。

续表

年份	进口总额	生产资料											生活资料	
		总值		（一）机械设备		（二）生产原料								
						总值		工业原料		农业生产用物资				
		金额	比重	金额	比重	金额	比重	金额	比重	金额	比重		金额	比重
1967	20.20	15.36	76.0	4.06	20.1	11.30	55.9	9.29	46.0	2.01	9.9		4.84	24.0
1968	19.45	15.02	77.2	3.03	15.6	11.99	61.6	9.49	48.8	2.50	12.8		4.43	22.8
1969	18.25	15.04	82.4	2.17	11.9	12.87	70.5	10.43	57.2	2.44	13.3		3.21	17.6
1970	23.26	19.25	82.7	3.69	15.8	15.56	66.9	13.36	57.4	2.20	9.5		4.01	17.3
1971	22.05	18.51	83.9	4.84	21.9	13.67	62.0	11.63	52.8	2.04	9.2		3.54	16.1
1972	28.58	22.70	79.4	5.57	19.5	17.13	59.9	14.62	51.1	2.51	8.8		5.88	20.6
1973	51.57	39.40	76.4	7.88	15.3	31.52	61.1	28.26	54.8	3.26	6.3		12.17	23.6
1974	76.19	57.65	75.7	15.85	20.8	41.80	54.9	37.95	49.8	3.85	5.1		18.54	24.3
1975	74.87	63.93	85.4	24.06	32.1	39.87	53.3	34.17	45.7	5.70	7.6		10.94	14.6
1976	65.78	57.11	86.8	20.37	30.9	36.74	55.9	32.99	50.2	3.75	5.7		8.67	13.2
1977	72.14	54.92	76.1	12.77	17.7	42.15	58.4	37.23	51.6	4.92	6.8		17.22	23.9

资料来源：根据《中国对外经济贸易年鉴（1984）》数据整理计算。

表1-9 1953—1977年中国进口商品结构（按照商品类别划分）

（单位：万美元;%）

年份	进口总额	成套设备和技术		机械仪器		五金矿产		化工		轻工	
		金额	比重	金额	比重	金额	比重	金额	比重	金额	比重
1953	134611	23212	17.2	24138	17.9	22092	16.4	17655	13.1	5991	4.5
1954	128737	31340	24.3	30014	23.3	17622	13.7	19528	15.2	2690	2.1
1955	173331	75217	43.4	24148	13.9	16231	9.4	23486	13.5	3398	2.0
1956	156343	40045	25.6	29423	18.8	18343	11.7	27759	17.8	3575	2.3
1957	150587	43466	28.9	25990	17.3	16217	10.8	28003	18.6	3053	2.0
1958	189045	44830	23.7	41610	22.0	32944	17.4	53575	18.8	1018	0.5
1959	211999	68894	32.5	45070	21.3	34871	16.4	43072	20.3	1129	0.5
1960	195319	64933	33.2	31591	16.2	36854	18.9	37534	19.2	2031	1.0

续表

年份	进口总额	成套设备和技术		机械仪器		五金矿产		化工		轻工	
		金额	比重	金额	比重	金额	比重	金额	比重	金额	比重
1961	144536	19644	13.6	13515	9.4	14261	9.9	28375	19.6	2087	1.4
1962	117293	10688	9.1	7354	6.3	11969	10.2	23892	20.4	1852	1.6
1963	126646	5460	4.3	7636	6.0	11705	9.2	27850	22.0	2834	2.2
1964	154734	5343	3.5	12984	8.4	17904	11.6	25270	16.3	3689	2.4
1965	201740	8726	4.3	30165	15.0	32310	16.0	33017	16.4	3464	1.7
1966	224787	10203	4.5	42331	18.8	49639	22.1	37527	16.7	3859	1.7
1967	201990	10744	5.3	31902	15.8	54221	26.8	36907	18.3	4863	2.4
1968	194468	7853	4.0	28929	14.9	52791	27.1	44194	22.7	4247	2.2
1969	182592	680	0.4	29204	16.0	58021	31.8	48147	26.4	2609	1.4
1970	232605	—	—	40688	17.5	92866	39.9	44046	18.9	3212	1.4
1971	220488	—	—	50719	23.0	74611	33.8	40278	18.3	3960	1.8
1972	285832	1832	0.6	57146	20.0	87759	30.7	49802	17.4	7374	2.6
1973	515748	7308	1.4	75454	14.6	169488	32.9	73190	14.2	13473	2.6
1974	761906	31055	4.1	128893	16.9	212245	27.9	102923	13.5	19631	2.6
1975	748650	97619	13.0	143608	19.2	218693	29.2	123835	16.5	18077	2.4
1976	657791	112262	17.1	92094	14.0	208005	31.6	98398	15.0	14322	2.2
1977	721395	37692	5.2	90719	12.6	220707	30.6	120154	16.7	18609	2.6

年份	进口总额	工艺		纺织品		粮油食品		土产畜产		其他	
		金额	比重	金额	比重	金额	比重	金额	比重	金额	比重
1953	134611	87	0.1	3383	2.5	1988	1.5	364	0.3	35701	26.5
1954	128737	135	0.1	6287	4.9	3523	2.7	308	0.2	17290	13.5
1955	173331	131	0.1	9458	5.5	3582	2.1	452	0.3	17228	9.8
1956	156343	92	0.1	8691	5.6	3983	2.5	997	0.6	23435	15.0
1957	150587	47	—	8986	6.0	4278	2.8	996	0.7	19551	12.9
1958	189045	489	0.3	8000	4.2	5870	3.1	9013	4.8	9696	5.2
1959	211999	454	0.2	6350	3.0	2215	1.0	9832	4.6	112	0.2
1960	195319	361	0.2	14891	7.6	3387	1.7	3670	1.9	67	0.1
1961	144536	230	0.2	11460	7.9	51770	35.8	3194	2.2	—	—
1962	117293	338	0.3	9029	7.7	48458	41.3	3713	3.1	—	—

续表

年份	进口总额	工艺		纺织品		粮油食品		土产畜产		其他	
		金额	比重	金额	比重	金额	比重	金额	比重	金额	比重
1963	126646	359	0.3	15760	12.4	49753	39.3	5289	4.3	—	—
1964	154734	620	0.4	20591	13.3	61663	39.9	6670	4.2	—	—
1965	201740	1153	0.6	23201	11.5	59053	29.3	10651	5.2	—	—
1966	224787	893	0.4	15355	6.8	55928	24.9	9052	4.1	—	—
1967	201990	679	0.3	14765	7.3	42646	21.1	5263	2.7	—	—
1968	194468	283	0.1	11260	5.8	40484	20.8	4427	2.4	—	—
1969	182592	425	0.2	11824	6.5	28278	15.5	3404	1.8	—	—
1970	232605	—	—	11262	4.8	35767	15.4	4764	2.1	—	—
1971	220488			16045	7.3	29915	13.6	4960	2.2		
1972	285832	—	—	25843	9.0	51294	17.9	4782	1.8	—	—
1973	515748	—	—	59075	11.5	107648	20.9	10112	1.9	—	—
1974	761906	—	—	84431	11.1	167168	21.9	15560	2.0	—	—
1975	748650			43982	5.9	93477	12.5	9359	1.3	—	—
1976	657791			54796	8.3	65857	10.0	12057	1.8		
1977	721395	—	—	69435	9.6	145324	20.1	18755	2.6	—	—

资料来源：沈觉人主编：《当代中国对外贸易》（下册），当代中国出版社1992年版。

1961—1965年。1960年7月，苏联单方面撕毁中苏经济技术合作方面的合同，停止向中国供应继续建设的重要设备。第二年，中国生产资料的进口金额相比于1960年下降了51.9%，占比下降了33.5个百分点（见表1-8）。直到1965年，中国的生产资料占比仍只有66.5%。该时期生产资料比重下降的主要原因是机械设备的进口比重出现明显下降，生产原料的比重并未出现大幅度变动。与此同时，由于三年自然灾害，国内生活资料严重短缺，中国加大了生活资料的进口。粮油食品进口金额从1960年的3387万美元上升到了1961年的5.18亿美元，占进口比重从1.7%上升到了35.8%，粮油食品进口所占比重在1962—1964年间一直保持在40%左右（见表1-9）。

1966—1977 年。在这一期间,生产资料进口规模整体上呈现出上升趋势,生产资料进口规模从 1966 年的 16.24 亿美元增加到 1977 年的 54.92 亿美元,生活资料则整体上呈现出先下降、后上升的趋势,1966 年生活资料进口规模是 6.24 亿美元,1971 年生活资料进口规模是 3.54 亿美元,1973 年生活资料进口规模是 12.17 亿美元(见表 1-8)。进口的生活资料主要是粮油食品产品,1966 年粮油食品进口规模是 5.59 亿美元,1971 年粮油食品进口规模是 2.99 亿美元,1973 年粮油食品进口规模是 10.76 亿美元(见表 1-9)。

(三) 进口贸易伙伴

新中国成立初期,美国对中国实行封锁禁运。当时处于美军占领下的日本和不少受美国影响或控制的西方国家,同中国几乎没有直接贸易关系,因此,在 20 世纪 50 年代,中国进口贸易伙伴主要是社会主义国家。1953—1959 年,前十大进口贸易伙伴中,社会主义国家数量维持在 6 个左右,主要包括苏联、斯里兰卡、捷克斯洛伐克、德意志民主共和国、波兰、匈牙利等国。该时期,由于苏联对中国 156 个大型项目的援建计划以及中苏贸易协定,苏联一直是中国的最大进口贸易伙伴。这一期间,中国从苏联进口的商品主要有高质量的工业设备、黑色金属、有色金属、金属切削机床、各种动力机器、农业机器、仪器、卡车、石油和农药等。在这期间,中国从苏联进口的商品结构也伴随着中国工业的恢复产生一定变化,例如,由于中国纺织工业实现自给自足,苏联停止了对中国纺织品、棉纱等产品的出口。[①]

在 20 世纪 60 年代,由于苏联单方面撕毁合约,中苏关系破裂。中国从苏联的进口占总进口比重出现持续下降。1969 年,中国从苏联进口比重仅为总进口额的 1.5%,较 1961 年下降了 41.8 个百分点,首次未进入中国前十大进口来源地(见图 1-11)。

在 20 世纪 50 年代末,由于岸信介政府的破坏,中日贸易一度陷于中断。但是,在 20 世纪 60 年代初,在民间力量的推动下,中日"友好贸易"和"备忘录贸易"的签署打通了中日贸易的民间渠道,中日贸易得到了快

---

① 孟宪章:《中苏贸易史资料》,中国对外经济贸易出版社 1991 年版,第 576—579 页。

（单位：%）

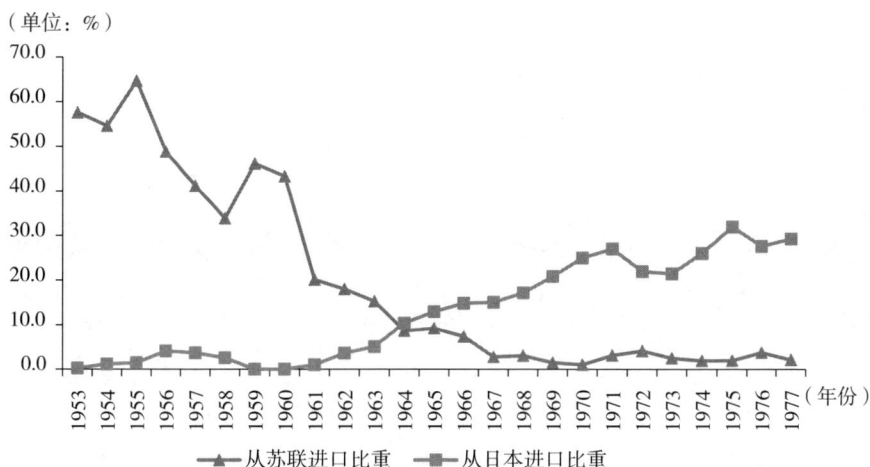

图 1-11　1953—1977 年中国从苏联进口比重和从日本进口比重变迁

资料来源：根据《中国对外贸易统计年鉴（1984）》和 WTO 数据整理计算。

速发展。1965 年，日本成为中国第一大进口贸易伙伴，中国从日本进口额达到 2.62 亿美元，占总进口比重达到 15.1%（见图 1-11）。

在 20 世纪 70 年代，中国进口贸易伙伴结构没有出现明显的变化。整个 70 年代，中国从日本的进口比重稳步上升，1977 年占比达到 29.2%，且日本一直是中国最大的进口贸易伙伴。伴随着 1972 年尼克松访华，中美关系开始破冰，1973 年美国首次进入中国前十大进口贸易伙伴国，位列第 6 位，占总进口额的 4.3%，成为中国重要的进口贸易伙伴之一（见表 1-10）。总的来看，在中苏关系破裂之后，中国的进口贸易伙伴国逐渐从社会主义国家向西方发达国家和亚洲国家转变。

从进口集中度来看，如图 1-12 所示，在 1953—1977 年间，中国前十大进口贸易伙伴比重合计和前五大进口贸易伙伴比重合计均呈现出缓慢下降趋势，前十大进口贸易伙伴比重合计和前五大贸易伙伴比重合计的差值有扩大趋势。表 1-10 表明，1977 年，前十大进口贸易伙伴合计占比为 68.2%，较 1953 年下降 25%；前五大进口贸易伙伴合计占比为 54%，较 1953 年下降 32.6%；前十大进口贸易伙伴比重和前五大进口贸易伙伴比重差值为 14.2%，较 1953 年增长了 27.9%。

（单位：%）

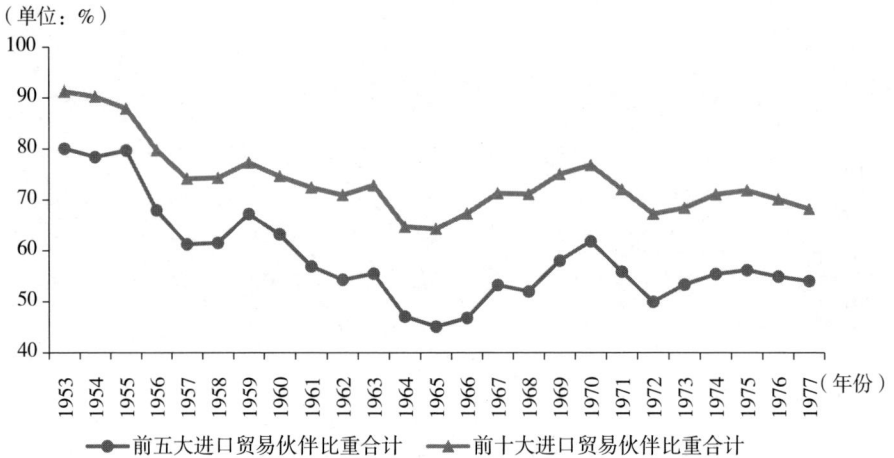

图1-12 1953—1977年中国大陆前五大和前十大进口贸易伙伴比重变迁

资料来源：根据《中国对外经济贸易年鉴（1984）》数据整理计算。

表1-10 1953—1977年中国大陆前十大进口贸易伙伴

（单位:%）

排名	1953年		1954年		1955年		1956年		1957年	
	国家或地区	比重	国家或地区	比重	国家或地区	比重	国家或地区	比重	国家或地区	比重
1	苏联	57.6	苏联	54.6	苏联	41.2	苏联	46.2	苏联	46.2
2	中国香港、中国澳门	9.0	民主德国	8.1	民主德国	6.7	联邦德国	6.1	联邦德国	6.1
3	英国	5.0	中国香港、中国澳门	6.9	捷克斯洛伐克	5.8	民主德国	5.1	民主德国	5.1
4	斯里兰卡	4.4	捷克斯洛伐克	5.2	英国	3.9	英国	5.0	英国	5.0
5	捷克斯洛伐克	4.1	英国	3.6	日本	3.7	捷克斯洛伐克	4.9	捷克斯洛伐克	4.9
6	民主德国	3.4	斯里兰卡	3.5	波兰	3.1	波兰	2.2	波兰	2.2
7	匈牙利	2.4	波兰	3.1	联邦德国	3.1	朝鲜	2.1	朝鲜	2.1
8	联邦德国	2.1	匈牙利	2.5	斯里兰卡	2.4	新加坡	2.0	新加坡	2.0
9	波兰	1.8	巴基斯坦	1.6	瑞士	2.2	匈牙利	1.9	匈牙利	1.9
10	瑞士	1.4	日本	1.1	马来西亚	2.1	意大利	1.8	意大利	1.8

续表

排名	1958 年		1959 年		1960 年		1961 年		1962 年	
	国家或地区	比重	国家或地区	比重	国家或地区	比重	国家或地区	比重	国家或地区	比重
1	苏联	43.3	苏联	46.2	苏联	43.3	苏联	20.1	苏联	18.0
2	英国	5.4	联邦德国	6.1	英国	5.4	澳大利亚	12.9	加拿大	13.4
3	民主德国	4.9	民主德国	5.1	民主德国	4.9	加拿大	11.6	古巴	9.1
4	联邦德国	4.8	英国	5.0	联邦德国	4.8	古巴	7.9	澳大利亚	9.1
5	捷克斯洛伐克	4.8	捷克斯洛伐克	4.9	捷克斯洛伐克	4.8	民主德国	4.4	法国	4.7
6	朝鲜	2.7	波兰	2.2	朝鲜	2.7	朝鲜	3.7	朝鲜	4.6
7	波兰	2.4	朝鲜	2.1	波兰	2.4	捷克斯洛伐克	3.5	日本	3.6
8	埃及	2.2	新加坡	2.0	埃及	2.2	英国	3.2	联邦德国	3.3
9	法国	2.1	匈牙利	1.9	法国	2.1	缅甸	2.7	英国	2.7
10	匈牙利	2.0	意大利	1.8	匈牙利	2.0	意大利	2.4	斯里兰卡	2.5

排名	1963 年		1964 年		1965 年		1966 年		1967 年	
	国家或地区	比重	国家或地区	比重	国家或地区	比重	国家或地区	比重	国家或地区	比重
1	澳大利亚	19.3	澳大利亚	11.9	日本	15.1	日本	14.8	日本	15.1
2	苏联	15.3	加拿大	10.5	澳大利亚	12.0	加拿大	10.2	澳大利亚	12.0
3	加拿大	8.7	日本	10.4	英国	10.9	英国	9.1	英国	10.9
4	古巴	6.3	苏联	8.6	联邦德国	10.3	苏联	7.3	联邦德国	10.3
5	法国	5.8	古巴	5.8	加拿大	5.0	联邦德国	5.4	加拿大	5.0
6	日本	5.1	英国	4.5	法国	4.4	法国	5.3	法国	4.4
7	朝鲜	5.1	朝鲜	4.2	朝鲜	4.1	澳大利亚	4.6	朝鲜	4.1
8	英国	3.4	法国	4.2	意大利	3.8	朝鲜	3.9	意大利	3.8
9	意大利	1.9	巴基斯坦	3.0	古巴	3.0	古巴	3.6	古巴	3.0
10	斯里兰卡	1.9	联邦德国	1.7	苏联	2.8	意大利	3.1	苏联	2.8

续表

排名	1968 年		1969 年		1970 年		1971 年		1972 年	
	国家或地区	比重	国家或地区	比重	国家或地区	比重	国家或地区	比重	国家或地区	比重
1	日本	17.2	日本	20.9	日本	25.0	日本	27.0	日本	21.9
2	联邦德国	11.0	英国	15.5	英国	16.6	加拿大	9.0	加拿大	10.5
3	英国	9.0	联邦德国	9.4	联邦德国	8.8	英国	7.6	英国	6.5
4	加拿大	8.6	澳大利亚	6.6	加拿大	5.8	联邦德国	7.2	联邦德国	6.4
5	澳大利亚	6.2	加拿大	5.7	澳大利亚	5.6	法国	5.2	法国	4.6
6	法国	5.9	新加坡	5.0	法国	4.7	罗马尼亚	4.4	朝鲜	4.1
7	意大利	4.2	意大利	3.6	古巴	3.0	朝鲜	3.3	罗马尼亚	4.1
8	古巴	3.6	法国	3.1	罗马尼亚	2.6	苏联	3.1	苏联	4.1
9	苏联	3.0	古巴	2.8	意大利	2.4	古巴	3.0	意大利	2.8
10	新加坡	2.4	朝鲜	2.5	朝鲜	2.3	意大利	2.5	智利	2.2

排名	1973 年		1974 年		1975 年		1976 年		1977 年	
	国家或地区	比重	国家或地区	比重	国家或地区	比重	国家或地区	比重	国家或地区	比重
1	日本	21.5	日本	26.0	日本	31.9	日本	27.6	日本	29.2
2	法国	9.3	法国	9.6	联邦德国	8.0	联邦德国	11.0	联邦德国	7.3
3	英国	8.2	加拿大	7.4	加拿大	6.2	法国	7.3	澳大利亚	7.2
4	加拿大	7.3	联邦德国	6.5	澳大利亚	5.4	澳大利亚	5.2	加拿大	6.4
5	联邦德国	7.0	英国	5.8	法国	4.8	罗马尼亚	3.9	英国	3.9
6	美国	4.3	美国	4.9	美国	4.6	加拿大	3.9	法国	3.9
7	罗马尼亚	2.9	澳大利亚	4.8	英国	3.3	苏联	3.7	罗马尼亚	3.8
8	中国香港、中国澳门	2.6	罗马尼亚	2.2	罗马尼亚	3.2	英国	2.6	瑞士	2.4
9	新加坡	2.6	朝鲜	1.9	朝鲜	2.6	意大利	2.5	苏联	2.1
10	澳大利亚	2.6	苏联	1.9	意大利	2.0	美国	2.4	朝鲜	2.0

资料来源：根据《中国对外贸易统计年鉴（1984）》和 WTO 数据整理计算。

三、进口贸易改革试点期（1978—1991 年）

（一）进口贸易概况

1976 年，在粉碎"四人帮"、结束十年"文化大革命"之后，国内恢复了稳定的社会局面，但是，国内经济百废待兴。与此同时，国际政治局势整体上趋向于缓和，"和平与发展"成为世界发展主题，世界经济快速发展，科技进步日新月异。国内外发展大势都要求中国共产党尽快就关系党和国家前途命运的大政方针作出政治决断和战略抉择。

1978 年 7 月至 9 月，在国务院召开的务虚会上，许多与会者提出改革僵化的经济管理体制、引进国外先进技术和资金的建议。9 月下旬，国务院召开的全国计划会议又提出，经济工作必须实行三个转变：一是把注意力转到生产斗争和技术革命上来；二是把管理制度和管理方法转到按照经济规律办事的科学管理的轨道上来；三是从闭关自守或半闭关自守状态转到积极引进国外先进技术，利用国外资金，大胆进入国际市场的开放政策上来。

1978 年 12 月召开的党的十一届三中全会，实现了新中国成立以来党的历史上具有深远意义的伟大转折，开启了改革开放和社会主义现代化建设新时期。党的十一届三中全会召开，确立了以经济建设为中心、对内实行改革、对外实行开放、加快社会主义现代化建设的路线，会议中通过了"在自力更生的基础上积极发展同世界各国平等互利的经济合作，努力采用世界先进技术和先进设备"的方针。① 由此，中国开始了从"以阶级斗争为纲"到以经济建设为中心、从僵化半僵化到全面改革、从封闭半封闭到对外开放的历史性转变。

1980 年，中国先后设立了深圳、珠海、汕头、厦门四个经济特区，并在 1984 年开放了大连、秦皇岛、天津、烟台、连云港、青岛、南通、上海、温州、宁波、福州、广州、湛江、北海等十四个沿海城市。同年，党的十二届三中全会上，对外开放第一次正式成为一项长期的基本国策。

在实施对外开放的背景下，中国的进口贸易也得到了快速发展。从图1-13 可以看出，1978 年中国进口首次突破百亿美元大关，到 1991 年，中国

---

①　石广生主编：《中国对外经济贸易改革和发展史》，人民出版社 2013 年版，第 120 页。

进口总额达到637.9亿美元，是1978年的5.86倍，1978—1991年进口年均增长率达到14.6%。中国进口占世界的比重也有了一定增长，1991年中国进口占世界比重达到1.76%，相比1978年增长了0.96个百分点。1991年美国进口占世界总进口的比重是16.8%，中国进口规模与美国之间仍有较大的差距。

（单位：亿美元）

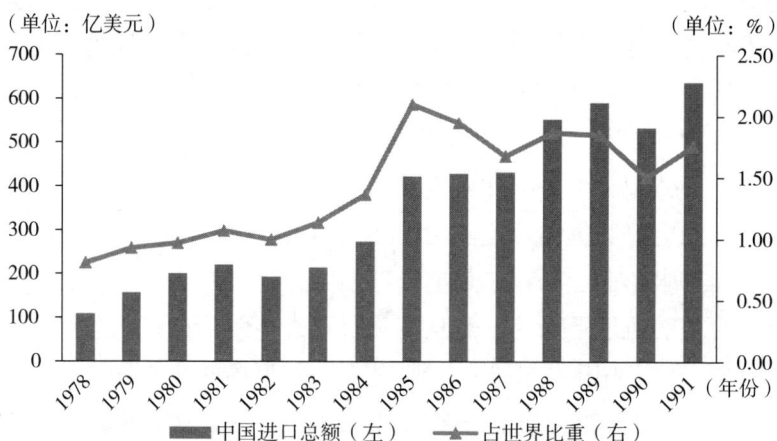

图1-13　1978—1991年中国进口总额及其占世界比重的变迁

资料来源：根据《中国对外贸易统计年鉴（1992）》和WTO数据整理计算。

（二）进口贸易商品结构

1978—1991年[①]，从中国初级产品的进口来看，1982年初级产品进口额为76.3亿美元，是1979年的1.73倍，进口比重达到39.6%，比1979年增长了11.4个百分点。但是，仅从占中国进口比重来看，在1982年之后，初级产品的进口比重就呈现出下降趋势，到1991年，初级产品进口比重仅为17%，较1982年下降了22.6个百分点，较1979年下降了11.2个百分点（见图1-14）。其中主要原因是："文化大革命"结束之后，由于当时农业生产停滞、食品供应紧缺，为支持国内市场需求，满足人民日常生活需要，促进农村经济改革与发展，中国扩大了粮食、食用油、糖等食品和一些消费品的进口。从数据来看，1982年食品及主要供食用的活动物进口比重达到

----

① 注：由于1978年数据缺失，该部分暂不就1978年情况进行讨论。

了 21.8%（见表 1-11）。随着 1983 年和 1984 年农业大丰收，中国粮食进口
开始减少，1983—1985 年粮食类进口比重分别仅为 14.6%、8.5%、3.7%。

（单位：%）

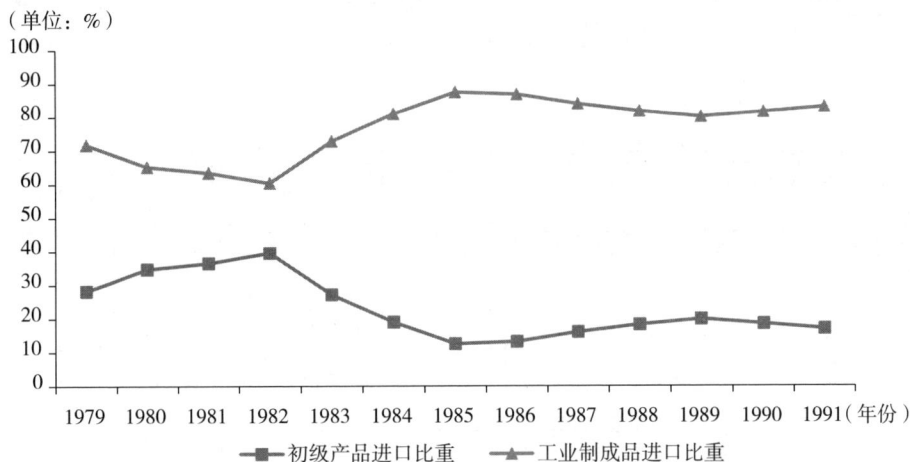

图 1-14　1979—1991 年中国进口商品结构图

资料来源：根据《中国统计年鉴（1992）》数据整理计算。

　　从工业制成品进口来看，工业制成品进口所占比重始终未低于 60%，
特别是在 20 世纪 80 年代后半期，工业制成品进口比重未低于 80%，工业制
成品是中国最主要的进口产品（见图 1-14）。其中，就机械及运输设备而
言，在 1985 年前后出现了一个明显调整。1982—1984 年，国家针对 20 世
纪 70 年代末机械设备的盲目进口进行了调整①，机械设备进口所占比重出
现明显下降，1982 年机械及运输设备比重相比 1981 年下降了 10 个百分点。
自 1985 年起，机械及运输设备所占比重又出现明显回升（见表 1-11）。

表 1-11　1979—1991 年中国进口商品结构　　（单位：亿美元;%）

年份	1979		1980		1981		1982		1983		1984		1985	
指标	金额	比重	金额	比重	金额	比重	金额	比重	金额	比重	金额	比重	金额	比重
总额	156.7	100.0	200.2	100.0	220.2	100.0	192.9	100.0	213.9	100.0	274.1	100.0	422.5	100.0
初级产品	44.2	28.2	69.6	34.8	80.4	36.5	76.3	39.6	58.1	27.2	52.1	19.0	52.9	12.5

---

　　①　沈觉人主编：《当代中国对外贸易》（下册），当代中国出版社 1992 年版，第 19 页。

续表

年份 指标	1979		1980		1981		1982		1983		1984		1985	
	金额	比重	金额	比重	金额	比重	金额	比重	金额	比重	金额	比重	金额	比重
食品及主要供食用的活动物	22.6	14.5	29.3	14.6	36.2	16.5	42.0	21.8	31.2	14.6	23.3	8.5	15.5	3.7
饮料及烟类	0.2	0.14	0.4	0.2	2.1	1.0	1.3	0.7	0.5	0.2	1.2	0.4	2.1	0.5
非食用原料	18.5	11.8	35.5	17.8	40.3	18.3	30.1	15.6	24.6	11.5	25.4	9.3	32.4	7.7
矿物燃料、润滑油及有关原料	1.0	0.6	2.0	1.0	0.8	0.4	1.8	0.9	1.1	0.5	1.4	0.5	1.7	0.4
动、植物油脂及蜡	1.9	1.2	2.4	1.2	1.0	0.4	1.1	0.6	0.7	0.3	0.8	0.3	1.2	0.3
工业制成品	113.0	71.8	130.6	65.2	139.7	63.5	116.5	60.4	155.8	72.8	222.0	81.0	369.6	87.5
化学品及有关产品	10.4	6.6	29.1	14.5	26.1	11.8	29.4	15.2	31.8	14.9	42.4	15.5	44.7	10.6
轻纺产品、橡胶制品、矿冶产品及其制品	—	—	41.5	20.8	40.4	18.3	39.1	20.3	62.9	29.4	73.2	26.7	119.0	28.2
机械及运输设备	25.9	16.5	51.2	25.6	58.7	26.6	32.0	16.6	39.9	18.6	72.5	26.4	162.4	38.4
杂项制品	—	—	5.4	2.7	5.6	2.5	4.9	2.5	7.8	3.7	11.8	4.3	19.0	4.5
未分类的其他商品	—	—	3.3	1.7	9.1	4.1	11.2	5.8	13.4	6.3	22.2	8.1	24.6	5.8

年份 指标	1986		1987		1988		1989		1990		1991	
	金额	比重	金额	比重	金额	比重	金额	比重	金额	比重	金额	比重
总额	429.0	100.0	432.2	100.0	552.8	100.0	591.4	100.0	533.5	100.0	637.9	100.0
初级产品	56.5	13.2	69.2	16.0	100.7	18.2	117.5	19.9	98.5	18.5	108.3	17.0
食品及主要供食用的活动物	16.3	3.8	24.4	5.7	34.8	6.3	41.9	7.1	33.4	6.3	28.0	4.4
饮料及烟类	1.7	0.4	2.6	0.6	3.5	0.6	2.0	0.3	1.6	0.3	2.0	0.3
非食用原料	31.4	7.3	33.2	7.7	50.9	9.2	48.4	8.2	41.1	7.7	50.0	7.8
矿物燃料、润滑油及有关原料	5.0	1.2	5.4	1.2	7.9	1.4	16.5	2.8	12.7	2.4	21.1	3.3
动、植物油脂及蜡	2.1	0.5	3.5	0.8	3.7	0.7	8.8	1.5	9.8	1.8	7.2	1.1
工业制成品	372.6	86.8	363.0	84.0	452.1	81.8	473.9	80.1	434.9	81.5	529.6	83.0
化学品及有关产品	37.7	8.8	50.1	11.6	91.4	16.5	75.6	12.8	66.5	12.5	92.8	14.5
轻纺产品、橡胶制品、矿冶产品及其制品	111.9	26.1	97.3	22.5	104.1	18.8	123.4	20.9	89.1	16.7	104.9	16.4
机械及运输设备	167.8	39.1	146.1	33.8	167.0	30.2	182.1	30.8	168.5	31.6	196.0	30.7
杂项制品	18.8	4.4	18.8	4.3	19.8	3.6	20.7	3.5	21.0	3.9	24.4	3.8
未分类的其他商品	36.3	8.5	50.8	11.8	69.8	12.6	72.2	12.2	89.9	16.9	111.5	17.5

资料来源：1979 年数据来源于裴长洪主编《共和国对外贸易 60 年》，1980—1991 年数据来源于《中国统计年鉴（1999）》。

（三）进口贸易伙伴

1978—1991 年，中国的前十大进口贸易伙伴仍以西方发达国家为主，这主要是因为中国需要从这些国家（地区）获得大量经济建设所需的物资，且需要将这些国家（地区）作为出口市场。

1978 年 8 月，中日两国在北京签订了《中日和平友好条约》，这是继 1972 年中日邦交正常化以来中日关系史上又一新的里程碑。从表 1-12 可以看出，中日贸易快速增长。其中，1978—1987 年，日本一直是中国最大的进口贸易伙伴（除了 1982 年之外），中国每年从日本进口商品比重均在 20% 以上。1988—1991 年，虽然被中国香港地区超越，但日本仍稳居中国大陆的第二大进口贸易伙伴位置。从进口商品结构来看，中国从日本进口的商品主要以重工业为主，1983 年、1984 年、1985 年的统计数据显示，机械类产品在中国从日本总进口中的比重分别为 28.4%、41.6%、57.2%，钢铁所占比重分别为 45.8%、38%、26.8%，钢铁数量在这三年从 700 万吨、800 万吨增长至 1100 万吨，中国一度成为日本钢铁最大的买主。[1]

四、进口贸易改革突破期（1992—2001 年）

（一）进口贸易概况

1992—2001 年，国内外环境变化复杂，是中国进出口贸易发展一个重要的转变期。从国际视角来看，1991 年 12 月，苏联宣布解体，社会主义阵营进入低迷，世界格局转为单极化；次年，欧共体正式签署《欧洲联盟条约》，提出了实现欧洲政治联盟的目标；1993 年 12 月，乌拉圭回合多边谈判最终达成协议，对于改善世界经济环境，推动贸易和投资自由化，对世界贸易的扩大和世界经济增长起到了促进作用。[2] 但整个 90 年代，世界发达国家整体经济进入周期性衰退期，世界经济形势低迷。

---

①　林连德编著：《当代中日贸易关系史》，中国对外经济贸易出版社 1990 年版，第 183—184 页。

②　石广生主编：《中国对外经济贸易改革和发展史》，人民出版社 2013 年版，第 99 页。

表1-12　1978—1991年中国大陆前十大进口贸易伙伴

（单位：%）

排名	1978年 国家或地区	比重	1979年 国家或地区	比重	1980年 国家或地区	比重	1981年 国家或地区	比重	1982年 国家或地区	比重	1983年 国家或地区	比重	1984年 国家或地区	比重
1	日本	28.5	日本	25.2	日本	25.8	日本	28.6	美国	22.7	日本	25.9	日本	31.3
2	联邦德国	9.5	美国	11.8	美国	19.1	美国	21.6	日本	20.6	美国	13.0	美国	14.8
3	美国	6.6	联邦德国	11.1	联邦德国	6.7	联邦德国	6.2	中国香港	6.9	中国香港	8.0	中国香港	10.9
4	澳大利亚	6.6	澳大利亚	6.3	澳大利亚	5.3	中国香港	5.8	加拿大	6.6	加拿大	7.5	联邦德国	4.8
5	加拿大	5.3	加拿大	4.0	加拿大	4.1	加拿大	5.4	联邦德国	5.1	联邦德国	5.7	加拿大	4.0
6	罗马尼亚	3.4	罗马尼亚	3.9	中国香港、中国澳门	3.9	澳大利亚	3.4	澳大利亚	4.8	阿根廷	3.1	澳大利亚	3.4
7	瑞士	2.7	英国	3.2	英国	3.2	罗马尼亚	2.7	罗马尼亚	2.2	法国	3.0	苏联	2.6
8	英国	2.7	法国	2.6	罗马尼亚	2.6	法国	2.6	泰国	1.8	澳大利亚	2.9	英国	1.9
9	法国	2.3	朝鲜	2.1	法国	2.1	意大利	1.6	意大利	1.7	英国	2.6	意大利	1.7
10	朝鲜	2.1	意大利	2.0	朝鲜	2.0	巴基斯坦	1.5	朝鲜	1.6	苏联	2.1	罗马尼亚	1.6

排名	1985年 国家或地区	比重	1986年 国家或地区	比重	1987年 国家或地区	比重	1988年 国家或地区	比重	1989年 国家或地区	比重	1990年 国家或地区	比重	1991年 国家或地区	比重
1	日本	35.6	日本	29.0	日本	23.3	中国香港	23.3	中国香港	21.2	中国香港	26.7	中国香港	27.4
2	美国	12.0	中国香港	13.1	中国香港	19.5	日本	19.5	日本	17.8	日本	14.2	日本	15.7
3	中国香港	11.4	美国	11.0	美国	11.2	美国	11.2	美国	13.3	美国	12.4	美国	12.6
4	联邦德国	5.7	联邦德国	8.3	联邦德国	7.2	联邦德国	7.2	联邦德国	5.7	联邦德国	5.5	中国台湾	5.7
5	加拿大	2.7	苏联	3.4	加拿大	3.2	加拿大	3.2	苏联	3.6	苏联	4.0	德国	4.8

续表

排名	1985 年		1986 年		1987 年		1988 年		1989 年		1990 年		1991 年	
	国家或地区	比重	国家或地区	比重	国家或地区	比重	国家或地区	比重	国家或地区	比重	国家或地区	比重	国家或地区	比重
6	澳大利亚	2.7	澳大利亚	3.3	澳大利亚	3.1	苏联	3.2	意大利	3.1	法国	3.1	苏联	3.3
7	巴西	2.3	意大利	2.7	苏联	2.9	意大利	2.8	新加坡	2.5	加拿大	2.8	加拿大	2.6
8	苏联	2.3	英国	2.4	意大利	2.9	澳大利亚	2.0	澳大利亚	2.5	英国	2.6	法国	2.5
9	意大利	2.2	加拿大	2.2	英国	2.4	新加坡	2.1	法国	2.4	澳大利亚	2.5	澳大利亚	2.4
10	英国	1.8	法国	1.7	法国	2.1	法国	1.8	英国	1.8	意大利	2.0	意大利	2.3

资料来源:1978—1980年数据来源于《中国对外经济贸易年鉴(1984)》,1981—1991年数据来源于历年《中国统计年鉴》。

　　从国内视角来看，1992 年 1 月邓小平南方谈话，为推进改革开放指明了方向。随后，党的十四大提出要在中国建设社会主义市场经济体制，要进一步扩大开放，形成多层次、多渠道、全方位对外开放格局，标志着中国的改革开放进入了新阶段。[①] 1993 年颁布的《中共中央关于建立社会主义市场经济体制若干问题的决定》指出：坚定不移地实行对外开放政策，加快对外开放步伐，充分利用国际国内两个市场、两种资源，优化资源配置。积极参与国际竞争与国际经济合作，发挥中国经济的比较优势，发展开放型经济，使国内经济与国际经济实现互接互补。依照中国国情和国际经济活动的一般准则，规范对外经济活动，正确处理对外经济关系，不断提高国际竞争能力。

　　与此同时，1992—2001 年，中国进入了加入世界贸易组织实质性谈判期，中国外贸持续深化改革。在此期间，中国取消进出口指令性计划，改进和完善出口退税制度，改革外汇管理制度，将外汇双轨制向有管理的浮动汇率制度转变。在进口贸易方面，中国就进口关税和非关税壁垒进行了大幅度削减。自 1992 年起，中国取消全部进口调节税，并自动下调进口关税税率，就简单平均最惠国关税而言，2001 年为 15.4%，较 1992 年下降 26.7 个百分点（见图1-15）。另外，中国于 1994 年开始实施《一般商品进口配额管理暂行办法》，大幅度减少有关商品配额，有效推动了该时期进口贸易的发展。

（单位：%）

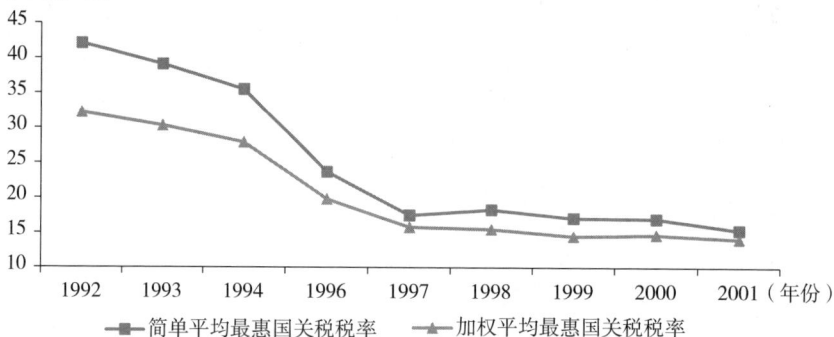

图 1-15　1992—2001 年中国进口关税变化趋势

注：由于 1995 年数据缺失，未进行报告。
资料来源：World Development Indicators。

---

　　① 商务部国际贸易经济合作研究院编：《迈向贸易强国之路——40 年改革开放大潮下的中国对外贸易》，中国商务出版社 2018 年版，第 94 页。

如图 1-16 所示，在这样的国内外环境下，在 1992—2001 年间，中国的进口贸易也得到了有效发展。从进口总量来看，2001 年中国进口贸易额达到 2435.5 亿美元，是 1992 年的 3.02 倍，该时期年均增长率达 13.08%。另外，值得注意的是，该时期中国进口占世界的比重整体上也呈现出上升趋势，2001 年中国进口占世界进口比重已经达到了 3.8%，较 1992 年上升了 1.7 个百分点，说明中国进口在世界的地位在不断提升。

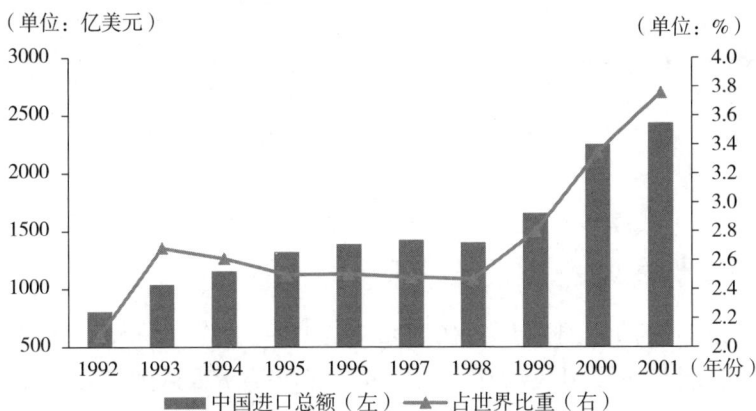

图 1-16　1992—2001 年中国进口总额及其占世界比重的变迁

资料来源：根据历年《中国统计年鉴》和 WTO 数据整理计算。

（二）进口贸易商品结构

1992—2001 年，工业制成品仍是中国主要的进口商品，从图 1-17 可以看出，虽然各年工业制成品所占比重存在一定的波动，但是，基本稳定在 80% 的水平附近，进口商品结构未出现个别年份明显变化的情况。如表 1-13 所示，从工业制成品进口总量上来看，2001 年中国工业制成品进口额达到 1978.4 亿美元，是 1992 年的 2.94 倍。进一步来看，机械及运输设备依旧是工业制成品中的重要组成部分，约占工业制成品进口的 50% 左右。另外，轻纺产品、橡胶制品、矿冶产品及其制品也是工业制成品的主要组成部分，该类产品在 1992—1997 年占中国全部进口的比重约为 30% 左右，虽然在 1998—2001 年所占比重有所下降，但仍占中国全部进口的 20% 左右。

初级产品的进口额在这一时期也有了明显增长，如表 1-13 所示，2001 年

（单位：%）

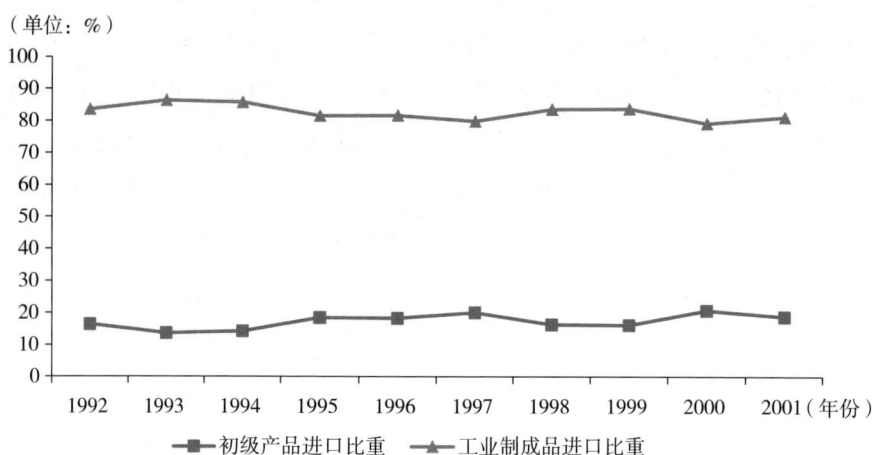

图 1-17　1992—2001 年中国进口商品结构图

资料来源：根据《中国统计年鉴（2002）》数据整理计算。

初级产品的进口金额达到 457.74 亿美元，是 1992 年的 3.45 倍。在初级产品中，非食用原料是重要组成部分，平均占初级产品比重达到了 44%左右，其次是矿物燃料、润滑油及有关原料，平均占初级产品比重达到了 30%左右；第三位是食品及主要供食用的活动物，平均占初级产品比重达到了 17%左右，而饮料及烟类，动、植物油脂及蜡这两类产品所占的比重较低。

表 1-13　1992—2001 年中国进口商品结构　（单位：亿美元;%）

年份	1992		1993		1994		1995		1996	
指标	金额	比重	金额	比重	金额	比重	金额	比重	金额	比重
总额	805.85	100.0	1039.59	100.0	1156.14	100.0	1320.84	100.0	1388.33	100.0
初级产品	132.55	16.4	142.10	13.7	164.86	14.3	244.17	18.5	254.41	18.3
食品及主要供食用的活动物	31.46	3.9	22.06	2.1	31.37	2.7	61.32	4.6	56.72	4.1
饮料及烟类	2.39	0.3	2.45	0.2	0.68	0.1	3.94	0.3	4.97	0.4
非食用原料	57.75	7.2	54.38	5.2	74.37	6.4	101.59	7.7	106.98	7.7
矿物燃料、润滑油及有关原料	35.70	4.4	58.19	5.6	40.35	3.5	51.27	3.9	68.77	5.0

续表

年份	1992		1993		1994		1995		1996	
指标	金额	比重	金额	比重	金额	比重	金额	比重	金额	比重
动、植物油脂及蜡	5.25	0.7	5.02	0.5	18.09	1.6	26.05	2.0	16.97	1.2
工业制成品	673.30	83.6	897.49	86.3	991.28	85.7	1076.67	81.5	1133.92	81.7
化学品及有关产品	111.57	13.8	97.04	9.3	121.30	10.5	172.99	13.1	181.06	13.0
轻纺产品、橡胶制品、矿冶产品及其制品	192.73	23.9	285.27	27.4	280.84	24.3	287.72	21.8	313.91	22.6
机械及运输设备	313.12	38.9	450.23	43.3	514.67	44.5	526.42	39.9	547.63	39.4
杂项制品	55.88	6.9	64.95	6.2	67.68	5.9	82.61	6.3	84.86	6.1
未分类的其他商品	—	—	—	—	6.79	0.6	6.93	0.5	6.46	0.5

年份	1997		1998		1999		2000		2001	
指标	金额	比重	金额	比重	金额	比重	金额	比重	金额	比重
总额	1423.70	100.0	1402.37	100.0	1656.99	100.0	2250.94	100.0	2436.13	100.0
初级产品	286.20	20.1	229.49	16.4	268.46	16.2	467.39	20.8	457.74	18.8
食品及主要供食用的活动物	43.04	3.0	37.88	2.7	36.19	2.2	47.58	2.1	49.76	2.0
饮料及烟类	3.20	0.2	1.79	0.1	2.08	0.1	3.64	0.2	4.12	0.2
非食用原料	120.06	8.4	107.15	7.6	127.40	7.7	200.03	8.9	221.28	9.1
矿物燃料、润滑油及有关原料	103.06	7.2	67.76	4.8	89.12	5.4	206.37	9.2	174.95	7.2
动、植物油脂及蜡	16.84	1.2	14.91	1.1	13.67	0.8	9.77	0.4	7.63	0.3
工业制成品	1137.50	79.9	1172.88	83.6	1388.53	83.8	1783.55	79.2	1978.40	81.2
化学品及有关产品	192.97	13.6	201.58	14.4	240.30	14.5	302.13	13.4	321.06	13.2
轻纺产品、橡胶制品、矿冶产品及其制品	322.20	22.6	310.75	22.2	343.17	20.7	418.07	18.6	419.39	17.2
机械及运输设备	527.74	37.1	568.45	40.5	694.53	41.9	919.31	40.8	1070.42	43.9
杂项制品	85.50	6.0	84.56	6.0	97.01	5.9	127.51	5.7	150.76	6.2
未分类的其他商品	9.09	0.6	7.54	0.5	13.52	0.8	16.53	0.7	16.77	0.7

资料来源：根据《中国统计年鉴（2002）》数据整理计算。

（三）进口贸易伙伴

1992—2001 年，中国大陆的前十大进口贸易伙伴比较固定，中国大陆的进口贸易伙伴主要集中在西方发达国家和亚洲国家（地区）。从表 1-14 可以看出，中国香港、日本、美国、中国台湾、德国、俄罗斯、韩国等国家（地区）在十年间均出现了 10 次，新加坡、澳大利亚出现次数也高达 9 次。

从日本的进口来看，1993 年，日本取代中国香港再次成为中国大陆最大的进口贸易伙伴，并在该时期随后的年份一直保持中国第一大进口贸易伙伴的地位。但是，从所占比重来看，日本作为第一大进口贸易伙伴在中国进口中所占比重有一定下降，2001 年日本在中国进口中仅占 17.6%，较 1993 年下降了 4.8 个百分点。

从中国香港的进口来看，1992—2001 年，中国香港在中国内地进口中所占比重表现为明显下降的趋势，2001 年中国香港位列第六位，进口比重为 3.9%，比 1992 年下降了 21.6 个百分点。主要原因可能是：（1）由于历史原因使得香港与内地形成了特殊的"前店后厂"的关系；内资企业对外经营能力提升、大量外资直接进入等原因导致从香港进口下降。（2）香港在内地对外贸易中地位的下降与贸易转型有关，因为近年来香港离岸贸易增长迅速。（3）港元与人民币实际有效汇率对香港与内地间的双边贸易往来有重要影响，并且加工贸易对实际有效汇率变动非常敏感。考虑到 20 世纪 90 年代大量港资企业为降低生产成本而移师内地，从而促使香港产业结构得到调整，也会在一定程度上影响到香港在内地对外贸易中原有的作用。（4）进口统计口径的变动导致从香港的进口额下降。[①]

从中国台湾的进口来看，自 1991 年首次进入中国大陆的前十大进口贸易伙伴后，中国台湾在 1992—2001 年间一直位列中国大陆前五大进口贸易伙伴，进口比重平均约为 11%。这主要是因为，这段时期，大陆方面进一步加速改革开放进程，就鼓励台商来大陆投资和两岸通航颁布了一系列政策法规，包括 1994 年 3 月颁布《中华人民共和国台湾同胞投资保护法》，同年 4 月提出对台商投资的领域、项目、方式采取"同等优先、适当放宽"的原则，1999 年进一步颁布《中华人民共和国台湾同胞投资保护法实施细则》。1996 年 8 月，大陆交通部和外经贸部先后发布《台湾海峡两岸间航运管理

---

① 何新华：《中国香港在内地对外贸易中的地位评析》，《国际经济评论》2007 年第 2 期。

办法》和《关于台湾海峡两岸间货物运输代理业管理办法》。① 中国台湾方面，虽然政策上有所调整，但其在 1992 年后在《两岸人民关系条例》的基础上出台了一系列有关对大陆投资、贸易等领域的许可管理办法。这段时期，两岸贸易也在台湾对大陆投资的带动下有了蓬勃发展。2001 年，中国大陆从台湾进口额达到 273 亿美元，是 1992 年的 4.6 倍，大陆也成为了台湾最大的出口地区。从表 1-15 中的数据来看，台商大陆投资带动对大陆的出口额中原料及中间制品占比较大，2000 年这一金额就达到了 89.6 亿美元，是机械设备的 6.7 倍。

表 1-14　1992—2001 年中国大陆前十大进口贸易伙伴

（单位:%）

排名	1997 年		1998 年		1999 年		2000 年		2001 年	
	国家或地区	比重	国家或地区	比重	国家或地区	比重	国家或地区	比重	国家或地区	比重
1	中国香港	25.5	日本	22.4	日本	22.8	日本	22.0	日本	21.0
2	日本	17.0	中国台湾	12.4	中国台湾	12.2	美国	12.2	中国台湾	11.7
3	美国	11.0	美国	10.3	美国	12.0	中国台湾	11.2	美国	11.6
4	中国台湾	7.3	中国香港	10.1	中国香港	8.2	韩国	7.8	韩国	9.0
5	德国	5.0	德国	5.8	韩国	6.3	中国香港	6.5	中国香港	5.6
6	俄罗斯	4.4	韩国	5.2	德国	6.2	德国	6.1	德国	5.3
7	韩国	3.3	俄罗斯	4.8	俄罗斯	3.0	俄罗斯	2.9	俄罗斯	3.7
8	加拿大	2.4	意大利	2.6	意大利	2.7	新加坡	2.6	新加坡	2.6
9	意大利	2.2	新加坡	2.5	新加坡	2.2	意大利	2.4	澳大利亚	2.5
10	澳大利亚	2.1	澳大利亚	1.9	澳大利亚	2.1	加拿大	2.0	意大利	2.3
排名	1997 年		1998 年		1999 年		2000 年		2001 年	
	国家或地区	比重	国家或地区	比重	国家或地区	比重	国家或地区	比重	国家或地区	比重
1	日本	20.4	日本	20.2	日本	20.4	日本	18.4	日本	17.6

① 黄梅波:《两岸经贸关系回顾与展望》，人民出版社 2007 年版，第 9 页。

续表

排名	1997 年		1998 年		1999 年		2000 年		2001 年	
	国家或地区	比重	国家或地区	比重	国家或地区	比重	国家或地区	比重	国家或地区	比重
2	中国台湾	11.5	美国	12.0	中国台湾	11.8	中国台湾	11.3	中国台湾	11.2
3	美国	11.4	中国台湾	11.9	美国	11.8	韩国	10.3	美国	10.8
4	韩国	10.5	韩国	10.7	韩国	10.4	美国	9.9	韩国	9.6
5	中国香港	4.9	德国	5.0	德国	5.0	德国	4.6	德国	5.7
6	德国	4.3	中国香港	4.7	中国香港	4.2	中国香港	4.2	中国香港	3.9
7	新加坡	3.1	新加坡	3.0	俄罗斯	2.5	俄罗斯	2.6	俄罗斯	3.3
8	俄罗斯	2.9	俄罗斯	2.6	新加坡	2.5	马来西亚	2.4	马来西亚	2.5
9	澳大利亚	2.3	法国	2.3	法国	2.3	新加坡	2.2	澳大利亚	2.2
10	法国	2.3	澳大利亚	1.9	澳大利亚	2.2	澳大利亚	2.2	新加坡	2.1

资料来源：根据历年《中国统计年鉴》数据整理计算。

表 1-15　1993—2000 年台商对大陆投资及带动贸易统计表

（单位：亿美元;%）

年份	实际利用台资金额	台商大陆投资带动对大陆出口额			台商大陆投资带动出口占台湾对大陆出口比重
		原料及中间制品	机械设备	合计	
1993	54.5	21.2	14.6	35.8	28.0
1994	82.9	32.1	15.7	47.8	32.6
1995	114.2	44.1	17.3	61.4	34.3
1996	150.7	51.2	18.6	69.8	36.4
1997	181.9	62.4	15.9	78.3	38.2
1998	212.8	72.9	15.8	88.7	48.3
1999	231.1	79.2	9.3	88.5	41.7
2000	261.6	89.6	13.4	103.0	39.4

资料来源：黄梅波：《两岸经贸关系回顾与展望》，人民出版社 2007 年版，第 13 页。邱秀锦：《台湾经济对大陆经济依赖程度与可能影响》，《台湾经济金融月刊》2001 年 9 月 20 日。

五、进口贸易迅速发展期（2002—2017 年）

（一）进口贸易概况

2001 年 12 月 11 日，中国结束了历时 15 年的漫长谈判正式加入世界贸易组织（WTO），成为第 143 个成员，这是中国深度参与全球经济的里程碑，也标志着中国的改革开放迈向了新的台阶，为中国对外贸易的发展带来了新的机遇。

中国在加入 WTO 之后，积极履行入世承诺，在货物贸易方面，不断削减进口关税，截至 2010 年，中国货物降税承诺全部履行完毕。图 1-18 表明，2017 年简单平均最惠国关税税率为 8.46%，较 2001 年下降了大约 7 个百分点，2017 年加权平均最惠国关税税率为 3.83%，较 2001 年下降了大约 11.7 个百分点。另外，在全面履行加入承诺的基础上，中国又多次以暂定税率方式大幅自主降低进口关税税率。根据世贸组织的统计，2015 年中国的贸易加权平均关税已降至 4.4%，与美国、欧盟等发达经济体相差 1.5—2 个百分点。截至 2017 年年底，中国已调减 900 多个税目产品的税率。在 2018 年博鳌亚洲论坛年会上，中国宣布将进一步扩大降税范围，努力增加人民群众需求比较集中的特色优势产品进口。[①]

除此之外，中国也积极削减非关税壁垒，减少不必要的贸易限制，促进贸易透明畅通。截至 2005 年 1 月，中国已按加入承诺全部取消了进口配额、进口许可证和特定招标等非关税措施，涉及汽车、机电产品、天然橡胶等 424 个税号产品，对小麦、玉米、大米、食糖、棉花、羊毛、毛条和化肥等关系国计民生的大宗商品实行关税配额管理。

2001 年加入世贸组织以来，中国与世界经济高度结合，在面对国际形势复杂多变的情况下，中国顺应时代发展的大潮，坚定扩大开放。在贸易层面，中国不刻意追求贸易顺差，积极扩大进口，促进进出口贸易平稳发展，与世界共享中国发展成果。2012 年召开的中央经济工作会议就明确指出要"积极扩大进口"，2014 年国务院办公厅下发的《关于加强进口的若干意见》更是提出要实施积极的进口促进战略，加强技术、产品和服务进口，

---

① 中华人民共和国国务院新闻办公室编：《中国与世界贸易组织》白皮书，2018 年版，第 27 页。

（单位：%）

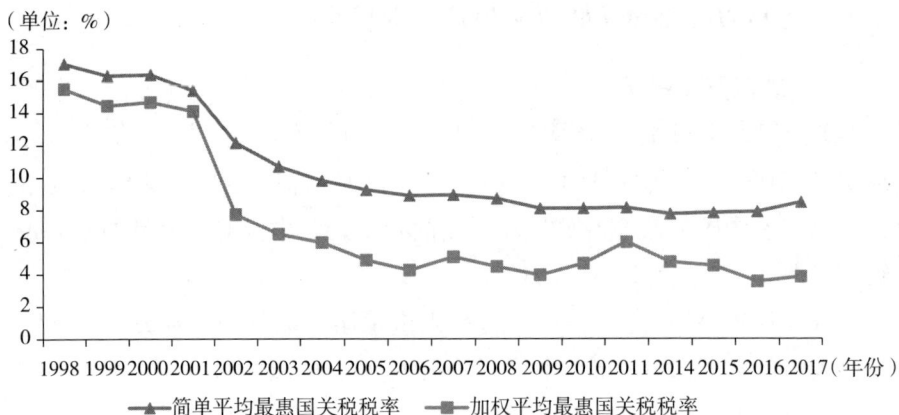

图 1-18　1998—2017 年中国进口关税变化趋势

注：由于 2012 年、2013 年数据缺失，未进行报告。

资料来源：World Development Indicators。

有利于增加有效供给，满足国内生产生活需求，促进产业优化升级。在一系列举措下，中国进口贸易得到了快速发展。2001—2017 年，中国货物贸易进口额年均增长达到 13.5%，高出全球平均水平 6.9 个百分点，中国进口贸易占世界比重呈现出明显上升趋势，2017 年中国进口占世界比重达 10.22%，较 2002 年提升了约 6 个百分点（见图 1-19）。2009 年，中国进口额超过德国，首次成为仅次于美国的世界第二大进口国。2009 年以来，中国一直是最不发达国家的第一大出口市场，吸收了最不发达国家五分之一的出口。[①] 另外，中国在 2015 年已经是 41 个国家的第一大进口国，而美国仅为 36 个国家的第一大进口国。[②]

（二）进口贸易商品结构

2002—2017 年，中国进口商品结构在不同时期呈现出不同的特征。从图 1-20 可以看出，初级产品在 2002—2012 年整体呈现出明显的上升趋势，2012 年初级产品比重达到 34.9%，比 2002 年上升了约 18 个百分点，虽然 2013—2017 年间初级产品的进口比重有小幅度波动，但是，基本稳

[①]　中华人民共和国国务院新闻办公室编：《中国与世界贸易组织》白皮书，2018 年版，第 17 页。

[②]　魏浩、郭也、周丽群：《中国货物贸易进口的产品结构和比较优势测算》，《国际贸易》2019 年第 5 期。

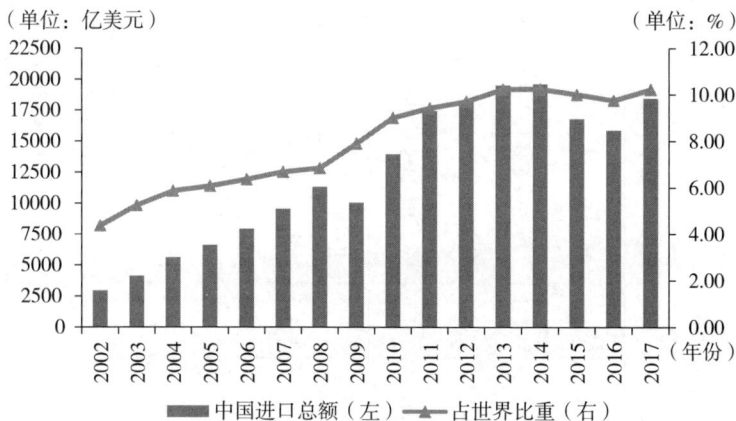

图1-19　2002—2017年中国进口总额及其占世界比重的变迁

资料来源：根据历年《中国统计年鉴》和WTO数据整理计算。

定在30%水平线左右。具体从表1-16可以看出，在2002—2012年间，初级产品所占比重快速上升，主要是由于中国加大了国内急需的能源、资源、先进技术设备和日用消费品进口的鼓励力度①，其中，"非食用原料"和"矿物燃料、润滑油及有关原料"这两类产品的进口比重上升明显，2012年，两类产品比重合计达到32%，较2002年上升了约18个百分点。这种现象，一方面展现该时期中国工业化进程的加快，另一方面也说明中国工业化进程中资源的约束问题。另外，在2013—2017年间，这两类产品的进口金额出现了明显下滑，主要原因是能源类产品的价格下滑导致的。②

对工业制成品而言，机械及运输设备一直是重要的进口商品，2002—2017年间，该类产品进口比重一直维持在40%水平线附近，且进口金额增速明显（见表1-16）。2017年，机械及运输设备进口金额达到7348.7亿美元，是2002年的5.4倍。2017年，中国主要进口金属加工机床88656台、蒸汽锅炉及过热水锅炉563台，高新技术产品5840.3亿美元。

① 商务部国际贸易经济合作研究院编：《迈向贸易强国之路——40年改革开放大潮下的中国对外贸易》，中国商务出版社2018年版，第103页。

② 商务部国际贸易经济合作研究院编：《迈向贸易强国之路——40年改革开放大潮下的中国对外贸易》，中国商务出版社2018年版，第110页。

表1-16 2002—2017年中国进口商品结构

（单位:亿美元;%）

年份\指标	2002 金额	2002 比重	2003 金额	2003 比重	2004 金额	2004 比重	2005 金额	2005 比重	2006 金额	2006 比重	2007 金额	2007 比重	2008 金额	2008 比重	2009 金额	2009 比重
总额	2951.7	100.0	4127.6	100.0	5612.3	100.0	6599.5	100.0	7914.6	100.0	9561.2	100.0	11325.7	100.0	10059.2	100.0
初级产品	492.7	16.7	727.6	17.6	1172.7	20.9	1477.1	22.4	1871.3	23.6	2430.9	25.4	3624.0	32.0	2898.0	28.8
食品及主要供食用的活动物	52.4	1.8	59.6	1.4	91.5	1.6	93.9	1.4	99.9	1.3	115.0	1.2	140.5	1.2	148.3	1.5
饮料及烟类	3.9	0.1	4.9	0.1	5.5	0.1	7.8	0.1	10.4	0.1	14.0	0.1	19.2	0.2	19.5	0.2
非食用原料	227.4	7.7	341.2	8.3	553.6	9.9	702.3	10.6	831.6	10.5	1179.1	12.3	1667.0	14.7	1413.5	14.1
矿物燃料,润滑油及有关原料	192.9	6.5	291.9	7.1	479.9	8.6	639.5	9.7	890.0	11.2	1049.3	11.0	1692.4	14.9	1240.4	12.3
动、植物油脂及蜡	16.3	0.6	30.0	0.7	42.1	0.8	33.7	0.5	39.4	0.5	73.4	0.8	104.9	0.9	76.4	0.8
工业制成品	2459.0	83.3	3400.0	82.4	4439.6	79.1	5122.4	77.6	6043.3	76.4	7128.7	74.6	7701.7	68.0	7161.2	71.2
化学品及有关产品	390.4	13.2	489.8	11.9	654.7	11.7	777.3	11.8	870.5	11.0	1075.5	11.2	1191.9	10.5	1120.9	11.1
轻纺产品,橡胶制品,矿冶产品及其制品	484.9	16.4	639.0	15.5	739.9	13.2	811.6	12.3	869.2	11.0	1028.8	10.8	1071.7	9.5	1077.4	10.7
机械及运输设备	1370.1	46.4	1928.3	46.7	2528.3	45.0	2904.8	44.0	3570.2	45.1	4124.6	43.1	4417.7	39.0	4078.0	40.5
杂项制品	198.0	6.7	330.1	8.0	501.4	8.9	608.6	9.2	713.1	9.0	875.1	9.2	976.4	8.6	851.9	8.5
未分类的其他商品	15.6	0.5	12.8	0.3	15.3	0.3	20.1	0.3	20.3	0.3	24.7	0.3	44.1	0.4	33.1	0.3

续表

年份\指标	2010 金额	2010 比重	2011 金额	2011 比重	2012 金额	2012 比重	2013 金额	2013 比重	2014 金额	2014 比重	2015 金额	2015 比重	2016 金额	2016 比重	2017 金额	2017 比重
总额	13962.4	100.0	17434.8	100.0	18184.1	100.0	19499.9	100.0	19592.4	100.0	16795.6	100.0	15879.3	100.0	18437.9	100.0
初级产品	4338.5	31.1	6042.7	34.7	6349.3	34.9	6580.8	33.7	6469.4	33.0	4720.6	28.1	4410.6	27.8	5796.4	31.4
食品及主要供食用的活动物	215.7	1.5	287.7	1.7	352.6	1.9	417.0	2.1	468.3	2.4	505.0	3.0	491.6	3.1	543.1	2.9
饮料及烟类	24.3	0.2	36.9	0.2	44.0	0.2	45.1	0.2	52.2	0.3	57.7	0.3	61.0	0.4	70.3	0.4
非食用原料	2121.1	15.2	2849.2	16.3	2696.6	14.8	2863.7	14.7	2696.4	13.8	2097.1	12.5	2025.5	12.8	2610.0	14.2
矿物燃料、润滑油及有关原料	1890.0	13.5	2757.8	15.8	3130.9	17.2	3151.6	16.2	3167.6	16.2	1985.9	11.8	1765.3	11.1	2496.2	13.5
动、植物油脂及蜡	87.4	0.6	111.1	0.6	125.3	0.7	103.4	0.5	8493	43.3	74.8	0.4	67.3	0.4	76.8	0.4
工业制成品	9623.9	68.9	11392.2	65.3	11834.7	65.1	12919.1	66.3	13123.0	67.0	12075.1	71.9	11468.7	72.2	12641.6	68.6
化学产品及有关产品	1497.0	10.7	1811.1	10.4	1792.9	9.9	1903.0	9.8	1932.6	9.9	1712.7	10.2	1641.2	10.3	1937.3	10.5
轻纺产品、橡胶制品、矿冶产品及其制品	1312.8	9.4	1503.0	8.6	1459.5	8.0	1478.7	7.6	1723.7	8.8	1330.1	7.9	1219.2	7.7	1351.5	7.3
机械及运输设备	5494.2	39.3	6305.7	36.2	6529.4	35.9	7101.4	36.4	7242.0	37.0	6824.2	40.6	6578.3	41.4	7348.7	39.9
杂项制品	1135.6	8.1	1277.2	7.3	1365.2	7.5	1388.6	7.1	1397.1	7.1	1346.9	8.0	1261.4	7.9	1343.3	7.3
未分类的其他商品	184.4	1.3	495.1	2.8	687.7	3.8	1047.4	5.4	827.6	4.2	861.2	5.1	768.7	4.8	660.8	3.6

注:2016—2017年"轻纺产品、橡胶制品、矿冶产品及其制品"栏目对应产品名称为"按原料分类的制成品"。

资料来源:根据历年《中国统计年鉴》数据整理计算。

（单位：%）

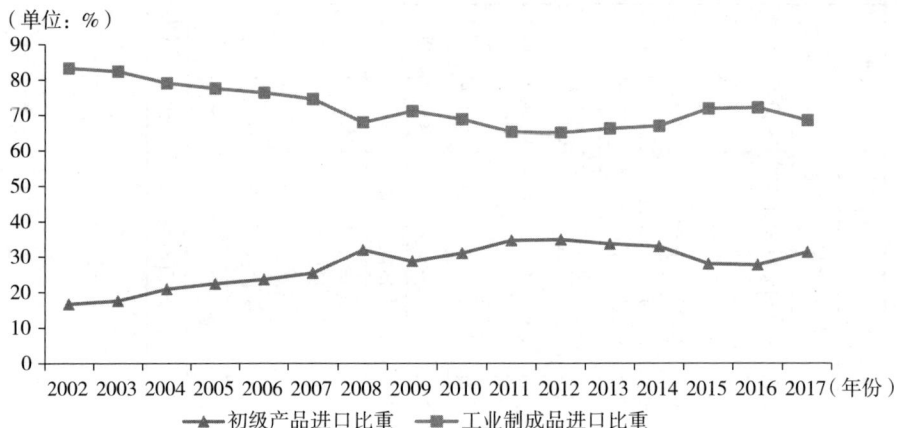

图 1-20　2002—2017 年中国进口商品结构图

资料来源：根据历年《中国统计年鉴》数据整理计算。

（三）进口贸易伙伴

从前十大进口贸易伙伴构成来看，2002—2017 年，中国大陆前十大进口贸易伙伴主要分布在欧洲、北美洲和亚洲，其中，亚洲的地区居多，各年占比均在一半及以上，主要是日本、韩国、中国台湾、中国香港、马来西亚、泰国等地区。

2002—2012 年，日本一直是中国第一大进口贸易伙伴，日本占中国总进口的比重呈现出明显的下降趋势，2002 年日本所占比重是 18.1%，2012 年日本所占比重下降到 9.8%。2013 年，韩国取代日本成为中国第一大进口贸易伙伴（见表 1-17）。这可能是因为中国是韩国重化工、电子、汽车等制造业产能转移的主要承接地，特别是加工装配的贸易方式带动了大量电子、机械产品零配件和中间产品进口到中国。[①] 2017 年，机电产品、化工产品和光学医疗设备是韩国对中国出口的主要产品，2017 年出口额分别为 738.4 亿美元、193.4 亿美元和 145.4 亿美元，三类产品合计占韩国对中国出口总额的 75.8%。[②] 2013—2017 年，韩国占中国总进口的比重基本保持稳定，所占份额一直在 10% 左右（见表 1-17）。

---

① 海关总署统计分析司编著：《改革开放 40 年中国对外贸易发展报告》，中国海关出版社 2018 年版，第 318 页。

② 数据来源：国别数据网，见 https：//countryreport. mofcom. gov. cn/record/view110209. asp?news_ id=57568。

表 1—17　2002—2017 年中国大陆前十大进口贸易伙伴

（单位：%）

排名	2002年 国家或地区	比重	2003年 国家或地区	比重	2004年 国家或地区	比重	2005年 国家或地区	比重	2006年 国家或地区	比重	2007年 国家或地区	比重	2008年 国家或地区	比重	2009年 国家或地区	比重
1	日本	18.1	日本	18.0	日本	16.8	日本	15.2	日本	14.6	日本	14.0	日本	13.3	日本	13.0
2	中国台湾	12.9	中国台湾	12.0	中国台湾	11.5	韩国	11.6	韩国	11.3	韩国	10.9	韩国	9.9	韩国	10.2
3	韩国	9.7	韩国	10.4	韩国	11.1	中国台湾	11.3	中国台湾	11.0	中国台湾	10.6	中国台湾	9.1	中国台湾	8.5
4	美国	9.2	美国	8.2	美国	8.0	美国	7.4	美国	7.5	美国	7.3	美国	7.2	美国	7.7
5	德国	5.6	德国	5.9	德国	5.4	德国	4.7	德国	4.8	德国	4.7	德国	4.9	德国	5.5
6	中国香港	3.6	马来西亚	3.4	马来西亚	3.2	马来西亚	3.0	马来西亚	3.0	马来西亚	3.0	澳大利亚	3.3	澳大利亚	3.9
7	马来西亚	3.1	中国香港	2.7	新加坡	2.5	新加坡	2.5	澳大利亚	2.4	澳大利亚	2.7	马来西亚	2.8	马来西亚	3.2
8	俄罗斯	2.8	新加坡	2.5	俄罗斯	2.2	澳大利亚	2.5	菲律宾	2.3	沙特	2.4	沙特	2.7	巴西	2.8
9	新加坡	2.4	俄罗斯	2.4	中国香港	2.4	俄罗斯	2.4	泰国	2.2	巴西	2.4	巴西	2.6	泰国	2.5
10	澳大利亚	2.0	泰国	2.1	澳大利亚	2.1	泰国	2.1	新加坡	2.1	俄罗斯	2.2	泰国	2.3	沙特	2.3

排名	2010年 国家或地区	比重	2011年 国家或地区	比重	2012年 国家或地区	比重	2013年 国家或地区	比重	2014年 国家或地区	比重	2015年 国家或地区	比重	2016年 国家或地区	比重	2017年 国家或地区	比重
1	日本	12.7	日本	11.2	日本	11.2	韩国	9.8	韩国	9.4	韩国	9.7	韩国	10.4	韩国	9.6
2	韩国	9.9	韩国	9.3	韩国	9.3	日本	9.3	日本	8.3	美国	8.3	日本	8.8	日本	9.0
3	中国台湾	8.3	中国台湾	7.2	美国	7.3	中国台湾	7.3	美国	8.0	中国台湾	8.1	中国台湾	8.5	中国台湾	8.5
4	美国	7.3	美国	7.0	中国台湾	7.3	美国	7.3	中国台湾	7.8	日本	7.8	美国	8.5	美国	8.3
5	德国	5.3	德国	5.3	德国	5.1	澳大利亚	5.1	德国	5.1	德国	5.4	德国	5.2	德国	5.3

续表

排名	2010年 国家或地区	比重	2011年 国家或地区	比重	2012年 国家或地区	比重	2013年 国家或地区	比重	2014年 国家或地区	比重	2015年 国家或地区	比重	2016年 国家或地区	比重	2017年 国家或地区	比重
6	澳大利亚	4.4	澳大利亚	4.7	澳大利亚	4.7	德国	4.8	马来西亚	2.8	澳大利亚	4.4	澳大利亚	4.5	澳大利亚	5.2
7	马来西亚	3.6	马来西亚	3.6	马来西亚	3.2	马来西亚	3.1	巴西	2.6	马来西亚	3.2	马来西亚	3.1	巴西	3.2
8	巴西	2.7	巴西	3.0	沙特	3.0	瑞士	2.9	沙特	2.5	巴西	2.6	巴西	2.9	马来西亚	3.0
9	泰国	2.4	沙特	2.8	巴西	2.9	巴西	2.8	南非	2.3	瑞士	2.4	瑞士	2.5	越南	2.7
10	沙特	2.4	俄罗斯	2.3	南非	2.5	沙特	2.7	俄罗斯	2.1	泰国	2.2	泰国	2.4	泰国	2.3

资料来源：根据《中国统计年鉴（2003—2018）》数据整理计算。

要特别指出的是，2002—2017 年东盟国家开始进入中国前十大进口贸易伙伴的名单，例如，马来西亚、泰国、新加坡、越南、菲律宾等国家。这主要是得益于 2001 年中国与东盟达成共识，认为建立中国—东盟自由贸易区是双方共赢的决定，并决定十年内建设"中国与东盟自由贸易区（CAFTA）"，2002 年签署的《中国与东盟全面经济合作框架协议》拉开了中国—东盟自由贸易区的序幕。在此基础上，中国与东盟各国的经贸往来迈向了新台阶。2017 年，中国从东盟进口金额达到 2357 亿美元，东盟也连续7 年成为中国第三大贸易伙伴（见表 1-17）。从进口商品结构来看，机电产品、高新技术产品和农产品是进口额最大的商品，2017 年三类产品的进口额分别达到 1151.9 亿美元、919 亿美元和 161.5 亿美元（见表 1-18）。另外，石油、橡胶、煤炭、纺织品也是中国从东盟进口的主要产品。

表 1-18　1993 年、2007 年、2017 年中国从东盟进口商品结构

（单位：亿美元）

商品名称　＼　年份	1993	2007	2017
机电产品	6.9	668.2	1151.9
高新技术产品	2.1	583.7	919.0
农产品	6.2	70.9	161.5
初级形状的塑料	1.7	44.1	74.9
煤及褐煤	0.1	17.1	64.4
合成橡胶（包括乳胶）	0.1	1.4	52.7
成品油	16.3	35.0	48.2
原油	7.7	26.6	48.7
天然橡胶（包括乳胶）	2.0	32.4	48.6
液化石油气及其他烃类气	1.0	1.2	30.9
纺织纱线、织物及制品	0.8	7.1	37.5

资料来源：海关总署统计分析司编著：《改革开放 40 年中国对外贸易发展报告》，中国海关出版社 2018 年版。

从进口集中度来看，如图 1-21 所示，2002—2017 年，中国前十大进口贸易伙伴占比合计和前五大进口贸易伙伴占比合计整体上呈现出下降趋势。具体来看，2017 年，前十大进口贸易伙伴比重合计为 57%，较 2002 年下降了 12.5 个百分点；前五大进口贸易伙伴比重合计为 40.7%，较 2002 年下降了 14.8 个百分点。可见，中国进口市场日益多元化。

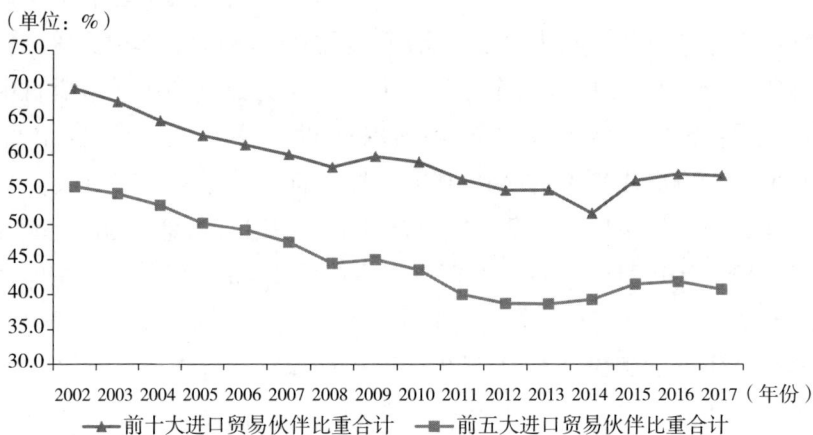

图 1-21 2002—2017 年中国前五大进口贸易伙伴和前十大进口贸易伙伴比重变迁

资料来源：根据历年《中国统计年鉴》数据整理计算。

第四节 中国进口贸易的发展现状

一、中国进口贸易的特点

根据中国海关统计，2018 年，中国进出口总额为 4.62 万亿美元，同比增长 12.6%。其中，出口 2.48 万亿美元，增长 9.9%；进口 2.14 万亿美元，增长 15.8%；贸易顺差 3517.6 亿美元，收窄 16.2%。按人民币计，中国进出口总额为 30.51 万亿元人民币，增长 9.7%。其中，出口 16.42 万亿元，增长 7.1%；进口 14.09 万亿元，增长 12.9%；贸易顺差 2.33 万亿元，收窄 18.3%。2018 年全年进口增长 15.8%，对进出口增长的贡献率为 56.6%，成为拉动外贸增长的重要动力。[①] 中国进口的主要特点表现在以下几个方面。

（一）进口微观主体活力增强

2018 年，中国有进口记录的企业数量为 21.1 万家，较 2017 年增加了 6300 家，其中新开展进口业务的企业 5.7 万家，占比达到 26.8%。

---

① 数据来源：中国海关总署网站，见 http://fangtan. customs. gov. cn/tabid/612/Default. aspx。

（二）进口数量对于进口值的拉动作用更强

2018 年，中国进口数量指数为 106.4，表明进口数量同比扩大了 6.4%，进口数量的扩张对同期中国进口值增长的贡献率为 51.2%。同时，进口价格指数为 106.1，表明进口价格总水平同比上涨了 6.1%，其中，原油上涨 30%，成品油上涨 20%，天然气上涨 22.9%，铜上涨 3.2%。

（三）部分降税商品进口快速增长

2018 年，中国进口化妆品 657 亿元，增长了 67.5%，进口水海产品 794 亿元，增长了 39.9%，均快于整体进口增速。

（四）民营企业进出口增长比重提升

2018 年，中国民营企业进出口 12.1 万亿元，增长 12.9%，占中国进出口总值的 39.7%，比 2017 年提升 1.1 个百分点。其中，出口 7.87 万亿元，增长 10.4%，占出口总值的 48%，比重提升 1.4 个百分点，继续保持第一大出口主体地位；进口 4.23 万亿元，增长 18.1%。2018 年，中国民营企业对外贸进出口增长的贡献度超过 50%，成为中国外贸发展的一大亮点。外商投资企业进出口 12.99 万亿元，增长 4.3%，占出口总值的 42.6%；国有企业进出口 5.3 万亿元，增长 16.8%，占出口总值的 17.4%。

（五）原油、天然气和铜等大宗商品进口量价齐升，铁矿砂和大豆进口量有所减少

2018 年，中国进口原油 4.62 亿吨，增加 10.1%；进口天然气 9039 万吨，增加 31.9%；进口成品油 3348 万吨，增加 13%；进口铜 530 万吨，增加 12.9%。此外，进口铁矿砂 10.64 亿吨，减少 1%；进口大豆 8803 万吨，减少 7.9%。

（六）中国采取了一系列支持外贸稳定发展的措施，积极主动扩大进口

2018 年中国成功举办首届中国国际进口博览会，吸引了 172 个国家、地区和国际组织参会，3617 家企业参展，成交额达 578 亿美元，为各国出口提供新机遇，为各国共享中国发展红利搭建新平台，为世界经济增长注入新动力。

二、中国进口商品结构现状

工业制成品依旧是主要进口类别商品，如图 1-22 所示，2018 年中国

工业制成品进口金额达到 1.43 万亿美元，占总进口比例为 67.1%。其中，机械及运输设备占比最大，进口金额为 8397 亿美元，占工业制成品比重达到 59%。进一步从产品层面来看，2018 年中国进口的工业制成品中机电产品的金额最大，达到 9657 亿美元；其次为高新技术产品，达到 6717 亿美元。

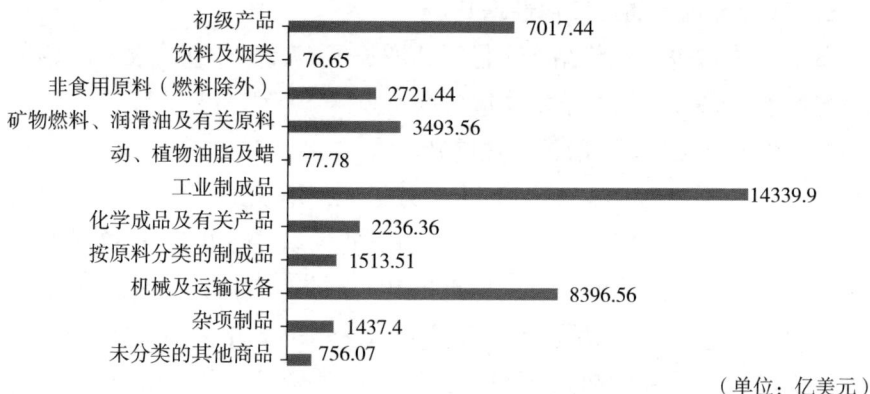

产品类别	金额
初级产品	7017.44
饮料及烟类	76.65
非食用原料（燃料除外）	2721.44
矿物燃料、润滑油及有关原料	3493.56
动、植物油脂及蜡	77.78
工业制成品	14339.9
化学成品及有关产品	2236.36
按原料分类的制成品	1513.51
机械及运输设备	8396.56
杂项制品	1437.4
未分类的其他商品	756.07

（单位：亿美元）

图 1-22 2018 年中国进口商品结构

资料来源：根据《中国统计年鉴（2019）》数据整理计算。

三、中国大陆进口贸易伙伴现状

从图 1-23 可以看出，2018 年，中国大陆的前十大进口贸易伙伴主要来自经济实力强劲的发达国家和东南亚国家（地区），韩国是中国第一大进口贸易伙伴，前五大进口贸易伙伴的比重仅为 38.6%，中国进口地区结构得到进一步优化。中国自 2013 年提出"一带一路"倡议以来，从"一带一路"相关国家的进口规模显著增加。2018 年，中国从"一带一路"相关国家的进口总额增长至 8618.67 亿美元，占中国当年进口总额的比重约为 40.36%，是 2013 年的 1.27 倍。

为了更好地了解中国与贸易伙伴之间的进口贸易现状，接下来我们将重点介绍中国大陆主要进口贸易伙伴的进出口情况以及与中国大陆之间的进出口情况（见表 1-19、表 1-20）。

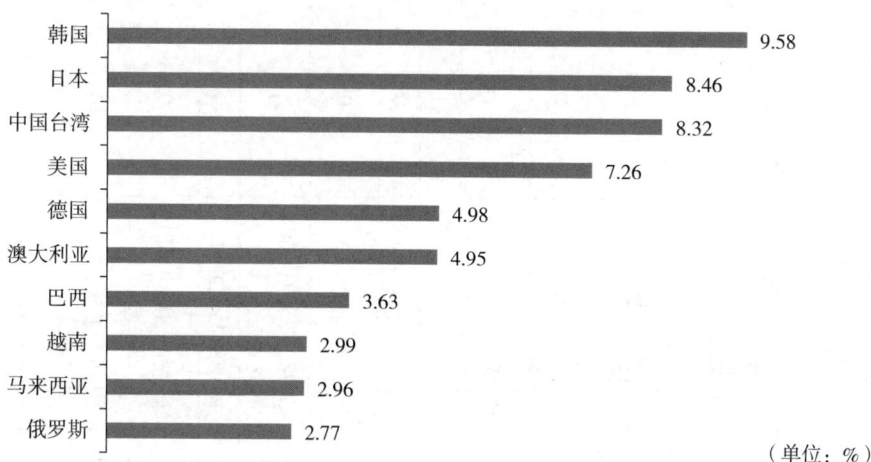

（单位：%）

图 1-23　2018 年中国大陆前十大进口贸易伙伴占比情况

资料来源：根据《中国统计年鉴（2019）》数据整理计算。

（一）韩国①

韩国进出口情况。据韩国海关统计，2018 年，韩国货物进出口额为 11403.4 亿美元，比 2017 年增长 8.4%。其中，出口 6051.7 亿美元，增长 5.5%；进口 5351.7 亿美元，增长 11.8%。贸易顺差 700.0 亿美元，下降 26.5%。中国、美国和越南是韩国出口排名前三位的国家，中国、美国和日本是韩国进口排名前三位的国家，韩国贸易逆差主要源于日本、德国和中东的一些产油国家，贸易顺差主要来自中国和越南。机电产品、运输设备和贱金属及制品是韩国主要出口商品，矿产品、机电产品和化工产品是韩国的前三大类进口商品。

中国和韩国之间的进出口情况。据韩国海关统计，2018 年，韩国与中国双边货物进出口额为 2686.4 亿美元，与 2017 年相比增长 11.9%。其中，韩国对中国出口 1621.6 亿美元，与 2017 年相比增长 14.1%；自中国进口 1064.8 亿美元，与 2017 年相比分别增长 8.8%。韩国与中国的贸易顺差 556.8 亿美元。机电产品、化工产品和光学医疗设备是韩国对中国出口的主

① 《国别贸易报告——2018 年，韩国货物贸易及中韩双边贸易概况》，见 https：//countryreport. mofcom. gov. cn/record/view110209. asp? news_ id=63095。

表 1-19　2018 年中国大陆从主要进口贸易伙伴的进口商品结构

（单位：%）

韩国		日本		中国台湾		美国		德国	
商品类别	占比	商品类别	占比	商品类别	占比	商品类别	占比	商品类别	占比
机电产品	54.3	机电产品	43.1	机电产品	56.2	运输设备	23.0	机电产品	38.1
化工产品	13.8	化工产品	11.5	化工产品	10.8	机电产品	22.5	运输设备	31.3
光学、钟表、医疗设备	8.4	运输设备	9.7	光学、钟表、医疗设备	10.0	化工产品	10.3	光学、钟表、医疗设备	8.4
塑料、橡胶	7.1	贱金属及制品	8.6	塑料、橡胶	5.7	光学、钟表、医疗设备	8.2	化工产品	8.0
矿产品	6.2	光学、钟表、医疗设备	8.4	贱金属及制品	2.2	矿产品	8.0	贱金属及制品	5.2
贱金属及制品	5.2	塑料、橡胶	6.5	纺织品及原料	1.1	塑料、橡胶	5.3	塑料、橡胶	3.7
运输设备	1.6	纺织品及原料	1.7	陶瓷；玻璃	0.8	植物产品	4.1	活动物；动物产品	0.9
纺织品及原料	1.1	家具、玩具、杂项制品	1.3	矿产品	0.6	贱金属及制品	4.0	陶瓷；玻璃	0.9
食品、饮料、烟草	0.5	陶瓷；玻璃	1.2	食品、饮料、烟草	0.6	纤维素浆；纸张	3.3	家具、玩具、杂项制品	0.7
陶瓷；玻璃	0.5	矿产品	1.2	运输设备	0.6	木及制品	2.4	纺织品及原料	0.6
家具、玩具、杂项制品	0.3	纤维素浆；纸张	1.0	纤维素浆；纸张	0.5	活动物；动物产品	1.7	食品、饮料、烟草	0.6
纤维素浆；纸张	0.3	贵金属及制品	0.6	家具、玩具、杂项制品	0.4	纺织品及原料	1.4	纤维素浆；纸张	0.4
活动物；动物产品	0.2	食品、饮料、烟草	0.3	活动物；动物产品	0.2	贵金属及制品	1.4	木及制品	0.3

续表

韩国 商品类别	占比	日本 商品类别	占比	中国台湾 商品类别	占比	美国 商品类别	占比	德国 商品类别	占比
贵金属及制品	0.1	活动物；动物产品	0.3	植物产品	0.2	食品、饮料、烟草	1.3	矿产品	0.3
皮革制品；箱包	0.1	木及制品	0.1	贵金属及制品	0.5	皮革制品；箱包	0.8	贵金属及制品	0.2
其他	0.2	其他	4.6	其他	9.6	其他	2.4	其他	0.4

澳大利亚 商品类别	占比	巴西 商品类别	占比	马来西亚 商品类别	占比	俄罗斯 商品类别	占比
矿产品	62.9	植物产品	42.7	机电产品	43.4	矿产品	77.9
贵金属及制品	4.9	矿产品	40.9	矿产品	18.1	木及制品	6.5
活动物；动物产品	3.2	纤维素浆；纸张	5.6	塑料、橡胶	11.5	机电产品	2.9
纺织品及原料	2.7	活动物；动物产品	4.1	化工产品	7.9	活动物；动物产品	2.8
食品、饮料、烟草	2.3	贱金属及制品	2.1	贱金属及制品	5.6	贱金属及制品	2.4
植物产品	2.1	食品、饮料、烟草	0.8	动植物油脂	3.6	纤维素浆；纸张	2.3
贱金属及制品	2.1	纺织品及原料	0.8	光学、钟表、医疗设备	3.6	化工产品	1.8
化工产品	1.6	皮革制品；箱包	0.6	食品、饮料、烟草	1.5	塑料、橡胶	0.9
木及制品	1.3	机电产品	0.5	运输设备	1.2	植物产品	0.7
机电产品	0.6	化工产品	0.5	纺织品及原料	0.9	动植物油脂	0.7
皮革制品；箱包	0.6	动植物油脂	0.5	木及制品	0.6	食品、饮料、烟草	0.4
光学、钟表、医疗设备	0.3	塑料、橡胶	0.4	活动物；动物产品	0.5	光学、钟表、医疗设备	0.3
纤维素浆；纸张	0.3	木及制品	0.2	陶瓷；玻璃	0.4	贵金属及制品	0.1

续表

澳大利亚 商品类别	占比	巴西 商品类别	占比	马来西亚 商品类别	占比	俄罗斯 商品类别	占比
塑料、橡胶	0.1	运输设备	0.2	家具、玩具、杂项制品	0.4	运输设备	0.1
运输设备	0.1	贵金属及制品	0.0	植物产品	0.3	陶瓷;玻璃	0.0
其他	15.0	其他	0.1	其他	0.6	其他	0.1

表 1-20　2018 年中国大陆主要进口贸易伙伴的出口地区情况

（单位：%）

国家或地区 序号	韩国 国家或地区	占比	日本 国家或地区	占比	中国台湾 国家或地区	占比	美国 国家或地区	占比	德国 国家或地区	占比	澳大利亚 国家或地区	占比	巴西 国家或地区	占比	马来西亚 国家或地区	占比	俄罗斯 国家或地区	占比
1	中国	26.8	中国	19.5	中国	28.6	加拿大	18.0	美国	8.7	中国	34.1	中国	26.8	新加坡	13.9	中国	12.5
2	美国	12.0	美国	19.0	美国	12.2	墨西哥	15.9	法国	8.0	日本	16.1	美国	12.0	中国	13.9	荷兰	9.7
3	越南	8.0	韩国	7.1	中国香港	11.9	中国	7.2	中国	7.1	韩国	6.9	阿根廷	6.2	美国	9.1	德国	7.6
4	中国香港	7.6	中国台湾	5.7	新加坡	6.3	日本	4.5	荷兰	6.4	印度	4.8	荷兰	5.5	中国香港	7.5	白俄罗斯	4.8
5	日本	5.1	中国香港	4.7	韩国	5.3	英国	4.0	英国	6.2	美国	3.8	智利	2.7	日本	6.9	土耳其	4.8
6	中国台湾	3.4	泰国	4.4	马来西亚	4.6	德国	3.5	意大利	5.3	中国香港	3.0	德国	2.2	泰国	5.7	韩国	4.0
7	印度	2.6	新加坡	3.2	越南	3.4	韩国	3.4	奥地利	4.8	中国台湾	3.0	西班牙	2.2	印度	3.6	意大利	3.7
8	菲律宾	2.0	德国	2.8	日本	3.3	荷兰	3.0	波兰	4.8	新加坡	2.9	墨西哥	1.9	越南	3.4	波兰	3.6

资料来源：中国商务部，见 https://countryreport.mofcom.gov.cn/default.asp。

续表

序号	韩国 国家或地区	占比	日本 国家或地区	占比	中国台湾 国家或地区	占比	美国 国家或地区	占比	德国 国家或地区	占比	澳大利亚 国家或地区	占比	巴西 国家或地区	占比	马来西亚 国家或地区	占比	俄罗斯 国家或地区	占比
9	新加坡	2.0	澳大利亚	2.3	菲律宾	2.7	巴西	2.4	瑞士	4.1	新西兰	2.8	日本	1.8	韩国	3.4	哈萨克斯坦	2.8
10	墨西哥	1.9	越南	2.2	德国	2.2	中国香港	2.3	西班牙	3.4	马来西亚	2.2	印度	1.6	澳大利亚	3.4	美国	2.8
11	澳大利亚	1.6	印度尼西亚	2.1	泰国	1.9	法国	2.2	比利时	3.4	泰国	1.9	新加坡	1.5	中国台湾	3.3	日本	2.8
12	德国	1.6	马来西亚	1.9	荷兰	1.7	新加坡	2.0	捷克	3.3	印度尼西亚	1.9	意大利	1.5	印度尼西亚	3.2	芬兰	2.5
13	马来西亚	1.5	英国	1.9	英国	1.2	印度	2.0	瑞典	2.0	越南	1.4	韩国	1.4	德国	2.8	英国	2.2
14	印度尼西亚	1.5	荷兰	1.7	印度	1.2	比利时	1.9	匈牙利	2.0	英国	1.4	加拿大	1.4	荷兰	2.6	乌克兰	2.1
15	泰国	1.4	墨西哥	1.6	澳大利亚	1.1	中国台湾	1.8	俄罗斯	2.0	阿联酋	1.1	比利时	1.3	菲律宾	1.7	比利时	2.1

资料来源：中国商务部，见 https://countryreport.mofcom.gov.cn/default.asp。

要产品，2018 年出口额分别为 880.4 亿美元、223.3 亿美元和 136.2 亿美元，与 2017 年相比分别增长 19.2%、14.1%和下降 6.3%，合计占韩国对中国出口总额的 76.5%。韩国自中国进口排名前三位的商品为机电产品、贱金属及制品、化工产品，分别占韩国自中国进口总额的 47.4%、11.4%和 10.8%。

（二）日本①

日本进出口情况。据日本海关统计，2018 年，日本货物进出口额为 14865.7 亿美元，比 2017 年增长 8.5%。其中，出口 7382.0 亿美元，增长 5.7%；进口 7483.7 亿美元，增长 11.3%。贸易逆差 101.7 亿美元，下降 138.8%。中国、美国和韩国是日本前三大出口贸易伙伴，分别占日本出口总额的 19.5%、19.0%和 7.1%。日本进口排名靠前的国家依次是中国、美国和澳大利亚，分别占日本进口总额的 23.2%、10.9%和 6.1%。日本贸易逆差主要来源国是中东产油国、澳大利亚和中国。美国、中国香港和韩国是日本前三大贸易顺差来源地。机电产品、运输设备和化工产品是日本的主要出口商品，矿产品、机电产品和化工产品是日本的前三大类进口商品。

中国和日本之间的进出口情况。据日本海关统计，2018 年，日本与中国双边货物进出口额为 3175.3 亿美元，与 2017 年相比增长 6.8%。其中，日本对中国出口 1439.9 亿美元，与 2017 年相比增长 8.4%；自中国进口 1735.4 亿美元，与 2017 年相比增长 5.5%。日本与中国的贸易逆差 295.5 亿美元。日本对中国的主要出口产品是机电产品、化工产品和运输设备，2018 年出口额分别为 620.1 亿美元、165.2 亿美元和 139.2 亿美元，与 2017 年相比分别增长 10.3%、18.5%和 11.7%，分别占日本对中国出口总额的 43.1%、11.5%和 9.7%。日本自中国进口的主要商品为机电产品、纺织品及原料、家具玩具，分别占日本自中国进口总额的 45.5%、12.6%和 6.2%。

（三）中国台湾②

中国台湾进出口情况。据中国台湾关税总局统计，2018 年，中国台湾

---

① 《国别贸易报告——2018 年，日本货物贸易及中日双边贸易概况》，见 https：//countryreport. mofcom. gov. cn/record/view110209. asp? news_ id=62832。

② 《国别贸易报告——2018 年中国台湾省货物贸易及两岸双边贸易概况》，见 https：// countryreport. mofcom. gov. cn/record/view110209. asp? news_ id=63133。

货物进出口额为 5936.6 亿美元，比 2017 年增长 7.7%。其中，出口 3078.9 亿美元，增长 5.4%；进口 2857.7 亿美元，增长 10.3%。贸易顺差 221.3 亿美元，下降 32.9%。中国台湾对中国大陆、美国、中国香港和日本出口分别占中国台湾出口总额的 28.6%、12.2%、11.9% 和 6.3%；中国台湾自中国大陆、日本、美国和韩国进口分别占中国台湾进口总额的 18.8%、15.5%、12.2% 和 6.8%。中国台湾贸易顺差主要来源地是中国香港和中国大陆，贸易逆差主要来自日本。中国台湾最主要的出口商品是机电产品，2018 年出口 1663.1 亿美元，占中国台湾出口总额的 54.0%，贱金属及制品、塑料橡胶和化工产品位列中国台湾第二至第四大类出口商品，2018 年出口额分别为 298.8 亿美元、248.4 亿美元和 207.3 亿美元，分别占中国台湾出口总额的 9.7%、8.1% 和 6.7%。中国台湾的进口商品以机电产品、矿产品、化工产品和贱金属及制品为主。

　　中国大陆和中国台湾之间的进出口情况。据中国台湾关税总局统计，2018 年，中国台湾与中国大陆货物进出口额为 1418.7 亿美元，与 2017 年相比增长 8.3%。其中，中国台湾对大陆出口 880.8 亿美元，与 2017 年相比增长 8.9%，占中国台湾出口额的 28.6%；中国台湾从大陆进口 537.9 亿美元，与 2017 年相比增长 7.3%，占中国台湾进口额的 18.8%。中国台湾与中国大陆的贸易顺差 343.0 亿美元，与 2017 年相比增长 11.6%。中国台湾对中国大陆出口的主要商品是机电产品、化工产品和光学钟表医疗设备，2018 年出口额分别为 494.6 亿美元、95.4 亿美元和 88.3 亿美元，分别占对中国大陆出口总额的 56.2%、10.8% 和 10.0%，塑料橡胶和贱金属及制品也是中国台湾对中国大陆出口的重要商品。机电产品是中国台湾自中国大陆进口最重要的商品，2018 年进口 327.7 亿美元，占自中国大陆进口总额的 60.9%。化工产品和贱金属及制品分别为第二和第三大类进口商品，进口额分别为 44.9 亿美元和 43.8 亿美元，分别占自中国大陆进口总额的 8.3% 和 8.2%。塑料橡胶、光学钟表医疗设备和纺织品及原料等也是中国台湾自大陆进口的重要产品。在中国台湾机电产品、纺织品及原料和家具玩具的进口中，自中国大陆的进口分别占中国台湾同类产品进口额的 29.7%、42.7% 和 58.4%，居中国台湾进口来源的首位。

（四）美国①

美国进出口情况。据美国商务部统计，2018 年，美国货物进出口额为 42067.9 亿美元，比 2017 年增长 8.2%。其中，出口 16640.6 亿美元，增长 7.6%；进口 25427.3 亿美元，增长 8.6%。贸易逆差 8786.8 亿美元，增长 10.4%。2018 年美国对加拿大、墨西哥、中国和日本的出口额分别占美国出口总额的 18.0%、15.9%、7.2% 和 4.5%；自中国、墨西哥、加拿大和日本的进口额分别占美国进口总额的 21.2%、13.6%、12.5% 和 5.6%。美国的前四大贸易逆差来源地依次是中国、墨西哥、德国和日本。美国的贸易顺差主要来自中国香港和荷兰。机电产品、运输设备、矿产品和化工产品是美国的主要出口商品，分别占美国出口总额的 23.4%、16.6%、12.0% 和 10.3%。机电产品、运输设备和矿产品是美国的前三大类进口商品，分别占美国进口总额的 29.1%、13.2% 和 9.4%。

中国和美国之间的进出口情况。据美国商务部统计，2018 年，美国与中国双边货物进出口额为 6598.4 亿美元，与 2017 年相比增长 3.9%。其中，美国对中国出口 1203.4 亿美元，与 2017 年相比下降 7.4%，占美国出口总额的 7.2%，下降 1.2 个百分点；美国自中国进口 5395.0 亿美元，与 2017 年相比增长 6.7%，占美国进口总额的 21.2%，下降 0.4 个百分点。美国与中国的贸易逆差 4191.6 亿美元，与 2017 年相比增长 11.6%。美国对中国出口的主要商品为运输设备、机电产品、化工产品和光学钟表医疗设备，2018 年分别占美国对中国出口总额的 23.0%、22.5%、10.3% 和 8.2%，其中运输设备出口与 2017 年相比下降 5.2%，机电产品、化工产品和光学钟表医疗设备出口与 2017 年相比分别增长 8.1%、10.8% 和 11.0%。在运输设备中，航空航天器出口 182.2 亿美元，与 2017 年相比增长 12.0%；车辆及其零附件出口 94.0 亿美元，与 2017 年相比下降 26.9%。美国自中国进口的商品以机电产品为主，占美国自中国进口总额的 49.8%，家具玩具、纺织品及原料、贱金属及制品分别居美国自中国进口商品的第二至第四位，分别占美国自中国进口总额的 12.0%、7.5% 和 5.2%。

---

① 《国别贸易报告——2018 年美国货物贸易及中美双边贸易概况》，见 https：//countryreport. mofcom. gov. cn/record/view110209. asp？news_ id＝63499。

（五）德国①

德国进出口情况。据欧盟统计局统计，2018 年，德国货物进出口额为
28463.8 亿美元，比 2017 年增长 9.0%。其中，出口 15607.7 亿美元，增长
7.7%；进口 12856.1 亿美元，增长 10.5%。贸易顺差 2751.6 亿美元，下降
3.6%。2018 年德国对美国、法国、中国和荷兰的出口额分别占德国出口总
额的 8.7%、8.0%、7.1% 和 6.4%，自荷兰、中国、法国和比利时的进口额
分别占德国进口总额的 13.3%、6.9%、6.4% 和 6.0%。德国前五大顺差来
源地依次是美国、英国、法国、中国和奥地利，逆差主要来自荷兰、比利时
和捷克。机电产品、运输设备和化工产品是德国的主要出口商品，分别占德
国出口总额的 28.2%、21.2% 和 13.3%。机电产品、运输设备和化工产品同
时也是德国进口的前三大类商品，2018 年合计占德国进口总额的 49.6%。

中国和德国之间的进出口情况。据欧盟统计局统计，2018 年，中德双
边贸易额为 1996.6 亿美元，与 2017 年相比增长 10.6%。其中，德国对中国
出口 1106.2 亿美元，增长 12.0%，占德国出口总额的 7.1%，提高 0.3 个百
分点；德国自中国进口 890.3 亿美元，增长 8.8%，占德国进口总额的
6.9%，降低 0.1 个百分点。德国与中国的贸易顺差 215.9 亿美元，增长
27.8%。中国为德国第三大出口市场和第二大进口来源地。机电产品一直是
德国对中国出口的第一大类商品，占德国对中国出口总额的 38.1%。运输设
备是德国对中国出口的第二大类商品，占德国对中国出口总额的 31.3%。光
学、钟表、医疗设备是德国对中国出口的第三大类商品，占德国对中国出口
总额的 8.4%。这三大类商品占德国对中国出口的近 80%。德国自中国进口
的主要商品为机电产品、纺织品及原料、家具玩具杂项制品，2018 年合计
进口占德国自中国进口总额的 67.0%。

（六）澳大利亚②

澳大利亚进出口情况。据澳大利亚统计局统计，2018 年，澳大利亚货
物贸易进出口额为 4840.1 亿美元，比 2017 年增长 7.0%。其中，出口

---

①　《国别贸易报告——2018 年德国货物贸易及中德双边贸易概况》，见 https：//countryreport.
mofcom. gov. cn/record/view110209. asp? news_ id＝63760。

②　《国别贸易报告——2018 年澳大利亚货物贸易及中澳双边贸易概况》，见 https：//countryreport.
mofcom. gov. cn/record/view110209. asp? news_ id＝62693。

2566.4 亿美元，增长 11.0%；进口 2273.7 亿美元，增长 2.7%。贸易顺差
292.7 亿美元，增长 199.8%。澳大利亚对中国、日本、韩国和印度的出口
额分别占澳大利亚出口总额的 34.1%、16.1%、6.9% 和 4.8%，对四国出口
占澳大利亚出口总额的 61.9%；自中国、美国、日本和德国的进口额分别占
澳大利亚进口总额的 24.4%、10.2%、7.4% 和 4.9%。澳大利亚主要顺差来
源地依次是中国、日本、印度和韩国，逆差主要来自美国、德国和泰国。矿
产品、贵金属及制品和动物产品是澳大利亚主要出口商品，出口额分别占澳
大利亚出口总额的 59.4%、6.3% 和 5.7%。机电产品、运输设备和矿产品是
澳大利亚进口的前三大类商品，合计进口占澳大利亚进口总额的 53.9%。

中国和澳大利亚之间的进出口情况。据澳大利亚统计局统计，2018 年，
中澳双边贸易额为 1431.3 亿美元，与 2017 年相比增长 14.1%。其中，澳大
利亚对中国出口 876.1 亿美元，增长 14.7%，占澳大利亚出口总额的
34.1%，提高 1.0 个百分点；澳大利亚自中国进口 555.2 亿美元，增长
13.1%，占澳大利亚进口总额的 24.4%，提高 2.2 个百分点。澳大利亚与中
国的贸易顺差 320.9 亿美元，增长 17.5%。中国继续保持为澳大利亚第一大
贸易伙伴、第一大出口目的地和第一大进口来源地。

以金属矿砂为主的矿产品一直是澳大利亚对中国出口的主力产品，2018
年出口额为 550.8 亿美元，占澳大利亚对中国出口总额的 62.9%。贵金属及
制品是澳大利亚对中国出口的第二大类商品，占澳大利亚对中国出口总额的
4.9%。动物产品是澳大利亚对中国出口的第三大类商品，出口额 28.5 亿美
元，增长 50.8%，占澳大利亚对中国出口总额的 3.2%。澳大利亚自中国进
口的主要商品为机电产品、纺织品和家具玩具杂项制品，合计进口占澳大利
亚自中国进口总额的 61.5%。除上述产品外，贱金属及制品、塑料橡胶和化
工产品等也为澳大利亚自中国进口的主要大类商品，在其进口中所占比重均
超过或接近 5%。

（七）巴西①

巴西进出口情况。据巴西外贸秘书处统计，2018 年，巴西货物进出口

---

① 《国别贸易报告——2018 年巴西货物贸易及中巴双边贸易概况》，见 https：//countryreport.
mofcom. gov. cn/record/view110209. asp? news_ id=62380。

额为 4211.2 亿美元，比 2017 年增长 14.3%。其中，出口 2398.9 亿美元，增长 10.2%；进口 1812.3 亿美元，增长 20.2%。贸易顺差 586.6 亿美元，下降 12.4%。2018 年巴西对中国、美国、阿根廷和荷兰的出口额分别占巴西出口总额的 26.8%、12.0%、6.2% 和 5.5%，自中国、美国、阿根廷和德国的进口额分别占巴西进口总额的 19.2%、16.0%、6.1% 和 5.8%。巴西前五大顺差来源地依次是中国、荷兰、阿根廷、智利和新加坡，逆差主要来自德国、韩国和俄罗斯。矿产品、植物产品和运输设备是巴西的主要出口商品，出口额分别占巴西出口总额的 22.5%、18.4% 和 9.4%，其中，矿产品出口增长 29.3%，为巴西第一大出口产品。机电产品、化工产品和矿产品是巴西进口的前三大类商品，合计进口占巴西进口总额的 58.3%。

中国和巴西之间的进出口情况。据巴西外贸秘书处统计，2018 年，巴西与中国双边货物进出口额为 989.4 亿美元，与 2017 年相比增长 32.2%。其中，巴西对中国出口 642.1 亿美元，增长 35.2%，占巴西出口总额的 26.8%，提高 5.0 个百分点；巴西自中国进口 347.3 亿美元，增长 27.1%，占巴西进口总额的 19.2%，提高 1.1 个百分点。巴西与中国的贸易顺差 294.8 亿美元，增长 46.2%。中国是巴西第一大出口目的地和第一大进口来源国。植物产品是巴西对中国出口的主力产品，2018 年出口额为 274.3 亿美元，与 2017 年相比增长 34.8%，占巴西对中国出口总额的 42.7%。矿产品是巴西对中国出口的第二大类商品，出口额为 262.4 亿美元，与 2017 年相比增长 42.4%，占巴西对中国出口总额的 40.9%。纤维素浆、纸张为巴西对中国出口的第三大类商品，出口额为 35.9 亿美元，占巴西对中国出口总额的 5.6%，与 2017 年相比增长 34.4%。巴西对中国出口产品集中度很高，大豆、铁矿石和原油三种产品占巴西对中国出口的 80% 以上，其中，除铁矿石出口增速较低外，原油、大豆出口均保持较快增长。巴西自中国进口的主要商品为机电产品、化工产品和运输设备，这三类产品合计进口占巴西自中国进口总额的 68.8%。纺织品及原料、贱金属及制品也是巴西自中国进口的主要大类产品，在巴西自中国进口总额中的比重均超过 5%。

（八）马来西亚①

马来西亚进出口情况。据马来西亚统计局统计，2018 年，马来西亚货物进出口额为 4651.3 亿美元，比 2017 年增长 12.7%。其中，出口 2475.2 亿美元，增长 13.6%；进口 2176.1 亿美元，增长 11.7%。贸易顺差 299.1 亿美元，增长 30.1%。2018 年马来西亚对新加坡、中国和美国的出口额分别占马来西亚出口总额的 13.9%、13.9% 和 9.1%，自中国、新加坡、美国和日本的进口额分别占马来西亚进口总额的 19.9%、11.7%、7.4% 和 7.2%。马来西亚前五大逆差来源地依次是中国大陆、中国台湾、沙特阿拉伯、法国和印度尼西亚，顺差主要来自中国香港、新加坡和美国。机电产品、矿产品、塑料和橡胶是马来西亚的主要出口商品，出口额分别占马来西亚出口总额的 43.8%、16.3% 和 6.8%。机电产品、矿产品和贱金属及制品是马来西亚进口的前三大类商品，合计进口占马来西亚进口总额的 62.9%。

中国和马来西亚之间的进出口情况。据马来西亚统计局统计，2018 年，马来西亚与中国双边货物进出口额为 777.7 亿美元，与 2017 年相比增长 14.9%。其中，马来西亚对中国出口 344.1 亿美元，增长 17.2%，占马来西亚出口总额的 13.9%；自中国进口 433.6 亿美元，增长 13.2%，占马来西亚进口总额的 20.0%。马来西亚与中国的贸易逆差 89.5 亿美元。中国是马来西亚第二大出口目的地和第一大进口来源地。机电产品是马来西亚对中国出口的第一大类产品，2018 年出口额为 149.2 亿美元，与 2017 年相比增加 14.6%，占马来西亚对中国出口总额的 43.4%。矿产品是马来西亚对中国出口的第二大类产品，出口额为 62.4 亿美元，与 2017 年相比增长 6.4%，占马来西亚对中国出口总额的 18.1%。塑料和橡胶是马来西亚对中国出口的第三大类产品，出口额为 39.4 亿美元，与 2017 年相比增长 22.0%，占马来西亚对中国出口总额的 11.5%。马来西亚自中国进口的主要商品为机电产品、贱金属及制品和化工产品，分别占其自中国进口总额的 49.6%、11.2% 和 7.6%，这三类进口的主要商品占比合计 68.4%。

---

① 《国别贸易报告——2018 年马来西亚货物贸易及中马双边贸易概况》，见 https：//countryreport. mofcom. gov. cn/record/view110209. asp? news_ id=63818。

（九）俄罗斯①

俄罗斯进出口情况。据俄罗斯海关统计，2018 年，俄罗斯货物进出口总额为 6871.2 亿美元，比 2017 年增长 17.4%。其中，出口 4496.9 亿美元，增长 25.7%；进口 2374.2 亿美元，增长 4.4%。贸易顺差 2122.7 亿美元，增长 62.9%。2018 年俄罗斯对中国、荷兰和德国的出口额分别为 560.8 亿美元、435.2 亿美元和 341.0 亿美元，分别占俄罗斯出口总额的 12.5%、9.7% 和 7.6%。2018 年俄罗斯自中国、德国和美国的进口，分别占俄罗斯进口总额的 22.0%、10.7% 和 5.3%。俄罗斯前五大贸易逆差来源地依次是法国、越南、泰国、西班牙和厄瓜多尔，俄罗斯贸易顺差主要来自荷兰、土耳其、波兰、韩国和白俄罗斯。矿产品是俄罗斯的主要出口商品，2018 年出口额为 2419.6 亿美元，与 2017 年相比增长 36.3%，占俄罗斯出口总额的 62.7%。机电产品、化工产品和运输设备是俄罗斯的前三大类进口商品，这三类商品合计占俄罗斯进口总额的 55.9%。

中国和俄罗斯之间的进出口情况。据俄罗斯海关统计，2018 年，俄罗斯与中国的双边货物贸易额为 1082.8 亿美元，与 2017 年相比增长 24.5%。其中，俄罗斯与中国的出口 560.8 亿美元，增长 44.1%，占其出口总额的 12.5%，提高 1.6 个百分点；俄罗斯自中国进口 522.0 亿美元，增长 8.6%，占其进口总额的 22.0%，提高 0.9 个百分点。俄罗斯与中国的贸易顺差 38.7 亿美元，增长 142.4%。矿产品是俄罗斯对中国出口的主要产品，2018 年俄罗斯对中国出口矿产品 427.1 亿美元，与 2017 年相比增长 61.9%，占俄罗斯对中国出口总额的 77.9%。俄罗斯自中国进口的主要商品为机电产品，2018 年俄罗斯自中国进口机电产品 264.5 亿美元，与 2017 年相比增长 3.9%，占俄罗斯自中国进口总额的 50.7%。中国的机电产品、贱金属及制品、纺织品及原料、家具玩具杂项制品、塑料橡胶、鞋靴伞等轻工产品以及光学钟表医疗设备七大类商品在俄罗斯进口中占据重要的地位，分别占到俄罗斯同类商品进口总额的 36.0%、23.8%、34.7%、47.9%、17.2%、53.9% 和 17.3%。

---

① 《国别贸易报告——2018 年俄罗斯货物贸易及中俄双边贸易概况》，见 https：//countryreport. mofcom. gov. cn/record/view110209. asp? news_ id=63198。

本章小结

一、世界货物贸易进口发展情况

1950 年世界进口总额是 640 亿美元，1972 年是 4330 亿美元，2000 年是 67240 亿美元，2018 年是 198665 亿美元。1950—2018 年，世界进口贸易发展十分迅速，2018 年世界货物贸易进口额是 1950 年的 310 倍。1950—2018 年，世界货物贸易前十大进口地区占世界总进口比重合计均在 50% 以上，变化幅度不大。2018 年，世界货物贸易前十大进口地区分别是美国、中国、德国、日本、英国、法国、荷兰、中国香港、韩国、印度。

二、中国进口与主要发达国家进口的比较

1950—2018 年，中国进口、美国进口的发展趋势与世界进口发展趋势较为接近，但是，中国进口贸易快速发展始于 1978 年改革开放之后，比美国和世界的快速发展期稍晚；与中国相比，2000 年之后日本和英国的进口发展速度较为缓慢，两国的进口贸易额均在 2003 年被中国超越。

三、中国进口发展历程

自新中国成立以来，中国进口发展进程可以划分为 5 个阶段，具体是进口贸易恢复期（1950—1952 年）、进口贸易曲折调整期（1953—1977 年）、进口贸易改革试点期（1978—1991 年）、进口贸易改革突破期（1992—2001 年）、进口贸易迅速发展期（2002—2017 年）。中国进口贸易的跨越式增长始于 2001 年中国加入 WTO 之后，自 2002 年开始，中国进口总额开始呈现出指数增长的态势。2018 年中国进口总额大约是 2001 年的 9 倍，1979 年的 136 倍，1950 年的 3663 倍。2009 年，中国进口额超过德国，首次成为仅次于美国的世界第二大进口国，自 2011 年开始，中国进口占世界进口的份额一直维持在 10% 左右，到 2018 年中国连续十年稳居世界第二大进口国地位。

四、中国进口发展现状

2018 年，中国进口总额达到 2.14 万亿美元，占世界进口总额的比重是 10.75%，有进口记录的企业数量是 21.1 万家，中国进口来源地已涵盖全球 230 多个国家和地区，中国大陆的前十大进口贸易伙伴分别是韩国、日本、中国台湾、美国、德国、澳大利亚、巴西、越南、马来西亚和俄罗斯。另外，中国自 2013 年提出"一带一路"倡议以来，从"一带一路"相关国家的进口规模显著增加。2018 年，中国从"一带一路"相关国家的进口总额增长至 8618.67 亿美元，占中国当年进口总额的比重约为 40.36%，是 2013 年的 1.27 倍。

第　二　章

中国进口产品结构及其变化

对于中国来说，通过进口商品特别是高技术工业制成品，使中国能够利用后发优势，达到比处于世界技术前沿国家更快的技术进步速度，这对转变经济发展方式极其重要。相对于低技术密集型产品来说，高技术密集型产品的进口可以带来更明显的技术外溢效应。因此，对于中国来说，在评价进口贸易的国际地位和绩效时，不能只看进口贸易规模，更要重视进口商品结构的高级化、技术化，提高高技术商品在进口中的份额。可见，构建科学的进口商品结构分析框架并对中国进口的实际情况进行测算就具有重要的现实意义。那么，为了使进口商品结构的发展方向符合中国的经济发展规划，必须制定有效的配套措施，这就需要对中国进口商品结构及其变化保持清醒的认识。因此，本章首先构建了全新的进口商品结构分析框架；其次，利用构建的分析框架测算中国进口商品结构的变化；接着，把中国与 10 个发展中国家、8 个发达国家的进口商品结构进行了比较分析。

第一节　进口商品结构分析框架的构建

一、文献综述

（一）关于中国进口商品结构的相关研究

由于中国长期以来高度重视出口的作用，忽视进口的作用，因此，关于出口商品结构的相关研究特别多，关于进口商品结构的相关研究就显得十分缺乏。目前，相关的研究主要有：赫尔文（Hellvin，1996）[①] 考察了中国与 OECD 国家的产业间贸易，结论表明，中国向 OECD 国家出口低质量产品，从 OECD 国家进口高质量产品。张等（Zhang 等，2013）[②] 分析了 1996—2008 年中国的进口情况，发现商品质量在中国进口中占据着最为重要的地位。马尔瓦西（Marvasi，2012）[③] 借鉴了罗德里克（Rodrik，2006）[④] 和豪斯曼等（Hausmann 等，2007）[⑤] 计算出口技术复杂度的方法，构建了进口技术复杂度指数，计算了中国 1996—2006 年的进口技术复杂度，结果表明，中国的进口技术复杂度高于出口技术复杂度，进口商品相当"复杂"。翁等（Wong 等，2013）[⑥] 考察了中国 2000—2010 年的进出口贸易结构，发现中国的进口结构已经从以资源类商品和低技术商品为主转变为以中等技术和高技术商品进口为主。

另外，隆国强（2007）[⑦] 认为，扩大进口长期受到忽视，进口虽与本国产品竞争，但扩大进口也有多方面正面作用。裴长洪和盛逖（2007）[⑧] 认为，中国进出口贸易在总量上呈现出巨额的贸易顺差，在贸易结构上，进口贸易方式、进口商品结构、进口贸易主体以及进口贸易国内区域结构都有待于进一步改善和优化。冯雷（2014）[⑨] 认为，从贸易大国向贸易强国转变必

---

① Hellvin L., "Vertical Intra-Industry Trade between China and OECD Countries", *OECD Development Centre Working Paper*, No. 114, 1996.

② Zhang J., Zhou C., Witteloostuijn A. V., Ebber H., "What Does the Chinese Market Need? An Empirical Study of the Determinants of Chinese Imports, 1996-2008", *Asia Pacific Business Review*, Vol. 19, No. 3, 2013, pp. 402-420.

③ Marvasi E., "The Sophistication of China's Exports, Imports and Intermediate Products", *The Chinese Economy*, Springer, Berlin, Heidelberg, 2012, pp. 181-209.

④ Rodrik D., "What's So Special about China's Exports?", *China & World Economy*, Vol. 14, No. 5, 2006, pp. 1-19.

⑤ Hausmann R., Hwang J., Rodrik D., "What You Export Matters", *Journal of Economic Growth*, Vol. 12, No. 1, 2007, pp. 1-25.

⑥ Wong C. Y., Siow G., Li R., Kwek K. T., "The Impact of China on the Emerging World: New Growth Patterns in Chinese Import-Export Activities", *Engineering Economics*, Vol. 24, No. 4, 2013, pp. 309-319.

⑦ 隆国强：《着力扩大进口　实现"压顺差"目标》，《国际贸易》2007 年第 4 期。

⑧ 裴长洪、盛逖：《中国进出口贸易不平衡及其调整战略》，《财经问题研究》2007 年第 4 期。

⑨ 冯雷：《进口贸易是通向贸易强国的关键——转变外贸发展方式的战略研究》，《国际贸易》2014 年第 12 期。

须把进口放到对外贸易政策的首要位置上来，即通过进口充分利用国际资源为中国经济的持续发展服务。祝树金和奉晓丽（2011）[1] 认为，中国进口技术水平不断上升，明显高于日本、印度、东盟等国家，进口结构已由进口中技术、低技术制成品为主转移到进口高技术、中等技术制成品为主；相对而言，中国高技术产品进口份额远远高于同类型的其他国家，而资源型产品和初级产品进口份额则显著低于样本中的其他国家。魏浩（2014）[2] 认为，低技术工业制成品在中国进口中所占份额大幅下降，中等技术工业制成品所占份额上升幅度最大且成为中国第一大进口商品。

（二）关于技术复杂度和商品分类方法的相关研究

目前，针对进出口商品结构或技术结构划分的问题，国内外学者已经进行了大量的研究，主流的研究方法是：首先，利用技术复杂度指数给每种商品进行技术赋值；然后，按照技术赋值把商品进行分类，构建分析框架。

1. 技术复杂度指数

技术复杂度指数，即赋予每一种产品一个技术附加值，然后，按照技术附加值的大小进行商品分类。目前，技术复杂度指数的计算方法有很多种，不同方法的差异主要在于赋值的权重不同。米开里（Michaely，1984）[3] 计算一种商品的技术复杂度方法是：首先将一国出口这种商品占世界总出口这种商品的份额乘以该国的人均 GDP，然后对各国的数值进行加总。豪斯曼等（2007）计算技术复杂度的方法是：首先计算各国出口这种商品占本国出口总量的比值，再将一国的这一比值除以各国该比值之和，最后乘以本国人均 GDP 并对各国数值进行加总。樊纲等（2006）[4] 的计算方法是：首先计算各国在某一商品的显示性比较优势指数（RCA），然后将一国的 RCA 除以各国该商品的RCA 之和，最后乘以本国人均 GDP 并对各国数值进行加总。杜修立和王维

① 祝树金、奉晓丽：《我国进口贸易技术结构的变迁分析与国际比较：1985—2008》，《财贸经济》2011 年第 8 期。

② 魏浩：《中国进口商品的国别结构及相互依赖程度研究》，《财贸经济》2014 年第 4 期。

③ Michaely M.，"Trade，Income Levels，and Dependence，North-Holland，Amsterdam and New York"，*Elsevier Science Ltd.*，1984.

④ 樊纲、关志雄、姚枝仲：《国际贸易结构分析：贸易品的技术分布》，《经济研究》2006 年第 8 期。

国（2007）[①] 的计算方法是：首先计算一国出口一种商品占世界总出口这种商品的份额，然后除以本国的出口贸易依存度，其后将一国的该值除以各国该值之和，最后乘以本国的人均 GDP 并进行加总。另外，劳尔等（Lall 等，2006）[②] 的计算方法是：首先所有国家按照人均 GNI 分为十个收入等级，然后计算每个收入等级国家在这种商品世界出口上的份额，最后乘以各收入等级的平均 GNI 并进行加总。祝树金和张鹏辉（2013）[③] 结合投入产出表，在豪斯曼等（2007）和罗德里克（2006）[④] 的基础上，构建了中国制造业出口品的复合技术含量、国内技术含量及国内技术含量的贡献指数。

2. 商品分类方法

目前，商品分类的方法主要有：（1）等商品种类分类法。将赋值以后的商品依据此升序排列，如果将所有 n 个产品分为 M 类，则每类里包含 n/M 个商品。劳尔等（2006）和樊纲等（2006）都采用了此种简单分类的方法。（2）等世界份额。把世界看作一个经济体，世界在所有 M 大类产品上的份额都等于 1/M。例如，5 大类产品上的份额都等于 20%。也就是说，这种分类方法是以世界的贸易结构为基准，来决定有多少产品归入各大类产品的。杜修立和王维国（2007）为了克服简单地按照产品类别数进行归类所带来的问题提出了这种分类方法。（3）等技术赋值分类法。例如，如果要把出口商品按技术程度分为 5 类，将赋予所有贸易品的技术含量数值从低到高排列，把技术含量的数值进行 5 等分，以此来决定商品的分类。（4）把非技术性商品单独分类。为了避免自然资源等因素对国家贸易结构的干扰，将资源类等非技术性商品单独进行归类。魏浩（2014）将非技术性商品单独归类，并把技术性商品赋值后按照等商品分类法分类。

综上所述，已有相关文献针对中国进口商品结构、商品结构分析框架等问题进行了一定的研究，为本章研究提供了前期参考和基本素材。但是，已

[①] 杜修立、王维国：《中国出口贸易的技术结构及其变迁：1980—2003》，《经济研究》2007 年第 7 期。

[②] Lall S., Weiss J., Zhang J., "The 'Sophistication' of Exports: A New Trade Measure", *World Development*, Vol. 34, No. 2, 2006, pp. 222-237.

[③] 祝树金、张鹏辉：《中国制造业出口国内技术含量及其影响因素》，《统计研究》2013 年第 6 期。

[④] Rodrik D., "What's So Special about China's Exports?", *China & World Economy*, Vol. 14, No. 5, 2006, pp. 1-19.

有研究存在一定的不足。例如，在商品分类方法方面，方法不尽相同，基于不同方法构建的分析框架差异较大，基于不同分析框架的测度结果也差异较大，不能准确地反映中国进口商品结构变化的真实情况。与已有文献相比，本章的主要工作是：（1）引进新的商品分类方法。目前已有的商品分类方法在某种程度上都具有一定的随意性和不足，没有科学依据，另外，很少有文献考虑一部分商品是缺乏技术属性这一现实的，是不能套用技术复杂度指数的。在对非技术性商品单独进行分类的基础上，本章利用 K 均值算法对技术性商品进行分类。（2）引进科学的商品分组数方法。已有文献都是很随意地把商品分成 3 组、4 组或者 5 组，没有任何文献是有科学依据的。如果分组数过少，就会掩盖不同类型商品之间属性的差异性，分析结论可能与现实不符；如果分组数过多，就会导致商品种类划分过多，联系现实的分析难度加大，而且，过细的划分也是没有必要的。本章利用肘函数方法确定商品分类组数，避免了人为分类的随意性。

二、研究方法与分析框架

（一）技术复杂度指数

本章借鉴杜修立和王维国（2007）构建的技术含量指标（TC 指数）。杜修立和王维国（2007）认为，一类产品越在高（低）收入国家生产，该产品越具有高（低）技术含量。基于此假设，出口产品的技术含量指标仍为生产该类产品的各国人均收入的加权和，但权数为各国该产品在世界总产出中的份额。具体的计算公式为：

$$TC_a = \sum_{c=1}^{C} w_{ca} \times Y_c \tag{2-1}$$

其中，TC_a 为产品 a 的技术复杂度，Y_c 为 c 国的人均 GDP，C 为国家数目，w_{ca} 为计算权重。但在实际计算中，w_{ca} 的数据不能直接得到。通常的做法是，在各国出口份额的基础上，经过出口倾向调整，得到各国生产份额的近似值。即：

$$w_{ca} = ps_{ca} / \sum_{c=1}^{C} ps_{ca} \tag{2-2}$$

其中，ps_{ca} 表示 c 国 a 产品在世界总产出中的近似占比，计算公式如下：

$$ps_{ca} = es_{ca} / td_c \tag{2-3}$$

其中，es_{ca}表示 c 国 a 产品的出口占比，td_c 表示 c 国的出口倾向。

$$es_{ca} = x_{ca} / \sum_{a=1}^{M} x_{ca} \tag{2-4}$$

$$td_c = \sum_{a=1}^{M} x_{ca} / GDP_c \tag{2-5}$$

其中，x_{ca} 为 c 国 a 产品的出口额，M 为所有出口产品种数，GDP_c 为 c 国的生产总值。

（二）利用 K 均值算法进行商品分类

为了避免已有研究在分类方法主观性过大和对技术属性区分不足的缺陷，本章采用了一个全新的分类方法，在对非技术性商品单独进行分类的基础上，本章利用 K 均值算法对技术性商品进行分类。既排除了技术特征不明显的商品对国家整体技术水平的影响，又将商品按客观的科学方法进行分类。K 均值算法确定的 K 个划分达到平方误差最小。当聚类是密集的，且类与类之间区别明显时，效果较好。对于处理大数据集，这个算法是相对可伸缩和高效的。计算的复杂度为 O（NKt），其中，N 是数据对象的数目，t 是迭代的次数。一般来说，K≪N，t≪N。但是，K 均值算法也有自身的缺点，在此算法中，K 是事先给定的，这个 K 值的选定是非常难以估计的。很多时候，事先并不知道给定的数据集应该分成多少个类别才最合适。这也是 K 均值算法的一个不足。因此，为了得到较为合理的类型数目 K，本章使用肘函数方法为分类数 K 进行评级，采用最优分类数进行分组。

K 均值算法是很典型的基于距离的聚类算法，采用距离作为相似性的评价指标，即认为两个对象的距离越近，其相似度就越大。K 均值算法的工作原理是：首先，随机从数据集中选取 K 个点作为初始聚类中心；然后，计算各个样本到聚类中心的距离，把样本归到离它最近的那个聚类中心所在的类。计算新形成的每一个聚类的数据对象的平均值来得到新的聚类中心，如果相邻两次的聚类中心没有任何变化，说明样本调整结束，聚类准则函数已经收敛。K 均值算法的一个特点是在每次迭代中都要考察每个样本的分类是否正确，若不正确，就要调整，在全部样本调整完后，再修改聚类中心，进入下一次迭代。如果在一次迭代算法中，所有的样本被正确分类，则不会有调整，聚类中心也不会有任何变化，这标志着已经收敛，因此算法结束。具体算法如下（张建民，2010）：

$$var = \sum_{i=1}^{k} \sum_{x_p \in C_i} |x_p - m_i|^2 \tag{2-6}$$

其中，var 是数据集中所有对象的平方误差和，x_p 是数据集合中的数据对象，$x_i = (x_{i1}, x_{i2}, \cdots, x_{is}) \in R^s$。$m_i$ 是簇 C_i 的均值（$i=1, 2, \cdots, k$）。$d = |x_p - m_i|$ 表示两个对象间的某种距离。

K 均值算法的具体运算步骤是：

步骤 1：计算数据对象 x_i（$i=1, 2, \cdots, n$）与 k 个簇中心 m（b）的距离，将数据对象指派到最相似的簇，即与簇中心的距离最短。根据欧式距离公式，可得距离公式为：

$$d(x_i, m_j) = \sqrt{\sum_{i, j=1} (x_i - m_j)^2} \quad i=1, 2, \cdots, N; \; j=1, 2, \cdots, K \tag{2-7}$$

其中，$d(x_i, m_j)$ 为第 i 个矢量数据到第 j 个聚类的距离。

步骤 2：重新计算每个簇内的对象的均值，赋值给 m_i（$i=1, 2, \cdots, k$）。计算公式为：

$$m_i = \frac{1}{n} \sum_{x_i \in C_j} x_i \tag{2-8}$$

步骤 3：如果 $\| m_i(b) - m_i(b+1) \| < \varepsilon$（$i=1, 2, \cdots, k$），则算法停止并输出 k 个簇的集合，否则则令 $b = b+1$，转为向步骤 1。$\| m_i(b) - m_i(b+1) \|$ 为某种合适的向量范数。

步骤 4：直到 k 个聚类中心不再变化，准则函数收敛。

k 均值算法的具体操作步骤是：（1）输入：N 个数据 $\{x_1, x_2, \cdots, x_n\}$，待分类的簇数 k。（2）输出：k 个簇使所有数据与离其最近的簇中心相异度总和最小，即 var 最小。（3）初始化：给定聚类个数 k，设置迭代计数器 $b=0$，设置迭代停止的最大收敛系数 ε。从数据集合中随机选择 k 个数据对象分别赋值给 m_i（$i=1, 2, \cdots, n$）作为 k 个簇的聚类中心 $\{C_1, C_2, \cdots, C_k\}$。

（三）利用肘函数确定最优分组数

肘函数方法（韩家炜、堪博，2007[①]；Han 等，2011[②]）指对于 n 个点

[①] ［加］韩家炜、堪博：《数据挖掘概念与技术（第二版）》，范明、孟小峰译，机械工业出版社 2007 年版。

[②] Han, J., W., Kamber, M., Pei, J., *Data Mining: Concepts and Techniques (Third Edition)*, USA: Morgan Kaufmann, 2011.

的数据集，设置簇数 P 大约为 $\sqrt{n/2}$ 。在期望情况下，每个簇大约有 $\sqrt{2n}$ 个点。肘方法基于以下考虑：增加簇数有助于降低每个簇的簇内平方和。这是因为有更多的簇可以捕获更细的数据对象簇，簇中对象之间更为相似。然而，如果形成太多的簇，则降低簇内方差和的边缘效应可能下降，因为把一个凝聚的簇分裂成两个只引起簇内方差和的稍微降低。因此，一种选择正确的簇数的启发式方式是，使用簇内方差和关于簇数的曲线的拐点。严格地讲，给定分类数 K（$K>0$），使用 K 均值算法对数据集聚类，并计算簇内方差和 var（k），然后，绘制 var 关于 k 的曲线，曲线的第一个（或者最显著）的拐点暗示着"正确的"簇数。

具体步骤如下：

步骤 1：指定分类数目 N，通过 K 均值分类方法对数据集 C 分成 N 类：C_1，C_2，$\cdots$，$C_N \in C$，C 为总数据集，C_i 代表 C 的第 i 个分类。

步骤 2：对以上得到的 N 类分别计算每一类的方差：

$$var(x) = \frac{1}{n-1}[\,(x_1 - \bar{x}) + (x_2 - \bar{x}) + \cdots + (x_n - \bar{x})\,] \qquad (2\text{-}9)$$

其中，$\bar{x} = \dfrac{x_1 + x_2 + \cdots + x_n}{n}$，$x_1$，$x_2$，$\cdots$，$x_n \in X$，$X$ 为总数据集，n 为数据集内数据个数。

步骤 3：计算各类方差之和：

$$S = \frac{1}{n} \sum_{i=1}^{n} var(C_i) \qquad (2\text{-}10)$$

其中，S 表示最终的评判分数（Score），N 表示分类个数（≥ 2），C_i 表示第 i 类集合，var（C_i）表示第 i 类集合的方差，即簇内方差。

肘方法通过 S 分数来衡量分类数目是否合理，S 的分数越低代表分类的结果越好。根据 K 均值聚类方法，我们分别分成 2—16 组，然后利用肘函数方法，为每个分组数进行评分，最后发现，分类数目在 10 之内时，分类组数为 6 时，分组最优。具体评价结果见图 2-1。根据国际贸易商品分类的现实情况，分类数目过多会导致商品结构分析的困难，分类数目过少会掩盖商品之间的属性，结合分类数目的结果，本章把技术性商品分为 6 类。

簇内方差和
×10^7

评价系数图

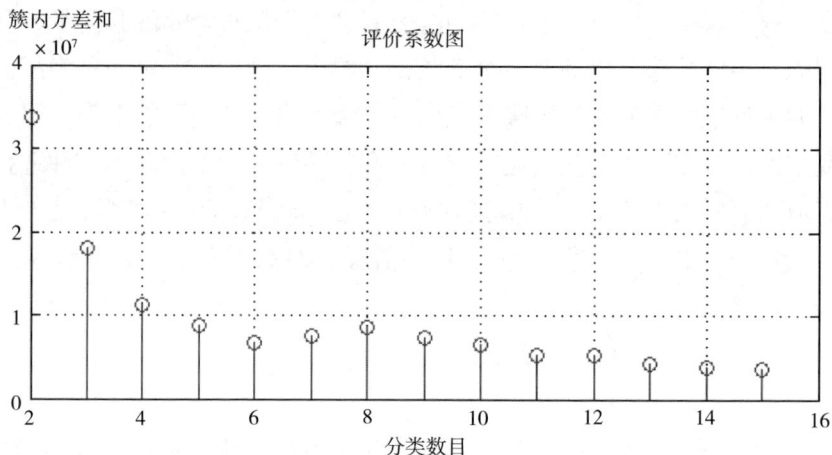

图 2-1　肘函数评价结果

（四）数据来源

在联合国统计署（United Nations Statistics Division）取得 SITC Rev. 3 商品目录，此目录中包括一位码至五位码的商品数据。使用 SITC 三位码分类并不详细，不能体现出某一类商品间的差异，用三位码给出的商品技术含量附加值来衡量一国的贸易水平和结构是不准确的，所以，本章采用五位码分类进行研究。但有些商品只细分至四位码，缺少五位码，所以，本章将此类商品的四位码保留替代五位码，以保证商品种类的完整度，最后得到 3121 个商品。进出口商品的贸易额数据来自 UN Comtrade 数据库。本章研究时间跨度是 2000—2014 年。

人均 GDP 数据来自联合国统计署以及世界银行（The World Bank），依照 UN Comtrade 数据库查找的国家编码进行整理后，得到 206 个国家和地区有效人均 GDP。本章利用这 206 个国家和地区的数据对 1772 种技术类商品进行技术含量赋值。

（五）分析框架

根据数据的可得性，本章构建的商品分析框架共包含 3116 种商品，分成 11 类，采用魏浩（2014）方法对技术特征不明显的商品分成 5 类；对技术特征明显的商品用 K 均值和肘函数方法分成 6 类。利用技术复杂度指数计算商品的技术含量，因为 UN Comtrade 数据库中缺少一些商品的各国进口贸易额详细信息，最终只有1772种商品能被赋予技术含量，再加上1344种非技术类商品，最终整理后共有3116种商品。使用肘函数方法确定最优分类数目6类，利用 K 均值算法对商品进行分类，最终将其分为低技术、中低技术、中等技术、中高技术、高技术和特高技术6类产品。具体分类结果见表2-1。

　　需要说明的是，在对工业制成品进行分类时，借鉴劳尔（2001）的做法，考虑到资源的特殊性，把资源类制成品专门提了出来，把资源类制成品分为3类：金属类制成品（矿产资源型制成品）、农业资源型制成品、其他资源类制成品。虽然，金属类制成品也具有技术属性，但是，与一般工业制成品不同，这类产品对矿产资源的依赖性特别高。

表 2-1　国际贸易商品结构分类标准

产品分类	类别名称	商品数量	代表性商品
初级产品	非农业型初级产品	88	铁矿石、铜矿石、矿物油、天然气、柴油、沥青、煤、电
	农业型初级产品	627	粮食、蔬果、活家禽、木头、冷冻和鲜动物肉、烟草
工业制成品	金属类制成品	239	铁、锌、锰、铝、不锈钢、铝箔
	农业资源型制成品	127	橡胶制品、木制品、纸与纸板、动物皮、瓶塞
	其他资源类制成品	263	乙烯、石灰、瓷砖、胶粘剂、珍珠
	低技术产品	152	纺织纱线、化肥、玩具、伞、烟花、印花染布
	中低技术产品	268	气垫、厨具、打字机、显示器、服装、聚酯纤维、遮阳材料
	中等技术产品	332	办公用品、半导体、化妆品、车床、乐器、交流电机
	中高技术产品	409	合成纤维、发动机、汽车配件、家电、炸药、雷达、变阻器
	高技术产品	427	高分子聚合物、航天器、核反应堆、印刷排版机、起落架、飞机零件、激光器
	特高技术产品	184	坦克、数控车床、射线疗法装置、航空器弹射器、测绘仪

第二节 中国进口商品结构的测度结果

一、中国进口商品结构的变迁

如表 2-2 所示，2000—2014 年，中国进口商品结构发生了较大的变化和结构性的调整。具体来看：（1）非农业型初级产品、高技术产品在中国进口总额中所占份额整体表现为增加的态势，低技术产品、中等技术产品、中高技术产品进口所占份额表现为下降的态势。其中，非农业型初级产品在中国进口中所占份额从 2000 年的 10.14% 增加到 2014 年的 27.91%，增加了大约 18 个百分点；高技术产品在中国进口中所占份额从 2000 年的 14.37% 增加到 2014 年的 21.45%，增加了大约 7 个百分点。（2）2006 年以前，中等技术产品一直是中国第一大进口商品，自 2006 年以来，非农业型初级产品代替中等技术产品一直是中国第一大进口商品，自 2007 年以来，高技术产品超过中等技术产品一直是中国第二大进口商品。（3）初级产品进口所占份额大幅上升，从 2000 年的 20% 左右上升到 2014 年的 36% 左右，工业制成品所占份额下降了 16 个百分点，目前，技术类商品所占份额大概在 50% 左右。

表 2-2 2000—2014 年中国进口、出口商品结构的变迁

（单位：%）

产品分类	进出口 年份 产品类型	进口							出口	
		2000	2005	2010	2011	2012	2013	2014	2000	2014
初级产品	非农业型初级产品	10.14	13.62	25.57	28.45	28.79	28.90	27.91	2.39	0.45
	农业型初级产品	8.96	7.07	9.45	10	10.5	8.32	8.17	7.12	3.62
	合计	19.1	20.69	35.02	38.45	39.29	37.22	36.08	9.51	4.07

续表

产品分类	进出口年份 产品类型	进口							出口	
		2000	2005	2010	2011	2012	2013	2014	2000	2014
工业制成品	金属类制成品	5.83	5.27	6.11	5.42	4.95	4.42	4.32	2.72	4.50
	农业资源型制成品	3.3	1.42	1.29	1.15	1.13	1.15	1.13	1.74	1.94
	其他资源类制成品	3.34	3.15	3.7	3.91	3.8	4.46	5.87	3.77	6.43
	低技术产品	7.95	13.91	0.14	0.13	0.13	0.13	0.13	14.04	6.72
	中低技术产品	6.68	7.1	5.7	4.75	5.13	5.15	4.65	29.87	31.42
	中等技术产品	15.83	14.96	11.75	10.11	9.93	9.40	9.21	23.55	22.23
	中高技术产品	15.34	13.08	13.09	11.81	11.42	11.67	11.82	9.28	14.01
	高技术产品	14.37	12.83	17.89	18.8	19.35	21.54	21.45	4.37	7.20
	特高技术产品	4.96	4.25	5.31	5.47	4.87	4.87	5.35	1.14	1.48
	合计	80.9	79.31	64.98	61.55	60.71	62.78	63.92	90.48	95.93

从中国各类商品进口占世界各类商品进口总额的比例来看[1]，与2000年相比，2014年除了低技术产品占此类商品世界进口总额的比例是下降的（下降了2.58个百分点），其他各类商品占世界的比例都是增加的。其中，非农业型初级产品所占份额增加幅度最大，增加了11.96个百分点，高技术产品所占份额增加了7.59个百分点，中等技术产品增加了4.62个百分点，农业资源型制成品所占份额增加幅度最小，增加了2.45个百分点。2000年，各类商品占世界的份额基本都在4%左右，2014年，除了低技术产品（所占份额是1.22%）之外，其他各类商品所占份额都在4.56%—15.17%，非农业型初级产品所占份额是15.17%，中等技术产品所占份额是8.34%，中高技术产品是8.23%，高技术产品是9.75%。

---

[1] 受篇幅所限，文中略去了各国的各类商品进口占世界各类商品进口总额比例的表格。有兴趣者可向笔者索取。

为了分析进口商品结构的变化，必须和出口结构联系起来。因此，本章对中国出口商品结构也进行测度。测度结果表明，与进口商品结构的变化不同，2000—2014年，中国出口商品结构的变化比较小，没有发生结构性变化，基本上保持稳定。具体来看（见表2-2）：（1）初级产品在出口中所占份额一直较少，2014年占4%左右，在工业制成品中，金属类制成品、其他资源类制成品在出口中所占份额也一直比较少，2014年占11%左右，技术类商品占据中国出口的绝大部分，所占份额在83%左右。（2）从变化趋势来看，初级产品、低技术产品在出口中所占份额下降，中高技术产品、高技术产品所占份额表现为小幅度的上升。（3）中国出口的技术类商品与进口商品结构也有很大的差别。2000—2014年，中国主要出口中低技术产品，中低技术产品一直是中国第一大出口商品，大约占据出口总额的1/3；第二大出口商品是中等技术产品，大约占据出口总额的1/4；第三大出口商品是中高技术产品，2014年占据14%左右的份额。

表2-3 2000—2014年世界进口商品市场结构情况

（单位:%）

产品分类	年份 产品类型	2000	2005	2008	2010	2011	2012	2013	2014
初级产品	非农业型初级产品	9.27	12.36	16.77	15.26	17.15	17.83	17.94	16.66
	农业型初级产品	9.71	9.23	9.79	10.41	10.73	10.55	10.22	10.27
	合计	18.98	21.59	26.56	25.67	27.88	28.38	28.16	26.93
工业制成品	金属类制成品	4	4.63	6.57	6.05	6.58	6.04	6.63	5.98
	农业资源型制成品	2.65	2.28	2.12	2.17	2.13	2.08	2.02	2.02
	其他资源类制成品	4.63	4.78	4.60	4.85	4.93	4.81	4.85	5.01
	低技术产品	6.66	5.60	0.99	0.99	0.95	0.94	0.97	0.99
	中低技术产品	10.09	9.95	8.41	8.97	8.57	8.61	9.16	9.24
	中等技术产品	13.51	12.2	10.37	11.09	10.05	9.95	9.86	10
	中高技术产品	13.18	13.27	13.44	13.39	13.15	13.08	12.8	13.01
	高技术产品	21.41	20.05	21.35	19.12	19.48	19.48	18.9	19.93
	特高技术产品	4.89	5.74	7.22	6.63	6.62	6.62	6.65	6.91
	合计	81.02	78.5	75.07	73.26	72.46	71.61	71.84	73.09

总的来看，通过进口商品结构和出口商品结构的对比，可以发现，

2000—2014 年，在进口方面，非农业型初级产品、高技术产品在中国进口总额中所占份额大幅度增加，中国进口商品结构发生了根本性的变化；在出口方面，中高技术产品在出口中所占份额有所增加，但是，增加幅度不明显，中国出口结构没有发生根本性的变化。目前，中国主要出口中等技术产品、中低技术产品。

二、中国进口商品结构变化的原因

中国进出口商品结构变化主要是由中国经济发展方式的特点、国际分工形态的变化以及中国在国际分工中的地位决定的。中国经济发展方式的特点是出口导向型经济，即通过大力发展出口，带动国内经济的发展。中国出口贸易的快速发展对世界各国造成了一定的冲击，世界各国与中国产生了大量的贸易摩擦和纠纷，中国面临的国际经济经营环境日益恶化，与此同时，因为出口进行的大量生产导致的国内资源能源瓶颈问题、环境污染问题、贸易不平衡问题、不可持续发展等问题也日益凸显，国家政府提出了优化产业结构、优化贸易结构、加工贸易转型升级、转变经济发展方式、转变对外经济发展方式、发展绿色 GDP 等各种指导政策和战略。在此背景下，中国以利用外资形式承接的国际产业日益升级，逐渐从纺织服装业等劳动密集型产业转变为以机电为主的技术密集型产业，由此，中国进出口的贸易对象也发生了变化，逐渐以机电产品为主。与此同时，随着中国本土企业能力的提升、外资企业本土化战略的实施等，一些技术含量较低的零部件、半制成品不再从国外进口，而是由本土的配套内资企业来生产，所以进口的零部件、半制成品的技术含量越来越高。这两方面的因素最终导致以纺织服装业为代表的低技术含量制成品在进口中所占份额日益下降，以机电产品为代表的高技术含量制成品所占份额越来越高。当然，强大的生产规模需要充足的资源能源作为基础，在国内资源能源不能满足生产需求时，进口便是有效的应对手段，正因为如此，以铁矿石、铜矿石、矿物油为代表的非农业型初级产品在中国进口中所占份额大幅增加。

当然，除了上述涉外经济原因之外，中国国内经济自身发展也对进口商品结构的变化产生了影响。内资企业日益重视技术水平的提升和产业结构的调整，除了自身内部加大研发力度之外，也逐渐通过进口先进机器设备、关键零部件等来提升自身的竞争力。另外，中国加强了供水、供气、供热、电力、通信、公共交通、物流配送、防灾避险等各类基础设施的建设、改造，进口了大量的相关高端机器设备。

第三节　中国进口商品结构的国际比较

一、中国与世界进口商品结构的比较

从世界进口市场来看，2000—2014 年，虽然世界进口商品结构发生了一定的变化，但是，整体上还是基本保持稳定的。具体来看（见表 2-3）：（1）从主要变化来看，非农业型初级产品的市场规模急剧增加，占世界进口市场的比例从 2000 年的 9.27% 增加到 2014 年的 16.66%，增加了 7.39 个百分点，低技术产品、中等技术产品占世界进口市场的比例表现为下降的趋势，低技术产品占世界进口市场的比例从 2000 年的 6.66% 下降到 2014 年的 0.99%，下降了大约 6 个百分点，中等技术产品占世界进口市场的比例从 2000 年的 13.51% 下降到 2014 年的 10%，下降了大约 4 个百分点，其他各类商品的市场份额变化不大。（2）从现状来看，国际市场的交易商品主要是高技术产品、非农业型初级产品、中高技术产品、农业型初级产品。2000—2014 年，高技术产品一直是国际贸易的第一大商品，一直占据国际贸易交易 1/5 左右的份额；2008 年非农业型初级产品超过中高技术产品成为国际市场中第二大交易商品；中高技术产品一直占据 13% 左右的份额，是第三大交易商品；农业型初级产品目前是第四大交易商品，一直占据大约 10% 左右的份额。

在国际市场上，非农业型初级产品国际进口规模急剧增加的原因，一方面在于世界各国经济发展增加了对铁矿石、矿物油、天然气、柴油、煤等非农业型初级产品的需求数量；另一方面，在需求增加的同时，各类非农业型初级产品的价格都表现为日益增加的态势，直到 2012 年，各类非农业型初级产品的价格才开始回落。以铁矿石为例，在 2004 年以前，全球最大的铁矿石进口国为日本，并长期主导着铁矿石的国际市场价格稳定在 15—20 美元/吨；在 2004 年之后，随着中国的异军突起，价格开始上涨，至 2010 年

最高 177 美元/吨；随后维持高位运行，2011 年之后价格开始回落，到 2012 年最低 88.5 美元/吨，2014 年降至 80 美元/吨左右。

国际贸易商品市场格局的变化及现状与经济全球化、国际分工的发展是相符的。越来越多的国家参与全球化和国际分工，世界各国都高度重视进口贸易对经济发展的促进作用，每个国家都在进口本国相对缺乏的商品，一般来说，高技术商品、不可再生资源是大部分国家都希望进口的商品，这些商品不容易在技术上获得突破，不容易突破资源禀赋、土地禀赋的限制。

从中国进口结构与世界整体进口结构的比较来看，中国进口相对较多的商品是非农业型初级产品、中等技术产品、中高技术产品。进口较多非农业型初级产品的原因是中国国内缺乏足够的资源能源供生产所用，必须从国外进口；进口较多中高技术产品、中等技术产品是因为加工贸易的原因。中国进口相对较少的商品是农业资源型制成品、低技术产品、中低技术产品、高技术产品、特高技术产品。中国进口较少农业资源型制成品是因为这类商品在中国有进口限制；进口较少低技术产品、中低技术产品是因为这些产品中国自身可大量生产；进口较少高技术产品、特高技术产品是因为发达国家对中国的贸易限制导致的。有个现象值得特别关注，高技术产品一直是国际进口贸易的第一大商品，一直占据国际进口市场 20% 左右的份额。但是，高技术产品在中国进口中所占份额直到 2012 年才达到世界整体水平，说明中国以往进口的高技术产品相对较少。

二、中国与发展中国家进口商品结构的比较

从进口商品结构来看，如表 2-4、表 2-5 所示，在对比的 10 个发展中国家中，印度、墨西哥的情况比较特殊。2000 年和 2014 年，印度分别进口的 36.18% 和 42.15% 是非农业型初级产品，技术类进口商品较少，高技术产品所占比例最大，也分别只有 7.78% 和 9.61%。与印度相反，墨西哥进口大量的技术类商品，进口较少的初级产品，2014 年初级产品进口所占份额为 12% 左右，进口的 88% 是工业制成品，中高技术产品、高技术产品所占份额在 2000 年和 2014 年都超过 20%。印度进口商品结构形成的原因在于印度经济是建立在蓬勃发展的服务业基础上。近年来，印度服务业占

GDP 的比重都在 50% 以上,工业仅占不到 25%,农业所占比例也不到 20%。[①] 墨西哥进口商品结构形成的原因是墨西哥承接了大量来自美国的加工贸易。据联合国统计数据显示,美国是墨西哥最大的贸易伙伴,2014 年,墨西哥对美国出口占墨西哥出口总额的 80% 左右,来自美国的进口占墨西哥进口总额的 50% 左右。

表 2-4　2000 年中国与发展中国家进口商品结构比较

(单位:%)

产品分类	产品类型	中国	菲律宾	马来西亚	巴西	南非	墨西哥	泰国	印度	印度尼西亚	越南	俄罗斯
初级产品	非农业型初级产品	10.14	11.17	5.43	10.05	15.13	1.57	11.38	36.18	10.26	0.82	8.56
	农业型初级产品	8.96	8.80	5.93	9.50	6.55	6.97	7.66	8.48	19.93	10.08	23.36
	合计	19.10	19.97	11.36	19.55	21.68	8.54	19.04	44.66	30.19	10.9	31.92
工业制成品	金属类制成品	5.83	2.89	5.07	3.04	1.93	3.33	6.24	11.34	5.88	5.92	4.85
	农业资源型制成品	3.30	1.64	1.62	2.80	2.62	2.74	1.59	1.35	2.20	3.58	2.02
	其他资源类制成品	3.34	2.66	2.61	6.69	5.87	2.84	5.04	15.37	9.80	3.27	2.67
	低技术产品	7.95	6.95	15.83	6.09	4.34	9.34	8.65	2.08	1.41	4.97	1.87
	中低技术产品	6.68	6.72	3.17	4.28	8.00	7.62	4.30	2.55	6.29	19.37	4.21
	中等技术产品	15.83	13.84	15.56	12.83	10.77	13.03	13.73	5.82	7.55	11.11	6.39
	中高技术产品	15.34	10.33	13.72	17.36	10.37	27.46	18.16	6.49	16.31	18.48	10.24
	高技术产品	14.37	30.81	26.25	19.65	27.99	20.97	19.74	7.78	16.11	16.38	28.91
	特高技术产品	4.96	4.20	4.82	7.73	6.43	4.13	3.50	2.55	4.27	6.04	6.92
	合计	80.9	80.04	88.65	80.47	78.32	91.46	80.95	55.33	69.82	89.12	68.08

---

① 数据来源:印度统计和计划执行部,见 http://mospi.nic.in/Mospi_ New/upload/mospi_ annual_ report_ 2013-14.pdf。

表 2-5   2014 年中国与发展中国家进口商品结构比较

（单位：%）

产品分类	产品类型	中国	菲律宾	马来西亚	巴西	南非	墨西哥	泰国	印度	印度尼西亚	越南	俄罗斯
初级产品	非农业型初级产品	27.91	13.08	8.96	14.56	20.00	2.96	20.99	42.15	13.08	3.30	2.23
	农业型初级产品	8.17	14.07	12.50	6.96	7.87	8.74	7.74	6.56	15.37	15.12	14.97
	合计	36.08	27.15	21.46	21.52	27.87	11.7	28.73	48.71	28.45	18.42	17.2
工业制成品	金属类制成品	4.32	4.03	11.25	4.10	3.02	5.05	11.73	11.47	7.80	9.02	3.29
	农业资源型制成品	1.13	2.09	1.80	2.00	2.44	3.19	1.51	1.02	1.89	3.42	2.56
	其他资源类制成品	5.87	3.37	4.30	6.15	4.50	4.34	4.17	9.33	6.40	3.74	2.90
	低技术产品	0.13	4.30	0.56	1.06	1.24	0.55	0.39	0.35	1.30	1.10	1.15
工业制成品	中低技术产品	4.65	5.43	5.27	5.89	8.41	7.69	5.95	5.60	6.76	10.50	9.62
	中等技术产品	9.21	10.16	11.34	11.66	8.35	14.84	11.39	4.71	10.13	15.63	11.66
	中高技术产品	11.82	11.30	15.93	18.80	11.57	25.38	15.51	6.82	17.04	19.02	18.05
	高技术产品	21.45	27.88	23.13	20.81	25.63	22.20	16.41	9.61	15.69	14.14	24.65
	特高技术产品	5.35	4.27	4.95	8.01	6.99	5.05	4.20	2.37	4.53	5.01	8.91
	合计	63.92	72.83	78.53	78.48	72.15	88.29	71.26	51.28	71.54	81.58	82.79

与这些发展中国家相比，2000 年，高技术产品在中国进口中的比例只高于印度，中高技术产品在中国进口中的比例高于菲律宾、马来西亚、南非、印度和俄罗斯；2014 年，高技术产品在中国进口中的比例只高于巴西、泰国、印度、印度尼西亚和越南，中高技术产品在中国进口中的比例只高于菲律宾、南非和印度。这就说明，与发展中国家相比，中高技术产品、高技术产品在中国进口总额中的份额还是偏低。

从占世界进口的比例来看，2014 年，在对比的 10 个发展中国家中，俄罗斯、印度、墨西哥各类进口商品占世界进口的比例较高，其他国家进口占世界进口的比例都比较低。在这 10 个发展中国家中，印度进口的非农业型初级产品、金属类制成品和其他资源类制成品占世界同类商品进口总额的比例是最高的；墨西哥、俄罗斯进口的各类技术性商品占世界各类商品进口的比例大约在 2% 左右，其他国家的各类商品所占比例大部分都低于 2%。与这 10 个国家相比，除了低技术产品之外，中国其他各类商品占世界各类商品进口的比例都高于这 10 个发展中国家。

三、中国与发达国家进口商品结构的比较

从进口商品结构来看，如表 2-6、表 2-7 所示，在对比的 8 个发达国家中，日本、韩国的情况比较特殊。日本、韩国进口的非农业型初级产品占其总进口的份额都比较大，日本、韩国进口的高技术产品占其总进口的份额都比较小。2000 年，日本、韩国进口的非农业型初级产品占其总进口的份额都在 20% 以上，除了中国之外的其他国家都在 10% 以下。2014年，日本、韩国进口的非农业型初级产品占其总进口的份额都在 35% 以上，除了中国之外的其他国家都在 20% 以下；日本、韩国进口的高技术产品占其总进口的份额都在 10% 左右，除了荷兰之外，其他国家都在 20% 以上。日本、韩国进口商品结构形成的原因在于这两个国家都大力发展工业，技术先进，是高技术产品的出口国，但是，由于国土资源缺乏，必须从其他国家大量进口各类资源。与这 8 个发达国家相比，除了日本、韩国之外，2014 年，中国与其他 6 个发达国家的进口商品结构基本类似。2000 年，高技术产品在中国进口总额中的比例低于所有其他 6 个发达国家，2014 年，高技术产品在中国进口总额中的比例已经基本与其他 6 个发达国家持平。

从占世界进口的比例来看，2014 年，在对比的 8 个发达国家中，美国、德国、法国、英国、日本各类进口商品占世界进口的比例都比较高，基本上都在 3% 以上。在所有国家中，美国各类进口商品占世界同类商品进口总额的比例都是最高的，2014 年，只有非农业型初级产品所占份额是 8.27%，其他各类商品所占份额都在 8.97%—18.12%。德国各类进口商品占世界同类商品进口总额的比例基本上都在 4.58%—8.39%。与这 8 个发达国家相比，总的来看，除了非农业型初级产品之外，中国各类商品进口占世界同类商品进口总额的比例小于美国，但是，大于德国以及其他发达国家。

表 2-6　2000 年中国与发达国家进口商品结构比较

（单位：%）

产品分类	产品类型	中国	韩国	美国	荷兰	日本	新加坡	英国	德国	法国
初级产品	非农业型初级产品	10.14	24.17	9.49	8.86	20.75	7.04	3.53	7.99	8.77
	农业型初级产品	8.96	8.78	5.91	11.15	18.28	4.21	9.87	9.05	10.79
	合计	19.10	32.95	15.4	20.01	39.03	11.25	13.4	17.04	19.56
工业制成品	金属类制成品	5.83	6.52	3.15	2.89	3.65	2.63	3.55	4.00	4.24
	农业资源型制成品	3.30	1.35	2.39	2.37	1.64	1.00	2.74	2.84	2.97
	其他资源类制成品	3.34	3.80	4.98	3.46	3.64	2.48	5.51	3.70	4.82
	低技术产品	7.95	12.87	6.98	6.02	7.86	21.91	6.19	4.88	5.31
	中低技术产品	6.68	4.73	13.49	10.12	10.37	6.81	11.76	9.82	9.63
	中等技术产品	15.83	11.33	14.67	15.74	13.30	21.49	15.37	11.46	12.18
	中高技术产品	15.34	9.30	10.94	9.10	5.54	11.92	11.93	12.13	14.75
	高技术产品	14.37	11.75	23.91	25.61	10.78	14.65	23.94	29.68	21.01
	特高技术产品	4.96	5.40	4.10	4.69	4.19	5.87	5.62	4.44	5.51
	合计	80.90	67.05	84.61	80.00	60.97	88.76	86.61	82.95	80.42

表 2-7　2014 年中国与发达国家进口商品结构比较

（单位：%）

产品分类	产品类型	中国	韩国	美国	荷兰	日本	新加坡	英国	德国	法国
初级产品	非农业型初级产品	27.91	37.82	13.04	16.59	36.35	18.22	9.51	11.97	11.33
	农业型初级产品	8.17	7.78	7.02	16.17	11.09	6.63	11.61	9.98	11.41
	合计	36.08	45.6	20.06	32.76	47.44	24.85	21.12	21.95	22.74
工业制成品	金属类制成品	4.32	7.11	4.43	4.17	3.28	5.43	6.68	5.65	4.06
	农业资源型制成品	1.13	0.96	1.89	2.05	1.29	1.07	2.28	2.65	2.49
	其他资源类制成品	5.87	4.48	5.15	4.45	3.34	6.39	4.05	3.83	4.76
	低技术产品	0.13	0.64	1.48	0.76	1.43	0.47	1.09	0.85	1.01
	中低技术产品	4.65	5.55	13.50	8.68	10.68	5.79	10.83	8.70	9.31
	中等技术产品	9.21	8.23	11.35	11.39	9.52	10.93	8.75	9.73	9.15

续表

产品分类	产品类型	中国	韩国	美国	荷兰	日本	新加坡	英国	德国	法国
工业制成品	中高技术产品	11.82	8.62	12.46	10.30	7.00	14.07	12.86	15.27	15.12
	高技术产品	21.45	12.15	22.50	16.57	10.40	22.00	23.81	23.50	22.95
	特高技术产品	5.35	6.65	7.18	8.87	5.62	9.00	8.52	7.86	8.41
	合计	63.92	54.39	79.94	67.24	52.56	75.15	78.87	78.04	77.26

第四节　中国与不同类型贸易伙伴的进口商品关系

一、中国与发展中国家的贸易关系

（一）中国从发展中国家的进口商品结构

总体来看，中国从发展中国家的进口商品比较集中于某一类或两类商品。从表2-8、表2-9的数据可以看出，发展中国家对中国的出口商品结构可以分为两种类型，一种类型是主要向中国出口初级产品，例如，巴西、俄罗斯、印度尼西亚。如表2-9所示，2014年，巴西向中国出口的46.41%是农业型初级产品，俄罗斯向中国出口的73.14%是非农业型初级产品。另一种类型是主要向中国出口技术类产品，例如，南非、墨西哥、越南、泰国。如表2-9所示，2014年，南非向中国出口的60.42%是高技术产品，泰国向中国出口的26.06%是中等技术产品，越南向中国出口的26.5%是中等技术产品，墨西哥向中国出口的34.11%是高技术产品。

表2-8　2000年中国从发展中国家的进口商品结构

（单位:%）

产品分类	产品类型	菲律宾	马来西亚	巴西	南非	墨西哥	泰国	印度	印度尼西亚	越南	俄罗斯
初级产品	非农业型初级产品	1.48	6.32	30.75	26.38	2.54	7.50	32.03	24.98	80.45	11.19
	农业型初级产品	7.06	17.32	47.91	6.40	10.98	20.48	18.88	30.05	12.04	24.71

续表

产品分类	产品类型	菲律宾	马来西亚	巴西	南非	墨西哥	泰国	印度	印度尼西亚	越南	俄罗斯
工业制成品	金属类制成品	8.40	2.81	2.67	8.38	2.82	2.21	4.14	0.91	0.04	25.80
	农业资源型制成品	1.17	5.87	4.31	1.49	0.55	5.53	2.25	16.43	0.26	2.24
	其他资源类制成品	0.41	0.50	1.55	18.15	1.43	1.99	9.52	1.97	2.87	4.24
	低技术产品	39.80	20.46	0.01	0.06	4.14	9.75	0.92	1.49	0.43	0.33
	中低技术产品	2.03	3.81	0.51	0.24	1.12	3.48	15.73	5.36	2.03	0.53
	中等技术产品	30.22	25.79	1.27	1.41	49.79	26.31	3.40	11.45	1.10	4.34
	中高技术产品	6.75	10.08	4.32	3.94	13.80	15.41	9.33	3.94	0.53	11.82
	高技术产品	2.26	3.38	6.39	33.16	4.62	5.14	2.08	3.23	0.22	14.56
	特高技术产品	0.41	3.66	0.31	0.37	8.22	2.19	1.71	0.18	0.03	0.24

表 2-9　2014 年中国从发展中国家的进口商品结构

（单位:%）

产品分类	产品类型	菲律宾	马来西亚	巴西	南非	墨西哥	泰国	印度	印度尼西亚	越南	俄罗斯
初级产品	非农业型初级产品	27.93	22.17	46.04	17.24	33.12	3.45	9.59	43.13	14.17	73.14
	农业型初级产品	6.44	16.52	46.41	2.12	3.71	26.17	20.22	29.32	23.37	14.59
工业制成品	金属类制成品	4.39	0.97	2.27	9.05	1.15	0.39	16.84	2.06	0.26	5.12
	农业资源型制成品	0.15	5.00	2.05	0.10	0.73	6.70	2.90	4.15	3.11	0.45
	其他资源类制成品	0.43	2.81	0.94	10.18	1.53	11.27	22.15	2.47	1.14	1.03
	低技术产品	0.11	0.35	0.01	0.00	0.02	0.21	0.27	0.51	1.27	0.01
	中低技术产品	0.74	1.90	0.03	0.00	1.11	1.52	12.97	3.43	21.37	0.02
	中等技术产品	40.83	22.02	0.41	0.14	9.30	26.06	2.09	5.94	26.50	0.41
	中高技术产品	15.89	17.91	0.79	0.45	12.72	13.36	7.60	4.03	5.15	3.59
	高技术产品	2.92	8.86	0.93	60.42	34.11	7.77	4.19	4.65	2.75	1.41
	特高技术产品	0.16	1.49	0.12	0.29	2.50	3.11	1.18	0.31	0.90	0.23

（二）发展中国家在中国进口中的地位

从整体上来看，除了特高技术产品之外，这 10 个发展中国家在中国各类产品进口中的总份额都提高了。但是，除了在中国农业型初级产品进口中所占份额较高之外，在其他各类产品进口中所占份额基本上都低于 25%（见表 2-10）。2014 年，发展中国家在中国农业型初级产品进口中所占份额最高，所占份额是 44.74%，其次是低技术产品，所占份额是 25.61%，再次是非农业型初级产品，所占份额是 19.63%。2000 年，中国从每个发展中国家进口的各类产品所占份额都比较小，都在 10% 以下。其中，印度尼西亚的农业资源型制成品占比最高，为 9.7%；俄罗斯的金属类制成品占比最高，为 9.86%。2014 年，巴西在中国农业型初级产品进口总额的占比最高，为 18.25%，泰国农业资源型制成品占中国农业资源型制成品进口总额的占比最高，为 12.35%，其他各类产品从这些发展中国家进口的份额较低，均在 9% 以下。

表 2-10　从发展中国家、发达国家进口占中国各类产品进口比例的合计情况

（单位:%）

国家类型		发展中国家			发达国家		
产品类型		2014 年合计	2000 年合计	两年差值	2014 年合计	2000 年合计	两年差值
初级产品	非农业型初级产品	19.63	18.75	0.88	4.45	8.27	-3.82
	农业型初级产品	44.74	28.67	16.07	36.81	31.61	5.20
工业制成品	金属类制成品	16.59	14.56	2.03	33.49	44.64	-11.15
	农业资源型制成品	37.90	20.49	17.41	33.74	45.89	-12.15
	其他资源类制成品	15.28	10.42	4.86	48.94	66.1	-17.16
	低技术产品	25.61	12.76	12.85	19.63	52.33	-32.7
	中低技术产品	9.81	5.93	3.88	38.51	49.78	-11.27
	中等技术产品	18.50	11.38	7.12	34.37	52.68	-18.31
	中高技术产品	9.29	6.87	2.42	51.13	59.12	-7.99
	高技术产品	11.17	5.56	5.61	59.62	62.93	-3.31
	特高技术产品	2.76	3.47	-0.71	70.97	70.48	0.49

（三）中国在发展中国家出口中的地位

如表 2-11、表 2-12 所示，2000 年和 2014 年，发展中国家对中国出口

在其各类产品出口总额中所占的比例基本上都在提高。也就是说，中国在发展中国家出口中的地位日益提高。具体来看，从中国在发展中国家各类商品出口总额的比例来看，2000 年，中国是泰国、印度非农业型初级产品的主要出口国，对中国出口占泰国非农业型初级产品出口总额的比例为 31.75%，对中国出口占印度的非农业型初级产品出口总额的比例为 23.82%；中国是俄罗斯中等技术产品的主要出口国，对中国出口占比达 19.35%。2014 年，中国是菲律宾、巴西、南非、泰国、印度、越南非农业型初级产品的主要出口国，对中国出口在这些国家非农业型初级产品出口总额的比例分别为 40.76%、34.26%、31.06%、30.37%、25.58%、20.52%；中国是菲律宾金属类制成品的主要出口国，对中国出口在菲律宾金属类制成品出口总额的比例为 39.83%；中国是马来西亚和泰国农业资源型制成品的主要出口国，对中国出口占比分别达 23.48% 和 21.9%。

　　总的来看，发展中国家在中国各类产品进口中的比例小于中国在发展中国家各类产品出口中的比例，即中国各类产品进口对这些发展中国家的依赖程度都小于这些发展中国家出口对中国的依赖程度，也就是说，中国是这些发展中国家的主要出口国，但是，这些发展中国家不是中国的主要进口国。

表 2-11　2000 年中国在发展中国家各类产品出口总额的比例

（单位：%）

产品分类	产品类型	菲律宾	马来西亚	巴西	南非	墨西哥	泰国	印度	印度尼西亚	越南	俄罗斯
初级产品	非农业型初级产品	13.66	3.53	8.25	4.38	0.14	31.75	23.82	6.26	22.20	0.90
	农业型初级产品	3.67	7.85	3.44	1.15	0.42	5.57	3.42	8.55	15.10	14.45
工业制成品	金属类制成品	16.34	5.75	0.47	2.22	0.23	5.34	2.91	0.88	5.69	9.09
	农业资源型制成品	3.52	8.13	1.20	0.38	0.05	6.02	1.04	8.34	7.70	4.60
	其他资源类制成品	3.74	1.03	0.97	0.65	0.28	1.65	0.67	5.67	5.80	9.73
	低技术产品	0.98	1.62	0.18	1.91	0.01	2.85	0.41	1.40	0.26	2.35

续表

产品分类	产品类型	菲律宾	马来西亚	巴西	南非	墨西哥	泰国	印度	印度尼西亚	越南	俄罗斯
工业制成品	中低技术产品	0.24	1.47	0.06	0.06	0.05	0.54	0.78	0.77	0.36	1.92
	中等技术产品	2.51	2.89	0.46	0.06	0.59	4.15	1.01	2.18	0.60	19.35
	中高技术产品	1.42	2.95	0.87	1.13	0.09	2.86	2.96	3.93	0.45	9.49
	高技术产品	1.99	2.72	0.67	0.11	0.06	4.82	1.62	5.27	5.73	2.95
	特高技术产品	2.07	2.88	0.71	0.51	0.04	4.26	2.21	1.28	3.10	9.74

表 2-12 2014 年中国在发展中国家各类产品出口总额的比例

(单位:%)

产品分类	产品类型	菲律宾	马来西亚	巴西	南非	墨西哥	泰国	印度	印度尼西亚	越南	俄罗斯
初级产品	非农业型初级产品	40.76	9.58	34.26	31.06	5.21	30.37	25.58	11.94	20.52	10.74
	农业型初级产品	8.56	13.43	24.00	6.44	0.83	18.34	6.24	14.02	18.05	15.37
工业制成品	金属类制成品	39.83	10.60	5.71	7.89	1.10	1.55	12.30	5.20	1.00	0.55
	农业资源型制成品	0.52	23.48	12.68	2.25	1.95	21.90	3.69	3.55	11.23	2.50
	其他资源类制成品	19.22	12.64	2.00	1.11	1.71	16.90	2.05	9.54	18.08	2.19
	低技术产品	7.40	1.83	0.49	0.16	0.05	1.42	0.54	2.00	2.48	0.77
	中低技术产品	1.69	1.81	0.14	0.22	0.12	2.35	5.33	3.60	4.11	0.13
	中等技术产品	19.82	12.70	2.87	0.86	0.38	10.36	1.52	6.40	7.94	4.13
	中高技术产品	11.49	9.66	2.20	2.03	0.33	8.51	3.93	5.99	6.83	9.57
	高技术产品	6.27	9.58	1.57	0.39	3.18	8.61	3.10	10.24	8.68	7.03
	特高技术产品	9.66	9.47	1.55	3.63	0.52	14.47	1.22	2.00	6.64	3.10

二、中国与发达国家的贸易关系

(一) 中国从发达国家的进口商品结构

总的来看,发达国家向中国主要出口工业制成品特别是中高技术产品、高技术产品。如表 2-13 所示,2000 年,中国从美国、荷兰、英国、德国、法国进口的第一大商品是高技术产品，从日本进口的第一大商品是中高技术产品，从韩国、新加坡进口的第一大商品是中等技术产品。如表 2-14 所示，2014 年，中国从美国、英国、德国、法国进口的第一大商品没有改变，仍为高技术产品，从日本进口的第一大商品从中高技术产品变成高技术产品，从韩国进口的第一大商品从中等技术产品变成其他资源类制成品，从荷兰进口的第一大商品从高技术产品变成特高技术产品，从新加坡进口的第一大商品从中等技术产品变成中高技术产品。

表 2-13　2000 年中国从发达国家的进口商品结构

（单位:%）

产品分类	产品类型	韩国	美国	荷兰	日本	新加坡	英国	德国	法国
初级产品	非农业型初级产品	1.60	2.77	4.48	0.83	2.90	7.83	0.98	1.15
	农业型初级产品	3.33	15.75	17.75	2.02	1.42	3.95	3.95	12.19
工业制成品	金属类制成品	8.81	1.98	2.27	7.21	1.34	3.25	3.52	2.90
	农业资源型制成品	7.89	3.14	3.56	1.48	0.90	1.31	2.63	1.81
	其他资源类制成品	6.76	4.01	11.33	4.48	2.23	4.60	3.37	3.28
	低技术产品	9.13	6.14	3.00	10.99	12.54	5.20	6.02	7.43
	中低技术产品	7.62	8.53	1.90	7.06	4.78	10.26	3.53	5.21
	中等技术产品	20.40	15.87	9.47	18.26	29.42	18.17	11.24	11.18
	中高技术产品	18.23	11.76	14.65	22.18	21.17	18.18	27.08	13.25
	高技术产品	10.32	22.53	20.49	18.40	16.10	18.51	27.09	35.16
	特高技术产品	5.90	7.51	11.10	7.09	7.21	8.72	10.60	6.43

表 2-14　2014 年中国从发达国家的进口商品结构

（单位:%）

产品分类	产品类型	韩国	美国	荷兰	日本	新加坡	英国	德国	法国
初级产品	非农业型初级产品	2.73	5.27	21.59	1.99	5.67	8.29	0.92	0.99
	农业型初级产品	1.44	24.37	17.27	1.90	3.10	5.53	1.89	12.75

续表

产品分类	产品类型	韩国	美国	荷兰	日本	新加坡	英国	德国	法国
工业 制成品	金属类制成品	5.62	1.30	0.97	7.19	0.88	2.57	2.78	2.45
	农业资源型制成品	0.93	1.19	0.79	1.09	0.41	0.88	1.05	1.09
	其他资源类制成品	19.59	3.76	4.52	7.31	9.99	1.50	2.59	3.97
	低技术产品	0.11	0.03	0.07	0.12	0.00	0.02	0.04	0.08
	中低技术产品	15.50	0.66	0.34	4.99	3.87	0.69	0.50	1.13
	中等技术产品	16.42	3.59	2.84	11.08	11.70	2.52	5.68	3.83
	中高技术产品	17.49	9.23	10.82	21.73	22.64	6.59	21.33	11.82
	高技术产品	15.77	39.89	18.86	31.79	21.29	61.63	49.58	51.04
	特高技术产品	4.40	10.69	21.93	10.81	20.45	9.78	13.65	10.85

（二）发达国家在中国进口中的地位

如表2-10所示，2000—2014年，从整体上来看，8个发达国家在中国低技术产品、中等技术产品、金属类制成品、农业资源型制成品、其他资源类制成品等各类产品进口总额中的比例都表现为大幅下降的趋势。其中，低技术产品、中等技术产品下降幅度比较大，下降了大约20%左右。但是，在中国中高技术产品、高技术产品、特高技术产品等各类产品进口总额中的比例一直保持较高的份额，都在50%以上。从具体国家来看，韩国、美国、日本、德国在中国技术类产品特别是中高技术产品、高技术产品、特高技术产品的进口中占有较高的份额，荷兰、英国、新加坡、法国在中国各类产品进口中的份额都比较小。美国、日本、德国是中国特高技术产品的主要进口国，2014年，三个国家在中国特高技术产品进口中的份额都在17%左右。日本在中国各类技术类商品进口中的地位都表现为下降的趋势，2000年日本在中国各类技术类商品进口中的比例都在20%以上，2014年日本在中国各类技术类商品进口中的比例都低于18%。德国的地位表现为提升的态势，2000年德国在中国各类技术类商品进口中的比例都低于10%以上，2014年德国在中国中高技术及以上产品进口中的比例都高于10%，特高技术产品所占份额达到了16%左右。韩国在中国中低技术产品进口中所占份额大幅增加，2000 年韩国在中国中低技术产品进口中的比例为 10.53%，2014 年所占比例是 25.45%。

（三）中国在发达国家出口中的地位

结合表 2-15 和表 2-16 来看，2000 年和 2014 年，中国在发达国家各类产品出口中所占的份额基本上都表现为提升的态势。其中，中国在韩国、日本各类商品出口中所占份额大幅提升。中国在韩国其他资源类制成品出口中所占份额从 2000 年的 24.10% 增加到 2014 年的 55.17%，中国在日本中低技术产品出口中所占份额从 2000 年的 6.76% 增加到 2014 年的 38.97%。

从整体上来看，发达国家在中国各类产品进口总额中的比例大于中国在发达国家出口中的比例。也就是说，中国进口对发达国家的依赖程度大于发达国家出口对中国的依赖，尤其是美国、德国的情况比较特殊，美国、德国在中国中高技术产品、高技术产品、特高技术产品进口中所占份额高于中国在这两个国家出口中的份额。

表 2-15　2000 年发达国家向中国出口占其各类产品出口总额的比例

(单位:%)

产品分类	产品类型	韩国	美国	荷兰	日本	新加坡	英国	德国	法国
初级产品	非农业型初级产品	55.74	6.03	0.90	26.55	18.82	0.85	2.35	0.24
	农业型初级产品	14.67	3.35	0.42	14.29	3.29	0.46	0.96	0.86
工业制成品	金属类制成品	15.20	1.87	0.28	13.88	4.82	0.81	1.24	0.75
	农业资源型制成品	25.09	2.53	0.63	5.84	6.67	0.63	1.53	0.42
	其他资源类制成品	24.10	1.78	0.94	11.03	3.64	0.30	1.10	0.80
	低技术产品	4.10	1.31	0.09	4.97	2.71	0.64	1.38	1.90
	中低技术产品	4.89	1.80	0.10	6.76	2.46	0.86	1.49	0.78
	中等技术产品	9.91	2.28	0.24	6.96	3.49	1.25	1.63	1.06
	中高技术产品	15.43	1.46	0.60	6.98	5.40	0.87	1.62	0.90
	高技术产品	7.56	2.23	0.32	4.19	4.62	0.62	1.63	1.24
	特高技术产品	25.94	1.77	0.82	6.16	5.53	0.89	1.87	1.26

表 2-16　2014 年中国在发达国家各类产品出口总额的比例

（单位：%）

产品分类	产品类型	韩国	美国	荷兰	日本	新加坡	英国	德国	法国
初级产品	非农业型初级产品	58.75	10.44	4.44	35.44	26.30	4.94	2.62	1.86
	农业型初级产品	17.02	17.17	1.65	22.49	9.77	3.36	1.84	3.33
工业制成品	金属类制成品	15.73	4.45	0.91	17.92	5.73	8.85	3.99	2.33
	农业资源型制成品	7.89	5.84	0.85	8.83	5.33	2.48	3.26	1.87
	其他资源类制成品	55.17	4.31	0.89	28.08	11.10	1.29	4.73	2.25
	低技术产品	10.37	1.24	0.20	26.93	5.82	0.64	0.67	1.23
	中低技术产品	26.77	4.59	0.23	38.97	5.05	1.52	1.66	1.28
	中等技术产品	21.59	3.41	1.16	17.43	9.35	1.48	5.19	2.76
	中高技术产品	29.96	4.35	1.82	18.70	15.05	3.07	7.81	2.90
	高技术产品	18.05	9.05	2.87	14.74	9.36	7.87	8.69	5.98
	特高技术产品	31.31	7.00	3.46	21.12	14.57	3.94	7.02	3.50

三、中国进口整体技术水平变化与世界各国的比较

某个商品在一个时期可能是高技术产品，但随着时间的推移，世界技术水平的普遍提高，在另一个时期该商品则可能变为低技术产品。也就是说，一种商品到底是高技术产品还是低技术产品，不仅取决于该商品本身的技术含量，更取决于该商品技术含量相对于同时存在的其他产品的技术含量。因此，为了真实考察进口商品的技术含量，可以将商品的技术含量标准化，以排除世界整体技术水平提高所带来的商品技术含量升高的影响。

产品技术含量标准化公式是：$TCI_a = (TC_a - TC_{min})/(TC_{max} - TC_{min})$，其中，$TCI_a$ 表示商品 a 的技术含量指数，TC_a 表示商品 a 的技术含量，TC_{min} 和 TC_{max} 表示所有商品技术含量中的最小值和最大值。利用产品的技术含量指数，一个国家进口贸易的整体技术水平可以定义为该国进口商品的技术含量指数的加权和，权重为该经济体各产品的进口份额，记为 $ETCI = \sum_{a=1}^{A}$ $TCI_a \cdot es_a$，其中 es_a 表示某国在产品 a 上的进口份额，A 表示所有进口的技

术品的种类。*ETCI* 指数，在［0，1］范围之内，该值越大，说明进口技术水平越高。如果进口贸易的整体技术水平提高，意味着该国进口的技术结构实现了升级，否则，意味着该经济体在贸易中，产业结构被低端化。

本章的计算结果表明：2000—2014 年，中国进口整体技术水平表现为先下降、后上升的态势。2000—2006 年，中国进口整体技术水平是下降的，2007—2014 年，中国进口整体技术水平是逐步提高的。具体来看，中国进口整体技术水平从 2000 年的 37.66 下降到 2006 年的 32.98。自2007 年以后，中国进口整体技术水平逐渐增加，2014 年达到 46.03。从国际比较来看，与 8 个发达国家、10 个发展中国家相比，中国进口整体技术水平排名从 2000 年的第 14 位上升到了 2014 年的第 1 位。从进口整体技术变化程度来看，仅新加坡、马来西亚、韩国进口整体技术水平的提高幅度大于中国，其他国家的变化幅度都小于中国。从变化趋势来看，中国与新加坡、韩国、日本、马来西亚、越南、菲律宾等国家的变化趋势类似，进口整体技术水平表现为先下降、后上升的态势，俄罗斯、印度尼西亚表现为微小幅度的下降趋势，其他国家基本上都表现为微小幅度的上升趋势。

2000—2006 年中国进口整体技术水平下降的原因，是因为加入 WTO 使得中国在国际市场上获得了更多的出口机会，凭借成本优势，国内企业忙于进行大规模的生产并出口，忽视了技术水平、产品质量的提升。但是，2008 年的金融危机改变了中国经济发展的国际环境，金融危机直接影响了世界各国的消费增长，引发了全球经济增长放缓，外部需求的不足对中国企业的出口增长形成了一定的压力。与此同时，中国国内劳动力价格、土地价格等各种成本日益提升，在这样的背景下，国家政府提出了转变外贸发展方式的要求，实施了扩大进口规模和优化进口结构的战略，鼓励先进技术、关键设备及零部件的进口。由此，中国进口增速提升，进口商品结构进一步优化。自 2007 年以来，高技术产品在中国进口中所占份额日益提高，2007 年所占份额是 15.84%，2014 年所占份额增加到21.45%，2014 年高技术产品、特高技术产品进口所占份额合计占中国进口总额的 1/4 左右。

第五节　进口商品在中国市场上的比较优势

一、比较优势测度方法

对一国出口比较优势测度，普遍使用的方法是显示性比较优势指数（RCA），这一指数最初由经济学者 Balassa 提出，后被广泛应用于各种比较优势的计算，并且在原有的 RCA 基础上出现了各种扩展。这一指数计算出口比较优势的基本思想是，一国某种出口商品在本国出口中所占的比重与世界此类产品出口占世界出口的比重之比。本章计算进口比较优势指数的公式是：

$$RCA_{ij} = \left(\frac{m_{ij}}{m_{it}}\right)\left(\frac{m_{nj}}{m_{nt}}\right) \qquad (2\text{-}11)$$

其中，m 代表进口值，i 代表进口国，n 代表世界（或区域市场、某一国家），j 代表某种或某类产品。t 代表所有产品。根据研究问题的不同，所指的范围也有所不同，显示性比较优势指数的计算大致分为三种类型：（1）一国某种产品在世界市场上的比较优势；（2）一国某种产品在某一个区域市场的比较优势；（3）一国某种产品在另一个国家市场上的比较优势。比较优势的确定取决于 RCA 数值的大小，大于 1 说明某类产品具有比较优势，小于 1 说明具有比较劣势（魏浩，2011）。

二、世界各国各类产品在中国市场上的比较优势

计算结果表明：2001—2016 年，发达国家和发展中国家在中国市场上具有比较优势的大类产品基本没有变化。2016 年，美国、日本、德国、英国、法国、荷兰、意大利的高技术产品、特高技术产品在中国市场具有比较优势，澳大利亚和加拿大的初级产品具有比较优势，巴西和俄罗斯的初级产品、印度和南非的非技术类制成品在中国市场具有比较优势；周边国家在中国市场上具有比较优势的产品变化各有不同，越南具有比较优势的产品从2001 年的初级产品变为 2016 年的低技术产品、中低技术产品，菲律宾具有比较优势的产品从低技术产品变为中等技术产品，韩国具有比较优势产品一

直是中低技术产品、中等技术产品和中高技术产品，新加坡一直在中高技术产品、特高技术产品上具有比较优势，马来西亚和泰国一直在低技术产品和中等技术产品上具有比较优势。

三、进口产品在中国市场上的比较优势变化

如表 2-17 所示，2001 年，在 3116 种产品（SITC 5 位码）中，具有比较优势的产品（RCA>1）共 990 种，占全部产品的 31.77%。其中，具有一般比较优势的产品（1<RCA≤2）有 430 种，具有较强比较优势的产品（2<RCA≤3）有 226 种，具有显著比较优势的产品（RCA>3）有 334 种。如表 2-18 所示，2016 年，进口产品在中国市场上的比较优势发生了较大的变化。2016 年具有比较优势的产品数量比 2001 年减少了 411 种，减少到 579 种，只占全部 3116 种产品的 18.58%。其中，具有一般比较优势的产品减少了 83 种，具有较强比较优势的产品减少了 121 种，具有显著比较优势的产品减少了 207 种。从具有比较优势产品的构成来看，低技术产品、中低技术产品、中等技术产品和中高技术产品中具有比较优势的产品数量下降最多。

表 2-17　2001 年进口产品在中国市场上的比较优势分布状况

产品类型	产品总数	RCA>1	1<RCA≤2	2<RCA≤3	RCA>3	最大值	平均值	Per（%）
非农业型初级产品	88	29	10	4	15	24.522	1.628	43.01
农业型初级产品	627	134	52	23	59	13.172	0.892	86.76
金属类制成品	239	79	32	17	30	11.587	1.252	85.77
农业资源型制成品	127	57	29	11	17	8.923	1.372	82.73
其他资源类制成品	263	72	34	18	20	6.526	0.900	65.91
低技术产品	152	32	13	11	8	12.277	0.730	95.33
中低技术产品	268	68	23	16	29	9.981	0.986	70.08
中等技术产品	332	99	43	24	32	9.164	1.055	83.21
中高技术产品	409	169	69	41	59	13.789	1.410	77.69
高技术产品	427	183	90	47	46	16.132	1.382	77.01
特高技术产品	184	68	35	14	19	10.630	1.193	77.93

续表

产品类型	产品总数	RCA>1	1<RCA≤2	2<RCA≤3	RCA>3	最大值	平均值	Per(%)
合计	3116	990	430	226	334	24.520	1.130	—

表 2-18 2016 年进口产品在中国市场上的比较优势分布状况

产品类型	产品总数	RCA>1	1<RCA≤2	2<RCA≤3	RCA>3	最大值	平均值	Per(%)
非农业型初级产品	88	37	13	3	21	9.116	2.001	95.59
农业型初级产品	627	117	49	26	42	9.568	0.706	83.52
金属类制成品	239	37	28	1	8	5.005	0.618	86.36
农业资源型制成品	127	18	13	3	2	5.635	0.526	41.69
其他资源类制成品	263	50	29	13	8	6.315	0.625	63.07
低技术产品	152	2	2	0	0	1.744	0.105	8.85
中低技术产品	268	19	12	1	6	6.632	0.354	68.26
中等技术产品	332	40	31	7	2	4.272	0.433	75.41
中高技术产品	409	80	52	13	15	5.791	0.678	55.00
高技术产品	427	122	86	22	14	6.311	0.822	50.94
特高技术产品	184	57	32	16	9	7.439	0.912	59.21
合计	3116	579	347	105	127	9.568	0.655	—

四、美国产品在中国市场上的比较优势变化

中国从美国主要进口的产品从 2001 年的农业型初级产品、中等技术产品、中高技术产品、高技术产品变为 2016 年的农业型初级产品、高技术产品和特高技术产品。2001—2016 年，美国的高技术产品、特高技术产品在中国市场上的占有率一直比较高，且有逐渐增加的趋势，2016 年市场占有率分别为 21.18%、19.14%，但是，中国占美国高技术产品、特高技术产品出口总额的比例一直不高，2016 年分别为 11.26%、9.08%。[①]

[①] 魏浩、郭也、周丽群：《中国货物贸易进口的产品结构和比较优势测算》，《国际贸易》2019 年第 5 期。

如表 2-19 和表 2-20 所示，与 2001 年相比，2016 年美国产品在中国市场上的比较优势发生了一定程度的变化。从具有比较优势的产品（RCA>1）数量来看，在中国市场上具有比较优势的产品增加了，比 2001 年增加了 65种，增加到 1067 种，占全部 3116 种产品的 34.24%。其中，具有一般比较优势的产品增加了 40 种，具有较强比较优势的产品减少了 12 种，具有显著比较优势的产品增加了 37 种。从具有比较优势产品的构成来看，美国的中高技术产品、高技术产品、特高技术产品在中国市场上具有比较优势的产品数量都增加了，分别增加了 27 种、31 种、12 种。

表 2-19　2001 年美国产品在中国市场上的比较优势分布状况

产品类型	产品总数	RCA>1	1<RCA≤2	2<RCA≤3	RCA>3	最大值	平均值	Per（%）
非农业型初级产品	88	21	7	4	10	9.286	1.137	92.76
农业型初级产品	627	212	54	50	108	9.290	1.531	92.99
金属类制成品	239	26	15	3	8	8.441	0.539	54.88
农业资源型制成品	127	34	19	8	7	5.464	0.860	68.33
其他资源类制成品	263	100	43	25	32	8.563	1.297	79.83
低技术产品	152	26	13	5	8	9.290	0.715	62.76
中低技术产品	268	43	22	10	11	8.689	0.541	91.79
中等技术产品	332	86	49	16	21	8.568	0.810	78.09
中高技术产品	409	139	77	26	36	9.290	1.108	64.38
高技术产品	427	215	113	52	50	9.221	1.458	82.39
特高技术产品	184	100	31	21	48	9.290	2.002	92.32
合计	3116	1002	443	220	339	9.290	1.163	—

表 2-20　2016 年美国产品在中国市场上的比较优势分布状况

产品类型	产品总数	RCA>1	1<RCA≤2	2<RCA≤3	RCA>3	最大值	平均值	Per（%）
非农业型初级产品	88	17	5	2	10	11.596	1.026	74.26
农业型初级产品	627	163	54	32	77	11.749	1.230	97.02
金属类制成品	239	55	25	16	14	11.747	0.941	24.35

续表

产品类型	产品总数	RCA >1	1<RCA ≤2	2<RCA ≤3	RCA >3	最大值	平均值	Per (%)
农业资源型制成品	127	41	21	5	15	8.794	1.255	91.19
其他资源类制成品	263	120	51	22	47	11.752	1.771	83.09
低技术产品	152	13	4	3	6	11.752	0.868	61.16
中低技术产品	268	50	26	10	14	11.639	0.766	54.48
中等技术产品	332	84	43	16	25	11.752	0.967	47.85
中高技术产品	409	166	91	34	41	11.752	1.283	63.37
高技术产品	427	246	123	50	73	11.752	1.758	94.55
特高技术产品	184	112	40	18	54	11.741	2.342	96.74
合计	3116	1067	483	208	376	11.752	1.323	—

本章小结

一、基本结论

在对非技术性商品单独进行分类的基础上，本章利用肘函数方法确定商品分类组数，利用 K 均值算法对技术性商品进行分类，构建商品分类框架，针对 2000—2014 年中国进口商品结构变化进行了全面测算，并与 18 个国家进行了比较分析。研究结果发现：

第一，2000—2014 年，中国进口商品结构发生了结构性的调整，非农业型初级产品、高技术产品在中国进口总额中所占份额大幅度增加，目前，中国主要进口非农业型初级产品、高技术产品、中高技术产品。非农业型初级产品是中国第一大进口商品，高技术产品是中国第二大进口商品。

第二，中国进口的整体技术水平表现为先下降、后上升的态势，2007—2014 年，中国进口的整体技术水平是逐步提高的。

第三，从中国进口结构与世界整体进口结构的比较来看，中国进口相对较多的商品是非农业型初级产品、中等技术产品、中高技术产品，进口相对较少的商品是农业资源型制成品、低技术产品、中低技术产品、高技术产品、特高技术产品。与对比的 10 个发展中国家相比，高技术产品在中国进口中的比例只高于巴西、泰国、印度、印度尼西亚和越南，中高技术在中国进口中的比例只高于菲律宾、南非和印度。与对比的 8 个发达国家相比，除了日本、韩国之外，中国与其他 6 个发达国家的进口商品结构基本类似，高技术产品在中国进口总额中的比例已经基本与其他 6 个发达国家持平；除了非农业型初级产品，中国各类商品进口占世界同类商品进口总额的比例小于美国。这就说明中高技术产品、高技术产品在中国进口总额中的份额还是偏低的。

第四，中国从发展中国家的进口商品比较集中于某一类或两类商品，除了特高技术产品之外，对比的 10 个发展中国家在中国各类产品进口中的总份额都提高了，但是，除了在中国农业型初级产品进口中所占份额较高之外，在其他各类产品进口中所占份额基本上都低于 25%；中国在发展中国家各类产品出口总额中所占的比例基本上都是提高的，中国在发展中国家各类产品出口中的比例大于发展中国家在中国各类产品进口中的比例，也就是说，中国是这些发展中国家的主要出口国，但是，这些发展中国家不是中国的主要进口来源国。

第五，对比的 8 个发达国家在中国低技术产品、中等技术产品、金属类制成品、农业资源型制成品、其他资源类制成品等各类产品进口总额中的比例都表现为大幅下降的趋势。但是，在中国中高技术产品、高技术产品、特高技术产品等各类产品进口总额中的比例一直保持较高的份额，都在 50% 以上。中国在发达国家各类产品出口中所占的份额基本上都表现为提升的态势，但是，中国在发达国家出口中比例小于发达国家在中国各类产品进口总额中的比例。也就是说，中国不是这些发达国家的主要出口国，但是，这些发达国家是中国的主要进口来源国。美国、德国的情况比较特殊，美国、德国在中国中高技术产品、高技术产品、特高技术产品进口中所占份额低于中国在这两个国家出口中的份额。

第六，进口产品在中国市场上具有比较优势的产品数量和比较优势水平都下降了。其中，低技术产品、中低技术产品、中等技术产品和中高技术产品中具有比较优势的产品数量下降最多、比较优势水平下降幅度最大。

二、政策建议

当前，发达国家正实施"再工业化"战略重新占据工业发展的制高点，低收入国家凭借成本优势加速吸引劳动密集型产业，中国制造业在国际分工中面临发达国家和低收入国家的"双重"挤压，这对中国制造业来说是十分严峻的挑战。制造业在中国国民经济发展中具有支柱性地位，能否进一步融入全球价值链并进行转型升级，是决定着中国经济转型成功的关键，是保证中国经济持续稳定发展的关键。自 2000 年以来，中国出口商品技术结构的变化比较小，没有发生结构性变化。理论分析与国际经验都表明，扩大进口贸易是优化出口结构、促进经济发展的有效途径。

一般来说，进口促进国内经济发展的机制主要有：最终品进口引发的竞争效应、中间品进口引致的技术外溢效应、进口商品质量优于国内产品的质量提升效应、进口商品导致国内商品供给种类增加的多样化效应等。可见，通过进口贸易充分利用各种国际资源和要素，是有效促进和加速实现产业结构转型和升级的重要因素。因此，中国制造业的转型升级、产业结构的调整必须高度重视进口贸易的战略作用，充分利用国外的技术资源带动中国制造业结构的转型升级，加快中国经济发展模式从要素驱动向创新驱动的转变，这是国家政府应该高度重视的工作方向。从国际比较来看，高技术产品、特高技术产品在中国进口中的份额不高，比很多国家都要低，因此，中国优化进口商品结构的主要任务是，防范进口商品结构低端化，进一步扩大高技术、特高技术产品的进口规模，提高特高技术产品、高技术产品在中国进口中的份额。

今后，在优化进口商品结构方面，国家政府要重视以下几个问题：（1）除了继续进口大量零部件、半制成品之外，在世界经济低迷时期，内资企业还要大幅增加先进机器设备类等高技术性商品的进口，进行新一轮大规模的技术改造，以便大力发展知识技术密集、物质资源消耗少的战略性新兴产业。（2）国家应该制定配套的财政政策、货币政策、税收政策等，缓解内资企业的资金短缺，鼓励和帮助内资企业扩大高技术产品的进口规模，进而促进内资企业产业结构的升级。（3）发达国家是技术领先国，是高技术产品的主要出口国，但是，发达国家高科技产品出口对中国有很多限制条件，这就需要中国政府出面和发达国家进行双边贸易谈判或者构建自由贸易区，争取让发达国家降低对中国出口高技术产品的限制，这是一项急迫的事情。(4) 进一步加大从发达国家引进外资的规模，通过外资企业投资带动高技术商品的进口，在一定程度上化解发达国家对中国出口高技术产品的限制。(5) 为了避免技术外漏和被模仿，出口高技术产品、特高技术产品的发达国家对进口国国内的知识产权保护程度十分重视，因此，国家政府应该重视提高国内知识产权保护程度，为增加进口高技术产品创造良好的国内环境。

第 三 章

中国进口地区结构及其变化

市场多元化战略始于 1992 年全方位对外开放战略的确立，并成为中国 1994 年前后出台的"大经贸"战略的一个重要组成部分，被确立为中国外经贸发展的一项长期战略。只不过长期以来市场多元化战略强调的重点是出口市场多元化，在一定程度上对进口领域的重视不足。随着中国政府对进口作用的逐步重视，进口地区结构的优化也逐步得到关注。2012 年《国务院关于加强进口促进对外贸易平衡发展的指导意见》明确提出，进一步优化进口国别和地区结构，鼓励自最不发达国家进口，扩大自发展中国家进口，拓展自发达国家进口。2018 年《国务院办公厅转发商务部等部门关于扩大进口促进对外贸易平衡发展意见的通知》也明确提出优化国际市场布局，加强"一带一路"国际合作，加快实施自贸区战略，落实自最不发达国家进口货物及服务优惠安排。可见，进口市场多元化战略是中国进口贸易整体战略关注的新重点。

既然进口市场多元化战略成为中国对外贸易战略关注的新重点，那么，为了更好地制定有效的政策措施，有必要对过去一段时间内中国进口地区结构以及集中度情况进行测算。基于此，本章对 1998—2018 年中国进口的国际地区结构进行分析，并利用各种指数对进口地区结构的集中度情况进行了测算与比较，最后，提出了进一步优化中国进口地区结构的政策建议。

第一节　进口地区结构的分析视角和方法

一、文献综述

已有文献主要是从粮食、矿产资源、能源等行业领域对中国进口地区结构进行了研究。具体情况如下：

（一）关于粮食进口的研究

林大燕和朱晶（2015）[①] 基于结构变化指数、分散度指数、结构优化指数等5个指标，对1986年以来中国粮食产品进口的国际地区结构进行了全面分析，发现稻谷、玉米和大豆的进口市场结构不断优化，而小麦的进口市场结构则呈现出恶化趋势。陈博文等（2015）[②] 基于市场势力视角分析了中国大米进口的市场结构，研究发现，越南、巴基斯坦在中国大米进口市场上拥有相对较强的市场势力，而泰国的市场势力则相对较弱。张融和李先德（2015）[③] 分析了2008—2014年中国大麦进口贸易的地区结构变化情况，研究发现，随着进口量的增加，中国大麦进口贸易地区结构并未出现较大变化，中国大麦进口仍由澳大利亚主导，加拿大和法国处于第二梯队。张有望和肖小勇（2016）[④] 分析了2005—2014年中国小麦进口贸易的地区结构变化情况，研究发现，中国的小麦进口主要来自美国、加拿大和澳大利亚三个国家，美国所占市场份额相对比较稳定，加拿大所占份额总体上在下降，澳大利亚所占份额逐渐上升。张庆萍和朱晶（2016）[⑤] 把美国、澳大利亚、欧盟、阿根廷和加拿大界定为传统小麦出口国，把黑海地区的小麦出口国界定为新兴小麦出口国，研究发现，中国小麦进口依然高度依赖传统小麦出口

① 林大燕、朱晶：《中国主要粮食品种比较优势及进口市场结构研究》，《世界经济研究》2015年第2期。
② 陈博文、钟钰、刘佳：《基于市场势力视角对我国大米进口市场结构的研究》，《国际贸易问题》2015年第3期。
③ 张融、李先德：《中国大麦进口的市场结构与市场势力》，《世界农业》2015年第9期。
④ 张有望、肖小勇：《市场力量视角下中国小麦进口市场结构研究》，《统计与信息论坛》2016年第7期。
⑤ 张庆萍、朱晶：《世界小麦出口市场格局变动对中国小麦进口来源结构的影响》，《世界农业》2016年第10期。

国，黑海地区新兴小麦出口国占比很低，此外还发现，中国从传统小麦出口国进口小麦总体呈动态增加趋势，新兴小麦出口国中仅哈萨克斯坦对中国的小麦出口呈动态增加趋势。

余建斌和乔娟（2006）[①] 对 1990 年来中国大豆进口来源国结构和进口大豆的国内市场占有率进行全面回顾，发现中国大豆进口来源比较集中，美国、巴西和阿根廷是中国主要大豆进口来源国，美国作为中国最大的进口来源国，其比重逐渐下降，这种进口地区结构的变化使中国大豆进口在三国间分配更加均衡，它们之间对中国大豆出口的竞争有利于改变美国对中国大豆进口的垄断地位，降低大豆经营风险。在此基础上，司伟和张猛（2013）[②] 进一步对美国、巴西和阿根廷三个主要大豆进口来源国在中国市场上的竞争关系进行了实证分析，研究发现，巴西和阿根廷大豆对美国大豆的竞争力越来越强。林大燕和朱晶（2016）[③] 实证分析了进口地区结构变化对中国大豆进口价格的影响，研究结果表明，美国和巴西市场份额的提高有助于降低中国大豆进口价格水平，而阿根廷大豆市场份额的提高则会拉高中国大豆进口价格。王颖等（2019）[④] 考察了中国大豆进口市场结构与价格弹性，研究显示，中国大豆进口整体缺乏价格弹性，中国大豆进口价格主要受美国和巴西的影响。

（二）关于矿产资源进口的研究

董桂才（2009）[⑤] 对中国铁矿石、锰矿石、铜矿石三种重要矿产资源的来源地进行实证分析，并进一步考察不同矿产资源的进口依赖性对中国资源供给安全的影响，发现中国这三种战略性资源的进口来源都比较集中，对某些国家的依赖程度也很高，如果我们能够充分利用国际市场的出口空间，在进口来源国方面进一步多样化，则中国的资源供给安全程度还可以提高，长

[①] 余建斌、乔娟：《贸易政策调整与中国大豆进口》，《新疆农垦经济》2006 年第 5 期。

[②] 司伟、张猛：《中国大豆进口市场：竞争结构与市场力量》，《中国农村经济》2013 年第 8 期。

[③] 林大燕、朱晶：《不完全竞争下进口结构变动对中国大豆进口价格的影响研究》，《管理评论》2016 年第 9 期。

[④] 王颖、肖国安、龚波、王琼：《全球化背景下中国大豆进口市场结构与价格弹性研究》，《财经理论与实践》2019 年第 2 期。

[⑤] 董桂才：《我国战略性资源进口的依赖性及其对资源供给安全的影响》，《国际贸易问题》2009 年第 3 期。

期贸易条件也会改善。程欣等（2014）[①] 考察了 1992—2012 年中国铁矿石进口市场结构，发现中国铁矿石进口市场的集中度在整体上处于较高水平，中国铁矿石进口额前四位的来源国基本保持稳定，澳大利亚一直处于首位，巴西、印度和南非基本位于第二、三、四位，1996—2003 年间秘鲁稳居第五位，除此之外进入前五位的国家还有韩国、加拿大、俄罗斯和乌克兰，同时智利、哈萨克斯坦、伊朗、委内瑞拉等国也经常活跃于前十位。

（三）关于能源进口的研究

陆家亮（2010）[②] 通过分析全球天然气资源贸易的现状及特点，总结不同天然气进口国在保障天然气供应安全方面的经验和做法，进而提出了优化进口天然气的来源及渠道、保证天然气供应安全的建议，例如，加快构建进口气源多元化体系，实现平稳均衡发展。何琬和孙晓蕾（2011）[③] 对主要石油进口国家在进口石油时的风险选择问题进行了研究，并进一步计算了主要石油进口国家的石油贸易多元化指数，分析了各国的石油贸易多元化情况，提出为了确保石油供应，中国以及世界上主要的石油进口国家都积极建立多元化的石油供给体系，力求做到石油进口多元化，从而降低石油进口风险。罗超华等（2013）[④] 基于赫芬达尔指数和马科维茨投资组合模型建立石油进口来源风险模型，采用 2008—2010 年世界主要石油进出口国相关数据，实证分析了石油进口来源多元化程度和进口来源风险相关关系，研究结果表明，中国石油进口来源风险高于美国，但低于日本和其他亚洲国家，表现出较好的风险抵御能力，石油进口来源多元化程度和石油进口来源风险显著正相关。方雯等（2016）[⑤] 分析了 1993—2012 年中国原油进口的地域格局，

① 程欣、帅传敏、严良、范陆薇：《中国铁矿石进口市场结构与需求价格弹性分析》，《资源科学》2014 年第 9 期。

② 陆家亮：《进口气源多元化是保障我国天然气长期供应安全的关键》，《天然气工业》2010 年第 11 期。

③ 何琬、孙晓蕾：《石油进口国家的风险选择与贸易多元化分析》，《国际经济合作》2011 年第 7 期。

④ 罗超华、张彤、张文琴、徐念、刘瑞霞：《石油进口来源多元化和来源风险的相关关系》，《西南石油大学学报（社会科学版）》2013 年第 4 期。

⑤ 方雯、程淑佳、葛紫珺：《我国原油进口地域多元化存在的主要问题及优化策略》，《经济纵横》2016 年第 9 期。

研究发现，中东地区始终是中国重要的原油供给地，中国从非洲和苏联地区[①]进口原油份额整体表现为上升态势，从亚太地区进口原油份额大幅下降，从中南美地区原油进口量有一定增加。程中海等（2019）[②]根据1996—2016年中国石油进口贸易的数据，考察了中国石油进口贸易的空间格局，发现中国石油进口来源地逐渐表现出由局部地缘向多区域发展的特征。

（四）全国层面的相关研究

从全国层面对中国进口地区结构进行系统研究的文献相对较少。魏浩（2007）[③]针对1993—2004年中国10大进出口地区的地区结构及其对称性问题进行了实证研究，研究结果表明，中国在这10个地区的整体出口地区结构、整体进口地区结构及其内部的出口地区结构都不断优化，但是，其内部的进口地区结构却不断恶化。因此，中国不仅应该继续实施出口市场多元化战略，还应注重实施进口市场多元化战略。李辉（2012）[④]发现由于中国进口以资源类产品和高技术产品为主，因而进口来源地也以自然资源和技术要素相对丰裕的国家或地区为主，从而造成中国进口来源地相对集中。魏浩（2014）[⑤]对中国进口商品的国别结构进行了具体的测度，研究表明，中国各类商品的主要进口来源国大部分都是发达国家。在技术类工业制成品领域，日本、美国、德国、韩国四个发达国家几乎一直垄断着中国的进口贸易；在非技术类工业制成品领域，日本、美国、韩国是中国的主要进口来源国，泰国、印度尼西亚、智利、马来西亚、南非、俄罗斯等发展中国家也占据一定的份额。魏浩等（2014）[⑥]基于1996—2011年数据对中国进口地区结构进行了分析，研究发现，从整体进口地区结构来看，中国在亚洲地区的

① 在国际能源署、BP公司等国际能源权威机构发布的年度数据中，苏联解体前，苏联数据为国别数据；苏联解体后，在世界能源生产、消费与贸易的区域划分中，仍将苏联作为与中东、北非等并列的区域。
② 程中海、南楠、张亚如：《中国石油进口贸易的时空格局、发展困境与趋势展望》，《经济地理》2019年第2期。
③ 魏浩：《中国进出口地区结构及其对称性问题的实证研究》，《财贸经济》2007年第5期。
④ 李辉：《我国进口商品贸易结构问题的研究——基于2001—2010年数据的经验分析》，《云南财经大学学报》2012年第2期。
⑤ 魏浩：《中国进口商品的国别结构及相互依赖程度研究》，《财贸经济》2014年第4期。
⑥ 魏浩、叶子丹、赵春明：《中国进口地区结构及其变化趋势的测算研究》，《世界经济与政治论坛》2014年第5期。

整体进口地区结构优化最为显著，在非洲地区的整体进口地区结构表现为恶化的趋势。从内部结构来看，中国在非洲内部的地区结构优化最为明显，在亚洲内部的地区结构恶化最为显著，东盟五国所占中国的进口份额最为平均，欧盟五国所占中国的进口份额差异最大。

　　总的来看，已有文献虽然涉及了中国进口地区结构问题，但也存在一定的不足：部分研究分析的时间较早，主要是2011年以前的情况，无法反映最新的发展态势，自2011年以来，中国的进口情况发生了巨大的变化；部分研究只是分析了粮食、矿产资源、能源等个别行业的进口地区结构，不能真实反映中国整体进口地区结构及其变化的全貌；部分研究只是进行了简单的统计分析，没有采用科学的指标体系进行测算。因此，基于全国视角，利用科学的研究方法测度中国进口地区结构的变化，对确保国家经济安全、指导政策制定等都具有重要的意义。

二、评价指数

（一）集中度指数（HH 指数）

　　进口商品的地区集中度是指一国进口商品集中于某些地区的程度。这里借用产业经济学上的市场集中度指标赫芬因德指数（HH 指数）来表示。

　　HH 指数是在1975年提出的，主要用于判断产品的市场集中度和垄断程度，它通过把同一行业中各个企业市场份额的平方相加而得。具体公式是：

$$HH = s_1^2 + s_2^2 + s_3^2 + \cdots + s_N^2 = \sum_{i=1}^{N} s_i^2 \tag{3-1}$$

　　s_i 代表企业 i 的市场份额，市场里共有 N 个企业。一般说来，如果一个产业内存在 N 个规模相同的企业，那么 HH 指数的值就是 $1/N$。HH 指数的取值范围在0—1之间：（1）指数越趋于1，表示集中度越高，或者说，在企业数量一定的条件下，这些企业所占份额不断上升。当 HH 指数等于1时，市场结构就是单寡头完全垄断市场。（2）指数越趋于0，表示集中度越低，或者说，在企业数量一定的条件下，这些企业所占份额不断下降，市场比较平均。当 HH 指数等于0时，市场结构就是存在无数个企业的完全竞争市场。

　　我们可以将该指数扩展至进口商品的地区结构分析，称之为进口商品的地区集中度指标。该指数的值代表各个国家和地区在一国进口总额中所占比重的平方和，其含义和市场集中度的含义相似。在对一个进口主体对某个地区的整体结构进行分析时，假设这个主体的进口中所占份额较大的国家或地区的个数一定，那么，如果这些国家的HH指数变小，说明这个进口主体的整体地区结构趋于优化，即这些既定的国家占该主体在该地区进口的份额不断下降，该地区的其他国家占该主体在该地区进口的份额不断上升。相反，HH指数变大，则说明该地区的整体进口地区结构趋向更加集中于这些既定的国家。本章采用这种指数分析中国进口商品在某个地区的整体地区结构的变化情况。在本章中，s_i代表某国家或地区i占中国进口的份额，N代表中国共有N个进口伙伴。

（二）多样性指数（H指数）

　　多样性指数（H指数）是基于信息论基础之上，借用信息论中不定性的研究方法，用来度量系统结构组成复杂程度的指数，又叫作Shannon-weaver多样性指数（简称"Shannon多样性指数"）。多样性指数（H指数）和下面要讲的均匀度指数（E指数）是景观生态学中最具代表性的两种景观指数。景观指数是有关景观结构的高度浓缩的景观格局信息，可以定量地分析景观各组成单元即景观群落的类型、数目及其空间分布与配置。多样性指数具体公式为：

$$H = - \sum_{i=1}^{n} p_i \log_2 p_i \qquad (3-2)$$

　　p_i是指景观单元i在景观中出现的概率，通常是用该景观单元在景观中占有的面积比例来表示，n是组成景观的景观单元的类型个数。H的取值范围是$H \geqslant 0$，没有上限。当景观中只有一种景观单元时，$H=0$。当景观单元类型增加或者是各种景观单元所占面积比例趋于相似时，H的值也相应增加。

　　本章在研究进口商品地区结构的情况时，也可以借鉴此种指数。在运用这类指数时，本章对原公式中的p_i和n赋予新的含义。p_i新的含义是：i国在中国进口总额中所占的份额。n新的含义是：中国商品进口的国家和地区总数。H的取值范围同样是$H \geqslant 0$，没有上限。当中国在某地区的进口国家只有一个时，也就是 $p_i=1$，则 $H=0$。当中国在某地区的进口国家个数增加或者是指定的几个既定进口国家所占份额趋于相似时，H 的值也相应地增加。

因此，该指数可以精确地分析中国在某地区内部的几个既定进口对象国所占份额的变化情况。如果中国在某地区的进口国家个数一定时，H 值变大，说明这些国家占中国在这个地区进口的份额趋于平均、差距缩小，中国进口在该地区的内部地区结构趋于优化；H 值变小，说明中国进口在这几个既定的国家里向更少的几个国家集中，它们占中国进口份额的差距扩大，中国进口在该地区的内部地区结构趋于恶化。

（三）均匀度指数（E 指数）

均匀度指数（E 指数）用来描述景观中不同景观单元分布的均匀程度。通常用多样性指数和其最大值的比值来表示。具体公式为：

$$E = \frac{H}{H_{\max}} \qquad\qquad (3-3)$$

式（3-3）中的 H 是实际的 Shannon 多样性指数，$H_{\max}$ 是 Shannon 多样性指数的最大值，即最大均匀性条件下的多样性指数。$H_{\max}$ 的具体含义是：如果一个景观由 n 种景观单元组成，那么最大均匀性条件就是，每种生态类型所占的景观面积比例都是 $1/n$，即 $p_i=1/n$，代入 Shannon 多样性指数公式计算，就可以得出最大均匀性条件下的多样性指数 $H_{\max}=\log_2 n$。实际多样性指数 H 对 $H_{\max}$ 的比值，即为均匀度指数。可见，E 的取值范围在 0—1 之间，E 越趋于 0 时，分布越不均匀；E 越趋于 1 时，分布越均匀。

如同多样化指数，本章运用这类指数进一步分析某地区的既定几个国家之间的内部地区结构的变化情况。公式 $H_{\max}=\log_2 n$ 中的 n 就是商品进口的国家和地区总数。E 的取值范围在 0—1 之间。在考察中国在某地区进口国家个数一定的条件下，如果 E 值变大，说明这些国家占中国进口份额间的差距不断缩小，这些既定国家的内部地区结构日益优化；如果 E 值变小，说明这些国家占中国进口份额间的差距扩大，这些既定国家的内部地区结构日益恶化。

三、数据来源

本章分析的重点是 1998 年以来中国进口的国际地区结构及其变化情况。

为了确保数据统计的口径一致，本章所用的全部原始数据都来自 1998 —2018 年《中国统计年鉴》。

第二节　中国进口地区结构的基本情况

一、中国进口的洲际地区结构

如表 3-1 所示，1998—2018 年，从整体上看，中国进口商品的洲际分布主要在亚洲、欧洲和北美洲。中国最大的进口地区是亚洲，所占份额在 55%—67% 之间。其次是欧洲，份额在 14%—20% 之间。再次是北美洲，份额一般在 10% 左右。大洋洲、非洲和拉丁美洲 3 个大洲所占的份额较小，都在 7.5% 以下。

表 3-1　中国进口的洲际地区结构

（单位:%）

洲际 年份	亚洲	欧洲	北美洲	大洋洲	非洲	拉丁美洲
1998	62.16	18.78	13.69	2.24	1.05	2.13
1999	61.36	19.70	13.17	2.53	1.69	1.81
2000	62.79	18.12	11.60	2.61	2.47	2.40
2001	60.42	18.89	12.41	2.58	1.97	2.75
2002	64.95	17.61	10.46	2.23	1.97	2.82
2003	66.12	16.89	9.27	2.08	2.03	3.62
2004	65.82	15.86	9.27	2.38	2.79	3.88
2005	66.90	14.41	8.51	3.19	2.73	4.06
2006	66.38	14.51	8.46	3.64	2.69	4.32
2007	64.85	14.61	8.41	3.80	2.97	5.35
2008	62.04	14.84	8.31	3.55	4.94	6.33
2009	60.00	16.11	8.90	4.24	4.31	6.44
2010	59.80	15.60	8.39	4.73	4.81	6.58
2011	57.59	16.47	8.28	5.35	5.10	6.86
2012	57.30	15.82	8.62	5.06	6.25	6.96

续表

洲际 年份	亚洲	欧洲	北美洲	大洋洲	非洲	拉丁美洲
2013	56.03	16.66	9.13	5.59	6.04	6.55
2014	55.43	17.17	9.41	5.59	5.91	6.49
2015	56.86	17.46	10.37	4.94	4.19	6.18
2016	57.08	18.14	9.63	5.08	3.57	6.50
2017	55.88	17.75	9.47	5.85	4.12	6.93
2018	55.87	17.77	8.60	5.69	4.65	7.42

从变化趋势来看，1998—2018年，亚洲地区所占份额整体表现为先增加、后下降，1998年所占份额是62.16%，在2005年达到最大值66.90%，而后又逐渐下降，2018年所占份额是55.87%。欧洲地区所占份额呈先下降、后上升的趋势，所占份额从1998年的18.78%逐渐下降，在2005年达到最小值14.41%，而后又逐渐上升，2018年所占份额是17.77%。北美洲地区所占份额一直处于下降状态，所占份额从1998年的13.69%下降到2018年的8.60%。大洋洲、非洲、拉丁美洲所占份额均表现为不断上升趋势。大洋洲所占份额从1998年的2.24%上升到2018年的5.69%，非洲所占份额从1998年的1.05%上升到2018年的4.65%，拉丁美洲所占份额从1998年的2.13%上升到2018年的7.42%。

二、中国大陆进口的亚洲地区结构

如表3-2所示，在亚洲地区，目前，中国大陆进口主要集中在中国台湾、日本、韩国和东盟、沙特阿拉伯等5个国家和地区，此外，印度和中国香港也占了一定的份额。1998—2018年，中国香港、中国台湾、日本等地区占中国从亚洲进口总额的比例都整体表现为下降的趋势，东盟、沙特阿拉伯等地区所占份额表现为增加的态势，韩国、印度所占份额基本保持稳定。具体来看，日本所占份额从1998年的32.44%下降到2018年的15.14%，下降了17.3个百分点，下降幅度最大，东盟所占份额从1998年的14.49%上升到2018年的22.52%，上升了大约8个百分点，增加幅度最大。

另外，从整体上看，中国从这 7 个国家和地区的进口占中国从亚洲进口额的比例较大，1998—2018 年，7 个国家和地区所占份额之和基本上都在 70% 以上，最高曾达到 92.83%，可以看出，中国对亚洲地区进口市场集中度较高。

表 3-2　中国大陆进口的亚洲地区结构

(单位:%)

年份 \ 国家(地区)	中国香港	中国台湾	日本	韩国	印度	沙特阿拉伯	东盟	总计
1998	7.64	19.08	32.44	17.22	1.04	0.92	14.49	92.83
1999	6.78	19.20	33.21	16.94	0.81	0.90	14.68	92.51
2000	6.67	18.04	29.37	16.42	0.96	1.38	15.69	88.53
2001	6.40	18.58	29.08	15.89	1.16	1.85	15.78	88.73
2002	5.59	19.85	27.89	14.90	2.35	1.79	16.28	88.65
2003	4.07	18.09	27.17	15.80	2.11	1.90	17.34	86.48
2004	3.19	17.53	25.53	16.85	2.08	2.04	17.04	84.26
2005	2.77	16.92	22.74	17.40	2.21	2.77	16.99	81.80
2006	2.05	16.58	22.02	17.08	1.96	2.87	17.04	79.59
2007	2.07	16.30	21.61	16.74	2.36	2.83	17.48	79.38
2008	1.84	14.71	21.44	15.96	2.88	4.42	16.65	77.89
2009	1.44	14.20	21.69	16.99	2.27	3.91	17.69	78.20
2010	1.47	13.86	21.17	16.57	2.50	3.93	18.53	78.02
2011	1.54	12.44	19.38	16.20	2.33	4.93	19.22	76.04
2012	1.72	12.73	17.13	16.25	1.81	5.28	18.87	73.79
2013	1.49	14.35	14.89	16.80	1.56	4.90	18.31	72.29
2014	1.16	14.01	15.01	17.52	1.51	4.47	19.19	72.88
2015	1.34	15.01	14.97	18.29	1.40	3.15	20.38	74.53
2016	1.84	15.33	16.08	17.55	1.30	2.61	21.67	76.39
2017	0.71	15.14	16.09	17.24	1.59	3.08	22.90	76.75
2018	0.71	14.89	15.14	17.15	1.58	3.84	22.52	75.83

三、中国进口的拉美地区结构

如表 3-3 所示，在拉美地区，从整体来看，中国从拉美地区的进口主要集中在巴西、智利、阿根廷、墨西哥和秘鲁 5 个国家。1998 — 2018 年，这 5 个国家所占份额之和一直都保持在 75% 以上。2018 年，巴西是中国在拉美的第一大进口来源国，占据 48.97% 的份额，其次，智利是中国第二大进口来源国，占据 16.88% 的份额，另外 3 个国家所占份额基本都在 2% — 10% 之间。

表 3-3　中国进口的拉丁美洲地区结构

（单位:%）

年份 ＼ 国家	阿根廷	巴西	智利	墨西哥	秘鲁	总计
1998	24.24	37.91	14.10	4.93	9.64	90.82
1999	19.74	32.37	22.18	5.32	10.36	89.97
2000	17.19	29.97	24.74	9.03	10.36	91.28
2001	19.11	35.02	19.45	11.36	7.43	92.37
2002	14.87	36.02	18.80	13.37	8.78	91.84
2003	18.28	39.13	15.06	11.23	5.09	88.79
2004	14.96	39.85	16.85	9.83	7.00	88.49
2005	14.18	37.31	18.64	8.31	8.50	86.94
2006	10.83	37.77	16.78	7.63	8.51	81.52
2007	12.39	35.89	20.11	6.38	8.49	83.27
2008	13.07	41.68	15.59	5.15	6.27	81.77
2009	6.67	43.66	19.93	6.02	6.87	83.15
2010	7.41	41.51	19.55	7.50	6.95	82.92
2011	5.23	43.78	17.19	7.83	6.57	80.59
2012	5.20	41.51	16.36	7.27	6.72	77.05
2013	4.78	42.61	16.25	8.03	6.60	78.27
2014	4.13	40.65	16.52	8.79	6.41	76.50
2015	5.51	42.48	17.76	9.66	7.66	83.07
2016	4.97	44.49	18.05	10.02	9.21	86.73

续表

年份＼国家	阿根廷	巴西	智利	墨西哥	秘鲁	总计
2017	3.72	46.06	16.57	9.24	10.46	86.06
2018	2.22	48.97	16.88	8.84	9.42	86.33

从变化趋势来看，1998—2018 年，这 5 个国家所占份额之和整体表现为先下降、后上升的趋势，所占份额之和从 1998 年的 90.82%下降到 2014 年的 76.50%，其后上升到 2018 年的 86.33%，从具体国家来看，阿根廷、秘鲁所占份额整体表现为下降的趋势，巴西所占份额整体表现为上升的态势，墨西哥、智利所占份额整体表现为稳定的态势。

巴西在中国进口中所占份额保持较高比例的原因是：巴西一直是中国铁矿石、大豆等植物产品的主要进口来源国。例如，2018 年，巴西对中国出口最多的两类产品是大豆等植物产品（出口额为 274.3 亿美元，占比达 42.7%）和铁矿石等矿物产品（出口额为 262.4 亿美元，占比达 40.9%），这两类产品占巴西对中国出口总额的 83.6%。[①]

智利在中国进口中所占份额保持较高比例的原因是：中国从智利进口大量金属及其制品、矿产品等。以 2018 年为例，矿产品、贱金属及制品是智利对中国出口的主要产品，出口额分别为 100.1 亿美元、95.4 亿美元，占智利对中国出口总额的比重分别为 40.9%、39.0%。

墨西哥对中国出口较少的原因是：长期以来，墨西哥对外贸易严重依赖美国。由于地理位置的临近、同属北美自由贸易区等原因，墨西哥对外贸易出口严重依赖美国。以 2018 年为例，美国依旧是墨西哥最大贸易伙伴，墨西哥对美国出口 3443.2 亿美元，占墨西哥出口总额的 76.4%。

自 2001 年以来，阿根廷在中国拉美地区进口中所占份额大幅下降，主要原因是阿根廷在 2001 年年底爆发严重的金融危机。2001 年 7 月，面临财政和债务危机的阿根廷政府宣布实施"零财政赤字计划"，大幅紧缩开支。2001 年 12 月 1 日，阿根廷政府颁布限制取款和限制外汇流出的法令，以阻

---

① 数据来源于商务部，见 https：//countryreport. mofcom. gov. cn/record/view110209. asp？news_id=62993。以下各国的数据来源均同此。

止银行存款流失和资金外流，法令公布后，阿根廷对外贸易陷入停顿，经济活动萎缩，大规模抗议活动不断。2002 年 1 月，阿根廷宣布放弃实行了 11 年的比索与美元联系汇率制度，比索随即大幅贬值。自阿根廷 2002 年金融危机之后，阿根廷对所有出口产品征收 5% 的税，出口税水平征收于农产品、金属原材料以及几种其他产品。除征收水平税收外，对动物毛皮、石油、天然气、石油衍生产品和其他矿产品等征收从量税。阿根廷这一系列限制出口的政策使得阿根廷对中国出口骤减，在拉美地区进口额所占的比例大幅度下降。2018 年阿根廷对中国出口 42.1 亿美元，下降 2.6%，占其出口总额的 6.8%。动物产品为阿根廷对中国出口最多的商品，2018 年出口 14.7 亿美元，占对中国出口总额的 35%。以油籽为主的植物产品是第二大类出口商品，2018 年出口 13.2 亿美元，占阿根廷对中国出口总额的 31.4%。动植物油脂是第三大类出口商品，出口 2 亿美元，占对中国出口总额的 4.7%。此外，化工产品出口 1.3 亿美元，占阿根廷对中国出口总额的 3.2%。

2018 年，秘鲁与中国双边货物进出口额为 231.1 亿美元，增长 13.9%。其中，秘鲁对中国出口 130.5 亿美元，增长 14.3%，占秘鲁出口总额的 27.6%。中国为秘鲁第一大出口市场和第一大进口来源地。以铜矿砂为主的矿产品一直是秘鲁对中国出口的主力产品，2018 年出口额为 101.1 亿美元，占秘鲁对中国出口总额的 77.5%。食品饮料烟草是秘鲁对中国出口的第二大类商品，出口额 13.3 亿美元，占秘鲁对中国出口总额的 10.2%。贱金属及制品是秘鲁对中国出口的第三大类商品，出口额 12.0 亿美元，占秘鲁对中国出口总额的 9.2%。

四、中国进口的欧盟地区结构

如表 3-4 和图 3-1 所示，在欧盟地区，从整体来看，中国进口主要集中于德国、法国、英国、意大利、荷兰、瑞典、西班牙、奥地利、芬兰和比利时等国家。从具体国家来看，德国、法国、英国、意大利等国家一直是中国最主要的进口来源地，其中，德国一直是中国第一大进口来源国。2018 年，德国在中国从欧盟进口总额中所占的份额是 42.60%，法国所占比例是 12.90%，意大利是 8.44%，英国是 9.56%。从变化趋势来看，在 1998—2018 年，芬兰、瑞典、比利时、意大利所占份额表现为下降的趋势，英国、法国、荷兰所占份额表现为稳定的趋势，德国、西班牙、奥地利所占份额表现为上升的趋势。但是，不管是增加，还是下降，变化幅度都很小。

表3-4　中国进口的欧盟地区结构

（单位:%）

年份＼国家	比利时	英国	德国	法国	意大利	荷兰	西班牙	奥地利	芬兰	瑞典	总计
1998	4.23	9.41	33.83	15.44	10.98	4.02	2.31	1.33	6.07	9.86	97.50
1999	3.81	11.76	32.74	14.87	10.53	3.97	2.13	1.72	7.20	8.45	97.18
2000	4.49	11.65	33.75	12.81	9.98	4.01	2.02	1.53	7.63	8.67	96.53
2001	4.82	9.87	38.55	11.49	10.61	4.08	2.00	1.85	6.65	6.08	96.01
2002	5.25	8.66	42.61	11.04	11.21	4.08	2.34	2.32	3.93	4.65	96.07
2003	5.22	6.73	45.82	11.50	9.58	3.65	2.57	2.08	3.37	5.12	95.66
2004	5.16	6.98	44.50	11.21	9.46	4.35	2.56	2.21	4.43	4.90	95.76
2005	5.44	7.51	41.75	12.24	9.41	3.98	2.83	2.19	3.57	4.24	93.17
2006	4.77	7.20	41.94	12.49	9.52	4.04	3.33	2.28	3.46	3.82	92.84
2007	4.48	7.01	40.91	12.03	9.20	4.44	3.99	2.21	3.42	3.73	91.43
2008	4.02	7.19	42.06	11.79	8.78	4.00	4.09	2.35	2.66	3.80	90.74
2009	4.58	6.17	43.64	10.18	8.62	4.01	3.36	2.67	2.56	4.28	90.06
2010	4.66	6.71	44.11	10.16	8.32	3.85	3.70	2.51	2.39	3.51	89.92
2011	4.80	6.89	43.92	10.45	8.32	4.10	3.58	2.25	2.15	3.37	89.84
2012	4.70	7.92	43.34	11.37	7.58	4.10	2.99	2.23	1.81	3.26	89.30
2013	4.48	8.68	42.83	10.51	7.99	4.47	2.72	2.29	1.78	3.18	88.92
2014	4.12	9.72	43.01	11.08	7.90	3.83	2.54	2.40	1.66	2.78	89.03
2015	3.36	9.07	41.97	11.79	8.06	4.20	2.68	2.38	1.67	3.07	88.25
2016	3.30	8.98	41.37	10.81	8.03	4.71	2.95	2.42	1.66	2.96	87.19
2017	3.08	9.11	39.57	10.94	8.37	4.60	3.28	2.39	1.74	3.22	86.31
2018	2.79	9.56	42.60	12.90	8.44	4.94	3.51	2.77	1.92	3.59	93.01

（单位：%）

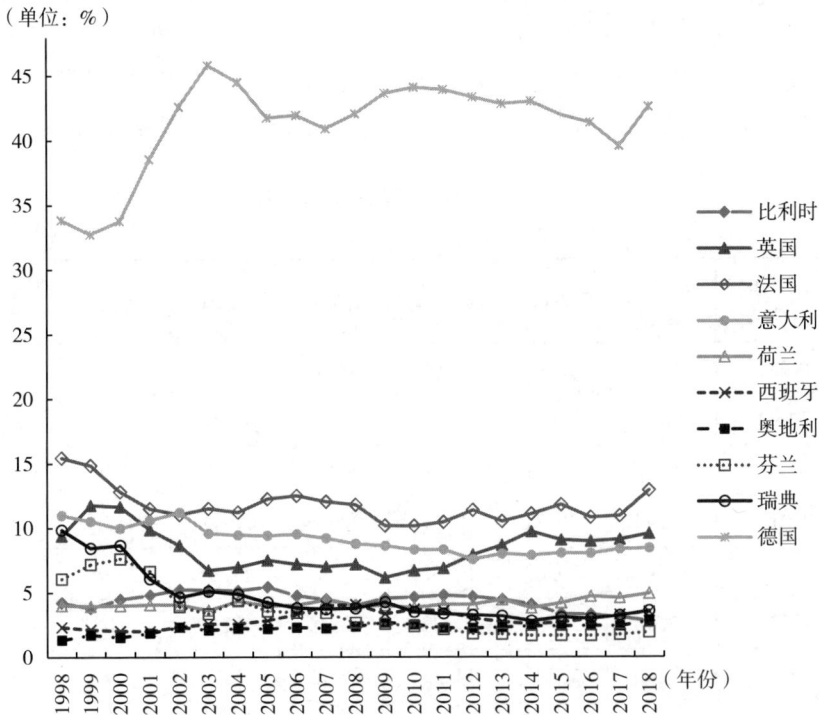

图 3-1 中国进口的欧盟地区结构

五、中国进口的东盟地区结构

如表 3-5 和图 3-2 所示，在东盟地区，从整体来看，虽然东盟现有 10 个国家，但是，中国从东盟的进口主要集中于印度尼西亚、马来西亚、菲律宾、新加坡、泰国和越南等 6 个国家，这 6 个国家几乎占中国从东盟进口的全部。除 2014 年之外，1998—2018 年，从这 6 个国家的进口占中国从东盟进口总额的份额之和一直维持在 95% 以上。在这六国中，有 3 个国家所占份额较大，依次为马来西亚、越南、泰国。2018 年，马来西亚是中国在东盟的第一大进口来源国，所占份额是 23.53%，越南是第二大进口来源国，所占份额是 23.81%，泰国是第三大进口来源国，所占份额是 16.62%。

根据进口份额的变化趋势，可以把上述 6 国分为 5 类：（1）所占份额上升。主要是越南。越南在中国从东盟进口中所占份额增长最为迅速。越南所占份额从 1998 年的 1.72% 上升到 2018 年的 23.81%。（2）所占份额整体下降。主要指新加坡。新加坡从 1998 年的 33.52% 下降到 2018 年的 12.56%。（3）所占份额基本保持稳定。主要指泰国。（4）所占份额先上升、后下降。主要是马来西亚、菲律宾。（5）所占份额波动较大。主要指印度尼西亚。

表 3-5　中国进口的东盟地区结构

（单位:%）

国家\年份	印度尼西亚	马来西亚	菲律宾	新加坡	泰国	越南	总计
1998	19.48	21.16	4.07	33.52	19.11	1.72	99.06
1999	20.44	24.16	6.08	27.21	18.63	2.37	98.88
2000	19.85	24.71	7.56	22.81	19.75	4.19	98.86
2001	16.74	26.71	8.37	22.14	20.29	4.35	98.60
2002	14.45	29.80	10.31	22.59	17.95	3.58	98.68
2003	12.14	29.55	13.33	22.16	18.65	3.08	98.91
2004	11.46	28.86	14.39	22.22	18.33	3.94	99.21
2005	11.25	26.79	17.16	22.02	18.66	3.40	99.29
2006	10.73	26.33	19.74	19.74	20.06	2.78	99.38
2007	11.14	26.48	16.17	21.33	20.91	2.98	99.30
2008	12.24	27.44	16.67	17.24	21.93	3.71	99.22
2009	12.80	30.29	11.19	16.68	23.33	4.45	98.75
2010	13.44	32.61	10.49	15.98	21.46	4.51	98.50
2011	16.24	32.19	9.32	14.58	20.23	5.76	98.31
2012	16.31	29.76	10.03	14.56	19.68	8.29	98.64
2013	15.75	30.14	9.11	15.07	19.30	8.46	97.84
2014	11.76	26.72	10.08	14.80	18.41	9.56	91.33
2015	10.23	27.40	9.75	14.18	19.11	15.34	96.01
2016	10.91	25.10	8.86	13.25	19.63	18.94	96.68

续表

年份＼国家	印度尼西亚	马来西亚	菲律宾	新加坡	泰国	越南	总计
2017	12.11	23.07	8.15	14.52	17.63	21.35	96.83
2018	12.71	23.53	7.67	12.56	16.62	23.81	96.90

（单位：%）

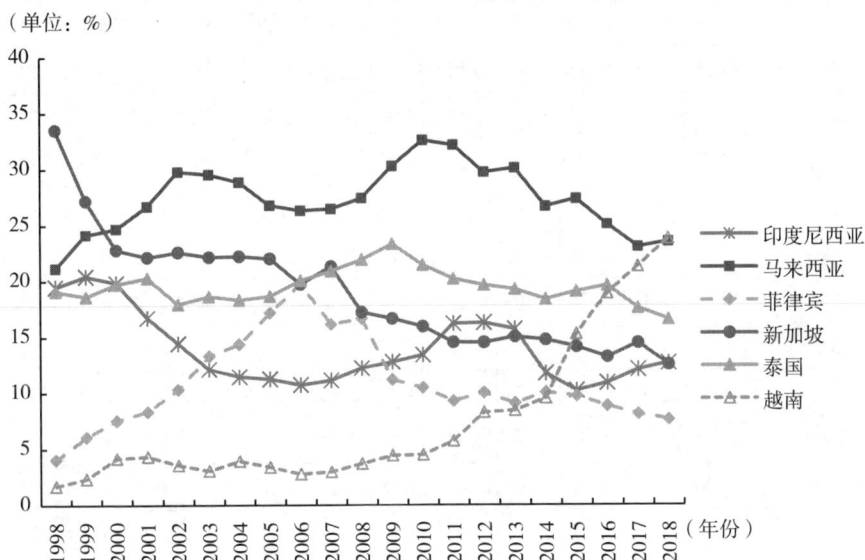

图 3-2　中国进口的东盟地区结构

六、中国大陆前十大进口地区的地区结构

如表 3-6 和图 3-3 所示，从全球来看，中国商品进口的前十大国家和地区是东盟、欧盟、韩国、日本、中国台湾、美国、澳大利亚、巴西、俄罗斯、沙特阿拉伯。2018 年，东盟是中国第一大进口地区，在中国总进口中所占的比例大约是 12.58%，欧盟是中国第二大进口来源地，韩国是第三大进口来源地。

从变化趋势来看，1998—2018 年，各地区在中国大陆进口中所占份额的变化可以分为三类，具体如下：（1）上升趋势。主要是东盟、澳大利亚、沙特阿拉伯、巴西。（2）下降趋势。主要是日本、欧盟、中国台湾、美国。

（3）基本稳定态势。主要是俄罗斯、韩国。

表3-6   中国大陆前十大进口地区的结构

（单位:%）

国家（地区）\年份	1	2	3	4	5	6	7	8	9	10	1—5	1—10
	日本	欧盟	中国台湾	韩国	东盟	美国	澳大利亚	俄罗斯	巴西	沙特阿拉伯	合计	合计
1998	20.16	14.80	11.86	10.71	9.01	12.09	1.92	2.60	0.81	0.57	66.54	84.53
1999	20.38	15.36	11.78	10.40	9.01	11.76	2.18	2.55	0.58	0.55	66.93	84.55
2000	18.44	13.70	11.33	10.31	9.85	9.94	2.23	2.56	0.72	0.87	63.63	79.95
2001	17.57	14.67	11.22	9.60	9.54	10.76	2.23	3.27	0.96	1.12	62.60	80.94
2002	18.11	13.05	12.89	9.68	10.57	9.23	1.98	2.85	1.02	1.16	64.30	80.54
2003	17.96	12.84	11.96	10.45	11.47	8.20	1.77	2.36	1.42	1.25	64.68	79.68
2004	16.81	12.15	11.54	11.09	11.22	7.96	2.06	2.16	1.55	1.34	62.81	77.88
2005	15.21	11.15	11.32	11.64	11.36	7.37	2.45	2.41	1.51	1.86	60.68	76.28
2006	14.62	11.41	11.00	11.34	11.31	7.48	2.44	2.22	1.63	1.91	59.68	75.36
2007	14.01	11.60	10.57	10.85	11.34	7.26	2.70	2.06	1.92	1.84	58.37	74.15
2008	13.30	11.71	9.12	9.90	10.33	7.18	3.31	2.10	2.64	2.74	54.36	72.33
2009	13.01	12.69	8.52	10.19	10.61	7.70	3.93	2.11	2.81	2.34	55.04	73.93
2010	12.66	12.06	8.29	9.91	11.08	7.31	4.38	1.86	2.73	2.35	53.99	72.62
2011	11.16	12.11	7.16	9.33	11.07	7.00	4.74	2.32	3.01	2.84	50.84	70.74
2012	9.78	11.66	7.27	9.28	10.77	7.31	4.65	2.43	2.88	3.02	48.76	69.05
2013	8.32	11.27	8.02	9.39	10.23	7.81	5.07	2.03	2.78	2.74	47.24	67.68
2014	8.32	12.46	7.76	9.70	10.63	8.12	4.98	2.12	2.64	2.48	48.87	69.20
2015	8.51	12.43	8.53	10.39	11.58	8.80	4.38	1.98	2.63	1.79	51.43	71.00
2016	9.17	13.11	8.74	10.01	12.36	8.47	4.46	2.03	2.89	1.49	53.40	72.74
2017	8.99	13.29	8.46	9.63	12.80	8.35	5.15	2.24	3.19	1.72	53.16	73.83
2018	8.46	11.69	8.32	9.58	12.58	7.26	4.95	2.77	3.63	2.15	50.62	71.39

注：1998—2018 年，日本、欧盟、中国台湾、韩国、东盟在多个年份是中国大陆进口的前五大地区，对应表3-6中的第1-5列。表3-6中"1-5 合计"表示这5个地区在中国进口中所占份额之和。

（单位：%）

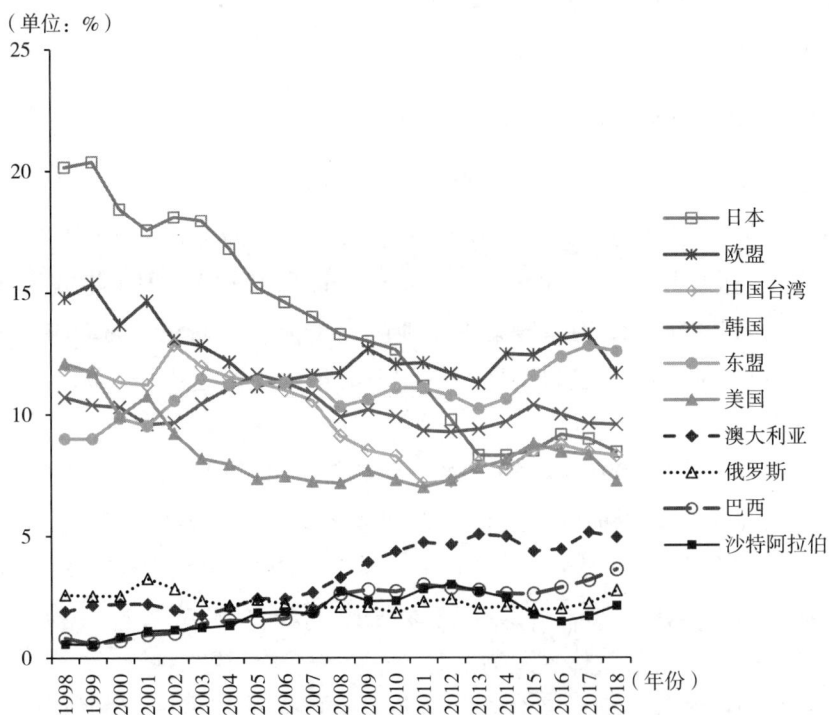

图 3-3　中国大陆前十大进口地区的结构

第三节　中国进口地区结构的指数分析

为了对上述中国进口地区之间和地区内部的进口地区结构进行比较，本节利用集中度指数（HH 指数）、多样性指数（H 指数）和均匀度指数（E 指数）来进行分析和比较。为了使比较具有科学性、精确性和可比性，本节做了两方面的前期工作：（1）对分析地区进行了筛选。所选洲际地区和经济同盟至少都包括 5 个组成国家和地区。符合条件的地区有：洲际地区、欧盟、东盟、亚洲地区、拉丁美洲地区、非洲地区和进口最大 10 个地区。（2）对数据进行了必要的处理。针对符合条件的洲际地区和经济同盟，从每个地区选择 5 个出口量最大的国家和地区，然后，利用所选的 5 个国家和地区的数据计算指数。最终，符合上述两个条件的地区有 7 个：洲际 5 大、欧盟 5 大、东盟 5 大、亚洲 5 大、拉美 5 大、非洲 5 大和前 5 大进口地区（进口 5 大）。

一、中国进口地区结构的整体分析

如表 3-7 和图 3-4 所示，根据 2018 年 HH 指数的大小，可以把进口地区分为 4 类：（1）进口地区结构最集中的地区是洲际地区，HH 指数大于 0.3。（2）进口地区结构比较集中的地区是欧盟和拉美，HH 指数为 0.2—0.3。（3）进口地区结构一般集中的地区是东盟、亚洲和非洲，HH 指数在 0.1—0.2 之间。（4）进口地区结构比较分散的地区是进口 5 大，HH 指数小于 0.1。

根据 HH 指数 1998—2018 年的变化趋势，可以把这 7 类地区分为 4 类：（1）亚洲地区、东盟地区、进口 5 大地区的 HH 指数整体表现为下降的趋势。（2）洲际地区的 HH 指数整体表现为先上升、后下降的趋势。（3）欧盟地区的 HH 指数自 2002 年以来整体表现为稳定的趋势。（4）拉美地区、非洲地区的 HH 指数整体表现为上升、下降相互交错的趋势。

根据 HH 指数的大小及其变化趋势，可以发现：1998—2018 年，中国在东盟的整体进口地区结构优化最为明显；近年来，中国在拉美地区的整体进口地区结构表现为恶化的趋势；目前，中国进口 5 大地区结构最为优化。

表 3-7　中国进口国际地区结构的 HH 指数

国际地区 \ 年份	洲际 5 大	东盟 5 大	欧盟 5 大	亚洲 5 大	拉美 5 大	非洲 5 大	进口 5 大
1998	0.441	0.233	0.161	0.192	0.234	0.231	0.096
1999	0.433	0.213	0.156	0.197	0.206	0.155	0.098
2000	0.442	0.197	0.156	0.171	0.199	0.166	0.086
2001	0.421	0.197	0.185	0.170	0.215	0.122	0.083
2002	0.465	0.204	0.217	0.166	0.213	0.142	0.087
2003	0.476	0.204	0.240	0.162	0.224	0.157	0.087
2004	0.469	0.200	0.227	0.154	0.224	0.149	0.081
2005	0.479	0.197	0.207	0.140	0.208	0.153	0.075

续表

国际地区＼年份	洲际5大	东盟5大	欧盟5大	亚洲5大	拉美5大	非洲5大	进口5大
2006	0.472	0.199	0.208	0.135	0.196	0.182	0.072
2007	0.453	0.199	0.197	0.133	0.196	0.180	0.069
2008	0.420	0.196	0.205	0.123	0.222	0.207	0.060
2009	0.400	0.203	0.214	0.129	0.243	0.174	0.062
2010	0.396	0.207	0.218	0.127	0.226	0.182	0.060
2011	0.373	0.201	0.218	0.119	0.234	0.203	0.053
2012	0.367	0.185	0.215	0.110	0.212	0.248	0.049
2013	0.356	0.184	0.210	0.107	0.221	0.247	0.045
2014	0.353	0.151	0.215	0.112	0.206	0.223	0.049
2015	0.370	0.152	0.206	0.121	0.230	0.238	0.054
2016	0.373	0.139	0.198	0.128	0.251	0.216	0.059
2017	0.359	0.127	0.185	0.132	0.261	0.181	0.059
2018	0.359	0.121	0.215	0.127	0.285	0.150	0.053

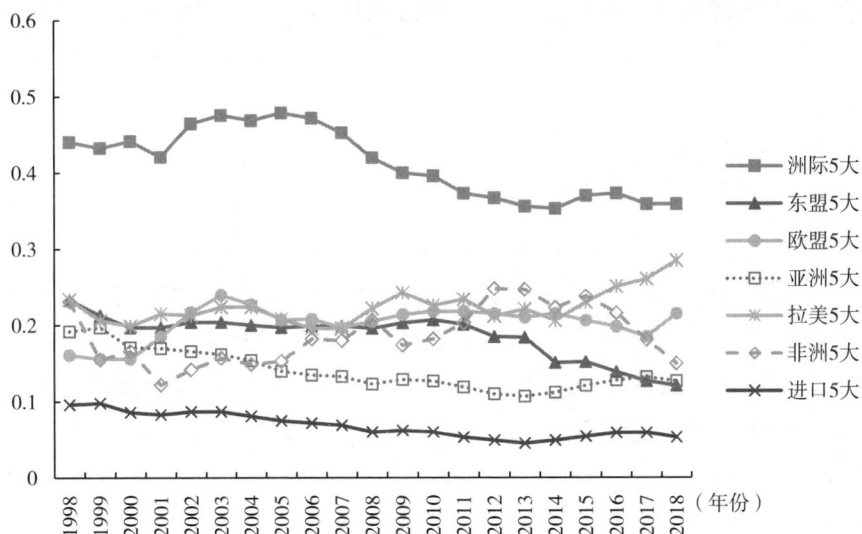

图3-4　中国进口国际地区结构的 **HH** 指数

那么，为什么在拉美地区的整体进口地区结构表现为恶化的趋势？为什么在东盟地区的整体进口地区结构优化最为明显？

具体原因分析如下：

（一）拉美地区

1998—2018 年，巴西一直是中国在拉美地区的第一大进口国家，在此期间，巴西占中国从拉美进口总额的比例整体表现为逐渐上升的趋势，所占份额从 1998 年的 37.91%上升到 2018 年的 48.97%。这一变化导致中国在拉美整体进口地区结构的恶化，也就是说，中国从巴西进口的变化是影响中国在拉美整体进口地区结构恶化的重要原因。

中国从巴西进口规模的扩张主要是由于矿产品和植物产品进口量的增加导致的。矿产品和植物产品一直是巴西对中国最主要的出口产品。其中，除铁矿石出口增速较低外，原油、大豆出口均保持较快增长。2005 年，中国是巴西第三大出口目的地，巴西对中国矿产品的出口额为 18.9 亿美元，占巴西对中国出口总额的 27.7%；植物产品是巴西对中国出口的第二大类商品，出口额为 17.1 亿美元，占巴西对中国出口总额的 25.1%。2018 年，中国是巴西第一大出口目的地，植物产品成为巴西对中国出口的主力产品，出口额为 274.3 亿美元，占巴西对中国出口总额的 42.7%；矿产品是巴西对中国出口的第二大类商品，出口额为 262.4 亿美元，占巴西对中国出口总额的 40.9%。

（二）东盟地区

中国从东盟的进口主要集中于印度尼西亚、马来西亚、菲律宾、新加坡、泰国和越南 6 个国家。一方面，1998—2018 年，印度尼西亚、马来西亚、菲律宾、新加坡、泰国这 5 个国家占中国在东盟进口总额的份额整体表现为逐渐下降的态势，5 个国家所占份额之和从 1998 年的 97.34%下降到 2018 年的 73.09%，从而导致中国在东盟整体进口地区结构的优化。具体来看：新加坡和印度尼西亚所占份额整体表现为下降的趋势，新加坡从 1998 年的 33.52%下降到 2018 年的 12.56%，印度尼西亚从 1998 年的 19.48%下降到 2018 年的 12.71%；泰国所占份额基本保持稳定；马来西亚、菲律宾所占份额先上升、后下降。另一方面，近年来，越南占中国从东盟进口总额的比例大幅提高，从 1998 年的 1.72%上升到 2018 年的 23.81%。也就是说，新加坡和印度尼西亚所占份额下降、越南所占份额增加是中国在东盟进口地区结构优化的主要原因。

进一步来看，1998—2018 年，中国从新加坡和印度尼西亚进口的绝对规模是增加的，但是，中国从东盟进口总额增加的幅度更大，从而导致这两个地区占中国从东盟进口总额的比例是下降的。具体来看，东盟在中国进口所占份额增加的原因主要有：

第一，为了满足国内经济发展的需要，中国进口了大量能源、资源类产品，这些产品在中国进口总额中的份额迅速增加。2000—2010 年，资源能源类产品占中国进口总额的比例从 1.66% 增加到 5.84%，占世界资源能源类产品进口总额的比例从 4.53% 增加到 17.06%。资源能源类产品是东盟的优势出口产品，从而导致中国从东盟的进口规模相对增加。例如，矿产品是印度尼西亚对中国出口的第一大产品，2018 年对中国出口额为 107.9 亿美元，占印度尼西亚对中国出口总额的 39.8%。2018 年，泰国对中国出口塑料橡胶的金额达到 81.3 亿美元，占泰国对中国出口总额的 27.4%，是泰国对中国出口最多的产品。

第二，东盟等地区大力发展机电产业，向中国出口的机电产品日益增多。例如，机电产品是马来西亚对中国出口的第一大产品，2018 年出口额为 149.2 亿美元，占马来西亚对中国出口总额的 43.4%。2018 年，泰国对中国出口机电产品 66.8 亿美元，占泰国对中国出口总额的 22.5%。

第三，中国政府高度重视并积极发展与东盟的经贸关系，自由贸易区建设日益推进。1991 年，中国与东盟开始正式对话。随着政治交往的不断加深，1996 年 3 月，中国明确提出希望成为东盟全面对话国，这个倡议得到东盟各国的积极响应。1997 年 12 月，中国与东盟领导人发表了《联合宣言》，确定了面向 21 世纪的睦邻互信伙伴关系，中国与东盟关系进入一个新阶段。为进一步推进中国与东盟对话合作，2002 年 11 月，在第六次中国—东盟领导人会议上，双方签署了《中国与东盟全面经济合作框架协议》，确定了 2010 年建成中国—东盟自由贸易区的目标。2003 年 10 月，在第七次中国—东盟领导人会议期间，双方签署了《中国与东盟面向和平与繁荣的战略伙伴关系联合宣言》，中国正式加入《东南亚友好合作条约》，双方政治互信进一步增强。2004 年，双方签署了《中国—东盟全面经济合作框架协议货物贸易协议》和《中国—东盟争端解决机制协议》，中国—东盟自由贸易区进入了实质性建设阶段。2005 年 7 月，中国—东盟自由贸易区《货物贸易协议》开始实施，双方 7000 余种商品开始全面降税，贸易额持续增长。2010 年 1 月 1 日，中国—东盟自由贸易区正式建成。2015 年 11 月，中国和东盟签署《关于修订〈中国—东盟全面经济合作框架协议〉及项下部分协议的议定书》，标志着自贸区升级谈判完成。

二、中国进口地区结构的内部分析

（一）H 指数的分析

如表 3-8 和图 3-5 所示，根据 H 指数在 1998—2018 年的变化趋势，可以把 7 个地区分为 5 类：（1）H 指数整体表现为上升趋势。主要是洲际地区。（2）H 指数整体表现为下降趋势。这样的地区有：欧盟、拉美和前 5 大进口地区。其中，拉美地区下降幅度最为明显，从 1998 年的 1.964 下降到 2018 年的 1.690，下降了 0.274。（3）H 指数整体趋势平稳。主要是亚洲。（4）H 指数整体表现为先上升、后下降的趋势。主要是东盟地区。（5）H 指数整体表现为上升、下降相互交错的趋势。主要是非洲地区。

根据 H 指数的内涵，计算结果表明：洲际地区中的 5 个最大进口地区所占中国进口份额之间的差距不断缩小，日益趋于平均，即洲际地区的内部地区结构日益优化；而在欧盟、拉美和前 5 大进口地区，这些地区中最大 5 个进口国或地区的内部地区结构日益恶化。其中，中国在拉美内部的地区结构恶化速度最为显著。

表 3-8　中国进口国际地区结构的 H 指数

国际地区 年份	洲际 5 大	东盟 5 大	欧盟 5 大	亚洲 5 大	拉美 5 大	非洲 5 大	进口 5 大
1998	1.459	2.107	1.809	1.886	1.964	1.096	1.896
1999	1.472	2.171	1.821	1.887	2.035	1.248	1.899
2000	1.490	2.192	1.803	1.897	2.108	1.640	1.866
2001	1.530	2.188	1.773	1.918	2.081	1.621	1.849
2002	1.438	2.191	1.758	1.916	2.089	1.638	1.880

续表

国际地区 年份	洲际5大	东盟5大	欧盟5大	亚洲5大	拉美5大	非洲5大	进口5大
2003	1.433	2.210	1.684	1.924	1.962	1.790	1.890
2004	1.462	2.209	1.684	1.926	1.969	1.797	1.867
2005	1.442	2.233	1.727	1.936	1.983	1.873	1.840
2006	1.467	2.242	1.706	1.928	1.896	1.760	1.825
2007	1.516	2.238	1.681	1.921	1.925	1.817	1.804
2008	1.600	2.231	1.657	1.935	1.799	1.779	1.733
2009	1.627	2.176	1.614	1.937	1.756	1.804	1.743
2010	1.630	2.157	1.622	1.933	1.813	1.811	1.725
2011	1.676	2.143	1.637	1.930	1.727	1.713	1.665
2012	1.702	2.146	1.659	1.919	1.712	1.554	1.629
2013	1.716	2.126	1.664	1.905	1.711	1.456	1.602
2014	1.726	2.063	1.681	1.906	1.709	1.376	1.629
2015	1.682	2.032	1.661	1.894	1.808	1.339	1.679
2016	1.661	2.007	1.641	1.895	1.830	1.322	1.713
2017	1.690	1.997	1.648	1.915	1.780	1.418	1.706
2018	1.701	1.960	1.675	1.923	1.690	1.542	1.662

(二) E 指数的分析

如表 3-9 和图 3-6 所示，根据 E 指数在 1998—2018 年的变化趋势，可以将 7 个地区分为 5 类：（1）E 指数整体表现为变大的趋势。主要是洲际地区。洲际地区的内部地区结构日益平均，差异日益缩小。（2）E 指数整体表现为变小的趋势。主要是拉美地区和前 5 大进口地区。这些地区中最大 5 个进口国或地区的内部地区结构日益恶化，差距日益扩大。（3）E 指数整体趋势平稳。主要是亚洲和欧盟。（4）E 指数整体表现为先上升、后下降的趋势。主要是东盟地区。（5）E 指数整体表现为上升、下降相互交错的趋势。主要是非洲地区。

从 E 指数的数值大小来看，2018 年，在 7 个地区中，东盟 5 国所占中国的进口份额最为平均，非洲地区 5 国所占中国的进口份额差异最大。

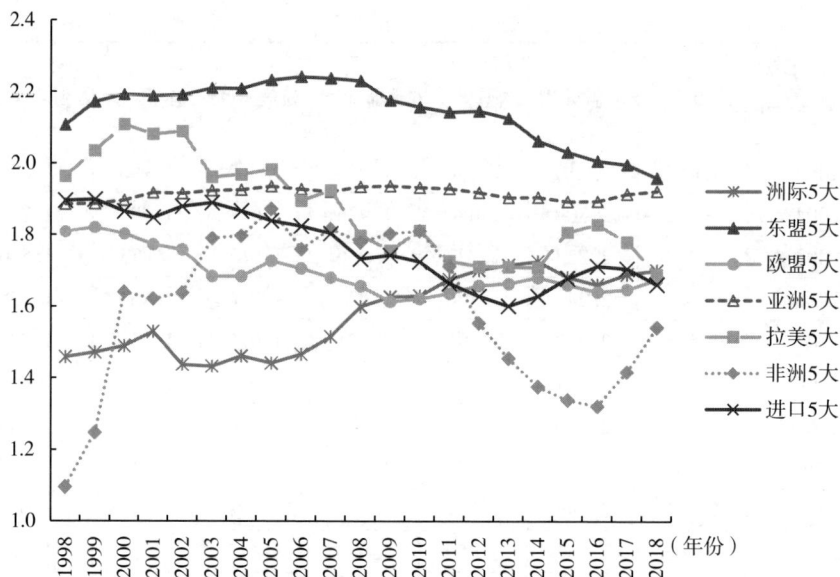

图3-5 中国进口国际地区结构的 H 指数

表3-9 中国进口国际地区结构的 E 指数

年份 \ 国际地区	洲际5大	东盟5大	欧盟5大	亚洲5大	拉美5大	非洲5大	进口5大
1998	0.628	0.907	0.779	0.812	0.846	0.472	0.817
1999	0.634	0.935	0.784	0.812	0.876	0.538	0.818
2000	0.642	0.944	0.776	0.817	0.908	0.706	0.804
2001	0.659	0.943	0.763	0.826	0.896	0.698	0.796
2002	0.619	0.944	0.757	0.825	0.900	0.706	0.810
2003	0.617	0.952	0.725	0.829	0.845	0.771	0.814
2004	0.630	0.951	0.725	0.829	0.848	0.774	0.804
2005	0.621	0.962	0.744	0.834	0.854	0.807	0.792
2006	0.632	0.965	0.735	0.830	0.816	0.758	0.786
2007	0.653	0.964	0.724	0.827	0.829	0.783	0.777
2008	0.689	0.961	0.714	0.833	0.775	0.766	0.746
2009	0.701	0.937	0.695	0.834	0.756	0.777	0.751

续表

国际地区＼年份	洲际5大	东盟5大	欧盟5大	亚洲5大	拉美5大	非洲5大	进口5大
2010	0.702	0.929	0.699	0.833	0.781	0.780	0.743
2011	0.722	0.923	0.705	0.831	0.744	0.738	0.717
2012	0.733	0.924	0.714	0.826	0.737	0.669	0.702
2013	0.739	0.916	0.717	0.820	0.737	0.627	0.690
2014	0.743	0.888	0.724	0.821	0.736	0.593	0.702
2015	0.724	0.875	0.715	0.816	0.778	0.577	0.723
2016	0.716	0.864	0.707	0.816	0.788	0.570	0.738
2017	0.728	0.860	0.710	0.825	0.766	0.611	0.735
2018	0.732	0.844	0.721	0.828	0.728	0.664	0.716

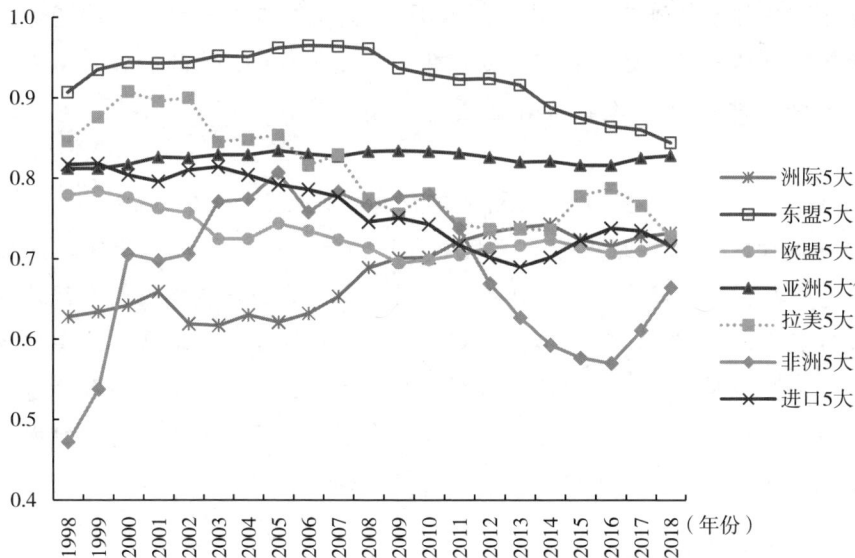

图3-6　中国进口国际地区结构的 E 指数

本章小结

一、基本结论

本章利用最新的贸易统计数据，对 1998—2018 年中国进口的国际地区结构进行了详细、全面的分析，并利用三种指数对进口市场集中度的状况进行了进一步的分析和比较，得出以下结论：

第一，中国进口的国际地区结构在部分地区存在一定程度的不平均性，进口市场过于集中的现象比较突出。从洲际地区结构来看，中国进口严重依赖亚洲，中国大约二分之一的进口来自亚洲。从区域结构来看，中国在欧盟的进口过度依赖德国，在拉美的进口过度依赖巴西。

第二，中国进口在部分地区的整体地区结构表现为不断优化的趋势。1998—2018 年，中国在拉美地区的整体进口地区结构表现为恶化的趋势，中国在欧盟的整体进口地区结构自 2002 年以来整体表现为稳定的趋势，其他地区的整体进口地区结构在不断优化，但是优化速度比较缓慢，其中东盟的整体进口地区结构优化最为显著。目前，中国进口 5 大地区结构最为优化。

第三，中国进口在部分地区的内部地区结构表现为不断优化的趋势。1998—2018 年，洲际地区的最大 5 个进口地区所占中国进口份额之间的差距不断缩小，日益趋于平均，即洲际地区中最大 5 个进口地区的内部地区结构日益优化；在欧盟、拉美地区和前 5 大进口地区等三个地区，这些地区中最大 5 个进口国或地区的内部地区结构日益恶化，其中，中国在拉美地区的内部地区结构恶化速度最为显著。目前，东盟 5 国所占中国的进口份额最为平均，非洲 5 国所占中国的进口份额差异最大。

二、政策建议

自改革开放以来，中国对外贸易获得了迅猛的发展，在成为世界第一出口大国的同时，也成为世界第二大进口国。在这样的背景下，中国对外贸易战略的侧重点也发生了转变，从单纯的重视出口转变为同时重视出口和进口。与此同时，中国市场多元化战略的内涵也发生了重大转变，从单一重视出口市场多元化转变为同时重视出口和进口的市场多元化，但是，出口市场多元化和进口市场多元化的目的和意义不完全相同，出口市场多元化战略的目的主要是防范出口中断风险、降低由于出口过多导致的贸易摩擦、降低出口对部分地区的过度依赖等，而进口市场多元化战略的目的是降低进口对部分地区过度依赖的风险、通过多渠道进口提升中国在进口中的话语权、增加从特定国家的进口以加强两国的关系等。

中国已经从贸易小国发展成了贸易大国，从经济小国变为了经济大国。目前，中国正处于从贸易大国、经济大国向贸易强国、经济强国转变的过程中。在此过程中，中国贸易、经济的发展壮大势必会冲击现有的世界贸易经济格局，从而出现贸易摩擦、"中国威胁论"、贸易失衡等问题，这些问题得到妥善处理以营造良好的国际环境对中国至关重要，是中国贸易、经济可持续发展的前提条件。为了缓解这些问题，战略性进口以及进口市场多元化便是一个很重要且具有可操作性的战略。增加从与中国贸易是逆差国家的进口，可以在一定程度上缓解贸易失衡问题；增加从具有"中国威胁论"言论国家的进口，可以让这些国家意识到，中国的发展是一种共享型的发展；对于某些特殊的进口商品，例如，不可再生资源（铁矿石、石油等）、高技术产品等，虽然这些产品只有少数既定国家出口，但是，仍然可以在一定程度上通过改变进口市场地区结构、增加从其他国家的进口来提升中国进口的主动权。总的来看，与出口市场多元化战略一样，进口市场多元化战略将是今后中国经济发展过程中一项不可忽视的新战略。

基于进口贸易稳定发展和可持续发展的视角，中国政府应该高度重视进口市场多元化战略，根据中国经济发展的需求、世界经济发展的趋势，制定新的进口市场多元化战略，优化进口市场结构，推动进口来源多元化，适度降低重要战略性资源能源、高技术产品的进口市场集中度，降低由于进口市场集中度较高带来的贸易中断风险，改善由于进口过于集中缺少定价权、进口利益过低的局面。

近年来，中国进口在世界市场上所占份额大幅增加，从 2000 年的 3.50% 增加到 2018 年的 13.22%，其中，资源类初级产品份额增加最为明显，中技术工业制成品、高技术工业制成品、金属类制成品所占份额增幅也较大，只有低技术工业制成品所占份额稍有下降。中国从发展中国家进口的各类产品所占份额有所提高，但是，这种提高主要是非技术性工业制成品所占份额提高较快；与发展中国家相比，除了非资源类初级产品之外，中国其他各类商品进口对发达国家的依赖度都比较大，中等、高等技术工业制成品对发达国家的依赖特别明显。因此，在制定和实施新的进口市场多元化战略时，中国政府必须针对不同类型进口商品、不同类型进口国家进行分类治理。例如，针对非资源类初级产品来说，进口市场多元化战略的重点应该是从发展中国家进口的多元化，针对技术类工业制成品特别是高技术制成品来说，进口市场多元化战略的重点应该是从发达国家进口的多元化。

　　总的来说，根据不同进口商品的属性，进口市场多元化战略的重点应该侧重于发达国家内部、发展中国家内部、发达国家与发展中国家之间的协调等不同的方面，避免进口过度依赖少数国家的局面出现。本章的研究结果表明：近年来，中国在拉美地区的整体进口市场结构日益恶化，在欧盟和拉美地区最大 5 个进口国的内部地区结构也日益恶化，不平衡趋势日益显著。此外，中国在欧盟的进口过度依赖德国，在拉美的进口过度依赖巴西。因此，国家政府可以通过详细分析中国从巴西、德国进口的商品类别，增加从其他国家进口这些商品的规模，从而降低中国对这些国家的过度依赖。

第　四　章

中国进口产品质量及其变化

在国际经济学研究中，产品质量作为一种无形的产品属性一直是一个重要的研究范畴。福格特伦德和萨拉维亚（Voigtlaender 和 Saravia，2015）[1]、库格勒和维豪根（Kugler 和 Verhoogen，2012）[2] 认为，异质性不仅体现在企业的生产率上，也体现在产品质量上，他们将产品质量异质性纳入梅里兹（Melitz，2003）[3] 模型中，极大地拓展和丰富了异质性企业贸易理论。其实，产品质量作为企业国际竞争力的重要表现，不仅直接影响企业的市场份额和利润水平，还能通过技术溢出等机制对国家技术进步、产业升级发挥重要作用。此外，诸多研究表明，产品质量对一国经济增长、贸易利得、企业生产率等有重要影响，阿米蒂和坎德尔瓦尔（Amiti 和 Khandelwal，2013）[4] 认为高质量产品的生产是一国成功出口和经济发展的前提条件；哈拉克（Hallak，2006）[5] 发现产品质量是影响一国贸易方向的重要因素。现实生活

[1]　Voigtlaender N., Saravia D., "Imported Inputs, Quality Complementarity, and Skill Demand", *Society for Economic Dynamics*, Meeting Papers, 2015.

[2]　Kugler M., Verhoogen E., "Prices, Plant Size, and Product Quality", *The Review of Economic Studies*, Vol. 79, No. 1, 2012, pp. 307-339.

[3]　Melitz M. J., "The Impact of Trade on Intra-industry Reallocations and Aggregate Industry Productivity", *Econometrica*, Vol. 71, No. 6, 2003, pp. 1695-1725.

[4]　Amiti M., Khandelwal A. K., "Import Competition and Quality Upgrading", *Review of Economics and Statistics*, Vol. 95, No. 2, 2013, pp. 476-490.

[5]　Hallak J. C., "Product Quality and the Direction of Trade", *Journal of International Economics*, Vol. 68, No. 1, 2006, pp. 238-265.

中，产品的质量往往难以通过直接观察得到，因而如何准确测算产品质量成为近年来经济学研究的热点和难点问题。

鉴于本书主要围绕进口贸易的相关问题展开研究，因此，以"寻找不同视角下符合中国现实的最佳测度进口产品质量的方法"为核心目的，本章做了以下工作：首先，从国家层面进口质量、企业层面进口质量两个视角出发，将已有的研究方法进行归类，利用中国数据，通过测算和对比检验，力求找到不同研究视角下最符合中国现实的测算方法，为研究中国进口产品质量的相关问题提供测算依据。其次，针对现有企业层面进口质量测算过程中出现的样本选择偏差问题，本章通过引入新的控制变量和工具变量对其做了改进，实证结果显示，工具变量的选取是有效的，同时解决了样本选择偏差问题。最后，使用本章在不同视角下选择的测算方法具体测度中国进口产品质量的变动趋势。

第一节 进口产品质量测度方法的总体情况

一、产品质量测算方法的演变

关于产品质量的研究，众多学者进行了一系列尝试，也得到了一些有意义的结论。表4-1列出了产品质量测算方法的演进过程。早期，学者以产品价格测度产品质量，如肖特（Schott, 2004）[①]、李坤望等（2014）[②] 认为，消费者会为高质量产品支付更高的价格。由于产品价格不仅包含质量信息，还包括生产成本、产品水平差异等其他因素，所以，用产品价格测度产品质量误差较大。其后，部分学者采用间接指标衡量产品质量，如戈德堡和韦尔博旺（Goldberg 和 Verboven, 2001）[③] 利用汽车发动机马力、车身大小等指

[①] Schott P. K., "Across-Product Versus Within-Product Specialization in International Trade", *Quarterly Journal of Economics*, Vol. 119, No. 2, 2004, pp. 647-678.

[②] 李坤望、蒋为、宋立刚：《中国出口产品品质变动之谜：基于市场进入的微观解释》，《中国社会科学》2014 年第 3 期。

[③] Goldberg P. K., Verboven F., "The Evolution of Price Dispersion in the European Car Market", *The Review of Economic Studies*, Vol. 68, No. 4, 2001, pp. 811-848.

标作为汽车质量的代理变量；克罗泽等（Crozet 等，2012）[①] 通过法国企业出口数据与专家评估相匹配来区分香槟质量。这种方法对质量的量化更科学准确，但有很大的局限性，难以拓展到其他行业。

表 4-1　产品质量测算方法的演进

测算方法	优点	缺点	主要文献
价格代替	方法简单	价格包含很多非质量信息，测量误差大	肖特，2004；哈拉克，2006；李坤望等，2014；等等
间接指标衡量	测度科学准确	无法适用于所有行业	戈德堡和韦尔博旺，2001；埃克斯和埃莫（Acs 和 Amorós，2008）；克罗泽等，2012；等等
直接估算法	对所有产品通用；从需求和供给角度剔除价格中非质量因素干扰	求解过程复杂，对数据要求高，不适用微观企业层面质量测算	哈拉克和肖特，2011；芬斯特拉和罗马利斯（Feenstra 和 Romalis，2014）；等等
回归反推法	对所有产品通用；从需求角度剔除价格中非质量因素干扰	无统一标准，不同学者在控制变量选择和内生性处理上差异较大	坎德尔瓦尔，2010；热尔韦，2015；施炳展，2015；等等

近年来，学者们主要从需求角度测算产品质量，其核心思想是通过直接估算或回归反推方法剔除需求中的价格和其他非质量因素，将剩余部分等同于产品质量。但是，此类方法依然存在如下问题：（1）在测算过程中，不同学者在控制变量选取和内生性处理上差异较大，导致最终的测算结果差异也很大。这不仅会让学者们面对产品质量测算方法选择的困惑和尴尬，也容易影响相关研究结论的准确性。例如，同样是针对中国出口质量的测算，张杰等（2014）[②] 发现中国出口产品质量呈下降趋势，但施炳

---

① Crozet M., Head K., Mayer T., "Quality Sorting and Trade: Firm-Level Evidence for French Wine", *The Review of Economic Studies*, Vol. 79, No. 2, 2012, pp. 609–644.

② 张杰、郑文平、翟福昕：《中国出口产品质量得到提升了么?》，《经济研究》2014 年第 10 期。

展和邵文波（2014）[①]、李小平等（2015）[②] 却发现中国的出口产品质量逐年上升。（2）部分测算方法对数据的要求很高，难以普遍推广。例如，坎德尔瓦尔等（Khandelwal 等，2013）[③]、热尔韦（Gervais，2015）[④] 在测算产品质量时，使用了行业间价格弹性和企业劳动生产率等参数，这些数据在很多国家难以获取。（3）在测算企业层面的进口产品质量时，使用企业从其他国家进口同一种产品的均价作为工具变量，容易造成大量样本丢失，可能会导致测算结果出现偏差。

总的来看，目前关于产品质量测度的方法很多，不同方法的差异性也很大，各自测度的结果也有很大差别。因此，通过分析和改进已有的产品质量的测度方法，试图找出不同研究视角下最合理的测度方法具有重要的学术意义。

二、国家层面进口产品质量测算方法的总体情况

从国家层面测度进口产品质量的方法主要包括 KHW 方法、HS 方法和FR 方法。[⑤] 这些方法以进口来源国—产品—年份为分析单元，从需求角度或需求供给的综合角度构造相关理论模型，对贸易数据进行分解，剔除非质量因素，得到进口产品质量。表4-2 是关于国家层面进口产品质量测算方法的对比。具体分析如下：

（一）KHW 方法

坎德尔瓦尔（2010）[⑥] 使用产品的市场份额和进口价格测算进口产品质

[①] 施炳展、邵文波：《中国企业出口产品质量测算及其决定因素——培育出口竞争新优势的微观视角》，《管理世界》2014 年第 9 期。

[②] 李小平、周记顺、卢现祥、胡久凯：《出口的"质"影响了出口的"量"吗?》，《经济研究》2015 年第 8 期。

[③] Khandelwal A. K, Schott P. K, Wei S. J., "Trade Liberalization and Embedded Institutional Reform: Evidence From Chinese Exporters", *American Economic Review*, Vol. 103, No. 6, 2013, pp. 2169-2195.

[④] Gervais A., "Product Quality and Firm Heterogeneity in International Trade", *Canadian Journal of Economics*, Vol. 48, No. 3, 2015, pp. 1152-1174.

[⑤] 也有文献将其归为国家层面出口产品质量测算方法，但根据测算原理，上述方法均是以同一出口目的地为基准测算各国对其出口的产品质量，所以将其归为出口目的国视角下的进口质量测算方法更为合理。

[⑥] Khandelwal A., "The Long and Short (of) Quality Ladders", *The Review of Economic Studies*, Vol. 77, No. 4, 2010, pp. 1450-1476.

量（后文简称"KHW 方法"），在单价相同的情况下，市场份额越大的产品，其质量越高，在控制价格的基础上，使用嵌套 Logit 模型，将去除价格因素的市场份额残差作为一国产品质量的代理变量。

（二）HS 方法

哈拉克和肖特（2011）[1] 使用贸易收支和产品单价数据测算进口产品质量（后文简称"HS 方法"）。其依据是，若出口单价相同，贸易盈余的国家比贸易赤字的国家拥有更高的出口产品质量，利用贸易收支数据，通过两个阶段将出口单位价值分解为质量部分和经质量调整的部分。其中，第一阶段估计各制造业的行业非纯价格指数；第二阶段根据质量测算公式求解贸易产品质量和纯价格指数。李小平等（2015）使用这种方法，研究了中国出口产品质量和数量之间的关系，认为中国出口质量的提升是中国产品出口数量大幅增长的重要原因。

（三）FR 方法

芬斯特拉和罗马利斯（Feenstra 和 Romalis，2014）[2] 将产品质量内生化于异质企业模型，从供给和需求两个角度测算进口产品质量（后文简称"FR 方法"）。其基于延展的垄断竞争框架及梅里兹（2003）异质企业模型，建立企业内生质量选择模型，从供给和需求两个维度，测算进口产品质量。具体分为两步，第一步估计相关参数，第二步为求质量调节价格指数和质量。

上述方法有一个共同缺陷，认为同一时间从同一国家进口的同类产品质量相同，这与现实有很大出入。由于企业异质性的存在，从同一国家不同企业进口的同种产品，其产品质量具有异质性，因此，国家层面进口产品质量的测算结果适用范围较窄，主要用于宏观经济问题的研究和分析。

表 4-2 国家层面进口产品质量测算方法对比

测算方法	KHW 方法	HS 方法	FR 方法
测算角度	需求层面	需求层面	需求层面和需求—供给层面

[1] Hallak J. C., Schott P. K., "Estimating Cross-Country Differences in Product Quality", *The Quarterly Journal of Economics*, Vol. 126, No. 1, 2011, pp. 417–474.

[2] Feenstra R. C., Romalis J., "International Prices and Endogenous Quality", *The Quarterly Journal of Economics*, Vol. 129, No. 2, 2014, pp. 477–527.

续表

测算方法	KHW 方法	HS 方法	FR 方法
测算逻辑	在控制价格的条件下，产品质量越高，市场份额越高	若出口单价相同，贸易盈余的国家比贸易赤字的国家出口更高质量的产品	建立内生质量的理论模型，根据消费者效用最大化和生产者利润最大化条件推导产品质量的表达式
数据来源	1989—2001 年美国 SITC5 位编码的制造业产品进口数据	1989—2003 年美国调查局 HS10 编码产品进口数据和 UN Comtrade 数据库	1984—2011 年 UN Comtrade 数据库中 185 个国家 SITC4 位编码产品数据
具体方法	建立产品市场份额与价格的回归方程	求解真实非纯价格指数；建立行业净贸易额与非纯价格指数回归方程	求解工资和质量调整后的价格关系；测算相关参数得到质量
结论发现	美国从中国进口的部分产品质量高于发达国家同类产品；质量梯度较长的产品质量与价格相关程度高	美国进口的中国产品质量都低于发达国家；质量和价格替代性差；各国产品质量的收敛比人均 GDP 的收敛速度更快	美国进口的发展中国家产品质量很低；在供给侧双边贸易量与产品质量负相关；质量调节后的价格比值小于单位价格比值；质量调整后的进口价格与一国收入负相关
相关文献延伸和拓展	阿米蒂和坎德尔瓦尔（2013）；余淼杰等（2016）[①]；等等	约翰逊（Johnson，2012）；李小平等（2015）；等等	法杰尔鲍姆和坎德尔瓦尔（Fajgelbaum 和 Khandelwal，2016）[②]；等等

三、企业层面进口产品质量测度方法的总体情况

已有文献对企业层面进口产品质量的关注较少，只有中国学者施炳展和曾祥菲（2015）[③] 借鉴企业层面出口产品质量的测算原理，在新新贸易理论框架下，以企业—进口来源国—产品—年份为分析单元，测算了企业层面的进口产品质量。

---

① 余淼杰、崔晓敏、张睿：《司法质量、不完全契约与贸易产品质量》，《金融研究》2016 年第 12 期。

② Fajgelbaum P. D., Khandelwal A. K., "Measuring the Unequal Gains From Trade", *The Quarterly Journal of Economics*, Vol. 131, No. 3, 2016, pp. 1113–1180.

③ 施炳展、曾祥菲：《中国企业进口产品质量测算与事实》，《世界经济》2015 年第 3 期。

（一）施炳展方法

施炳展和曾祥菲（2015）（后文简称"施炳展方法"）根据包含产品质量的消费者效用函数，在限定消费者收入情况下求解消费者总体效用最大化，通过对数变换建立需求与价格的回归关系，将产品质量定义为残差的一部分。但是，这种做法存在两个问题：内生性问题和样本选择偏差问题。

（二）本章改进的方法

我们借鉴坎德尔瓦尔（2010）[1] 的做法，对施炳展方法进行改进，克服内生性问题，避免样本大量损失，提高测算结果的准确性。

四、使用数据及其处理

本章使用的数据主要来源于 CEPII 数据库、2000—2009 年中国海关数据库、2000—2007 年中国工业企业数据库、世界银行宏观数据库、WTO 关税数据库及中国统计局发布的相关统计年鉴。

在数据处理方面：①剔除信息损失样本，包括没有企业名字、进口地名称、产品名字的样本；剔除单笔进口贸易交易规模在 50 美元以下，或者数量单位小于 1 的样本。②剔除企业名称中含有"进出口""贸易""商贸"的中间商样本。③将海关数据 HS8 分位编码同国际 HS6 分位编码对齐[2]，然后在 HS6 位产品编码基础上同 ISICRev.2 的 3 分位编码，SITCRev.2 的 3 分位编码、4 分位编码对齐，编码之间的转化标准来自 CEPII 的 BACI 数据库中的 Product Codes 文件。④保留 ISIC 编码处于 300—400 之间、SITC4 分位编码位于 5000—9000 之间的制造业样本。⑤根据劳赫（Rauch，1999）剔除同质产品。⑥对同一产品数量单位不同情况，仅保留数量单位最多的样本。用 CPI 指数处理平减通胀因素，用单位价值 5%—95% 平滑价格异常值。为保证回归的可信度，剔除总体样本量小于 100 的样本。最终共获得总体样本

---

① Khandelwal A., "The Long and Short（of）Quality Ladders", *The Review of Economic Studies*, Vol. 77, No. 4, 2010, pp. 1450-1476.

② 本章在 HS6 位产品编码层面测算产品质量的原因是 2000—2009 年间，HS 产品编码经历了 1996 年版、2002 年版和 2007 年版三个版本。国际贸易组织仅给出了 HS6 编码对照表，为确保考察期内产品编码的一致性，同时也为了国家层面和企业层面产品质量测算结果的可对照性，本章将海关 HS8 位码产品信息加总到 HS6 位码。

29476147 个，其中，出口样本 16901745 个，一般贸易下出口样本 11978037 个，加工贸易下出口样本 4923708 个；进口样本 12574402 个，一般贸易下进口样本 5644520 个，加工贸易下进口样本 6929882 个。

第二节　国家层面进口产品质量测度方法的比较

当前，在国家层面测算进口产品质量的方法主要有三种：KHW 方法、HS 方法和 FR 方法。由于缺少世界各国产品层面一般贸易出口和加工贸易出口的数据，本节使用 KHW 方法进行总体进口产品和一般贸易进口产品的质量测算[①]，HS、FR 两种方法只进行总进口产品质量测算。

一、国家层面进口产品质量的测度方法

（一）KHW 方法

KHW 方法的基本思想是使用嵌套 Logit 方法来测度一国的产品质量。其基本的测算思路是，假定某国的出口产品在进口国的市场份额是其产品价格、产品质量以及进口国消费者偏好等因素的函数，当控制了产品价格、进口国消费者偏好以及其他因素后，剩余的便是产品质量对市场份额的影响（王明益，2014[②]）。与其他国家层面测算进口产品质量的方法比较，KHW 方法克服了将单位价值等价于产品质量的缺陷，同时也可以利用计量回归方法测算出细分产品层面的进口质量（施炳展等，2013[③]）。具体的测算过程如下：

假设消费者对进口产品的效用函数为：

$$V_{ncht} = \lambda_{1,ch} + \lambda_{2,t} + \lambda_{3,cht} - \alpha p_{cht} + \sum_{h=1}^{H} \mu_{nht} d_{ch} + (1-\sigma) \varepsilon_{ncht} \quad (4-1)$$

其中，n 代表消费者，c 代表进口来源国，h 代表 HS 细分产品，t 代表时间；V_{ncht} 代表消费者 n 通过消费 c 国的 h 产品获得的效用；$\lambda_{1,ch}$ +

[①]　KHW 测算方法中的外国产品需求量是本国产品和外国产品竞争的结果，而加工贸易（特别是来料加工贸易）进口主要由外国企业确定，这不符合 KHW 方法的测算逻辑。

[②]　王明益：《中国出口产品质量提高了吗》，《统计研究》2014 年第 5 期。

[③]　施炳展、王有鑫、李坤望：《中国出口产品品质测度及其决定因素》，《世界经济》2013 年第 9 期。

$\lambda_{2,\,t} + \lambda_{3,\,cht}$ 表示产品质量，$\lambda_{1,\,ch}$ 代表产品自身不随时间变化的固有特征，$\lambda_{2,\,t}$ 代表与时间有关联的产品动态特征，$\lambda_{3,\,cht}$ 代表其他消费者观测到但无法定量收集的特征，是与种类时间固定效应 ($\lambda_{1,\,ch} + \lambda_{2,\,t}$) 的偏离值；$p_{cht}$ 代表 CIF 产品价格；H 表示同一类产品的个数；μ_{nht} 为消费者对产品 h 的估值；d_{ch} 表示是否从 c 国进口 h 产品的虚拟变量，若进口国从 c 国进口 h 产品则取值为 1，反之，取值为 0；$\sum_{h=1}^{H} \mu_{nht} d_{ch}$ 为组内产品的共同效应水平；ε_{ncht} 表示其他与消费者和产品种类均相关的效用评价。

消费者对国内产品的效用函数为：

$$V_{not} = \lambda_{1,\,o} + \lambda_{2,\,t} + \lambda_{3,\,ot} - \alpha p_{ot} + \mu_{not} + (1 - \sigma)\varepsilon_{not} \qquad (4\text{-}2)$$

考虑到进口产品与国内自身产品存在替代关系，因此，可以设定国内产品的市场份额为：$s_{ot} = 1 -$ 行业进口渗透率，行业总产出为：$MKT_t = \sum_{ch \neq 0} q_{cht}/(1 - s_{ot})$，进口产品的市场份额为 $s_{cht} = q_{cht}/MKT_t$。

在此基础上，以国内自身产品为基准，参照坎德尔瓦尔（2010）的研究可得如下计量模型：

$$\ln(s_{cht}) - \ln(s_{ot}) = \lambda_{1,\,ch} + \lambda_{2,\,t} + \alpha p_{cht} + \sigma \ln(ns_{cht}) + \lambda_{3,\,cht} \qquad (4\text{-}3)$$

其中，s_{cht} 和 ns_{cht} 分别表示进口产品的市场份额以及该类进口产品行业层面的市场份额。式（4-3）控制了产品价格和产品质量但没有考虑产品水平差异，如颜色等，因此，借鉴克鲁格曼（Krugman，1980）[1] 的做法，在计量模型中加入出口国的经济规模来控制产品的水平差异：

$$\ln(s_{cht}) - \ln(s_{ot}) = \lambda_{1,\,ch} + \lambda_{2,\,t} + \alpha p_{cht} + \sigma \ln(ns_{cht}) + \gamma \ln(pop_{ct}) + \lambda_{3,\,cht}$$
$$(4\text{-}4)$$

式（4-4）表明，市场份额中剔除掉产品价格和水平差异后，剩余的就是产品质量。通过计量估计，可得细分产品层面的进口质量：

$$\lambda_{cht} \equiv \hat{\lambda}_{1,\,ch} + \hat{\lambda}_{2,\,t} + \hat{\lambda}_{3,\,cht} \qquad (4\text{-}5)$$

此外，需要说明的是，由于产品价格（p_{cht}）与其市场份额（$\ln(s_{cht})$）可能存在较强的内生关联，因此，要寻找工具变量来解决模型的内生性问

---

① Krugman P., "Scale Economies, Product Differentiation, and the Pattern of Trade", *The American Economic Review*, Vol. 70, No. 5, 1980, pp. 950-959.

题。基于此，本节参照坎德尔瓦尔（2010）的做法，选取运输费用与汇率作为产品价格的工具变量，其中运输费用采用进口来源国到中国的距离乘以石油价格衡量。

为了使得测算出的进口产品质量具有可比性，本节参照施炳展和邵文波（2014）的做法，采用如下公式进行标准化处理：

$$\frac{\lambda_{cht} - \min_{c \in ht}(\lambda_{cht})}{\max_{c \in ht}(\lambda_{cht}) - \min_{c \in ht}(\lambda_{cht})} \tag{4-6}$$

其中，$\max_{c \in ht}(\lambda_{cht}) - \min_{c \in ht}(\lambda_{cht})$ 为产品质量梯度。

根据 KHW 方法的测算原理，本节测算了中国整体贸易和一般贸易的进口产品质量。表4-3 报告了相关结果，回归结果显示方程的拟合优度较高。

表4-3 KHW 方法回归结果

回归方式	总体质量				一般贸易			
回归次数	2390				2289			
估计结果统计	均值	中位数	25%	75%	均值	中位数	25%	75%
价格系数	2.998	0.600	-1.168	2.175	-0.491	0.609	-1.004	2.082
Z 值	0.408	0.218	-0.283	0.896	0.476	0.244	-0.271	0.907
R^2	0.656	0.718	0.536	0.832	0.663	0.714	0.557	0.825
样本量	479551	373024	—	—	—	—	—	—

（二）HS 方法

HS 方法认为产品价格可分解为剔除质量因素的纯净价格部分和反映产品质量的部分。该方法首先估计部门的非纯净价格指数，然后运用贸易余额与纯净价格的关系，从非纯净价格中剔除纯净价格，进而得到对产品质量的估计。

1. 理论模型的基本设定

首先，建立如下效用函数：

$$U = \prod_{s=1}^{S} u_s^{b_s}, \ u_s = \Big[\sum_{k=1}^{K}\sum_{z=1}^{Z}(\xi_z\lambda_s^k x_z^k)^{\frac{\sigma_s}{1-\sigma_s}}n_z^k\Big]^{\frac{\sigma_s}{\sigma_s-1}}, \ \sigma_s > 1 \tag{4-7}$$

其中，下角标 s 表示部门（$s = 1$，…，S），z 表示产品（$z = 1$，…，

Z_s），上角标 k 表示国家（$k = 1$，$\cdots$，K）。n_z^k 是 k 国产品 z 中具有水平差异的种类数，x_z^k 是每一种类的消费量，σ_s 是不同种类间的替代弹性。ξ_z 表示产品 z 的核心属性，不同产品的 ξ_z 不同，但同类产品在不同国家的 ξ_z 相同，即 $\xi_z^k = \xi_z$，$\forall k = 1$，$\cdots$，K。λ_s^k 表示产品质量，λ_s^k 随国家及生产部门而改变，但在一国同一部门内部保持不变，即 $\lambda_z^k = \lambda_s^k$，$\forall z = 1$，$\cdots$，$Z_s$。

然后，由效用函数可得到 k 国产品 z 的出口价格为 p_z^k，并把质量调整后的纯净价格定义为 $\tilde{p}_z^k = p_z^k / (\xi_z \lambda_s^k)$。在此基础上，以每个产品的世界平均种类数 $\bar{n}_z$ 和需求转换参数 $\xi_z^{\sigma_s - 1}$ 为权重，对 k 国 s 部门所有产品价格 p_z^k 加权平均，得到 k 国 s 部门的价格：$P_s^k = \left[\sum_z \bar{n}_z \xi_z^{\sigma_s - 1} (p_z^k)^{1 - \sigma_s} \right]^{\frac{1}{1 - \sigma_s}}$。类似地，以每个产品的世界平均种类数 $\bar{n}_z$ 为权重，对 k 国 s 部门所有产品的纯净价格 $\tilde{p}_z^k$ 加权平均，得到 k 国 s 部门的纯净价格：$\tilde{P}_s^k = \left[\sum_z \bar{n}_z (\tilde{p}_z^k)^{1 - \sigma_s} \right]^{\frac{1}{1 - \sigma_s}}$。

最后，引入价格指数和质量指数。定义 k 国与 k' 国在 s 部门的非纯净价格指数（Impure Price Index）为 $P_s^{kk'} = P_s^k / P_s^{k'}$，$k$ 国与 k' 国在 s 部门的纯净价格指数（Pure Price Index）为 $\tilde{P}_s^{kk'} = \tilde{p}_s^k / \tilde{p}_s^{k'}$，$k$ 国与 k' 国在 s 部门的质量指数（Quality Index）为 $\lambda_s^{kk'} = \lambda_s^k / \lambda_s^{k'}$。纯净价格、非纯净价格及质量指数三者之间的关系如下：$P_s^{kk'} = \lambda_s^{kk'} \tilde{P}_s^{kk'}$，即非纯净价格指数为质量指数与纯净价格指数的乘积。

2. 计算非纯净价格指数

由于 $P_s^{kk'}$ 不可观测，所以需要对其进行估计。由于非纯净价格指数位于帕氏指数[1]和拉氏指数[2]之间[3]，即 $\ln H_s^{kk'} \leqslant \ln P_s^{kk'} \leqslant \ln L_s^{kk'}$，所以我们可以利用帕氏指数和拉氏指数来估计非纯净价格指数。考虑到帕氏指数和拉氏指数的计算值和真实值之间可能存在偏差，因此，本节采用最大似然函数求解。

---

[1]　帕氏指数的计算公式为：$H_s^{kk'} = \dfrac{\Sigma_z p_z^k q_z^k}{\Sigma_z p'_z q_z^k}$。

[2]　拉氏指数的计算公式为：$L_s^{kk'} = \dfrac{\Sigma_z p_z^k q_s^k}{\Sigma_z p_z^{k'} q_s^{k'}}$。

[3]　对于 IPI 指数位于两个价格指数之间的理论推导，可以参考 Hallak 和 Schott（2011）。

假设帕氏指数和拉氏指数的计算值和真实值之间的误差服从正态分布，并具有零均值和标准差ψ_s，对下述联合最大似然函数求解即可估计出非纯净价格指数：

$$\ln L = \sum_k \sum_{k' > k} \left\{ \ln\left[1 - \Phi\left(\frac{\ln H_s^{kk'} - \ln P_s^{kk'}}{\Psi_s} \right) \right] + \ln\Phi\left(\frac{\ln L_s^{kk'} - \ln P_s^{kk'}}{\Psi_s} \right) \right\}$$

(4-8)

3. 估计质量指数

本节基于贸易余额与纯净价格的关系，构造了关于一国净贸易额与纯净价格指数、质量指数、贸易成本等变量的计量方程，通过一系列实证分析得到一国相对于某一基准国的出口产品质量指数。该估计策略的潜在逻辑是若两国的出口产品价格相同，但贸易收支不同，则两国的产品质量必定存在差异。在出口价格相等的情况下，贸易顺差越大，说明消费者对该国产品需求越大，说明该国产品质量较高，即高贸易净额国家的产品质量更高。

根据理论模型，k国s行业的净贸易额可以近似看作纯净价格$\tilde{P}_s^k$的对数线性函数：

$$\frac{T_s^k - b_s T^k}{E^k} = Y_s + \gamma_s \ln \tilde{P}_s^k + b_s \tau_s^k + \iota_s^k$$

(4-9)

其中，T_s^k表示k国s部门的贸易余额，T^k表示k国的贸易余额，b_s为s部门的支出占k国所有部门总支出的比例。E^k是k国的支出，等于k国的收入Y^k与贸易余额T^k之差。τ_s^k表示双边贸易成本。式（4-9）是质量指数测算的核心，该式表明，虽然纯净价格无法直接观测到，但是它可以反映在贸易余额上。此外，式（4-9）还表明了贸易成本会影响贸易余额。

在式（4-9）右侧减去$\gamma_s \ln \tilde{P}_s^o$，并把贸易成本项$b_s \tau_s^k$移至等式左侧，令$\ln \tilde{P}_s^{ko} = \ln P_s^{ko} - \ln \lambda_s^{ko}$，则等式（4-9）可重新表示为：

$$\tilde{T}_{st}^k = Y_{st}' + \gamma_s \ln \hat{P}_{st}^{ko} - \gamma_s \ln \lambda_{st}^{ko} + \gamma_s \omega_s^{ko} + b_s Z_s \mu_{st}^k$$

(4-10)

$$\left[\tilde{T}_{st}^k = (\tilde{T}_{st}^k - b_s T_t^k)/(E_t^k - b_s \tau_{st}^k), \quad Y_{st}' = Y_{st} + \gamma_s \ln \tilde{P}_s^o, \quad \omega_s^{ko} = \ln P_{st}^{ko} - \ln \hat{P}_{st}^{ko} \right]$$

其中，下角标t表示年份，上角标o表示基准国。$\ln \hat{P}_{st}^{ko}$表示k国相对于

基准国在 t 年 s 部门的非纯净价格指数[1]，$\ln\lambda_{st}^{ko}$ 表示 k 国相对于基准国在 t 年 s 部门的质量指数。式（4-10）的最后三项不可观测，作为误差项。

需要注意的是，式（4-10）误差项中的出口质量 λ_{st}^{ko} 与非纯净价格指数 $\ln\tilde{P}_{st}^{ko}$ 可能是相关的：出口价格较高的发达国家，有可能生产较高出口质量的产品。为了控制这种内生性，我们引入产品质量的线性时间模型：

$$\ln\lambda_s^{ko} = \alpha_{0s}^{ko} + \alpha_{1s}^{ko}t + \varepsilon_{st}^{ko} \tag{4-11}$$

其中，α_{0s}^{ko} 表示国家固定效应，α_{1s}^{ko} 表示各国时间趋势的斜率，ε_{st}^{ko} 表示出口质量对时间趋势的偏离。把式（4-11）代入式（4-10），可以得到：

$$\tilde{T}_{sk}^k = \Upsilon_{st}' + \gamma_s\ln\tilde{P}_{st}^{ko} - \zeta_{0s}^{ko} - \zeta_{1s}^{ko} + \nu_{st}^{ko} \tag{4-12}$$

其中，$\zeta_{0s}^{ko} = \gamma_s\alpha_{0s}^{ko}$ 为国家固定效应。$\zeta_{1s}^{ko} = \gamma_s\alpha_{1s}^{ko}$ 为时间趋势。ν_{st}^{ko} 是误差项。

对式（4-12）估计后，可按照下式计算得到 k 国相对于基准国的质量指数：

$$\ln\hat{\lambda}_{st}^{ko} = -\left(\frac{\hat{\zeta}_{0s}^{ko} + \hat{\zeta}_{1s}^{ko}t}{\hat{\gamma}_s}\right) \tag{4-13}$$

本部分的数据主要来自 CEPII-BACI 数据库和中国海关数据库。将基准国 O 国定义为中国从世界其他国家的年平均进口。关税数据来自 WTO 数据库。b_s 的测算数据来自联合国国别统计数据库（李小平等，2015）。CIF 价格由加总到国别层面的中国海关数据库获得。表 4-4 是 HS 方法质量测算的回归结果，回归结果表明，拟合优度较高。

表 4-4　HS 方法质量测算的回归结果

估计结果统计	均值	中位数	25%	75%
价格系数	-0.0004	-0.00007	-0.0003	0.0001
T 值	-0.472	-0.259	-0.888	0.189
R^2	0.550	0.559	0.416	0.706
回归次数	2073			

[1] 公式中变量上的"^"表示该变量是估计值，除非做特别说明，下面文中的含义相同。

估计结果统计	均值	中位数	25%	75%
样本量	\multicolumn{4}{c}{202951}

（三）FR 方法

FR 方法的基本思想是在扩展的垄断竞争框架下，将产品质量内生化于异质企业模型中，从需求和供给角度剔除价格中的非质量因素干扰，进而求得产品质量。具体思路是通过最大化企业利润，得到经过质量调整后价格的表达式，利用类似引力模型估计出相关表达式中的替代弹性、帕累托生产率参数、质量偏好等参数，并代入产品质量表达式中求解出产品质量。具体的测算过程如下：

1. 理论推导

（1）消费者问题

假设 k 国消费者的支出函数为：

$$E^k = U^k \left[\int_i (p_i^k/z_i^{a^k})^{(1-\sigma)} \, di \right]^{\frac{1}{(1-\sigma)}} \quad (4-14)$$

$$\alpha^k = h(U^k) = 1 + \lambda \ln U^k, \ U^k > 0 \quad (4-15)$$

其中，E^k 为 k 国的消费者支出，U^k 为 k 国效用，p_i^k 为 k 国产品 i 的价格，$z_i^{a^k}$ 为 k 国产品 i 的质量，$p_i^k/z_i^{a^k}$ 为质量调整后的价格。对支出函数求微分可得 k 国对产品 i 的需求量：$q_i^k = \dfrac{\partial E^k}{\partial p_i^k} = \dfrac{\partial E^k}{\partial p_i^k} \dfrac{1}{z_i^{a^k}}$。

（2）生产者问题

假设企业 j 可以生产多种产品，为了实现利润最大化，企业会同时选择最优的产品质量和价格，产品质量的公式为：

$$z_{ij}^k = (l_{ij}^k \varphi_{ij})^{\theta} \quad (4-16)$$

其中，企业生产率 φ 服从 Pareto 分布：$G_i(\varphi) = 1 - (\varphi/\varphi_i)^{-\gamma}$。包含关税的 CIF 价格表示为：$p_{ij}^k = \tau_i^k(p_{ij}^{*k} + T_i^k)$，不含关税的 CIF 价格表示为：$p_{ij}^k/tar_i^k$。其中，$T_i^k$ 为特定贸易成本；τ_i^k 为 1 加从价贸易成本，包含了关税成本 $tar_i^k = 1 + tariff$。企业的出口固定成本为：$f_i^k(\varphi_{ij})$。由此可以得到企业生

产质量为 z_{ij}^k 时的边际成本：

$$c_{ij}^k(z_{ij}^k, w_i) = w_i l_{ij}^k = w_i (z_{ij}^k)^{1/\theta} / \varphi_{ij} \tag{4-17}$$

其中，l_{ij}^k 为复合投入要素，w_i 为投入要素的工资。当企业实现利润最大化时满足：

$$
\begin{aligned}
&\genfrac{}{}{0pt}{}{\max}{p_{ij}^{*k}, \; z_{ij}^k}[p_{ij}^{*k} - c_{ij}^k(z_{ij}^k, w_i)]\frac{\tau_i^k q_{ij}^k}{tar_i^k} = \genfrac{}{}{0pt}{}{\max}{p_{ij}^{*k}, \; z_{ij}^k}\left[\frac{p_{ij}^{*k}}{z_{ij}^{\alpha^k}} - \frac{c_{ij}^k(z_{ij}^k, w_i)}{z_{ij}^{\alpha^k}}\right]\frac{\tau_i^k Q_{ij}^k}{tar_i^k}\\
&= \genfrac{}{}{0pt}{}{\max}{p_{ij}^k, \; z_{ij}^k}\left\{p_{ij}^k - \tau_i^k\frac{[c_{ij}^k(z_{ij}^k, w_i) + T_i^k]}{z_{ij}^{\alpha^k}}\right\}\frac{Q_{ij}^k}{tar_i^k}
\end{aligned}
\tag{4-18}
$$

为使利润最大化，企业必须选择质量 z_{ij}^k 来最小化 $\dfrac{[c_{ij}^k(z_{ij}^k, w_i) + T_i^k]}{z_{ij}^k}$，通过求解可得：

$$\frac{\partial c_{ij}(z_{ij}^k, w_i)}{\partial z_{ij}^k} = \alpha^k\frac{[c_{ij}^k(z_{ij}^k, w_i) + T_i^k]}{z_{ij}^k} \tag{4-19}$$

由式（4-16）和式（4-17）可以得到质量的一阶条件解为：

$$\ln z_{ij}^k = \theta[\ln T_i^k - \ln w_i / \varphi_{ij} + \ln\alpha^k\theta / (1 - \alpha^k\theta)] \tag{4-20}$$

进一步结合式（4-14）、式（4-17）、式（4-18）和式（4-20）可以求解 FOB 价格和包含关税的 CIF 价格：

$$p_{ij}^{*k} = T_i^k\left[\left(\frac{1}{1 - \alpha^k\theta}\right)\left(\frac{\sigma}{\sigma - 1}\right) - 1\right] \equiv \overline{p_\iota^{*k}} \tag{4-21}$$

$$p_{ij}^k = \tau_i^k T_i^k\left[\left(\frac{1}{1 - \alpha^k\theta}\right)\left(\frac{\sigma}{\sigma - 1}\right)\right] \equiv \overline{p_\iota^k} \tag{4-22}$$

根据式（4-20）与式（4-22），可以得到质量与 FOB 离岸价格的关系：

$$\ln z_{ij}^k = \theta[\ln(\kappa_1^k \overline{p_\iota^{*\kappa}}) - \ln w_i / \varphi_{ij}], \quad \kappa_1^k \equiv \left[\frac{\alpha^k\theta(\sigma - 1)}{1 + \alpha^k\theta(\sigma - 1)}\right] \tag{4-23}$$

为了将质量从 FOB 价格中剥离，需要求得式（4-16）中的相关参数，为此，下一步将构建模型求与质量相关的参数，进而求得质量。

2. 估算质量

FR 方法测算质量的基本思路是，通过梅里兹（2003）的零利润临界条件（ZCP）来求解每个目的地市场的临界出口商经生产率调整后的工资，从而得到质量和质量调整价格。对于临界出口商，其质量调整后的价格可以表示为：

$$p_i^k = \overline{p_\iota^k} \left[(w_i / \hat{\varphi}_i^k) / \kappa_1^k \overline{p_\iota^{*k}} \right]^{\alpha^k \theta} \tag{4-24}$$

其中，$\hat{\varphi}_i^k$ 为出口企业的临界生产率。在 ZCP 条件下，可以得到：$\dfrac{AK\hat{x}]_i^k}{tar_i^k \sigma} = f_i^k(\hat{\varphi}_i^k)$，$\hat{X}_i^k$ 为包含关税的出口额。由此进一步得到不同出口目的地出口额之比的表达式：

$$\frac{\hat{X}_i^k}{\hat{X}_j^k} = \left(\frac{\hat{p}_i^k}{\hat{p}_j^k} \right)^{-(\sigma-1)} = \frac{tar_i^k f_i^k}{tar_j^k f_j^k} \tag{4-25}$$

在这种情况下，若 k 市场对 i 国和 j 国征收相同的进口关税，并且它们的出口固定成本相同，那么，出口商之间观察到的价格的全部差异将归因于质量。为了避免这一结果，FR 方法中对固定成本采用了更灵活的形式：

$$f_i^k(\hat{\varphi}_i^k) = \left(\frac{w_i}{\hat{\varphi}_i^k} \right) \left(\frac{Y^k}{P^k} \right)^{\beta_0} e^{\beta' F_i^k}, \ \beta_0 > 0 \tag{4-26}$$

结合式（4-24）和式（4-26），得到质量调整后的价格表达式为：

$$P_i^k = \left[\overline{p_\iota^k} / (\kappa_1^k \overline{p_\iota^{*k}})^{\alpha^k \theta} \right] \left[\frac{X_i^k}{\sigma tar_i^k N_i} \left(\frac{Y^k}{P^k} \right)^{-\beta_0} e^{-\beta' F_i^k} \right]^{\alpha^k \theta} \tag{4-27}$$

令 M_i 表示 i 国的企业数量，其中有 $M_i[1 - G(\varphi_i^k)]$ 的企业会出口，则从 i 国出口到 k 国的平均质量调整后的价格可以表示为：

$$\overline{P_\iota^k} = \left[\overline{p_\iota^k} / (\kappa_1^k \overline{p_\iota^{*k}})^{\alpha^k \theta} \right] \left[\frac{X_i^k / \kappa_2^k tar_i^k}{M_i (\varphi_i / w_i)^\gamma} \left(\frac{Y^k}{P^k} \right)^{-\beta_0} e^{-\beta' F_i^k} \right]^{\frac{\alpha^k \theta}{(1+\gamma)}} (\kappa_2^k)^{\frac{1}{1-\sigma}}$$

$$\kappa_2^k \equiv \frac{\gamma}{[\gamma - \alpha^k \theta(\sigma - 1)]} > 1 \tag{4-28}$$

为了进一步求得质量调整的出口价格与进口价格表达式，FR 方法采用了如下求解过程。首先，对于质量调整的出口价格，先由式（4-14）中的支出函数得到 CES 需求表达式：$\hat{X}_i^k = \dfrac{x_i^k}{N_i} = \left(\dfrac{\hat{p}_i^k}{p^k}\right)^{-(\sigma-1)} Y^k$，则相对质量调整后

的出口价格为：$\dfrac{\hat{p}_i^k}{AKp_j^{\wedge k}} = \left(\dfrac{x_i^k/N_i}{x_j^k/N_j}\right)^{\frac{-1}{\sigma-1}}$，将上述表达式代入式（4-27）进一步得到：

$$\frac{\hat{P}_i^k}{\hat{P}_j^k} = \left(\frac{\overline{p_i^k}/\left(tar_i^k\ \overline{p_i^{*k}}e^{\beta'F_i^k}\right)^{\alpha^k\theta}}{\overline{p_j^k}/\left(tar_j^k\ \overline{p_j^{*k}}e^{\beta'F_j^k}\right)^{\alpha^k\theta}}\right)^{\frac{1}{1+\alpha^k\theta(\sigma-1)}} \tag{4-29}$$

则 CES 需求方程可以表示为：

$$\frac{X_i^k}{M_i\left(\varphi_i/w_i\right)^\gamma} = \left(\frac{\overline{p_i^k}}{p^k}\right)^{-(\sigma-1)(1+\gamma)} (Y^k)^{(1+\gamma)} \left(\sigma\kappa_2^k tar_i^k \left(\frac{Y^k}{P^k}\right)^{\beta_0} e^{\beta'F_i^k}\right)^{-\gamma} \tag{4-30}$$

结合所有生产率高于零利润临界条件的出口商，得到相对平均出口价格的表达式：

$$\frac{\overline{P_i^k}}{\overline{P_j^k}} = \left(\frac{\overline{p_i^k}/\left(tar_i^k\ \overline{p_i^{*k}}e^{\beta'F_i^k}\right)^{\alpha^k\theta}}{\overline{p_j^k}/\left(tar_j^k\ \overline{p_j^{*k}}e^{\beta'F_j^k}\right)^{\alpha^k\theta}}\right)^{\frac{1}{1+\alpha^k\theta(\sigma-1)}} \tag{4-31}$$

式（4-31）用来衡量 i 国和 j 国出口到 k 国市场的相对质量调整后的出口价格。

其次，对于质量调整的进口价格，采用类似思路，根据式（4-28），得到相对平均进口价格的表达式为：

$$\frac{\overline{P_i^k}}{\overline{P_j^k}} = \left(\frac{\overline{P_i^k}/\left(\kappa_1^k\ \overline{p_i^{*k}}\right)^{\alpha\theta}}{\overline{P_i^l}/\left(\kappa_1^l\ \overline{p_i^{*k}}\right)^{\alpha\theta}}\right)\left(\frac{X_i^k/\kappa_2^k tar_i^k \left(\frac{Y^k}{P^k}\right)^{\beta_0}e^{\beta'F_i^k}}{X_i^l/\kappa_2^l tar_i^l \left(\frac{Y^l}{P^l}\right)^{\beta_0}e^{\beta'F_i^l}}\right)^{\frac{\alpha\theta}{(1+\gamma)}} \left(\frac{\kappa_2^k}{\kappa_2^l}\right)^{\frac{1}{1-\sigma}} \tag{4-32}$$

为了使观测到的价格的变化与 FR 方法中构建的模型保持一致，将离岸价格和到岸价格分别表示为：

$$\ln u\nu_{igt}^{*k} = \ln \overline{p_{igt}^{*k}} + u_{igt}^{*k}, \quad \ln v_{igt}^k = \ln(\overline{p_{igt}^k}/tar_{igt}^k) + u_{igt}^k \tag{4-33}$$

同时，对于潜在出口商数量，文中进一步构建了如下模型：

$$\ln[M_{igt}\left(\varphi_{igt}/w_{igt}\right)^\gamma] = \delta_{0g}\ln L_{igt} + \delta_{igt} + \varepsilon_{igt}^k \tag{4-34}$$

从式（4-30）、式（4-32）至式（4-34），可以得到 i 国和 j 国出口到 k 国的出口额之差为：

$$\ln X_{igt}^{k} - \ln X_{jgt}^{k} = - A_{g}^{k}[(\ln(tar_{igt}^{k}uv_{igt}^{k}) - \ln(tar_{jgt}^{k}uv_{jgt}^{k}))]$$
$$- \alpha_{g}^{k}\theta_{g}(\ln uv_{igt}^{*k} - \ln uv_{jgt}^{*k}) + \delta_{0g}(\ln L_{igt} - \ln L_{jgt}) + \delta_{ig} - \delta_{jg}$$
$$- B_{g}^{k}[\ln tar_{igt}^{k} + \beta_{g}^{'}(F_{i}^{k} - F_{j}^{k})] + \varepsilon_{igt}^{k} - \varepsilon_{jgt}^{k} \qquad (4-35)$$

其中，$A_{g}^{k} = \dfrac{(\sigma_{g} - 1)(1 + \gamma_{g})}{1 + \alpha_{g}^{k}\theta_{g}(\sigma_{g} - 1)}$，$B_{g}^{k} = \dfrac{\gamma_{g} - \alpha_{g}^{k}\theta_{g}(\sigma_{g} - 1)}{1 + \alpha_{g}^{k}\theta_{g}(\sigma_{g} - 1)}$；在上述模型中

估计出 σ、γ、θ 等相关参数后，再由式（4-31）至式（4-33）及公式 $P_{i}^{k} \equiv p_{i}^{k}/z_{i}^{a^{k}}$，可以得到进出口质量。表 4-5 报告了 FR 方法质量测算的回归结果。

表 4-5　FR 方法质量测算的回归结果

变量名称	SITC 行业数	中位数 σ_g	中位数 γ_g	中位数 θ_g
删除 SITC4 小于 50 个观测值的样本	712	6.07	8.43	0.61
不接受的参数	8	7	7	4
加入 SITC4 小于 50 个观测值的样本	924	5.82	7.78	0.61

二、国家层面测算进口产品质量三种方法的对比

（一）进口产品质量与进口来源国人均 GDP 关系

哈拉克（2011）和坎德尔瓦尔（2010）的研究表明，出口产品质量与出口国人均 GDP 正相关；法吉鲍姆等（Fajgelbaumy 等，2011）[①] 论证了随着收入的增加，即使存在不同偏好，消费者选择高质量产品的比例也会随之增加。基于以上分析，本节构建如下公式来分析进口产品质量与进口来源国人均 GDP 关系。

$$qf_{cht} = \alpha + \beta_{ht}ht + \beta_{pgdp}pgdp + \varepsilon \qquad (4-36)$$

其中，qf_{cht} 为标准化后的产品质量，$pgdp$ 为人均 GDP，ht 为 HS6 产品种

---

① Fajgelbaum P., Grossman G. M., Helpman E., "Income Distribution, Product Quality, and International Trade", *Journal of Political Economy*, Vol. 119, No. 4, 2011, pp. 721-765.

类与年份交互项的虚拟变量，用以控制产品种类和年份的固定效应。

表4-6的列（1）与列（2）表明，在总体进口和一般贸易中，KHW方法测算的进口产品质量与进口来源国人均GDP有显著正相关关系；列（3）至（5）显示，HS方法和FR方法测算的进口产品质量与国别人均GDP显著负相关，这表明KHW方法更符合现实。

表4-6　检验国家层面进口产品质量与进口来源国人均GDP的关系

测算方法	（1）KHW 总进口	（2）KHW 一般贸易	（3）HS	（4）FR 需求层面	（5）FR 需求—供给层面
$\ln pgdp$	0.009 *** (0.00)	0.001 *** (0.00)	−0.023 *** (0.00)	−0.008 *** (0.00)	−0.001 *** (0.00)
样本量	336463	361425	202902	242451	237631
R^2	0.149	0.196	0.418	0.209	0.717

注：括号内为稳健标准误，*、**、*** 分别表示在10%、5%和1%的显著性水平上变量显著，限于篇幅，本节仅报告核心变量。

（二）进口产品质量与价格的关系

现实中，产品价格与质量为正向关系（坎德尔瓦尔，2010），而且呈现随着价格提升质量增速下降的非线性趋势。[①] 为了论证和比较不同方法的有效性，本节建立价格与质量的关系方程如下：

$$\ln price_{cht} = \alpha + \beta_{ht}ht + \beta_{qf}qf_{cht} + \varepsilon \tag{4-37}$$

$$\ln price_{cht} = \alpha + \beta_{ht}ht + \beta_{qf}qf_{cht} + \beta_{qfladder}(qf_{cht} \times \ln ladder_h) + \beta_{ladder}\ln ladder_h + \varepsilon \tag{4-38}$$

$$qf_{cht} = \alpha + \beta_{qf}\ln price_{cht} + \beta_{qf}\ln^2 price_{cht} + \varepsilon \tag{4-39}$$

其中，$price_{cht}$ 为产品价格，$\ln ladder_h$ 为产品质量梯度。表4-7报告了不同测算方法下价格与质量的关系。列（1）至（4）表明，KHW测算方法下，无论是总体贸易，还是一般贸易，质量与产品价格均呈显著正相关关系，但这种相互替代关系随着产品质量梯度的增加而下降；列（5）—列

---

① 这种现象背后可能的原因是技术垄断厂商的垄断定价行为。

（8）表明，HS 算法及 FR 需求法测算的产品质量与产品价格呈显著负相关关系，且质量随着产品质量梯度的增加与产品价格负相关关系减弱；列（9）与列（10）则说明 FR 需求供给法计算的质量与价格呈显著正相关关系，但不受产品质量梯度的影响。

表 4-7 检验价格与国家层面进口产品质量的线性关系

测算方法	KHW 总进口		KHW 一般贸易		HS		FR 需求层面		FR 需求—供给层面	
	(1)	(2)	(3)	(4)	(5)	(6)	(7)	(8)	(9)	(10)
qf	0.343*** (0.01)	0.365*** (0.01)	0.329*** (0.01)	0.335*** (0.01)	-1.732*** (0.02)	-1.812*** (0.02)	-0.247*** (0.03)	-0.790*** (0.03)	0.802*** (0.03)	0.803*** (0.03)
qf'lnladder		-0.000*** (0.00)		-0.000*** (0.00)		0.006*** (0.00)		0.000 (0.00)		0.000 (0.00)
样本量	338075	338075	362550	362550	202902	202902	242451	192242	238912	238912
R^2	0.768	0.7683	0.745	0.745	0.818	0.818	0.828	0.838	0.801	0.801

注：括号内为稳健标准误，*、**、*** 分别表示在 10%、5% 和 1% 的显著性水平上变量显著，限于篇幅，本节仅报告核心变量。

表 4-8 检验了价格与质量的非线性关系。列（1）与列（2）显示，无论总体进口还是一般贸易，价格与 KHW 质量的关系均呈现随价格增长产品质量增速下降的趋势。而 HS 算法质量、FR 算法质量与产品价格依然呈现负相关关系，且这种关系随着价格的升高而减弱。

表 4-8 检验价格与国家层面进口产品质量的非线性关系

测算方法	(1) KHW 总进口	(2) KHW 一般贸易	(3) HS	(4) FR 需求层面	(5) FR 需求—供给层面
ln$price$	0.009*** (0.00)	0.008*** (0.00)	-0.051*** (0.00)	-0.003*** (0.00)	-0.020*** (0.00)
ln$^2 price$	-0.000*** (0.00)	-0.000*** (0.00)	0.002*** (0.00)	0.000*** (0.00)	0.002*** (0.00)
样本量	338075	362550	202902	242451	238912
R^2	0.148	0.197	0.436	0.205	0.722

注：括号内为稳健标准误，*、**、*** 分别表示在 10%、5% 和 1% 的显著性水平上变量显著，限于篇幅，本节仅报告核心变量。

通过上述对比，本章认为在国家产品层面使用 KHW 方法测算的进口产品质量与现实较相符；但质量与价格之间的替代性随质量梯度减小而上升的结论与坎德尔瓦尔（2010）使用美国数据测算的结论相反。其实这两者并不矛盾，因为中国自身技术水平有限，外国厂商向中国出口高技术、高质量产品时会制定一个高昂的垄断价格使其与质量出现背离，而美国自身技术水平较高，其价格与质量的背离主要体现为产品的水平差异。

第三节 企业层面进口产品质量测度方法的比较

在企业层面进口产品质量测算方面，目前的学者关注的并不多，只有中国学者施炳展和曾祥菲（2015）借鉴企业层面出口产品质量的测算方法，测算了企业层面进口产品质量，并通过进口来源国 GDP 控制产品水平差异，以企业同一年从其他国家进口同一产品的价格均值作为进口价格的工具变量处理内生性，但并不是每个企业同一年都会从两个以上国家进口同一种产品，所以该工具变量的选择可能会产生较大样本选择偏差。为解决上述问题，本书对其做了修正，提出了改进的测算方法。

一、已有方法

施炳展和曾祥菲（2015）借鉴新新贸易理论框架内企业产品质量相关的测算文献，构建了企业进口产品质量的测算框架。假设消费者的效用函数为：

$$U = \left[\sum_{fct} (\lambda_{fct} q_{fcht})^{\frac{\sigma-1}{\sigma}} \right]^{\frac{\sigma}{\sigma-1}} \tag{4-40}$$

其中，下标 f 表示进口企业，c 表示进口来源地，t 表示年份；λ_{fct} 和 q_{fct} 分别表示企业—来源地—时间层面的产品质量和产品数量；σ 表示进口产品之间的替代弹性，且 $\sigma > 1$。这一效应函数对应的价格指数 p_t 为：

$$P_t = \sum_{fct} p_{fct}^{1-\sigma} \lambda_{fct}^{\sigma-1} \tag{4-41}$$

其中，p_{fct} 表示企业—来源地—时间层面的进口产品价格。那么，产品对应的消费量为：

$$q_{fct} = p_{fct}^{-\sigma} \lambda_{fct}^{\sigma-1} \frac{E_t}{P_t} \qquad (4-42)$$

其中，E_t 表示消费者针对该产品的总支出，在垂直差异化产品市场中，消费量同时取决于产品质量和产品价格。根据式（4-42）构建计量模型，取自然对数后得到以下计量回归方程式：

$$\ln q_{fct} = \chi_t - \sigma \ln p_{fct} + \varepsilon_{fct} \qquad (4-43)$$

其中，$\chi_t = \ln E_t - \ln P_t$ 表示时间虚拟变量；根据 $\varepsilon_{fct} = (\sigma - 1)\ln \lambda_{fct}$ 可以测算进口企业 f 在 t 时期从 c 国进口产品的质量。式（4-43）为基于产品层面的回归方程式，因此，需要进一步控制产品特征。根据式（4-43）进行回归，并得到企业—来源地—时间层面的产品质量如下：

$$quality_{fct} = \ln \lambda_{fct} = \frac{\varepsilon_{fct}}{(\sigma - 1)} = \frac{\ln q_{fct} - \ln q_{fct}}{(\sigma - 1)} \qquad (4-44)$$

将式（4-44）进行标准化处理，可得：

$$\text{r\_} quality_{fct} = \frac{quality_{fct} - \min quality_{fct}}{\max quality_{fct} - \min quality_{fct}} \qquad (4-45)$$

其中，min 和 max 分别表示求最小值和最大值，且 $0 < \text{r\_} quality_{fct} < 1$。由于 $\text{r\_} quality_{fct}$ 不具有测度单位，且介于［0，1］之间，因此可以在不同层面上进行加总，并获得整体质量。整体质量也介于［0，1］之间，从而可以进行跨时期、跨截面的比较。整体质量指标为：

$$TQ = \frac{\nu_{fct}}{\sum_{fct \in \Omega} \nu_{fct}} \text{r\_} quality_{fct} \qquad (4-46)$$

其中，TQ 代表对应样本集合 Ω 的整体质量，ν_{fct} 表示贸易价值量。

在内生性处理方面，施炳展和曾祥菲（2015）使用企业同一产品从其他国家进口的均价作为价格的工具变量。但是本章认为这种做法存在两个问题：其一，该方法虽然考虑了产品多样化特征对产品需求量的影响，但由于一国的产品质量与该国 GDP 存在正相关关系，一国 GDP 越高，出口的产品质量就越高，因此使用一国 GDP 控制水平产品种类可能导致内生性问题。其二，使用企业从其他国家进口同一产品的均价作为价格的工具变量，虽然克服了内生性问题，但由于并不是每个企业都进口多种产品，造成了大量样本损失，进一步导致样本选择偏差。测算结果显示，使用工具变量后样本数量大幅减少，一般贸易进口样本从 5620858 个减少为 2060377 个。加工贸易进口样本从 6907479 个大幅减少为 3163560 个，出现了较大的样本选择偏差（见表 4-9）。

表 4-9 施炳展方法测算进口产品质量回归结果

一般贸易	OLS				2SLS			
估计结果统计	均值	中位数	25%	75%	均值	中位数	25%	75%
价格弹性	−0.606	−0.549	−0.806	−0.310	−0.953	−0.807	−1.207	−0.446
T 值/Z 值	−17.087	−10.321	−20.960	−5.110	−8.887	−5.842	−11.031	−2.453
R^2	0.191	0.164	0.088	0.274	0.207	0.179	0.105	0.286
回归次数	2050				1323			
样本量	5620858				2060377			
显著回归样本量	5504426				1965253			
加工贸易	OLS				2SLS			
估计结果统计	均值	中位数	25%	75%	均值	中位数	25%	75%
价格弹性	−0.649	−0.599	−0.889	−0.320	−0.506	−0.594	−0.916	−0.296
T 值/Z 值	−18.030	−12.182	−21.555	−6.635	−9.784	−6.079	−11.820	−2.599
R^2	0.212	0.174	0.089	0.307	0.189	0.153	0.081	0.268
回归次数	2018				1441			
样本量	6907479				3163560			
显著回归样本量	6682999				3000745			

二、本章修正方法

本章借鉴坎德尔瓦尔（2010）的做法，对施炳展方法进行改进（见表 4-10）。首先，考虑到企业产品种类是市场规模的函数，本章通过加入进口来源国人口规模来控制企业的水平产品种类（产品多样化）。相对于 GDP，一国人口与出口产品质量相关性较小，从而在一定程度上减弱了内生性问题的影响。其次，由于运输费用和产品价格相关但不直接影响消费者购买数量，出口国汇率变动对出口价格有影响但也不直接影响消费者购买数量，所以我们引入运输成本和汇率作为产品价格的工具变量，既能克服内生性问题，又能避免样本大量损失，从而保证测算结果的准确。考虑到可能存在的"华盛顿苹果效应"，即产品运输成本与质量可能相关，本章将各国首都到北京的距离与国际原油价格相乘作为各国产品到中国的运输费用。其测算公式为：

$$\ln q_{ihct} = -\sigma \ln p_{ihct} + \alpha_h + \alpha_{ct} + \alpha_{ct} pop + \varepsilon_{icht} \quad (4-47)$$

其中，q_{ihct}、p_{ihct} 为 t 期企业 i 从 c 国进口 h 产品的数量和价格；α_t 为时间固定效应，pop_{ct} 为进口来源国人口规模，σ 为价格弹性绝对值，质量 $\hat{\lambda}_{ihct} \equiv \hat{\varepsilon}_{icht}/(\sigma-1)$。

表4-10   企业层面进口产品质量测算方法对比

测算方法	控制变量	内生性处理工具	优点	可能的缺陷
施炳展方法	年份特征、进口来源国 GDP	企业从其他国家进口同一产品的均价	工具变量的相关性强，不会出现弱工具	可能会导致样本损失，出现样本选择问题
本章改进方法	年份特征、进口来源国人口数量	运输成本和汇率	内生性处理不会导致样本损失	工具变量的相关性不强，可能出现弱工具

由于本章改进方法的工具变量均为国家层面变量，可能会有弱工具问题，因此，我们对工具变量和产品价格的关系进行了分析。表4-11 的估计结果显示，工具变量为弱工具的可能性较小。

表4-11   检验本章工具变量的有效性

贸易方式	一般贸易		加工贸易	
工具变量	运输成本	汇率	运输成本	汇率
相关系数	0.1752 ***	-0.1443 ***	0.1275 ***	-0.0510 ***
第一阶段回归	0.0436 ***	-0.1545 ***	0.4924 ***	0.0045 ***
弱工具检测	4.7e+04	2.6e+04		

注：*** 表示在1%的显著性水平上变量显著。

表4-12 报告了两种方法的测算结果，对比发现，本章改进后可测算质量的产品种类在一般贸易下从 1323 增长为 2050，样本总量从 2060377 增长到 5620858；加工贸易可测产品种类从 1441 增长为 2018，样本总量从

3163560 增长到 6907479，有效缓解了样本偏差问题。

表 4-12　企业层面进口产品质量测算结果对比

测算方法	一般贸易				加工贸易			
	施炳展方法		本章改进方法		施炳展方法		本章改进方法	
估计结果	均值	中位数	均值	中位数	均值	中位数	均值	中位数
价格弹性	-0.953	-0.807	-0.780	-0.810	-0.506	-0.594	-1.232	-0.980
T 值	-8.887	-5.842	-3.088	-1.946	-9.784	-6.079	-3.630	-2.304
R^2	0.207	0.179	0.192	0.166	0.189	0.153	0.226	0.196
回归次数	1323		2050		1441		2018	
样本量	2060377		5620858		3163560		6907479	

三、企业层面测算进口产品质量两种方法的对比

（一）企业生产率、利润、规模与进口产品质量的关系

已有文献表明，出口产品质量与出口国人均 GDP 正相关，而且企业可借助进口中间品的成本效应、市场效应和溢出效应提高其全要素生产率，进而对企业的市场份额和利润产生正向影响（Blaum 等，2015）[①]。为检验质量的有效性，本章首先根据式（4-47）分析了进口产品质量与进口来源国人均 GDP 的关系，发现两种方法的结果均显著正相关。其次，将产品质量加总到企业层面，与工业企业数据库匹配，使用式（4-48）至式（4-50）分析企业进口质量对企业生产率 tfp、利润 prf 和市场规模 $size$ 的影响。

$$\ln qf_{icht} = \beta_t + \beta_w \ln tfp_{jt} + \beta_{ht} ht_{it} + e_{it} \qquad (4-48)$$

$$\ln prf_{it} = \beta_t + \beta_w \ln qf_{it} + \beta_{ht} ht_{it} + e_{it} \qquad (4-49)$$

$$\ln size_{it} = \beta_t + \beta_w \ln qf_{it} + \beta_{ht} ht_{it} + e_{it} \qquad (4-50)$$

表 4-13 报告的结果显示，使用本章改进方法测算的进口产品质量与企业生产率、利润和市场规模有显著正向影响。

---

① Blaum J., Lelarge C., Peters M., "The Gains From Input Trade in Firm-Based Models of Importing", *National Bureau of Economic Research*, No. 21504, 2015.

表 4-13　检验企业生产率、利润和规模与进口产品质量的关系

贸易方式	一般贸易			加工贸易		
测算方法	施炳展方法					
	（1）	（2）	（3）	（4）	（5）	（6）
	生产率	利润	规模	生产率	利润	规模
qf	−0.404*** (0.01)	−0.836*** (0.02)	−0.457*** (0.02)	−1.789*** (0.01)	−2.210*** (0.02)	−2.563*** (0.01)
样本量	470124	390602	471356	1005872	795684	1009348
R^2	0.109	0.116	0.132	0.220	0.227	0.297
测算方法	本章改进方法					
qf	0.473*** (0.01)	0.567*** (0.01)	0.6961*** (0.01)	0.783*** (0.01)	1.577*** (0.01)	1.150*** (0.01)
样本量	1438558	1159032	1442946	2145432	1659850	2153653
R^2	0.068	0.073	0.089	0.149	0.182	0.217

注：括号内为稳健标准误，*、**、***分别表示在10%、5%和1%的显著性水平上变量显著。限于篇幅，本节仅报告核心变量。

（二）进口产品质量与价格的关系

使用式（4-37）至式（4-39）分析出口产品质量与价格的关系。表4-14报告了价格与标准化后的质量及其质量梯度的关系，结果显示，一般贸易下施炳展方法测算的进口产品质量与价格显著负相关，而本章改进方法测算的进口产品质量与价格显著正相关。在进口产品价格的替代性方面，使用本章的改进方法测算得到的产品质量与价格的替代性随产品质量梯度的增加而减弱，这个结论与本章测算的国家层面进口产品质量与进口价格的替代关系相一致，也符合外国企业凭借技术垄断对出口中国的高质量产品制定更高垄断价格的现实。根据以上检验结果，本章改进方法测算的进口产品质量结果更符合现实。

表 4-14　检验价格与企业层面进口产品质量的关系

贸易方式	一般贸易				加工贸易			
测算方法	施炳展方法		本章改进方法		施炳展方法		本章改进方法	
	（1）	（2）	（3）	（4）	（5）	（6）	（7）	（8）
qf	−0.162*** (0.01)	−0.162*** (0.01)	3.273*** (0.01)	3.274*** (0.01)	−0.215*** (0.01)	−0.219*** (0.01)	4.879*** (0.00)	4.878*** (0.00)

续表

贸易方式	一般贸易				加工贸易			
测算方法	施炳展方法		本章改进方法		施炳展方法		本章改进方法	
	(1)	(2)	(3)	(4)	(5)	(6)	(7)	(8)
qf' lnladder		−0.000 (0.00)		−0.000*** (0.00)		0.000*** (0.00)		0.000 (0.00)
样本量	2026846	2026846	5537091	5537091	3113591	3113591	6822644	6822644
R^2	0.635	0.635	0.601	0.601	0.734	0.734	0.772	0.772

注：括号内为稳健标准误，*、**、*** 分别表示在10%、5%和1%的显著性水平上变量显著。限于篇幅，本节仅报告核心变量。

第四节 中国进口产品质量的测算结果

前文论证了国家层面使用KHW方法测算进口产品质量、企业层面使用本章改进方法测算进口产品质量，更加符合中国的现实。本部分将利用KHW方法测算中国国家层面进口产品质量、利用本章改进方法测算中国企业层面进口产品质量，分别构造2000—2001年、2005—2006年和2008—2009年三个时间段的进口产品质量核密度图进行对比分析。

一、国家层面一般贸易进口产品质量变动趋势

图4-1为国家层面一般贸易总体进口产品质量核密度分布图。其中，左侧为2000—2001年与2005—2006年的核密度分布对比图，右侧为2005—2006年与2008—2009年的核密度分布对比图。[①] 由图4-1可见，经济危机前进口产品质量呈现下降趋势，经济危机后进口产品质量变动趋势不明显，这说明总体上中国进口产品质量有轻微下降的趋势。图4-2绘制了国家层面资本密集型行业进口产品质量的核密度分布图，可以看出，无论危机前还是危机后，资本密集型产品进口质量均没有较大变动。图4-3绘制了国家层面劳动密集型行业进口产品质量核密度分布图，可以看出，经济危机前进口产品

---

① 后面各图均为左侧是2000—2001年与2005—2006年进口产品质量的核密度分布对比图，右侧是2005—2006年与2008—2009年进口产品质量的核密度分布对比图。

质量呈现下降趋势,经济危机后进口产品质量变动趋势不明显。

总的来看,在考察期内,经济危机前,中国国家层面一般贸易进口产品质量总体轻微下降,其主要是受劳动密集型行业进口产品质量下降影响,经济危机后,中国总体进口产品质量分布态势未发生明显改变。

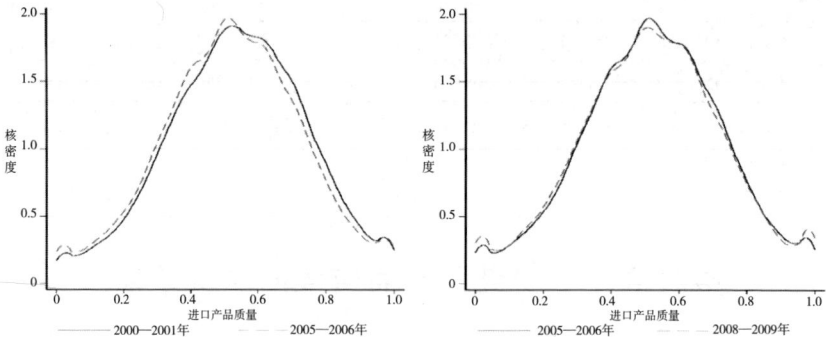

图4-1   国家层面一般贸易总体进口产品质量核密度分布图

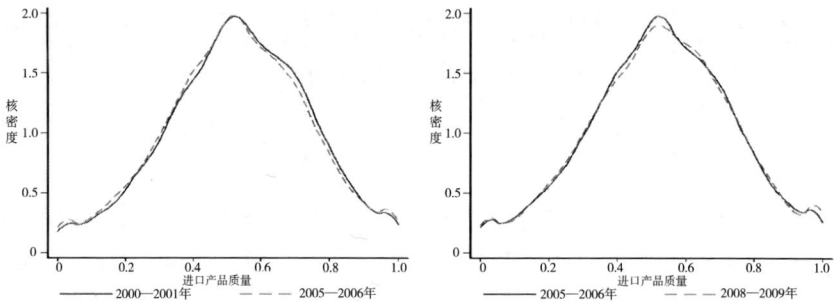

图4-2   国家层面资本密集型行业进口产品质量核密度分布图

二、企业层面进口产品质量变动趋势

(一)企业一般贸易进口产品质量

图4-4、图4-5和图4-6分别绘制了企业层面一般贸易总体进口产品质量、资本密集型行业和劳动密集型行业的企业进口产品质量的核密度分布比对图。图4-4的结果显示,企业一般贸易总体进口产品质量呈

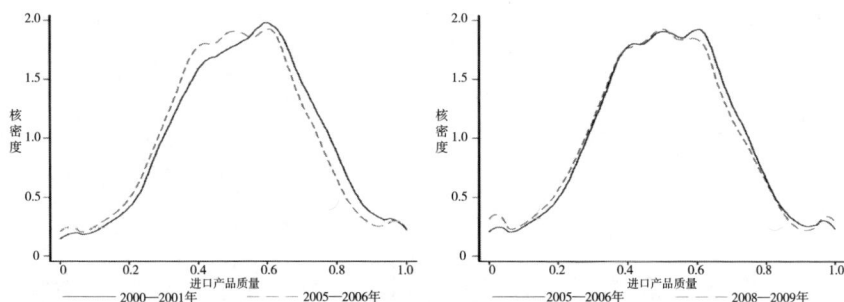

图4-3　国家层面劳动密集型行业进口产品质量核密度分布图

现下降的趋势。图4-5、图4-6显示，资本密集型行业的企业进口产品质量未有明显变动，劳动密集型行业的企业进口产品质量有较大幅度的下降，这与国家层面进口产品质量变动趋势一致。图4-7至图4-9分别绘制了国企、外资和民企一般贸易进口产品质量的核密度分布比对图。结果显示，经济危机前，国企和民企进口产品质量均有所上升，而外资进口产品质量有所下降；经济危机后，不同属性企业进口产品质量变动趋势不明显。

　　总的来看，上述分析表明，在考察期内，一般贸易进口方式下，中国企业一般贸易进口产品质量总体轻微下降，其主要是受劳动密集型行业和外资企业进口产品质量下降影响。经济危机前，国企和民企进口产品质量呈现上升趋势；经济危机后，中国各类企业一般贸易进口产品质量分布态势未发生明显改变。

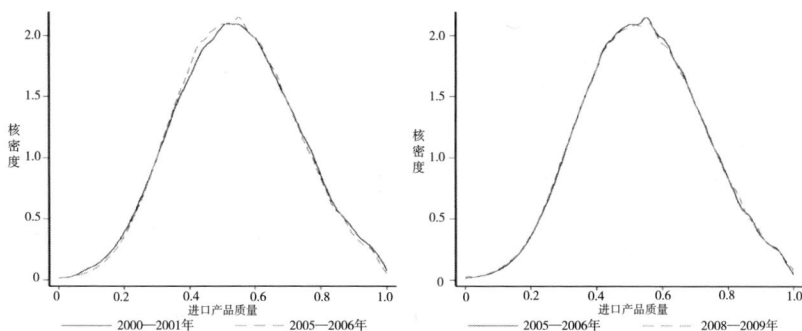

图4-4　企业一般贸易总体进口产品质量核密度分布图

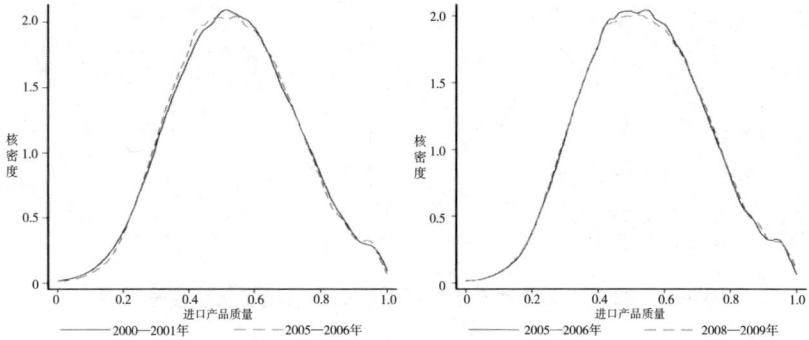

图 4-5　资本密集型行业一般贸易进口产品质量核密度分布图

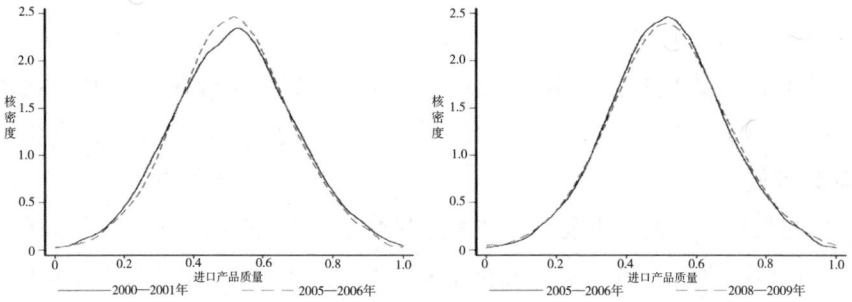

图 4-6　劳动密集型行业一般贸易进口产品质量核密度分布图

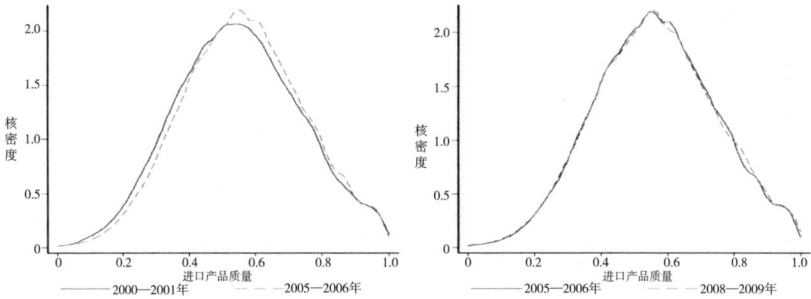

图 4-7　国有企业一般贸易进口产品质量核密度分布图

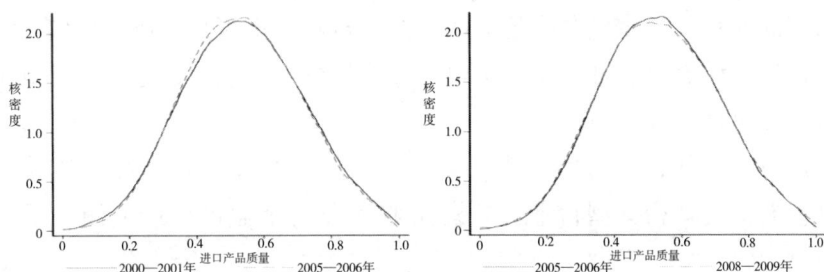

图 4-8　外资企业一般贸易进口产品质量核密度分布图

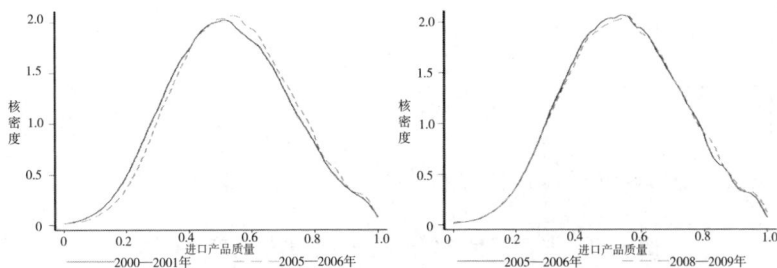

图 4-9　民营企业一般贸易进口产品质量核密度分布图

（二）企业加工贸易进口产品质量

图 4-10 为企业加工贸易进口产品总体质量核密度分布图，可以看出，不管是经济危机前，还是经济危机后，随着时间的变化，进口产品质量分布曲线都向左移动，这说明中国企业加工贸易进口产品质量有所下降。

图 4-11 绘制了资本密集型行业加工贸易进口产品质量核密度分布图，可以看出，不管是经济危机前，还是经济危机后，进口产品质量分布曲线都大幅向左移动，这说明中国资本密集型行业企业进口产品质量下降明显。

图 4-12 绘制了劳动密集型行业加工贸易进口产品质量核密度分布图，可以看出，经济危机前，进口产品质量分布曲线小幅度向右移动，即进口产品质量有所增加；经济危机后，进口产品质量分布曲线小幅度向左移动，即进口产品质量有所下降。

图 4-13 至图 4-15 分别绘制了国有企业、外资企业、民营企业加工贸易进口产品质量的核密度分布比对图。结果显示，不管是经济危机前，还是经济危机后，国有企业加工贸易进口产品质量变化不显著，但是，外资企业和民营企业进口产品质量下降。

上述分析表明，在考察期内，中国企业加工贸易进口产品总体质量下降，其主要受资本密集型行业、外资企业和民营企业进口产品质量下降的影响。

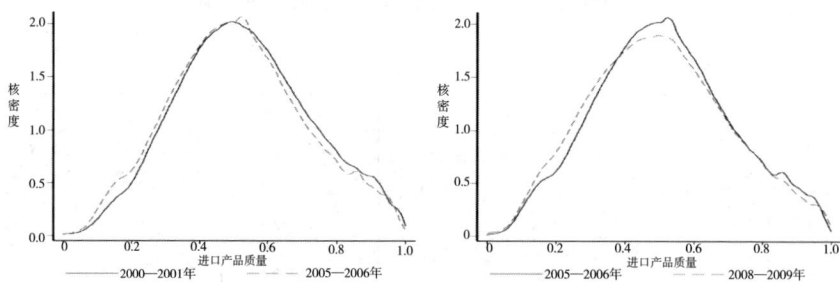

图 4-10   加工贸易进口产品总体质量核密度分布图

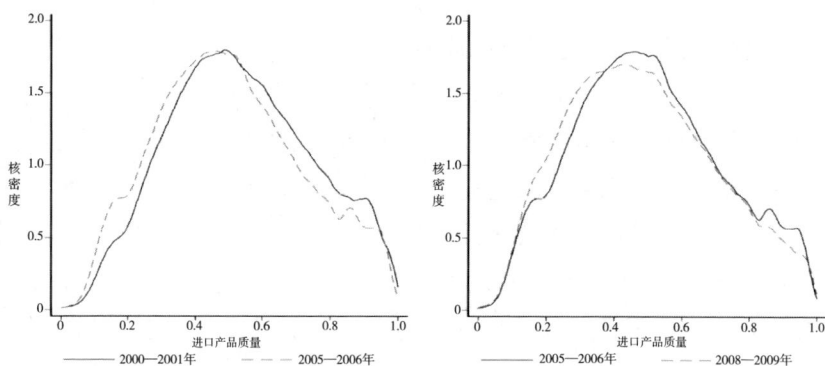

图 4-11   资本密集型行业加工贸易进口产品质量核密度分布图

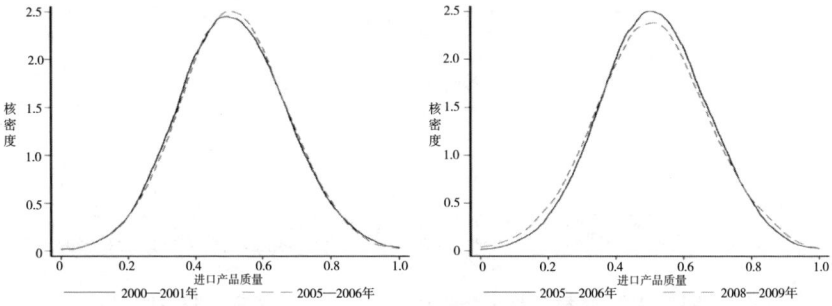

图 4-12　劳动密集型行业加工贸易进口产品质量核密度分布图

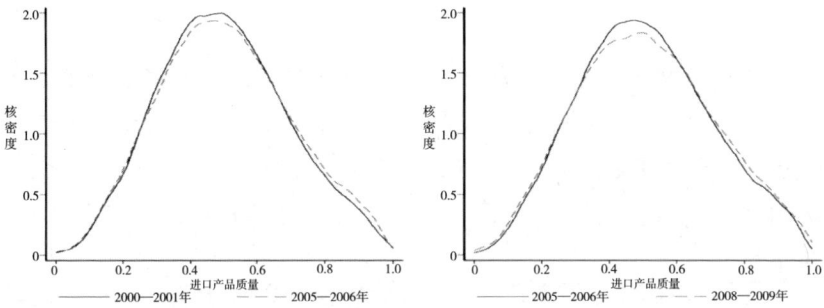

图 4-13　国有企业加工贸易进口产品质量核密度分布图

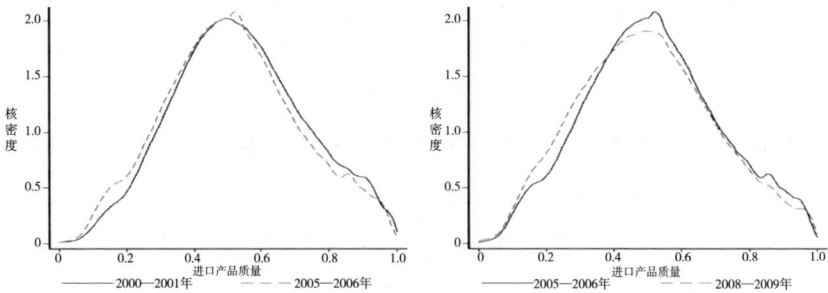

图 4-14　外资企业加工贸易进口产品质量核密度分布图

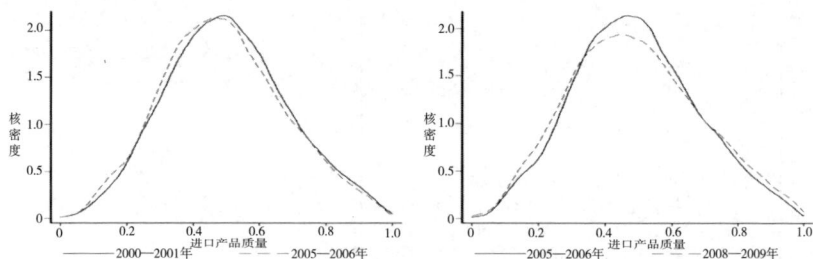

图4-15 民营企业加工贸易进口产品质量核密度分布图

本章小结

本章将现有众多进口产品质量测算方法分为国家层面进口质量、企业层面进口质量两个视角分别进行梳理和综述，并使用2000—2009年中国海关企业数据库、CEPII数据库、中国工业企业数据库、WTO数据库和世界银行相关国别数据库，统一在HS6位产品编码层面对其进行测算和对比分析。研究结论表明：

（1）在国家进口质量层面，证明KHW方法的测算结果与现实更相符。（2）在企业进口质量层面，本章通过引入新的控制变量和工具变量对相关方法进行改进，证明了其测算结果与现实更相符。（3）在考察期内，经济危机前，中国国家层面一般贸易进口产品质量总体轻微下降，其主要是受劳动密集型行业进口产品质量下降影响；经济危机后，中国总体进口产品质量分布态势未发生明显改变。（4）在考察期内，一般贸易进口方式下，中国企业一般贸易进口产品质量总体轻微下降，其主要是受劳动密集型行业和外资企业进口产品质量下降影响。经济危机前，国企和民企进口产品质量呈现上升趋势；经济危机后，中国各类企业一般贸易进口产品质量分布态势未发生明显改变。（5）在考察期内，中国企业加工贸易进口产品总体质量下降，其主要是受资本密集型行业、外资企业和民营企业进口产品质量下降导致。

本章的贡献主要包括：第一，将已有产品质量测算方法统一在HS6位产品代码层面进行测算和检验，得出各视角下与中国现实相符的进口产品质量测算方法，为中国进口产品质量研究提供测算依据；第二，针对现有企业层面进口产品质量测算方法存在样本选择偏差等问题，通过引入新的控制变量和工具变量对其做了改进，并验证了本章改进方法的有效性。

就测算方法本身而言，我们认为还存在很大改进和进一步的发展空间，主要体现为以下三个方面：

首先，当前进口产品质量测算方法的主要理论基础为消费者需求理论，其测算方程主要基于效用函数框架推导演变而来。仅有 FR 方法从供给和需求两方面综合测算质量，但该方法主要适用于行业层面而非细分的企业—产品层面。因而如何将消费者效用框架和异质性企业模型结合起来，从供给和需求的综合视角构建具备数据可得性的微观企业层面产品质量测算公式，是未来进口产品质量测算方法研究的重要方向。

其次，由于进口产品质量测算需要细分的 HS 编码产品价格和数量等信息，但 HS 编码版本变动频繁，有 1996 年版、2002 年版和 2007 年版等多个版本，国际贸易组织仅给出了各版本间 HS6 位编码的对照表，而中国企业层面微观贸易数据产品编码为 HS8 位，这就使得学者在进行质量测算时只能忽略考察期内编码变动因素或者将 HS8 位编码加总到 HS6 位层面，两种做法均影响了测算结果的准确性。所以，构建不同版本间 HS8 位编码的对照表也是未来提高质量测算结果准确性的一种思路。

最后，在企业层面进口产品质量测算方法的改进方面，为防止出现样本偏差问题，本章选用的工具变量均为国家层面变量，虽然总体上通过了有效性检验，但不能完全排除弱工具的可能。因此，从微观的企业—产品—国别—年份层面找寻更合适的工具变量是企业层面进口产品质量测算方法进一步改进的方向。

第　五　章

中国进口增长的三元边际及其影响因素分析

　　毫无疑问，积极扩大进口已经成为中国一项新的外贸战略。但是，若想真正实现并完成好扩大进口规模、优化进口结构的宏观目标，我们必须先要了解一些基本问题，例如，中国进口增长有什么样的具体特点？什么因素会影响中国的进口增长？只有了解了这些基本问题，我们才可能更有针对性地制定出行之有效的进口促进政策。因此，我们有必要考察和把握中国进口增长的特征和影响因素等重要问题。

　　本章把企业异质性模型提出的贸易边际分析方法应用于进口，把中国进口分解为进口广度和进口深度，并进一步把进口深度分解为数量边际和价格边际。首先，本章详细计算了中国与主要贸易伙伴在多边层面上以及中国与各主要贸易伙伴在双边层面上的进口三元边际值，并从三元边际角度探讨了中国进口的微观情况和变化趋势；其次，基于企业异质性模型和经典文献，本章构建了计量模型，以探讨可能的各类影响因素对中国进口三元边际的影响，这将有助于我们理解近年来中国进口的变化，并为进一步扩大进口提供切实有效的政策参考。

第一节　三元边际分析框架的构建

　　到目前为止，国内基本上还没有一篇十分规范完整的研究中国进口边际的文章，本章把贸易边际的分析方法用于中国进口的研究，是对现有研究文献的一个有力补充。本章借鉴胡梅尔斯和克莱诺（Hummels 和 Klenow，2005）[1] 的分解方法，利用 CEPII BACI 数据库 HS6 位码的国际贸易数据，详细计算了 2000—2013 年中国与主要贸易伙伴在多边层面上，以及中国与各主要贸易伙伴在双边层面上的进口产品广度、进口产品数量和进口产品价格，较为全面地展现了加入世界贸易组织以来中国进口贸易的微观结构和变化趋势。除了传统企业异质性模型推导出的经济规模、劳动生产率、贸易成本等影响因素以外，本章尝试把外商直接投资（FDI）以及中国对外直接投资（OFDI）等其他因素也纳入实证分析中，结果发现，这些因素对中国进口三元边际也有显著的影响。

一、文献综述

（一）贸易边际的内涵

随着新新贸易理论的不断发展，国际经济学家越来越多地开始关注贸易边际分析，梅里兹（Melitz，2003）[2] 和伯纳德等（Bernard 等，2003）[3] 经济学家开创了企业异质性贸易模型。他们认为，一国的出口贸易流量可以分解为出口集约边际和出口扩展边际。从现有文献来看，经济学家们主要从国家层面、企业层面和产品层面三个角度来定义贸易的边际问题。从国家层面来看，赫尔普曼等（Helpman 等，2008）[4] 和费尔伯迈尔和科勒（Felbermayr 和 Kohler，2006）[5] 认为，贸易的集约边际主要指一国与原有的贸易伙伴国在已经进行贸易的产品上发生了更多的贸易，即持续的产品市场组合；贸易的扩展边际主要是指一国原有的产品和市场实现了新的贸易组合，出现新的

① Hummels D., Klenow P. J., "The Variety and Quality of a Nation's Exports", *American Economic Review*, Vol. 95, No. 3, 2005, pp. 704-723.

② Melitz M. J., "The Impact of Trade on Intra-industry Reallocations and Aggregate Industry Productivity", *Econometrica*, Vol. 71, No. 6, 2003, pp. 1695-1725.

③ Bernard A. B., Eaton J., Jensen J. B., et al., "Plants and Productivity in International Trade", *American Economic Review*, Vol. 93, No. 4, 2003, pp. 1268-1290.

④ Helpman E., Melitz M., Rubinstein Y., "Estimating Trade Flows: Trading Partners and Trading Volumes", *The Quarterly Journal of Economics*, Vol. 123, No. 2, 2008, pp. 441-487.

⑤ Felbermayr G. J., Kohler W., "Exploring the Intensive and Extensive Margins of World Trade", *Review of World Economics*, Vol. 142, No. 4, 2006, pp. 642-674.

贸易产品或者出现新的目标市场。从企业层面来看，伯纳德等（2009）[1]、安德森（Andersson，2007）[2]和劳利斯（Lawless，2010）[3]认为，集约边际是指原有的出口企业在出口量上的增加，即单位企业平均出口量；扩展边际是指有新的企业开始进行出口，即出口企业数量；从产品层面来看，胡梅尔斯和克莱诺（2005）率先提出了这一方法，他们认为贸易的集约边际（产品深度）是指原来进行贸易产品的贸易量增加；贸易的扩展边际（产品广度）是指进行贸易的产品种类增加了。

借鉴胡梅尔斯和克莱诺（2005）的做法，本章采用从产品角度出发的贸易边际分解方法，不但可以将贸易增长分解为产品广度和产品深度，还可以将产品深度进一步分解为产品数量和产品价格，这显然更有助于我们了解中国进口的微观情况和变化趋势，这也是其他两种分解方法无法完成的。

（二）贸易边际对贸易增长的贡献

从国外来看，阿米蒂和弗罗因德（Amiti 和 Freund，2007）[4]首先采用1992—2006 年 HS6 位码中国出口数据进行研究，发现中国出口的增长几乎全部来自集约边际，之后笔者又利用细分程度最高的 HS10 位码中国对美国的出口数据进行研究，研究发现，虽然在 2004—2005 年度中国出口的新产品已经占到产品总数的 40%，但是，1992—2006 年，扩展边际对中国对美国的出口增长的贡献很小，最多也只有 15%。赫尔普曼等（2008）基于 158个国家 1970—1997 年两两之间双边贸易流量数据进行研究，结果显示，大约有一半的国家对并没有发生双边贸易；1970—1997 年，贸易增长主要来自 1970 年就已经发生双边贸易的国家对的贸易增长（集约边际），而不是来自新产生的国家对双边贸易的增长（扩展边际）；此外，在 1997 年，已于 1970 年就发生双边贸易的国家对的平均贸易额大于新产生双边贸易的国

① Bernard A. B., Jensen J. B., Redding S. J., et al., "The Margins of U. S. Trade", *American Economic Review*, Vol. 99, No. 2, 2009, pp. 487-493.

② Andersson M., "Entry Costs and Adjustments on the Extensive: An Analysis of How Familiarity Breeds Exports", *CESIS Working Paper*, No. 81, 2007.

③ Lawless M., "Deconstructing Gravity: Trade Costs and Extensive and Intensive Margins", *Canadian Journal of Economics*, Vol. 43, No. 4, 2010, pp. 1149-1172.

④ Amiti M., Freund C., "An Anatomy of China's Trade Growth", *National Bureau of Economic Research*, 2007, pp. 1139-1169.

家对的平均贸易额。帕切科和皮埃罗拉（Pacheco 和 Pierola，2008）[①] 的研究对象是包括中国在内的 24 个国家（地区），他把这 24 个国家（地区）分为发展中国家（地区）和发达国家（地区）两类，利用 1995—2005 年这 24 个国家（地区）HS6 位码的出口数据进行分解，结果发现，无论是发展中国家（地区）还是发达国家（地区）的出口增长都主要依靠集约边际的增长，集约边际对出口增长的贡献平均达到了 86%，而对于发展中国家（地区），出口扩展边际对出口增长的贡献有提升的趋势。伊顿等（Eaton 等，2011）[②] 从企业层面调查了法国企业对 113 个国家和地区的出口情况，研究发现，出口企业数量的增加带动了出口量的增加，从而证明了扩展边际的重要性。胡梅尔斯和克莱诺（2005）利用 156 个出口国和 59 个进口国在 5000 多种产品上的进出口数据进行研究，研究发现，扩展边际对贸易大国更加重要，扩展边际对经济大国出口增长的贡献达到 60%，并且，相对富裕的国家出口产品价格也会相对较高。此外，文章还首次提出可以将贸易深度进一步分解为贸易价格和贸易数量，为之后的三元分解研究奠定了理论基础。坎斯（Kancs，2007）[③] 发现南欧东部地区巴尔干半岛自由贸易区的建立，将主要促进巴尔干半岛自贸区成员的出口扩展边际的增长，而出口扩展边际的增长带动了整个出口贸易流量的增长。费尔伯迈尔和科勒（2006）通过建立引力双边贸易模型并且运用角点解的方法，对第二次世界大战后全球制造业贸易的二元边际进行分析，证实了在不同阶段两种边际对全球制造业贸易增长的贡献是不同的，1950—1997 年间扩展边际对世界贸易增长的贡献达到 40%，而在 1970—1997 年间扩展边际对世界贸易增长的贡献只有 15%，相比扩展边际，这也说明集约边际对全球制造业贸易增长的贡献更大。

　　从国内来看，施炳展（2010）采用胡梅尔斯和克莱诺（2005）的三元边际分解方法，利用 1995—2004 年 HS6 位码数据，首次详细计算了中国对

　　① Amurgo-Pacheco A., Pierola M. D., "Patterns of Export Diversification in Developing Countries: Intensive and Extensive Margins", *The World Bank Policy Research Working Paper*, No. 4473, 2008.

　　② Eaton J., Kortum S., Kramarz F., "An Anatomy of International Trade: Evidence From French Firms", *Econometrica*, Vol. 79, No. 5, 2011, pp. 1453-1498.

　　③ Kancs D. A., "Trade Growth in a Heterogeneous Firm Model: Evidence From South Eastern Europe", *World Economy*, Vol. 30, No. 7, 2007, pp. 1139-1169.

世界以及 79 个主要贸易伙伴出口的三元边际,从而对中国出口贸易模式作出了较为深入的分析。钱学锋和熊平(2010)利用 1995—2005 年 HS6 位码贸易数据,采用费尔伯迈尔和科勒(2006)界定二元边际的方法计算并描述了中国在多边层次上对世界出口的二元边际、在双边层次上中国对 11 个主要贸易伙伴的出口二元边际,研究表明,无论在多边层次还是在双边层次,中国的出口增长主要是依靠集约边际的增长实现的,扩展边际的总体贡献很小。陈勇兵等(2012)[①] 利用中国海关数据,借鉴劳利斯(2010)的分解方法从多产品企业角度将中国出口增长分解为集约边际(单位企业的平均出口额)和扩展边际(出口企业数量),研究发现,2000—2005 年中国出口企业数量(扩展边际)经历了大幅度的增长,出口企业的单位平均出口额(集约边际)经历了小幅增长。尽管如此,笔者在计算了企业(进入者、退出者、持续者)对出口总额贡献度以后,发现中国出口的增长仍大部分是由持续出口企业的贸易额扩大实现的。盛斌和吕越(2014)[②] 在费尔伯迈尔和科勒(2006)对二元边际的定义基础上进行扩展,报告了考虑市场和产品进入退出测算方法的结果,发现 2001—2010 年中国出口贸易的增长有 91.4% 来自集约边际的增长,仅有 8.6% 来自扩展边际的增长,其中,2001—2008 年出口增长中的 90.1% 来自集约边际的增长,9.9% 来自扩展边际的增长,而 2008—2009 年经济危机导致中国的出口下降中有 96.6% 来自出口集约边际的下降。

(三)贸易边际的影响因素

有关贸易增长的三元边际的决定因素的研究,在近年来成为国内外学者的研究焦点。从国内方面来看,钱学锋和熊平(2010)主要借鉴费尔伯迈尔和科勒(2006)的二元边际分解方法以及 Tobit 计量分析方法利用 1995—2005 年 HS6 位码中国出口数据进行回归分析,探讨了经济规模、多边阻力、固定成本、生产率水平、区域经济一体化、中间产品属性、外部冲击等影响因素对中国出口二元边际的影响,结果与经典企业异质性模型的理论预期基

---

① 陈勇兵、陈宇媚、周世民:《贸易成本、企业出口动态与出口增长的二元边际——基于中国出口企业微观数据:2000—2005》,《经济学(季刊)》2012 年第 4 期。

② 盛斌、吕越:《对中国出口二元边际的再测算:基于 2001—2010 年中国微观贸易数据》,《国际贸易问题》2014 年第 11 期。

本一致。施炳展等（2012）[①] 利用 HS6 位码 1995—2006 年全世界 224 个国家的贸易数据研究了地理距离对贸易流量的影响，从世界整体来看，地理距离对贸易流量有着显著的负影响，贸易广度和贸易数量的贡献率分别达到 50%—70% 和 50%—20%，贸易价格没有贡献，对中国而言，地理距离主要通过数量和价格来影响中国出口的贸易流量。赵勇和雷达（2013）[②] 借鉴胡梅尔斯和克莱诺（2005）的方法，利用 2000—2010 年 HS6 位码数据，计算了中国对 136 个国家的出口二元边际，主要研究了汇率对中国总出口以及出口二元边际的影响，结果发现，汇率变动对出口集约边际有显著的负影响，而对出口扩展边际有显著的正影响，两种相反的影响互相抵消导致汇率变动对中国出口总额不敏感，金融市场发展水平的提高会增加出口贸易对汇率变动的敏感性，在中国金融市场不发达的情况下，汇率变动对出口贸易的影响会进一步减弱。杜运苏和彭冬冬（2014）[③] 借鉴胡梅尔斯和克莱诺（2005）的分解方法，利用 2002—2010 年 HS6 位码中国出口到 22 个国家的数据，研究了各类影响因素以及 FDI 对中国出口二元边际的影响。高越等（2014）[④] 利用 1995—2010 年中国对 30 个国家和地区 HS6 位码出口数据，实证研究了贸易便利化和 FDI 对出口增长三元边际的影响。

　　从国外方面来看，大多数学者的研究集中于贸易成本对贸易边际的影响和贸易制度对贸易边际的影响。有关贸易成本对贸易边际影响的文献有：伊顿等（2008）运用企业层面的数据分析了法国企业的出口，发现双边贸易壁垒的减弱会同时引起固定贸易成本和可变贸易成本的下降，如果是由于贸易成本的改变而引起出口贸易量的改变，那么，出口贸易的扩展边际变化将会更为显著。钱尼（Chaney，2008）[⑤] 主要研究了贸易成本对二元边际的影

　　① 施炳展、冼国明、逯建：《地理距离通过何种途径减少了贸易流量》，《世界经济》2012 年第 7 期。

　　② 赵勇、雷达：《金融发展、出口边际与"汇率不相关之谜"》，《世界经济》2013 年第 10 期。

　　③ 杜运苏、彭冬冬：《入世后中国出口增长的二元边际分析》，《国际商务（对外经济贸易大学学报）》2014 年第 6 期。

　　④ 高越、任永磊、冯志艳：《贸易便利化与 FDI 对中国出口增长三元边际的影响》，《经济经纬》2014 年第 6 期。

　　⑤ Chaney T., "Distorted Gravity: The Intensive and Extensive Margins of International Trade", *American Economic Review*, Vol. 98, No. 4, 2008, pp. 1707-1721.

响，他认为可变贸易成本即运输成本同时影响集约边际和扩展边际，但固定成本对集约边际和扩展边际的影响是不一样的，固定成本主要影响扩展边际，而对集约边际没有影响。坎斯（2007）考察了不同贸易成本对巴尔干半岛国家出口贸易二元边际的影响，结果发现，出口可变成本对出口二元边际都有显著的负影响，但是，出口固定成本对出口集约边际没有显著的影响，仅对出口的扩展边际有显著负影响，这与钱尼（2008）的发现是一致的，因此，他认为可变成本相对于固定成本对出口二元边际的影响更大。佩尔森（Persson，2008）[①] 考察了出口交易成本对两种边际的影响，发现虽然出口交易成本对两种边际都具有显著的负影响，但出口交易成本对扩展边际的负影响要大于其对集约边际的负影响。劳利斯（2010）利用美国出口 156个国家的数据（企业层面数据）讨论了可变贸易成本和固定贸易成本对集约边际和扩展边际的影响，研究结果表明地理距离（可变贸易成本）对两种边际都有显著的负影响，但对扩展边际的影响更为显著，而共同语言、内部地形、基础设施、进口手续复杂度等固定贸易成本变量都对扩展边际有较为显著的影响。

有关贸易制度对贸易边际影响的主要研究有：凯赫伯和鲁尔（Kehoe 和 Ruhl，2013）[②] 对比了贸易自由化之前和贸易自由化之后的情况，发现贸易自由化对贸易扩展边际的提升有非常显著的正影响。帕切科和皮埃罗拉（2008）认为，对于发展中国家而言，更多地与发达国家进行贸易，可以有效提高贸易扩展边际，此外，他还发现，签订自贸协定或者加入自贸区也对贸易扩展边际的提升有利。赫尔普曼等（2008）认为，如果两个国家都是签署区域贸易协定的成员，那么，这两个国家之间出现新产品贸易的可能性就会增加 15%，这就表明优惠贸易制度的产生、签署区域贸易协定以及加入自由贸易区都会对成员出口扩展边际的增长产生积极的影响。达特等（Dutt 等，2011）[③] 利用 HS6 位码的双边贸易数据探讨 WTO 成员贸易的集约

---

① Persson M., "Trade Facilitation and the Extensive and Intensive Margins of Trade", *Working Papers*, *Lund University*, *Department of Economics*, 2008.

② Kehoe T. J., Ruhl K. J., "How Important is the New Goods Margin in International Trade?", *Journal of Political Economy*, Vol. 121, No. 2, 2013, pp. 358-392.

③ Dutt P., Mihov I., Van Zandt T., "Does WTO Matter for the Extensive and the Intensive Margins of Trade", *CEPR Discussion Papers*, 2011.

边际和扩展边际，研究表明，加入 WTO 有利于成员贸易扩展边际的增长，加入 WTO 后成员出口扩展边际会增长 31%，但加入 WTO 对成员的贸易集约边际的增长没有帮助。克里斯多乌波落（Christodoulopoulou，2010）[1] 利用 177 个国家的数据进行研究发现，加入 WTO 不但有利于成员贸易扩展边际的增长，同时也对贸易集约边际的增长有积极影响。德巴瑞和莫斯塔沙里（Debaere 和 Mostashari，2010）[2] 利用 1989—2006 年 177 个国家对美国出口的 HS6 位码数据，研究了关税对扩展边际的影响，实证结果显示，关税对扩展边际的影响是显著的，但影响系数相对较小，1989—1999 年只有 5% 的扩展边际增长来源于关税的减免，1996—2006 年有 12% 的扩展边际增长来源于关税的减免。弗伦斯（Frensch，2009）[3] 利用 1992—2004 年 OECD 36 个成员 SITC5 位码的贸易数据进行实证分析，研究发现，贸易自由化对中间产品、资本品的进口扩展边际以及消费品的进口扩展边际都有显著的正影响，但对中间产品、资本品的进口扩展边际的显著性更强。另外，库格林（Coughlin，2012）[4] 采用美国 50 个州与 190 个国家的出口数据进行了回归分析，发现美国的对外直接投资（FDI）对集约边际和扩展边际都具有显著的正影响。

综上所述，虽然贸易边际分析的方法既可以用于研究出口又可以用于研究进口，但是，已有文献的研究大都集中在出口层面，对进口增长的三元边际及其决定因素的研究几乎没有。目前关于进口贸易的研究主要集中于进口商品结构、进口地区结构等领域（祝树金和奉晓丽，2011[5]；裴长洪，2013[6]；魏浩，2014[7]；魏浩和李晓庆，2015[8]），截至目前，研究中国进口

① Christodoulopoulou S., "The Effects of Multilateral Trade Liberalization on the Extensive and the Intensive Margins of Trade", *MPRA Paper* 29169, University Library of Munich, Germany, 2010.

② Debaere P., Mostashari S., "Do Tariffs Matter for the Extensive Margin of International Trade? An Empirical Analysis", *Journal of International Economics*, Vol. 81, No. 2, 2010, pp. 163-169.

③ Frensch R., "Trade Liberalisation and Import Margins", *FIW Working Paper Series*, No. 39, 2009.

④ Coughlin C. C., "Extensive and Intensive Trade Margins: A State-By-State View", *Federal Reserve Bank of St. Louis Working Papers*, 2012.

⑤ 祝树金、奉晓丽：《我国进口贸易技术结构的变迁分析与国际比较：1985—2008》，《财贸经济》2011 年第 8 期。

⑥ 裴长洪：《进口贸易结构与经济增长：规律与启示》，《经济研究》2013 年第 7 期。

⑦ 魏浩：《中国进口商品的国别结构及相互依赖程度研究》，《财贸经济》2014 年第 4 期。

⑧ 魏浩、李晓庆：《中国进口贸易的技术结构及其影响因素研究》，《世界经济》2015 年第 8 期。

三元边际的文献明显不足。而本章利用最新的 2000—2013 年 HS6 位码数据和三元边际分析方法详细探讨中国进口增长的变化趋势及其影响因素，以期为中国进一步扩大进口、优化进口结构提出合理的政策建议。

二、三元边际的计算方法

本章主要借鉴胡梅尔斯和克莱诺（2005）和施炳展（2010）[①] 的方法，将一国在某一市场上的进口份额分解为进口产品广度和进口产品深度，并将进口产品深度进一步分解为进口产品数量和进口产品价格。本章以此为基础研究中国进口的微观变化情况，具体如下：

首先，定义进口产品广度：

$$EM_{jm} = \frac{\sum_{i \in I_{jm}} p_{rmi} q_{rmi}}{\sum_{i \in I_{rm}} p_{rmi} q_{rmi}} \qquad (5\text{-}1)$$

如式（5-1）所示，假设 j 代表对象国，r 代表参考国，m 代表进口目的国，而 I_{jm} 代表对象国进口 m 国的产品集合，I_{rm} 代表参考国进口 m 国的产品集合，因为在本章的写作中只考虑中国与世界平均水平相比，所以参考国为整个世界，这样就有 $I_{jm} \in I_{rm}$。实际上，进口产品广度表示世界对 j 国与世界进口 m 国的共同产品的进口额占世界对所有产品进口总额的比重，这一指标越大，说明 j 国进口 m 国的产品与世界进口 m 国的产品的重合度越高，从而说明 j 国相比世界在更多的产品上实现了从 m 国的进口，从而进口产品广度扩大。

其次，定义进口产品深度：

$$IM_{jm} = \frac{\sum_{i \in I_{jm}} p_{jmi} q_{jmi}}{\sum_{i \in I_{jm}} p_{rmi} q_{rmi}} \qquad (5\text{-}2)$$

如式（5-2）所示，进口产品深度表示 j 国对 m 国的进口贸易总额占世界对 j 国与世界进口 m 国的共同产品的进口贸易总额的比重，这一指标越大，说明在 j 国与世界都进口的产品上，j 国实现了更多的进口，从而进口产品深度越大。

[①] 施炳展：《中国出口增长的三元边际》，《经济学（季刊）》2010 年第 4 期。

在定义了进口产品广度和进口产品深度之后，我们可以将进口产品广度与进口产品深度相乘获得 j 国对 m 国的进口总额占世界对 m 国进口总额的比重：

$$\frac{\sum_{i \in I_{jm}} p_{jmi} q_{jmi}}{\sum_{i \in I_{jm}} p_{rmi} q_{rmi}} = EM_{jm} \times IM_{jm} \tag{5-3}$$

可见，式（5-3）左边表示 j 国对 m 国的进口总额占世界对 m 国进口总额的比重，右边表示 j 国对 m 国的进口产品广度与 j 国对 m 国的进口产品深度的乘积。显然 j 国进口 m 国的产品种类越多，或者 j 国在它与世界共同进口 m 国的产品上实现更多的进口额，都可以导致 j 国在 m 国市场上较高的进口市场份额；从动态来看，j 国相比以前进口 m 国更多种类的产品，或者 j 国相比以前在给定商品上对 m 国实现更多的进口额，都可以导致进口市场份额的扩张。

进一步，将进口产品深度分解为进口产品数量与进口产品价格的乘积：

$$IM_{jm} = P_{jm} \times Q_{jm} \tag{5-4}$$

其中，P_{jm}、Q_{jm} 分别代表进口产品价格指数与进口产品数量指数：

$$P_{jm} = \prod_{i \in I_{jm}} \left(\frac{p_{jmi}}{p_{rmi}}\right)^{w_{jmi}}, \quad Q_{jm} = \prod_{i \in I_{jm}} \left(\frac{q_{jmi}}{q_{rmi}}\right)^{w_{jmi}} \tag{5-5}$$

上述公式中 w_{jmi} 的定义是：

$$w_{jmi} = \frac{\dfrac{s_{jmi} - s_{rmi}}{\ln s_{jmi} - \ln s_{rmi}}}{\sum_{i \in I_{jm}} \dfrac{s_{jmi} - s_{rmi}}{\ln s_{jmi} - \ln s_{rmi}}} \tag{5-6}$$

其中，s_{jmi}，s_{rmi} 分别表示对象国 j 进口 i 产品占 j 国总进口的比重以及世界进口 i 种产品占世界对 j 国与世界共同进口 m 国的产品的总进口的比重：

$$s_{jmi} = \frac{p_{jmi} q_{jmi}}{\sum_{i \in I_{jm}} p_{jmi} q_{jmi}}, \quad s_{rmi} = \frac{p_{rmi} q_{rmi}}{\sum_{i \in I_{jm}} p_{rmi} q_{rmi}} \tag{5-7}$$

至此，我们就可以将一国在某一国家（或地区）市场上的进口份额分解为进口产品广度、进口产品数量和进口产品价格，即实现了对进口的三元分解：

$$R_{jm} = EM_{jm} \times P_{jm} \times Q_{jm} \tag{5-8}$$

以上的推导只是提供了一国在双边层面上进口三元边际的计算方法，为进一步计算一国在多边层面上的进口三元边际情况，我们继续推导如下：

$$IM_j = \prod_{m \in M_{-j}} (IM_{jm})^{\alpha_{jm}}, \quad EX_j = \prod_{m \in M_{-j}} (EX_{jm})^{\alpha_{jm}} \tag{5-9}$$

$$P_j = \prod_{m \in M_{-j}} (P_{jm})^{\alpha_{jm}}, \quad Q_j = \prod_{m \in M_{-j}} (Q_{jm})^{\alpha_{jm}} \tag{5-10}$$

如式（5-9）和式（5-10）所示，EX_j，IM_j，P_j 和 Q_j 分别表示一国在多边层面上的进口产品广度、进口产品深度、进口产品价格和进口产品数量，其中，α_{jm} 表示 j 国从 m 国的进口占 j 国总进口的比重。至此，我们完整地介绍了一国在双边层面和多边层面上进口三元边际的计算方法，本章后续的相关计算都将以此为基础进行。

三、样本地区的选取

根据 2000—2013 年中国从样本国家的进口总额、数据可获得性等各方面因素，本章选择的 23 个样本国家和地区分别为：美国、德国、澳大利亚、法国、瑞士、英国、加拿大、日本、韩国、中国台湾、马来西亚、泰国、新加坡、印度尼西亚、菲律宾、越南、沙特阿拉伯、巴西、俄罗斯、印度、南非、智利和墨西哥。2000—2013 年中国从这 23 个国家和地区的进口总额占到相应年份中国进口总额的 72.26%—79.53%，说明这 23 个贸易伙伴可以基本体现出这一时期内中国进口的整体特点。

第二节　中国进口增长三元边际的基本情况

本节采用胡梅尔斯和克莱诺（2005）三元边际的分解方法，利用 CEPII BACI 数据库提供的 2000—2013 年 HS 6 位码国际贸易数据[①]，分析中国在多边层次和双边层次上进口增长三元边际的结构及特征。

---

① CEPII BACI 数据库为我们提供了全世界 200 多个国家针对按照 1996 年版《商品名称及编码协调制度》（HS96）分类的 5000 多种 6 位数产品互相进出口的数据。

一、多边层次

表 5-1 是 2000—2013 年在多边层次上中国从 23 个主要贸易伙伴的进口情况。具体如下:(1)自 2000 年以来,中国进口产品广度一直保持在 0.92—0.95 左右的高位,变化不大,与此同时,中国进口产品深度一直经历着平稳快速增长,2013 年达到 0.1509,相比 2000 年增长了 2.84 倍,因此,可以说中国 2000—2013 年进口份额的增长几乎全部来自进口产品深度的增长。[①](2)考察中国进口产品价格和进口产品数量,如表 5-1 所示,中国进口产品价格一直经历着波动,整体上有小幅增长的态势,值得一提的是,中国进口产品价格始终大于 1,这说明中国进口产品价格长期高于世界平均水平,这与中国出口价格边际正好相反[②],除个别年份外,中国进口产品数量整体上呈现平稳而快速增长的态势,2013 年相比 2000 年增长了 2.51 倍,可见,中国进口产品深度的增长主要依靠进口产品数量的增长。

总的来看,可以得出以下结论:自 2000 年以来,从多边角度看,中国从主要贸易伙伴的进口增长主要来源于进口产品数量的快速增长,进口产品广度基本没有贡献,进口产品价格呈上下波动的态势,整体上对中国进口的增长贡献也不大。

表 5-1 2000—2013 年在多边层次上中国从主要贸易伙伴的进口三元边际

年份	广度	深度		
		总体	价格	数量
2000	0.9356	0.0532	1.0308	0.0518
2001	0.9324	0.0604	1.0509	0.0570
2002	0.9432	0.0766	1.0397	0.0733
2003	0.9457	0.0957	1.0374	0.0929
2004	0.9513	0.1015	1.1044	0.0925

① 杜运苏和彭冬冬(2014)的研究显示,在多边层次上 2002—2010 年中国出口增长主要源于出口集约边际的增长,而本节的研究表明,加入世界贸易组织以来中国进口增长也主要来源于进口集约边际的增长,这似乎说明中国出口增长和进口增长的路径有相似之处。

② 施炳展(2010)、杜运苏和彭冬冬(2014)的计算结果显示,2000—2010 年中国出口产品价格均小于 1,即中国出口产品价格长期低于世界平均水平。

年份	广度	深度		
		总体	价格	数量
2005	0.9498	0.1081	1.1116	0.0982
2006	0.9542	0.1126	1.0964	0.1032
2007	0.9479	0.1185	1.2380	0.0917
2008	0.9417	0.1138	1.1880	0.0968
2009	0.9440	0.1320	1.1646	0.1148
2010	0.9475	0.1417	1.1904	0.1203
2011	0.9389	0.1432	1.1020	0.1299
2012	0.9298	0.1577	1.2357	0.1276
2013	0.9266	0.1509	1.1607	0.1300

二、双边层次

表 5-2 是 2000—2013 年中国从各主要贸易伙伴进口的变化情况。具体情况如下：（1）中国大陆从中国台湾、日本、美国和韩国这些传统贸易伙伴的进口产品广度一直处于高位，都在 0.93 以上，这说明中国一直进口这些国家的大部分产品；而中国从澳大利亚、泰国、印度尼西亚和越南的进口产品广度虽然在初始阶段并不高，但随着十余年来的稳定增长，2013 年中国从这些国家的进口产品广度都已增至 0.9 以上；与此同时，2000—2013 年中国从发展中大国巴西、南非的进口产品广度虽然经历了一定程度的增长，但依然有较大的提升空间，这说明中国有条件进口这些国家更多种类的产品。（2）除个别国家的个别年份外，中国对各主要贸易伙伴的进口产品价格在 0.86—1.33 之间上下波动，并且没有明显上升或下降的趋势。总体来看，在大多数年份，中国从大多数国家的进口产品价格都大于 1，这说明中国进口这些国家的产品价格要高于世界进口这些国家的产品价格。（3）总体来看，中国从各主要贸易伙伴的进口产品数量呈稳定增长的态势，这说明中国进口各主要贸易伙伴的产品数量得到了快速的增长。

表 5-2　2000—2013 年在双边层次上中国从各主要贸易伙伴的进口三元边际

年份 国家 或地区	2000			2005			2010			2013		
	EM	P	Q	EM	P	Q	EM	P	Q	EM	P	Q
澳大利亚	0.812	0.995	0.066	0.889	1.157	0.118	0.971	1.129	0.219	0.928	1.099	0.348
巴西	0.676	1.082	0.028	0.752	1.105	0.080	0.815	0.995	0.182	0.831	1.033	0.217
德国	0.956	1.258	0.013	0.959	1.244	0.023	0.955	1.293	0.047	0.956	1.368	0.048
俄罗斯	0.727	1.247	0.048	0.800	1.039	0.057	0.799	1.015	0.069	0.773	1.048	0.091
法国	0.884	1.879	0.007	0.918	1.310	0.014	0.918	1.446	0.022	0.927	1.498	0.025
菲律宾	0.893	1.031	0.034	0.954	1.187	0.162	0.930	1.159	0.159	0.921	1.384	0.166
韩国	0.965	0.983	0.116	0.993	1.274	0.166	0.972	1.200	0.206	0.976	1.184	0.215
加拿大	0.770	1.247	0.013	0.812	1.037	0.023	0.836	1.045	0.041	0.873	0.994	0.054
马来 西亚	0.932	1.035	0.040	0.934	1.005	0.073	0.966	2.506	0.049	0.968	0.946	0.142
美国	0.985	1.018	0.023	0.986	0.996	0.050	0.982	1.207	0.066	0.981	1.237	0.076
墨西哥	0.551	2.674	0.002	0.672	1.638	0.007	0.873	1.145	0.016	0.872	1.116	0.022
南非	0.619	1.124	0.027	0.643	0.994	0.065	0.738	1.128	0.089	0.677	1.322	0.102
日本	0.995	0.961	0.069	0.994	1.070	0.124	0.995	1.108	0.177	0.994	1.140	0.161
瑞士	0.850	1.000	0.014	0.828	1.358	0.018	0.796	1.394	0.031	0.673	1.449	0.031
沙特阿拉伯	0.963	0.701	0.026	0.946	1.094	0.064	0.945	1.004	0.073	0.972	0.963	0.081
中国 台湾	0.976	0.920	0.168	0.986	1.068	0.293	0.985	1.105	0.332	0.989	1.093	0.375
泰国	0.891	1.156	0.046	0.944	1.117	0.084	0.966	1.115	0.114	0.957	1.088	0.126
新加坡	0.963	0.981	0.046	0.968	1.007	0.108	0.949	1.204	0.098	0.953	1.326	0.097
印度	0.772	1.064	0.028	0.881	1.085	0.091	0.912	1.119	0.085	0.916	1.110	0.053
印度尼西亚	0.897	1.117	0.053	0.919	1.112	0.076	0.913	0.997	0.114	0.918	0.982	0.142
英国	0.920	1.196	0.009	0.876	1.204	0.014	0.927	1.503	0.021	0.911	1.551	0.028
越南	0.737	1.011	0.094	0.904	1.069	0.076	0.886	1.118	0.093	0.951	1.125	0.092
智利	0.701	1.080	0.067	0.773	0.976	0.158	0.876	1.006	0.276	0.879	1.028	0.269

　　总的来看，对于中国台湾、日本、美国、韩国和德国这些中国大陆传统的贸易伙伴来讲，中国进口这些国家和地区的产品广度一直处于高位且基本保持稳定，进口产品价格一直经历波动，但没有明显上升和下降的趋势，只

有进口产品数量呈现较明显的上升态势，因此，中国从这些国家和地区的进口增长主要来源于进口产品数量的增长；对于澳大利亚、巴西、南非、越南、印度尼西亚、泰国这些国家来讲，中国进口这些国家的产品广度和产品数量都经历了稳定增长，而中国进口这些国家的产品价格一直经历着上下波动，因此，中国对这些国家的进口增长是依靠进口产品广度和进口产品数量共同增长带动的，进口产品价格贡献不大。

第三节 中国进口增长三元边际的影响因素分析

一、计量模型

传统贸易理论和新贸易理论基于不同的假设和前提，分别从国家和产业层面来探讨贸易的产生原因、贸易的过程以及贸易的利得。传统贸易理论包括绝对优势理论、比较优势理论和要素禀赋理论，传统贸易理论是建立在完全竞争市场以及不同国家的同种产品是完全同质的这两个基本假设前提之上的，即传统贸易理论只限于不同产业间产品的贸易，并且，不同国家的同种商品对消费者的效用也是相同的，因此，贸易国只可能通过各种不同的策略来实现某种产品在贸易量上的扩张，即只能从数量上（集约边际）来实现贸易的增长。

新贸易理论始于20世纪80年代，它进一步探讨了国际贸易的产生原因以及决定国际分工的因素，但与传统贸易理论相比，新贸易理论不再拘泥于传统贸易理论中的产业间贸易，相反，它更加关注的是在不完全竞争和规模经济条件下的产业内贸易。新贸易理论认为，同一产业内的产品是存在差异性的，因此，对消费者而言，追求不同产品会得到更高的效用，此时消费者的需求趋向多样化；与此同时，由于存在规模经济，企业更倾向于扩大生产规模，集中资源生产更少种类的产品，因此，对于生产者而言，生产的产品种类越少对他们越有利。所以，企业都希望能突破自己的本国市场，因为只有在世界范围内面对更大的市场，企业才有可能扩大产品种类，从而从产品的种类上（扩展边际）实现贸易的增长。

无论是传统贸易理论还是新贸易理论都有一定的局限性，既无法全面合理地解释当代国际贸易中贸易流量增长的原因，更谈不上对贸易流量在同一框架下进行二元分解了。随着贸易理论的不断发展，梅里兹（2003）开创的企业异质性模型完美地解决了这一问题，企业异质性模型可以从企业层面来研究国际贸易的基本问题，它把企业的生产率引入模型之中，把企业的生产率与贸易流量有机的联系在一起，让贸易流量可以在一个统一的框架下进行二元分解。

梅里兹（2003）的企业异质性模型出现之后，不少学者都尝试对企业异质性模型进行完善。其中，坎斯（2007）、赫尔普曼等（2008）和钱尼（2008）对企业异质性模型的扩展最具代表性意义，他们把可变贸易成本、固定贸易成本、劳动生产率、经济规模等影响贸易流量的主要因素都纳入二元边际模型之中，这使得广大学者对贸易边际影响因素的实证研究有了更强大的理论基础。本节借鉴坎斯（2007）、赫尔普曼等（2008）和钱尼（2008）的研究来推导贸易边际的决定因素，具体如下：

首先，定义出口贸易流量。坎斯（2007）、赫尔普曼等（2008）和钱尼（2008）对梅里兹（2003）的企业异质性模型进行了进一步扩展，他们尝试把经典引力模型中的影响因素加入企业异质性模型中去，其中钱尼（2008）对出口贸易流量进行了如下定义：

$$X_{ij}^h(\varnothing) = \begin{cases} \mu_h \times \dfrac{Y_i \times Y_j}{Y} \times \left(\dfrac{w_i \tau_{ij}^h}{\theta_j^h}\right)^{-\gamma h} \times (f_{ij}^h)^{-\left[\frac{\gamma_i}{(\sigma_i - 1)} - 1\right]}, & if \ \varnothing \geqslant \varnothing_{ij} \\ 0, & otherwise \end{cases}$$

(5-11)

式（5-11）中，X_{ij}^h 代表 i 国 h 部门向 j 国的出口贸易流量，Y 代表经济规模，w_i 代表工人的生产率，τ_{ij}^h 代表可变贸易成本，f_{ij}^h 代表固定贸易成本，θ_j^h 代表多边阻力。μ，γ，σ 是三个外生参数。而 $\varnothing$ 为 h 部门内的生产率，$\varnothing_{ij}$ 为门槛生产率。i 国 h 部门向 j 国的出口贸易流量 X_{ij}^h 由 h 部门内的生产率和门槛生产率共同决定：当 h 部门内的生产率小于门槛生产率时，h 部门没有能力进行出口，出口贸易流量 X_{ij}^h 为零；当 h 部门内的生产率大于等于门槛生产率时，出口贸易流量 X_{ij}^h 为正。

其次，在定义了出口贸易流量之后，尝试对它进行二元分解。根据企业异质性模型，出口贸易流量 X_{ij}^h 可以分解为集约边际和扩展边际。参照坎斯（2007）的做法，从出口国 i 到目的国 j 的出口贸易流量 E_{ij} 由单位企业的平均出口量 e_{ij} 乘以出口企业数量 N_{ij} 决定，则有：

$$E_{ij} = e_{ij} \times N_{ij} \qquad (5\text{-}12)$$

如式（5-12）所示，完成了对出口贸易流量 E_{ij} 的二元分解，再借鉴胡梅尔斯和克莱诺（2005）的定义，把企业的平均出口量 e_{ij} 称为出口集约边际，把出口企业数量 N_{ij} 称为出口扩展边际。钱尼（2008）把单位企业的平均出口量 e_{ij} 即出口集约边际定义为：

$$e_{ij} = x_{ij}(\varnothing) = \lambda_3 \times \left(\frac{Y_j}{Y}\right)^{(\sigma-1)/\gamma} \times \left(\frac{\theta_j}{\tau_{ij}}\right)^{\sigma-1} \times \left(\frac{\varnothing}{w_i}\right)^{\sigma-1}, \quad \varnothing \geqslant \varnothing_{ij} \qquad (5\text{-}13)$$

由式（5-13）所示，出口集约边际主要受经济规模、企业生产率、可变贸易成本、多边阻力的影响。

再根据式（5-11）、式（5-12）和式（5-13），可以得到出口企业的数量是 N_{ij}，即出口扩张边际的定义：

$$N_{ij} = \frac{E_{ij}}{e_{ij}} = \frac{x_{ij}^h(\varnothing)}{x_{ij}(\varnothing)} = \left(\frac{\sigma}{\sigma-1}\right)^{\sigma-1} \frac{Y_i Y_j}{Y} f_{ij}^{-\frac{\gamma}{\sigma-1}} \left(\frac{w_i \tau_{ij}}{\theta_j}\right)^{-\gamma} \qquad (5\text{-}14)$$

式（5-14）表明，出口扩展边际主要受经济规模、企业生产率、可变贸易成本、固定贸易成本以及多边阻力的影响。至此，完成了对出口二元边际的定义。

基于式（5-13）和式（5-14），列出决定出口集约边际和出口扩展边际的方程式：

$$\ln e_{ij} = \alpha + \beta_1 \ln Y + \beta_2 \ln \frac{\varnothing}{w_i} + \beta_3 \ln \tau_{ij} + \beta_4 \ln \theta_j + \beta_5 \Theta + \varepsilon \qquad (5\text{-}15)$$

$$\ln N_{ij} = \alpha + \beta_1 \ln Y + \beta_2 \ln w_i + \beta_3 \ln \tau_{ij} + \beta_4 \ln f_{ij} + \beta_5 \ln \theta_j + \beta_6 \Theta + \varepsilon \qquad (5\text{-}16)$$

其中，e_{ij} 和 N_{ij} 为集约边际和扩展边际，Y、$\varnothing$、τ_{ij}、f_{ij} 和 θ_j 分别为经济规模、企业生产率、可变贸易成本、固定贸易成本以及多边阻力，Θ 为其他控制变量，ε 为残差。

以上是基于经典企业异质性模型推导出的一国出口集约边际和扩展边际的影响因素，此结论也适用于进口贸易边际的研究。此外，赵勇和雷达

（2013）、库格林（2012）等文献认为一国接受贸易伙伴的直接投资（*FDI*）、一国对贸易伙伴的直接投资（*OFDI*）和双边实际汇率（*EXCHANGE*）都可能影响一国与其贸易伙伴的贸易流量，因此，本节把*FDI*、*OFDI*和*EXCHANGE*加入模型，探讨它们是否对中国进口的三元边际产生影响。

本节计量模型的最终形式如下：

$$\ln EM_{i,t} = \alpha + \beta_1 \ln GDP_{i,t} + \beta_2 \ln PROD_{i,t} + \beta_3 \ln DIST_{i,t} +$$
$$\beta_4 \ln FREE_{i,t} + \beta_5 \ln FDI_{i,t} + \beta_6 \ln OFDI_{i,t} + \beta_7 \ln EXCHANGE_{i,t} + \varepsilon_t \quad (5-17)$$

$$\ln IM_{i,t} = \alpha + \beta_1 \ln GDP_{i,t} + \beta_2 \ln PROD_{i,t} + \beta_3 \ln DIST_{i,t} +$$
$$\beta_4 \ln FREE_{i,t} + \beta_5 \ln FDI_{i,t} + \beta_6 \ln OFDI_{i,t} + \beta_7 \ln EXCHANGE_{i,t} + \varepsilon_t \quad (5-18)$$

$$\ln P_{i,t} = \alpha + \beta_1 \ln GDP_{i,t} + \beta_2 \ln PROD_{i,t} + \beta_3 \ln DIST_{i,t} +$$
$$\beta_4 \ln FREE_{i,t} + \beta_5 \ln FDI_{i,t} + \beta_6 \ln OFDI_{i,t} + \beta_7 \ln EXCHANGE_{i,t} + \varepsilon_t \quad (5-19)$$

$$\ln Q_{i,t} = \alpha + \beta_1 \ln GDP_{i,t} + \beta_2 \ln PROD_{i,t} + \beta_3 \ln DIST_{i,t} +$$
$$\beta_4 \ln FREE_{i,t} + \beta_5 \ln FDI_{i,t} + \beta_6 \ln OFDI_{i,t} + \beta_7 \ln EXCHANGE_{i,t} + \varepsilon_t \quad (5-20)$$

模型中 i 代表进口目的国，t 代表年份，α，β_1，…，β_8 为待估参数，ε_t 为随机误差项。因变量 $EM_{i,t}$ 代表进口产品广度（扩展边际），$IM_{i,t}$ 代表进口产品深度（集约边际），其中 $IM_{i,t}$ 可进一步分解为进口价格边际 $P_{i,t}$ 和进口数量边际 $Q_{i,t}$；自变量 $GDP_{i,t}$、$PROD_{i,t}$、$DIST_{i,t}$、$FREE_{i,t}$、$FDI_{i,t}$、$OFDI_{i,t}$ 和 $EXCHANGE_{i,t}$ 分别为经济规模、生产率、可变贸易成本、固定贸易成本、进口来源国对中国直接投资、中国对进口来源国直接投资和双边实际汇率。各变量的具体情况如下：

（1）中国进口三元边际（$EM_{i,t}$，$P_{i,t}$，$Q_{i,t}$）

因变量 $EM_{i,t}$，$P_{i,t}$，$Q_{i,t}$ 是根据胡梅尔斯和克莱诺（2005）的分解方法计算得出 2003—2013 年中国从 23 个样本国家的进口三元边际值。计算所用的 HS6 位码（1996）国际贸易数据全部来自 CEPII 的 BACI 数据库。变量采取 $\ln(EM_{i,t} + 1)$、$\ln(P_{i,t} + 1)$ 和 $\ln(Q_{i,t} + 1)$ 的形式引入模型。

（2）经济规模（*GDP*）

为衡量中国以及中国进口贸易伙伴的经济规模，本节采用相对 GDP 作为经济规模的代理变量，即由进口来源地的 GDP 除以中国 GDP 得到，本节选择了按购买力平价（PPP）衡量的 GDP。数据来自世界银行的 WDI 数据库①，经济规模以 ln(GDP + 1) 形式引入模型。

（3）生产率水平（$PROD$）

由于数据的可得性，各国生产率水平是指各国总产出与各国年就业人数的比值，我们将各进口来源国的劳动生产率与中国的劳动生产率之比代入模型。数据来源于国际劳工组织（ILO）网站提供的 KILM 数据库。② 生产率水平以 ln($PROD$ + 1) 形式引入模型。

（4）可变贸易成本（$DIST$）

对于可变贸易成本，一般采用两国之间的地理距离来代替（Kancs，2007；Pacheco 和 Pierola，2008；钱学锋和熊平，2010③），本节也参照经典文献的做法用中国首都北京与 23 个进口目的国首都之间的距离（$DIST$）来代替可变贸易成本，数据来源于 www. indo. com/distance 中的距离计算器，可变贸易成本以 ln($DIST$ + 1) 形式引入模型。

（5）固定贸易成本（$FREE$）

对于固定贸易成本，其主要受国内经济政治形势、政府行政干预以及非关税壁垒等因素的影响，本节主要参考钱学锋和熊平（2010）的做法，把经济自由度指数作为固定贸易成本的代理变量，用它来衡量各国的固定贸易成本，只不过该得分与固定贸易成本成反比。数据来源于《华尔街日报》和美国传统基金会每年发布的年度报告 Index of Economic Freedom。④ 我们将各进口来源国的经济自由度指数得分与中国的相应得分之比作为固定贸易成本的代理变量，并以 ln（$FREE$+1） 的形式引入模型。

（6）外商直接投资（FDI）

FDI 为进口来源国对中国实际投资存量，我们把各年 FDI 流量的数据转换为 FDI 存量的数据，各年份各国对中国实际投资的流量数据来源于中国统计年鉴。外商直接投资以 ln（FDI+1） 形式引入模型。

（7）中国对外直接投资（$OFDI$）

---

① 世界银行 WDI 数据库，https：//data. worldbank. org. cn/indicator/all。

② KILM 数据库网址，http：//www. ilo. org/empelm/what/WCMS_ 114240/lang--en/index. htm。

③ 钱学锋、熊平：《中国出口增长的二元边际及其因素决定》，《经济研究》2010 年第 1 期。

④ 经济自由度指数，https：//www. investopedia. com/terms/i/index-of-economic-freedom. asp。

OFDI 为中国对进口来源国直接投资存量，2003—2013 年的数据来自历年《中国对外直接投资统计公告》，并以 $\ln(OFDI + 1)$ 形式引入模型。

（8）实际双边汇率（*EXCHANGE*）

对于实际双边汇率（*EXCHANGE*）的计算，我们主要参考 Colaceli（2010）、赵勇和雷达（2013）的做法，计算公式为：$Exchange_{i,t} = \left(\dfrac{Nominal_{i,t}}{GDP_{Deflator_{i,t}}}\right) \Big/ \left(\dfrac{Nominal_{c,t}}{GDP_{Deflator_{c,t}}}\right)$。其中，$Nominal_{i,t}$、$Nominal_{c,t}$ 分别代表第 t 期进口来源国和中国的官方汇率，$GDP_{Deflator_{i,t}}$、$GDP_{Deflator_{c,t}}$ 分别代表第 t 期进口来源国和中国的 GDP 平减指数。所用数据都来源于世界银行 WDI 数据库，并以 $\ln(EXCHANGE + 1)$ 形式引入模型。

二、计量结果

本节的数据采用的是面板数据形式，面板数据主要采用混合回归、固定效应（FE）和随机效应（RE）三种方法进行回归。本节在进行回归时，把混合回归结果列出，但由于混合回归方法大多数时候并不是面板数据回归的最优选择，因此，混合回归结果只能作为参考。在具体计量时，本节进行豪斯曼检验，根据检验结果选定是应用固定效应模型（FE）还是随机效应模型（RE）。

（一）基于全部样本国家的回归结果

表 5-3 是基于中国的 23 个进口国家三元边际的回归结果。具体情况如下：

经济规模（*GDP*）对中国进口产品广度和进口产品数量有显著的正影响，其中，对进口产品数量的影响更大，进口来源国相对中国的经济规模每增加 1%，中国进口产品广度将会增加 0.0255%，而中国进口产品数量则会增加 0.0593%；进口来源国相对中国的经济规模对中国进口价格的影响为正、不显著。

固定贸易成本（*FREE*）对中国进口产品广度有显著的负影响，进口来源国相对中国的经济自由度指数越高，即进口来源国相对中国的固定贸易成本越小，那么，中国进口产品广度就越大；固定贸易成本对中国进口产品数量有显著的正影响；固定贸易成本对中国进口价格也有显著的正影响，进口来源国相对中国的固定贸易成本越小，中国进口产品价格也越低。

表 5-3　基于全部样本的回归结果

变量	$\ln EM_{i,t}$		$\ln P_{i,t}$		$\ln Q_{i,t}$	
	混合回归	RE	混合回归	FE	混合回归	FE
$\ln GDP$	0.0173 ** (0.00696)	0.0255 ** (0.0101)	−0.0194 (0.0569)	0.153 (0.232)	−0.0275 ** (0.0107)	0.0593 *** (0.0170)
$\ln FREE$	0.0721 * (0.0384)	0.179 *** (0.0469)	−0.118 (0.205)	−1.428 *** (0.551)	0.255 *** (0.0591)	−0.159 ** (0.0745)
$\ln PROD$	−0.0102 * (0.00574)	−0.0146 ** (0.00668)	−0.0444 (0.0291)	−0.225 *** (0.0809)	−0.0255 *** (0.00883)	−0.111 *** (0.0122)
$\ln DIST$	−0.0252 *** (0.00469)	−0.0238 ** (0.0116)	0.00426 (0.0233)	——	−0.240 *** (0.00721)	——
$\ln FDI$	0.0116 *** (0.00170)	0.0133 *** (0.00229)	0.0097 (0.00821)	−0.0389 (0.0246)	0.00451 * (0.00262)	0.00319 (0.00394)
$\ln OFDI$	0.000842 (0.00126)	0.00116 (0.000727)	−0.000408 (0.00510)	0.00296 (0.00721)	0.004692 (0.00184)	0.00864 *** (0.00112)
$\ln EXCHANGE$	0.00408 * (0.00117)	0.00408 (0.00371)	−0.0143 ** (0.006)	0.0607 (0.111)	0.00688 *** (0.00181)	0.0141 (0.0184)
常数项	0.658 *** (0.0465)	0.538 *** (0.118)	0.811 *** (0.231)	2.590 *** (0.633)	0.0583 (0.0716)	0.283 (0.00893)
R^2	0.59	0.58	0.48	0.45	0.50	0.45
样本量	253	253	253	253	253	253

注：*、**、*** 分别表示在 10%、5% 和 1% 的显著性水平上变量显著。小括号中的数字为相应变量的稳健标准误。

　　劳动生产率（PROD）对中国进口产品广度和数量都有显著的负影响，其中，对进口产品数量的负影响大于对进口产品广度的负影响，即进口来源国相对中国的劳动生产率越高，中国进口产品广度和数量反而越低。在经典文献对出口贸易边际的研究中，按照企业异质性模型，出口国相对进口国的劳动生产率越高，那么，出口产品广度和出口产品数量都应该越高，然而本节的实证结果显示，中国的进口并没有呈现出这个趋势。此外，进口来源国相对劳动生产率越高，中国进口产品价格就会相对降低。

　　地理距离（DIST）是一道不可逾越的"屏障"，它对中国进口产品广度和数量有着显著的负影响，这符合理论预期，地理距离对中国进口产品数量的负影响大于它对中国进口产品广度的负影响，它对中国进口产品广度的负影响为 0.0238，而对中国进口产品数量的负影响则达到了 0.24；地理距离对进口产品价格的影响并不显著。

另外，在中国的外商直接投资（FDI）对中国进口产品广度有显著的正影响，系数达到 0.0133，但它对中国进口产品数量和进口产品价格的影响并不显著。中国对外直接投资（OFDI）对中国进口产品数量有显著的正影响，但对中国进口产品广度和进口产品价格的影响并不显著。实际双边汇率（EXCHANGE）的变化对中国进口产品广度、价格和数量的影响都不显著。

（二）基于发达国家样本、发展中国家样本的分类回归

以上是对中国 23 个进口样本国家（地区）三元边际回归结果的分析，但是，中国对不同经济发展水平国家（地区）的进口特点有所不同，因此，有必要把样本国家（地区）按照经济发展水平进行分类，针对不同类型国家（地区）样本再次进行回归分析，以便进一步探讨各类影响因素对中国进口三元边际的影响。本节按照联合国《2013 年人类发展报告》[①] 的分类标准把 23 个样本国家（地区）分为发达国家（地区）和发展中国家两组，其中，发达国家和地区 11 个：澳大利亚、加拿大、法国、德国、日本、韩国、新加坡、瑞士、中国台湾、英国和美国，发展中国家 12 个：巴西、智利、印度、印度尼西亚、马来西亚、墨西哥、菲律宾、俄罗斯、沙特、南非、泰国和越南。

表 5-4、表 5-5 分别是中国从发达国家（地区）、发展中国家进口三元边际影响因素的回归结果。具体来看：

经济规模（GDP）对发达国家（地区）进口产品广度、进口产品数量表现为正影响，对进口产品价格表现为负影响；对发展中国家进口产品广度、进口产品价格的影响都为负效应。

固定贸易成本（FREE）对从发达国家（地区）、发展中国家的进口产品广度依然保持显著的负影响，对从发达国家（地区）进口产品数量没有显著影响，对从发展中国家进口产品数量有显著正影响，而对从发达国家

---

① 联合国：《2013 年人类发展报告》，见 http://hdr.undp.org/en/2013-report。

（地区）的进口产品价格有显著的正影响，对从发展中国家的进口产品价格没有显著影响。

劳动生产率（PROD）依然对从发达国家（地区）、发展中国家的进口产品广度、进口产品数量有显著的负影响，即进口来源国相对中国的劳动生产率越高，中国进口产品广度、进口产品数量反而越低。

地理距离（DIST）依然对从发达国家（地区）、发展中国家的进口产品广度和进口产品数量有显著负影响，值得一提的是，地理距离对中国对发达国家（地区）的进口产品价格的正影响在 10% 的水平上显著，这说明地理距离越远，进口产品价格就越高。

外商直接投资（FDI）和对外直接投资（OFDI）在分国家类别回归时的结果与总体回归结果是一样的，外商直接投资对进口产品广度有显著正影响，对外直接投资对进口产品数量有显著的正影响。

实际双边汇率（EXCHANGE）只对从发展中国家的进口产品广度有显著正影响，但影响是微弱的，由此看来，近年来，人民币升值并没有对中国进口三元边际产生实质影响。

表 5-4　基于发达国家样本的回归结果

变量	$\ln EM_{i,t}$		$\ln P_{i,t}$		$\ln Q_{i,t}$	
	混合回归	RE	混合回归	RE	混合回归	RE
$\ln GDP$	0.0121 (0.00741)	0.0156* (0.00907)	−0.0692* (0.0372)	−0.0908 (0.0502)	0.0699* (0.0367)	0.0296 (0.0379)
$\ln FREE$	−0.0464 (0.0350)	0.119* (0.0653)	−0.766*** (0.176)	−1.041*** (0.290)	0.235*** (0.0888)	0.116 (0.124)
$\ln PROD$	−0.000392 (0.00801)	−0.00180 (0.0102)	−0.0861** (0.0403)	−0.0725 (0.0521)	−0.0703*** (0.0217)	−0.0649*** (0.0211)
$\ln DIST$	−0.0205** (0.00824)	−0.0407** (0.0169)	0.103** (0.0414)	0.122* (0.054)	−0.139*** (0.0224)	−0.0754** (0.0370)
$\ln FDI$	0.0223*** (0.00353)	0.0144** (0.00655)	0.0167 (0.0177)	0.0297 (0.0268)	−0.0124 (0.0103)	0.0054 (0.0138)
$\ln OFDI$	0.00115 (0.00113)	−0.0007 (0.0007)	0.00407 (0.00357)	0.0068 (0.00461)	−0.00697 (0.00267)	0.00757*** (0.00148)
$\ln EXCHANGE$	−0.00663** (0.00299)	−0.0122 (0.00767)	0.0115 (0.0150)	0.0122 (0.0257)	−0.0298*** (0.00793)	−0.00528 (0.0164)

续表

变量	$\ln EM_{i,t}$		$\ln P_{i,t}$		$\ln Q_{i,t}$	
	混合回归	RE	混合回归	RE	混合回归	RE
常数项	0.565*** (0.112)	0.706*** (0.211)	0.537 (0.565)	0.421 (0.872)	1.372 (0.324)	0.667 (0.454)
R^2	0.73	0.64	0.27	0.26	0.62	0.58
样本量	121	121	121	121	121	121

注：*、**、*** 分别表示在10%、5%和1%的显著性水平上变量显著。小括号中的数字为相应变量的稳健标准误。

表5-5　基于发展中国家样本的回归结果

变量	$\ln EM_{i,t}$		$\ln P_{i,t}$		$\ln Q_{i,t}$	
	混合回归	RE	混合回归	RE	混合回归	RE
lnGDP	0.0606* (0.0357)	−0.225*** (0.0676)	−0.0893 (0.215)	−0.0473 (0.387)	−0.0634* (0.0372)	0.0726 (0.112)
lnFREE	0.319*** (0.0759)	0.190** (0.0805)	0.292 (0.456)	−0.196 (0.665)	0.188** (0.0791)	−0.292*** (0.108)
lnPROD	0.0153 (0.0107)	−0.0269** (0.0133)	−0.100 (0.0645)	−0.0785 (0.0913)	−0.0450*** (0.0112)	−0.151*** (0.201)
lnDIST	−0.0547*** (0.00702)	−0.0452** (0.0190)	−0.0564 (0.0421)	−0.0387 (0.0783)	−0.0256*** (0.00731)	—
lnFDI	0.0147*** (0.00249)	0.00761** (0.00376)	−0.0107 (0.0150)	−0.0145 (0.0262)	0.00945*** (0.00260)	−0.00403 (0.00514)
lnOFDI	−0.00091 (0.00247)	0.00303** (0.0012)	−0.0117 (0.0118)	−0.00714 (0.0122)	0.00055 (0.00251)	0.00975*** (0.00168)
lnEXCHANGE	0.00546*** (0.00156)	0.000511** (0.00477)	−0.0181* (0.00937)	−0.0189 (0.0192)	0.00525*** (0.00162)	−0.0171 (0.0231)
常数项	0.660*** (0.0747)	0.842*** (0.181)	1.306*** (0.449)	1.535* (0.829)	−0.344 (0.0779)	0.52*** (0.118)
R^2	0.75	0.66	0.29	0.28	0.65	0.60
样本量	132	132	132	132	132	132

注：*、**、*** 分别表示在10%、5%和1%的显著性水平上变量显著。小括号中的数字为相应变量的稳健标准误。

（三）稳健性检验

为了验证前文计量结果的稳健性，本节将各自变量都滞后一期进行稳健性检验。回归结果见表5-6、表5-7和表5-8。从回归结果来看，自变量滞后一期进行回归后，各自变量对因变量的影响方向、显著性与之前的回归结果基本一致。具体来看，进口来源国相对中国滞后一期的固定贸易成本（$FREE_{-1}$）越小，中国进口产品广度越大，进口来源国相对中国滞后一期的劳动生产率（$PROD_{-1}$）对中国进口产品数量有显著的负影响，滞后一期的外商直接投资（FDI_{-1}）对中国进口产品广度有显著的正影响，对外直接投资（$OFDI_{-1}$）对中国进口产品数量有显著的正影响，滞后一期的实际双边汇率（$EXCHANGE_{-1}$）对中国进口三元边际没有显著的影响，这些结果均与前文的计量结果完全吻合，可见，这些变量的实证结果是稳健的。

表5-6　针对全部样本国家的检验结果

变量	$\ln EM_{i,t}$		$\ln P_{i,t}$		$\ln Q_{i,t}$	
	混合回归	RE	混合回归	RE	混合回归	RE
$\ln GDP_{-1}$	0.0290*** (0.0109)	0.0185 (0.0208)	−0.0677 (0.0586)	0.0372 (0.260)	−0.0285 (0.0179)	0.106*** (0.0387)
$\ln FREE_{-1}$	0.0602 (0.0400)	0.113** (0.0495)	−0.103 (0.216)	−1.081* (0.586)	0.282*** (0.0658)	−0.161* (0.0873)
$\ln PROD_{-1}$	−0.00582 (0.00684)	−0.00798 (0.00665)	−0.0506 (0.0309)	−0.178** (0.0899)	−0.0310*** (0.00945)	−0.103*** (0.0134)
$\ln DIST_{-1}$	−0.0247*** (0.00454)	−0.0189* (0.0114)	0.00332 (0.0245)	—	−0.0287*** (0.00747)	—
$\ln FDI_{-1}$	0.0110*** (0.00159)	0.0149*** (0.00215)	0.0124 (0.00859)	−0.0252 (0.0268)	0.00281 (0.00262)	0.00319 (0.00394)
$\ln OFDI_{-1}$	0.00111 (0.00102)	0.00100 (0.000802)	0.00247 (0.00511)	0.00998 (0.00726)	0.005*** (0.00175)	0.00791*** (0.00108)
$\ln EXCHANGE_{-1}$	0.00257** (0.00117)	0.00412 (0.00364)	−0.0149** (0.00629)	0.0656 (0.122)	0.00624*** (0.00192)	0.00269 (0.0181)
常数项	0.666*** (0.0450)	0.532*** (0.116)	0.800*** (0.243)	2.095*** (0.682)	0.106 (0.0741)	0.280*** (0.101)
R^2	0.59	0.57	0.43	0.37	0.53	0.42
样本量	230	230	230	230	230	230

注：*、**、*** 分别表示在10%、5%和1%的显著性水平上变量显著。小括号中的数字为相应变量的稳健标准误。

表 5-7　针对发达国家的检验结果

变量	$\ln EM_{i,t}$		$\ln P_{i,t}$		$\ln Q_{i,t}$	
	混合回归	RE	混合回归	RE	混合回归	RE
$\ln GDP_{-1}$	0.0113 (0.00785)	0.0143 (0.0102)	−0.0652 (0.0389)	−0.0817 (0.0434)	0.0755 * (0.0348)	0.0287 * (0.0391)
$\ln FREE_{-1}$	−0.0522 (0.0434)	0. .0837 ** (0.0587)	−0.812 ** (0.131)	−0.850 ** (0.251)	0.255 *** (0.0834)	0.108 (0.124)
$\ln PROD_{-1}$	−0.00128 (0.00782)	−0.00159 (0.0213)	−0.0759 * (0.0396)	−0.0788 (0.0535)	−0.0724 *** (0.0202)	−0.0617 *** (0.0235)
$\ln DIST_{-1}$	−0.0189 ** (0.0117)	−0.0357 ** (0.0157)	0.118 ** (0.0387)	0.112 (0.058)	−0.141 ** (0.0274)	−0.0787 ** (0.0355)
$\ln FDI_{-1}$	0.0208 *** (0.00378)	0.0152 *** (0.00632)	0.0144 (0.0159)	0.0301 (0.0254)	−0.0101 (0.0095)	0.0058 (0.0103)
$\ln OFDI_{-1}$	0.001 (0.00271)	0.009 (0.0052)	0.00389 (0.00342)	0.0061 (0.00500)	−0.00447 (0.00202)	0.00789 *** (0.00156)
$\ln EXCHANGE_{-1}$	−0.00581 ** (0.00312)	−0.0135 (0.00724)	0.0124 (0.0129)	0.0110 (0.0261)	−0.0298 ** (0.00694)	−0.00555 (0.0156)
常数项	0.552 *** (0.101)	0.710 *** (0.205)	0.589 (0.548)	0.453 (0.888)	1.284 * (0.328)	0.681 * (0.424)
R^2	0.71	0.60	0.31	0.28	0.67	0.59
样本量	110	110	110	110	110	110

注：*、**、*** 分别表示在 10%、5% 和 1% 的显著性水平上变量显著。小括号中的数字为相应变量的稳健标准误。

表 5-8　针对发展中国家的检验结果

变量	$\ln EM_{i,t}$		$\ln P_{i,t}$		$\ln Q_{i,t}$	
	混合回归	RE	混合回归	RE	混合回归	RE
$\ln GDP_{-1}$	0.0538 (0.0340)	−0.234 ** (0.0654)	−0.0848 (0.206)	−0.0459 (0.389)	−0.0664 (0.0357)	0.0688 (0.113)
$\ln FREE_{-1}$	0.332 *** (0.0807)	0.177 ** (0.0789)	0.288 (0.524)	−0.158 (0.677)	0.157 ** (0.0748)	−0.287 *** (0.102)
$\ln PROD_{-1}$	0.0129 (0.0121)	−0.0371 * (0.0188)	−0.0866 (0.0689)	−0.0699 (0.0924)	−0.0504 *** (0.0109)	−0.167 *** (0.198)
$\ln DIST_{-1}$	−0.0566 *** (0.00708)	−0.0444 ** (0.0182)	−0.0588 (0.0403)	−0.0399 (0.0785)	−0.0248 *** (0.00735)	—

续表

变量	$\ln EM_{i,t}$		$\ln P_{i,t}$		$\ln Q_{i,t}$	
	混合回归	RE	混合回归	RE	混合回归	RE
$\ln FDI_{-1}$	0.0141*** (0.00259)	0.00802** (0.00352)	−0.0111 (0.0158)	−0.0123 (0.0247)	0.0123 (0.00523)	−0.00759 (0.00585)
$\ln OFDI_{-1}$	−0.00112 (0.00536)	0.00401* (0.0048)	−0.0225 (0.0125)	−0.00894 (0.0184)	0.00063 (0.00308)	0.0103*** (0.00199)
$\ln EXCHANGE_{-1}$	0.00555*** (0.00145)	0.000548** (0.00498)	−0.0298 (0.0110)	−0.0196 (0.0189)	0.00533*** (0.00154)	0.0126 (0.0444)
常数项	0.683*** (0.0798)	0.859*** (0.172)	1.285*** (0.456)	1.478** (0.803)	0.299 (0.0786)	0.68*** (0.102)
R^2	0.74	0.64	0.27	0.26	0.68	0.61
样本量	120	120	120	120	120	120

注：*、**、***分别表示在10%、5%和1%的显著性水平上变量显著。小括号中的数字为相应变量的稳健标准误。

本章小结

一、基本结论

本章借鉴胡梅尔斯和克莱诺（2005）的分析框架对中国进口增长问题进行了研究。首先，本章描述了中国与主要贸易伙伴在多边层次上、双边层次上的进口三元边际结构及其特征性事实；其次，构建了面板数据计量模型，探究了各类影响因素对中国从主要贸易伙伴进口三元边际的影响，并把样本国家分为发达国家和发展中国家两组进行分析及稳定性检验。研究结果表明：

第一，在多边层次上，2000—2013年，中国进口产品广度变化不大，一直处在0.92—0.95左右的高位，进口产品广度对中国进口增长没有实质性的贡献；中国进口产品价格长期高于世界平均水平，表现为略微增长的趋势，但整体上对中国进口增长的贡献也不大；中国进口产品数量总体上呈现快速增长的态势，2013年相比2000年增长了150.9%。可见，在多边层次上，中国进口份额的增长主要源于中国进口产品数量的快速增长。

第二，在双边层次上，中国大陆从中国台湾、日本、美国、韩国、德国等贸易伙伴的进口增长主要源自进口产品数量的增长，中国从澳大利亚、泰国、印度尼西亚、越南、巴西、南非等贸易伙伴的进口增长是源于进口产品广度、进口产品数量的共同增长，进口产品价格对中国从贸易伙伴进口增长没有决定性贡献。

第三，从影响因素来看，进口来源国相对中国的经济规模（GDP）对中国进口产品广度、进口产品数量有显著的正影响，进口来源国相对中国的固定贸易成本（FREE）对中国进口产品广度有显著的负影响，进口来源国相对中国的劳动生产率（PROD）对中国进口产品广度、进口产品数量都有显著的负影响，外商直接投资（FDI）和对外直接投资（OFDI）分别对中国进口产品广度、进口产品数量有显著的正影响。

二、政策建议

本章的研究结论具有很强的政策启示意义。近年来，国家政府出台了一系列进口政策，扩大进口已经成为国家长期贸易战略，扩大进口贸易战略的核心包括优化进口商品结构、优化进口地区结构两个方面。根据本章的研究结果，中国政府应该重视以下几个问题：

（一）增加从劳动生产率较低国家的进口

中国若想进一步扩大进口规模，就应该积极扩大从劳动生产率较低的发展中国家、不发达国家进口。从生产率较低国家进口更多的能源、原材料等，有利于降低国内的生产成本，解决能源短缺的问题。中国从巴西、南非等国家扩大进口有较大的提升空间，这是扩大进口的增长点。

（二）降低与贸易伙伴之间的固定贸易成本

国家政府要千方百计降低固定贸易成本，进一步优化进口环节管理，缩短检验检疫时间，提高通关效率；积极参与多边双边合作，加强与贸易伙伴的谈判磋商，加快推进自贸区等贸易协定的谈判进程；充分发挥商会、贸易促进会等民间组织的积极作用，从而有效降低贸易伙伴对中国的贸易成本。

（三）高度重视外资对扩大进口商品种类的促进作用

外资对国际市场特别是母国市场的情况比较熟悉，根据中国国内市场发展的需求，外资企业有能力也有天然的优势进口更多种类的商品以满足中国国内市场的需求，因此，在扩大进口商品种类方面，国家政府要高度重视外资企业的作用，积极从不同国家和地区吸引外资企业到中国进行投资，降低对外资企业的行业进入限制，从而促进中国从不同地区进口商品种类的增加。

（四）高度重视中国对外直接投资对中国进口数量的影响

中国"走出去"的企业对投资目的国的情况比较了解，除了促进中国对投资目的国的出口之外，中国"走出去"的企业凭借这一优势也是可以为国内经济发展服务的，促进投资目的国对中国的出口规模。资本在国家之间的流动会带动信息流、人才流，进而通过信息流扩大国家之间的进出口贸易规模。因此，国家政府应该积极鼓励中国企业到高科技国家、资源富裕国家等具有战略性资源的国家进行投资。目前，在发达国家限制高科技产品出口到中国的背景下，让中国企业大规模到发达国家进行投资是可行的应对战略。

（五）提升进口商品定价权

对于中国进口产品价格，本章的研究结论发现，无论在多边层次还是在双边层次上，中国进口产品价格一直高于世界平均水平，近年来，进口产品价格也没有任何下降的趋势，中国贸易条件有恶化的趋势，政府应对此予以高度重视。因此，切实提升进口定价权是国家政府面临的严峻挑战。

第　六　章

融资约束与中国企业的进口行为

进口贸易对一国的经济发展具有十分重要的意义。进口新产品有利于企业生产率、国家经济增长率的提高；进口贸易通过技术溢出效应、中间品互补效应、市场规模效应等多种渠道对企业创新产生影响；进口贸易会通过产品市场和要素市场的竞争促进效应对国内的资源配置产生影响。然而，对于企业来说，进口贸易范围的扩张将带来交易费用的增加，与新国家建立分销网络、让新产品服从国际贸易规则等行为将带来固定成本的增加，而进口产品价值（规模）的增加将带来保险费用、运输费用、关税等可变成本的增加。可见，企业如果想扩大进口，就需要更多的资金去支付进口贸易增加带来的固定成本和可变成本。因此，融资约束成为影响企业进口贸易的重要因素之一。

一般来说，企业的融资约束程度越高，表明企业越难通过内部现金流、银行借款等方式获取资金，对进口贸易额可能产生明显的抑制作用。一方面，较差的财务状况可能使国外供应商不愿意冒险与国内企业开展贸易，从而影响进口额；另一方面，融资约束也可能使企业难以克服增加进口带来的固定成本和可变成本。基于此，本章针对融资约束对企业进口行为的影响进行深入研究。

第一节　融资约束影响企业进口行为的研究进展

融资约束的测度指标主要包括单变量指标和多变量指标两种方法。比较公认的单变量指标包括股利支付率、公司规模和利息保障倍数。在多变量指标的构建方面，有两种处理方法：对样本进行预分组方法、对样本进行非预分组方法。在对样本进行预分组方法方面，基本思路是先根据一定的分类方法对样本的融资约束情况进行分组，并对组间的差异进行比较，然后在预分组的基础上，进一步构建衡量企业融资约束的综合指数。在对样本进行非预分组方法方面，霍瓦基米安（Hovakimian，2009）[1] 从投资—现金流敏感性的角度利用两阶段方法构建了融资约束指数，其中第一阶段回归模型的残差用于第二阶段投资对现金流敏感性指标的计算。该方法的主要问题是，指数大小不仅受投资—现金流敏感性的影响，还受到现金流波动大小的影响。王（Wang，2003）[2] 等学者采用随机前沿投资方程，从融资约束的后果出发度量企业的融资约束。穆索和斯基亚沃（Musso 和 Schiavo，2008）[3] 综合考虑了企业的内源融资约束和外源融资约束，通过选取代表性财务指标，利用指标的分位数构建了衡量融资约束水平的综合指标。结合中国工业企业的现状，在权衡上述融资约束指标利弊的基础上，我们最终选择借鉴穆索和斯基亚沃（2008）的方法构建综合指数，并对财务指标进行改进，以全面衡量企业的融资约束水平。

最近几年，部分学者已经从企业微观层面对融资约束如何影响出口增长进行了理论和实证分析。在理论研究方面，钱尼（Chaney，2016）[4] 在梅里兹（Melitz，2003）企业异质性贸易模型的基础上引入了流动性约束，并预测流动性高的企业所受融资约束小，更容易进入出口市场。马诺瓦（Manova，2013）[5] 则在模型中引入信贷约束，考察了金融契约和有形资产

① Hovakimian, Gayané, "Determinants of Investment Cash Flow Sensitivity", *Financial Management*, Vol. 38, No. 1, 2009, pp. 161-183.

② Wang, Hung-Jen, "A Stochastic Frontier Analysis of Financing Constraints on Investment: The Case of Financial Liberalization in Taiwan", *Journal of Business & Economic Statistics*, Vol. 21, No. 3, 2003, pp. 406-419.

③ Musso, Patrick, Stefano Schiavo, "The Impact of Financial Constraints on Firm Survival and Growth", *Journal of Evolutionary Economics*, Vol. 18, No. 2, 2008, pp. 135-149.

④ Chaney, Thomas, "Liquidity Constrained Exporters", *Journal of Economic Dynamics and Control*, Vol. 72, 2016, pp. 141-154.

⑤ Manova, Kalina, "Credit Constraints, Heterogeneous Firms and International Trade", *The Review of Economic Studies*, Vol. 80, No. 2, 2013, pp. 711-744.

对贸易的影响。穆尔斯（Muûls，2015）[①] 借鉴上述两位学者的方法，将模型拓展为同时包括内源融资和外源融资。在实证研究方面，米内特和朱（Minetti 和 Zhu，2011）[②] 采用意大利制造商的截面数据进行研究，发现受信贷限制的企业出口可能性和出口额更低。伯曼和赫里科特（Berman 和 Héricourt，2010）[③] 利用发展中国家的数据得到了相似的结果，同时还发现，融资约束与企业的出口价值、在出口国家的存活率没有明显的相关性。贝洛内等（Bellone 等，2010）[④] 发现融资约束对企业进入新的出口目的地具有显著的抑制作用，同时增加了企业退出市场的概率。然而，目前对于融资约束如何影响企业进口行为的研究却相对较少。虽然进口企业与出口企业存在很多共性，企业的规模越大生产率越高，产品层面和国家层面的贸易模式就越相似（Bernard 等，2009[⑤]；Muûls 和 Pisu，2009[⑥]）。但是，企业进口的决定因素与出口存在差异，进口来源国数量的决定因素比出口贸易要复杂得多。因为，在企业进口来源地集合中增加一个国家带来的收益取决于集合中其他国家的数量和特性（Antràs 等，2017[⑦]）。融资约束会显著地影响中间品进口对企业出口产品质量升级的作用机制，也从侧面说明了融资约束对企业进口的集约边际和扩展边际存在影响（许家云等，2017[⑧]）。

总体来看，已有相关研究对融资约束与企业出口贸易之间的关系作了较多探讨，但对融资约束与企业进口概率、进口贸易额、进口集约边际、进口

① Muûls, Mirabelle, "Exporters, Importers and Credit Constraints", *Journal of International Economics*, Vol. 95, No. 2, 2015, pp. 333-343.

② Minetti, Raoul, Susan Chun Zhu, "Credit Constraints and Firm Export: Microeconomic Evidence from Italy", *Journal of International Economics*, Vol. 83, No. 2, 2011, pp. 109-125.

③ Berman, Nicolas, Jérôme Héricourt, "Financial Factors and the Margins of Trade: Evidence from Cross-Country Firm-Level Data", *Journal of Development Economics*, Vol. 93, No. 2, 2010, pp. 206-217.

④ Bellone, Flora, et al., "Financial Constraints and Firm Export Behavior", *The World Economy*, Vol. 33, No. 3, 2010, pp. 347-373.

⑤ Bernard A. B., Jensen J. B., Reddmg S. J., et al., "The Margins of US. Trade", *American Economic Review*, Vol. 99, No. 2, 2009, pp. 487-493.

⑥ Muûls, Mirabelle, Mauro Pisu, "Imports and Exports at the Level of the Firm: Evidence from Belgium", *The World Economy*, Vol. 32, No. 5, 2009, pp. 692-734.

⑦ Antràs, Pol, et al., "The Margins of Global Sourcing: Theory and Evidence from U. S. Firms", *The American Economic Review*, Vol. 107, No. 9, 2017, pp. 2514-2564.

⑧ 许家云、毛其淋、胡鞍钢：《中间品进口与企业出口产品质量升级：基于中国证据的研究》，《世界经济》2017 年第 3 期。

扩展边际的整体讨论较少，对背后影响机制的解释比较缺乏，相关研究有待扩充。因此，本章在多种融资约束指数的基础上，构建了适合中国工业企业现状的综合融资约束指标，并借鉴穆尔斯（2015）的方法对企业贸易额进行了全新的划分，从多个角度深入分析了融资约束对企业进口行为的影响，以期对已有文献进行拓展和补充。

与已有文献相比，本章的主要贡献是：（1）已有文献重点研究了中国企业出口行为，对企业进口行为的研究比较缺乏，本章将研究内容由企业出口行为转为企业进口行为，分析了融资约束对企业制定进口决策、进口行为的影响。（2）本章的研究视角将已有的二元边际、三元边际拓展成四元边际。（3）区别于已有文献大多采用单一指标衡量融资约束，本章根据企业内部流动性的高低、信用特征的优劣构建了衡量企业融资约束的综合指标。（4）本章从多个角度分析了融资约束对企业进口行为影响的差异性，同时分析了融资约束对不同行业、省份、城市的进口企业影响的差异性。研究结果表明，融资约束对内资企业的影响大于外资企业，对加工贸易的影响大于一般贸易，对进出口企业的影响大于仅进口的企业，外部融资环境的恶化会加剧融资约束对企业的影响。

第二节　融资约束影响中国企业进口
行为的计量模型构建

为实现本章的研究目的，本章首先检验融资约束与企业进口概率的关系，以期检验融资约束是否对中国企业进入进口市场具有显著的抑制作用。在此基础上，本章进一步检验了融资约束对进口企业四元边际的影响程度，并从多个角度进行分样本回归，从而对融资约束与进口的内在联系进行全面考察。

一、计量模型

在伯纳德等（Bernard 等，2009）、穆尔斯（2015）的基础上，本章构建的计量模型如式（6-1）所示：

$$Import_{it} = \alpha + \beta_1 Score_{it-1} + \beta_2 TFP_{it-1} + \beta_3 Own_{it-1} + \beta_4 \ln Size_{it-1} +$$

$$\beta_5 \ln Capital_{it-1} + \beta_6 \ln wage_{it-1} + \beta_7 \ln Age_{it-1} + \beta_8 Tax_{it-1} + \{FE\} + \varepsilon_{it}$$

$$(6-1)$$

其中，下标 i 表示工业部门各企业，下标 t 表示年份。$Import$ 表示企业是否进口、进口额或进口四元边际；$Score$ 表示企业融资约束水平；TFP 表示全要素生产率；Own 代表企业所有制类型的虚拟变量；$Size$ 表示企业规模水平；$Capital$ 表示企业资本密集度；$Wage$ 表示企业工资水平；Age 表示企业年龄；Tax 表示企业的实际税率水平；FE 表示行业、省份固定效应。

二、因变量

本章在考察企业的进口行为时，首先考察了融资约束对企业进入进口市场是否存在影响，此时，因变量 $Import$ 为虚拟变量，企业有进口行为时取 1，否则取 0。随后，本章考察了融资约束对进口额及进口四元边际的影响，此时，因变量 $Import$ 分别表示：进口总额的对数 $\ln v_i$、进口产品种类的对数 $\ln p_i$、进口来源国数量的对数 $\ln c_i$、进口密度的对数 $\ln d_i$ 以及企业平均进口价值的对数 $\ln u_i$。

现有文献集中在研究贸易增长的二元边际与三元边际，对贸易边际并没有统一的定义和标准。就二元边际而言，从产品层面来看，扩展边际主要表现为贸易产品种类的扩张，而集约边际主要表现为现有贸易产品贸易额的增长（Chaney，2008[①]）；三元边际则拓展了产品层面的二元边际，将集约边际进一步分解为产品数量与产品价格。伯纳德等（2009）从国家层面出发，分解了美国贸易的四元边际，穆尔斯（2015）将伯纳德等（2009）的分解方法拓展到企业层面，对企业进出口贸易进行四元边际分解。本章借鉴穆尔斯（2015）的做法，从单个企业视角而不是从国家视角出发对企业进口行为划分"四元边际"，具体内容如式（6-2）所示：

$$\ln v_i = \ln c_i + \ln p_i + \ln d_i + \ln u_i \qquad (6-2)$$

每个变量的含义为：①v_i 代表 i 企业的进口总额；②c_i 代表 i 企业的进口

---

① Chaney T., "Distorted Gravity: The Intensive and Extensive Margins of International Trade", *American Economic Review*, Vol. 98, No. 4, 2008, pp. 1707–1721.

来源国数量；③p_i代表 i 企业的进口产品种类；④d_i代表 i 企业的进口密度，进口密度衡量一个企业进口的产品种类及来源国的重合程度，具体公式为 $d_i = o_i/(c_i p_i)$ ，其中 o_i 代表进口额大于 0 的来源国-产品组合的数量，例如，如果 i 企业从 A 国进口 2 种产品，从 B 国进口 5 种产品，从 C 国进口 4 种产品，则 $o_i = 2+5+4 = 11$ ；⑤u_i代表 i 企业的进口平均价值，即将总进口价值平均到每个来源国-产品组合上，具体公式为 $u_i = v_i/o_i$ 。从集约边际与扩展边际的角度来看，进口平均价值（u_i）表示集约边际，进口来源国数量（c_i）、进口产品种类（p_i）则表示扩展边际（魏浩、巫俊，2018[①]）。

三、核心自变量

对于融资约束的成因，学术界比较倾向于内外因协同论（Clementi 和 Hopenhayn，2006[②]；Chaney，2008；于洪霞等，2011[③]；Manova 等，2015[④]）。企业的资金需求，可以通过留存收益等内部渠道满足，也可以通过银行信贷、股票、债券等外部渠道满足。相应地，企业的融资约束也可以分为内部融资约束和外部融资约束，内部融资约束指企业从内部融资困难，可能由企业的营运资本管理不善、资产利用效率低下等原因造成；外部融资约束指企业从外部融资困难，可能由企业的信用特征较差、无法满足股票债券发行条件等原因造成。基于此，本章从内源融资约束和外源融资约束两个角度对企业的融资约束水平进行了全面衡量。

（一）内源融资约束

具体包含以下指标：①本章采用经营活动现金净流量[⑤]占总资产的比率衡量企业内部资金的相对充裕程度。经营活动现金净流量是企业除筹资和融资活动外所有交易和事项形成的现金净流量，是企业现金的最主要来源。该

---

① 魏浩、巫俊：《知识产权保护、进口贸易与创新型领军企业创新》，《金融研究》2018 年第 9 期。

② Clementi, Gian Luca, Hugo A. Hopenhayn., "A Theory of Financing Constraints and Firm Dynamics", *Quarterly Journal of Economics*, Vol. 121, No. 1, 2006, pp. 229-265.

③ 于洪霞、龚六堂、陈玉宇：《出口固定成本融资约束与企业出口行为》，《经济研究》2011 年第 4 期。

④ Manova, Kalina, et al., "Firm Exports and Multinational Activity Under Credit Constraints", *The Review of Economics and Statistics*, Vol. 97, No. 3, 2015, pp. 574-588.

⑤ 采用 IFRS 会计准则，经营现金流量计算公式为"净利润"+"财务费用"+"本年折旧"+"存货项（-）"+"应收项目（-）"+"应付项目（+）"。

指标数值越高，表明企业内部资金越充裕，受内源融资约束的可能性越低。②本章选取应收账款周转率，即销售收入与应收账款平均余额的比例，对企业的营运能力进行单独考察。较高的应收账款周转率可以减少资金的占用，为企业提供更多的流动性，从而削弱企业的内源融资约束水平。

（二）外源融资约束

考虑到中国企业上市行为的稀缺性，信贷融资是中国工业企业外源融资的主要方式。本章采用企业的信用特征描述企业获取信贷资金的难易程度，从而衡量企业的外源融资约束水平。具体包含以下指标：①利息保障倍数，即息税前利润和利息费用的比例，它能够反映企业的总体财务状况和获取债务资本的能力。该指标越高，企业偿还债务的能力越强。②流动比率，即企业流动资产与流动负债的比值，可以衡量企业偿还短期债务的能力。该指标越高，企业的短期偿债能力越强。③清偿比率，即企业所有者权益占总负债的比率，这一指标侧重于揭示企业财务结构的稳健程度以及自有资金对偿债风险的承受能力。该指标越高，企业的长期偿债能力越强。④有形资产净值率，即企业有形资产占总资产的比率。在债务人违约时，有形资产可以被视为债权方受偿权的保证，故该指标越高意味着企业进行外源融资的可能性增加。⑤赢利水平（总资产收益率），即企业净利润与总资产的比率，衡量企业的赢利水平。该指标越高，企业的赢利能力越强，所受融资约束的可能性越低。

本章采用上述 7 项财务指标进一步构建衡量融资约束的指标 Score A 和 Score B。具体做法是：

1. 构建衡量融资约束的指标 Score A

具体构建方法如下：以应收账款周转率为例，定义相应的 Score A 分指标，取值范围为 1—5，分别表示企业的应收账款周转率在同行业中位于 80%—100%、60%—80%、40%—60%、20%—40%、0%—20%。判断每个企业的 7 项财务指标在同行业中分别属于何种分位数值，进而为对应的 Score A 分指标赋值。通过对 Score A 分指标进行加总，得到对应的 Score A 总指标，将 Score A 取值标准化到 1—10 的赋值区间，就得到了衡量每个企业融资约束的最终指标值 Score A。Score A 的取值越大，表明企业面临的融资约束水平越高。

2. 构建衡量融资约束的指标 Score B

以应收账款周转率为例，如果企业的应收账款周转率在同行业中位于前 1/3，即 0%—33.3%，则分指标取值为 1，否则取值为 0。分别判断企业的 7 项财务指标是否在同行业中位于前 1/3，进而为对应的 Score B 指标赋值。将指标加总并标准化到 1—10 的赋值区间，即得到了稳健性检验指标 Score B[①]。Score B 的取值越大，表明企业面临的融资约束水平越高。

四、控制变量

本章选取的控制变量是：（1）全要素生产率（*TFP*）。本章对企业的全要素生产率采用 LP 半参数法进行测算。（2）企业所有制类型（*Own*）。按照企业注册资本占总资本比重是否超过 50% 区分，本章将企业划分为国有（State）、集体（Collective）、法人（Legal）、私人（Private）、港澳台（HMT）和外商投资（Foreign）6 种所有制类型。其中 State 为省略变量，其他变量系数表示相对 State 的影响大小。（3）企业规模（ln*Size*）。本章使用企业总资产的对数值作为衡量企业规模的指标。（4）资本密集度（ln*Capital*）。本章采用固定资产净值年均余额与从业人员年平均人数之比的对数值衡量企业的资本密集度，以反映企业要素投入组合对进口行为的影响。（5）人均工资水平（ln*Wage*）。本章采用应付工资总额与从业人员年平均人数之比的对数值衡量企业的人均工资水平，以反映员工的人力资本。（6）企业成立年限（ln*Age*）。本章采用当年年份与企业开业年份差值的对数值来衡量企业的成立年限。（7）实际税率水平（*Tax*）。本章以企业应交增值税占产品销售收入的比例衡量企业的实际税率水平，以控制其对企业进口的影响。

五、数据来源

本章使用的数据是：2000—2008 年的中国海关贸易数据库、2000—2007 年的中国工业企业数据库。本章绘制了企业进口总额的核密度函数和

---

① Score B 与 Score A 对比，Score A 利用的财务指标信息多于 Score B。相对 Score A，Score B 将各项财务指标位于前 1/3 的企业定义为高约束组，而将其余企业均定义为低约束组，对融资约束的定义相对更保守。我们选取前 33% 分位数而非前 20% 分位数构建 Score B，以避免融资约束的定义过于严格使样本 Score B 的得分缺乏差异性。

散点分布图，结果显示：以 Score A 为权重的进口产品总价值的核密度函数分布图与正态分布接近，并且曲线较为平滑，说明被解释变量符合回归模型中关于无偏估计的假定；以 Score B 为权重的进口产品总价值的核密度函数分布图，与以 Score A 为权重的分布图基本一致，说明融资约束指标 Score A 和融资约束指标 Score B 对于进口产品总价值的解释力度基本一致。另外，进口产品总价值和融资约束指标 Score A、Score B 的拟合曲线一致，都略微向下倾斜，这与实证结果中影响系数为负的结论一致。

第三节　融资约束对中国企业进口行为影响的实证分析

一、基准回归

（一）融资约束对企业进口决策影响的检验结果

表 6-1 是融资约束对企业进口决策影响的混合 OLS 估计结果。结果表明：融资约束指标 Score A、Score B 都与企业的进口决策存在显著负相关关系，结果通过了 1% 显著性水平检验。也就是说，融资约束程度越低的企业更可能成为进口商。同时，从结果中，我们也可以看出，具有更高生产率、更高人力资本水平、更大规模、更长经营时间、更低税负水平的企业将更有可能成为进口商。资本密集度水平的系数显著为负，表明劳动密集型企业成为进口商的概率更高。

表 6-1　融资约束对企业进口决策的影响

变量	指标＝Score A	指标＝Score B
$Score_{t-1}$	-0.0342^{***} (-4.98)	-0.0430^{***} (-7.82)
TFP_{t-1}	0.0651^{***} (3.99)	0.0331^{***} (3.27)
$\ln Size_{t-1}$	0.3252^{***} (21.08)	0.3816^{***} (25.44)

续表

变量	指标＝Score A	指标＝Score B
ln$Capital_{t-1}$	−0. 1822 ***	−0. 1589 ***
	（−11. 22）	（−15. 52）
ln$Wage_{t-1}$	0. 5033 ***	0. 5012 ***
	（26. 50）	（29. 22）
lnAge_{t-1}	0. 0709 ***	0. 0487 **
	（4. 99）	（3. 01）
Tax_{t-1}	−7. 8710 ***	−9. 1265 **
	（−12. 97）	（−14. 87）
Collective	−0. 6101 **	−0. 6463 **
	（−10. 32）	（−7. 98）
Legal	−0. 0100	−0. 0087
	（−0. 33）	（−0. 28）
Private	−0. 8886 **	−0. 8039 ***
	（−5. 45）	（−4. 98）
HMT	1. 6721 ***	1. 9790 ***
	（34. 76）	（39. 22）
Foreign	0. 6565 ***	0. 7035 ***
	（12. 22）	（10. 09）
行业固定效应	Yes	Yes
省份固定效应	Yes	Yes
样本量	1010089	1010089
R^2	0. 28645	0. 3069

注：括号里的数字为 t 统计量；*、** 和 *** 分别代表在 10%、5%、1%的水平下显著。

（二）融资约束对企业进口四元边际影响的检验结果

表 6-2 是融资约束对企业进口四元边际影响的估计结果。具体来看：
（1）企业的融资约束水平与进口产品总价值呈显著的负相关关系，Score A

值每增加 1 个单位，企业的进口产品总价值将下降约 7.23%。（2）在扩展边际方面，融资约束对企业的进口来源国数量、进口产品种类均具有显著的抑制作用。一方面，可能是因为高融资约束企业难以承担增加进口来源国数量、进口产品种类带来的固定成本；另一方面，如果企业没有好的财务状况，外国企业将担心违约风险而减少与其合作，造成高融资约束企业的进口来源国数量、进口产品种类更少。与进口来源国数量相比，融资约束对进口产品种类的影响更大。Score A 值每增加 1 个单位，企业的进口来源国数量将下降约 3.71%，进口产品种类则将下降约 7.60%。其原因可能在于，增加进口产品边际的固定成本小于增加国家边际的固定成本，故融资约束的改善对增加进口产品种类的效果更明显。（3）在集约边际方面，融资约束对进口平均价值的影响并不显著。由于集约边际的增加主要带来企业可变成本的增加，如运输保险费用，这表明企业能够克服进口价值增加带来的可变成本，受融资约束的制约较小。（4）在进口密度方面，融资约束的增加将带来进口密度的显著上升。由于企业很少从多个国家进口同一种产品，故随着进口来源国数量、进口产品种类的增加，进口密度往往下降，造成融资约束与进口密度的正相关关系。

从其他变量来看，拥有较高全要素生产率、企业规模、人力资本水平以及较低成立年限、税负水平的企业进口总额越大；资本密集型的企业进口产品的单位价值更高，但进口来源国数量、进口产品种类显著低于劳动密集型的企业；高人力资本水平的企业扩展边际更大，但集约边际显著更低；成立年限更久的企业进口产品种类更多，但进口平均价值更低，进口来源国数量则没有明显变化。

从表 6-2 也可以看出，基于 Score B 指标的估计结果与基于 Score A 指标的估计结果是一致的，说明估计结果是稳健的。总的来看，融资约束显著抑制企业的进口规模；融资约束显著抑制企业的进口来源国数量与进口产品种类，融资约束对进口产品种类的影响大于其对进口来源国数量的影响；融资约束对进口平均价值的影响则不显著；融资约束显著提升企业的进口密度。

表 6-2　融资约束对企业进口四元边际的影响

指标	Score A					Score B				
变量	lnv	lnc	lnp	lnd	lnu	lnv	lnc	lnp	lnd	lnu
$Score_{t-1}$	-0.0723*** (-6.11)	-0.0371*** (-4.34)	-0.0760*** (-8.54)	0.0209*** (3.39)	-0.0129 (-1.61)	-0.1020*** (-7.55)	-0.0980** (-4.26)	-0.0802*** (-5.77)	0.0264*** (4.98)	-0.0072 (-0.12)
TFP_{t-1}	0.1928*** (7.82)	0.0399*** (5.81)	-0.0088 (-0.47)	-0.0377*** (-5.81)	0.2000*** (9.58)	0.2870*** (7.66)	0.1530*** (4.10)	0.0180 (0.44)	-0.0215*** (-3.90)	0.2238*** (11.66)
$lnSize_{t-1}$	0.6787*** (28.11)	0.2087*** (30.09)	0.2916*** (30.90)	-0.2188*** (-39.04)	0.3900*** (22.78)	0.8011*** (36.40)	0.2603*** (33.84)	0.5560*** (32.30)	-0.2000*** (-30.40)	0.3078*** (26.98)
$lnCapital_{t-1}$	-0.0098* (-3.09)	-0.0508*** (-10.60)	-0.0655*** (-7.24)	0.0505*** (9.55)	0.0720*** (5.62)	-0.0090 (-0.42)	-0.1903*** (-7.70)	-0.0868*** (-6.30)	0.0355*** (8.10)	0.0730*** (5.74)
$lnWage_{t-1}$	0.1800*** (4.91)	0.1020*** (6.16)	0.1871** (8.00)	-0.0900*** (-9.65)	-0.0712*** (-3.03)	0.1496*** (5.22)	0.0617*** (5.98)	0.2002*** (11.58)	-0.1300*** (-7.90)	-0.0194* (-0.57)
$lnAge_{t-1}$	-0.1980*** (-5.88)	0.0005 (0.07)	0.0690*** (4.29)	-0.0176* (-1.20)	-0.0500*** (-4.22)	-0.3780*** (-9.84)	-0.0007 (-0.10)	0.0800*** (5.10)	-0.0006 (-0.07)	-0.2506*** (-10.57)
Tax_{t-1}	-6.1660** (-12.75)	-1.4055*** (-8.04)	-2.7220*** (-8.49)	0.7892*** (7.70)	-1.2000*** (-5.63)	-9.0700*** (-20.60)	-3.6110*** (-19.44)	-5.3700*** (-16.59)	2.9709*** (15.80)	-4.8800*** (-18.42)
$Collective$	-0.0008 (-0.10)	-0.0022 (-0.13)	-0.0159* (-1.33)	0.0001 (0.09)	0.0003 (0.10)	-0.0007 (-0.0010)	-0.0001 (-0.01)	-0.1202* (-1.48)	0.0002 (0.03)	0.0001 (0.01)
$Legal$	-0.0787 (-0.65)	0.0706*** (2.33)	-0.0006 (-0.12)	-0.0406* (-1.44)	0.0020 (0.02)	-0.1897 (-0.95)	0.1063** (4.30)	-0.0004 (-0.10)	-0.1207* (-3.15)	0.0012 (0.02)

续表

指标	Score A					Score B				
变量	ln$v$	ln$c$	ln$p$	ln$d$	ln$u$	ln$v$	ln$c$	ln$p$	ln$d$	ln$u$
Private	-0.3009***	0.0022	-0.2477***	0.0001	-0.0001	-0.3080***	-0.0011	-0.1098**	0.0013	-0.0105
	(-3.11)	(0.01)	(-4.09)	(0.10)	(-0.11)	(-4.24)	(-0.03)	(-2.20)	(0.28)	(-0.16)
HMT	0.8020***	0.6490***	0.9980***	-0.2146***	0.1001*	0.3000***	0.2296***	0.4105***	-0.3827***	0.0827
	(7.25)	(8.53)	(7.92)	(-10.11)	(2.31)	(4.20)	(3.25)	(6.62)	(-6.50)	(0.99)
Foreign	0.9140**	0.1846***	0.6610***	-0.6979***	0.1704***	0.8110***	0.5020***	0.4598***	-0.1046***	0.1904**
	(9.20)	(8.00)	(14.88)	(-15.22)	(6.80)	(8.10)	(6.33)	(12.24)	(-6.57)	(3.23)
行业固定效应	Yes	Yes	Yes	Yes	Yes	Yes	Yes	Yes	Yes	Yes
省份固定效应	Yes	Yes	Yes	Yes	Yes	Yes	Yes	Yes	Yes	Yes
样本量	121309	121309	121309	121309	121309	121309	121309	121309	121309	121309
R^2	0.265	0.251	0.308	0.253	0.201	0.265	0.271	0.323	0.265	0.190

注：括号里的数字为 t 统计量；*、**、***分别代表在10%、5%、1%的水平下显著。

（三）分样本回归

1. 不同所有制类型企业融资约束对进口四元边际的影响

本节将进口企业划分为内资企业和外资企业。从表6-3可以看出，基于Score A指数的估计结果表明：（1）融资约束对内资企业和外资企业的进口产品总价值均存在显著的抑制作用，内资企业受到的抑制作用大于外资企业。（2）融资约束对内资企业、外资企业进口的抑制作用主要通过影响扩展边际实现。对于内资企业而言，融资约束与进口来源国数量、进口产品种类之间存在显著的负相关关系，Score A指数每增加1个单位，内资企业的进口来源国的数量将降低3.03%，进口产品种类将降低5.98%。对于外资企业而言，融资约束同样与进口产品种类之间存在显著的负相关关系，但这种影响更小，与进口来源国数量之间的负相关关系不显著。（3）无论对内资企业还是外资企业而言，融资约束与集约边际之间的负相关关系均不显著。（4）融资约束对内资企业、外资企业进口密度的影响都是正相关，但是，融资约束与内资企业进口密度之间的正相关关系是显著的，融资约束与外资企业进口密度之间的正相关关系是不显著的。结合基于Score B指数的估计结果，可以看出，基于Score A指数的估计结果是比较稳健的。总的来看，融资约束对内资企业进口产生抑制作用的途径主要是降低进口来源国数量、降低进口产品种类数、提高进口密度，融资约束对外资企业进口产生抑制作用的途径主要是降低进口产品种类数。

中国内资企业受融资约束的抑制效应大于外资企业，这种现象可能是由外资企业公司内贸易造成的。跨国公司等外资企业的贸易常常发生在企业内部，即在华外资企业一般是与其母国公司、在其他国家的分公司和子公司进行贸易往来，这种内部化的贸易往来避免了市场化贸易往来的一部分不确定性，由于贸易双方具有一定的隶属关系、长期合作关系或者历史渊源，双方具有较强的信任关系，从而外资企业一般都具有特定的进口来源国及进口产品种类，故其进口贸易受融资约束的影响较小。相对于外资企业而言，内资企业的进口对融资约束表现出更强的敏感性，其原因可能在于，内资企业的进口贸易一般是市场化行为，与国外出口企业之间的合作关系不紧密、不固定。

表6-3　不同所有制类型下融资约束对进口四元边际的影响

内资企业

指标=Score A

变量	lnv	lnc	lnp	lnd	lnu
$Score_{t-1}$	-0.0780***	-0.0303***	-0.0598***	0.0296***	-0.0101
	(-4.82)	(-5.44)	(-7.36)	(6.16)	(-0.22)
控制变量	是	是	是	是	是
样本量	50164	50164	50164	50164	50164
R^2	0.232	0.204	0.251	0.198	0.234

指标=Score B

变量	lnv	lnc	lnp	lnd	lnu
$Score_{t-1}$	-0.0408**	-0.0216***	-0.0302***	0.0194***	0.0010
	(-3.25)	(-4.40)	(-4.78)	(5.50)	(0.10)
控制变量	是	是	是	是	是
样本量	50164	50164	50164	50164	50164
R^2	0.244	0.212	0.224	0.236	0.270

外资企业

指标=Score A

变量	lnv	lnc	lnp	lnd	lnu
$Score_{t-1}$	-0.0525***	-0.0056	-0.0625***	0.0069	-0.0045
	(-4.63)	(-0.87)	(-5.24)	(0.52)	(-0.74)
控制变量	是	是	是	是	是
样本量	68909	68909	68909	68909	68909
R^2	0.266	0.298	0.265	0.260	0.227

指标=Score B

变量	lnv	lnc	lnp	lnd	lnu
$Score_{t-1}$	-0.0396***	-0.0015	-0.0297***	-0.0003	-0.0105
	(-3.24)	(-0.45)	(-4.28)	(-0.08)	(-0.95)
控制变量	是	是	是	是	是
样本量	68909	68909	68909	68909	68909
R^2	0.246	0.255	0.237	0.240	0.202

注:括号里的数字为t统计量;*、**、***分别代表在10%、5%、1%的水平下显著。

2. 不同进口方式企业融资约束对进口四元边际的影响

本节按照一般贸易和加工贸易的分类重新计算了企业的进口四元边际，回归结果如表6-4所示。基于Score A指数的估计结果表明：（1）融资约束对加工贸易、一般贸易进口总额的影响都是负效应，但是，融资约束对加工贸易进口总额的影响是显著的负效应，对一般贸易进口总额的影响仅能通过10%显著性水平检验。（2）融资约束对一般贸易的集约边际、扩展边际、进口密度的影响都是显著的，融资约束对加工贸易的扩展边际、进口密度的影响是显著的，对集约边际的影响不显著。结合基于Score B指数的估计结果，可以看出，基于Score A指数的估计结果部分是比较稳健的。总的来看，融资约束对加工贸易进口总额的抑制作用显著，对一般贸易进口总额的抑制作用不显著；融资约束主要通过降低进口产品种类、降低进口来源国数量、提高进口密度影响加工贸易进口总额。这个结论与已有关于出口的研究结论类似，在中国融资约束主要影响企业的加工贸易。

3. 不同出口状态企业的融资约束对进口四元边际的影响

本节将进口企业划分为同时具有进出口行为的企业和只具有进口行为的企业，回归结果如表6-5所示。从表6-5可以看出，基于Score A指数的估计结果表明：（1）对于同时具有进出口行为的企业来说，出口企业的融资约束与其进口产品总价值之间存在显著的负相关关系，出口企业的融资约束与其进口来源国数量、进口产品种类之间存在显著的负相关关系，融资约束与进口集约边际之间也是显著的负相关关系，融资约束与进口密度之间是显著的正相关关系。（2）对于只有进口行为没有出口行为的企业来说，企业的融资约束与其进口产品总价值之间的负相关关系不显著，在四元边际中，融资约束只能显著降低进口产品种类。结合基于Score B指数的估计结果，可以看出，在基于Score A指数的估计结果中，出口企业的估计结果都是稳健的。总的来看，融资约束对同时具有进出口行为企业的进口具有显著的抑制作用，这种作用主要通过降低进口产品种类数、降低进口来源国数量、降低集约边际、增加进口密度；融资约束对没有出口行为企业的进口影响不显著。

表6-4　不同进口方式下融资约束对进口四元边际的影响

一般贸易进口

指标＝Score A

变量	ln$v$	ln$c$	ln$p$	ln$d$	ln$u$
Score$_{t-1}$	-0.0198*	-0.0105*	-0.0371***	0.0102**	0.0216*
	(-2.68)	(-1.96)	(-4.20)	(3.53)	(2.86)
控制变量	是	是	是	是	是
样本量	82991	82991	82991	82991	82991
R^2	0.286	0.242	0.318	0.245	0.260

指标＝Score B

变量	ln$v$	ln$c$	ln$p$	ln$d$	ln$u$
Score$_{t-1}$	-0.0100	-0.0030	-0.0200***	0.0035*	0.0080
	(-0.72)	(-0.25)	(-4.30)	(1.54)	(0.96)
控制变量	是	是	是	是	是
样本量	82991	82991	82991	82991	82991
R^2	0.271	0.232	0.301	0.243	0.262

加工贸易进口

指标＝Score A

变量	ln$v$	ln$c$	ln$p$	ln$d$	ln$u$
Score$_{t-1}$	-0.0715***	-0.0188***	-0.0464***	0.0124***	-0.0029
	(-5.96)	(-4.06)	(-6.38)	(3.67)	(-0.30)
控制变量	是	是	是	是	是
样本量	70982	70982	70982	70982	70982
R^2	0.262	0.259	0.300	0.230	0.257

指标＝Score B

变量	ln$v$	ln$c$	ln$p$	ln$d$	ln$u$
Score$_{t-1}$	-0.0396***	-0.0105***	-0.0302***	0.0099***	-0.0090
	(-4.45)	(-2.98)	(-4.95)	(3.62)	(-1.14)
控制变量	是	是	是	是	是
样本量	70982	70982	70982	70982	70982
R^2	0.250	0.259	0.299	0.212	0.246

注：括号里的数字为t统计量；*、**、***分别代表在10%、5%、1%的水平下显著。

表6-5　不同出口状态下融资约束对进口四元边际的影响

	出口企业					非出口企业				
	指标=Score A					指标=Score A				
变量	ln$v$	ln$c$	ln$p$	ln$d$	ln$u$	ln$v$	ln$c$	ln$p$	ln$d$	ln$u$
$Score_{t-1}$	-0.0798***	-0.0217***	-0.0626***	0.0198***	-0.0166**	-0.0220	-0.0070	-0.0266***	0.0048	-0.0010
	(-6.36)	(-5.82)	(-8.46)	(5.25)	(-2.79)	(-1.04)	(-0.82)	(-3.25)	(1.00)	(-0.07)
控制变量	是	是	是	是	是	是	是	是	是	是
样本量	85674	85674	85674	85674	85674	29938	29938	29938	29938	29938
R^2	0.272	0.261	0.324	0.244	0.218	0.205	0.196	0.266	0.196	0.255
变量	指标=Score B					指标=Score B				
	ln$v$	ln$c$	ln$p$	ln$d$	ln$u$	ln$v$	ln$c$	ln$p$	ln$d$	ln$u$
$Score_{t-1}$	-0.0505***	-0.0105***	-0.0319***	0.0117***	-0.0210**	-0.0008	-0.0011	-0.0043	0.0021	0.0005
	(-5.26)	(-3.14)	(-5.96)	(3.43)	(-2.77)	(-0.05)	(-0.09)	(-0.67)	(0.50)	(0.10)
控制变量	是	是	是	是	是	是	是	是	是	是
样本量	85674	85674	85674	85674	85674	29938	29938	29938	29938	29938
R^2	0.270	0.254	0.313	0.272	0.200	0.213	0.180	0.255	0.166	0.182

注:括号里的数字为t统计量;*、**、***分别代表在10%、5%、1%的水平下显著。

其原因可能是：一方面，与非出口企业相比，除了满足进口所需的资金外，具有出口行为的企业额外还需要更多的资金来开拓出口市场，从而融资约束对同时具有进出口行为企业进口的影响比较显著；另一方面，对于只进口、不出口的企业而言，进口产品可能存在一定的不可替代性，如原油等大宗商品或高新技术中间产品等，由于这类商品进口对于企业的生产具有重要意义，因此，非出口企业的进口对融资约束表现出相对更低的敏感性。

4. 不同行业企业的融资约束对进口四元边际的影响

本节对样本企业按 39 个行业进行划分，采用 2005—2006 年的样本数据进行回归估计。估计结果表明：（1）基于 Score A 指数的估计，在 39 个行业中，融资约束对进口总量具有显著抑制作用的行业主要有 8 个，分别是纺织业、纺织服装和鞋帽制造业、皮革（毛皮、羽毛）制品业、木材加工（及木、竹等）制品业、交通运输设备制造业、电气机械器材制造业、通信计算机电子设备制造业、废弃资源和废旧材料回收加工业。融资约束对其他行业进口四元边际部分指标的影响也表现为具有显著性。例如，融资约束对医药制造业企业进口产品种类的影响是显著的抑制效应，融资约束对化学纤维制造业企业进口来源国数量、进口密度的影响是显著的，印刷业、通用设备制造业、仪器仪表及文化办公机械制造业、工艺品及其他制造业等行业部分指标的估计结果也具有显著性。（2）结合基于 Score B 指数的估计结果，在基于 Score A 指数的估计结果中，只有部分估计结果是稳健的。稳健的结果是：融资约束对皮革（毛皮、羽毛）制品业、交通运输设备制造业、电气机械器材制造业、通信计算机电子设备制造业、废弃资源和废旧材料回收加工业企业的进口总额具有显著的抑制作用；融资约束对医药制造业企业进口产品种类具有显著的抑制效应，融资约束对化学纤维制造业企业进口来源国数量具有显著的正效应、对进口密度具有显著的负效应。

5. 不同省份企业的融资约束对进口四元边际的影响

本节将进口企业按照 31 个省份进行划分。基于 Score A 指数的估计结果表明：在进口总量方面，融资约束与进口总量之间具有显著负相关关系的省份主要有河北、山西、辽宁、黑龙江、江苏、福建、江西、山东、广东，与此同时，贵州省的融资约束与进口总量之间具有显著正相关关系。除了上述 10 个省份之外，在四元边际指标方面，重庆、上海、浙江、河南、湖南、陕西等 6 个省（直辖市）的部分四元边际指标的估计结果也是显著的。结合基于 Score B 指数的估计结果，可以看出，在基于 Score A 指数的估计结果中，部分估计结果是稳健的。稳健的结果是：河北、黑龙江、广东等 3 个省份的融资约束对其进口总量的影响表现为显著的抑制作用，贵州省的融资约束对其进口总量的影响却表现为显著的促进作用；上海、浙江、河南、湖南等 4 个省（直辖市）的融资约束对其进口产品种类的影响是显著的，与此同时，陕西的融资约束对其进口集约边际的影响是显著的。

6. 不同城市企业的融资约束对进口四元边际的影响

本节将进口企业按照 170 个城市进行划分。基于 Score A 指数的估计结果表明：（1）在进口总量方面，融资约束与进口总量之间具有显著负相关关系的城市主要有辽宁省丹东市，广东省东莞市、深圳市、珠海市、江门市，福建省福州市、莆田市，浙江省杭州市，江苏省南通市、无锡市、盐城市等 11 个城市，与此同时，江西省赣州市、河南省焦作市、山东省威海市、浙江省舟山市等 4 个城市的融资约束与进口总量之间具有显著正相关关系。除了上述 15 个城市之外，虽然融资约束与进口总量之间不具有显著的相关关系，但是，在四元边际指标方面，河北省保定市，山东省德州市、青岛市，江西省南昌市等 24 个城市的部分四元边际指标的估计结果也是显著的。

结合基于 Score B 指数的估计结果，可以看出，在基于 Score A 指数的估计结果中，部分估计结果是稳健的。稳健的结果是：辽宁省丹东市，广东省东莞市、江门市、深圳市、珠海市，福建省莆田市，山东省威海市，浙江省舟山市等 8 个城市的融资约束与进口总量之间具有显著的相关关系；河北省保定市，山东省德州市、潍坊市、青岛市，江西省南昌市，广东省汕头市、中山市，浙江省绍兴市、台州市，江苏省泰州市，福建省漳州市，河南省郑州市等 12 个城市的融资约束与进口四元边际部分指标之间具有显著的相关关系。

融资约束对不同省份、城市的企业进口影响存在差异的原因，可能与当地企业进口产品的行业特点、当地的外部金融环境有关。需要注意的是，部分省份、城市的融资约束对企业的进口量表现为显著的促进作用。从四元边际来看，融资约束对进口量的促进作用主要体现在对进口平均价值的促进作用，对进口来源国数量、进口产品种类也可能存在显著的促进作用。

这一现象可能是由如下原因造成：（1）融资约束对进口平均价值通常没有显著的抑制作用，企业在受融资约束的条件下也可以扩大进口的平均贸易量。一般来说，企业提高平均进口价值，主要是需要克服运输费用、保险费用及关税等可变成本，而可变成本相对较小，受融资约束的企业也有能力克服可变成本。另外，一部分受融资约束较高的企业为了生存，千方百计通过大量进口关键零部件、先进机器设备等提高生产率、产品质量，从而提高市场竞争力，这种情况下企业的融资约束与进口平均价值就表现为正相关。（2）融资约束对进口来源国数量、进口产品种类的促进作用，这表明受融资约束的企业反而更能克服进口带来的固定成本，原因可能是这部分企业受到外部金融环境的支持。本章对于融资约束的衡量主要是通过企业的财务指标反映其内部资金的充裕程度及违约概率，外部金融环境也会影响企业的融资约束水平。例如，对于部分高新技术企业而言，前期投资高、成本回收周期长，因此其内部资金不够充裕、信用特征不好，受到的融资约束较强。然而，部分省份、城市的政府可能愿意扶持高新技术企业，为其提供财政补贴，帮助它们克服进口带来的固定成本，就可能存在融资约束与进口来源国数量、进口产品种类的正相关关系。

第四节　金融危机背景下融资约束对企业进口四元边际影响的分析

为了检验金融危机期间融资约束对企业影响的差异性，本节将进一步针对2005—2006年间和2007—2008年间的企业样本进行考察。总的来看，金融危机增强了融资约束对不同行业、省份、城市进口的影响，融资约束对不同行业的影响较为稳定，对省份、城市的影响则相对不稳定。

一、金融危机背景下融资约束对企业的进口决策的影响

表6-6的估计结果表明，金融危机期间融资约束对企业进口四元边际的影响增强。具体来看：①Score A 指数每增加 1 个单位，企业的进口产品总价值将下降 7.53%。②在扩展边际方面，Score A 值每增加 1 个单位，进口来源国数量将下降 1.42%，进口产品种类将下降 4.05%。③在集约边际方面，Score A 值每增加 1 个单位，进口平均价值将下降 3.28%。④在进口密度方面，Score A 值每增加 1 个单位，进口密度将显著上升 1.23%。结合基于 Score B 指数的估计结果，可以看出，基于 Score A 指数的估计结果是比较稳健的。

进一步分析融资约束对不同类型企业的影响。从表 6-6 可以看出：①在企业所有制方面，金融危机显著增强了融资约束对外资企业的影响。Score A 指数每增加 1 个单位，外资企业的进口来源国数量将显著下降 0.94%，进口平均价值将显著下降 3.82%，而这些变量的系数在 2005—2006 年间均不显著。②在贸易方式方面，金融危机背景下融资约束对一般贸易和加工贸易的影响均有所增强。融资约束对一般贸易进口总价值、进口来源国数量产生了显著的抑制作用，Score A 指数每增加 1 个单位，企业的进口总价值将显著下降 4.91%，进口来源国数量将显著下降 0.85%。融资约束对企业两类方式进口的集约边际都产生了显著的抑制作用。Score A 指数每增加 1 个单位，一般贸易集约边际显著下降 2.19%，加工贸易集约边际显著下降 2.18%。③在出口状态方面，金融危机增强了融资约束对两类出口状态下企业进口的影响。融资约束对具有两类出口状态企业的扩展边际产生了显著的抑制作用，融资约束对两类出口状态企业的进口集约边际产生了显著的抑制作用。结合基于 Score B 指数的估计结果，可以看出，基于 Score A 指数的估计结果是比较稳健的。总的来看，金融危机增强了融资约束对企业进口四元边际的影响。其原因主要是：金融危机恶化了金融市场的外部环境，比如银行由于坏账增加而紧缩信贷。这导致企业获取外部资金的成本增加，使受融资约束的企业为进口融资变得更加困难。

表6-6　金融危机背景下融资约束对进口四元边际的影响

2007—2008 年

样本类别	指标=Score A					指标=Score B					样本量
	lnv	lnc	lnp	lnd	lnu	lnv	lnc	lnp	lnd	lnu	
总体样本	-0.0753*** (-8.59)	-0.0142*** (-5.05)	-0.0405*** (-9.84)	0.0123*** (5.45)	-0.0328*** (-4.64)	-0.0524*** (-7.79)	-0.0085*** (-3.94)	-0.0240*** (-7.59)	0.0074*** (4.29)	-0.0273*** (-5.03)	32837
内资企业	-0.0643*** (-4.06)	-0.0236*** (-5.60)	-0.0414*** (-6.79)	0.0187*** (5.52)	-0.0180 (-1.36)	-0.0366*** (-3.09)	-0.0139*** (-4.40)	-0.0214*** (-4.69)	0.0112*** (4.42)	-0.0125 (-1.26)	12368
外资企业	-0.0823*** (-8.07)	-0.0094** (-2.53)	-0.0440*** (-7.90)	0.0093*** (3.12)	-0.0382*** (-4.81)	-0.0611*** (-7.65)	-0.0050* (-1.70)	-0.0267*** (-6.13)	0.0049** (2.11)	-0.0343*** (-5.52)	20000
一般贸易	-0.0491*** (-4.39)	-0.0085*** (-2.70)	-0.0249*** (-5.10)	0.0063** (2.39)	-0.0219** (-2.37)	-0.0456*** (-5.32)	-0.0068** (-2.85)	-0.0188*** (-5.02)	0.0048** (2.39)	-0.0247*** (-3.48)	23019
加工贸易	-0.0629*** (-5.87)	-0.0102*** (-3.13)	-0.0399*** (-8.52)	0.0090*** (3.56)	-0.0218** (-2.50)	-0.0432*** (-5.24)	-0.0033 (-1.30)	-0.0192*** (-5.31)	0.0028 (1.42)	-0.0235*** (-3.50)	24137
出口企业	-0.0810*** (-8.05)	-0.0169*** (-5.13)	-0.0483*** (-10.01)	0.0157*** (5.93)	-0.0315*** (-3.93)	-0.0560*** (-7.30)	-0.0093*** (-3.72)	-0.0276*** (-7.52)	0.0088*** (4.38)	-0.0278*** (-4.57)	24202
非出口企业	-0.0712*** (-4.04)	-0.0117** (-2.23)	-0.0277*** (-3.56)	0.0074* (1.76)	-0.0392*** (-2.66)	-0.0492*** (-3.54)	-0.0075* (-1.83)	-0.0160*** (-2.62)	0.0046 (1.39)	-0.0302*** (-2.60)	8635

2005—2006 年

样本类别	指标=Score A					指标=Score B					样本量
	lnv	lnc	lnp	lnd	lnu	lnv	lnc	lnp	lnd	lnu	
总体样本	-0.0654*** (-6.08)	-0.0140*** (-4.34)	-0.0520*** (-9.83)	0.0125*** (4.69)	-0.0119 (-1.50)	-0.0362*** (-4.30)	-0.0078*** (-3.12)	-0.0278*** (-6.70)	0.0066*** (3.19)	-0.0072 (-1.16)	23102

续表

样本类别	指标=Score A					指标=Score B					样本量
	lnv	lnc	lnp	lnd	lnu	lnv	lnc	lnp	lnd	lnu	
内资企业	-0.0751*** (-4.24)	-0.0244*** (-5.19)	-0.0627*** (-8.23)	0.0243*** (6.21)	-0.0123 (-0.89)	-0.0333** (-2.50)	-0.0138*** (-3.90)	-0.0343*** (-5.97)	0.0136*** (4.61)	0.0012 (0.11)	9336
外资企业	-0.0540*** (-4.01)	-0.0048 (-1.08)	-0.0430*** (-5.87)	0.0026 (0.72)	-0.0089 (-0.94)	-0.0323*** (-2.97)	-0.0017 (-0.46)	-0.0210*** (-3.55)	-0.0003 (-0.09)	-0.0094 (-1.24)	13316
一般贸易	-0.0149 (-1.08)	-0.0066* (-1.87)	-0.0338*** (-5.54)	0.0072** (2.35)	0.0183* (1.69)	-0.0121 (-1.12)	-0.0030 (-1.10)	-0.0205*** (-4.32)	0.0037 (1.54)	0.0078 (0.92)	16274
加工贸易	-0.0648*** (-5.73)	-0.0126*** (-3.11)	-0.0500*** (-7.73)	0.0096*** (2.99)	-0.0118 (-1.44)	-0.0374*** (-4.21)	-0.0093*** (-2.92)	-0.0261*** (-5.15)	0.0065** (2.56)	-0.0084 (-1.30)	14436
出口企业	-0.0779*** (-6.32)	-0.0157*** (-4.18)	-0.0613*** (-9.94)	0.0144*** (4.62)	-0.0153* (-1.70)	-0.0464*** (-4.80)	-0.0085*** (-2.90)	-0.0331*** (-6.85)	0.0076*** (3.14)	-0.0124* (-1.76)	17261
非出口企业	-0.0235 (-1.08)	-0.0077 (-1.24)	-0.0205** (-2.02)	0.0058 (1.14)	-0.0011 (-0.07)	-0.0009 (-0.05)	-0.0039 (-0.81)	-0.0067 (-0.85)	0.0019 (0.48)	0.0079 (0.61)	5841

注：括号里的数字为 t 统计量；*、**、***分别代表在10%、5%、1%的水平下显著。

二、金融危机背景下融资约束对不同行业的影响

对比 2005—2006 年的估计结果，2007—2008 年间受融资约束显著影响的行业数量有明显增加。2007—2008 年间受融资约束显著影响的新增行业主要有 8 个：纺织服装和鞋帽制造业、家具制造业、化学原料及化学制品制造业、橡胶制品业、塑料制品业、金属制品业、专用设备制造业、仪器仪表及文化办公机械制造业。不再受融资约束显著影响的行业主要有 2 个：交通运输设备制造业、废弃资源和废旧材料回收加工业。纺织类行业、电气类行业则始终受到融资约束的显著影响。

三、金融危机背景下融资约束对不同省（直辖市）、城市的影响

对比 2005—2006 年的估计结果，2007—2008 年间受融资约束显著影响的省份、城市数量有所增加，而且呈现出较强的变动。2007—2008 年间受融资约束显著影响的新增省（直辖市）主要有 5 个：北京市、江苏省、浙江省、海南省、陕西省。不再受融资约束显著影响的省份主要有 3 个：河北省、福建省、湖南省。始终受到融资约束显著影响的省（直辖市）则主要有 3 个：上海市、山东省、广东省。受融资约束显著影响的新增城市主要有 9 个：福建省福州市、南平市，江苏省南京市、苏州市，浙江省宁波市、衢州市、绍兴市，广东省云浮市、深圳市。不再受融资约束显著影响的城市主要有 7 个：河北省保定市，广东省江门市、汕头市、珠海市，福建省莆田市，浙江省台州市，江苏省盐城市。始终受到融资约束显著影响的城市则主要有 3 个：山东省青岛市、广东省东莞市、江苏省无锡市。

四、稳健性检验

为了避免可能存在的不同年份样本企业不一致问题，本章将所使用的 2006 年和 2008 年数据中的样本企业进行一致化处理，处理后的两个年份数据中的企业保持相同，共有 21658 家企业在 2006 年和 2008 年中同时存在。估计结果表明：修正后的实证结果与修正前实证结果的差异性极小。这说明金融危机背景下融资约束影响进口四元边际的实证结果具有较强的说服力，能够更为深刻地说明融资约束与进口四元边际之间存在普遍而内在的联系。

本章小结

一、基本结论

本章利用 2000—2008 年中国工业企业数据与海关贸易数据的匹配数据，采用最新的贸易四元边际划分方法，分析了融资约束对企业四元边际造成的影响。本章从所有制类型、进口方式、出口状态、行业类型、省（直辖市）和城市层面等五个角度出发，分析了融资约束对不同样本企业进口影响的差异性，并对比了非金融危机、金融危机背景下融资约束对企业进口影响的差异性。本章的主要研究结论是：

（一）整体而言，融资约束会显著抑制企业的进口贸易行为

融资约束对企业进口决策存在显著的抑制作用。从四元边际的角度来看，融资约束与企业的进口产品总价值、代表扩展边际的进口来源国数量和进口产品种类存在显著负相关关系，与代表集约边际的进口平均价值则不存在显著负相关关系。这表明高融资约束企业主要是难以克服进口扩展边际增加带来的固定成本，而不是难以克服进口集约边际增加带来的可变成本。

（二）从不同视角来看，融资约束对不同类型企业的影响具有一定的差异性

从企业所有制类型来看，相对于外资企业，内资企业的进口更容易受融资约束的影响；从进口方式来看，相对于一般贸易进口，企业的加工贸易进口更容易受融资约束的影响；从出口状态来看，相对于只进口的企业，同时具有进口和出口行为的企业更容易受到融资约束的影响。另外，不同行业的企业、不同地区的企业受融资约束的影响具有较大的差异。

（三）不同的外部金融环境导致融资约束对企业进口行为的影响存在显著差异

在 2008 年金融危机期间，企业的进口行为对融资约束表现出更强的敏感性，高融资约束企业与低融资约束企业在进口四元边际上的差距被拉大。从行业的角度来看，外部融资环境较差或具有高外源融资依赖度的纺织类行业、电气类行业进口对融资约束表现出更强的敏感性。从省（直辖市）、城

市的角度来看，融资约束对省（直辖市）、城市的影响则存在较大的变动，上海市、山东省、广东省等3个省（直辖市），山东省青岛市、广东省东莞市、江苏省无锡市等3个城市的进口企业相对受到融资约束的长期抑制。

二、政策建议

本章的研究结果具有很强的政策启示意义。目前，扩大进口是中国政府实施更加积极主动开放的重要内容，也是近年来中国政府外贸政策的发展方向。近年来，中国出台了一系列促进进口贸易的政策，这些政策的核心是积极扩大进口。一方面，优化进口商品结构，更多进口先进技术装备和优质消费品；另一方面，推动进口市场结构从传统市场为主向多元化市场全面发展转变，加大拉美、非洲等新兴市场开拓力度，选择若干个新兴市场重点开拓，逐步提高新兴市场在中国外贸中的比重。本章的研究结果表明，融资约束是限制企业进口的显著因素，融资约束是限制中国内资企业进口、加工贸易进口的重要因素，融资约束是限制中国企业选择进口来源国、进口产品种类的显著因素。可见，解决企业的融资约束问题是有效实施扩大进口的关键因素之一。因此，为了更好地实施扩大进口，中国政府必须要解决企业特别是内资企业面临的融资约束问题，特别是在经济发展环境不好的情况下，各级政府更应该帮助企业缓解融资约束，渡过难关，保障进口。

另外，目前中国的重大经济发展战略之一是全面推进双向开放，促进国内国际要素有序流动、资源高效配置、市场深度融合，加快培育国际竞争新优势。这个战略的重点在于通过进口引进国外先进的技术、高科技人才、关键零部件和先进技术装备等，进而加快中国技术进步、促进产业结构转型升级、提高企业生产率等。因此，推进中国的金融改革进程，优化企业的外部金融环境，通过提高中国的金融发展水平降低融资约束对企业进口的抑制效应，也是中国政府应当关注的核心问题之一。为了帮助企业解决融资约束问题，中国政府应该积极鼓励和引导金融机构加快设立进口企业服务部门，为不同类型的进口企业提供量身定制的融资服务。

第　七　章

知识产权保护与中国高新技术产品进口

　　经过四十多年的发展，中国经济已经成为世界第二大经济体，与此同时，中国经济也开始进入一个新的发展阶段，经济发展与资源环境的矛盾日趋尖锐，加快转变经济发展方式和调整经济结构刻不容缓，产业结构调整面临阵痛期。对于处在转型升级关键时期的中国经济来说，进行产业结构调整是大势所趋，也是加快经济发展方式转变的主动选择。高新技术产品进口是获取国外先进技术与科学知识的重要途径之一，产业结构转型升级关键在于技术进步，因此，大量进口国外的高端技术产品可以促进国内技术进步，进而加快产业结构转型升级的速度。

　　高新技术产品是指技术密集度和知识密集度较高的产品。高新技术产品的研发密度较高，高新技术产业所拥有的关键技术开发难度较大，因此，需要强有力的专利保护，免受侵权。专利为一项发明创造提供了排他性的权利和法律保护，并且为发明人和设计人提供了从该发明中获取收益的专有权力，从而使得人们有足够的激励开发具有自主知识产权的科技与发明，从这个角度讲，专利可以促进发明与创新。一般认为，专利保护对科技创新具有显著的促进作用。基于此，本章将针对中国知识产权保护对高新技术产品进口的影响进行研究。

第一节 问题的提出与理论分析

专利保护强度能够影响高新技术产品贸易。如果一个国家能够为贸易伙伴提供强有力的专利保护，那么，贸易伙伴就会放心地向这个国家出口高新技术产品，而不用担心遭受侵权，即使遭受侵权也会得到合理的补偿；相反，如果一个国家的专利法规不健全、执行强度松散，那么，生产创新型产品与核心技术产品的外国企业对该国家的出口将存在很多顾虑，不利于该国高新技术产品的进口。阿罗拉（Arora，2009）[①] 在向世界知识产权组织（WIPO）提供的一份报告中，陈述了知识产权保护与高新技术产品贸易之间的关系，他认为，发展中国家可以通过加强自身的知识产权保护以增加从发达国家进口高新技术产品。伊芙斯（Ivus，2010）[②] 通过分析发展中国家的专利保护如何影响发达国家的出口，得出加强专利保护对高新技术产品贸易尤为重要的结论，实证结果表明，在改善专利保护程度之后，发展中国家对专利敏感产品的进口增加了 8.6%，专利敏感产品主要指高新技术产品，例如，医药品、专业设备和科技设备。发展中国家加强知识产权保护，不仅可以增加高新技术产品的进口，还可以促进来自发达国家的技术转移。跨国公司进行技术转移时对于东道国的知识产权保护程度十分敏感。由于知识产权薄弱的国家不能保障专利持有者（主要指跨国公司）的追索权，而知识产权保护完善的国家可以有效防止专利侵权，可以吸引总部设在发达国家的跨国公司通过专利权使用费和研发投资，前来生产和销售高新技术产品，从而会对加强知识产权保护的国家增加技术转移（Branstetter 等，2006[③]）。布

[①] Arora, Ashish, "Intellectual Property Rights and the International Transfer of Technology: Setting out an Agenda for Empirical Research in Developing Countries", *The Economics of Intellectual Property*: *Suggestions for Further Research in Developing Countries and Countries with Economies in Transition*, 2009, pp. 41-58.

[②] Ivus, Olena, "Do Stronger Patent Rights Raise High-Tech Exports to the Developing World?", *Journal of International Economics*, Vol. 81, No. 1, 2010, pp. 38-47.

[③] Branstetter, Lee, et al., "Do Stronger Intellectual Property Rights Increase International Technology Transfer? Empirical Evidence from U. S. Firm-Level Panel Data", *Quarterly Journal of Economics*, Vol. 121, No. 1, 2006, pp. 321-349.

里格斯（Briggs，2013）[1] 发现两个国家之间专利保护程度的差距会影响贸易量，尤其是对从发达国家流向发展中国家的高新技术产品而言，进口国的专利保护强度很关键，出口国的专利保护强度同样很重要，因此用两国间的专利保护程度差距作为关键因素，研究其对贸易的影响。总之，进口国的国内专利保护强度在促进高新技术产品进口贸易中起着十分重要的作用。

其实，进口国的专利保护对贸易有两种相反作用：市场扩张效应和市场势力效应。市场扩张效应是指进口国加强专利保护可以防止本国企业模仿外国产品，从而使得消费者减少对本国产品的需求，同时增加对外国产品的需求，因此有利于增加进口。而市场势力效应是指专利保护加强了专利持有者的垄断势力，外国企业通过提高价格、减少出口量以获取垄断利润。一般说来，大多数学者认为市场扩张效应大于市场势力效应，进口国加强专利保护会增加进口量（Yang 和 Huang，2009[2]；Smith，1999[3]）。

进口国较强的模仿能力、薄弱的知识产权保护制度会对高新技术产品的进口造成一定的壁垒（Smith，1999）。对外国的专利持有者而言，把自身专利权暴露于被模仿的威胁之下的风险，会随着与中国的贸易关系的深入而上升（Hu 等，2009[4]）。如果中国加强专利保护，那么，就有可能消除外国企业的顾虑，从而吸引更多高新技术产品进口。

中国政府正在努力改善国内专利保护。中国政府不断完善专利法并加入一系列国际专利公约，为国外专利提供强有力的保护。迄今为止，中国已经加入 8 个具有广泛影响力的知识产权国际公约。[5] 帕克（Park，2008）[6] 的一份详细调查显示：1990 — 2005 年，中国的专利保护情况不断改善，自

---

① Briggs, Kristie, "Does Patent Harmonization Impact the Decision and Volume of High Technology Trade", *International Review of Economics & Finance*, Vol. 25, 2013, pp. 35-51.

② Yang, Chih-Hai, Yi-Ju Huang, "Do Intellectual Property Rights Matter to Taiwan's Exports? A Dynamic Panel Approach", *Pacific Economic Review*, Vol. 14, No. 4, 2009, pp. 555-578.

③ Smith, Pamela J. D., "Are Weak Patent Rights a Barrier to U. S. Exports", *Journal of International Economics*, Vol. 48, No. 1, 1999, pp. 151-177.

④ Hu, Albert Guangzhou, Gary H. Jefferson, "A Great Wall of Patents: What Is Behind China's Recent Patent Explosion?" *Journal of Development Economics*, Vol. 90, No. 1, 2009, pp. 57-68.

⑤ 具体内容见世界知识产权组织官网：http：//www. wipo. int。

⑥ Park, Walter G., "International Patent Protection: 1960-2005", *Research Policy*, Vol. 37, No. 4, 2008, pp. 761-766.

1990 年以来，由于对先进知识技术的渴求，中国的知识产权体系和提供的专利保护不断提高。2005 年，中国的专利保护指数达到 4.08（满分是 5），在所研究的 122 个国家和地区里处于前 27%。中国的专利保护指数不断上升，从 1995 年的 2.12 上升到 2000 年的 3.09，2005 年进一步上升到 4.08。

中国的专利保护取得了很大的成就。近几年，中国的专利申请量快速增长，2009 年专利申请量居世界第三（Godinho 和 Ferrieira，2012[①]）。胡和杰斐逊（Hu 和 Jefferson，2009）[②] 通过分析中国专利申请的爆炸式增长，指出背后的原因主要是 R&D 密集度的提高、FDI 的增长、专利法的修订以及产权制度的改革。中国自 1986 年通过第一部专利法以来，专利申请数量以每年 15% 的速度增长；从 1992 年中国首次修订专利法并延长专利保护期限之后，外国个人和企业在中国的专利申请量以每年 22% 的速度增长；2000 年，为加入 WTO 做准备，中国第二次修订专利法以更好履行《与贸易有关的知识产权协定》（简称 TRIPs），做了有利于专利持有人的修订，例如，法律允许专利持有者在诉讼之前禁止他人使用其专利，国有企业与非国有企业在法定损害赔偿方面有同等权利；自 2000 年第二次修订专利法以来，国内外的专利申请数量年均增长 23%。需要注意的是，虽然中国的专利申请量以惊人的速度增长，但是，中国的专利保护强度尤其是实际执行力度远远没有达到书面法规的要求，所以，在衡量中国的专利保护强度时，需要同时考虑名义上的保护和实际的执行力度。

从贸易数据来看，1996—2010 年，中国高新技术产品的进口不断增加，年均增长率为 20%。中国在提高专利保护方面的努力是否显著增加了高新技术产品的进口呢？中国高新技术产品进口的增长是否是专利保护加强引起的呢？本章将对此问题进行实证研究。

与已有文献相比，本章的贡献是：（1）本章的研究只针对高新技术产品进口，而高新技术产品进口是一个国家尤其是发展中国家获得国外先进技术知识的重要途径，因此，本章具有重要的政策启示意义。（2）研究对象

---

① Godinho, Manuel Mira, Vítor Ferreira, "Analyzing the Evidence of an IPR Take-off in China and India", *Research Policy*, Vol. 41, No. 3, 2012, pp. 499-511.

② Hu, Albert Guangzhou, Gary H. Jefferson, "A Great Wall of Patents: What Is Behind China's Recent Patent Explosion?", *Journal of Development Economics*, Vol. 90, No. 1, 2009, pp. 57-68.

更加的科学和细化。本章将高新技术产品界定为 R&D 密度较高的产品，根据欧盟统计局提供的高新技术产品名单确定了 319 种 HS6 位码的产品，并汇总为 9 类产品。（3）本章所用数据是大样本数据。本章使用的数据是 1996—2010 年中国与 105 个贸易伙伴国之间的样本（1575 个样本）、106 个国家之间的样本（166950 个样本）。（4）本章使用科学的工具变量对内生性问题进行处理，同时验证了回归结果的稳健性。

第二节　知识产权保护影响中国高新技术产品进口的计量模型构建

一、计量模型

本章将在借鉴传统引力模型的基础上引入专利保护因素以研究其对高新技术产品进口贸易的影响。本章借鉴鲍德温和达里亚（Baldwin 和 Daria，2006）[1] 的模型框架，假设在一个完全竞争市场里，全球共有 J 个国家，下标为 $j=1$，2，$\cdots$，J。j 国生产 n_j 种产品，全球共有 $\sum_{j=1}^{J} n_j$ 种产品。从 i 国进口 n_i 种产品到 j 国，进口价格为 p_{ij}，进口量为 q_{ij}，其中 p_{ij} 可能为零。

j 国从 i 国进口的每种产品的价值等于在该产品的支出份额与总支出的积：

$$p_{ij}q_{ij} = share_{ij}E_j \tag{7-1}$$

支出份额定义为：

$$share_{ij} = \left(\frac{p_{ij}}{P_j}\right)^{1-\varepsilon} \tag{7-2}$$

其中，$\varepsilon>1$ 是产品之间的替代弹性，P_j 是 j 国的理想价格指数，定义为 $P_j = \left(\sum_{i=1}^{J} n_i p_{ij}^{1-\varepsilon}\right)^{\frac{1}{1-\varepsilon}}$。值得注意的是，当 $i \neq j$ 时，j 国从其他国家进口；当 $i=j$ 时，j 国消费本国生产的产品。

---

[1]　Baldwin, Richard E., Daria Taglioni, "Gravity for Dummies and Dummies for Gravity Equations", *National Bureau of Economic Research*, 2006.

当完全竞争市场达成均衡时，i 国的出口价格（j 国的进口价格）为 $p_{ij} = \mu \tau_{ij} p_i$，其中，成本加成比率 $\mu = 1$，τ_{ij} 是贸易成本，且有：

$$\tau_{ij} \begin{cases} = 1, & i = j \\ > 1, & i \neq j \end{cases}$$

把 j 国从 i 国进口的每种产品加总：

$$M_{ij} = n_i p_{ij} q_{ij} \qquad (7\text{-}3)$$

把式（7-1）、式（7-2）代入式（7-3），可以写成：

$$M_{ij} = n_i (p_i \tau_{ij})^{1-\varepsilon} \frac{E_j}{P_j^{1-\varepsilon}} \qquad (7\text{-}4)$$

在市场出清的条件下，i 国必须调整价格以使得本国的总产出等于全球所有国家（包括本国）的总支出，即：

$$Y_i = \sum_{j=1}^{J} M_{ij} \qquad (7\text{-}5)$$

其中，Y_i 是 i 国的总产出。

上式可以表达为：

$$Y_i = n_i p_i^{1-\varepsilon} \sum_{j=1}^{J} \tau_{ij} \frac{E_j}{P_j^{1-\varepsilon}} \qquad (7\text{-}6)$$

从等式可以得到：

$$n_i p_i^{1-\varepsilon} = \frac{Y_i}{Q_i} \qquad (7\text{-}7)$$

$$Q_i = \sum_{j=1}^{J} \tau_{ij} \frac{E_j}{P_j^{1-\varepsilon}} \qquad (7\text{-}8)$$

其中，Q_i 是 i 国的市场潜力，由所有国家的总支出 E_j 和理想价格指数 P_j 以及贸易成本 τ_{ij} 决定，从而贸易进口额的表达式可以表示为：

$$M_{ij} = \tau_{ij}^{1-\varepsilon} \frac{Y_i E_j}{Q_i P_j^{1-\varepsilon}} \qquad (7\text{-}9)$$

进一步简化为：

$$M_{ij} = G \tau_{ij}^{1-\varepsilon} Y_i E_j \qquad (7\text{-}10)$$

其中，G 就是引力非常量，定义为：

$$G = \frac{1}{Q_i P_j^{1-\varepsilon}} \qquad (7\text{-}11)$$

正确的引力模型为 $M_{ij} = G\tau_{ij}^{1-\varepsilon} Y_i E_j$ ，与物理中的万有引力公式很相似；其中 $G = \dfrac{1}{Q_i P_j^{1-\varepsilon}}$ 被称为引力非常量，与万有引力公式中的引力常量相对应，不过引力模型中的 G 不是常数，由出口国的市场潜力 Q_i 和进口国的理想价格指数 P_j 决定。这意味着引力非常量会随着不同的进口国、出口国而变化，而且在使用面板数据时，引力非常量还会随着时间变化。

由于 $G = \dfrac{1}{Q_i P_j^{1-\varepsilon}}$ ，其中 $Q_i = \displaystyle\sum_{j=1}^{J} \tau_{ij} \dfrac{E_j}{P_j^{1-\varepsilon}}$ ，不难看出 Q_i 的表达式直接包含贸易成本 τ_{ij} ，因此引力非常量 G 与 τ_{ij} 相关。如果引力非常量被遗漏，则它会被包含在残差项里，那么残差项会与贸易成本 τ_{ij} 相关。这样得到的回归结果是有偏误的。鲍德温和达里亚（2006）把这种偏误叫作"金牌错误"，也是使用引力模型时最大的错误。为了纠正因遗漏引力非常量所造成的估计不一致，可以在引力模型中包含国家虚拟变量和时间虚拟变量。原理是引力非常量随着不同的国家与时间而变化。

鲍德温和达里亚（2006）也指出了对名义变量不当平减而造成的"银牌错误"。在引力模型中，贸易额、出口国的总产出和进口国的总支出都是真实变量，因此需要用美国的 CPI 指数对贸易额（一般用现价美元表示）进行平减，用各国的 GDP 平减指数对总产出与总支出进行平减。由于美国的 CPI 指数和各国的 GDP 平减指数都与时间相关，因此存在内生性问题，这样得到的回归结果也是有偏误的。为了控制因平减不当而造成的偏误，可以在引力模型中包含时间虚拟变量。总而言之，遗漏引力非常量与平减不当造成的估计不一致问题可以通过包含国家虚拟变量和时间虚拟变量加以缓解。

对式（7-10）两边取对数可以得到：

$$\ln M_{ij} = \ln G + (1 - \varepsilon) \ln\tau_{ij} + \ln Y_i + \ln E_j \qquad (7\text{-}12)$$

进一步，把国家虚拟变量 $D_{country}$ 和时间虚拟变量 D_{year} 包含进来，将贸易成本 $\tau_{ij}c$ 替换为所有的自然、政策、文化方面的贸易成本，式（7-12）可以改写为式（7-13）。在式（7-13）中，$\ln M_{ijt}$ 为 j 国从 i 国进口额的自然对数；$\ln Y_{it}$ 为 t 时期 i 国总产出的自然对数；$\ln E_{jt}$ 为 t 时期 j 国总支出的自然对数；$\ln X_{ijt}$ 为贸易成本相关变量所组成的列向量，具体所包含变量如表 7-1 所示，而 β_3 为与其维度相同的列向量；u_{ijt} 为非观测效应；e_{ijt} 为随机误差项。

$$\ln M_{ijt} = \beta_0 + \beta_1 \ln Y_{it} + \beta_2 \ln E_{jt} + \beta_3 \ln X_{ijt} + D_{country} + D_{year} + u_{ijt} + e_{ijt} \quad (7\text{-}13)$$

最后，将出口国与进口国的专利保护指数 PR_{it}、PR_{jt} 包含进来，并且考虑时间因素得到符合本章需求并且能够适用于面板数据的引力模型，如式（7-14）所示。

$$\ln M_{ijt} = \beta_0 + \beta_1 PR_{it} + \beta_2 PR_{jt} + \beta_3 \ln Y_{it} + \beta_4 \ln E_{jt} + \\ \beta_5 \ln X_{ijt} + D_{country} + D_{year} + u_{ijt} + e_{ijt} \quad (7\text{-}14)$$

表 7-1　贸易成本相关变量的具体情况

变量名称	变量解释内容
$\ln POP_{it}$	t 时期 i 国总人口的对数
$\ln POP_{jt}$	t 时期 j 国总人口的对数
$\ln Dis_{ij}$	i 国与 j 之间地理距离的对数
WTO_{it}	t 时期 i 国是否为 WTO 成员，若是则取值为 1
WTO_{jt}	t 时期 j 国是否为 WTO 成员，若是则取值为 1
FTA_{ijt}	t 时期 i 国与 j 国之间是否订立自由贸易协定，若是则取值为 1
$legal_{ij}$	i 国与 j 国是否具有相同的法律体系，若是则取值为 1
con_{ij}	i 国与 j 国是否地理毗邻，若是则取值为 1
$lang_{ij}$	i 国与 j 国是否具有相同的官方语言，若是则取值为 1
$land_i$	i 国是否为内陆国家，若是则取值为 1
$land_j$	j 国是否为内陆国家，若是则取值为 1

二、数据来源

根据帕克（2008）为 122 个国家提供的 1996—2005 年每隔五年的专利保护指数，与 CEPII BACI 贸易数据库[①]以及 Penn World Table[②] 匹配，共找出 106 个国家和地区（包括中国在内），本章重点考察中国和贸易伙伴国的

---

①　CEPII BACI 贸易数据库是由 CEPII（国际经济研究所）在高度细分产品水平开发的世界贸易数据库，在 HS6 位码产品水平提供超过 200 个国家自 1995 年以来的双边贸易值和贸易量，其内容每年更新一次。

②　佩恩表，不同时期各国收入、产出、投入和生产率跨国宏观数据集。

专利保护程度对中国从 105 个贸易伙伴国高新技术产品进口的影响。

（一）高新技术产品进口贸易数据

因变量为 1996—2010 年中国从 105 个国家的高新技术产品进口额。高新技术产品界定为 R&D 密度较高的产品，欧洲统计局（Eurostat）提供了九大类、约两百多种 SITC 四位码的高新技术产品名单。[①] 而为了与 CEPII BACI 贸易数据库的 HS6 位码贸易数据匹配，本章按照联合国提供的 SITC-HS 转化表得到 319 种 HS6 位码高新技术产品。然后从 BACI 数据库中汇总得到从 1996 年到 2010 年这 106 个国家（含中国）分别关于 9 类产品的贸易流量，分别是：第一类，航空器材，包括航空设备与发动机；第二类，电脑及办公设备，包括文字处理设备与复印设备；第三类，电子通信设备，包括电子、通信、音响、微波管道、半导体等；第四类，医药制品，包括抗体、激素与衍生物等；第五类，科学设备，包括测量仪器与医用扫描设备等；第六类，电力机械；第七类，非电力机械，包括核反应设备等；第八类，化学材料；第九类，武器与军用设备。

注意此处的贸易流量是有方向的，并且国家 i 向国家 j 的出口量不同于国家 j 向国家 i 的出口量，这样得到了 166950（106×105×15）个观测值。最后筛选出进口国为中国的样本，样本量为 1575（105×15）个观测值，得到中国从 105 个国家 1996—2010 年分别关于 9 类产品的进口量。本章之所以使用两个数据集，目的是分析了中国的高新技术产品进口与专利保护的关系之后，再与世界其他国家进行对比，进一步分析中国的高新技术产品进口特点。

（二）专利保护指数

关键自变量为出口国与进口国历年的专利保护指数，本章采用使用最广泛的帕克（2008）提供的各国专利保护指数。吉纳特和帕克（Ginarte 和 Park，1997）[②] 提供的 1960—1995 年 110 个国家每五年的专利保护指数（简称 "GP 指数"），随后帕克（2008）进一步更新到 2005 年并扩展到 122 个

---

① 具体内容见欧盟统计局官网，见 http：//epp. eurostat. ec. europa. eu/cache/ITY_SDDS/ Annexes/htec_esms_an4. pdf。

② Ginarte, Juan C., Walter G. Park, "Determinants of Patent Rights：A Cross-national Study", *Research Policy*, Vol. 26, No. 3, 1997, pp. 283-301.

国家。伊芙斯（2010）和布里格斯（Briggs，2013）[1] 等国际学者都使用 GP 指数研究专利保护对高新技术产品贸易的影响。GP 指数从五个方面评定各国的专利保护程度，分别是专利保护覆盖范围、是否为国际专利保护公约成员、专利保护期限、执行机制以及对专利权人的限制（例如实施专利的强制许可，主要是防止专利权人进行垄断）。此外，考虑到外国企业和个人在华专利申请数量反映了外界对中国专利保护的信心，进而在一定程度上反映了专利保护程度。所以，本章将使用外国企业和个人在华专利申请量作为专利保护指数的工具变量对有可能出现内生性问题进行处理，此项数据来自中华人民共和国国家知识产权局网站。[2]

专利保护指数最高的前十个国家均为发达国家，依次是美国、比利时、卢森堡、加拿大、丹麦、法国、爱尔兰、意大利、日本、荷兰；专利保护指数最低的十个国家依次是莫桑比克、安哥拉、危地马拉、赞比亚、尼泊尔、沙特阿拉伯、埃及、孟加拉国、伊朗（伊斯兰共和国）和毛里求斯。1995 年、2000 年、2005 年发达国家专利保护指数平均为 3.99、4.28、4.37，均高于中国；发展中国家专利保护指数平均为 2.17、2.73、3.12，均低于中国。此外，1995 年、2000年、2005 年专利保护指数较高的国家专利保护指数平均为 3.41、3.99、4.09；专利保护指数较低的国家专利保护指数平均为 1.91、2.29、2.79。

（三）控制变量数据

人口与真实 GDP 的数据来自 Penn World Table 8.0（Feenstra 等，2015[3]）。结合引力模型中变量含义，出口国方面选取产出法计算的真实 GDP，进口国方面选取支出法计算的真实 GDP。为了控制平减不当造成的偏误，本章还使用名义 GDP 与名义贸易量，数据来自世界银行 WDI 数据库，以此作为稳健性处理的内容。此外，影响贸易量的变量还有贸易成本，包括进口国与出口国之间的地理距离、进口国与出口国是否为内陆国家、是否为 WTO 成员、两国是否相邻、是否说相同的官方语言、是否有殖民关系、

---

① Briggs, Kristie, "Does Patent Harmonization Impact the Decision and Volume of High Technology Trade", *International Review of Economics & Finance*, Vol. 25, 2013, pp. 35–51.

② 具体内容见中国国家知识产权局官网，见 http：//www. sipo. gov. cn/tjxx/。

③ Feenstra, Robert C., et al., "The Next Generation of the Penn World Table", *The American Economic Review*, Vol. 105, No. 10, 2015, pp. 3150–3182.

是否有相同的法律体系、是否签订了自由贸易协定、是否使用相同的货币，这些数据都来自 CEPII 数据库。

三、样本国家

本章所研究的 105 个出口国中，28 个是发达国家，其余 77 个是发展中国家。由于发达国家的科研水平与生产技术领先于发展中国家，所以发达国家更有能力大量生产与出口高新技术产品，事实上，中国主要是从发达国家进口高新技术产品。中国从发达国家进口的高新技术产品份额在 2000 年以前占 90% 以上，2000 年以后仍然保持 80% 左右；中国从发展中国家进口的高新技术产品份额只占少量，但是比重逐年上升。类似地，本章根据 2000 年专利保护指数是否高于中国，将这 105 个国家分为专利保护指数较高的 52 个国家与较低的 53 个国家。此种方法得到的国家分类与常见的发达国家、发展中国家的分类①重合度较高。专利保护指数较高的国家通常是比较发达的国家，专利保护指数较低的国家通常是欠发达的国家，中国的高新技术产品进口绝大部分来自专利保护指数较高的国家，份额高达 80% 以上。统计结果表明，中国高新技术产品进口最大的来源国或地区是美国、日本、中国香港、德国、法国、俄罗斯、新加坡、瑞典、意大利、英国、加拿大、西班牙、荷兰，1996 年来源于这 13 个国家或地区的高新技术产品进口份额占 93.81%，2010 年占 69.83%，可见，中国的高新技术产品进口高度依赖这些国家或地区，但是，近年来程度有所下降。

第三节　知识产权保护对中国高新技术
产品进口影响的实证分析

一、基于国家层面的视角

（一）基于中国的基准回归分析

本章使用了包含国家虚拟变量与时间虚拟变量的固定效应模型，回归结

---

① 国家收入水平判断标准根据世界银行提供的人均 GNI。

果见表7-2。表7-2列（1）的结果表明，出口国和中国的专利保护指数均对中国的高新技术产品进口有显著的促进作用。具体来看：（1）中国的专利保护指数对高新技术产品有显著为正的效应，这是因为中国提高专利保护程度可以增加出口国对中国的出口意愿；与此同时，随着专利保护程度的提高，中国对高新技术的吸收能力会增强，进而对高新技术产品进口的需求进一步增强。（2）出口国的专利保护指数对中国高新技术产品进口的效应显著为正，总体上会使中国进口量增加，这是因为出口国的专利保护程度越高，则该国技术创新活动越活跃，生产能力越强，最终表现为高新技术产品出口量越大；与此同时，专利保护程度越高的出口国往往更加发达、富裕，有先进的技术和设备生产高新技术产品，进而向中国出口更多产品。

表7-2　中国高新技术产品进口

变量	（1）所有国家	（2）发达国家	（3）发展中国家	（4）专利保护指数较高国家	（5）专利保护指数较低国家
PR_{it}	0.538***	1.618***	0.164	0.798***	0.207
	（4.70）	（9.63）	（1.06）	（6.11）	（0.95）
PR_{jt}	1.024***	0.533***	1.484***	1.066***	2.137***
	（8.84）	（3.74）	（8.25）	（8.33）	（6.75）
$\ln Y_{it}$	0.519*	1.284**	0.248	0.481	0.991*
	（1.80）	（2.35）	（0.67）	（1.39）	（1.94）
$\ln POP_{it}$	−0.426	3.408**	−1.559	−0.286	−5.249***
	（−0.51）	（2.19）	（−1.47）	（−0.27）	（−2.69）
WTO_{it}	−0.419	—	−0.516*	−1.138***	−0.092
	（−1.56）	—	（−1.67）	（−3.00）	（−0.22）
FTA_{ijt}	0.457**	−0.477**	0.596**	0.383*	0.142
	（2.54）	（−2.16）	（2.41）	（1.83）	（0.43）
国家固定效应	是	是	是	是	是
时间固定效应	是	是	是	是	是
样本量	1199	435	764	727	472
R^2	0.481	0.669	0.457	0.576	0.429

注：括号里的数字为t统计量；*、**、*** 分别代表在10%、5%、1%的水平下显著。

（二）基于中国从不同类型国家进口的分析

在表7-2第1列基准回归结果中，出口国专利保护指数的系数没有体现出不同出口国的特征。然而，中国从不同国家的进口可能会随着出口国的不同而呈现差异化特征。一般来说，中国专利保护程度变化对发达国家向中国出口高新技术产品的影响高于发展中国家；同理，中国专利保护程度变化对专利保护指数较高国家向中国出口高新技术产品的影响高于专利保护指数较低国家。本章分别对中国从发达国家与发展中国家的进口进行回归［表7-2列（2）、列（3）］，然后对中国从专利保护指数较高国家与专利保护指数较低国家的进口进行回归［表7-2列（4）、列（5）］。

表7-2的回归结果显示，中国专利保护指数的系数仍然为正，这说明中国的专利保护指数对高新技术产品进口有促进作用，证明了市场扩张效应的存在。但是，中国专利保护指数提高后，从发展中国家引进的高新技术产品的增加幅度高于发达国家；类似地，中国从专利保护指数较低国家引进的高新技术产品多于专利保护指数较高国家。这种结果非常符合来自发展中国家（专利保护指数较低国家）的进口增长速度更快的数据特征。主要原因是从发展中国家进口的高新技术产品的市场扩张效应大于发达国家，从专利保护指数较低国家进口的市场扩张效应大于专利保护指数较高国家，或者中国从发达国家进口的市场势力效应大于发展中国家，从专利保护指数较高国家进口的市场势力效应大于专利保护指数较低国家。总的来看，中国专利保护程度的提升会增加进口量，这种效应对于从专利保护指数较低国家、发展中国家进口更明显。

另外，表7-2第1行结果说明，发达国家的专利保护指数的系数显著为正且大于发展中国家，这意味着发达国家与发展中国家提高相同程度专利保护的条件下，中国从发达国家进口的高新技术产品远远多于发展中国家。这是因为发达国家拥有更加先进的生产技术与设备，更有能力生产高新技术产品，本国专利保护程度提升，会鼓励技术创新，也更有能力向中国出口更多产品。与此类似，其他条件相同时，中国从专利保护指数较高国家进口的高新技术产品远远多于专利保护指数较低国家。

（三）中国与世界平均水平作比较

本节使用106个国家（包含中国）的双边高新技术贸易额的大样本，使用固定效应模型分别对来自所有国家、发达国家、发展中国家、专利保护指数较高国家、专利保护指数较低国家的高新技术产品进口进行回归，回归结果报告见表7-3，然后与基于中国的回归结果做比较，以考察中国与世界平均水平的差异。

表7-3　世界平均水平高新技术产品进口

进口国	核心变量	所有国家	发达国家	发展中国家	专利保护指数较高国家	专利保护指数较低国家
1. 所有国家	PR_{it}	0.311 *** (22.47)	0.462 *** (15.98)	0.222 *** (11.94)	0.428 *** (25.08)	0.141 *** (5.40)
	PR_{jt}	0.0444 *** (3.26)	0.0738 *** (4.61)	0.0270 (1.31)	0.0622 *** (4.28)	0.0190 (0.64)
	样本量	95815	38626	57189	63182	32633
	R^2	0.166	0.192	0.161	0.211	0.117
2. 发达国家	PR_{it}	0.302 *** (13.93)	0.599 *** (15.85)	0.173 *** (6.06)	0.436 *** (17.80)	0.128 *** (3.08)
	PR_{jt}	0.0887 ** (2.20)	0.1860 *** (4.91)	0.0748 (1.27)	0.124 *** (3.15)	0.0973 (1.11)
	样本量	33027	10867	22160	19784	13243
	R^2	0.154	0.242	0.148	0.236	0.103
3. 发展中国家	PR_{it}	0.318 *** (17.73)	0.409 *** (10.86)	0.250 *** (10.18)	0.428 *** (18.99)	0.135 *** (3.98)
	PR_{jt}	0.00906 (0.57)	0.0196 (1.00)	-0.0108 (-0.44)	0.0168 (0.96)	-0.0273 (-0.78)
	样本量	62788	27759	35029	43398	19390
	R^2	0.173	0.187	0.170	0.207	0.130
4. 专利保护指数较高国家	PR_{it}	0.289 *** (17.06)	0.437 *** (22.34)	0.0759 ** (2.28)	0.531 *** (16.97)	0.156 *** (6.85)
	PR_{jt}	0.0133 (0.69)	0.0610 *** (3.16)	-0.0301 (-0.68)	0.0637 *** (3.24)	0.00826 (0.28)
	样本量	56153	35856	20297	20527	35626
	R^2	0.175	0.241	0.123	0.248	0.167

续表

进口国	核心变量	所有国家	发达国家	发展中国家	专利保护指数较高国家	专利保护指数较低国家
5. 专利保护指数较低国家	PR_{it}	0.349*** (14.76)	0.429*** (13.80)	0.258*** (6.02)	0.379*** (7.36)	0.335*** (10.45)
	PR_{jt}	0.0630*** (2.98)	0.0657*** (2.75)	0.0348 (0.80)	0.0950*** (3.51)	0.0242 (0.76)
	样本量	39662	27326	12336	18099	21563
	R^2	0.159	0.190	0.115	0.166	0.159

注：括号里的数字为 t 统计量；*、** 和 *** 分别代表在 10%、5%、1% 的水平下显著。

表 7-3 回归结果与表 7-2 基准回归结果类似，具体来看：（1）出口国的专利保护指数对高新技术产品出口贸易量有显著为正的效应，而且，发达国家专利保护对高新技术产品出口贸易的促进效应高于发展中国家，专利保护指数较高国家专利保护的促进效应高于专利保护指数较低国家。（2）从比较来看，各类视角下，不仅出口国专利保护对进口国高新技术产品进口贸易的平均促进效应明显小于基于中国单独考察的系数，而且，进口国专利保护对本国高新技术产品进口贸易的平均促进效应（大部分不显著）也明显小于基于中国单独考察的系数（都是显著的）。（3）进一步来看，针对从发达国家、发展中国家的高新技术产品进口，进口国、出口国专利保护对来自发达国家高新技术产品进口的促进效应大于发展中国家，针对从专利保护指数较高国家、专利保护指数较低国家的高新技术产品进口，进口国、出口国的专利保护对来自专利保护指数较高国家高新技术产品进口的促进效应明显大于专利保护指数较低国家。（4）针对发展中国家的进口来看，发达国家、发展中国家、专利保护指数较高国家、专利保护指数较低国家的专利保护程度提升都会显著增加对发展中国家的出口；发展中国家本国专利保护程度的提升对从各类国家进口高新技术产品的影响都是不显著的，而且，对从发展中国家、专利保护指数较低国家进口的影响是负效应，这个结论与基于中国的考察结果不同。

二、基于产品分类层面的视角

(一)基于 9 类产品的回归分析

表 7-4 是基于中国 9 类高新技术产品进口的回归结果。如表 7-4 所示,总的来看,绝大多数系数符号显著为正,说明中国本国和出口国加强专利保护大体上会促进中国从不同类型国家进口不同类型的高新技术产品,但是,针对不同类型的产品具有一定的差异性。

表 7-4 中国高新技术产品进口

中国	变量	所有国家	发达国家	发展中国家	专利保护指数较高国家	专利保护指数较低国家
1. 航空器材	PR_{it}	0.100 (0.33)	−0.347 (−0.82)	−0.0592 (−0.11)	−0.0785 (−0.21)	0.104 (0.14)
	PR_{jt}	1.204*** (4.70)	1.183*** (4.19)	1.820*** (2.94)	1.092*** (3.95)	5.200*** (4.08)
	样本量	571	336	235	456	115
	R^2	0.233	0.282	0.252	0.239	0.435
2. 电脑及办公设备	PR_{it}	0.411** (2.03)	0.193 (0.66)	0.176 (0.53)	0.796*** (3.29)	0.317 (0.71)
	PR_{jt}	0.566*** (2.59)	0.0731 (0.34)	1.546*** (3.42)	0.174 (0.80)	2.766*** (3.29)
	样本量	713	364	349	518	195
	R^2	0.236	0.234	0.288	0.256	0.323
3. 电子通信设备	PR_{it}	1.048*** (6.48)	1.668*** (6.31)	0.606*** (2.59)	1.067*** (5.26)	0.807** (2.57)
	PR_{jt}	1.357*** (8.14)	0.736*** (3.59)	1.978*** (7.16)	1.125*** (6.22)	2.833*** (6.05)
	样本量	995	414	581	658	337
	R^2	0.390	0.472	0.400	0.401	0.445

续表

中国	变量	所有国家	发达国家	发展中国家	专利保护指数较高国家	专利保护指数较低国家
4. 医药制品	PR_{it}	-0.141 (-0.71)	-0.154 (-0.41)	0.262 (0.87)	0.0361 (0.14)	0.140 (0.29)
	PR_{jt}	1.007*** (5.57)	1.386*** (5.65)	0.924*** (2.73)	1.594*** (6.82)	-0.210 (-0.35)
	样本量	647	354	293	511	136
	R^2	0.298	0.424	0.211	0.354	0.110
5. 科学设备	PR_{it}	0.667*** (4.96)	1.153*** (6.98)	0.520** (2.41)	0.935*** (6.28)	0.584** (2.01)
	PR_{jt}	1.184*** (8.23)	0.892*** (7.84)	1.082*** (4.09)	1.200*** (8.37)	1.025** (2.43)
	样本量	933	417	516	641	292
	R^2	0.473	0.718	0.410	0.573	0.422
6. 电力机械	PR_{it}	0.341** (2.10)	0.754** (2.30)	0.123 (0.56)	0.0705 (0.33)	0.722** (2.43)
	PR_{jt}	1.538*** (9.31)	1.243*** (5.92)	1.767*** (6.74)	1.489*** (7.86)	1.976*** (3.95)
	样本量	741	371	370	554	187
	R^2	0.410	0.460	0.420	0.416	0.475
7. 非电力机械	PR_{it}	0.160 (0.84)	0.00985 (0.04)	-0.148 (-0.42)	0.00718 (0.03)	-0.131 (-0.25)
	PR_{jt}	0.491*** (2.66)	0.197 (1.11)	0.828** (2.26)	0.300 (1.59)	1.567** (2.17)
	样本量	579	332	247	471	108
	R^2	0.292	0.360	0.301	0.303	0.485
8. 化学材料	PR_{it}	-0.178 (-1.36)	0.466* (1.85)	-0.337* (-1.85)	0.0277 (0.18)	-0.235 (-0.80)
	PR_{jt}	1.178*** (8.35)	1.287*** (7.47)	1.321*** (5.16)	1.306*** (8.65)	0.712 (1.51)
	样本量	851	362	489	596	255
	R^2	0.398	0.564	0.370	0.497	0.295

续表

中国	变量	所有国家	发达国家	发展中国家	专利保护指数较高国家	专利保护指数较低国家
9. 武器与军用设备	PR_{it}	−0.127 (−0.23)	−1.743* (−1.85)	0.633 (0.41)	−2.088** (−2.52)	−1.195 (−0.50)
	PR_{jt}	0.784** (2.05)	1.140*** (2.62)	0.537 (0.27)	1.577*** (3.62)	−7.735** (−2.22)
	样本量	227	163	64	189	38
	R^2	0.150	0.248	0.357	0.260	0.612

注：括号里的数字为 t 统计量；*、** 和 *** 分别代表在 10%、5%、1% 的水平下显著。

具体来看：（1）从出口国专利保护强度变动来看，出口国产权保护强度提升对中国进口电脑及办公设备、电子通信设备、科学设备、电力机械等四类产品的系数均为正，这与基于中国未区分产品类别的回归结果相同，但是，出口国专利保护强度提升对中国进口航空器材、医药制品、非电力机械、化学材料、武器与军用设备等五类产品的系数有正有负，这与基于中国未区分产品类别的回归结果不同，也就是说，出口国专利保护强度提升不一定有利于中国的进口。（2）从中国国内专利保护强度变动来看，中国国内专利保护强度提升对中国从发达国家进口航空器材、电子通信设备、医药制品、科学设备、电力机械、化学材料、武器与军用设备的促进作用是显著的正效应，中国国内专利保护强度提升对中国从发达国家进口电脑及办公设备、非电力机械的促进作用是不显著的，这与基于中国未区分产品类别的回归结果不同。也就是说，中国国内专利保护强度提升对不同类型高新技术产品进口的影响也是不一样的。

（二）基于 2 类产品的回归分析

本节根据 R&D 密度①将这九类产品进一步分为 R&D 密度较高产品（第一类到第五类，R&D 密度平均为 10%）与 R&D 密度较低产品（第六类到第九类，R&D 密度平均为 3%），分别对中国进口做回归分析，回归结果如表 7-5、表 7-6 所示。从表 7-5 来看，对于 R&D 密度较高产品的进口，出口国与中国专利保护指数的系数均为正，除了从专利保

---

① 具体内容见 OECD 官网，见 http：//www. oecd. org/sti/ind/48350231. pdf。

护指数较低国家的系数不显著，其他系数都是显著的，这说明出口国与中国专利保护指数的提升对中国进口 R&D 密度较高产品具有促进作用。从表 7-6 来看，对于 R&D 密度较低产品的进口，出口国专利保护指数的回归系数都是不显著的，中国专利保护指数的回归系数都是显著的，也就是说，出口国专利保护指数的提升对中国进口 R&D 密度较低产品不具有促进作用，中国专利保护指数的提升对中国进口 R&D 密度较低产品具有促进作用。

对比这两类产品系数，可以发现，对于出口国的专利保护指数而言，R&D 密度较高产品的系数远大于 R&D 密度较低产品，这是因为 R&D 密度较高产品需要更多的科研投入，需要更强的专利保护，从而对专利保护强度变化更敏感。而对于中国的专利保护指数系数而言，两类产品的系数差别不大，这说明中国的专利保护变化对两类产品的影响差不多。

表 7-5　基于中国 R&D 密度较高产品进口的回归结果

变量	（1）所有国家	（2）发达国家	（3）发展中国家	（4）专利保护指数较高国家	（5）专利保护指数较低国家
PR_{it}	0.763***	1.762***	0.382**	1.122***	0.398
	(5.77)	(9.78)	(2.02)	(7.21)	(1.55)
PR_{jt}	0.952***	0.634***	1.336***	0.912***	1.886***
	(7.27)	(4.11)	(6.27)	(6.13)	(5.19)
$\ln Y_{it}$	0.336	0.841	0.0288	0.508	0.758
	(0.99)	(1.42)	(0.06)	(1.13)	(1.30)
$\ln E_{jt}$	-0.168	2.714	-1.005	-1.745	-2.999
	(-0.17)	(1.62)	(-0.79)	(-1.45)	(-1.29)
WTO_{it}	-0.233	—	-0.276	-1.429***	0.270
	(-0.77)		(-0.77)	(-3.29)	(0.56)
WTO_{jt}	0.448**	-0.489**	0.635**	0.157	0.410
	(2.26)	(-2.04)	(2.27)	(0.65)	(1.17)
国家固定效应	是	是	是	是	是

续表

变量	（1）所有国家	（2）发达国家	（3）发展中国家	（4）专利保护指数较高国家	（5）专利保护指数较低国家
时间固定效应	是	是	是	是	是
样本量	1138	433	705	702	436
R^2	0.437	0.645	0.397	0.510	0.400

注：括号里的数字为 t 统计量；*、** 和 *** 分别代表在 10%、5%、1% 的水平下显著。

表 7-6　基于中国 R&D 密度较低产品进口的回归结果

变量	（1）所有国家	（2）发达国家	（3）发展中国家	（4）专利保护指数较高国家	（5）专利保护指数较低国家
PR_{it}	0.112	0.258	−0.149	0.164	−0.0434
	（0.97）	（1.56）	（−0.91）	（1.25）	（−0.17）
PR_{jt}	0.894 ***	0.712 ***	1.308 ***	1.039 ***	1.552 ***
	（7.49）	（5.74）	（6.40）	（8.09）	（3.95）
$\ln Y_{it}$	0.770 **	2.382 ***	0.169	0.464	0.918
	（2.46）	（4.87）	（0.38）	（1.35）	（1.34）
$\ln E_{jt}$	−1.717 *	−5.638 ***	−1.693	−2.162 **	−6.177 **
	（−1.86）	（−3.96）	（−1.39）	（−2.04）	（−2.45）
WTO_{it}	−0.655 **	—	−0.885 ***	−0.940 **	−0.565
	（−2.46）		（−2.78）	（−2.33）	（−1.27）
WTO_{jt}	0.390 **	−0.290	0.546 **	0.527 ***	0.00234
	（2.25）	（−1.50）	（2.16）	（2.61）	（0.01）
国家固定效应	是	是	是	是	是
时间固定效应	是	是	是	是	是
样本量	959	385	574	646	313
R^2	0.420	0.602	0.407	0.500	0.362

注：括号里的数字为 t 统计量；*、** 和 *** 分别代表在 10%、5%、1% 的水平下显著。

三、基于进口三元边际的视角

本章核心部分探讨了中国专利保护强度对于高新技术产品进口额的影响，并得出中国专利保护强度的提升会增加高新技术产品进口额的结论。但是，只从进口额的角度来说明专利保护强度对于高新技术产品进口的影响是不完全的，因此，本节将对中国高新技术产品进口增长进行三元边际分解，继而分析探讨中国专利保护强度对于高新技术产品进口增长三元边际的影响。

对于利用 CEPII BACI 贸易数据库的 HS6 位码贸易数据进行中国高新技术产品进口三元边际分解的方法，本章主要参考胡梅尔斯和克莱诺（Hummels 和 Klenow，2005）[①] 和施炳展（2010）[②] 的方法，将中国从某一市场上的高新技术产品进口份额分解为进口产品广度和进口产品深度，并将进口产品深度进一步分解为进口产品数量和进口产品价格。简要分解步骤如下：

首先，定义进口产品广度为：

$$EM_{jm} = \frac{\sum_{i \in I_{jm}} p_{rmi} q_{rmi}}{\sum_{i \in I_{rm}} p_{rmi} q_{rmi}} \tag{7-15}$$

如式（7-15）所示，假设 j 代表对象国，r 代表参考国，m 代表进口目的国，而 I_{jm} 代表对象国进口 m 国的产品集合，I_{rm} 代表参考国进口 m 国的产品集合，p 为相应特定进口产品价格，q 为相应特定进口产品数量。在本节的分解过程中只考虑中国与世界平均水平相比，所以参考国为世界平均水平，因此存在 $I_{jm} \in I_{rm}$。

其次，定义进口产品深度为：

$$IM_{jm} = \frac{\sum_{i \in I_{jm}} p_{jmi} q_{jmi}}{\sum_{i \in I_{jm}} p_{rmi} q_{rmi}} \tag{7-16}$$

---

① Hummels D., Klenow P. J., "The Variety and Quality of a Nation's Exports", *American Economic Review*, Vol. 95, No. 3, 2005, pp. 704-723.

② 施炳展：《中国出口增长的三元边际》，《经济学（季刊）》2010 年第 4 期。

如式（7-16）所示，进口产品深度表示 j 国对 m 国的进口贸易总额占世界对 j 国与世界共同进口 m 国的产品进口贸易总额的比重。进一步，将进口产品深度分解为进口产品数量与进口产品价格的乘积，如式（7-17）所示：

$$IM_{jm} = P_{jm} \times Q_{jm} \tag{7-17}$$

其中，P_{jm}、Q_{jm} 分别代表进口产品价格指数与进口产品数量指数，具体内容如式（7-18）所示：

$$P_{jm} = \prod_{i \in I_{jm}} \left(\frac{p_{jmi}}{p_{rmi}} \right)^{W_{jmi}}, \quad Q_{jm} = \prod_{i \in I_{jm}} \left(\frac{q_{jmi}}{q_{rmi}} \right)^{W_{jmi}} \tag{7-18}$$

$$W_{jmi} = \frac{\dfrac{s_{jmi} - s_{rmi}}{\ln s_{jmi} - \ln s_{rmi}}}{\sum_{i \in I_{jm}} \dfrac{s_{jmi} - s_{rmi}}{\ln s_{jmi} - \ln s_{rmi}}} \tag{7-19}$$

$$s_{jmi} = \frac{p_{jmi} q_{jmi}}{\sum_{i \in I_{jm}} p_{jmi} q_{jmi}}, \quad s_{rmi} = \frac{p_{rmi} q_{rmi}}{\sum_{i \in I_{jm}} p_{rmi} q_{rmi}} \tag{7-20}$$

至此，本节就可以将中国在某一国家市场上的进口份额分解为进口产品广度、进口产品数量和进口产品价格，即实现了对进口的三元分解，如式（7-21）所示。

$$M_{jm} = EM_{jm} \times P_{jm} \times Q_{jm} \tag{7-21}$$

根据上述的中国进口增长三元边际分解方法，本节利用 CEPII BACI 贸易数据库的 HS6 位码贸易数据对中国高新技术产品进口增长进行三元边际分解的具体年份结果如表 7-7 所示。在表 7-7 中，我们分别计算了中国对 105 个样本国家的进口产品广度、进口产品深度、进口产品价格和进口产品数量。可以看出，从 1996 年到 2010 年的 15 年间，中国高新技术产品的进口广度一直保持在 0.9332 至 0.9508 左右的高位，变化幅度较小；中国高新技术产品的进口深度保持着平稳快速增长，从 1996 年的 0.0341 增长到了 2010 年的 0.1467，变化幅度较大。因此，可以说中国在 1996 年至 2010 年的 15 年间的进口份额增长主要来源于进口产品深度的增长。进一步，我们将进口产品深度分解为进口产品价格和进口产品数量，如表 7-7 所示，从 1996 年到 2010 年，中国高新技术产品进口价格有一定波动，但整体上保持增长态势；中国高新技术产品进口数量整体上呈现平稳而快速增长的态势，2010 年相比 1996 年增长了 2.61 倍，可见，中国进口产品深度的增长主要来源于进口产品数量的增长。

表 7-7　1996—2010 年中国高新技术产品进口增长三元边际

年份	广度	深度		
		总体	价格	数量
1996	0.9332	0.0341	1.0313	0.0423
1997	0.9335	0.0395	1.0345	0.0468
1998	0.9341	0.0413	1.0362	0.0497
1999	0.9343	0.0427	1.0388	0.0537
2000	0.9344	0.0498	1.0401	0.0578
2001	0.9348	0.0656	1.0465	0.0593
2002	0.9401	0.0740	1.0453	0.0644
2003	0.9450	0.0815	1.0499	0.0670
2004	0.9512	0.0961	1.0568	0.0713
2005	0.9513	0.1093	1.0772	0.0799
2006	0.9508	0.1187	1.0793	0.0856
2007	0.9462	0.1276	1.1054	0.0933
2008	0.9434	0.1365	1.0897	0.0990
2009	0.9389	0.1402	1.0859	0.1045
2010	0.9355	0.1467	1.1128	0.1103

根据式（7-13）和式（7-21），经过简单计算，我们得到如式（7-22）、式（7-23）、式（7-24）所示的回归方程。

$$\ln EM_{ijt} = \beta_0 + \beta_1 \ln Y_{it} + \beta_2 \ln E_{jt} + \beta_3 \ln X_{ijt} + D_{country} + D_{year} + u_{ijt} + e_{ijt}$$

$$(7-22)$$

$$\ln P_{ijt} = \beta_0 + \beta_1 \ln Y_{it} + \beta_2 \ln E_{jt} + \beta_3 \ln X_{ijt} + D_{country} + D_{year} + u_{ijt} + e_{ijt} \quad (7-23)$$

$$\ln Q_{ijt} = \beta_0 + \beta_1 \ln Y_{it} + \beta_2 \ln E_{jt} + \beta_3 \ln X_{ijt} + D_{country} + D_{year} + u_{ijt} + e_{ijt} \quad (7-24)$$

根据式（7-22）、式（7-23）、式（7-24），利用三元边际分解数据，采用固定效应模型，得到如表 7-8 所示的回归结果。表 7-8 的结果表明：

中国专利保护强度对于中国高新技术产品的进口广度有显著正影响，影响系数为0.272；对于中国高新技术产品的进口价格的影响并不显著，影响系数为-0.003；对于中国高新技术产品的进口数量有显著正影响，影响系数为0.366。出口国专利保护强度对于中国高新技术产品的进口广度有显著正影响，影响系数为0.133；对于中国高新技术产品的进口价格的影响并不显著，影响系数为0.012；对于中国高新技术产品的进口数量有显著正影响，影响系数为0.265。对中国高新技术产品进口增长进行三元边际分解可以发现：中国专利保护强度对于中国高新技术产品进口的影响主要从进口产品广度和进口产品数量两个途径进行，另外，出口国专利保护强度同样从这两个途径对中国高新技术产品进口产生影响。

表 7-8　中国高新技术产品进口增长三元边际回归结果

变量	（1）$\ln EM_{ijt}$	（2）$\ln P_{ijt}$	（3）$\ln Q_{ijt}$
PR_{it}	0.133***	0.012	0.265***
	（2.90）	（1.76）	（4.88）
PR_{jt}	0.272***	-0.003	0.366***
	（4.68）	（-1.71）	（6.54）
$\ln Y_{it}$	0.433	0.107*	0.195
	（1.45）	（0.96）	（2.02）
$\ln POP_{it}$	-0.309*	-0.012	0.065*
	（-0.87）	（-0.42）	（1.03）
WTO_{it}	-0.449	-0.011	0.014*
	（-1.88）	（-1.03）	（0.87）
FTA_{ijt}	0.082***	0.012*	0.066*
	（1.98）	（0.40）	（1.80）
国家固定效应	是	是	是
时间固定效应	是	是	是
样本量	1199	1199	1199
R^2	0.423	0.435	0.416

注：括号里的数字为 t 统计量；*、**和***分别代表在10%、5%、1%的水平下显著。

第四节　内生性处理与稳健性检验

一、内生性处理

高新技术产品进口是获取科技知识的重要途径，而中国对于创新性和更复杂的技术需求与日俱增，因此，中国有动机为了增加高新技术产品进口而改善专利保护情况，由此产生内生性问题。针对内生性问题，寻找合适的工具变量是目前学界普遍认可的处理方法。借鉴沃库斯和殷（Awokuse 和 Yin，2010）[1]的方法，本节使用外国企业和个人在中国申请的专利数量作为中国专利保护指数的工具变量。外国企业和个人在华专利申请量一定程度上可以反映外界对中国专利保护的信心，因此可以将其视为一个能够表示中国专利保护程度的指标；另一方面，专利申请量与高新技术产品贸易并无直接关联。所以，本节所选取的工具变量与自变量高度相关，与因变量无关。利用外国企业和个人在华专利申请量作为中国专利保护指数的工具变量，分别对来自所有国家、发达国家、发展中国家、专利保护指数较低国家和专利保护指数较高国家的高新技术产品进口进行面板工具变量 IV-GMM 回归分析，结果见表 7-9。

表 7-9　中国高新技术产品进口（IV-GMM）

变量	（1）所有国家	（2）发达国家	（3）发展中国家	（4）专利保护指数较高国家	（5）专利保护指数较低国家
PR_{jt}	0.5606***	0.8561**	0.5011***	0.7385***	0.3675***
	(0.1267)	(0.3795)	(0.1273)	(0.2322)	(0.1095)
$\ln Y_{it}$	0.0001	0.0001**	0.0008	0.0002**	0.0002
	(0.0003)	(0.0004)	(0.0006)	(0.0001)	(0.0002)
$\ln E_{jt}$	0.0001***	-0.0001	-0.0005	0.0001	-0.0004
	(0.00001)	(0.0001)	(0.0001)	(0.0009)	(0.0001)

① Awokuse, T. O., Hong Yin, "Intellectual Property Rights Protection and the Surge in FDI in China", *Journal of Comparative Economics*, Vol. 38, No. 2, 2010, pp. 217-224.

续表

变量	（1）所有国家	（2）发达国家	（3）发展中国家	（4）专利保护指数较高国家	（5）专利保护指数较低国家
$\ln POP_{it}$	-0.0007^{***}	-0.0007^{**}	-0.0004^{***}	-0.0003^{***}	-0.0004^{***}
	（0.00002）	（0.0004）	（0.0001）	（0.0001）	（0.0001）
$\ln POP_{jt}$	-0.0005^{***}	0.0006^{**}	0.0007^{**}	0.0007^{**}	0.0009^{**}
	（0.0001）	（0.0003）	（0.0003）	（0.0003）	（0.0004）
WTO_{it}	-0.1503^{**}		-0.0973	-0.3675^{**}	-0.0549
	（0.0769）		（0.0664）	（0.1688）	（0.0646）
WTO_{jt}	-0.1853^{***}	-0.1694^{**}	-0.2113^{***}	-0.2888^{**}	-0.0743
	（0.0617）	（0.1026）	（0.0801）	（0.1190）	（0.0546）
FTA_{ijt}	0.1577^{**}	0.1629^{**}	0.1720^{**}	0.1268^{***}	0.1610^{**}
	（0.0342）	（0.0637）	（0.0422）	（0.0494）	（0.0411）
国家固定效应	是	是	是	是	是
时间固定效应	是	是	是	是	是
样本量	1197	375	822	712	485
第一阶段 F 值	49.03	30.04	36.76	25.78	30.36
第二阶段 R^2	0.3241	0.5345	0.1884	0.6543	0.0862

注：括号里的数字为 t 统计量；*、** 和 *** 分别代表在 10%、5%、1% 的水平下显著。

　　从表 7-9 可以看出，本章主要解释变量中国专利保护指数 PR_{jt} 对于来自所有国家、发达国家、发展中国家、专利保护指数较低国家和专利保护指数较低国家的高新技术产品进口的影响系数分别为 0.5606、0.8561、0.5011、0.7385 和 0.3675，并且结果均显著。将表 7-2 和表 7-9 对比可以发现：（1）表 7-9 中 PR_{jt} 的系数符号与表 7-2 的回归结果系数符号一致；（2）表 7-9 相比于表 7-2，中国专利保护指数对于来自发达国家高新技术产品进口的影响系数上升，结果均显著；（3）表 7-9 相比于表 7-2，中国专利保护指数对于来自发展中国家、专利保护指数较高国家和专利保护指数较低国家高新技术产品进口的影响系数降低，结果均显著。表7-2和表7-9的结果共同说明本节所选取的工具变量在一定程度上解决了内生性问题。

二、稳健性检验

鲍德温和达里亚（2003）指出引力模型中的贸易额、进出口国GDP都是真实变量，需要用美国的CPI指数对贸易额（一般用现价美元表示）进行平减，用各国的GDP平减指数对GDP进行平减，但是这样对名义变量的不当平减易造成"银牌错误"。为了解决这种"银牌错误"，本节将使用名义贸易量和名义GDP重新进行计量分析，回归结果见表7-10，并以此作为本章的稳健性检验。从表7-10可以看出，回归系数符号与前文的回归结果一致，说明本章的实证结果具有一定程度的稳健性。

表7-10　中国高新技术产品进口（固定效应模型、名义贸易量与名义GDP）

变量	（1）所有国家	（2）发达国家	（3）发展中国家	（4）专利保护指数较高国家	（5）专利保护指数较低国家
PR_{it}	0.533***	1.582***	0.153	0.778***	0.223
	(4.67)	(9.29)	(0.98)	(5.99)	(1.02)
PR_{jt}	1.064***	0.694***	1.637***	1.111***	2.069***
	(8.49)	(4.50)	(7.88)	(7.86)	(6.04)
$\ln Y_{it}$	0.466**	0.509	-0.0228	0.434**	0.885*
	(2.23)	(1.56)	(-0.08)	(2.06)	(1.91)
$\ln POP_{it}$	-0.320	4.290***	-1.477	-0.0297	-5.252***
	(-0.39)	(2.90)	(-1.41)	(-0.03)	(-2.69)
WTO_{it}	-0.464*		-0.492	-1.172***	-0.149
	(-1.71)		(-1.58)	(-3.11)	(-0.35)
FTA_{ijt}	0.478***	-0.301	0.584**	0.427**	0.131
	(2.66)	(-1.39)	(2.36)	(2.04)	(0.40)
国家固定效应	是	是	是	是	是

续表

变量	（1）所有国家	（2）发达国家	（3）发展中国家	（4）专利保护指数较高国家	（5）专利保护指数较低国家
时间固定效应	是	是	是	是	是
样本量	1199	435	764	727	472
R^2	0.522	0.703	0.494	0.618	0.463

注：括号里的数字为 t 统计量；*、** 和 *** 分别代表在 10%、5%、1%的水平下显著。

本章小结

一、基本结论

本章使用引力模型研究了国内外专利保护强度对中国高新技术产品进口的影响。主要研究结论是：

（一）专利保护强度的提升会促进中国高新技术产品进口

从整体上来看，不仅中国国内的专利保护强度提升能够促进高新技术产品进口，而且，出口国的专利保护强度提升也会促进其对中国的高新技术产品出口。中国专利保护强度的提升会增加高新技术产品的进口，但是，这种效应对于从专利保护指数较低国家、发展中国家进口更明显，也就是说，中国专利保护强度提高后，从发展中国家进口高新技术产品的增加幅度高于发达国家。

（二）出口国专利保护强度提升的促进作用存在差异性

出口国专利保护强度提升对中国不同类型高新技术产品进口的促进作用具有一定的差异性。出口国专利保护强度提升不一定有利于中国进口航空器材、医药制品、非电力机械、化学材料、武器与军用设备等五类产品，出口国专利保护强度提升有利于中国进口电脑及办公设备、电子通信设备、科学设备、电力机械等四类产品。

（三）中国专利保护强度提升的促进效应更强

中国专利保护强度提升对高新技术产品进口的促进效应高于世界平均水平。不仅世界各类出口国专利保护强度提升对进口国高新技术产品进口贸易的平均促进效应明显小于中国，而且，世界各类进口国专利保护强度提升对本国高新技术产品进口贸易的平均促进效应（大部分不显著）也明显小于中国（都是显著的）。

（四）中国专利保护强度提升的促进作用存在差异性

中国国内专利保护强度提升对中国从不同类型国家进口不同类型高新技术产品的影响具有一定的差异性。中国国内专利保护强度提升对中国从发达国家进口航空器材、电子通信设备、医药制品、科学设备、电力机械、化学材料、武器与军用设备的促进作用是显著的正效应，对中国从发达国家进口电脑及办公设备、非电力机械的促进作用是不显著。

（五）主要影响途径

中国专利保护强度对于中国高新技术产品进口的影响主要从进口产品广度和进口产品数量两个途径发生，另外，出口国专利保护强度同样从这两个途径对中国高新技术产品进口产生影响。

二、政策建议

本章的研究结果具有很强的政策启示意义。经过四十多年的发展，中国经济进入了新的发展阶段，处于经济增长速度换挡期、结构调整阵痛期、前期刺激政策消化期、改革攻坚克难的推进期等四期叠加的新时期。在新的发展阶段，培育新的经济增长动力是中国经济稳定发展、适应全球经济深度调整的客观要求，经济增长动力机制转换的关键是加快产业结构的转型升级，技术创新又是产业结构转型升级的核心，可见，增长动力转换的核心是从要素投入驱动的经济增长转向创新驱动的经济增长，使创新成为引领经济发展的动力。也就是说，技术创新是新经济增长动力的源泉。

对于中国来说，技术创新有两种途径，一种是自主创新，另一种是从外国引进。在经济全球化程度日益提升的背景下，随着中国对外开放程度的进一步提升，在坚持自主创新的基础上，中国要充分利用外国的资源，从国外大规模引进先进技术、技术设备，更新国内产业落后的生产设备，提高企业生产的机械化水平、自动化水平。高新技术产品是先进技术的载体，因此，扩大高新技术产品的进口势在必行。与非技术性产品、低技术产品相比，高新技术产品的出口国对进口国国内知识产权保护程度十分敏感，引进更多高新技术产品的关键在于加强知识产权保护。为了从国外进口先进技术及其技术设备，这就要求中国提升对知识产权的保护程度。

为了进一步扩大从外国特别是技术领先的发达国家进口高新技术产品，中国加强知识产权保护程度应该重视以下几个方面：

（一）完善重点进口高新技术产品的知识产权保护法律法规

依据中国今后重点发展的战略性新兴产业、高新技术产业，针对航空器材、医药制品、科学设备、电力机械、化学材料等相关重点进口的产品及其产业制定详细的、有针对性的知识产权保护法律法规。

（二）加强知识产权保护执法力度

中国知识产权保护存在有法不依、执法不严的现象，这种现象大大降低了法律的实际效果，既不利于高新技术产品的进口，也与中国建设创新型国家的目标不一致，因此，在加强立法工作的基础上，中国政府要加强知识产权保护的执法力度，提升知识产权法律的保护效果。

（三）提高知识产权违法成本和代价

一般来说，创新成本远远大于短期的创新收益，抄袭和模仿成本大大低于短期的抄袭和模仿收益，从而导致抄袭和模仿的情况日益严重。因此，提高知识产权违法的成本和代价，有利于降低企业的违法行为。关于这一点，应该在中国专利法中进行明确修订。

（四）加快知识产权国际化人才的培养

随着中国对外开放程度的进一步提升，中国的知识产权法律法规的制定将与国际接轨，中国涉外的知识产权案件将越来越多，中国政府部门和企业都急需一批能熟练运用国际语言、精通世界各国以及国际组织知识产权法律法规及相关工作的复合型人才。因此，中国政府应该尽快大规模培养知识产权国际化人才。

第 八 章

进口商品技术水平与中国经济发展方式转变

加入 WTO 之后，中国工业总产值增速不断加快。但是，在工业规模快速增长的同时，低附加值、高能耗、高污染的传统粗放型工业经济发展方式也阻碍了中国工业经济的可持续发展。中国政府提出，要加快转变经济发展方式，推动经济更有效率、更加公平、更可持续发展。工业转型升级是中国转变经济发展方式的关键，技术进步和产业结构升级带来的供给推动力是工业增长的主要动力之一，因此，探寻如何提升工业技术水平促进工业经济发展方式转变就是一项十分重要的任务。进口特别是进口先进的高技术工业制成品是提高工业技术水平的有效途径之一。那么，进口商品特别是进口商品的技术含量对工业经济发展方式的转变会产生什么样的影响呢？本章将通过对加入世界贸易组织以来（2001—2011 年）的中国工业制造业发展进行实证分析，考察货物贸易进口技术含量对中国工业经济发展方式转变的影响。

第一节　问题的提出与研究进展

目前，中国还是一个发展中国家，发展中国家的工业发展本质上是一个追赶处于世界前沿技术位置的目标国的过程，模仿创新则是主要的追赶模式。进口特别是进口先进的高技术工业制成品，是追赶国外先进技术的一个重要途径，使发展中国家能够利用后发优势弥补发展中国家自身的比较劣势，达到比处于世界技术前沿国家更快的技术进步速度，缩小与发达国家之间的技术差距（林毅夫，2011）[①]，引进的技术可以通过消化吸收转化为生产技术，进而为转变经济发展方式带来条件与动力。

对于发展中国家来说，进口商品技术含量越高，就意味着这个国家越能充分利用国外的先进技术促进本国的经济发展。作为转变贸易发展方式进而转变经济发展方式的一个重要方面，技术进口占据着利用国际资源中的高端地位（冯雷，2014）[②]。科伊等（Coe 等，1997）[③] 通过对 1971—1990 年 77 个发展中国家的贸易数据进行实证研究发现，发展中国家可以通过与有着更多"知识储备"的发达国家进行贸易，进口更多含有外国知识的中间品与固定设备，同时获取较难获得的有用信息，从而推动自身生产率增长，转变经济发展方式。

目前，已有大量研究表明，进口贸易会提高生产率，推动经济增长。从国际来看，凯勒（Keller，2000）[④] 指出一国的进口贸易会通过 R&D 影响生产率，对发展中国家来说，进口商品中蕴含的技术对生产率的影响比较大。瓦尔兹（Wörz，2005）[⑤] 针对 19 个 OECD 成员及 26 个非 OECD 成员的亚洲、拉丁美洲国家进行了研究，发现不同商品的进口对不同经济体的经济增长有着不同的影响，中等技术、中高技术商品的进口贸易对长期经济增长有着明显的正向影响，欠发达经济体会从中高技术商品的进口中获益。维拉马尼（Veeramani，2009）[⑥] 发现一国进口何种中间品和资本品、从何处进口会对长期经济增长产生影响，资本品进口对经济增长的正向影响要大于中间品进口。采蒂塔斯和巴里西克（Çetintaş 和 Barişik，2009）[⑦] 考察了 13 个转轨

①　林毅夫：《新结构经济学——重构发展经济学的框架》，《经济学（季刊）》2011 年第 1 期。

②　冯雷：《进口贸易是通向贸易强国的关键——转变外贸发展方式的战略研究》，《国际贸易》2014 年第 12 期。

③　Coe D. T., Helpman E., Hoffmaister A. W., "North-South R&D Spillovers", *The Economic Journal*, Vol. 107, No. 440, 1997, pp. 134-149.

④　Keller W., "Do Trade Patterns and Technology Flows Affect Productivity Growth?", *The World Bank Economic Review*, Vol. 14, No. 1, 2000, pp. 17-47.

⑤　Wörz J., "Skill Intensity in Foreign Trade and Economic Growth", *Empirica*, Vol. 32, No. 1, 2005, pp. 117-144.

⑥　Veeramani C., "Impact of Imported Intermediate and Capital Goods on Economic Growth: A Cross Country Analysis", Available at SSRN 1325181, 2009.

⑦　Çetintaş H., Barişik S., "Export, Import and Economic Growth: The Case of Transition Economies", *Transition Studies Review*, Vol. 15, No. 4, 2009, pp. 636-649.

经济体，发现快速扩张的中间品及资本品进口直接推动了这些经济体的国内经济发展。古铁雷斯和丰岛（Gutiérrez 和 Teshima，2011）① 将进口贸易对企业创新的影响分为最终品进口引发的竞争效应和中间品进口引致的技术外溢效应。哈尔彭等（Halpern 等，2015）② 将进口贸易对全要素生产率提升的作用分为质量机制和互补机制，质量机制意味着进口商品的质量优于国内投入品，从而有利于提高企业生产率；互补机制则表明，进口导致国内商品种类增加，可以创造更多的收益。从国内来看，沈坤荣和李剑（2003）③ 等学者的研究都表明，进口贸易对中国经济发展方式变化有正面影响。另外，国内学者对进口商品技术结构进行了较多研究，例如，魏浩（2014）④ 通过构建新的分析框架，对中国进口商品技术结构进行了测算和国际比较，魏浩和李晓庆（2015）⑤ 对中国进口技术结构的影响因素进行了实证研究。

总的来看，已有研究为我们认识进口与工业经济发展方式转变之间的关系提供了有益借鉴，但是，已有研究基本上都是从进口规模视角考察其对经济增长或经济发展方式转变的影响，已有研究文献鲜有涉及进口商品技术含量这一新的概念。进口规模和进口技术含量是有本质区别的，进口技术含量不仅考虑了进口规模，也考虑了进口商品的技术水平或进口商品的质量，也就是说，进口技术含量更多的是从质量视角进行考察的。另外，已有研究也缺少针对行业类别、进口商品类别进行的分类考察。

基于此，本章通过测算货物贸易进口技术含量，以全要素生产率的变动对工业产出增长的贡献率作为经济发展方式的衡量指标，实证研究货物贸易进口技术含量对中国工业经济发展方式转变的影响，以期对现有研究文献进行补充和拓展。与已有研究相比，本章的贡献是：从进口技术含量这一新的视角进行了实证分析；分别考察了资本密集型行业、劳动密集型行业的效应及其差异性；考察了资本品、消费品和中间品等不同类型商品进口技术含量

---

① Gutiérrez E., Teshima K., "Import Competition and Environmental Performance: Evidence from Mexico", 2011.

② Halpern L., Koren M., Szeidl A., "Imported Inputs and Productivity", *American Economic Review*, Vol. 105, No. 12, 2015, pp. 3660-3703.

③ 沈坤荣、李剑：《中国贸易发展与经济增长影响机制的经验研究》，《经济研究》2003 年第 5 期。

④ 魏浩：《中国进口商品的国别结构及相互依赖程度研究》，《财贸经济》2014 年第 4 期。

⑤ 魏浩、李晓庆：《中国进口贸易的技术结构及其影响因素研究》，《世界经济》2015 年第 8 期。

变化对经济发展方式转变的影响；不仅考察了行业自身内部进口对本行业经济发展方式转变的影响，而且还考察了其他行业进口对本行业经济发展方式转变的影响。

第二节　进口商品技术水平影响中国经济发展方式转变的计量模型构建

一、计量模型

紧扣中国工业经济发展的特点，结合已有相关研究，影响工业经济发展方式的因素主要有人力资本、科研投入、环境规制、外商投资等（金碚，2008[①]；王小鲁等，2009[②]；李玲玲和张耀辉，2011[③]）。因此，本章构建的计量方程如下：

$$RTY_{it} = \alpha_0 + \alpha_1 \ln MTC_{it} + \alpha_2 EX_{it} + \alpha_3 RD_{it} + \alpha_4 HR_{it} + \alpha_5 ENV_{it} +$$
$$\alpha_6 FDI_{it} + \alpha_7 MAR_{it} + \varepsilon_{it} \tag{8-1}$$

其中，下标 i 表示工业部门各大类行业，下标 t 表示年份。RTY 表示全要素生产率变动对工业产值增长率的贡献率；MTC 表示各工业行业进口技术含量；EX 表示行业出口渗透率；RD 表示研发投入；HR 表示人力资本投入；ENV 表示环境保护；FDI 表示外资利用率；MAR 表示行业市场化水平。本章对核心自变量 MTC 做了自然对数处理，以便更好地展示其数值的相对变化对因变量的影响。

（一）因变量

本章采用全要素生产率的变动对行业产值增长的贡献率作为衡量经济发展方式的指标。徐现祥（2000）[④]、赵文军和于津平（2012）[⑤] 均采用了此

---

①　金碚：《中国工业化的资源路线与资源供求》，《中国工业经济》2008 年第 2 期。

②　王小鲁、樊纲、刘鹏：《中国经济增长方式转换和增长可持续性》，《经济研究》2009 年第 1 期。

③　李玲玲、张耀辉：《我国经济发展方式转变测评指标体系构建及初步测评》，《中国工业经济》2011 年第 4 期。

④　徐现祥：《我国经济增长方式转变的实证分析》，《上海经济研究》2000 年第 3 期。

⑤　赵文军、于津平：《贸易开放、FDI 与中国工业经济增长方式——基于 30 个工业行业数据的实证研究》，《经济研究》2012 年第 8 期。

种方法。本章选择 DEA-Malmquist 生产率指数对工业行业的全要素生产率进行测算。在具体测算过程中，各工业行业各期总产值以 2000 年为基期，用工业生产者出厂价格指数进行平减；各工业行业的各期劳动投入用全部从业人员年平均人数衡量；各工业行业的各期资本投入用固定资产净值年平均余额衡量，并以 2000 年为基期，用固定资产投资价格指数进行平减。2000—2011 年工业总产值、固定资产净值年平均余额、全部从业人员年平均人数均来自国泰安 CSMAR 数据库中国宏观经济研究数据库。

（二）核心自变量

本章用 MTC 表示行业货物贸易进口商品技术含量。本章借鉴杜修立和王维国（2007）[①]的方法，以标准化的各国在各类产品世界总生产中的近似份额作为权重，计算某一产品的技术含量指标，公式是：$TC_j = \sum_{i=1}^{n} w_{ij} \times Y_i$，其中，$TC_j$ 为产品 j 的技术含量指标，Y_i 为 i 国的人均国民总收入，w_{ij} 为 i 国在 j 产品上的权重。$w_{ij} = ps_{ij}' / \sum_{i=1}^{n} ps_{ij}'$，其中，$ps_{ij}'$ 为各国在各类产品世界总生产中的近似份额，公式是 $ps_{ij}' = es_{ij} / td_i$，$es_{ij}$ 为 i 国在 j 产品上的出口额占 i 国出口总额的比重，td_i 表示 i 国的贸易依存度。

某种技术在某一个时期可能是高技术，但随着时间推移，世界技术水平的普遍提高，在另一个时期则可能变为低技术。因此，一种产品是高技术产品还是低技术产品，即"技术高度"，不仅取决于该产品本身的技术含量，而且还取决于该产品技术含量相对于同时期存在的其他产品的技术含量。定义产品的技术高度指数为：$TCI_j = (TC_j - TC_{min}) / (TC_{max} - TC_{min})$。其中，$TCI_j$ 表示每单位产品 j 的技术高度指数，TC_j 表示产品 j 的技术含量，TC_{max} 和 TC_{min} 表示与产品 j 同时期所有产品的技术含量的最大值和最小值。

利用产品的技术高度指数 TCI_j，某一行业的进口技术含量记为 MTC_i，定义为该行业中每种商品的技术高度指数的加权和，权数为该行业每种商品的进口数量 Q_{ij}。因此，i 行业的进口技术含量记为 $MTC_i = \sum_{i=1}^{m} TCI_j \times Q_{ij}$。本章将 SITC Rev. 3 五位码下 3108 种商品中的 2321 种工业制造业商品划分到

---

① 杜修立、王维国：《中国出口贸易的技术结构及其变迁：1980—2003》，《经济研究》2007 年第 7 期。

28 个制造业行业下。本章利用 154 个国家的数据，计算了 SITC Rev. 3 五位码下 2321 种商品的技术高度指数，以及各年各行业的进口技术含量。所有商品贸易额、贸易数量的数据均来自 UN Comtrade 数据库。

（三）控制变量

1. 出口渗透率（EX）

用各工业行业出口交货值与行业总产值的百分比表示。2001—2011 年各工业行业出口交货值数据来自国泰安 CSMAR 数据库中国工业行业统计数据库。出口企业主要通过学习效应和正外部性促进发展方式转变。

2. 研发投入（RD）

用各行业研发内部经费与主营业务收入的百分比表示。2001—2011 年各行业研发内部经费数据来自历年《中国科技统计年鉴》。2001—2011 年各工业行业主营业务收入数据来自国泰安 CSMAR 数据库中国工业行业统计数据库。增加科研投入有利于提升企业自主创新能力，提高技术水平，促进发展方式转变。

（1）人力资本投入（HR）

用各行业科技活动人员数与本行业就业人数的百分比表示。2001—2011 年各行业科技活动人员数来自历年《中国科技统计年鉴》。人力资本尤其是高科技人力资本投入可以转化为经济增长的内生动力，推动企业自主创新，为转变经济发展方式提供源源不断的动力。

（2）环境保护程度（ENV）

用各行业废气和废水排放的处理费用占本行业主营业务收入的百分比来衡量。2001—2006 年各行业废气和废水排放的处理费用来自《中国环境年鉴》，2007—2011 年的数据来自《中国环境统计年鉴》。对工业废气和废水的处理要求的增加，会增加企业的成本，从而会促使企业转变发展方式。

3. 外资利用率（FDI）

用各工业行业中外资企业的固定资产净值年平均余额与整个行业的固定资产净值年平均余额的百分比表示。2001 年、2002 年外资企业的固定资产净值年平均余额来自《中国工业经济统计年鉴》；2003—2010 年外资企业的固定资产净值年平均余额来自国泰安 CSMAR 数据库中国工业行业统计数据库，2011 年的数据根据《中国工业经济统计年鉴》计算得出。FDI 主要通过竞争效应对经济发展方式产生影响。

4. 市场化水平（*MAR*）

用非国有及国有控股企业的工业总产值与所有企业工业总产值的百分比来衡量。其中，2001—2002 年的相关数据来自历年《中国工业统计年鉴》，2003—2011 年的相关数据来自国研网工业企业数据库。产权制度作为制度安排中的关键，确定了社会资源的占有与配置方式，市场化水平的提升有利于促进经济发展方式的转变。

二、行业样本

本章参照《国民经济行业分类（GB/T 4754-2002）》的分类标准，考察制造业下的 30 个大类行业。考虑到统计数据缺失等情况，剔除工艺品及其他制造业、废弃资源和废旧材料回收加工业，最终选取 28 个行业作为研究对象。根据劳动资本比将工业行业划分为劳动密集型行业和资本密集型行业，对两种类型的行业分别进行考察。具体行业及其分类见表 8-1。结合数据的可获得性，本章选取 2001 —2011 年作为样本时期，重点考察自加入 WTO 以来中国工业行业的发展情况。

表 8-1　劳动密集型行业与资本密集型行业的分类

	劳动密集型行业		资本密集型行业
1	皮革、毛皮、羽毛及其制品和制鞋业	15	通用设备制造业
2	文教、工美、体育和娱乐用品制造业	16	电气机械和器材制造业
3	纺织服装、服饰业	17	专用设备制造业
4	家具制造业	18	造纸和纸制品业
5	木材加工和木、竹、藤、棕、草制品业	19	酒、饮料和精制茶制造业
6	纺织业	20	计算机、通信和其他电子设备制造业
7	塑料制品业	21	医药制造业
8	金属制品业	22	化学原料和化学制品制造业
9	印刷和记录媒介复制业	23	铁路、船舶、航空航天和其他运输设备制造业
10	非金属矿物制品业	24	有色金属冶炼和压延加工业
11	橡胶制品业	25	化学纤维制造业
12	仪器仪表制造业	26	烟草制品业

续表

劳动密集型行业		资本密集型行业	
13	食品制造业	27	黑色金属冶炼和压延加工业
14	农副食品加工业	28	石油加工、炼焦和核燃料加工业

第三节　进口商品技术水平对中国经济发展方式转变影响的实证分析

一、基于总体样本的回归结果

本章采用广义最小二乘法进行回归分析。回归结果见表 8-2。如表 8-2 所示，货物贸易进口技术含量的提升对工业经济发展方式的转变具有促进作用。从方程 1 至方程 7 的计量结果来看，核心自变量进口技术含量与中国工业经济发展方式转变之间呈现正相关关系。在方程 1 的基础上，依次纳入其他解释变量之后，货物贸易进口技术含量与工业经济发展方式转变之间的正向关系并没有发生变化。在纳入所有解释变量后的方程 7 中，$\ln MTC$ 的系数估计值为 0.0994，这表明当货物贸易进口技术含量相对提升 1 个单位时，中国工业经济发展方式的转变，即全要素生产率的增加对工业产出增长的贡献率会相应地提高 0.0994。

就其他控制变量而言，行业出口渗透率、环境保护、人力资本变量系数显著为正。从影响系数的绝对值大小来看，在考察的七个影响因素中，环境保护因素对工业行业经济发展方式转型的影响最大，进口技术含量因素的系数仅小于环境保护（ENV）、研发投入（RD）。可见，进口技术含量（MTC）是影响中国工业经济发展方式的重要因素。

表 8-2　基于总体样本的估计结果

自变量	方程 1	方程 2	方程 3	方程 4	方程 5	方程 6	方程 7
$\ln MTC$	0.0412 (0.1055)	0.0162 (0.1117)	0.0682 (0.1116)	0.0773 (0.1097)	0.1279 (0.1172)	0.0881 (0.1139)	0.0994 (0.1145)

自变量	方程 1	方程 2	方程 3	方程 4	方程 5	方程 6	方程 7
EX	—	0.0294 *** (0.0114)	0.0403 *** (0.0117)	0.0435 *** (0.0118)	0.0305 *** (0.0119)	0.0405 *** (0.0130)	0.0404 *** (0.0133)
RD	—	—	−0.0818 ** (0.0357)	−0.2504 *** (0.0741)	−0.2287 *** (0.0792)	−0.2015 ** (0.0849)	−0.2201 ** (0.0863)
HR	—	—	—	0.0660 *** (0.0257)	0.0674 ** (0.0274)	0.0643 ** (0.0291)	0.0668 ** (0.0288)
ENV	—	—	—	—	0.4899 *** (0.1223)	0.5730 *** (0.1260)	0.5511 *** (0.1305)
FDI	—	—	—	—	—	−0.0184 * (0.0108)	−0.0187 * (0.0122)
MAR	—	—	—	—	—	—	0.0049 (0.0129)
常数项	0.4532 *** (0.0292)	0.4622 *** (0.0286)	0.5351 *** (0.0453)	0.5313 *** (0.0445)	0.4007 *** (0.0557)	0.3799 *** (0.0587)	0.3808 *** (0.0596)
样本量	280	280	280	280	280	280	280
chi²	0.15	7.28 **	16.15 ***	22.98 ***	36.24 ***	39.40 ***	39.85 ***

注：括号内数值为标准误差，*、** 和 *** 分别表示在 10%、5% 和 1% 的水平下显著。

二、基于不同类型行业的回归结果

（一）劳动密集型行业的计量回归结果

表 8-3 是基于 14 个劳动密集型行业的计量回归结果。根据表 8-3 的结果，可以发现：从方程 1 至方程 7 的计量检验结果来看，劳动密集型行业货物贸易进口技术含量与中国工业经济发展方式转变之间存在负向关系，在方程 1 至方程 4 中，这种负向关系是显著的。

就其他控制变量而言，行业出口渗透率、环境保护变量的系数显著为正。在考察的七个影响因素中，从影响系数的绝对值大小来看，环境保护（*ENV*）因素对劳动密集型行业经济发展方式转型的影响最大，进口技术含量因素的系数仅次于环境保护程度。

表8-3　劳动密集型行业广义最小二乘估计

自变量	方程1	方程2	方程3	方程4	方程5	方程6	方程7
lnMTC	-0.3143** (0.1376)	-0.3703** (0.1488)	-0.3686** (0.1496)	-0.4147*** (0.1569)	-0.2331 (0.1699)	-0.2623 (0.1714)	-0.2542 (0.1726)
EX	—	0.0211 (0.0132)	0.0258* (0.0135)	0.0341** (0.0139)	0.0409*** (0.0128)	0.0478*** (0.0152)	0.0381** (0.0153)
RD	—	—	-0.0960 (0.0867)	-0.2881 (0.1820)	-0.1870 (0.1577)	-0.1906 (0.1682)	-0.1939 (0.1665)
HR	—	—	—	0.0832 (0.0733)	0.0407 (0.0621)	0.0464 (0.0650)	0.0481 (0.0657)
ENV	—	—	—	—	1.7878*** (0.3046)	1.7286*** (0.3024)	1.7738*** (0.2953)
FDI	—	—	—	—	—	-0.0166 (0.0156)	-0.0191 (0.0158)
MAR	—	—	—	—	—	—	0.0348 (0.0216)
常数项	0.4618*** (0.0401)	0.4749*** (0.0404)	0.5298*** (0.0617)	0.5352*** (0.0639)	0.4967*** (0.0570)	0.4855*** (0.0607)	0.4245*** (0.0654)
样本量	140	140	140	140	140	140	140
chi^2	5.22**	7.06**	8.29**	11.28**	46.70***	46.47***	49.47***

注：括号内数值为标准误差，*、** 和 *** 分别表示在10%、5%和1%的水平下显著。

（二）资本密集型行业的计量回归结果

表8-4是基于14个资本密集型行业的计量回归结果。根据表8-4的结果，可以发现：从方程1至方程7的计量检验结果来看，资本密集型行业货物贸易进口技术含量与中国工业经济发展方式转变之间呈现正相关关系，并且，这种正向关系全部在1%的显著水平下显著。在纳入全部解释变量的方程7中，lnMTC 的回归系数显著为0.5388，这说明资本密集型行业进口技术含量的提升对工业经济发展方式的转变具有显著的正向促进作用，并且这种促进作用比在全部行业中的作用要大。

就其他控制变量而言，研发投入变量（RD）的估计系数为正且在1%的置信水平下显著，这说明资本密集型行业研发投入增加会显著地推动资本密集型行业的经济发展方式转变。虽然在全部制造业整体的回归结果中研发投入对工业经济转型没有推动作用，但是，研发投入在资本密集型行业领域却具有十分重要的地位，研发投入的增加能够显著地推动资本密集型行业发展方式的转型。在考察的七个影响因素中，从影响系数的绝对值大小来看，进口技术含量因素的系数最大，研发投入次之。

表 8-4 资本密集型行业的估计结果

自变量	方程 1	方程 2	方程 3	方程 4	方程 5	方程 6	方程 7
lnMTC	0.4874*** (0.1537)	0.4914*** (0.1711)	0.5462*** (0.1792)	0.5650*** (0.1763)	0.5434*** (0.1643)	0.5407*** (0.1660)	0.5388*** (0.1658)
EX	—	0.0543** (0.0224)	0.0404 (0.0292)	0.0394 (0.0293)	0.0347 (0.0300)	0.0248 (0.0335)	0.0234 (0.0337)
RD	—	—	0.3858*** (0.1266)	0.4646*** (0.1312)	0.4821*** (0.1371)	0.4878*** (0.1406)	0.4806*** (0.1415)
HR	—	—	—	-0.0453* (0.0257)	-0.0520 (0.0351)	-0.0595 (0.0373)	-0.0633 (0.0384)
ENV	—	—	—	—	-0.0785 (0.1435)	-0.1186 (0.1510)	-0.1378 (0.1580)
FDI	—	—	—	—	—	0.0083 (0.0182)	0.0060 (0.0190)
MAR	—	—	—	—	—	—	0.0086 (0.0209)
常数项	0.4238*** (0.0453)	0.4149*** (0.0437)	0.4428*** (0.0430)	0.5995*** (0.0982)	0.6537*** (0.1636)	0.6864*** (0.1711)	0.6894*** (0.1713)
样本量	140	140	140	140	140	140	140
chi^2	10.05***	16.48***	29.00***	35.61***	34.16***	31.97***	32.09***

注：括号内数值为标准差，*、** 和 *** 分别表示在 10%、5% 和 1% 的水平下显著。

（三）基于不同类型进口商品的回归分析

本章将所研究的 2321 种 SITC 商品对应到按经济大类分类（BEC）下，进而把进口商品分成资本品、中间品、消费品三类。分别计算各行业资本品、中间品、消费品的进口商品技术含量（分别用 $CAMTC$、$INMTC$ 和 $COMTC$ 表示），分别用其代替核心自变量进行计量回归。回归结果见表 8-5。从表 8-5 可以看出：①基于劳动密集型行业的回归结果表明，资本品、消费品的进口技术含量对劳动密集型行业经济发展方式转变的影响为正、不显著，中间品的进口技术含量对劳动密集型行业经济发展方式转变的影响为负、不显著。②基于资本密集型行业的回归结果表明，中间品、消费品的进口技术含量对资本密集型行业经济发展方式转变的影响都是显著的正效应，资本品的进口技术含量对资本密集型行业经济发展方式转变的影响不显著。

表 8-5　基于不同类型商品进口的回归结果

自变量	劳动密集型行业				资本密集型行业			
	资本品	中间品	消费品	三类商品	资本品	中间品	消费品	三类商品
ln*CAMTC*	0.0036 (0.0940)	—	—	0.0332 (0.0367)	-0.0556 (0.1564)	—	—	0.0874 (0.1679)
ln*INMTC*	—	-0.2603 (0.1648)	—	-1.2399*** (0.1828)	—	0.3342** (0.1454)	—	0.7316** (0.3661)
ln*COMTC*	—	—	0.0666 (0.0562)	0.0441 (0.0371)	—	—	0.2456*** (0.0767)	0.1620* (0.0919)
EX	0.0178 (0.0260)	0.0447*** (0.0153)	0.0315** (0.0134)	0.0502** (0.0237)	0.0132 (0.0368)	0.0308 (0.0317)	-0.0045 (0.0316)	0.0015 (0.0339)
RD	-0.4808 (0.6012)	-0.2645 (0.1851)	-0.1540 (0.1407)	-0.9801* (0.5088)	0.2925* (0.1754)	0.4071*** (0.1418)	0.4666*** (0.1294)	0.3383* (0.1757)
HR	0.1342 (0.1768)	0.0607 (0.0703)	0.0325 (0.0597)	0.2805* (0.1515)	-0.0713 (0.0607)	-0.0630 (0.1579)	-0.0776** (0.0386)	-0.0146 (0.0630)
ENV	0.3240 (1.9805)	1.7232*** (0.2819)	1.8763*** (0.2978)	0.5086 (1.4363)	6.2525* (3.4006)	-0.0873 (0.1579)	-0.2381 (0.1715)	4.6338 (3.2738)
FDI	-0.0013 (0.0308)	-0.0235 (0.0162)	-0.0173 (0.0144)	-0.0213 (0.0248)	-0.0143 (0.0301)	0.0010 (0.0189)	-0.0037 (0.0205)	-0.0264 (0.0286)
MAR	0.0309 (0.0688)	0.0346 (0.0218)	0.0374* (0.0203)	-0.0789 (0.0597)	0.0431 (0.0358)	0.0343 (0.0214)	0.0370* (0.0208)	0.0529 (0.0349)
常数项	0.3659*** (0.1237)	0.4782*** (0.0685)	0.3945*** (0.0561)	0.6184*** (0.1315)	0.4566 (0.2897)	0.6091*** (0.1779)	0.7454*** (0.1772)	0.1144 (0.3168)
样本量	40	140	140	40	50	130	100	50
chi^2	2.42	60.03***	54.52***	54.77***	11.77	28.04***	26.42***	23.91***

注：括号内数值为标准差，*、** 和 *** 分别表示在 10%、5% 和 1% 的水平下显著。

　　总的来看，消费品进口技术含量提升对劳动密集型行业、资本密集型行业经济发展方式转变的影响一直都是正效应；但是，在单独考察时，资本品进口技术含量提升对资本密集型行业经济发展方式转变的影响、中间品进口技术含量提升对劳动密集型行业经济发展方式转变的影响则并不相同。

在消费品进口方面，消费品进口对国内行业的影响主要表现为促进效应（竞争效应）。消费品进口技术含量提升带来的冲击效应，加剧了国内市场的竞争程度，迫使国内劳动密集型行业、资本密集型行业积极转变发展方式，提升自身竞争力。资本密集型行业表现得比较明显，这是因为中国资本密集型行业的国际竞争力比较弱，面对外来竞争，生存压力比较大，如果不进行发展方式的转变，企业可能面临倒闭的境遇，因此，资本密集型行业转变经济发展方式的效应比较大。中国劳动密集型行业的国际竞争力比较大，外来竞争的冲击比较小或者没有，因此，劳动密集型行业转变经济发展方式的效应比较小。

在资本品进口方面，资本品进口对国内劳动密集型行业、资本密集型行业的影响主要表现为促进效应（质量效应），主要是由于进口的机器设备等资本品质量或技术优于国内同类产品，使用先进的机器设备进行生产能够直接提升生产效率和生产技术，促进全要素生产率的提高，进而推动经济发展方式转变。但是，单独考察资本品进口对国内资本密集型行业的影响时，也表现出了不显著的抑制效应（匹配效应），这主要是由于资本密集型行业自身技术水平较低、与进口的先进机器设备匹配的人才缺乏，从而导致难以将进口的机器设备的技术消化吸收并转变为技术进步（楚明钦和丁平，2013）[1]，企业经常将引进先进设备仅仅用来提高产量而不是产品升级，使用比较落后的管理模式去管理先进的技术等，造成了资源和技术的大量浪费，从而导致进口机器设备不利于资本密集型行业发展方式的转变。

在中间品进口方面，中间品进口技术含量对国内资本密集型行业的影响主要表现为显著的促进效应。原因可能是：①技术外溢效应。进口投入品有着更高的质量，同时，进口投入可以与国内投入形成互补机制（Halpern 等，2015）[2]。更多种类、更高质量的中间产品能够增加最终产品的生产效率，进口国不必对新的中间产品支付额外的费用，从而通过技术外溢效应提高生

---

①　楚明钦、丁平：《中间品、资本品进口的研发溢出效应》，《世界经济研究》2013 年第 4 期。

②　Halpern L., Koren M., Szeidl A., "Imported Inputs and Productivity", *American Economic Review*, Vol. 105, No. 12, 2015, pp. 3660–3703.

产率。里维拉—巴蒂兹和罗默（*Rivera*-Batiz 和 Romer，1991）[①] 的研究表明，进口带来的技术溢出和多样化的投入品能够带来规模报酬递增，从而产生整合效应。格罗斯曼和赫尔普曼（Grossman 和 Helpman，1991）[②] 指出进口中间品的质量相对于国内相关产品质量较好，伴随中间品进口而来的知识技术能够促进经济发展。阿尔梅达和费尔南德斯（Almeida 和 Fernandes，2008）[③] 指出进口中间品的企业更容易从供应方获得新技术。②竞争效应。专业化生产的中间产品的进口会刺激进口国对这些产品的学习和模仿，甚至开发出具有竞争性的相似产品，从而促进进口国的技术进步和经济增长（叶灵莉和赵林海，2008）[④]。戈德堡等（Goldberg 等，2010）[⑤] 的研究发现，进口竞争会带来资源的重新配置和生产者效率的提高，从而提升生产率。高凌云和王洛林（2010）[⑥] 的研究发现，进口竞争与物化型溢出之间存在显著正相关关系，并且能够提高工业行业的全要素生产率。简泽等（2014）[⑦] 的研究也表明，进口带来的竞争能够促进进口国企业全要素生产率的提高。

但是，单独考察中间品进口对国内劳动密集型行业的影响时，主要表现为抑制效应。在中国，很多劳动密集型生产企业满足于眼前的加工订单、充足低廉的劳动力资源和不完善的环保法规，而不重视机器设备的更新和引进、人才的培养和研发的投入，一味地通过压低价格来占领国内外市场，而不重视技术改革、科学管理和产品质量的提高，导致行业内的低价恶性竞争，进而导致整个行业持续呈现为粗放式发展。在这种行业状态下，中间品进口技术含量的提升，不仅不会促使劳动密集型企业致力于提高生产技术水

①　Rivera-Batiz L. A., Romer P. M., "International Trade with Endogenous Technological Change", *European Economic Review*, Vol. 35, No. 4, 1991, pp. 971-1001.

②　Grossman G. M., Helpman E., *Innovation and Growth in the Global Economy*, MIT Press, 1991.

③　Almeida R., Fernandes A. M., "Openness and Technological Innovations in Developing Countries: Evidence from Firm-Level Surveys", *The Journal of Development Studies*, Vol. 44, No. 5, 2008, pp. 701-727.

④　叶灵莉、赵林海：《进口贸易结构与技术进步的实证研究》，《科学学与科学技术管理》2008 年第 8 期。

⑤　Goldberg P. K., Khandelwal A. K., Pavcnik N., et al., "Imported Intermediate Inputs and Domestic Product Growth: Evidence from India", *The Quarterly Journal of Economics*, Vol. 125, No. 4, 2010, pp. 1727-1767.

⑥　高凌云、王洛林：《进口贸易与工业行业全要素生产率》，《经济学（季刊）》2010 年第 2 期。

⑦　简泽、张涛、伏玉林：《进口自由化、竞争与本土企业的全要素生产率——基于中国加入 WTO 的一个自然实验》，《经济研究》2014 年第 8 期。

平和产品质量，反而会放弃研发，只从事加工组装等活动，以大量低廉的劳动力作为企业发展的主要投入要素。

（四）基于行业外部进口的回归分析

产业关联理论认为，某一行业的发展可以通过前向、后向、环向效应引起其他相关行业的发展（Leontief，1941）[1]。每个行业的发展都不是孤立的，每个行业的发展都与自身属性相同的行业有关，也都与自身属性不同的行业有关，行业之间会通过要素、商品等的流动相互影响、相互制约，因此，任何一个行业的进口技术含量，不仅会对本行业的经济发展方式转变产生直接影响，还会对其他行业的经济发展方式产生间接影响。基于此，本章进一步考察了行业外部进口商品技术含量（用 $MTCR$ 表示）对行业自身经济发展方式的影响。在劳动密集型和资本密集型行业中，本章考察了"其他27个制造业行业进口技术含量的影响"（记为"$MTCR^{27}$"或"行业外部-27"），并将这27个行业分为"13个资本（或劳动）密集型行业"（记为"$MTCR^{13}$"或"行业外部-13"）、"14个资本（或劳动）密集型行业"（记为"$MTCR^{14}$"或"行业外部-14"），共考察这三种情况。回归结果见表8-6。

表8-6 基于行业外部进口的回归结果

自变量	全部行业	劳动密集型行业			资本密集型行业		
		行业外部-27	行业外部-13	行业外部-14	行业外部-27	行业外部-13	行业外部-14
$\ln MTCR^{27}$	0.8885** (0.3753)	0.5299 (0.6482)	—	—	2.0513*** (0.5691)	—	—
$\ln MTCR^{13}$	—	—	—	-0.3186 (0.3053)	—	2.0872*** (0.5285)	—
$\ln MTCR^{14}$	—	—	—	0.5740 (0.6319)	—	—	-0.5461* (0.3248)
EX	0.0347*** (0.0133)	0.0281* (0.0154)	0.0399*** (0.0146)	0.0275* (0.0153)	0.0024 (0.0339)	0.0054 (0.0330)	0.0525 (0.0355)
RD	-0.2313*** (0.0804)	-0.1517 (0.1421)	-0.1931 (0.1497)	-0.1525 (0.1422)	0.5554*** (0.1479)	0.5677*** (0.1456)	0.4332*** (0.1373)

[1] Leontief W., *The Structure of the United States Economy, 1919-1939*", Harvard UP, Cambridge, Mass, 1941.

续表

自变量	全部行业	劳动密集型行业			资本密集型行业		
		行业外部-27	行业外部-13	行业外部-14	行业外部-27	行业外部-13	行业外部-14
HR	0.0800 *** (0.0273)	0.0397 (0.0603)	0.0459 (0.0622)	0.0410 (0.0604)	−0.0725 * (0.0404)	−0.0756 * (0.0402)	−0.0779 * (0.0422)
ENV	0.4877 *** (0.1231)	1.9141 *** (0.3030)	1.8185 *** (0.2895)	1.9198 *** (0.3033)	−0.2461 (0.1720)	−0.2656 (0.1709)	−0.1662 (0.1699)
FDI	−0.0189 * (0.0111)	−0.0200 (0.0148)	−0.0217 (0.0152)	−0.0206 (0.0148)	−0.0021 (0.0200)	−0.0043 (0.0196)	0.0032 (0.0190)
MAR	−0.0003 (0.0129)	0.0307 (0.0216)	0.0298 (0.0210)	0.0297 (0.0217)	0.0022 (0.0229)	−0.0008 (0.0227)	0.0066 (0.0209)
常数项	0.2700 *** (0.0770)	0.3242 *** (0.1119)	0.4468 *** (0.0679)	0.3160 *** (0.1112)	0.5750 *** (0.1850)	0.5899 *** (0.1808)	0.8630 *** (0.1936)
样本量	280	140	140	140	140	140	140
chi²	46.17 ***	53.54 ***	53.60 ***	53.64 ***	40.26 ***	44.28 ***	22.51 ***

注：括号内数值为标准差，*、** 和 *** 分别表示在10%、5%和1%的水平下显著。

从表8-6可以看出，总体来看，产业关联效应十分明显。具体来看：（1）从全部行业来看，行业外部的进口商品技术含量的提升会对制造业经济发展方式的转变产生显著的正影响。这一结果说明，提升行业的进口商品技术含量，不仅可以促进本行业经济发展方式转变，还可以促进其他行业的经济发展方式转变。（2）在资本密集型行业，27个其他制造业行业（行业外部-27）及13个其他资本密集型行业（行业外部-13）的进口商品技术含量的提升对资本密集型行业经济发展方式转变产生的影响都是正效应，而劳动密集型行业（行业外部-14）对资本密集型行业却具有显著负影响。（3）在劳动密集型行业，行业外部的进口商品技术含量的提升对劳动密集型行业经济发展方式转变产生的影响不确定，劳动密集型行业之间（行业外部-13）的影响是负效应，资本密集型行业（行业外部-14）的进口技术含量对劳动密集型行业的影响是正效应。由此结果可以看出，某个劳动密集型行业进口商品技术含量的增加并不能推动其他各类劳动密集型行业或资本密集型行业经济发展方式的转变，但是，某个资本密集型行业进口商品技术含量的增加却能推动其他各类资本密集型行业和劳动密集型行业经济发展方式的转变，也就是说，资本密集型行业进口技术含量的提升，不仅有利于自身行业发展方式的转变，也有利于劳动密集型行业发展方式的转变。

（五）稳健性检验

本章使用两种方法进行稳健性检验，结果表明，本章的实证结果是稳健的。具体检验如下：

1. 重新估算核心自变量 MTC

前文借鉴了杜修立和王维国（2007）的方法对核心自变量进行了估算。为检验实证回归结果的稳健性，本节将运用豪斯曼等（Hausmann 等，2007）[1] 的方法对 2010 年 SITC Rev. 3 五位码下的 3108 种商品的技术复杂度进行重新估算，并依此计算出新的行业进口商品技术含量 MTC1，代入计量方程再次进行回归。

回归结果表明，核心自变量的估计系数的符号均没有发生变化，只有一个估计系数的显著性发生了变化。在资本密集型行业回归中，14 个劳动密集型行业的进口技术含量对因变量的影响的显著性下降，由在 10% 的显著水平下显著变为不显著（具体见表 8-7）。这说明进口技术含量对工业经济发展方式转变的影响具有稳定性，并不会受到参数估计方法的影响。

表 8-7　资本密集型行业稳健性检验

变量	行业内部	资本品	中间品	消费品	三类商品	行业外部-27	行业外部-13	行业外部-14
lnMTC1	0.5173 *** (0.1674)	—	—	—	—	—	—	—
ln$CAMTC$1	—	-0.0543 (0.1566)	—	—	0.0907 (0.1685)	—	—	—
ln$INMTC$1	—	—	0.2183 ** (0.1003)	—	0.7565 ** (0.3712)	—	—	—
ln$COMTC$1	—	—	—	0.2309 *** (0.0733)	0.1484 * (0.0876)	—	—	—

---

[1]　Hausmann R., Hwang J., Rodrik D., "What You Export Matters", *Journal of Economic Growth*, Vol. 12, No. 1, 2007, pp. 1-25.

续表

变量	行业内部	资本品	中间品	消费品	三类商品	行业外部-27	行业外部-13	行业外部-14
$\ln MTCR^{27}1$	—	—	—	—	—	2.0196*** (0.5706)	—	—
$\ln MTCR^{13}1$	—	—	—	—	—	—	2.0787*** (0.5323)	—
$\ln MTCR^{14}1$	—	—	—	—	—	—	—	−0.5004 (0.3059)
EX	0.0236 (0.0339)	0.0131 (0.0368)	0.0330 (0.0316)	−0.0048 (0.0316)	0.0011 (0.0340)	0.0053 (0.0342)	0.0074 (0.0335)	0.0517 (0.0355)
RD	0.4769*** (0.1419)	0.2924* (0.1754)	0.3931*** (0.1403)	0.4740*** (0.1302)	0.3349* (0.1773)	0.5582*** (0.1486)	0.5720*** (0.1467)	0.4321*** (0.1385)
HR	−0.0615 (0.0391)	−0.0711 (0.0607)	−0.0613 (0.0404)	−0.0795** (0.0387)	−0.0164 (0.0629)	−0.0738* (0.0404)	−0.0772* (0.0401)	−0.0784* (0.0414)
ENV	−0.1277 (0.1603)	6.2419* (3.3978)	−0.0754 (0.1626)	−0.2436 (0.1720)	4.6449 (3.2778)	−0.2514 (0.1722)	−0.2747 (0.1710)	−0.1781 (0.1664)
FDI	0.0060 (0.0191)	−0.0142 (0.0301)	0.0016 (0.0190)	−0.0028 (0.0205)	−0.0257 (0.0287)	−0.0019 (0.0200)	−0.0043 (0.0197)	0.0013 (0.0190)
MAR	0.0093 (0.0211)	0.0431 (0.0358)	0.0351 (0.0215)	0.0377* (0.0208)	0.0531 (0.0351)	0.0017 (0.0229)	−0.0015 (0.0227)	0.0086 (0.0209)
常数项	0.6801*** (0.1740)	0.4559 (0.2898)	0.6087*** (0.1833)	0.7528*** (0.1776)	0.1186 (0.3172)	0.5909*** (0.1848)	0.6077*** (0.1807)	0.8616*** (0.1903)
样本量	140	50	130	100	50	140	140	140
chi²	30.47***	11.77	27.01***	26.23***	23.77***	39.24***	43.34***	22.89***

注：括号内数值为标准差，*、** 和 *** 分别表示在10%、5%和1%的水平下显著。

2. 调整计量方程

在上文的回归分析中，本章将本行业的进口技术含量与其他行业的进口技术含量分别加入计量方程进行回归。为了检验本行业 MTC 与行业外部 MTC 两个变量之间是否存在相关性，会不会影响方程的回归结果，本节将两个变量同时放入计量方程进行回归，并分别考察了行业总体、不同行业类型、不同商品类型、行业外部的影响。回归结果表明，核心自变量估计系数的符号方向均没有发生变化。这说明进口技术含量对工业经济发展方式转变的影响具有稳定性，并不会受到计量方程变化的影响。

本章小结

一、基本结论

本章以全要素生产率变动对经济增长的贡献率作为衡量经济发展方式的指标，采用 DEA-Malmquist 指数方法估算全要素生产率，从工业行业整体、不同类型行业、不同类型商品、行业外部进口四个层面，实证分析了2001—2011年货物贸易进口技术含量对中国工业经济发展方式的影响。研究结果表明：

第一，从全部样本的整体考察来看，货物贸易进口技术含量的提升会为中国工业经济发展方式的转变带来正向影响。

第二，从不同类型行业的考察来看，资本密集型行业进口商品技术含量的提升会显著地促进该行业发展方式的转变，但是，劳动密集型行业进口商品技术含量的提高则会阻碍该行业发展方式的转变。

第三，从不同类型商品进口的考察来看，消费品进口技术含量提升对劳动密集型行业、资本密集型行业经济发展方式转变的影响都是正效应，在资本密集型行业中这种效应更为显著；资本品进口技术含量提升对劳动密集型行业经济发展方式转变具有促进作用，但可能会对资本密集型行业经济发展方式转变产生负向影响；中间品进口技术含量的提升对劳动密集型行业经济发展方式转变具有阻碍作用，但对资本密集型行业经济发展方式转变具有显著的正影响。

第四，从行业外部进口的考察来看，其他行业进口商品技术含量的提升会对本行业经济发展方式的转变产生显著的正影响，资本密集型行业之间的相互促进作用十分显著，劳动密集型行业之间表现为抑制作用，资本密集型行业与劳动密集型行业之间的相互促进作用不显著。经过稳健性检验得知，本章的结论是稳健的。

二、政策建议

本章的研究结论具有很强的政策启示意义。转变经济发展方式是国家政府面临的严峻挑战，提高进口商品的技术含量是促进中国工业经济发展方式转变的有效途径。因此，国家政府应该高度重视进口的战略作用，大力提高进口商品的技术含量，通过隐含在商品中的技术，提升生产效率，提高中国生产商品的质量，进而优化产业结构，资本密集型行业尤其如此。但是，不同类型商品进口的效应不同，资本密集型行业应该较多进口中间品、消费品，劳动密集型行业应该较多进口中间品。不同行业的发展是相互影响、相互关联的，国家政府在制定政策时，一定要高度重视不同行业之间的关联效应，特别是要重视提升所有资本密集型行业进口商品的技术含量，发挥行业之间的联动效应，而不能只重点发展某一个行业或少数几个行业，在目前价值链分工、行业边界日益模糊的时代，还按照传统的思维重点发展某一行业的战略是行不通的。

与此同时，本章的研究发现，劳动密集型行业进口商品技术含量的提升会抑制本行业经济发展方式的转变，劳动密集型行业之间也表现为抑制作用。其原因是：中国劳动密集型行业企业的技术吸收能力较低，无法充分吸收和利用进口商品中的先进技术，企业的融资能力较低，没有充分的资金用于技术改造等活动。因此，为了充分发挥进口商品技术含量提升对工业经济发展方式转变的促进作用，国家政府应该重视培养技术性人才，企业在单纯提高进口商品技术含量的同时，也要关注人力资本的培训、高端技术人才的引进等工作，以提升工业企业对先进技术的消化、吸收、模仿能力，将技术引进切实地转变为技术进步。此外，国家政府还应该降低企业的融资成本，拓宽企业的融资途径，为企业转型升级提供足够的资本。

第 九 章

进口专业化与中国工业行业的经济增长

　　随着国际分工的演变，贸易结构与经济增长之间的关系逐渐成为国内外学术界的研究热点。长期以来，学术界一部分学者一直认为，一国经济若专业化于较少数量的产业或产品，其国内商品价格必将更易受到世界经济波动的影响，进而导致该国经济更加脆弱（Kalemli-Ozcan 等，2003[①]），甚至会陷入"比较优势陷阱"，出现"贫困化增长"的局面。此外，专业化的进出口商品结构还可能会减少风险规避性质的投资，导致投资和经济发展等多方面的宏观经济计划无法顺利实施（Koren 和 Tenreyro，2007[②]），长此以往，就会阻碍该国社会经济的健康稳定发展。由此可见，正确选择进出口贸易结构的发展方向，对于中国这样一个正处于快速发展中的国家来说至关重要。

　　中国颁布了一系列扩大进口贸易的相关政策，扩大进口已经成为中国新的对外贸易长期战略。贸易结构总体上可分为贸易专业化和贸易多样化两个大类。贸易专业化表示贸易份额集中于较少的几种产品或行业，贸易多样化则表示产品种类多且份额均匀分布于各种产品或行业。基于此，本章利用联合国商品贸易数据库 SITC Rev. 3 分类下五位码的产品进口数据，实证分析

---

　　① Kalemli-Ozcan S., Sørensen B. E., Yosha O., "Risk Sharing and Industrial Specialization：Regional and International Evidence", *American Economic Review*, Vol. 93, No. 3, 2003, pp. 903-918.

　　② Koren M., Tenreyro S., "Volatility and Development", *The Quarterly Journal of Economics*, Vol. 122, No. 1, 2007, pp. 243-287.

了中国 32 个工业行业进口专业化与行业经济增长之间的关系，从而为中国
扩大进口贸易战略提供理论指导。

第一节　进口专业化影响经济增长的研究进展

在贸易专业化问题研究的初期，大多数研究只是通过专业化曲线
（specialization curve）或多样化曲线（diversification curve）来展示一国的经
济发展水平和专业化（或多样化）之间的关系。例如，常（Chang，1991）[①]
的研究发现，在恩格尔效应的影响下，人均收入的提高会使消费者开始逐渐
偏好更加多样化的商品，而多样化水平的提高可以通过风险分担的方式促进
金融体系的完善，进而帮助该国进行更高水平的、更专业化的生产与出口行
为。圣保罗（Saint-Paul，1992）[②] 的研究发现，各国出口结构的变动是分阶
段进行的，发展中国家的经济发展处于初级阶段，人均收入与出口专业化之
间呈现单调的负关系。罗默（Romer，1994）[③] 的研究发现，较大的经济体
会从更广范围的国外供应商手中进口更多种类的产品。

其后，学者们开始研究贸易专业化与经济发展之间的理论关系，重点讨
论"U"型关系。例如，恩布斯和瓦齐格（Imbs 和 Wacziarg，2003）[④] 认为，
随着一国经济的发展，贸易结构不断呈现多样化趋势，当经济发展到一定水
平后，贸易结构又将逐步向专业化过渡，其贸易专业化程度最终呈现"U"
型的变化趋势。德·本尼迪克蒂斯等（De Benedictis 等，2008）[⑤] 分别使用
绝对和相对出口专业化测度方法，对出口专业化水平进行了测算，并采用非
参数方法进行了实证研究，最后得出了贸易专业化与经济发展的"U"型关

[①] Chang P. H. K., "Export Diversification and International Debt Under Terms-of-Trade Uncertainty: An Intertemporal Approach", *Journal of Development Economics*, Vol. 36, No. 2, 1991, pp. 259-277.

[②] Saint-Paul G., "Technological Choice, Financial Markets and Economic Development", *European Economic Review*, Vol. 36, No. 4, 1992, pp. 763-781.

[③] Romer P., "New Goods, Old Theory, and the Welfare Costs of Trade Restrictions", *Journal of Development Economics*, Vol. 43, No. 1, 1994, pp. 5-38.

[④] Imbs J., Wacziarg R., "Stages of Diversification", *American Economic Review*, Vol. 93, No. 1, 2003, pp. 63-86.

[⑤] De Benedictis L., Gallegati M., Tamberi M., "Semiparametric Analysis of the Specialization-Income Relationship", *Applied Economics Letters*, Vol. 15, No. 4, 2008, pp. 301-306.

系。卡多等（Cadot 等，2011）[1] 利用 156 个国家超过 19 年的数据，探索了经济发展过程中出口专业化水平的演变规律，发现出口专业化和经济发展水平之间的关系呈 U 型，并进一步认为，关键拐点发生在人均收入 25000 美元的经济发展状态，远高于发展中国家的人均收入。德·本尼迪克蒂斯等（2009）[2] 认为，对单一国家来说，仅仅使用二三十年的数据，无法得到长期情况下出口专业化水平与人均收入之间的关系，大多数发展中国家在如此短的时间内无法实现由发展中国家向发达国家的转变，将不同国家的数据直接糅杂在一起加重了假设的不合理性，应当采用半参数估计来控制样本中各个国家在制度、地理等方面的显著差异，在同时利用绝对和相对测度指标进行测度后，研究得到了出口专业化逐渐减弱的结论。

近年来，学者们开始探讨贸易专业化（或多样化）的福利效应。布罗达和温斯坦（Broda 和 Weinstein，2006）[3] 的研究发现，来自进口产品专业化水平的下降是 1972—2001 年间美国从贸易中获益的重要渠道。米诺多和雷克纳（Minondo 和 Requena，2010）[4] 利用西班牙的进口数据，研究了西班牙 1988—2006 年间进口种类（可视为衡量贸易专业化的指标之一）增长的福利效应，发现新增产品种类引致的福利增长相当于其 GDP 的 1.2%。布罗达和温斯坦（2006）认为，出口专业化可能会导致贸易条件恶化，进而阻碍经济的长远稳定增长。陈波和马弘（Chen 和 Ma，2012）[5] 利用中国 1997—2008 年间的产品层面进口数据进行研究，在控制了普遍用于加工贸易的中间产品的进口后，发现国家福利的获得是进口专业化程度降低的结

① Cadot O., Carrère C., Strauss-Kahn V., "Export Diversification: What's Behind the Hump?", *Review of Economics and Statistics*, Vol. 93, No. 2, 2011, pp. 590-605.

② De Benedictis L., Gallegati M., Tamberi M., "Overall Trade Specialization and Economic Development: Countries Diversify", *Review of World Economics*, Vol. 145, No. 1, 2009, pp. 37-55.

③ Broda C., Weinstein D. E., "Globalization and the Gains from Variety", *The Quarterly Journal of Economics*, Vol. 121, No. 2, 2006, pp. 541-585.

④ Minondo A., Requena F., "Welfare Gains from Imported Varieties in Spain, 1988-2006", *Institu-to Valenciano de Investigaciones Económicas SA (Ivie)*, 2010.

⑤ Chen B., Ma H., "Import Variety and Welfare Gain in China", *Review of International Economics*, Vol. 20, No. 4, 2012, pp. 807-820.

果。帕特卡和坦贝里（Parteka 和 Tamberi，2013）[1] 发现穷国具有高度同类别的出口结构，且经济发展伴随着制造业出口的非专业化趋势。魏浩和付天（2016）[2] 基于进口商品种类增加的视角，测算了中国进口贸易的福利效应，研究结果发现，进口商品种类多样化、进口地区结构多元化也是贸易利益的源泉，在不考虑人民币实际汇率和实际有效汇率变化的情况下，基于 HS6 商品层面数据，中国消费者每年可以从进口商品种类增长中获得相当于 1998 年 GDP 的 0.40% 的福利增加，基于 HS8 商品层面数据，中国消费者每年可以从进口商品种类增长中获得相当于 2000 年 GDP 的 0.42% 的福利增加，即中国每年可以从进口商品种类增长中获得 338 亿—417 亿元的福利。

总的来看，已有文献对于贸易专业化的研究主要集中在出口专业化方面，对进口专业化方面的研究较少，另外，大多数文献都采用三位码或四位码产品层面的数据计算贸易专业化水平，但是，三位码或四位码产品层面的数据比较宏观、粗糙，在产品内分工的背景下，应该采用更细产品分类的数据。基于此，在中国实施扩大进口贸易战略的背景下，本章将首先采用 SITC Rev.3 分类下五位码产品层面的数据计算进口专业化水平，进而从行业层面实证分析进口专业化对行业经济增长的影响。

第二节　进口专业化影响中国工业行业经济增长的计量模型构建

一、计量方程

借鉴帕特卡和坦贝里（2013）的做法，本章构建了如下计量方程：

$$Y_{PC_{it}} = \alpha + \sum_{k=1}^{K} \beta_k X_{kit} + \delta DIV_{it} + D_t + \varepsilon_{it} \qquad (9-1)$$

其中，i 表示行业或部门，t 为时间，D_t 表示时间虚拟变量即时间效应，

---

① Parteka A., Tamberi M., "What Determines Export Diversification in the Development Process? Empirical Assessment", *The World Economy*, Vol. 36, No. 6, 2013, pp. 807—826.

② 魏浩、付天：《中国货物进口贸易的消费者福利效应测算研究——基于产品层面大型微观数据的实证分析》，《经济学（季刊）》2016 年第 4 期。

ε_{it} 为残差项。

（一）因变量

因变量为 $Y_{PC_{it}}$，即为各行业人均总产值，用各工业行业每年的工业总产值除以该行业全部从业人员年平均人数来表示，数据来自各年度的《中国科技统计年鉴》。

（二）核心自变量

核心自变量为 DIV_{it}，即各年各行业的进口专业化水平。本章将使用赫芬达尔-赫希曼指数（HHI）和熵指数（S）两种测度方式，计算中国各工业行业的进口专业化程度。赫芬达尔-赫希曼指数（HHI）的计算公式为：$HHI_j = \sum_i (E_{ij}/\sum E_{ij})^2$。熵指数（S）的计算公式为：$S_j = \sum_i [(E_{ij}/\sum E_{ij}) \times \log_2(\sum E_{ij}/E_{ij})]$。其中，$i=1, 2, 3, 4, \cdots, n$，代表 SITC Rev. 3 分类下的五位码水平下的各类产品类别；$j=1, 2, 3, 4, \cdots, n$，代表中国 32 个细分的工业行业；E 代表相应的进口额。考虑到本章使用的是联合国贸易数据库 SITC Rev. 3 分类下的五位码数据，因此，本章根据中国各工业行业与 SITC Rev. 3 分类下五位码产品种类之间的对应关系，得到了中国细分工业行业 j 在 SITC 分类下 Rev. 3 五位码产品进口数据。

对于赫芬达尔-赫希曼指数来说，数值越大，表示进口越来越集中于少数产品，即进口专业化程度提升。对于熵指数（S）来说，数值越大，表示各产品的进口份额越来越趋近于均等化，即进口专业化程度越低。

（三）控制变量

1. 劳均资本（k_{it}）

每个行业的劳均资本等于各行业的资本存量除以该行业的全部从业人员人数。对于资本存量，本章使用固定资产净值来代替，对于各行业的全部从业人员人数，本章使用各行业全部从业人员年平均人数来衡量，因此，每个行业的劳均资本采用每个行业的固定资产净值除以该行业全部从业人员年平均人数来表示。此外，为了消除物价的影响，本章以 2001 年为基期，利用各行业固定资产投资价格指数进行平减。各行业的固定资产净值数据来自《中国工业经济统计年鉴》，各行业全部从业人员年平均人数数据来自《中国工业统计年鉴》，每年的固定资产投资价格指数数据来自《中国城市

（镇）生活与价格年鉴》。

2. 人力资本（h_i）

衡量各行业人力资本的常用指标为各行业科技活动人员占该行业全部从业人员年平均人数的比重，但由于各行业科技活动人员指标自 2009 年开始无法获得，本章使用各行业 R&D 人员人数数据来代替，因此，本章各行业的人力资本采用各行业 R&D 人员人数占该行业全部从业人员年平均人数的比重表示，其中，各行业 R&D 人员人数数据来自《中国科技统计年鉴》，各行业全部从业人员年平均人数数据来自《中国工业经济统计年鉴》。

3. 外商直接投资（FDI_{it}）

采用工业行业外商投资及港澳台投资工业企业的资本金占各行业固定资产净值的比重来表示，工业行业外商投资及港澳台投资工业企业的资本金数据来自《中国统计年鉴》。

4. 研发水平（$R\&D_{it}$）

采用新产品产值占工业总产值比重来表示，该值越大表示工业部门的研发投入力度越大，新产品产值占工业总产值比重数据来自《中国科技统计年鉴》。

5. 总资产贡献率（RTC_{it}）

总资产贡献率＝（利润总额+税金总额+利息支出）/平均资产总额，该指标反映了企业全部资产的获利能力，是评价和考核企业赢利能力的核心指标，是企业经营业绩、管理水平和制度环境的集中体现，该指标涉及的数据均来自《中国工业经济统计年鉴》。

6. 规模经济（$Scale_{it}$）

用单位企业的工业总产值来表示，即用每年各行业的工业总产值除以每年各行业的企业单位数，各行业的工业总产值数据和各行业的企业单位数均来自《中国科技统计年鉴》。为了消除物价变动的影响，本章以 2001 年各行业的工业品出厂价格指数为基期，对各行业的工业总产值进行物价指数平减，每年各行业的工业品出厂价格指数数据来自《中国城市（镇）生活与价格年鉴》。

二、工业行业样本及其分类

在工业行业的划分方面，本章依据国际标准工业分类（ISIC）将中国工业部门细分为40个行业。然而，煤气的生产供应业、自来水的生产供应业与其他采矿业的贸易额都非常小，故删除了这3个行业的数据；同时，将食品加工业和食品制造业合并为食品制造与加工业；另外，木材及竹材采运业、电力蒸汽及水生产供应业、废弃资源和废旧材料回收加工业、石油和天然气开采业的数据缺失比较严重，因此这4个行业也未被纳入研究范围；最终，我们采用了2001—2011年工业行业中的32个细分行业面板数据进行分析。另外，借鉴魏浩等（2013）①的做法，本章按照各行业的劳动资本比将32个细分行业进一步分为劳动密集型行业和资本密集型行业两个大类，具体如表9-1所示。

由于本章所用数据为联合国贸易数据库 SITC Rev. 3 分类下的五位码产品数据，因此，需要根据中国工业行业与 SITC Rev. 3 分类下的五位码水平的进口产品间的对应关系，重新匹配得到中国各细分工业行业的进口产品数据。

表9-1　32个工业行业及其要素密集型分类

（单位：万人/亿元）

劳动密集型行业		资本密集型行业	
行业名称	劳动资本比	行业名称	劳动资本比
皮革、毛皮、羽绒及其制品业	0.447	煤炭采选业	0.116
服装及其他纤维制品制造业	0.403	食品制造与加工业	0.112
文教体育用品制造业	0.379	橡胶制品业	0.110
工艺品及其他制造业	0.366	电子及通信设备制造业	0.107
家具制造业	0.223	印刷业、记录媒介的复制业	0.106
仪器仪表及文化办公用机械制造业	0.179	非金属矿物制造业	0.100

---

① 魏浩、金晓祺、项松林：《对外贸易与我国的劳动力需求弹性》，《国际贸易问题》2013年第9期。

续表

劳动密集型行业		资本密集型行业	
行业名称	劳动资本比	行业名称	劳动资本比
金属制品业	0.161	交通运输设备制造业	0.089
纺织业	0.161	医药制造业	0.086
木材加工及竹、藤、棕、草制品业	0.156	饮料制造业	0.075
电气机械及器材制造业	0.149	造纸及纸制品业	0.068
普通机械制造业	0.144	化学原料及化学制品制造业	0.058
专用设备制造业	0.140	有色金属冶炼及压延加工业	0.056
非金属矿采选业	0.139	化学纤维制造业	0.043
塑料制品业	0.136	黑色金属冶炼及压延加工业	0.040
黑色金属矿采选业	0.123	烟草加工业	0.034
有色金属矿采选业	0.121	石油加工及炼焦业	0.025

资料来源：2001—2011 年历年《中国工业经济统计年鉴》，中国统计出版社出版。

第三节　进口专业化对中国工业行业经济增长影响的实证分析

一、基于全部行业的视角

经过 Hausman 检验，本章选取固定效应模型进行计量回归，回归结果见表9-2。从表9-2可以看出，就行业总体而言，从模型1到模型4，使用 HHI 指数计算的进口专业化指数的回归系数都是显著的正效应，也就是说，HHI 指数越大，进口专业化程度越高，进口专业化程度提高会显著促进行业人均总产值的增加。

将熵S指数计算的进口专业化指数作为替代指标，进行稳健性检验，检验的结果见表9-2的模型5和模型6。可以看出，使用熵S指数计算的进口专业化指数的回归系数均显著为负，也就是说，熵S指数越小，进口专业化程度越高，进口专业化程度提高会显著促进行业人均总产值的增加。将表9-2中模型5和模型6的结果与模型1和模型4的结果比较来看，基于全部行业的基准回归结果具有稳健性。

表 9-2　回归结果（全部行业）

自变量	DIV 使用 HHI 指数计算				DIV 使用熵 S 指数计算	
	模型 1	模型 2	模型 3	模型 4	模型 5	模型 6
DIV	45.10 *	50.33 **	54.39 ***	76.61 ***	−9.957 *	−14.70 ***
	(2.22)	(3.17)	(3.44)	(5.41)	(−2.11)	(−4.46)
k	—	4.516 ***	4.559 ***	2.588 ***	—	2.507 ***
		(14.04)	(14.30)	(7.68)		(7.29)
h	—	8.306 ***	7.894 ***	6.610 ***	—	7.191 ***
		(6.06)	(5.79)	(5.28)		(5.70)
FDI	—	—	−0.425	−0.212	—	−0.327
			(−1.74)	(−0.97)		(−1.47)
R&D	—	—	−0.806 **	−0.878 **	—	−0.918 **
			(−2.65)	(−3.20)		(−3.29)
RTC	—	—	—	2.157 ***	—	2.034 ***
				(9.23)		(8.72)
Scale	—	—	—	0.0167	—	0.205
				(0.07)		(0.84)
常数项	22.78 ***	−49.44 ***	−29.71 **	−45.05 ***	67.61 ***	27.10
	(4.88)	(−7.60)	(−3.06)	(−5.19)	(4.08)	(1.80)
R^2	0.101	0.580	0.499	0.571	0.062	0.529
样本量	352	352	352	351	352	351

注：*、** 和 *** 分别代表在 10%、5%、1% 统计意义上显著，括号内报告的是该系数的 t 检验值。

二、基于劳动密集型行业的视角

针对劳动密集型行业的计量结果见表 9-3。从表 9-3 可以看出，从模型 1 到模型 3，使用 HHI 指数计算的进口专业化指数的回归系数都不显著，在模型 4 中，使用 HHI 指数计算的进口专业化指数的回归系数显著为正，也就是说，HHI 指数越大，进口专业化程度越高，进口专业化程度提高会显著促进劳动密集型行业人均总产值的增加。

　　同样，将熵 S 指数计算的进口专业化指数作为替代指标，进行稳健性检验，具体结果见表 9-3 的模型 5 和模型 6。在模型 5 中，使用熵 S 指数计算的进口专业化指数的回归系数未通过显著性检验；在模型 6 中，使用熵 S 指数计算的进口专业化指数的回归系数显著为负，也就是说，熵 S 指数越小，进口专业化程度越高，进口专业化程度提高会显著促进行业人均总产值的增加。将表 9-3 中模型 5 和模型 6 的结果与模型 1 至模型 4 的结果比较来看，基于劳动密集型行业的基准回归结果具有一定程度的不稳健性。

表 9-3　回归结果（劳动密集型行业）

自变量	DIV 使用 HHI 指数计算				DIV 使用熵 S 指数计算	
	模型 1	模型 2	模型 3	模型 4	模型 5	模型 6
DIV	−17.43 (−0.84)	−9.713 (−0.63)	1.580 (0.12)	36.59** (2.72)	1.662 (0.43)	−6.766** (−2.85)
k	—	3.928*** (9.02)	3.490*** (9.17)	2.598*** (6.26)	—	2.635*** (6.42)
h	—	8.968*** (7.10)	7.263*** (6.52)	5.093*** (4.46)	—	5.300*** (4.65)
FDI	—	—	−0.801*** (−5.10)	−0.511*** (−3.43)	—	−0.571*** (−3.79)
$R\&D$	—	—	−1.460*** (−6.30)	−1.140*** (−5.29)	—	−1.185*** (−5.51)
RTC	—	—	—	1.301*** (6.14)	—	1.197*** (6.07)
$Scale$	—	—	—	−2.464*** (−3.69)	—	−2.294*** (−3.46)
常数项	21.03*** (5.05)	−19.24*** (−4.10)	25.61*** (3.40)	3.116 (0.40)	11.43 (0.79)	38.41** (3.26)
R^2	0.029	0.374	0.085	0.057	0.055	0.034
样本量	176	176	176	176	176	176

注：*、**和***分别代表在 10%、5%、1%统计意义上显著，括号内报告的是该系数的 t 检验值。

三、基于资本密集型行业的视角

针对资本密集型行业的计量结果见表 9-4。从表 9-4 可以看出，从模型 1 到模型 4，使用 HHI 指数计算的进口专业化指数的回归系数都是显著的正效应，也就是说，HHI 指数越大，进口专业化程度越高，进口专业化程度提高会显著促进资本密集型行业人均总产值的增加。

同样，将熵 S 指数计算的进口专业化指数作为替代指标，进行稳健性检验，具体结果见表 9-4 的模型 5 和模型 6。在模型 5 和模型 6 中，使用熵 S 指数计算的进口专业化指数的回归系数显著为负，也就是说，熵 S 指数越小，进口专业化程度越高，进口专业化程度提高会显著促进行业人均总产值的增加。将表 9-4 的模型 5 和模型 6 的结果与模型 1 至模型 4 的结果比较来看，基于资本密集型行业的基准回归结果也具有稳健性。

从表 9-4 和表 9-3 的对比来看，资本密集型行业进口专业化的经济增长效应比劳动密集型行业大得多。具体来看，使用 HHI 指数计算的资本密集型行业进口专业化指数的回归系数大约是劳动密集型行业的 3 倍左右，使用熵 S 指数计算的资本密集型行业进口专业化指数的回归系数大约是劳动密集型行业的 4 倍左右。

表 9-4　回归结果（资本密集型行业）

自变量	DIV 使用 HHI 指数计算				DIV 使用熵 S 指数计算	
	模型 1	模型 2	模型 3	模型 4	模型 5	模型 6
DIV	93.32**	97.12***	95.80***	93.79***	−33.83***	−25.03***
	(2.81)	(3.70)	(3.65)	(4.20)	(−3.38)	(−3.69)
k	—	4.640***	4.552***	2.143***	—	1.953***
		(10.00)	(9.52)	(4.31)		(3.88)
h	—	7.533**	7.242**	3.836*	—	4.519*
		(3.15)	(3.01)	(1.72)		(2.02)
FDI	—	—	0.905	0.837	—	0.618
			(1.34)	(1.36)		(0.99)
$R\&D$	—	—	−0.0437	−0.756	—	−0.757
			(−0.08)	(−1.43)		(−1.42)

续表

自变量	DIV 使用 HHI 指数计算				DIV 使用熵 S 指数计算	
	模型 1	模型 2	模型 3	模型 4	模型 5	模型 6
RTC	—	—	—	3.248 *** (7.90)	—	3.183 *** (7.67)
Scale	—	—	—	−0.452 (−1.36)	—	−0.284 (−0.86)
常数项	24.54 ** (2.86)	−77.01 *** (−5.59)	−89.64 *** (−4.92)	−73.91 *** (−4.84)	157.8 *** (4.84)	35.52 (1.27)
R^2	0.178	0.585	0.623	0.624	0.131	0.544
样本量	176	176	176	176	176	176

注：*、** 和 *** 分别代表在 10%、5%、1% 统计意义上显著，括号内报告的是该系数的 t 检验值。

四、进口专业化程度与经济增长的"U"型关系检验

为了检验行业进口专业化程度与行业经济增长之间是否存在着"U"型关系，本章使用熵 S 指数来进行实证检验，同时将熵 S 指数的二次项加入回归方程中。基于全部行业、劳动密集型行业和资本密集型行业的回归结果具体见表 9-5。

全部行业的回归结果见表 9-5 的模型 1。从模型 1 的结果来看，各工业行业的进口专业化水平对其行业人均总产值的回归结果表现为显著的负效应，进口专业化水平的平方项对其行业人均总产值的回归结果表现为显著的正效应，也就是说，进口专业化程度提高会显著促进行业的经济增长，进口专业化与行业经济增长之间存在着正"U"型曲线的关系；进一步来看，回归结果还表明，中国的经济发展阶段已经越过了所谓的"U"型曲线的拐点，也就是说，在目前中国的发展阶段，进口专业化会带来人均工业总产值的提升。这一结论在资本密集型行业的回归结果中也得到了体现，但在劳动密集型行业中并未得到显著的验证。与此同时，表 9-5 中的模型 2 也说明了劳动密集型行业进口专业化的经济增长效应不显著，即表 9-3 的回归结果不稳健。

表 9-5 进口专业化程度与经济增长的"U"型关系检验（使用熵 S 指数）

自变量	全部行业	劳动密集型	资本密集型
	模型 1	模型 2	模型 3
DIV	-43.23***	-16.62	-52.23***
	(-5.30)	(-1.84)	(-4.23)
DIV^2	4.257***	1.258	5.720**
	(3.81)	(1.13)	(2.61)
k	2.613***	2.602***	2.181***
	(7.74)	(6.33)	(4.34)
h	6.676***	5.200***	3.824
	(5.38)	(4.56)	(1.73)
FDI	-0.210	-0.545***	0.962
	(-0.95)	(-3.58)	(1.54)
$R\&D$	-0.893**	-1.156***	-0.805
	(-3.27)	(-5.34)	(-1.53)
RTC	2.178***	1.302***	3.246***
	(9.40)	(5.98)	(7.95)
$Scale$	-0.000288	-2.440***	-0.451
	(-0.00)	(-3.62)	(-1.36)
常数项	60.61***	53.21**	42.38
	(3.53)	(3.02)	(1.54)
R^2	0.526	0.031	0.590
样本量	351	176	175

注：*、**和***分别代表在10%、5%、1%统计意义上显著，括号内报告的是该系数的 t 检验值。

本章小结

一、主要结论

本章基于 2001—2011 年 SITC Rev.3 分类下五位码产品层面的进口数

据，首先对中国 32 个工业行业的进口专业化程度进行了测度，其后实证分析了中国工业行业进口专业化程度与行业经济增长之间的关系。研究结果发现：

第一，从全部行业来看，工业行业进口专业化程度的提高对工业行业人均总产值具有显著正向影响。进一步来看，对于劳动密集型行业来说，进口专业化程度提高对行业经济增长的影响是正效应，但结果不稳健；对于资本密集型行业来说，进口专业化程度提高对行业经济增长的影响是显著的正效应，且结果稳健。

第二，从进口专业化的经济增长效应的大小来看，资本密集型行业进口专业化的经济增长效应比劳动密集型行业大得多。

第三，不管是从全部行业来看，还是从资本密集型行业来看，行业进口专业化程度与行业经济增长之间存在着正"U"型曲线的关系，而且，中国的经济发展阶段已经越过了"U"型曲线的拐点，即中国处于进口专业化程度提升会促进行业经济增长的阶段。

二、政策建议

本章的研究结果具有很强的政策启示意义。从消费者角度来看，在制定进口战略时，国家政府不仅要重视进口规模本身的变化、进口商品技术含量的变化，还要高度重视进口商品种类的多样化、进口地区结构的多元化（魏浩和付天，2016）。但是，本章的研究结果表明，从生产者角度来说，进口专业化程度提升有利于经济增长。也就是说，从行业发展的角度来看，进口产品种类集中能更好地促进行业发展，对于资本密集型行业来说更是如此。虽然进口贸易可以带来较强的技术外溢性（初晓和李平，2017[①]），进而带来行业技术的进步，但是，当进口专业化程度较低时，过度分散的进口将会导致与生产无关、与前沿技术无关的产品进口增加，反而不利于技术进步。当今世界国际分工日益细化，专业化的进口将有助于企业把自身力量聚焦于某一方向，进而有可能在某些方面取得突破性进展。另外，进口专业化

---

① 初晓、李平：《中间品进口对中国全要素生产率的影响——基于技术溢出的视角》，《世界经济与政治论坛》2017 年第 4 期。

也会带来经济增长中的规模经济效应，有利于企业节约成本、稳定运营，进而帮助企业提升在市场中的竞争力。

目前，中国经济发展进入新常态，传统发展动力不断减弱，必须依靠创新驱动打造发展新引擎，培育新的经济增长点。但是，中国许多产业仍处于全球价值链的中低端，一些关键核心技术仍然受制于人，发达国家在科学前沿和高技术领域仍然占据明显领先的优势。因此，在从经济大国迈向经济强国的过程中，中国就要高度重视进口在经济发展中的作用，提高行业进口专业化程度，充分发挥进口对经济增长特别是对行业发展的促进作用。在提高进口专业化程度时，不仅要进一步加强技术前沿高端资本品的进口，也要战略性地聚焦于关键核心中间品的进口，从而充分发挥进口技术溢出效应对产业发展的促进作用，加快发展信息技术、高端装备、新材料、生物、新能源汽车、新能源、节能环保、数字创意等资本密集型战略性新兴产业。

第　十　章

多维进口、进口贸易与中国地区经济增长

为了充分发挥进口贸易对经济增长的促进作用，有必要深入考察进口贸易对地区经济增长的影响，只有全面深刻地理解进口贸易的地区经济增长效应，才能更加有效地完善进口政策。从当前关于进口贸易对地区经济增长影响的文献来看，大部分文献仅从进口规模或某一方面的进口视角进行了研究，考察维度比较单一，缺乏从多个视角进行综合性评估的研究，这不利于全面认识进口贸易对地区经济增长的影响。基于此，本章将从进口规模、进口技术含量、进口结构等多维进口视角，使用全国省级面板数据，实证分析中国进口贸易对地区经济增长的影响。

第一节　进口贸易影响经济增长的
研究进展与理论分析

一、文献综述

从理论上来看，进口规模的扩大、进口技术含量的提高以及进口结构的优化都能促进一个地区的经济增长。首先，进口规模的扩大，可以引进新的产品和服务类型，提升进口产品的多样化水平，弥补国内部分产品生产与供给能力不足等问题，满足生产水平日益升级的需求，有利于经济增长；其次，进口产品技术含量的增加，通常可以通过技术溢出效应、学习效应和竞

争效应，提升中国企业的技术水平与创新能力，进而促进经济增长；再次，推动进口来源地多元化，扩展进口渠道，可以防范进口中断等风险，同时提高中国在进口中的议价能力。

因此，在考察中国进口贸易的经济效应时，不仅要重视进口规模的作用，更要重视进口商品技术含量的提升与进口结构的优化。进口商品技术含量的提升与进口结构的优化调整，可以推动中国产业结构、生产技术结构的高级化，助力突破中国在全球价值链中的"低端锁定"问题以及长期以来的粗放型经济发展模式，促使制造业向集约化与智能化转型。

从已有文献来看，相关研究主要是从进口规模的视角进行研究的，而从进口技术含量和进口结构视角进行研究的文献相对较少，同时从这三方面综合考察进口贸易对地区经济增长影响的文献则更为匮乏。已有的相关研究情况具体如下。

首先，关于进口规模的经济效应。已有文献主要从国家、行业、省份、企业或某类特定商品的视角进行研究。具体来看：（1）从国家层面来看，科伊和赫尔普曼（Coe 和 Helpman，1995）[1] 采用跨国面板数据研究发现，发展中国家增加研发投入与进口来自发达国家的机械设备可以显著提升国内生产率；马德森（Madsen，2007）[2] 采用 13 个 OECD 国家的面板数据同样发现进口贸易的技术溢出效应能够提升生产率。（2）从行业层面来看，大部分学者认为进口贸易可以显著促进行业全要素生产率的提升，推动工业经济增长方式的转型（李小平等，2008[3]；Parsons 和 Nguyen，2009[4]；高凌云和王洛林，2010[5]；赵文军和于津平，2012[6]）。（3）从地区层面来看，谢建

---

[1]　Coe D. T., Helpman E., "International R&D Spillovers", *European Economic Review*, Vol. 39, No. 5, 1995, pp. 859-887.

[2]　Madsen J. B., "Technology Spillover Through Trade and TFP Convergence: 135 Years of Evidence for the OECD Countries", *Journal of International Economics*, Vol. 72, No. 2, 2007, pp. 464-480.

[3]　李小平、卢现祥、朱钟棣：《国际贸易、技术进步和中国工业行业的生产率增长》，《经济学（季刊）》2008 年第 2 期。

[4]　Parsons C. R., Nguyen A. T., "Import Variety and Productivity in Japan", *Center for International Trade Studies（CITS）Working Paper*, 2009.

[5]　高凌云、王洛林：《进口贸易与工业行业全要素生产率》，《经济学（季刊）》2010 年第 2 期。

[6]　赵文军、于津平：《贸易开放、FDI 与中国工业经济增长方式——基于 30 个工业行业数据的实证研究》，《经济研究》2012 年第 8 期。

国和周露昭（2009）[1] 运用中国 1992—2006 年的省际面板数据的研究表明国际 R&D 通过进口贸易影响全要素生产率具有较大的区域差异性；王红梅等（2017）[2] 则认为进口贸易的国际研发溢出对各省的全要素生产率均有明显的促进作用。（4）从企业和特定商品属性等微观层面来看，主要侧重于对中间品进口的研究，认为企业进口中间品有助于推动生产率的提升与技术进步，进而促进经济增长（Grossman 和 Helpman，1991[3]；楚明钦和丁平，2013[4]；Halpern 等，2015[5]；张杰等，2015[6]）。

其次，关于进口技术含量与进口技术结构的经济效应。相关研究包括：（1）对货物贸易而言，魏浩等（2015[7]；2016[8]）测算了商品的技术复杂度，并研究了中国进口贸易的技术结构及其影响因素，构建了新的国际贸易商品结构分析框架，全面测算了中国的进口商品结构，并与 18 个国家进行了比较分析；对于进口商品技术类型对经济增长或创新的影响而言，李兵（2008）[9] 认为工业制成品进口对经济增长有长期稳定的促进作用，初级产品进口则有抑制作用；邢孝兵等（2018）[10] 运用 48 个国家 2004—2014 年的跨国面板数据实证分析发现，高技术产品进口对于技术创新有着显著的负向影响，低技术产品进口则会显著促进技术创新。（2）对服务贸易而言，戴

　① 谢建国、周露昭：《进口贸易、吸收能力与国际 R&D 技术溢出：中国省区面板数据的研究》，《世界经济》2009 年第 9 期。

　② 王红梅、王林、黄艳：《国际研发、知识产权保护水平与进口贸易的研发外溢效应——基于我国省际面板数据的实证研究》，《国际贸易问题》2017 年第 9 期。

　③ Grossman G. M., Helpman E., *Innovation and Growth in the Global Economy*, MIT Press, 1991.

　④ 楚明钦、丁平：《中间品、资本品进口的研发溢出效应》，《世界经济研究》2013 年第 4 期。

　⑤ Halpern L., Koren M., Szeidl A., "Imported Inputs and Productivity", *American Economic Review*, Vol. 105, No. 12, 2015, pp. 3660-3703.

　⑥ 张杰、郑文平、陈志远：《进口与企业生产率——中国的经验证据》，《经济学（季刊）》2015 年第 3 期。

　⑦ 魏浩、李晓庆：《中国进口贸易的技术结构及其影响因素研究》，《世界经济》2015 年第 8 期。

　⑧ 魏浩、赵春明、李晓庆：《中国进口商品结构变化的估算：2000—2014 年》，《世界经济》2016 年第 4 期。

　⑨ 李兵：《进口贸易结构与我国经济增长的实证研究》，《国际贸易问题》2008 年第 6 期。

　⑩ 邢孝兵、徐洁香、王阳：《进口贸易的技术创新效应：抑制还是促进》，《国际贸易问题》2018 年第 6 期。

翔和金碚（2013）[1] 从服务贸易进口技术含量的视角进行实证分析，结果发现服务贸易进口技术含量对中国工业经济发展方式转变具有显著的促进作用，且更高技术含量的新型服务贸易进口的促进作用强于技术含量较低的传统服务贸易进口；杨玲（2016）[2] 发现进口生产性服务复杂度对"一带一路" 18 个省份制造业增加值率提升具有区域异质性特征。

此外，一些学者还从进口专业化、进口商品种类、进口来源地结构等方面探讨了进口结构的经济效应（Lööf 和 Andersson，2010[3]；钱学锋等，2011[4]；魏浩等，2017[5]；魏浩等，2018[6]）。

与现有文献相比，本章的主要贡献是：（1）从研究视角来看，不同于已有大多从进口的某一方面探讨其对经济增长影响的文献，本章尝试从进口规模、进口技术含量与进口结构等多维进口视角，综合考察进口贸易对经济增长的影响。（2）从研究对象来看，中国各地区经济发展不平衡，技术水平与开放程度存在显著差异，各地区进口贸易对经济增长的影响与全国整体情况也不同，已有文献大多以国家或行业层面的进口为研究对象，对于省级面板的考察相对不足，本章以省级面板作为研究样本，深入探讨了不同技术类型、不同贸易方式、不同商品用途、不同进口来源地进口对不同地区经济增长的影响，更贴近中国现实，力求使研究结果更全面可靠，指导中国进一步扩大进口，让进口更好地服务于中国经济发展。

二、理论分析

为了分析进口对经济增长影响的内在机制，根据 C-D 生产函数，本章

---

① 戴翔、金碚：《服务贸易进口技术含量与中国工业经济发展方式转变》，《管理世界》2013 年第9 期。

② 杨玲：《生产性服务进口复杂度及其对制造业增加值率影响研究——基于"一带一路"18 省份区域异质性比较分析》，《数量经济技术经济研究》2016 年第 2 期。

③ Lööf H., Andersson M., "Imports, Productivity and Origin Markets: The Role of Knowledge-Intensive Economies", *World Economy*, Vol. 33, No. 3, 2010, pp. 458-481.

④ 钱学锋、王胜、黄云湖、王菊蓉：《进口种类与中国制造业全要素生产率》，《世界经济》2011 年第 5 期。

⑤ 魏浩、李翀、赵春明：《中间品进口的来源地结构与中国企业生产率》，《世界经济》2017 年第 6 期。

⑥ 魏浩、张瑞、王徽：《进口专业化与中国工业行业的经济增长》，《国际商务（对外经济贸易大学学报）》2018 年第 1 期。

借鉴费德（Feder，1983）[1] 及赫泽和诺瓦克莱曼（Herzer 和 Nowak-Lehnmann，2006）[2] 的做法进行分析。具体如下：

考虑一个由 N 个部门组成的经济体，其中有 S 个部门进口，根据柯布-道格拉斯生产函数，假定每个部门仅由一个代表性的企业 f 构成，该企业在时间 t 的产出为：

$$Y_{ft} = A_t K_{ft}^{\alpha_1} L_{ft}^{\alpha_2} \qquad (10\text{-}1)$$

其中，K_{ft} 和 L_{ft} 分别为资本和劳动投入，A_t 代表知识技术的综合指数。

经济体的进口活动会影响知识技术。企业在开展进口活动时，进口规模的扩大，特别是高技术商品进口技术含量的增加，能够加速企业的知识资本和物质资本积累，提升企业生产率；进口商品的多样化与进口市场的多元化，拓展了知识技术积累的来源渠道，同时还可以分散由市场波动带来的不确定性，使进口更加稳定；进口带来的竞争效应，虽然可能使企业面临直接的负面冲击，但也可能倒逼企业为应对竞争积极创新，进而提升其生产和竞争能力。

假设知识技术的积累只发生在进口部门，则经济体中的知识资本存量可以用如下函数表示：

$$A_t = S_t^{\theta} G(IM_t) \qquad (10\text{-}2)$$

其中，IM_t 代表不同部门的进口，S_t 为 t 时期进口部门的总数，θ 代表进口部门的进口知识技术积累程度。

将进口部门知识技术积累方程（10-2）代入方程（10-1），可得进口部门企业的生产函数为：

$$Y_{ft} = S_t^{\theta} G(IM_t) K_{ft}^{\alpha_1} L_{ft}^{\alpha_2} \qquad (10\text{-}3)$$

若假定企业生产函数为关于 K 和 L 的一次齐次函数，即 $\alpha_1 = \alpha_2 = 1$，则在完全竞争市场情况下，经济体的总量生产函数可以由单个企业或部门的生产函数加总得到：

$$Y_t = \sum_{i=1}^{N} Y_{it}, \quad K_t = \sum_{i=1}^{N} K_{it}, \quad L_t = \sum_{i=1}^{N} L_{it} \qquad (10\text{-}4)$$

[1]　Feder G., "On Exports and Economic Growth", *Journal of Development Economics*, Vol. 12, No. 1-2, 1983, pp. 59-73.

[2]　Herzer D., Nowak-Lehnmann D. F., "What Does Export Diversification Do for Growth? An Econometric Analysis", *Applied Economics*, Vol. 38, No. 15, 2006, pp. 1825-1838.

则经济体总量生产函数为：

$$Y_t = \sum_{f=1}^{N} Y_{ft} = A_t K_t L_t = S_t^{\theta} G(IM_t) K_t^{\alpha_1} L_t^{\alpha_2} \tag{10-5}$$

这一总量生产函数揭示了进口对经济增长的内在影响机制，S_t反映了进口商品种类多样化对经济增长的影响，IM_t代表不同部门的进口，也可以反映不同贸易方式、不同用途商品、不同进口来源地及不同技术类型等方面进口的变化对经济增长产生的差异化影响；K和L分别为资本与劳动对经济增长的影响。

第二节　多维进口影响中国地区经济增长的计量模型构建

一、计量方程

为检验进口对经济增长的影响，本节采用扩展的 Solow 模型，对理论分析部分式（10-5）两边取对数，得到 $\ln Y_t = \theta \ln S_t + \ln G(IM_t) + \alpha_1 \ln K_t + \alpha_2 \ln L_t$，在此基础上，设定如下实证模型：

$$\ln per\_GDP_{it} = \beta_0 + \beta_1 import_{it}^x + \beta_2 control_{it} + \mu_i + \lambda_t + \varepsilon_{it} \tag{10-6}$$

其中，i 表示省份，t 表示时间，$\ln per\_GDP_{it}$ 表示 i 省 t 年人均实际 GDP 的对数，$import_{it}^x$ 根据研究内容分别用进口规模 $import_{it}^{scale}$、进口技术含量 $import_{it}^{tech}$、进口商品多样化 $import_{it}^{div}$ 与进口市场集中度 $import_{it}^{con}$ 表示，μ_i 为省份固定效应，λ_t 为年份固定效应，ε_{it} 指随机误差项。

（一）被解释变量

人均实际 GDP（$\ln per\_GDP_{it}$）。本章借鉴贾雷乌和庞塞（Jarreau 和 Poncet，2012）[1]、陶新宇等（2017）[2] 的做法，采用各省份（含自治区和直辖市）[3] 人均实际 GDP 的对数衡量经济增长。数据来自各省 2000—2015 年

① Jarreau J., Poncet S., "Export Sophistication and Economic Growth: Evidence from China", *Journal of Development Economics*, Vol. 97, No. 2, 2012, pp. 281-292.

② 陶新宇、靳涛、杨伊婧：《"东亚模式"的启迪与中国经济增长"结构之谜"的揭示》，《经济研究》2017 年第 11 期。

③ 若无特殊说明，本章的省份均包含省、自治区和直辖市。

历年统计年鉴。

（二）核心解释变量

1. 进口规模

本章采用各省 2000—2015 年历年进口额的对数衡量进口规模。数据来源于 2000—2015 年中国海关数据库的进口数据，加总到省份层面，并换算为以人民币计价的进口额。为消除通货膨胀对结果的影响，以 1978 年为基期，对数据进行平减处理。

2. 进口技术含量

本章借鉴魏浩等（2016）[①] 的方法，采用 SITC Rev.3 中五位码商品，将3116 种商品分为 11 大类，并对其中 1772 种技术类商品进行技术含量赋值。具体做法是，先计算出 1772 种技术类商品每种商品的技术含量（TC），为了与海关数据匹配，将相应的 SITC 五位码转换为 2007 版本的 HS6 位码商品，再将每种商品的技术含量加权求和，得到一个地区进口的整体技术含量，其中权重为对应每种商品在该地区的进口数量。各省进口商品贸易数据来源于 2000—2015 年中国海关数据库。

商品的技术含量指标为生产该类商品的各国人均收入的加权和，权重为各国该商品在世界总产出中的份额。各国 GDP 与人均 GDP 数据来自世界银行数据库，各国进出口商品的贸易额数据来源于 CEPII-BACI 数据库。具体的计算公式为：

$$TC_p = \sum_{c=1}^{n} \omega_{pc} \times Y_c \qquad (10\text{-}7)$$

其中，TC_p 表示商品 p 的技术含量指标，Y_c 为 c 国的人均 GDP，n 为参与贸易的国家数目，ω_{pc} 为 c 国商品 p 的计算权重。ω_{pc} 通常是在各国出口份额的基础上，经过出口倾向调整得到各国生产份额的近似值，即：

$$\omega_{pc} = ps_{pc} / \sum_{c=1}^{n} ps_{pc} \qquad (10\text{-}8)$$

ps_{pc} 表示 c 国商品 p 在世界总产出中的近似占比，计算公式如下：

$$ps_{pc} = ms_{pc} / td_c \qquad (10\text{-}9)$$

ms_{pc} 表示 c 国商品 p 的出口占比，td_c 表示 c 国的出口倾向。

---

① 魏浩、赵春明、李晓庆：《中国进口商品结构变化的估算：2000—2014 年》，《世界经济》2016年第 4 期。

$$ms_{pc} = export_{pc} / \sum_{p=1}^{M} export_{pc} \qquad (10\text{-}10)$$

$$td_c = \sum_{p=1}^{M} export_{pc} / GDP_c \qquad (10\text{-}11)$$

$export_{pc}$ 为 c 国商品 p 的出口额，M 为所有出口产品种类数，GDP_c 为 c 国生产总值。

其次，计算各省技术类商品整体进口技术含量：

$$MTC_{it} = \sum_{p=1}^{m} TC_p \times Q_{ipt} \qquad (10\text{-}12)$$

从该指标可以看出，一个地区进口的整体技术类商品进口技术含量水平（MTC），可以定义为该地区所有进口技术类商品技术含量指标 TC 的加权和，权重为该地区各商品的进口数。

3. 进口结构

本章采用进口商品多样化和进口市场集中度两个指标分别衡量进口商品结构和进口地区结构。

进口商品多样化。本章采用各省份进口商品种类数衡量进口商品多样化，探究其对经济增长的影响。数据来源于 2000—2015 年中国海关数据库，由各省份所有企业进口的不同 HS6 位码商品种类数加总得到。

进口市场集中度。本章采用赫芬达尔-赫希曼指数衡量各省份进口来源地集中度，具体公式为：

$$HHI_{it} = \sum_{c=1}^{n} \left(\frac{x_{ict}}{X_{it}} \right)^2 \qquad (10\text{-}13)$$

x_{ict} 定义为 i 省 t 年来自 c 国的进口额，n 为 t 年进口来源地总数，X_{it} 代表 i 省 t 年的总进口额，HHI_{it} 为 i 省 t 年的进口市场集中度，且 $0 \leqslant HHI_{it} \leqslant 1$，$HHI_{it}$ 越大，说明该省的进口来源地集中程度越高。该指标采用 2000—2015 年中国海关进口数据加总到省份减进口来源地层面计算得到。

（三）控制变量

本章借鉴魏浩和毛日昇（2009）[1]、Jarreau 和 Poncet（2012）[2] 及杨子荣

---

① 魏浩、毛日昇：《中国经济发展的主导因素及其效应的动态分析——基于 1978—2007 年的实证研究》，《数量经济技术经济研究》2009 年第 8 期。

② Jarreau J., Poncet S., "Export Sophistication and Economic Growth: Evidence from China", *Journal of Development Economics*, Vol. 97, No. 2, 2012, pp. 281-292.

和张鹏杨（2018）[①] 的相关研究，选择如下控制变量：

1. 人力资本（*edu*）

高素质人力资本往往具备较高的劳动生产率和较强的先进技术吸收能力（Madsen 等，2017）[②]，可以通过创新推动技术结构高级化，进而促进经济增长。目前对人力资本的研究大多采用平均受教育年限法，本章采用公式 $HUM = 6 \times prime + 9 \times middle + 12 \times high + 15 \times college + 16 \times university + 19 \times graduate$ 衡量各省的平均受教育年限，其中 *prime*、*middle*、*high*、*college*、*university* 和 *graduate* 分别表示小学、初中、高中、大学专科、大学本科及研究生人数占 6 岁以上总人口的比重。数据来自历年《中国统计年鉴》。

2. 资本劳动比（*KLratio*）

物质资本积累和劳动力是推动经济增长的两项核心投入要素，本章采用全社会固定资产投资除以从业人员数衡量资本劳动比。数据来源于各省历年的统计年鉴。

3. 技术进步率（*rd*）

技术进步是拉动经济增长的重要引擎，现有衡量技术进步最具代表性的指标是研究开发费用占 GDP 的比重（Lee 等，2009）[③]，本章也采用这一指标衡量技术进步率，研究开发费用数据来源于历年《中国科技统计年鉴》。

4. 经济开放度（*openness*）

借鉴现有文献的普遍做法，本章采用外商直接投资占 GDP 的比重衡量地区的经济开放度，数据来源于各省历年统计年鉴。

5. 出口依存度（*export*）

出口可以反映外需对经济增长的拉动作用，本章出口占 GDP 的比重衡量出口依存度，数量来源于各省历年统计年鉴。

[①]　杨子荣、张鹏杨：《金融结构、产业结构与经济增长——基于新结构金融学视角的实证检验》，《经济学（季刊）》2018 年第 2 期。

[②]　Madsen J. B., Murtin F., "British Economic Growth Since 1270: the Role of Education", *Journal of Economic Growth*, Vol. 22, No. 3, 2017, pp. 229-272.

[③]　Lee K., Kim B. Y., "Both Institutions and Policies Matter but Differently for Different Income Groups of Countries: Determinants of Long-Run Economic Growth Revisited", *World Development*, Vol. 37, No. 3, 2009, pp. 533-549.

二、研究样本

本章采用2000—2015年中国31个省份的面板数据研究了进口规模、进口技术含量与进口结构对经济增长的影响。主要变量的描述性统计分析见表10-1。从表10-1中可以看出，各省份进口规模、进口商品种类和资本劳动比这三个变量有较大差异。其中，进口商品种类数各省份之间差异最大，根据本章按HS6位码商品统计的数据，2000—2015年，西藏2000年进口商品种类数仅有102种，为样本中进口商品种类数的最小值，上海2007年进口商品种类数达4504种，为样本中进口商品种类数的最大值，这也反映了中国进口存在较大的地区差异性。

表 10-1 主要变量的描述性统计

变量	变量含义	观测值	均值	标准差	最小值	最大值
lnper_ GDP	人均实际 GDP 取对数	496	8. 523	0. 730	6. 737	10. 514
import	进口规模取对数	495	5. 861	1. 920	-0. 099	9. 716
	整体进口技术含量取对数	495	30. 377	2. 934	22. 074	36. 112
	进口商品种类数	495	2063. 572	1309. 432	102	4504
	进口市场集中度	495	0. 138	0. 119	0. 037	0. 767
edu	人均受教育年限取对数	496	2. 094	0. 170	1. 100	2. 497
KLratio	资本劳动比	496	2. 983	2. 522	0. 213	13. 194
rd	研发费用占 GDP 比重	496	0. 012	0. 010	0. 001	0. 063
openness	外商直接投资占 GDP 比重	496	0. 024	0. 020	0. 000	0. 097
export	出口占 GDP 比重	496	0. 160	0. 185	0. 015	0. 887

注：进口规模、进口技术含量、进口商品种类数和进口市场集中度的观测值为495，是由于海关数据库中缺少重庆市2000年的相关数据。

第三节　多维进口对中国地区经济增长影响的实证分析

一、基准回归

本节从进口规模、进口技术含量与进口结构三大视角研究了进口贸易对经济增长的影响，其中，进口结构包括进口商品多样化与进口市场集中度两个方面。回归结果见表 10-2。

表 10-2　进口贸易对经济增长的影响

变量	进口规模	进口技术含量	进口商品多样化	进口市场集中度
	（1）	（2）	（3）	（4）
$import^{scale}$	0.034***	—	—	—
	(0.010)			
$import^{tech}$	—	0.015***	—	—
		(0.004)		
$import^{div}$	—	—	0.0002***	—
			(0.000)	
$import^{con}$	—	—	—	−0.144***
				(0.050)
$KLratio$	0.041***	0.041***	0.0398***	0.039***
	(0.003)	(0.003)	(0.003)	(0.004)
edu	0.181*	0.190**	0.1631*	0.256***
	(0.097)	(0.097)	(0.095)	(0.099)
rd	−5.330***	−5.982***	−7.6562***	−5.601***
	(1.276)	(1.280)	(1.296)	(1.279)
$openness$	0.954***	0.962***	0.6082**	1.058***
	(0.300)	(0.299)	(0.301)	(0.299)
$export$	0.247***	0.226***	0.1002	0.267***
	(0.057)	(0.058)	(0.063)	(0.057)

续表

变量	进口规模	进口技术含量	进口商品多样化	进口市场集中度
	（1）	（2）	（3）	（4）
常数项	8.117***	7.827***	7.7650***	8.153***
	（0.237）	（0.262）	（0.242）	（0.236）
年份固定效应	是	是	是	是
省份固定效应	是	是	是	是
样本量	495	495	495	495
R^2	0.988	0.986	0.986	0.985

注：括号内的值为标准误差；*、**、*** 分别表示在 10%、5% 和 1% 的显著性水平上变量显著。

表 10-2 中列（1）为进口规模对经济增长的影响。回归结果显示，进口规模对经济增长具有显著的促进作用，这与陈爱贞和刘志彪（2015）[1]、谷克鉴和陈福中（2016）[2] 等人的研究结论一致。扩大进口规模可以通过增加供给来释放国内经济发展的活力，一方面，进口可以突破国内的供给约束，为生产部门提供所需的丰富要素，通过资源优化配置推动发展模式转变；另一方面，伴随进口过程的技术和知识的传播与转让还可以为国内企业提供获取外国先进技术和知识的有效途径，成为经济增长的重要来源（Grossman 和 Helpman，1991[3]；Awokuse 和 Titus，2008[4]；Coe 等，2009[5]；Bianco 和 Niang，2012[6]）。

表 10-2 中列（2）为技术类商品进口技术含量对经济增长的影响。回

---

① 陈爱贞、刘志彪：《进口促进战略有助于中国产业技术进步吗?》，《经济学动态》2015 年第 9 期。

② 谷克鉴、陈福中：《净出口的非线性增长贡献——基于 1995—2011 年中国省级面板数据的实证考察》，《经济研究》2016 年第 11 期。

③ Grossman G. M., Helpman E., *Innovation and Growth in the Global Economy*, MIT Press, 1991, pp. 323-324.

④ Awokuse, Titus O., "Trade Openness and Economic Growth: Is Growth Export-led or Import-led?", *Applied Economics*, Vol. 40, No. 2, 2008, pp. 161-173.

⑤ Coe D. T., Helpman E., Hoffmaister A. W., "International R&D Spillovers and Institutions", *European Economic Review*, No. 53, 2009, pp. 723-741.

⑥ Bianco D., Niang A. A., "On International Spillovers", *Economics Letters*, Vol. 117, No. 1, 2012, pp. 280-282.

归结果表明，整体进口技术含量的提升会促进经济增长。首先，从进口技术溢出效应的角度来看，进口技术含量的增加，有助于企业通过学习效应，将先进技术转化为现实生产力，不断提升生产效率，进而促进经济增长。其次，从进口竞争效应的角度看，进口技术含量的增加，有助于倒逼国内企业为应对进口竞争带来的不利冲击，提高研发创新能力并改进生产流程，提升企业整体的竞争能力。因此，整体进口技术含量的增加会促进经济增长。

表10-2中列（3）为进口商品多样化对经济增长的影响。回归结果显示，进口商品的多样化有助于促进经济增长。本节的研究结论与其他学者对加拿大、印度等国的研究结论类似（Chen 和 Jacks，2012[1]；Goldberg 等，2010[2]），这些学者认为进口商品的多样化尤其是进口新产品种类的增加，有利于进口国的经济增长。进口商品的多样化可以通过以下渠道促进经济增长：（1）进口商品种类数的增加，尤其是新产品进口的增加，可以减少进口商重复研发的成本，有助于企业灵活配置资金；中间投入品进口种类数的增加，可以满足企业生产的需要，提高国内企业生产新产品的能力，还有利于各行业的专业化分工，从而促进经济增长。（2）进口商品多样化与金融投资的组合效应类似，在有效分散风险的同时，还可以通过寻找替代品，保证进口的稳定性；此外，进口商品多样化还具有降低成本的作用，有助于企业寻找更加质优价廉的商品，通过进口降低企业生产成本，满足企业发展需要（Hausmann 等，2007[3]；Goldberg 等，2010[4]；钱学锋等，2011[5]；魏浩和

---

① Chen B., Jacks D. S., "Trade, Variety, and Immigration", *Economics Letters*, Vol. 117, No. 1, 2012, pp. 243-246.

② Goldberg P. K., Khandelwal A. K., Pavcnik N., et al., "Imported Intermediate Inputs and Domestic Production Growth: Evidence from India", *Quarterly Journal of Economics*, Vol. 125, No. 4, 2010, pp. 1727-1767.

③ Hausmann R., Hwang J., Rodrik D., "What You Export Matters", *Journal of Economic Growth*, Vol. 12, No. 1, 2007, pp. 1-25.

④ Goldberg P. K., Khandelwal A. K., Pavcnik N., et al., "Imported Intermediate Inputs and Domestic Product Growth: Evidence from India", *Quarterly Journal of Economics*, Vol. 125, No. 4, 2010, pp. 1727-1767.

⑤ 钱学锋、王胜、黄云湖、王菊蓉：《进口种类与中国制造业全要素生产率》，《世界经济》2011年第5期。

付天，2016①）。

表 10-2 中列（4）为进口市场集中度对经济增长的影响，可以看出，进口市场集中度的提高将会抑制经济增长。首先，进口市场集中度的提高将加剧进口受外部环境变化的冲击，进口若集中在少数国家，商品价格及市场供给波动的影响极易传导到进口商，增加进口面临的风险，不利于进口的持续稳定发展，也会影响到国内生产与消费需求，进而影响经济增长；相反，进口市场的多元化可以降低对部分地区的过度依赖，增加进口来源地之间的竞争，降低进口风险，确保进口安全，进而有利于经济的稳定发展。其次，进口市场的集中容易导致进口商缺乏定价权，进口商的全球采购市场分布将直接影响到进口成本，进口市场越集中，则相应出口商的垄断地位越高，进口商往往需支付更高的价格，进而会影响进口国进口部门、生产部门和出口部门的利润，而生产部门和出口部门的利润表现在国家层面即为经济增长。因此，进口市场集中程度的提高会给进口国经济的持续稳定发展带来负面影响。

二、内生性处理

考虑到进口贸易与经济增长之间可能存在内生性，即进口规模、进口技术含量、进口商品多样化与进口市场集中度会影响经济增长，经济增长反过来也可能影响进口贸易的这些方面。为此，本节分别选取进口规模、进口技术含量、进口商品多样化与进口市场集中度的滞后一期作为对应解释变量的工具变量，采用两阶段最小二乘法进行估计，解决可能存在的内生性问题。本节选取各变量的滞后一期作为工具变量的理由如下：从外生性来看，滞后一期的这四个进口变量为历史数据，不受当期经济增长的影响；从相关性来看，滞后一期的进口规模、进口技术含量及进口结构受贸易网络及需求结构等方面的影响，具有一定的延续性和稳定性，因此与各自的当期变量具有较高的相关性。

表 10-3 报告了采用工具变量法的回归结果，各列的 *Kleibergen-Paap rk*

---

① 魏浩、付天：《中国货物进口贸易的消费者福利效应测算研究——基于产品层面大型微观数据的实证分析》，《经济学（季刊）》2016 年第 4 期。

LM 统计量均在 1%的水平上通过了显著性检验，说明这些工具变量均与各自的核心解释变量具有较高的相关度。此外，以 10 作为参考值，*Kleibergen-Paap rk Wald F* 统计量均拒绝了弱工具变量的原假设。因此，本节选择的工具变量是较为合理的。从表 10-3 的回归结果可以看出，进口规模的扩大、进口技术含量的增加与进口商品多样化水平的提高均显著促进了经济增长，进口市场集中度的提高抑制了经济增长，这与基准回归的结果保持一致。

表 10-3　内生性处理

变量	进口规模	进口技术含量	进口商品多样化	进口市场集中度
	（1）	（2）	（3）	（4）
$import^{scale}$	0.035 **	—	—	—
	（0.017）			
$import^{tech}$	—	0.021 ***	—	—
		（0.006）		
$import^{div}$	—	—	0.0002 ***	—
			（0.000）	
$import^{con}$	—	—	—	−0.353 ***
				（0.131）
KLratio	0.039 ***	0.039 ***	0.038 ***	0.034 ***
	（0.004）	（0.005）	（0.004）	（0.004）
edu	0.232 **	0.190 **	0.1897 **	0.392 ***
	（0.095）	（0.090）	（0.084）	（0.121）
rd	−6.463 ***	−7.527 ***	−9.678 ***	−6.892 ***
	（1.462）	（1.463）	（1.550）	（1.540）
openness	0.890 ***	0.840 ***	0.427	1.010 ***
	（0.305）	（0.292）	（0.265）	（0.289）
export	0.251 ***	0.211 ***	0.0496	0.264 ***
	（0.069）	（0.073）	（0.074）	（0.074）
年份固定效应	是	是	是	是
省份固定效应	是	是	是	是
Kleibergen-Paap rk LM	65.413 ***	80.381 ***	80.371 ***	16.730 ***

续表

变量	进口规模	进口技术含量	进口商品多样化	进口市场集中度
	(1)	(2)	(3)	(4)
Kleibergen-Paap rk Wald F	149.197	194.685	249.598	29.711
样本量	464	464	464	464
R^2	0.983	0.985	0.986	0.982

注：括号内的值为标准误差；*、**、***分别表示在10%、5%和1%的显著性水平上变量显著。

三、稳健性检验

（一）剔除异常值的稳健性检验

在基准回归中，本节选取了中国31个省份的全部样本进行回归，但考虑到异常值问题，此处稳健性检验剔除了西藏样本，并对各变量进行1%的缩尾处理。表10-4中的回归结果与基准回归结果基本一致，进口规模的扩大、进口技术含量的增加与进口商品多样化水平的提高会促进经济增长，进口市场集中度的提高将抑制经济增长。

表10-4 剔除异常值的稳健性检验

变量	进口规模	进口技术含量	进口商品多样化	进口市场集中度
	(1)	(2)	(3)	(4)
$import^{scale}$	0.040*** (0.012)	—	—	—
$import^{tech}$	—	0.017*** (0.005)	—	—
$import^{div}$	—	—	0.0002*** (0.000)	—
$import^{con}$	—	—	—	-0.211*** (0.065)
$KLratio$	0.050*** (0.004)	0.050*** (0.004)	0.048*** (0.004)	0.045*** (0.004)

续表

变量	进口规模	进口技术含量	进口商品多样化	进口市场集中度
	（1）	（2）	（3）	（4）
edu	0.458***	0.384***	0.367***	0.524***
	（0.133）	（0.135）	（0.132）	（0.134）
rd	−5.630***	−6.407***	−8.011***	−6.454***
	（1.355）	（1.356）	（1.384）	（1.361）
openness	0.905***	0.917***	0.592*	1.064***
	（0.316）	（0.315）	（0.320）	（0.313）
export	0.251***	0.245***	0.126*	0.311***
	（0.063）	（0.063）	（0.069）	（0.061）
常数项	7.469***	7.334***	7.344***	7.586***
	（0.313）	（0.321）	（0.309）	（0.310）
年份固定效应	是	是	是	是
省份固定效应	是	是	是	是
样本量	479	479	479	479
R^2	0.985	0.985	0.985	0.985

注：括号内的值为标准误差；*、**、*** 分别表示在10%、5%和1%的显著性水平上变量显著。

（二）改变控制变量的稳健性检验

表10-5还利用改变部分控制变量的方法检验基准回归结果的稳健性。基准回归采用研发支出占 GDP 的比重衡量技术进步，此处采用专利申请授权数衡量技术进步；与此同时，本节还将前文的平均受教育年限改用高等教育人数比例衡量人力资本水平。估计结果均表明，基准回归的结果是稳健的。

表 10-5　改变控制变量的稳健性检验

变量	进口规模	进口技术含量	进口商品多样化	进口市场集中度
	（1）	（2）	（3）	（4）
$import^{scale}$	0.034***	—	—	—
	（0.009）			

续表

变量	进口规模	进口技术含量	进口商品多样化	进口市场集中度
	（1）	（2）	（3）	（4）
$import^{tech}$	—	0.015 ***	—	—
		（0.004）		
$import^{div}$	—	—	0.0001 ***	—
			（0.000）	
$import^{con}$	—	—	—	−0.130 ***
				（0.047）
$KLratio$	0.046 ***	0.046 ***	0.045 ***	0.044 ***
	（0.003）	（0.003）	（0.003）	（0.003）
edu	−1.535 ***	−1.622 ***	−1.609 ***	−1.539 ***
	（0.175）	（0.176）	（0.174）	（0.176）
rd	0.044 ***	0.036 ***	0.023 **	0.049 ***
	（0.010）	（0.010）	（0.011）	（0.010）
$openness$	0.990 ***	1.006 ***	0.777 ***	1.114 ***
	（0.281）	（0.280）	（0.286）	（0.280）
$export$	0.188 ***	0.176 ***	0.106 *	0.208 ***
	（0.055）	（0.055）	（0.059）	（0.055）
常数项	8.244 ***	8.026 ***	8.081 ***	8.386 ***
	（0.106）	（0.142）	（0.121）	（0.096）
年份固定效应	是	是	是	是
省份固定效应	是	是	是	是
样本量	495	495	495	495
R^2	0.987	0.987	0.987	0.987

注：括号内的值为标准误差；* 、** 、*** 分别表示在10%、5%和1%的显著性水平上变量显著。

第四节　进一步拓展性分析

在前文分析的基础上，从进口技术含量的视角，本节进一步探讨了不同技术类型商品进口技术含量增加对经济增长的影响；从进口规模的视角，本节将从进口贸易方式、进口商品用途、进口来源地和国内进口地区异质性视角进行研究，进一步探讨进口对地区经济增长的影响。为克服内生性问题，均选取各变量的滞后一期作为工具变量，采用两阶段最小二乘法进行回归。回归结果见表10-6至表10-10。

一、基于不同技术类型商品进口视角的异质性分析

在对整体进口技术含量研究的基础上，本节采用魏浩等（2016）[1] 的方法，把所有技术类商品分为低技术、中低技术、中等技术、中高技术、高技术与特高技术6类，探讨了不同技术类型商品进口技术含量增加对经济增长的影响。表10-6中的回归结果显示，中高技术与高技术商品进口技术含量的增加显著地促进了经济增长，而其他技术类型商品进口技术含量的增加对经济增长没有显著影响。其原因可能是：中高技术与高技术商品的进口在中国总进口中所占份额较大，2000—2015年，中高技术商品进口占中国全部商品总进口的份额平均约为13.5%，高技术商品进口在中国全部商品总进口的份额平均约为15.9%，且高技术商品的进口份额呈现不断增加的态势。相对于低技术密集型产品来说，高技术密集型产品的进口可以带来更明显的技术外溢效应（魏浩等，2016）[2]，进而对经济增长的促进作用也较为明显。而对于特高技术商品，国外往往会采取限制出口等措施，因此，中国特高技术商品的进口份额相对较小，2000—2015年，特高技术商品进口占中国全部商品总进口的份额平均约为6.2%，且由于中国与特高技术相匹配的技术型人才匮乏，导致特高技术商品进口的增加对经济增长的促进作用没有被充分发挥。

---

① 魏浩、赵春明、李晓庆：《中国进口商品结构变化的估算：2000—2014年》，《世界经济》2016年第4期。

② 魏浩、赵春明、李晓庆：《中国进口商品结构变化的估算：2000—2014年》，《世界经济》2016年第4期。

表 10-6　基于不同技术类型商品视角进口技术含量对经济增长的影响

变量	低技术	中低技术	中等技术	中高技术	高技术	特高技术
	（1）	（2）	（3）	（4）	（5）	（6）
$import^{tech}$	-0.000	0.001	-0.001	0.026***	0.014*	0.004
	（0.003）	（0.005）	（0.004）	（0.006）	（0.008）	（0.006）
$KLratio$	0.039***	0.039***	0.039***	0.037***	0.039***	0.038***
	（0.005）	（0.005）	（0.004）	（0.005）	（0.005）	（0.004）
edu	0.262***	0.257***	0.271***	0.222**	0.272***	0.270***
	（0.096）	（0.098）	（0.099）	（0.088）	（0.090）	（0.093）
rd	-6.730***	-6.743***	-6.650***	-7.933***	-6.792***	-6.886***
	（1.485）	（1.491）	（1.487）	（1.484）	（1.446）	（1.519）
$openness$	0.988***	0.981***	0.997***	0.891***	0.939***	1.013***
	（0.287）	（0.292）	（0.291）	（0.306）	（0.295）	（0.295）
$export$	0.276***	0.270***	0.277***	0.143*	0.258***	0.271***
	（0.073）	（0.075）	（0.073）	（0.079）	（0.071）	（0.071）
年份固定效应	是	是	是	是	是	是
省份固定效应	是	是	是	是	是	是
$Kleibergen\text{-}Paap\ rk\ LM$	59.571***	42.265***	76.066***	45.245***	23.412***	37.436***
$Kleibergen\text{-}Paap\ rk\ Wald\ F$	89.236	92.774	173.840	42.790	33.008	69.392
样本量	464	464	464	464	464	464
R^2	0.985	0.985	0.985	0.985	0.985	0.985

注：括号内的值为标准误差；*、**、*** 分别表示在 10%、5% 和 1% 的显著性水平上变量显著。

二、基于不同贸易方式视角的异质性分析

为进一步研究不同贸易方式进口规模对经济增长的影响，本节区分了一般贸易与加工贸易进行考察。表 10-7 中 $import^{ordinary}$ 和 $import^{processing}$ 分别表示一般贸易与加工贸易进口规模。回归结果表明，一般贸易与加工贸易进口规模的扩大对经济增长都具有显著的促进作用，且一般贸易对经济增长的促进作用大于加工贸易。这可能是由于中国一般贸易进口更容易通过技术溢出效

应与协同效应，带动整个行业生产效率的提升，进而促进经济增长。相比一般贸易，以加工贸易参与全球价值链会导致中国企业缺乏自主品牌与核心竞争力，过度依赖外部供需市场，容易受到外部冲击的影响，引发进出口额的大幅波动（马述忠等，2017）[1]。加工贸易主要包括来料加工和进料加工两种方式，对于来料加工，国内企业仅仅依托劳动力优势进行简单的加工装配，容易陷入低端锁定陷阱，进料加工在全球价值链中的环节相对高于来料加工，通过购买中间品进行组装，但往往得不到核心技术，因此来料加工与进料加工的附加值都较低，与上下游企业的联动较弱，其规模经济效应的发挥受到一定的限制，对经济增长的促进作用也小于一般贸易。

表 10-7　基于不同贸易方式视角进口规模对经济增长的影响

变量	一般贸易	加工贸易	两类贸易方式
	（1）	（2）	（3）
$import^{ordinary}$	0.056 ***	—	0.068 ***
	(0.018)		(0.020)
$import^{processing}$	—	0.032 ***	0.033 ***
		(0.007)	(0.007)
KLratio	0.037 ***	0.039 ***	0.038 ***
	(0.004)	(0.005)	(0.004)
edu	0.227 **	0.296 **	0.253
	(0.105)	(0.148)	(0.183)
rd	−6.938 ***	−6.573 ***	−6.803 ***
	(1.495)	(1.433)	(1.400)
openness	1.049 ***	0.631 **	0.682 **
	(0.296)	(0.303)	(0.313)
export	0.319 ***	0.158 *	0.186 **
	(0.067)	(0.081)	(0.075)

① 马述忠、张洪胜、王笑笑：《融资约束与全球价值链地位提升——来自中国加工贸易企业的理论与证据》，《中国社会科学》2017 年第 1 期。

续表

变量	一般贸易	加工贸易	两类贸易方式
	（1）	（2）	（3）
年份固定效应	是	是	是
省份固定效应	是	是	是
Kleibergen-Paap rk LM	51. 164***	40. 852***	44. 682***
Kleibergen-Paap rk Wald F	72. 635	75. 621	38. 600
样本量	464	451	451
R^2	0.983	0.982	0.984

注：括号内的值为标准误差；*、**、***分别表示在10%、5%和1%的显著性水平上变量显著。

三、基于不同用途商品进口视角的异质性分析

为探讨不同用途商品进口规模对经济增长的影响，本节根据 BEC 分类法将进口商品分为资本品、中间品和消费品三类。表 10-8 中 $import^{capital}$、$import^{intermediate}$ 和 $import^{consumer}$ 分别表示资本品、中间品和消费品进口规模。回归结果显示，资本品与消费品进口规模的增加对经济增长都没有显著影响，而中间品进口规模的增加会显著促进经济增长。作为推动中国制造业发展供给侧的重要方面，当前中间品进口在中国进口总额中的比重超过了70%。在中国进口的全部产品中，进口金额排名靠前的主要是多元件集成电路、原油、铁矿砂、农产品、电子计算器零附件、半导体器件、机动车辆用制动器、精炼铜、取像模块等，除能源、矿石和农产品等大宗商品外，几乎都是中间品（王雅琦等，2018）[1]，这些中间品的进口对于中国产品的生产和出口至关重要。企业通过进口中间品，尤其是新型中间品或者高质量中间品，将其投入生产中，通过成本节约机制、质量提升机制和互补机制等多种效应，提高生产与出口产品质量，扩大企业的利润空间。总的来看，中间品进口有助于实现国内外两个市场资源的优化配置，通过整合效应带来规模报酬递增，提升企业的生产效率与竞争能力，推动企业产出与出口规模的扩张，

---

[1] 王雅琦、张文魁、洪圣杰：《出口产品质量与中间品供给》，《管理世界》2018 年第 8 期。

进而促进经济增长。

表 10-8　基于不同商品用途视角进口规模对经济增长的影响

变量	资本品	中间品	消费品	三类商品
	（1）	（2）	（3）	（4）
$import^{capital}$	0.023	—	—	0.020
	(0.024)			(0.023)
$import^{intermediate}$	—	0.033***	—	0.029***
		(0.011)		(0.010)
$import^{consumer}$	—	—	−0.002	−0.003
			(0.014)	(0.015)
$KLratio$	0.038***	0.039***	0.039***	0.038***
	(0.005)	(0.005)	(0.004)	(0.005)
edu	0.222**	0.273***	0.261***	0.235**
	(0.102)	(0.090)	(0.096)	(0.097)
rd	−6.655***	−6.756***	−6.714***	−6.669***
	(1.482)	(1.443)	(1.481)	(1.439)
$openness$	0.917***	0.943***	1.012***	0.916***
	(0.299)	(0.296)	(0.315)	(0.323)
$export$	0.262***	0.242***	0.279***	0.240***
	(0.072)	(0.068)	(0.076)	(0.072)
年份固定效应	是	是	是	是
省份固定效应	是	是	是	是
$Kleibergen\text{-}Paap\ rk\ LM$	20.030***	38.663***	32.233***	18.910***
$Kleibergen\text{-}Paap\ rk\ Wald\ F$	43.074	107.480	52.109	11.985
样本量	464	464	464	464
R^2	0.983	0.983	0.983	0.985

注：括号内的值为标准误差；*、**、*** 分别表示在10%、5%和1%的显著性水平上变量显著。

四、基于不同类型进口来源地视角的异质性分析

从进口来源地收入水平①的视角，本节探讨了不同进口来源地进口规模对经济增长的影响。表 10-9 汇报了不同收入水平进口来源地进口规模对经济增长的影响。其中 $import^l$、$import^m$ 和 $import^h$ 分别表示来自低收入、中等收入和高收入水平国家的进口规模。回归结果显示，来自低收入水平国家进口规模的扩大对中国经济增长没有显著影响，来自高收入水平国家进口规模的增加可以显著促进中国经济增长。这可能是不同发展程度国家生产的产品技术和质量水平存在较大差异造成的。与低收入水平国家相比，高收入水平国家出口的产品物化了其研发投入，其出口产品的质量更高、技术更先进、种类更丰富，与中国国内企业的生产具有更高的互补性，能够提高企业的生产效率，对中国经济的正向外部溢出效应更大、更显著。从表 10-9 列（4）的回归结果看，来自中等收入水平国家进口规模的增加会显著抑制经济增长，这可能是由于中等收入水平国家大多与中国发展水平相近，其生产能力和技术水平等方面也与中国有较大的重叠，因此，来自中等收入水平国家进口规模的增加会与中国国内生产形成较为激烈的竞争，进口更多地体现为对国内产品的替代，从而不利于中国经济增长。

表 10-9　基于来源地收入水平差异视角进口规模对经济增长的影响

变量	低收入	中等收入	高收入	三类来源地
	（1）	（2）	（3）	（4）
$import^l$	0.009	—	—	0.013
	(0.008)			(0.010)
$import^m$	—	0.001	—	-0.040*
		(0.014)		(0.023)
$import^h$	—	—	0.071***	0.085***
			(0.019)	(0.029)

① 按照世界银行的划分标准进行分类。

续表

变量	低收入	中等收入	高收入	三类来源地
	（1）	（2）	（3）	（4）
KLratio	0.038 ***	0.038 ***	0.038 ***	0.037 ***
	(0.005)	(0.005)	(0.004)	(0.004)
edu	0.282 ***	0.300 ***	0.179	0.262 **
	(0.094)	(0.098)	(0.114)	(0.125)
rd	−7.605 ***	−6.842 ***	−6.370 ***	−7.732 ***
	(1.682)	(1.487)	(1.469)	(1.723)
openness	0.818 ***	0.999 ***	0.739 **	0.404
	(0.312)	(0.282)	(0.300)	(0.341)
export	0.232 ***	0.271 ***	0.246 ***	0.229 ***
	(0.069)	(0.071)	(0.069)	(0.070)
年份固定效应	是	是	是	是
省份固定效应	是	是	是	是
Kleibergen-Paap rk LM	16.389 ***	31.771 ***	32.381 ***	5.791 **
Kleibergen-Paap rk Wald F	17.092	55.796	34.352	6.826
样本量	441	463	464	440
R^2	0.982	0.983	0.983	0.983

注：括号内的值为标准误差；*、**、*** 分别表示在 10%、5% 和 1% 的显著性水平上变量显著。

五、基于国内不同区域视角的异质性分析

由于中国经济发展水平和进口规模在不同地区存在较大的差异，为进一步探讨进口规模对经济增长影响的区域异质性，根据地理位置，本节将各省份划分为沿海地区与非沿海地区①，表 10-10 的结果显示，进口规模的增加对沿海地区与非沿海地区的经济增长都具有显著的促进作用，且对沿海地区

---

① 沿海地区包括：辽宁、河北、天津、山东、江苏、浙江、上海、福建、广东、广西、海南；非沿海地区包括：北京、山西、吉林、黑龙江、安徽、江西、河南、湖北、湖南、陕西、四川、云南、贵州、甘肃、青海、宁夏、西藏、新疆、内蒙古、重庆。

的促进作用更大、更显著。这可能是由于沿海地区与非沿海地区人力资本水平和基础设施发达程度等存在一定的差异性，导致进口贸易对经济增长的促进效应也有所不同。首先，沿海地区人力资本水平相对非沿海地区更高，更能有效发挥进口贸易对经济增长的推动作用。中国加入 WTO 以来，对外开放程度快速提高，尤其是沿海地区，外向型经济飞速发展，进出口贸易持续高速扩张，大量劳动力从非沿海地区流向沿海地区，给沿海地区带来了充足的人力资本要素，使得沿海地区可以充分发挥"人口红利"和"人才红利"的作用，将进口贸易更加有效地转化为现实生产力，为技术进步与产业转型升级注入了强大的动力，推动了沿海地区的经济发展。相比于沿海地区，非沿海地区的贸易开放程度与人力资本水平都相对落后，因此进口贸易对经济增长的促进作用相对较小。其次，中国基础设施投资在地区分布上存在不平衡现象，东部沿海地区的基础设施比中西部非沿海地区更发达（廖茂林等，2018）[1]。在基础设施较发达的地区，产品市场和要素市场能够实现更高效的配置，从而可以更加有效地利用进口贸易带来的投入品并加快技术溢出的传播速度，进而推动经济增长。

表 10-10　基于国内不同区域视角进口规模对经济增长的影响

变量	沿海地区	非沿海地区
$import^{scale}$	0.103 ***	0.044 **
	(0.025)	(0.019)
KLratio	0.036 ***	0.049 ***
	(0.003)	(0.008)
edu	0.416 **	0.142
	(0.190)	(0.106)
rd	−5.014 ***	−7.182 ***
	(1.646)	(2.431)
openness	−1.382 ***	3.277 ***
	(0.287)	(0.653)

---

① 廖茂林、许召元、胡翠、喻崇武：《基础设施投资是否还能促进经济增长？——基于 1994—2016 年省际面板数据的实证检验》，《管理世界》2018 年第 5 期。

变量	沿海地区	非沿海地区
export	−0.095	0.446***
	（0.095）	（0.131）
年份固定效应	是	是
省份固定效应	是	是
Kleibergen-Paap rk LM	40.972***	28.148***
Kleibergen-Paap rk Wald F	86.036	91.560
样本量	165	299
R^2	0.994	0.984

注：括号内的值为标准误差；*、**、*** 分别表示在10%、5%和1%的显著性水平上变量显著。

本章小结

一、基本结论

本章基于2000—2015年中国31个省份的样本数据，实证研究了进口规模、进口技术含量与进口结构对经济增长的影响。主要结论是：

第一，从整体来看，进口规模增加显著促进了地区经济增长，技术类商品整体进口技术含量的增加也会促进经济增长，进口商品种类的增加促进了经济增长，但是，进口市场集中度的提高显著抑制了经济增长。经过内生性处理和稳健性检验，这些结论都较为稳健。

第二，进一步研究发现，从不同技术类型商品视角来看，中高技术与高技术类型商品进口技术含量的增加显著促进了经济增长；从贸易方式看，一般贸易与加工贸易进口规模的增加都会促进经济增长，但是，一般贸易进口增加对经济增长的促进作用大于加工贸易；从进口商品用途看，中间品进口的增加会显著促进经济增长，而消费品与资本品进口的增加对经济增长没有显著影响；从进口来源地看，来自高收入水平国家进口规模的增加会显著促进经济增长，而来自中等收入水平国家进口规模的增加会显著抑制经济增长，来自低收入水平国家进口规模的增加对经济增长没有显著影响；从国内区域来看，沿海地区和非沿海地区进口规模的增加都会显著促进经济增长，进口规模对沿海地区的促进作用更大。

二、政策建议

本章的研究结果具有很强的政策启示意义。

（一）积极主动扩大进口规模，让进口更好地服务地区经济增长

在保证出口稳定发展的前提下，地方政府应该积极鼓励企业扩大进口规模。一方面，政府部门应该根据具体进口方向，不断完善相应的关税与非关税贸易政策，继续推进贸易自由化进程，逐步降低进口商品关税，消除非关税壁垒，提高贸易便利化水平，降低进口环节存在的制度性成本，进一步扩大进口规模；另一方面，要完善进口结算制度等财政金融支持体系，加大对国外高技术产品与高端生产性服务进口的信贷资金支持力度，解决企业在进口过程中面临的融资约束问题，让进口更好地推动经济增长。

（二）提高进口商品的技术含量，注重扩大中高技术与高技术类型商品的进口

由于大多数国家认为中国模仿能力较强、知识产权保护程度较弱，往往对其出口到中国的高技术产品采取出口管制等措施，因此，中国政府部门要加强国内知识产权保护力度，并积极协调开展贸易谈判，降低国外对中国进口高技术商品的限制。与此同时，中国还要注重加大对研发投入的财政支持力度，为企业吸收并消化进口中包含的先进技术，进而为提升创新能力提供资金支持，真正让进口成为促进技术进步的加速器。在提升进口技术含量、优化进口技术结构时，中国还要大力培养并引进技术型与创新型人才，提升人力资本水平，加快将进口的技术转化为现实生产力，更好地服务于实体经济的转型发展。

（三）增加进口商品的种类数量，尤其要增加高质量中间品新品种的进口

首先，要提高整体进口商品的多样化水平，即增加进口商品的种类数量。进口商品种类在国际贸易和经济增长中发挥着重要作用，中国在进口过程中应注重商品的多样化组合，尤其是扩大新产品种类的进口，帮助生产者更好地整合全球资源，提升产品质量，增强企业的核心竞争力，进而扩大生

产和出口规模，促进经济增长。其次，从进口商品用途来看，应适当扩大中间品的进口，尤其是高质量中间品新品种的进口。通过进口高质量中间品新品种，有效利用进口技术溢出效应及行业间的关联效应，弥补中国产业发展的短板，通过高质量中间品新品种的进口，培育国际竞争新优势，引导中国产业价值链向高端延伸。

（四）实施进口市场多元化战略，扩大从"一带一路"沿线国家的进口

首先，政府部门应努力构建包含更广泛领域和区域的新型全球价值链，优化企业进口来源地的全球布局，进一步拓宽中国进口的国别结构，鼓励和帮助企业注重进口来源地和进口渠道的多元化，避免因对特定进口市场过度依赖而引发的进口中断等风险，还要尽可能保持进口产品的可替代性，降低市场波动带来的不利冲击，引导企业形成进口联盟，凭借进口规模优势提升企业进口定价权。其次，要根据进口需求合理调整进口来源国分布，优化不同收入水平国家内部的进口结构。例如，从高收入水平国家进口中高技术或高技术商品，要降低对美国市场的依赖程度，尽力拓展进口来源地，逐步扩大从德国、法国和意大利等高收入水平国家的进口；对于从中等收入或低收入水平国家的进口，可以扩大与中国互补性较强的资源能源类商品的进口来源国范围，通过进口来源国之间的竞争，降低中国生产成本。再次，进口市场多元化战略要服务于"一带一路"倡议。考虑到"一带一路"沿线国家拥有丰富的资源和要素禀赋，当前中国与沿线国家的贸易还有很大的发展潜力，要充分挖掘新的进口增长点，增加从沿线国家的进口，缓解中国资源短缺与环境压力问题，让"一带一路"沿线及周边国家成为中国未来全球采购多元化转型中新的推动力。

第 十 一 章

中间品进口来源地结构与中国企业生产率

关于中间品进口对企业生产率影响的研究，除了不同学者的研究结论具有一定的差异性之外，已有研究仍存在一些不足。中间品进口变化包括进口规模、进口商品种类和进口地区结构等内容，已有研究主要侧重于进口规模变化对企业生产率的影响，针对进口地区结构变化对企业生产率影响的研究比较缺乏。虽然少数文献对中国进口商品的地区结构进行了分析，部分学者也对进口产品种类进行了分析，但是，进口中间品种类的变化包括进口中间品商品代码的改变和进口来源地的改变，而已有文献并没有细化这两者的区别，并且，对中间品进口来源地结构问题也一直缺乏考察。基于此，本章将基于企业层面的微观数据，重点考察中间品进口来源地的地区结构变化对企业生产率的影响。

第一节　中间品进口来源地结构影响
企业生产率的理论分析

近些年来，随着全球价值链的国际分工体系形成，中间产品贸易占全球贸易的比重越来越高，进口中间品对一国经济和企业绩效产生的影响，已成为国际经济领域学者们的研究热点和政策制定者关注的对象。中间产品进口已经成为提升企业生产率的重要途径之一，尤其对于发展中国家更是如此，比如印度尼西亚（Amiti 和 Konings，2007[①]）、智利（Kasahara 和 Rodrigue，2008）[②] 以及印度（Topalova 和 Khandelwal，2011[③]）。支持如上观点的学者们分别从中间品的技术溢出角度（Coe 等，1997[④]；Acharya 和 Keller，2009[⑤]）；或从进口投入品与国内投入品之间的不完全替代性角度（Goldberg 等，2010[⑥]；Yasar，2013[⑦]；Kasahara 和 Lapham，2013[⑧]；Halpern 等，2015[⑨]）；或从质量角度，提出质量提升不同于技术溢出，因为高质量的进口中间品可以提升生产率，还可以帮助企业对其产品具有定价权（Kugler 和 Verhoogen，2011[⑩]）。钱学锋等（2011）[⑪]、张翊等（2015）[⑫]、张杰等（2015）[⑬] 分别从进口投入品的种类、企业进口中间品状态（不进口转向进口）、中间品进口额/价格/种类、资本品和中间品进口额等角度研究了中间

---

① Amiti M., Konings J., "Trade Liberalization, Intermediate Inputs, and Productivity: Evidence from Indonesia", *American Economic Review*, Vol. 97, No. 5, 2007, pp. 1611-1638.

② Kasahara H., Rodrigue J., "Does the Use of Imported Intermediates Increase Productivity? Plant-Level Evidence", *Journal of Development Economics*, Vol. 87, No. 1, 2008, pp. 106-118.

③ Topalova P., Khandelwal A., "Trade Liberalization and Firm Productivity: The Case of India", *Review of Economics and Statistics*, Vol. 93, No. 3, 2011, pp. 995-1009.

④ Coe D. T., Helpman E., Hoffmaister A. W., "North-South R&D Spillovers", *The Economic Journal*, Vol. 107, No. 440, 1997, pp. 134-149.

⑤ Acharya R. C., Keller W., "Technology Transfer Through Imports", *Canadian Journal of Economics/Revue Canadienne D'économique*, Vol. 42, No. 4, 2009, pp. 1411-1448.

⑥ Goldberg P. K., Khandelwal A. K., Pavcnik N., et al., "Imported Intermediate Inputs and Domestic Product Growth: Evidence from India", *The Quarterly Journal of Economics*, Vol. 125, No. 4, 2010, pp. 1727-1767.

⑦ Yasar M., "Imported Capital Input, Absorptive Capacity, and Firm Performance: Evidence from Firm-Level Data", *Economic Inquiry*, Vol. 51, No. 1, 2013, pp. 88-100.

⑧ Kasahara H., Lapham B., "Productivity and the Decision to Import and Export: Theory and Evidence", *Journal of International Economics*, Vol. 89, No. 2, 2013, pp. 297-316.

⑨ Halpern L., Koren M., Szeidl A., "Imported Inputs and Productivity", *American Economic Review*, Vol. 105, No. 12, 2015, pp. 3660-3703.

⑩ Kugler M., Verhoogen E., "Prices, Plant Size, and Product Quality", *The Review of Economic Studies*, Vol. 79, No. 1, 2011, pp. 307-339.

⑪ 钱学锋、王胜、黄云湖、王菊蓉：《进口种类与中国制造业全要素生产率》，《世界经济》2011年第5期。

⑫ 张翊、陈雯、骆时雨：《中间品进口对中国制造业全要素生产率的影响》，《世界经济》2015年第9期。

⑬ 张杰、郑文平、陈志远：《进口与企业生产率——中国的经验证据》，《经济学（季刊）》2015年第3期。

品进口对中国企业生产率的影响，结论基本支持了进口中间品有利于提升企业生产率水平的结论。

但是，也有一些学者认为进口中间品对企业生产率的影响不显著或作用不大。例如，比斯布鲁克（Biesebroeck，2003）[1] 研究发现哥伦比亚进口高级中间品后企业生产率并没有发生改变；明德勒（Muendler，2004）[2] 以巴西为例，也没有发现利用外国原材料和投资产品对巴西的产出有较大的影响。奥吉尔等（Augier 等，2013）[3] 虽然肯定了进口中间品的重要性，但只有当企业的吸收能力与进口中间品匹配时，进口中间品对生产率提升效应才具有正向作用；奥卡福等（Okafor 等，2017）[4] 提出加强人力资本投资和获得研发投资补贴才能结合进口中间品所蕴含的先进技术，发挥提升生产率的显著作用。此外，余淼杰和李晋（Yu 和 Li，2014）[5] 指出当企业生产复杂产品时，中间品进口对于企业生产率提升的效应在减弱。

根据已有研究，进口中间品对企业生产率影响存在四大机制，具体来看：（1）技术溢出效应。高技术含量进口中间品是研发成果跨国溢出的重要途径之一，尤其对于发展中国家更是如此（Coe 等，1997；Acharya 和 Keller，2009），它可以提升企业的物质生产率水平，进而价值生产率水平可以提升。在很多情况下，发展中国家对从发达国家进口技术，相对于投资内生的 R&D 更为看重。（2）质量提升效应。高质量水平的中间品，可以提升企业的价值生产率水平，高质量使得企业具有价格定价权，产品售价提升带来价值生产率提升（Kugler 和 Verhoogen，2011；Goldberg 等，2010）。（3）

① Van Biesebroeck J., "Revisiting Some Productivity Debates", *National Bureau of Economic Research*, 2003.

② Muendler M. A., "Trade, Technology and Productivity: A Study of Brazilian Manufacturers 1986-1998", 2004.

③ Augier P., Cadot O., Dovis M., "Imports and TFP at the Firm Level: The Role of Absorptive Capacity", *Canadian Journal of Economics*, Vol. 46, No. 3, 2013, pp. 956-981.

④ Okafor L. E., Bhattacharya M., Bloch H., "Imported Intermediates, Absorptive Capacity and Productivity: Evidence from Ghanaian Manufacturing Firms", *The World Economy*, Vol. 40, No. 2, 2017, pp. 369-392.

⑤ Yu M., Li J., "Imported Intermediate Inputs, Firm Productivity and Product Complexity", *The Japanese Economic Review*, Vol. 65, No. 2, 2014, pp. 178-192.

生产互补效应。进口中间品与国内中间品的不完全替代性，可以使得企业生产组合效率更高，进而提升企业的物质生产率水平（Bas 和 Strauss-Kahn，2014[1]；Halpern 等，2015）。所谓进口的新产品，其实是该产品与国内产品之间替代弹性较小。进口中间品通过生产互补效应，优化企业内资源的再配置，进而提升企业总体的生产率水平（Damijan 等，2014[2]）。（4）成本节约效应。进口中间品与国内中间品之间替代性较高，在此情况下，进口企业仍然选择进口中间品，说明进口中间品的价格较低（Bas 和 Strauss-Kahn，2014）。归纳起来，中间品进口对企业生产率的影响机制精简为：成本节约效应（进口中间品与国内中间品的强替代性）和生产互补效应（进口中间品与国内中间品的不完全替代性）两种情况，其中，不完全替代的生产互补效应又包括质量提升效应和技术溢出效应；较强替代性效应便是价格竞争成本节约效应。

进口中间品来源地的结构变化对企业生产率影响则是通过以下两种情况发挥作用。

情况 1：进口来源地个数和来源地的种类发生变化，改变进口来源地结构，从而使企业生产率改变。以来源地个数增多为例：（1）新增一个来源地，对应新增一种新产品（HS6 种类增加，HS6 个数增加，来源地个数增加），会通过生产互补效应达到企业内部资源在产品间再配置，提升企业的生产率。（2）新增一个来源地，对应已有 HS6 产品（HS6 种类不变，HS6 个数不变，来源地个数增加），说明进口企业在已有的 HS6 产品增加了一个新来源地。究其原因，要么是新来源地的 HS6 的质量或技术水平高于原有来源地的 HS6 水平，要么是新来源地的 HS6 的价格水平低于原有来源地的 HS6 水平，前者通过生产互补效应（质量效应，技术效应）提升企业生产率，后者通过成本节约效应提升企业生产率。（3）新增一个来源地，对应一种新 HS6 产品，替换已有的一个老 HS6 产品（HS6 种类变，HS6 个数不变，来源地个数增加），那么就通过生产互补效应实现企业内资源在产品间

---

[1]　Bas M., Strauss-Kahn V., "Does Importing More Inputs Raise Exports? Firm-Level Evidence from France", *Review of World Economics*, Vol. 150, No. 2, 2014, pp. 241–275.

[2]　Damijan J. P., Konings J., Polanec S., "Import Churning and Export Performance of Multi-Product Firms", *The World Economy*, Vol. 37, No. 11, 2014, pp. 1483–1506.

再配置，进而提升企业的生产率。

　　情况 2：进口来源地个数不变，进口来源地结构发生变化，企业生产率改变。（1）进口来源地个数没变，进口来源地种类发生变化，即进口来源地之间替换。来源地个数没变（如，美国和韩国）转向了新的来源地结构（如，美国和日本），日本替代了韩国，此时 HS6 没变，说明进口企业从韩国转向日本进口，要么是日本的质量高于韩国，要么是日本的价格低于韩国。前者会通过生产互补效应（质量效应、技术效应）提升企业的生产率，后者通过成本节约效应提升企业生产率水平。（2）进口来源地个数和种类均不变，进口来源地之间权重改变，权重的变化，会通过改变企业内资源在产品间再配置来改变企业生产率水平。总而言之，进口来源地结构的变化，主要通过成本节约机制或生产互补机制来改变企业生产率水平。

　　总的来看，本章的主要工作是：（1）在进口中间品对企业生产率影响的机制基础上，提出进口中间品来源地的结构变动对企业生产率的影响机制。（2）对进口来源地的变化以及进口种类变化进行精确测度，详细区分了进口来源地个数变化与进口来源地属性变化、HS6 代码个数变化和 HS6 代码属性变化、进口种类个数变化和进口种类属性变化等 6 种情况，准确测度进口来源地结构的变化（进口来源地个数变化；进口来源地个数不变但属性变化）。（3）对进口来源地结构变化影响企业生产率变化的机制进行检验。本章主要考察中间品进口来源地结构通过成本节约效应、进口种类多元化的互补效应对企业全要素生产率的影响。同时，参考劳赫（Rauch，1999）[1] 研究结论，将企业划分为同质产品进口企业和异质产品进口企业。（4）采用工具变量处理了中间品进口来源地结构与企业生产率之间可能互为因果的内生性问题。其中，工具变量包括企业层面进口关税水平和企业层面的有效汇率水平。

---

　　[1]　Rauch J. E., "Networks Versus Markets in International Trade", *Journal of International Economics*, Vol. 48, No. 1, 1999, pp. 7-35.

第二节　中国中间品进口来源地
结构变化的特征事实

一、考察进口来源地结构变化与进口来源地个数变化的关系

与已有研究相同，本章定义的产品种类，是产品（HS6）—来源地（Country）层面的，蕴含潜在假设：来源地产品质量（技术）存在差异，并且不存在重叠情况。如表11-1所示。如果将产品种类界定在HS6-Country层面上，HS6的变化，包括HS6种类变化和HS6个数变化，进口来源地Country也包括个数变化和种类变化，进口产品种类变化共有2×2×2×2＝16种类型。具体测度中，进口来源地Country属性的变化，进口产品HS6属性的变化，进口产品种类HS6-Country的变化，都是两期一测度。两年都存在的商品是指HS6代码和进口来源地Country代码均不改变的产品。以进口产品种类HS6-Country为例，将HS6代码和进口来源地Country合并起来，选取两年都同时存在的HS6-Country的国家对，反之，发生变化的HS6-Country即为新的产品品种。

进口来源地结构主要取决于进口来源地个数（种类）和每个进口来源地的进口额权重两方面，其中任一方面的改变均会导致进口来源地结构改变。如表11-1所示，以2002年和2006年的海关数据中进口企业样本为例，从进口中间品来源地个数的角度看，92.33%的进口企业的中间品进口来源地个数发生变化，仅有7.67%的进口企业的中间品进口来源地个数不变；从进口来源地种类的角度看，95.76%的进口企业的进口来源地种类发生改变，而进口来源地种类不变的企业占比仅为4.24%。可见，中间品进口来源地结构变化，主要是因为进口来源地变化导致的，而持续进口来源地的权重变化发生的企业数较少。

表11-1　进口来源地种类和个数变化的情况

类型	HS6		Country		HS6-Country		每种类型的企业数占总企业数的比例（%）
	种类	个数	种类	个数	种类	个数	
1	不变	不变	变	变	变	变	0.42

续表

类型	HS6		Country		HS6-Country		每种类型的企业数占总企业数的比例（%）
	种类	个数	种类	个数	种类	个数	
2	不变	不变	变	变	变	不变	0.14
3	变	不变	变	变	变	变	0.90
4	变	变	变	变	变	变	90.33
5	变	变	变	变	变	不变	0.54
6	变	不变	变	不变	变	不变	0.45
7	变	变	变	不变	变	变	2.32
8	变	变	变	不变	变	不变	0.00
9	不变	不变	变	变	变	不变	0.50
10	变	不变	不变	不变	变	不变	0.47
11	变	不变	不变	不变	变	变	0.04
12	变	变	不变	不变	变	变	3.67
13	变	变	不变	不变	变	不变	0.05
14	不变	不变	不变	不变	变	不变	0.00
15	不变	不变	不变	不变	变	变	0.01
16	变	变	变	不变	变	不变	0.15

注：以 2002 年和 2006 年海关数据为例，不是与工业企业数据的合并数据。2002 年企业个数为 64007 家企业，2006 年企业个数为 103446 家企业，持续进口中间品的企业为 36576 家企业，非持续进口中间品的企业（仅在 2002 年进口中间品的企业有 27431 家，仅在 2006 年进口中间品的企业有 66870 家）。

二、进口来源地结构变化与企业进入退出进口市场的关系

进口来源地结构的变化，包括持续进口企业的进口来源地的变化，也包括新进入进口市场的企业和退出进口市场的企业，其中，持续进口企业的进口来源地变化是调整来源地个数或种类，而后两者情况是从无到有的改变和从有到无的改变。以 2002 年和 2006 年海关产品数据中的企业为例，如表 11-2 所示：（1）持续进口中间品的企业数占两期进口中间品企业总数的比重仅为 27.95%，企业进入退出进口市场的概率很高，高达 72.05%；（2）在持续进口中间品企业样本中，进口来源地个数改变的占比达到 72.06%，进口来源地种类改变的占比达到 83.54%，再次说明进口

企业的来源地改变是进口企业进口来源地结构改变的主要原因。因此，本章采用进口来源地个数变化，或进口来源地种类变化来间接测度进口企业的进口来源地结构变化，研究结果发现，进口来源地个数与企业生产率呈现正相关关系。

表 11-2　企业进入退出进口市场与进口来源地变化（2002 年和 2006 年之间变化）

		HS6		Country		HS6-Country	
		种类	个数	种类	个数	种类	个数
持续进口企业数	不变	1239	4140	6020	10219	471	3168
	改变	35337	32436	30556	26357	36105	33408
	小计	36576	36576	36576	36576	36576	36576
非持续进口企业数△	改变	943101	943101	943101	943101	943101	943101
总进口企业数		130877	130877	130877	130877	130877	130877
持续进口企业数占总进口企业数的比重（%）	不变	0.95	3.16	4.60	7.81	0.36	2.42
	改变	27.00	24.78	23.35	20.14	27.59	25.53
	小计	27.95	27.94	27.95	27.95	27.95	27.95
非持续进口企业数占总进口企业数的比重（%）	改变	72.05	72.05	72.05	72.05	72.05	72.05
持续进口企业数占比（%）	不变◇	3.39	11.32	16.46	27.94	1.29	8.66
	改变	96.61	88.68	83.54	72.06	98.71	91.34

注：样本数据同表 11-1。△ 表示非持续进口企业，指新进入或退出进口市场的企业；◇ 表示不变情况的持续进口企业数占持续进口企业总数的比重。

第三节　中间品进口来源地结构对中国
企业生产率影响的实证分析

一、计量模型

本章主要从进口来源地角度分析中间品进口与企业全要素生产率的关

系，根据研究需要，本章构建如下计量模型：

$$\ln TFP_{it} = \alpha + \beta \times ImportStructure_{it} + Z_{it}^{\varphi} + \gamma_p + \gamma_j + \varepsilon_{it} \qquad (11-1)$$

其中，$\ln TFP_{it}$ 表示企业 i 在 t 时期全要素生产率的对数，$ImportStructure_{it}$ 表示企业 i 在 t 时期中间品进口来源地结构，Z_{it} 表示企业层面的控制变量，γ_p 和 γ_j 分别是省份和行业的虚拟变量，ε_{it} 是随机扰动项。

企业的全要素生产率（$\ln TFP_{it}$）指标，本章使用被普遍使用的 OP 方法[①]进行估计。该方法可以同时解决估计全要素生产率的"同时性偏差"和"样本选择性偏差"（Olley 和 Pakes，1992[②]）。

企业的进口来源地结构（$ImportStructure_{it}$）指标，本章选用两个代理变量，具体说明如下：

（1）进口来源地数目（$Import\_number$）。就是企业进口中间品的来源地数目 n，反映的是进口来源地的多样化程度。进口来源地数目越多，说明该企业的进口多样化程度越高。进口来源地数目的增长意味着企业的选择性变多，能够在更大的可选择区域内选择中间投入品，实现更大的生产收益，这在一定程度上提高了企业的全要素生产率。

（2）进口来源地集中度（$Import\_concentration$）。进口来源地集中度表示的是其进口专业化指数，采用常用的赫芬达尔-赫希曼指数来表示。该指标反映了企业进口的集中程度，在少数几个进口来源地进口的占比越大，则企业的专业化指数越高。赫芬达尔-赫希曼指数的计算公式为：$H_{it} = \sum_{j=1}^{n} (x_{ijt}/X_{it})^2$，其中 H_{it} 表示企业 i 在年份 t 的赫芬达尔-赫希曼指数，n 为进口来源地的总数，x_{ijt} 表示企业 i 在 t 年份从 j 国进口的中间品额，X_{it} 表示企业 i 在年份 t 的进口中间品总额。

本章选取的控制变量 Z_{it} 具体包括：（1）人均资本（K/L），采用企业固

---

① 采用 OP 方法计算企业 TFP 时，产出采用的工业增加值；资本使用固定资产合计；投资水平是根据永续盘存法进行计算的 $I_{it} = K_{it} - (1-\delta) K_{it} - 1$。对于中国的固定资产折旧率 δ，借鉴 Amiti 和 Konings（2007）的方法，选用 15% 的折旧率进行计算。同时，借鉴余淼杰（2010）的方法，对各项指标的数据进行年度调整，采用各年《中国统计年鉴》中各行业的工业品出厂价格指数平减企业层面的工业增加值，采用固定资产投资价格指数平减企业层面固定资本。

② Olley G. S., Pakes A., "The Dynamics of Productivity in the Telecommunications Equipment Industry", *National Bureau of Economic Research*, 1992.

定资本量除以就业人数，不使用对数形式是因为估计全要素生产率的 lnK 和 lnL 与 lnK/L 直接相关；（2）企业年龄（age），等于统计年份与企业成立年份之差再加 1，用于控制企业存活的影响；（3）企业控股情况（share），包括内资（share1）、外资（share0）和合资（share2）三个类型，用于控制企业文化及管理制度的影响，其中内资是指所有者权益全部为非港澳台或国外资本，外资指的是全部为港澳台及国外资本；（4）进口来源地经济发展水平（develop），将进口地分为只从发展中国家进口（developing）、只从发达国家进口（developed）和同时从两种国家进口（develop2）；（5）出口虚拟变量（export），根据海关数据库统计出口大于 0 的企业，设为 1，反之设为 0；（6）一般贸易虚拟变量（trade），trade 为 1 表示企业是进行一般贸易的，0 为加工贸易；（7）时间变量（year），用于控制时间趋势的影响；（8）平均工资（wage），采用工业企业数据库的年工资除以员工数；（9）补贴（subsidy），采用企业获得的补助金额代理；（10）企业规模（scale），采用从业人数来代理，控制企业的规模效应。

本章使用的数据是 2001—2006 年的中国工业企业数据库和海关贸易数据库。数据匹配后，经过多重筛选，最后获得的企业数为 61368 个。本章对发展中国家和发达国家的分类标准，参考了联合国《2013 年中国人类发展报告》的划分标准。[①]

二、基准回归分析

表 11-3 中的列（1）和列（2）分别是基于进口来源地数目的回归结果，以及基于进口来源地的集中度的回归结果。从表 11-3 的列（1）可以看出，中间品进口来源地个数对企业全要素生产率的影响为正，并在 1% 的显著性水平上显著，说明中间品进口来源地个数越多，企业全要素生产率会增加，这可能是因为企业同时利用进口中间品的成本节约效应和生产互补效应。从表 11-3 的列（2）可以看出，进口来源地的集中度对全要素生产率的影响为负，且在 5% 的显著性水平上显著，即进口国家集中度对企业全要

---

① 《2013 年中国人类发展报告》（联合国开发计划署）计算了中国澳门地区和中国台湾地区的人类发展指数，均高于中国香港地区，将它们划定为发达地区，本章也是如此。

素生产率有着负面作用。换句话说,进口集中度的下降,在一定程度上意味着,作为买方,中国在进口中的话语权得到提升,因此,如果进口集中度下降,进口话语权的提升、进口中间品的生产互补效应和成本节约效应使得企业的生产率提升效应凸显。

卡萨哈拉和拉普汉姆(Kasahara 和 Lapham,2013),余淼杰和李晋(2015)[1] 研究均指出,企业进口产品的决策以及选择进口来源地的决策很大程度上受到其自身生产率水平的影响。本章选择企业层面的中间品关税[2]作为企业中间品进口的工具变量,来解决由于企业生产率与进口来源地个数、进口市场集中度的反向因果关系导致的内生性问题。首先,中国关税水平的制定必须符合 WTO 规则,属于政府政策,因此,关税具有较强的外生性;其次,某种产品从一国进口的关税较高时,企业就不会从该国进口,进口来源地就较少,进口集中度较大,二者存在较强的相关性。此外,考虑到企业贸易方式包括一般贸易和加工贸易(进料加工和来料加工)两种方式,其中加工贸易方式的进口关税为零。借鉴冯玲等(Feng 等,2016)[3]、余淼杰和李晋(2015)的做法,如果一个企业既有加工贸易进口(Processing trade,简写为 P),又有非加工贸易进口(Ordinary trade,简写为 O),那么企业进口关税指标可以构建为:$Tariff_{it} = \sum_{k=0} \dfrac{m^k_{i,\ initial\_\ year}}{\sum_{k \in M} m^k_{i,\ initial\_\ year}} \tau^k_t$,其中,$m^k_{i,\ initial\_\ year}$ 表示企业 i 在出现的第一年产品 k 的进口。M 是企业的总进口,满足 $M = O \cup P$。

表 11-3 的列(3)和列(4)显示了使用工具变量后的估计结果。从回归结果可以看出:进口来源地数目对企业全要素生产率具有显著的正向作用,进口国家集中度的影响为负且显著,而且,都是在 1% 的显著性水平上显著。也就是说,在控制内生性的情况下,进口来源地结构与企业全要素生产率的关系仍然保持不变。

---

① 余淼杰、李晋:《进口类型、行业差异化程度与企业生产率提升》,《经济研究》2015 年第 8 期。

② 关税的数据来自 WTO 的 Tariff Download Facility 数据库。

③ Feng L., Li Z., Swenson D. L., "The Connection Between Imported Intermediate Inputs and Exports: Evidence from Chinese Firms", *Journal of International Economics*, Vol. 101, 2016, pp. 86-101.

表 11-3　基准回归结果

核心解释变量	进口来源地数目	进口来源地集中度	进口来源地数目	进口来源地集中度
	(1)	(2)	(3)	(4)
	FE		2SLS	
Import_ number	0.013***	—	0.146***	—
	(5.25)		(6.75)	
Import_ concentration	—	-0.056**	—	-0.686***
		(-2.52)		(-3.82)
scale	-0.000***	-0.000***	-0.000***	-0.000***
	(-5.58)	(-6.00)	(-7.01)	(-4.59)
K/L	0.000***	0.000***	0.000***	0.000**
	(2.98)	(3.00)	(3.10)	(2.54)
wage	0.000***	0.000***	0.000**	0.000***
	(4.76)	(4.86)	(2.52)	(4.68)
subsidy	-0.000	-0.000	-0.000	-0.000
	(-0.78)	(-0.81)	(-0.52)	(-1.00)
export	0.021	0.024	-0.161***	-0.151***
	(1.13)	(1.28)	(-14.53)	(-7.42)
trade	0.010	0.010	0.100***	-0.035
	(0.76)	(0.80)	(6.62)	(-0.59)
age	-0.003**	-0.003**	-0.008***	-0.012***
	(-2.21)	(-2.24)	(-14.21)	(-7.36)
share0	-0.016	-0.016	-0.215***	-0.119***
	(-0.63)	(-0.64)	(-10.36)	(-5.48)
share2	-0.042*	-0.041	0.009	0.009
	(-1.65)	(-1.62)	(0.45)	(0.25)
develop1	0.052	0.048	-0.134***	-0.636***
	(1.43)	(1.33)	(-4.58)	(-4.04)
develop2	0.052	0.062*	-0.648***	-2.416***
	(1.45)	(1.73)	(-5.64)	(-3.65)
省份效应	是	是	是	是
行业效应	是	是	是	是
Kleibergen-Paap rk Wald F statistic	—	—	426.592	91.155
样本量	61368	61368	61368	61368

续表

核心解释 变量	进口来源地 数目	进口来源地 集中度	进口来源地 数目	进口来源地 集中度
	（1）	（2）	（3）	（4）
	FE		2SLS	
R^2	0.038	0.038	0.130	0.115

注：括号内的值为标准误差；*、**、*** 分别表示在 10%、5% 和 1% 的显著性水平上变量显著；所有估计
  结果包括常数项和时间变量。*Kleibergen-Paap rk Wald F*（异方差下）统计量表示弱工具变量检验，
  门槛值分别是：10% 为 16.38；15% 为 8.96，该值大于门槛值，表示不存在弱工具变量问题。

三、基于分样本的分析

（一）基于从不同类型国家进口的分析

基于进口来源地数目的回归结果，具体见表 11-4 的列（1）、列（2）
和列（3）。从回归的结果来看，只从发展中国家进口的企业，其进口来源
地数目对企业全要素生产率的影响为负，但是不显著。只从发达国家进口的
企业和从两类国家同时进口的企业，其进口来源地数目对企业全要素生产率
的影响都为正，都在 1% 的显著性水平上显著，从系数来看，只从发达国家
进口的企业的系数较大。也就是说，整体来看，对于只从发达国家和从两类
国家同时都进口企业来说，进口来源地数目增加对企业的全要素生产率有
着明显的促进效应，只从发展中国家进口的企业来说，进口来源地数目增加
对企业的全要素生产率有着负向效应。

表 11-4　从不同类型国家进口企业的回归结果

核心解释 变量	进口来源地数目			进口来源地 集中度			进口来源 地数目	进口来源 地集中度
	发展中 国家	发达 国家	两者 都有	发展中 国家	发达 国家	两者 都有	两者 都有	两者 都有
	（1）	（2）	（3）	（4）	（5）	（6）	（7）	（8）
	FE						2SLS	
Import_ number	-0.049	0.016 ***	0.014 ***	—	—	—	0.125 ***	—
	(-0.96)	(3.15)	(5.27)				(8.16)	

续表

核心解释 变量	进口来源地数目			进口来源地 集中度			进口来源 地数目	进口来源 地集中度
	发展中 国家	发达 国家	两者 都有	发展中 国家	发达 国家	两者 都有	两者 都有	两者 都有
	(1)	(2)	(3)	(4)	(5)	(6)	(7)	(8)
	FE						2SLS	
Import_ concentration	—	—	—	−0.035 (0.14)	−0.049 (−1.48)	−0.115*** (−2.81)	—	−0.881*** (−3.59)
控制变量	是	是	是	是	是	是	是	是
省份效应	是	是	是	是	是	是	是	是
行业效应	是	是	是	是	是	是	是	是
Kleibergen-Paap rk Wald F statistic	—	—	—	—	—	—	66.964	18.952
样本量	1291	33427	26650	1291	33427	26650	26684	26684
R^2	0.255	0.045	0.049	0.251	0.045	0.048	0.012	0.121

注：括号内的值为标准误差；*、**、*** 分别表示在10%、5%和1%的显著性水平上变量显著。所有估计
　　结果均包括常数项。限于篇幅，所有其他回归结果省略，备索。

只从发达国家进口企业的系数较大，其原因是：发达国家主要的出口商品一直是中高技术、高技术商品，而且，高技术商品在出口中所占份额都表现为日益增加的态势，目前，中国所占份额只有5%左右，美国、德国、法国、荷兰所占份额都在30%左右，日本所占份额也在23%左右。在中国大力发展工业的背景下，中国主要从发达国家进口技术性较高，特别是高技术性商品，中等技术商品进口对日本、韩国的依赖度最大，高等技术商品进口对日本、美国、德国的依赖度最大。2010年，日本、美国、德国、韩国、法国等五个发达国家对中国高技术工业制成品出口占中国此类商品进口总额的比例为61.41%，其中，日本占23.40%，美国、德国都占12%左右，韩国占10%左右。可见，中国从发达国家进口大量高技术性中间品，这类产品通过技术外溢效应和质量机制对企业的生产率产生巨大的促进作用。目前，一方面，中国国内市场潜力巨大，后进发达国家希望开拓中国市场，已经进入中国市场的发达国家企业希望继续提升在中国市场上的份额，跨国公司在中国国内市场上的竞争日益激烈；另一方面，从中国的角度来说，只有吸引

不同发达国家的企业到中国来投资，让他们之间互相竞争，才能迫使他们加快向中国转移技术的速度、缩短他们陈旧技术在中国市场上的存在周期，这两方面共同导致从发达国家进口来源地数目越多，通过技术外溢效应，进口对企业的生产率提升效应就越高。

在中国进口中，从发展中国家进口的各类产品所占份额整体上都表现为增加的态势，这种提高主要是非技术性工业制成品所占份额提高较快，其中，初级产品、资源型制成品、金属类制成品所占份额上升幅度较大。除了资源能源类商品，从发展中国家进口中间品主要通过成本节约机制对企业的生产率产生促进作用。

基于进口来源地集中度的回归结果，具体见表 11-4 的列（4）、列（5）和列（6）。从回归的结果来看，不管企业是只从发展中国家进口、只从发达国家进口，还是同时从发达国家和发展中国家进口，进口集中度的增加都会导致全要素生产率的下降。从显著性来看，只有同时从发达国家和发展中国家进口的企业，其进口集中度的变化对全要素生产率的影响是显著的，且是在 1% 的显著性水平上显著，与此同时，从系数大小来看，也只有同时从发达国家和发展中国家进口的企业，其进口集中度的变化对全要素生产率的影响比较大。也就是说，进口国家集中度的上升对企业全要素生产率有着负面作用，尤其是对于从发展中国家和发达国家同时进口的企业，其负效应最大且显著。进口集中度的下降，在一定程度上意味着，作为买方，中国在进口中的话语权得到提升，因此，如果进口集中度下降，对于同时从发达国家和发展中国家进口的企业来说，进口话语权的提升、来自发展中国家的成本效应和来自发达国家的技术外溢效应共同形成的互补效应使得这类企业的生产率提升效应凸显。

表 11-4 的列（7）和列（8）显示了使用工具变量后的估计结果。从回归结果可以看出：从进口来源地来看，降低进口来源地集中度，对于同时从发展中国家和发达国家都进口企业的全要素生产率提升仍旧显著。总的来看，在中间品进口方面，从发达国家的进口和从发展中国家的进口，都可以有利于企业全要素生产率的提升，来自发展中国家的进口主要通过成本节约机制和生产互补机制影响企业的发展，来自发达国家的进口主要通过生产互补机制影响企业的发展，同时从发展中国家和发达国家进口企业的全要素生产率提升效应最大，从更多发达国家进口，降低进口市场的集中度，会使中

国企业得到更大的收益。这就启示中国企业在进口时需要重视增加从发达国家的进口，并实施进口市场多元化战略。

（二）基于不同贸易方式进口的分析

表 11-5 的回归结果显示：（1）基于进口来源地数目的回归结果。具体见表 11-5 中的列（1）和列（2）。回归结果显示，进口来源地数目增长对企业全要素生产率有正的显著影响，对加工贸易和一般贸易进口来说，进口来源地数目增长对企业全要素生产率都有正的显著影响，在系数大小方面，加工贸易进口对企业全要素生产率的影响系数较大，一般贸易进口的影响系数较小。（2）基于进口来源地集中度的回归结果。具体见表 11-5 中的列（3）和列（4）。回归结果显示，进口来源地集中度对企业全要素生产率的影响显著为负，从影响系数来看，加工贸易进口的影响系数的绝对值较大。表 11-5 的列（5）至列（8）显示了使用工具变量后的估计结果。从回归结果可以看出：从贸易方式来看，进口来源地个数增加对加工贸易进口企业和一般贸易进口企业的全要素生产率均有提升效应，但降低进口来源地集中度仅对一般贸易企业的全要素生产率有显著作用。

总的来看，本节的研究结果表明，一般贸易进口企业来源地数目增加带来全要素生产率显著提升，而加工贸易企业的来源地增加也有利于其全要素生产率的提升。这与已有文献对加工贸易的认识略有不同，进口来源地个数增多对加工贸易企业生产率提升效果较大。本节认为，评价加工贸易的发展及其在中国经济发展中的作用，应该从全球价值链体系视角进行思考。毫无疑问，随着经济全球化的发展，国际分工日益细化，国际分工已经从产业间分工、产业内分工发展到产品内分工，产品分工的实质就是要素分工，即世界各国凭借自身的要素优势在全球价值链中占据不同的位置。与其他国家相比，廉价劳动力是中国最具有比较优势的要素，中国在加工组装环节具有很强的吸引力，因此，跨国公司将大量劳动密集型生产工序放在中国。正是凭借劳动力要素优势，中国参与了国际分工，融入了世界经济，参与到了全球价值链中。在改革开放初期以及其后的几十年中，中国确实一直处于国际分工的较低地位，但是，伴随着中国经济的发展、国内市场需求的日益增多、大批受过高等教育人才的培养，中国内资企业自身技术水平的提升及其为跨国公司提供配套能力和机会的增多，跨国公司在中国的投资业务规模日益扩

大，在中国投资的行业领域也发生了根本性变化。跨国公司投资行业已经从
纺织、服装、玩具等技术含量较低的行业，转变为机械电子、钢铁、汽车等
技术含量较高的行业，这种转变对企业的影响也是革命性的，中国企业的根
本任务已经从单纯的完成既定的生产任务，转变为如何更好地完成生产任
务、如何提升自身的竞争力。这种产业结构和企业经营理念的转变，大大促
进了中国从事加工贸易企业自身的发展，这些企业把低端的工作外包给其他
内资企业，自身的工作上升到了较高的一个层次，在全球价值链中的位置在
上升，进口商品的结构也在高级化，其结果就是，进口商品结构升级通过质
量上升效应、技术外溢效应促进了企业全要素生产率的提升。由于加工贸易
进口是在跨国公司的主导下进行的，故加工贸易的固定成本相对一般贸易而
言较低，从事加工贸易的企业更愿意从更多国家进口中间品，进而获得成本
节约、生产互补机制带来的生产率提升效应；而一般贸易进口是在跨国公司
经营体系之外的，一般贸易进口的商品结构升级也是比较缓慢的，从而导致
加工贸易进口对全要素生产率提升的效应较大。

表 11-5　不同进口贸易方式企业的回归结果

核心解释变量	进口来源地数目		进口来源地集中度		进口来源地数目		进口来源地集中度	
	加工贸易	一般贸易	加工贸易	一般贸易	加工贸易	一般贸易	加工贸易	一般贸易
	（1）	（2）	（3）	（4）	（5）	（6）	（7）	（8）
	FE				2SLS			
Import_ number	0.018***	0.016***	—	—	0.061***	0.049***	—	—
	（4.57）	（5.41）			（3.11）	（3.69）		
Import_ concentration	—	—	-0.126***	-0.067**	—	—	-0.121	-0.273**
			（-3.06）	（-2.21）			（-1.49）	（-2.33）
控制变量	是	是	是	是	是	是	是	是
省份效应	是	是	是	是	是	是	是	是
行业效应	是	是	是	是	是	是	是	是
Kleibergen-Paap rk Wald F statistic	—	—	—	—	360.429	1146.146	18.341	45.054
样本量	23904	37464	23904	37464	38788	23498	38788	23498
R^2	0.059	0.048	0.057	0.047	0.097	0.120	0.035	0.208

注：括号内的值为标准误差；*、**、***分别表示在10%、5%和1%的显著性水平上变量显著。

（三）基于不同类型企业进口的分析

表 11-6 的回归结果显示：（1）基于进口来源地数目的回归结果。具体见表 11-6 中的列（1）、列（2）和列（3）。回归结果显示，所有类型企业的进口来源地数目增长都会对企业的全要素生产率有正向的显著影响。在影响程度上，外资企业的正向效应最大，合资企业次之，内资企业的系数最小，具体来看，内资企业的回归系数是 0.012，外资企业的回归系数是 0.017，合资企业的回归系数是 0.016。（2）基于进口来源地集中度的回归结果。具体见表 11-6 中的列（4）、列（5）和列（6）。回归结果显示，不同类型企业进口集中度的变化，对其全要素生产率的影响效应不同，内资企业进口国家集中度的影响为正，但是不显著；外资企业、合资企业的进口国家集中度影响为负且显著，外资企业的回归系数绝对值比合资企业的要大，外资企业的回归系数是 -0.113，合资企业的回归系数是 -0.090。表 11-6 的列（7）和列（8）显示了使用工具变量后的估计结果。从回归结果可以看出：从企业属性来看，增加来源地个数、降低进口来源地集中度，对外资企业的全要素生产率提升效应的作用稳健。

总的来看，本节的研究结果表明：在中间品进口方面，外资企业进口来源地数目增加对全要素生产率的提升效应都最大，合资企业次之，内资企业最小，外资企业、合资企业进口集中度下降有利于全要素生产率的提升，但是，内资企业进口集中度下降对全要素生产率的影响不显著。在中国的外商独资企业，大多数是跨国公司，其贸易的固定成本较低，更愿意从更多国家进口中间品，进而获得成本节约和生产互补机制带来的生产率提升效应，这一发现与哈尔彭等（Halpern 等，2015）的结论一致。

近年来，跨国公司在中国投资的新变化特征之一就是独资化倾向日益显著，即跨国公司在中国投资更加以独资企业的形式，其原因主要是：中国投资环境日益稳定，不再需要以合资的形式规避风险；有利于防止技术对外流失；跨国公司在中国的业务也不再仅仅是加工组装的任务，而是服务中国市场甚至全球市场，独资企业可以更有效地与其他国家和地区的业务进行合作；越来越多的外资企业进入中国，来自不同国家外资企业之间的竞争也日益激烈，独资企业可以更有效地调整经营战略。外资企业实施独资经营形式，有利于企业加快技术更新的速度，及时调整经营战略，提升自身在企业整体价值链中的地位，从而进口商品的质量日益提升，即通过技术外溢效应促进全要素生产率的提升。与此同时，由于内资企业是游离于跨国公司全球价值链体系之外，再加上发达国家对中国出口技术的封锁和控制，内资企业很难进口技术水平较高的产品，从而导致内资企业进口的生产率提升效应较小，外资企业的生产率提升效应最大。

表 11-6 不同类型企业进口的回归结果

核心解释变量	进口来源地数目			进口来源地集中度			进口来源地数目	进口来源地集中度
	内资企业（1）	外资企业（2）	合资企业（3）	内资企业（4）	外资企业（5）	合资企业（6）	外资企业（7）	外资企业（8）
	FE						2SLS	
Import_number	0.012*（2.05）	0.017***（5.59）	0.016***（4.05）	—	—	—	0.122***（5.06）	—
Import_concentration	—	—	—	0.009（0.20）	-0.113***（-3.22）	-0.090**（-2.16）	—	-0.612***（-3.04）
控制变量	是	是	是	是	是	是	是	是
省份效应	是	是	是	是	是	是	是	是
行业效应	是	是	是	是	是	是	是	是
Kleibergen-Paap rk Wald F statistic	—	—	—	—	—	—	525.917	19.727
样本量	10402	34645	16321	10402	34645	16321	35210	35210
R^2	0.070	0.046	0.053	0.069	0.045	0.051	0.022	0.022

注：括号内的值为标准误差；*、**、***分别表示在10%、5%和1%的显著性水平上变量显著。

（四）基于企业是否具有出口行为的分析

表11-7的回归结果表明：（1）基于进口来源地数目的回归结果。具体见表11-7中的列（1）和列（2）。回归结果显示，非出口企业和出口企业进口来源地数目增加对企业全要素生产率的影响都为正，且都在1%的显著性水平上显著。从系数大小来看，两类企业的回归系数基本差不多，出口企业进口来源地数目增加对企业全要素生产率影响的系数稍微大

些，也就是说，进口来源地数目的增加对出口企业的全要素生产率促进效应更大一些。（2）基于进口来源地集中度的回归结果。具体见表 11-7 中的列（3）和列（4）。从回归的结果来看，进口来源地集中度增加对非出口企业和出口企业的全要素生产率影响均为负效应，对非出口企业的影响不显著，对出口企业的影响在 1% 的显著性水平上显著。从系数大小来看，出口企业进口来源地集中度对其全要素生产率的影响比非出口企业大，也就是说，出口企业进口来源地集中度的变化对其全要素生产率的负向影响较大。表 11-7 的列（5）至列（8）显示了使用工具变量后的估计结果。从回归结果可以看出：从是否是出口企业来看，增加来源地个数、降低进口来源地集中度，对出口企业的全要素生产率提升效应大于非出口企业，且影响幅度有所提升。

表 11-7　不同出口行为企业进口的回归结果

核心解释变量	进口来源地数目		进口来源地集中度		进口来源地数目		进口来源地集中度	
	非出口企业（1）	出口企业（2）	非出口企业（3）	出口企业（4）	非出口企业（5）	出口企业（6）	非出口企业（7）	出口企业（8）
	FE				2SLS			
Import_ number	0.016***	0.017***	—	—	0.132***	0.161***	—	—
	(3.15)	(6.59)			(5.34)	(4.18)		
Import_ concentration	—	—	-0.061	-0.070***	—	—	-0.593***	-0.717**
			(-1.14)	(-2.68)			(-3.28)	(-2.38)
控制变量	是	是	是	是	是	是	是	是
省份效应	是	是	是	是	是	是	是	是
行业效应	是	是	是	是	是	是	是	是
Kleibergen-Paap rk Wald F statistic	—	—	—	—	812.066	637.909	104.511	97.740
样本量	14527	46841	14527	46841	14924	48328	14924	48328
R^2	0.051	0.051	0.049	0.049	0.048	0.007	0.215	0.174

注：括号内的值为标准误差；*、**、*** 分别表示在 10%、5% 和 1% 的显著性水平上变量显著。

总的来看，本节的研究结果表明：在中间品进口方面，与非出口企业相比，出口企业的进口来源地结构对其全要素生产率的提升效应较大。其原因可能是：与非出口企业相比，出口企业本身具有较高的生产率。当出口每一种产品到国外市场时，出口企业都要面对固定成本，具有较高生产率的企业将能创造出充分的利润去抵消这些固定成本，为每一个国外市场提供较多的产品；具有低生产率的企业，如果其可变利润超过生产固定成本的部分不能抵消服务国外市场的固定成本，那么，这个企业将不为国外市场提供任何产品（Bernard 等，2011[①]）；与低生产率的企业相比，生产率高的企业生产高质量的产品，支付比较高的工资以吸引高质量的劳动力，只有生产率高的企业才能进入出口市场（Verhoogen，2008[②]）；贸易自由化以后，可能会出现资本和劳动在同一产业内部、不同企业之间进行再分配，竞争情况发生了变化，有竞争力的企业将会获得更大的发展空间，落后的企业将面临淘汰，从而市场、资源进行重新整合，贸易导致资源从非出口企业向出口企业转移（Melitz，2003[③]）。在这样的情况下，进口对出口企业生产率的影响也会比较大。

四、稳健性检验[④]

为了进一步检验本节回归结果的稳健性，在这一部分将通过改变工具变量、回归方法、增加解释变量和对存续样本单独回归等方法来检验回归结果的稳健性。本节针对前文实证的每一种视角进行了稳定性检验，结果都表明本节的实证结果是稳健的，但是，由于内容多，无法一一列出，本节仅列出从整体视角进行检验的结果，特此说明。

（一）改变工具变量的估计

借鉴已有文献的做法，影响企业的进口中间品来源地除了关税水平还有汇率水平。为了结果的稳健性，借鉴李宏彬等（2011[⑤]）的方法，本节计算

---

① Bernard A. B., Redding S. J., Schott P. K., "Multiproduct Firms and Trade Liberalization", *The Quarterly Journal of Economics*, Vol. 126, No. 3, 2011, pp. 1271-1318.

② Verhoogen E. A., "Trade, Quality Upgrading, and Wage Inequality in the Mexican Manufacturing Sector", *The Quarterly Journal of Economics*, Vol. 123, No. 2, 2008, pp. 489-530.

③ Melitz M. J., "The Impact of Trade on Intra-industry Reallocations and Aggregate Industry Productivity", *Econometrica*, Vol. 71, No. 6, 2003, pp. 1695-1725.

④ 由于篇幅限制，稳健性检验的回归结果均省略。

⑤ 李宏彬、马弘、熊艳艳、徐源：《人民币汇率对企业进出口贸易的影响——来自中国企业的实证研究》，《金融研究》2011 年第 2 期。

了企业层面的有效汇率水平，作为进口企业来源地结构的工具变量。回归结果显示：进口来源地数目对企业全要素生产率具有显著的正向作用，进口来源地集中度的影响为负且显著，而且，都是在1%的显著性水平上显著。可见，本节上述的实证结果具有稳健性。

（二）加入企业研发变量

研发对企业全要素生产率是有重要影响的，企业研究经费支出表明了企业内部的研发程度，研发程度越高一般企业的全要素生产率就越高。2002—2006年中国工业企业数据库中有研发指标的只有2005年和2006年，所以，在之前的回归中并未使用研发数据。本节将使用2005年和2006年的研发数据作为解释变量加入计量方程中，并进行OLS回归。回归结果显示，进口来源地数目对企业全要素生产率具有显著的正向作用，进口来源地集中度的影响为负且显著，而且，都是在1%的显著性水平上显著。研发对企业全要素生产率的系数均为正的显著，和预期的结果相符。可见，增加解释变量之后，本节的回归结果仍然是稳健的。

（三）存续样本的回归估计

存续样本表示的是在2002—2006年间持续进口的企业样本，这些样本与全部样本的影响可能存在一定的差异。选取这部分样本进行单独回归，回归结果显示，进口来源地数目对企业全要素生产率具有显著的正向作用，进口来源地集中度的影响为负且显著，而且，都是在1%的显著性水平上显著。结合前面的样本分国家发展水平、贸易方式、控股类别和出口与否，结果显示存续样本和整体的回归结果是一致的，这也表明本节的结果是稳健的。

（四）具体行业的回归估计

行业因素会影响中间品进口对企业全要素生产率的影响，在前文的回归结果中，各行业虚拟变量的系数存在差异，所以，不同行业间的进口影响存在差异。考虑到纺织和机电产品在中国贸易中占比比较高，本节选取了纺织、医药、交通设备、电气机械和通信设备五个行业进行分别回归。总的来看，分行业的回归结果与前文的回归结果基本是吻合的，也说明本节的结论是稳健的。

第四节　中间品进口来源地结构影响中国企业生产率的机制检验

根据前文分析，进口来源地数目和进口来源地集中度会通过两个机制来提升企业生产率水平，它们分别是：进口价格下降的成本节约机制、进口种类多元化带来的生产互补机制。由于中间产品进口商进口的产品存在差异，受到的影响机制也存在较大不同，比如有些企业主要进口同质产品，而另一些企业主要进口异质产品。因此，本节引入产品差异化程度的概念，并根据企业进口产品差异化程度，将企业划分为同质产品进口企业和异质产品进口企业。

关于同质产品进口企业和异质产品进口企业的界定，本节分2个步骤来实现[①]：（1）将企业进口的产品，与劳赫（1999）的产品差异化分类标准进行匹配；根据劳赫（1999）的划分标准，将能够在交易所交易或拥有指导价格的商品视其为同质产品，反之视该产品为异质产品。（2）如果企业进口的商品百分之百为同质产品，设定该企业为进口同质产品的企业；反之，则设定该企业为进口异质产品的企业。

一、成本节约机制的检验

一般而言，进口来源地越多，或进口来源地市场集中度越低，进口来源地之间竞争越激烈，中间产品价格则越低，企业生产率越高。但这种关系对于同质产品进口企业而言可能成立，但对于异质产品进口企业可能不成立，因为同质产品之间的竞争以价格竞争为主，而异质产品之间的竞争除了价格竞争之外，还有质量竞争。本节分两个步骤来验证上述关系：第一步，验证进口来源地数目和进口来源地市场集中度对进口中间产品价格[②]的影响；第

---

①　相似的判断方法，详见余淼杰和李晋（2015）。

②　由于缺乏企业层面的国内中间品的进口价格信息，同时使用行业层面的出厂价格指数来替代企业层面的国内中间品的进口价格指数不合适，故本节没有考察企业层面中间品进口价格相对国内中间品价格的比值，而是考虑企业层面中间品进口价格。其中，企业中间品进口价格，是考虑了进口计量单位时中间品的加权价格，权重为每种产品（HS6-Country）占企业总进口的权重。

二步，验证进口中间产品价格的下降是否会促进企业全要素生产率的提升。具体来说：

对于异质的中间品而言，由于中间品为异质产品，产品质量存在差异，进口价格会因进口中间品质量提升而提高，如果新进口来源地的中间品质量较高，就会导致企业进口价格提升，进而会出现进口来源地越多，进口来源地市场集中度越低，进口价格越高。如表11-8的列（1）和列（2）的第一行和第二行所示，对于异质产品进口企业而言，进口来源地数目的估计系数显著为正，进口来源地市场集中度的估计系数显著为负，说明进口来源地越多，进口来源地市场集中度越低，中间品进口商品价格越高，原因可能在于异质产品的差异性所导致的，而这种差异性可能来自质量差异。同时，表11-8的列（1）和列（2）的变量 *developed* 的估计系数显著为正，而列（4）和列（5）的变量 *developed* 的估计系数不显著，这说明异质产品进口企业从发达国家的进口价格高于从发展中国家的进口价格，而同质产品进口企业则不存在这种现状，间接地说明了同质产品不存在显著的价格差异，而异质产品存在显著价格差异。如表11-8列（3）的第三行所示，中间产品进口价格对企业全要素生产率的影响不显著。这说明成本节约机制不是提升异质中间产品进口企业生产率的显著渠道。

表11-8 成本节约机制的检验

被解释变量	异质产品进口企业样本			同质产品进口企业样本		
	进口价格	进口价格	ln*TFP*	进口价格	进口价格	ln*TFP*
	（1）	（2）	（3）	（4）	（5）	（6）
Import_ number	0.007** (2.04)	—	—	−0.001 (−0.09)	—	—
Import_ concentration	—	−0.178*** (−4.58)	—	—	0.009 (0.17)	—
ln *p*	—	—	−0.005 (−1.26)	—	—	0.026 (0.84)
scale	−0.000** (−2.16)	−0.000** (−2.13)	−0.000*** (−4.31)	−0.000 (−1.03)	−0.000 (−1.03)	−0.000** (−2.47)
K/L	0.000 (0.95)	0.000 (0.98)	0.000*** (3.31)	−0.000 (−0.13)	−0.000 (−0.13)	−0.000 (−0.04)

续表

被解释变量	异质产品进口企业样本			同质产品进口企业样本		
	进口价格	进口价格	ln*TFP*	进口价格	进口价格	ln*TFP*
	(1)	(2)	(3)	(4)	(5)	(6)
wage	0.000	0.000	0.000***	0.000**	0.000**	0.000***
	(1.30)	(1.32)	(4.66)	(2.21)	(2.21)	(3.51)
subsidy	−0.000	−0.000	−0.000	0.000	0.000	0.000
	(−0.64)	(−0.62)	(−1.07)	(0.67)	(0.67)	(1.53)
export	−0.028	−0.030	0.051**	0.063	0.063	−0.109*
	(−0.87)	(−0.92)	(2.49)	(1.58)	(1.58)	(−1.90)
trade	0.114***	0.112***	0.005	0.010	0.010	0.077
	(5.26)	(5.16)	(0.33)	(0.29)	(0.30)	(1.60)
age	−0.008***	−0.008***	−0.003*	−0.001	−0.001	−0.003
	(−3.35)	(−3.35)	(−1.73)	(−0.18)	(−0.18)	(−0.61)
year	0.065***	0.065***	0.070***	0.050***	0.050***	0.076***
	(14.63)	(14.61)	(24.79)	(7.31)	(7.31)	(7.70)
share0	0.055	0.054	−0.012	0.063	0.063	0.090
	(1.28)	(1.26)	(−0.45)	(1.02)	(1.02)	(1.00)
share2	0.049	0.049	−0.023	−0.057	−0.056	−0.033
	(1.09)	(1.10)	(−0.80)	(−0.98)	(−0.98)	(−0.40)
developed	0.405***	0.386***	0.063	0.047	0.047	0.055
	(5.16)	(4.92)	(1.27)	(0.88)	(0.89)	(0.71)
develop2	0.357***	0.331***	0.097**	0.050	0.051	0.074
	(4.57)	(4.23)	(1.97)	(0.99)	(1.00)	(1.04)
样本量	53722	53722	53722	7646	7646	7646
R^2	0.014	0.014	0.034	0.060	0.060	0.052

注：括号内的值为标准误差；*、**、*** 分别表示在10%、5%和1%的显著性水平上变量显著。

对于同质的中间品而言，理论上进口来源地越多，进口来源地市场集中度越低，竞争越激烈，进口价格越低，进口企业生产率会被提升，但实证结果不显著。如表11-8的列（4）和列（5）的第一行和第二行所示，对于同质产品进口企业而言，进口来源地数目的估计系数为负，进口来源地市场集中度的估计系数为正，但均不显著。如表11-8列（6）的第三行所示，中间产品进口价格对企业全要素生产率的影响也不显著。这说明成本节约机制不是提升同质中间产品进口企业生产率的显著渠道。

可见，不论是异质产品还是同质产品进口企业，进口来源地个数和进口市场集中度通过进口价格下降带来的成本节约机制对其全要素生产率提升影响机制不显著，即成本节约机制不是提升中间产品进口企业生产率的显著渠道。

二、生产互补机制的检验

一般而言，进口来源地越多，进口来源地市场集中度越低，企业进口的产品种类越多，对其生产的互补作用越大，企业生产率越高。这种关系对于异质产品进口企业尤为显著。同样，本节分两个步骤来验证上述关系，第一步验证进口来源地数目和进口来源地市场集中度对进口中间产品种类①的影响；第二步验证进口中间产品种类的增多是否会促进企业全要素生产率的提升。具体来说：

如表11-9的列（1）和列（2）的第一行和第二行所示，对于异质产品进口企业而言，进口来源地数目的估计系数（5.206）显著为正，且大于同质产品进口企业的估计系数（1.308），进口来源地市场集中度的估计系数（-16.922）显著为负，且估计系数的绝对值大于同质产品进口企业（-4.939），说明进口来源地越多，相比同质中间品进口企业，异质产品进口企业的进口产品种类增加更多。如表11-9列（3）的第三行所示，中间品的产品种类对企业全要素生产率的影响显著为正。这说明进口种类多元化带来的生产互补机制是提升异质中间产品进口企业生产率的显著渠道。

对于同质中间品进口企业而言，如表11-9的列（4）和列（5）的第一行和第二行所示，对于同质产品进口企业而言，进口来源地数目的估计系数显著为正，进口来源地市场集中度的估计系数显著为负，说明进口来源地越多，进口来源地市场集中度越小，进口产品种类越多。如表11-9列（6）的第三行所示，中间产品进口种类对企业全要素生产率影响的估计系数显著为正。这说明进口产品种类增多是提升同质中间产品进口企业生产率的显著

---

① 本节界定的进口产品品种，是指HS6产品—国家层面，如果HS6产品不变，进口来源地数目增多，则进口产品种类增多；如果HS6产品增多，进口来源地数目也增多，则进口产品同样会增多。

渠道，可能原因在于同质产品包括具有参考价格的商品，而这些商品也存在一定的质量差异。

可见，不论是异质产品还是同质产品进口企业，进口来源地个数和进口市场集中度通过进口种类多元化带来的生产互补机制对其全要素生产率提升影响机制显著，即进口种类多元化带来的生产互补机制是提升中间产品进口企业生产率的显著渠道，尤其对于异质产品进口企业更显著。

表 11-9　生产互补机制的检验

被解释变量	异质产品进口企业样本			同质产品进口企业样本		
	进口产品种类	进口产品种类	企业 *TFP*	进口产品种类	进口产品种类	企业 *TFP*
	(1)	(2)	(3)	(4)	(5)	(6)
Import_ number	5.206 *** (97.62)	—	—	1.308 *** (22.05)	—	—
Import_ concentration	—	-16.922 *** (-24.69)	—	—	-4.939 *** (-16.60)	—
Import_ varities	—	—	0.002 *** (7.17)	—	—	0.002 *** (3.76)
scale	0.005 *** (41.18)	0.006 *** (38.97)	-0.000 *** (-5.85)	-0.000 (-0.61)	0.000 (0.15)	-0.000 (-1.06)
K/L	0.000 *** (5.51)	0.000 *** (6.79)	0.000 *** (3.00)	-0.000 ** (-2.27)	-0.000 (-0.41)	0.000 (0.07)
wage	-0.000 *** (-3.30)	-0.000 * (-1.74)	0.000 *** (4.73)	0.000 (1.50)	0.000 (0.45)	0.000 *** (3.39)
subsidy	0.000 *** (3.16)	0.000 *** (2.73)	-0.000 (-1.18)	-0.000 (-0.74)	0.000 (0.90)	0.000 (1.27)
export	0.955 * (1.90)	2.821 *** (4.88)	0.046 ** (2.24)	-0.028 (-0.19)	0.389 (1.59)	-0.117 ** (-2.00)
trade	1.062 *** (3.19)	1.889 *** (4.91)	0.000 (0.03)	0.311 *** (3.03)	0.437 *** (2.96)	0.059 (1.23)
age	0.080 ** (2.28)	0.098 ** (2.42)	-0.003 * (-1.81)	-0.003 (-0.62)	-0.011 (-1.54)	-0.002 (-0.47)
year	-0.733 *** (-10.72)	-0.603 *** (-7.64)	0.071 *** (25.10)	-0.029 (-1.19)	-0.067 * (-1.80)	0.081 *** (7.14)
*share*0	-0.835 (-1.28)	-1.320 * (-1.75)	-0.010 (-0.38)	-0.208 (-1.27)	-0.084 (-0.32)	0.099 (0.98)

续表

被解释变量	异质产品进口企业样本			同质产品进口企业样本		
	进口产品种类	进口产品种类	企业 *TFP*	进口产品种类	进口产品种类	企业 *TFP*
	（1）	（2）	（3）	（4）	（5）	（6）
*share*2	−0.391	−0.126	−0.023	−0.054	0.152	−0.048
	（−0.57）	（−0.16）	（−0.80）	（−0.36）	（0.61）	（−0.59）
developed	−1.528	−2.288 *	0.061	0.058	−0.257	0.048
	（−1.27）	（−1.65）	（1.24）	（0.42）	（−1.12）	（0.59）
*develop*2	−5.362 ***	1.758	0.086 *	−0.287 *	0.586 **	0.033
	（−4.49）	（1.27）	（1.76）	（−1.75）	（2.51）	（0.43）
样本量	53722	53722	53722	7646	7646	7646
R^2	0.333	0.111	0.036	0.631	0.214	0.074

注：括号内的值为标准误差；*、**、*** 分别表示在10%、5%和1%的显著性水平上变量显著。

本章小结

一、基本结论

本章利用2001—2006年中国工业企业数据库和海关进出口企业数据库中的61368家进口企业的数据，实证分析了企业中间品进口来源地数目和进口来源地集中度变化对其全要素生产率的影响。研究结果发现：

第一，基于从不同类别国家进口、不同贸易方式进口、不同类型企业进口、不同出口行为企业进口等四个视角的回归结果都表明，进口来源地数目的增多、进口来源地集中度下降均有利于企业全要素生产率的提升。

第二，从分样本来看，只从发达国家进口的企业和从两类国家同时进口的企业，其进口来源地数目对企业全要素生产率的影响显著为正，只有同时从发达国家和从发展中国家进口的企业，其进口集中度的上升对全要素生产率的影响显著为负；加工贸易进口、一般贸易进口企业进口来源地数目增加都有利于企业全要素生产率的提升；外资企业进口来源地数目增加对全要素生产率的提升效应最大，合资企业次之，内资企业最小；与非出口企业相比，出口企业的进口来源地数目增加对其全要素生产率的提升效应较大。

第三，从影响机制来看，进口种类多元化带来的生产互补机制是提升中间产品进口企业生产率的显著渠道，尤其对于异质产品进口企业更显著。

二、政策建议

可以预期，今后中国进口规模必将进一步增加，但是，如何在进口增加中获得较多的利益是国家战略关注的核心问题。对此，本章提出以下建议。

（一）企业要正确理解进口市场多元化战略的内涵

在中间品进口方面，中国增加进口应该有地区上的偏向性，即应该增加从比中国经济发展水平高的地区和国家，尤其是从发达国家，进口高技术类商品，充分利用隐含在进口货物商品中物化型技术对经济发展的促进作用；同时应该增加从资源丰富的发展中国家进口资源密集型低技术商品，为中国经济发展提供足够的生产资源。进口市场多元化战略，即优化进口国别和地区结构，是中国国家政策的一个重要方面，所谓的优化进口地区结构应该是进口在发达国家内部的优化、进口在发展中国家内部的优化，而不是原先从发达国家进口现在转移到从发展中国家进口，不同国家出口的同一产品是异质性的，是不可替代的，中国要避免盲目地扩大从发展中国家的进口。当然，如果发达国家和发展中国家都可以提供同一类型的"同质"产品，企业就可以从发达国家进口转移到从发展中国家进口。

（二）企业要重视多元化进口的重要性

对于企业来说，单一从同一类国家和地区进口是不能使企业的利益达到最大化的，而是要从发达国家和发展中国家同时进口，充分发挥来自发展中国家进口的成本节约效应、来自发达国家进口的技术外溢效应以及二者形成的互补效应，与此同时，企业还要千方百计地降低进口对某个国家的过度依赖，积极开拓同类国家的多个进口渠道，让不同进口来源地之间形成竞争，提升企业在进口过程中的话语权，从而提高进口利益。

一般来说，出口企业具有较强的竞争力，而进口对出口企业全要素生产率的提升效应又比较大，因此，同时进口和出口的非加工贸易型内资企业，最有可能成为今后中国工业经济发展的主体，最有可能成为代表中国形象和实力的具有国际竞争力的大型跨国公司，对于这类企业，国家政府应该高度重视，与此同时，国家应该积极鼓励内资企业通过进口贸易参与国际分工，充分利用国际要素，优化配置和整合国内外资源，在国际市场上做大做强。

第 十 二 章

进口产品质量与中国企业创新

　　新古典经济增长理论认为，技术创新对经济发展具有长期促进作用，即经济增长率水平取决于创新带来的技术进步率。世界经济发展的国际经验也表明，技术进步和创新已经成为一个国家或地区经济增长以及经济结构调整优化的原动力。就中国而言，自从改革开放以来，中国经济取得了举世瞩目的成就，国内生产总值以年均 10% 的速度快速增长，创造了"中国奇迹"。但是，支撑中国经济快速增长的动力主要为出口贸易和投资，国内企业普遍缺失核心技术和创新能力。

　　在当前全球经济复苏乏力、国内人口红利逐渐消失、资源能源及环境承载力迅速下降的背景下，中国经济增速出现大幅下降，进入增长"新常态"，经济发展方式面临重大调整。对此，中国政府提出"实施创新驱动发展战略"，强调"科技创新必须摆在国家发展全局的核心位置"。"十三五"规划也明确提出"创新是引领发展的第一动力，必须把发展基点放在创新上"。目前，中国政府提出了积极扩大进口的贸易战略。那么，进口贸易能否有效促进企业创新呢？如果有积极作用，进口促进企业创新的内在传导机制是什么？基于此，本章重点考察进口产品质量对企业创新的影响。

第一节　进口产品质量影响企业创新的研究进展

　　目前，学界大部分学者认为投入品进口会促进企业创新。戈德堡

（Goldberg 等，2009[①]、2010[②]）研究表明多种类、高质量的投入品进口相当于提高了技术转移，从而促进了企业对这些技术的吸收与模仿。张杰（2015）[③] 使用中国数据发现中间品和资本品对一般贸易进口企业专利活动有促进作用。但格里芬等（Gereffi 等，2005）[④] 从全球价值链角度认为发展中国家进口先进的投入品会形成进口依赖，抑制企业创新。

在影响机制上，现有文献表明投入品进口主要通过技术溢出效应、降低成本效应和市场扩大效应影响企业创新。在技术溢出方面，由于企业的技术创新需要以知识和技术积累为基础，存在显著的技术门槛效应，高质量投入品的进口带来的技术溢出使得企业通过吸收溢出克服技术门槛，进而提升了创新的能力，主要表现为进口对企业研发投入的互补效应和替代效应。其中，互补效应指高质量资本进口品和中间进口品的运用，需要上下游生产环节技术提升进行配套，企业必须要努力提高自身的研发水平，才能有效地消化吸收进口中间品和资本品的技术溢出为己所用。铂勒等（Bøler 等，2015）[⑤] 使用挪威工业企业数据研究了研发投资和进口投入品之间的互补性，发现进口投入品增加会促进企业进行研发投资，并最终带来技术进步。替代效应是指企业通过研发投入或者购买高质量投入品都可以实现产品和技术升级，所以二者之间存在相互替代的可能性。圣克鲁斯（Santacreu，2015）[⑥] 构建了包括国内创新和贸易引致国外技术流入的多国增长模型，发现企业创新研发和中间品、资本品进口均能提高生产效率，表明两者之间存在替代的可能性。

---

① Goldberg P., Khandelwal A., Pavcnik N., et al., "Trade Liberalization and New Imported Inputs", *American Economic Review*, Vol. 99, No. 2, 2009, pp. 494−500.

② Goldberg P. K., Khandelwal A. K., Pavcnik N., et al., "Imported Intermediate Inputs and Domestic Product Growth: Evidence from India", *The Quarterly Journal of Economics*, Vol. 125, No. 4, 2010, pp. 1727−1767.

③ 张杰：《进口对中国制造业企业专利活动的抑制效应研究》，《中国工业经济》2015 年第 7 期。

④ Gereffi G., Humphrey J., Sturgeon T., "The Governance of Global Value Chains", *Review of International Political Economy*, Vol. 12, No. 1, 2005, pp. 78−104.

⑤ Bøler E. A., Moxnes A., Ulltveit-Moe K. H., "R&D, International Sourcing, and the Joint Impact on Firm Performance", *American Economic Review*, Vol. 105, No. 12, 2015, pp. 3704−3739.

⑥ Santacreu A. M., "Innovation, Diffusion, and Trade: Theory and Measurement", *Journal of Monetary Economics*, Vol. 75, 2015, pp. 1−20.

在市场扩大方面，企业进口高质量中间品和资本品提升了自身产成品的质量，有助于提升企业在国内外市场中的份额，规模经济使得高技术的边际回报增加，进而促进企业创新。按照"需求引致创新"的理论假说，企业创新投入需要通过足够的市场规模以及消费者的购买来完成创新活动整个环节中最为"惊险的一跳"。佩尔拉等（Perla 等，2015）[1] 通过分析异质性理论模型证明了贸易开放从市场扩大、利润增加角度刺激了企业的技术进步。

在成本下降方面，表现为企业通过进口提高了投入品的可获得性，节约了企业成本，提高了企业的利润，使得企业更有能力和资本开展研发创新活动。科兰托尼奥等（Colantone 等，2014）[2] 使用质量异质性产品种类内生增长模型，对 1995—2007 年欧盟 25 个国家进行考察，发现新的进口投入通过质量和成本两个渠道对企业新产品的产出有正向影响。布劳姆等（Blaum 等，2015）[3] 发现中间品和资本品贸易通过更低的成本、更高的质量和更多的种类降低了企业的生产成本。

综上所述，众多学者从多个角度和路径机制分析了企业投入品进口对创新活动的影响。但鲜有将进口产品质量与企业创新联系起来。与既有文献不同，本章从质量视角研究进口投入品质量对中国制造业企业创新的影响，并试图揭示可能的机制路径。根据上文所述，本章将进口质量对企业创新的影响分为三个路径：一是技术溢出路径。高质量的资本品和中间品进口带来了一定的技术外溢，为企业自身的创新提供了技术支持。二是市场扩大路径。高质量的中间品和资本品进口提升了产成品的质量，进而引发消费者对企业产品需求的增加，扩大了企业的市场份额（包括国内和国外市场），市场收益和回报预期的增加会促进企业创新。三是成本下降路径。企业进口高质量投入品节约了企业成本，提高了企业的利润率，使得企业有更多的资源进行创新。

根据上述分析，本章基于 2000—2007 年工业企业数据库和海关数据库，

---

① Perla J., Tonetti C., Waugh M. E., "Equilibrium Technology Diffusion, Trade, and Growth", *National Bureau of Economic Research*, 2015.

② Colantone I., Crinò R., "New Imported Inputs, New Domestic Products", *Journal of International Economics*, Vol. 92, No. 1, 2014, pp. 147-165.

③ Blaum J., Lelarge C., Peters M., "The Gains From Input Trade in Firm-based Models of Importing", *National Bureau of Economic Research*, No. 21504, 2015.

通过对现有企业层面进口质量测算方法的改进，使用 tobit 模型和中介效应分析方法研究了一般贸易下企业进口投入品质量对创新活动和持续时间的影响，并对其内在机制路径进行了分析。与既有文献相比，本章可能的贡献主要体现为：①改进了企业层面进口投入品质量的测算方法，在尽可能减少样本损失的前提下，处理了进口价格与产品需求之间的内生性问题；②研究了企业进口投入品质量及其细分后的资本品和中间品进口质量对创新活动的影响；③梳理了进口投入品质量影响企业创新的路径机制，并对各路径进行了检验；④分析了进口质量对企业创新持续时间的影响。本章的研究结论能够为中国创新驱动发展战略和进口促进政策之间的协同性，提供有价值的参考依据。

第二节　进口产品质量影响中国企业创新的计量模型构建

一、基准回归的计量模型

为了考察进口投入品质量对企业创新的影响，我们建立了以企业创新为因变量，以进口质量为核心自变量的基础模型。由于样本中大量企业存在不创新的现象，因此，我们选择 tobit 模型进行回归。同时为进一步细分进口质量对企业创新的影响，我们将进口产品按照 BEC 分类为资本品和中间品，研究其对企业创新的影响是否不同。模型具体设定如下：

$$newp_{ijkt} = \eta_0 + \eta_1 qf_{ijkt} + \eta controls + \xi \tag{12-1}$$

$$newp_{ijkt} = \eta_0 + \eta_2 qfcap_{ijkt} + \eta_3 qfint_{ijkt} + \eta controls + \xi \tag{12-2}$$

其中，i、j、k 和 t 分别代表企业、行业、地区和年份；因变量 $newp_{ijkt}$ 为企业创新，以企业新产品产值的对数形式进行衡量；qf_{ijkt} 为企业以一般贸易方式进口的投入品质量；$qfcap_{ijkt}$ 为企业进口资本品质量；$qfint_{ijkt}$ 为企业进口中间品质量；$\xi = v_k + v_j + v_t + \varepsilon_{ijkt}$，$v_j$、$v_k$、$v_t$ 分别表示行业、地区和年份的固定效应，ε_{ijkt} 为随机扰动项；控制变量 $controls$：

$$controls = \gamma_1 constarf_{jt} + \gamma_2 age_{ijkt} + \gamma_3 lnlabcap_{ijkt} + \gamma_4 subr_{ijkt} + \gamma_5 final_{ijkt} +$$
$$\gamma_6 dpub_{ijkt} + \gamma_7 dforg_{ijkt} + \gamma_8 dhk_{ijkt} + \gamma_9 dcoll_{ijkt} \tag{12-3}$$

其中，*constarf* 为四位行业代码下的最终品进口关税，*age* 为企业年龄，lnlabcap 为人力资本，*subr* 为政府补贴率，*final* 为企业融资能力，*dpub*、*dforg*、*dhk* 和 *dcoll* 为企业所有制的虚拟变量，含义分别为是否国企、是否外企（非港澳台）、是否港澳台外资和是否集体企业。

二、检验路径机制的计量模型

为了考察进口产品质量是否通过市场扩大、研发投入和成本降低三个路径影响创新行为的机制，本章借鉴中介效应分析方法建立了以销售规模 *size*、研发投入 *rd* 和企业创新 *newp* 为因变量的多个方程，由于缺乏较好的度量企业生产成本的指标，我们将控制了市场扩大路径和研发投入路径后，进口投入品质量对企业创新的影响近似等同于进口质量通过成本降低路径对企业创新的影响。模型具体设定如下：

$$\ln size_{ijkt} = \alpha_0 + \alpha_2 qf_{ijkt} + \alpha controls + \xi \qquad (12\text{-}4)$$

$$newp_{ijkt} = \alpha_0 + \alpha_3 qf_{ijkt} + \alpha_4 \ln size_{ijkt} + \alpha controls + \xi \qquad (12\text{-}5)$$

其中，控制变量 *controls* 集合与式（12-3）相同；ξ 与式（12-1）定义相同。式（12-4）分析了进口质量对销售规模的影响；式（12-5）考察了销售规模和进口质量对企业创新的影响。式（12-4）、式（12-5）相结合论证了进口质量是否通过市场扩大路径对企业创新产生影响。

$$\ln rd_{ijkt} = \alpha_0 + \alpha_4 qf_{ijkt} + \alpha controls + \xi \qquad (12\text{-}6)$$

$$newp_{ijkt} = \alpha_0 + \alpha_5 qf_{ijkt} + \alpha_6 \ln rd_{ijkt} + \alpha controls + \xi \qquad (12\text{-}7)$$

式（12-6）分析了进口质量对企业研发的影响；式（12-7）考察了研发和进口质量对企业创新的影响。式（12-6）、式（12-7）相结合论证了进口质量是否通过技术溢出路径对企业创新产生影响。

$$newp_{ijkt} = \alpha_0 + \alpha_7 qf_{ijkt} + \alpha_8 \ln size_{ijkt} + \alpha_9 \ln rd_{ijkt} + \alpha controls + \xi \quad (12\text{-}8)$$

式（12-8）将控制市场扩大路径和技术溢出路径后进口质量对企业创新的影响等同于进口质量通过成本下降路径对企业创新的影响。

最后，本章采用 Kaplan-Meier 方法检验了进口投入品质量的高低对企业创新持续时间的影响。同时构建企业创新的生存模型，考察了进口质量的提升是否影响了企业持续创新时间，具体设定如下：

$$\cos(h_{it}) = \gamma_0 + \gamma_1 qf_{it} + \gamma_2 controls + \xi \qquad (12\text{-}9)$$

其中，h 为企业创新生存函数；$controls$ 集合与式（12-3）相同；ξ 与式（12-1）定义相同。式（12-9）使用 COX 模型以三年和七年区间分别考察了进口质量对企业持续创新时间的影响。

三、变量说明

（一）因变量

因变量 $newp$ 为企业新产品创新。当前企业层面的创新量化指标主要有工业企业数据库中的企业研发、新产品产值和中国国家专利局 1985 — 2012 年企业专利数据库中的企业专利指标。本章研究的企业创新主要是技术创新，国内外大多数学者将"技术创新"定义为科技发明的商业应用，认为科技发明只有在其取得经济效益或社会效益时才能称之为技术创新（胡哲一，1992）[①]。据此，本章认为新产品产值作为企业一系列技术创新的最终结果是一个很好的技术创新代理变量。

（二）核心自变量

本章的核心自变量是进口产品质量。已有文献对企业层面进口产品质量的关注较少，只有施炳展和曾祥菲（2015）[②] 借鉴企业层面出口产品质量的测算原理，通过对数变换建立需求与价格的回归关系，使用进口来源国 GDP 控制产品水平差异，将同一年份企业从其他国家进口同一产品的价格均值作为工具变量，测算了企业层面的进口产品质量。但这种方法存在两个问题：其一，控制变量进口来源国 GDP 与包含质量的残差间可能存在相关关系，导致内生性问题。因为现实中一国 GDP 越高，其出口高质量产品的可能性就越高。其二，使用企业从其他国家进口的同一产品的均价作为价格的工具变量，虽然克服了内生性，但是，很多企业并不会同时从多个国家进口同一种产品，因此使用这个工具变量会损失大量样本，导致样本选择偏差。

对此，我们借鉴坎德尔瓦尔（Khandelwal，2010）[③] 的做法，对上述问

---

① 胡哲一：《技术创新的概念与定义》，《科学学与科学技术管理》1992 年第 5 期。

② 施炳展、曾祥菲：《中国企业进口产品质量测算与事实》，《世界经济》2015 年第 3 期。

③ Khandelwal A., "The Long and Short（of）Quality Ladders", *The Review of Economic Studies*, Vol. 77, No. 4, 2010, pp. 1450-1476.

题进行了改进。具体步骤是:

首先,考虑到企业产品种类是市场规模的函数,本章通过加入进口来源国人口规模来控制企业的水平产品种类。相对于 GDP,一国人口与出口产品质量相关性较小,一定程度上减轻了内生性问题。

其次,由于运输费用和产品价格相关但不直接影响消费者购买数量,我们将量化为各国首都到北京的距离与国际原油价格的乘积作为工具变量避免了样本的损失。具体测算公式为:

$$\ln q_{ihct} = -\sigma \ln p_{ihct} + \alpha_t + \alpha_{ct} pop_{ct} + \varepsilon_{icht} \qquad (12\text{-}10)$$

其中,q_{ihct}、p_{ihct} 为 t 期企业 i 从 c 国进口 h 产品的数量和价格;α_t 表示时间固定效应,pop_{ct} 为进口来源国人口规模,σ 为价格弹性绝对值,质量为 $\hat{\lambda}_{ihct} \equiv \hat{\varepsilon}_{icht}/(\sigma - 1)$。

最后,将产品质量进行质量梯度标准化,并在其基础上以进口金额为权重在企业层面加总,得到企业进口产品的总质量。具体公式如下:

$$r\hat{\lambda}_{ihct} = \frac{\hat{\lambda}_{ihct} - \min\hat{\lambda}_{ihct}}{\max\hat{\lambda}_{ihct} - \min\hat{\lambda}_{ihct}} \qquad (12\text{-}11)$$

$$qf_{it} = \sum_{hc \in \Omega} \left(\frac{v_{ihct}}{\sum_{hc \in \Omega} v_{ihct}} \times r\hat{\lambda}_{ihct} \right) \qquad (12\text{-}12)$$

式(12-11)为按照 HS6 位产品编码分类,对企业进口产品质量进行标准化处理。其中 $\max\hat{\lambda}_{ihct}$ 为所有企业进口的、来自所有国家的、所有年份的 h 产品进口质量的最大值,$\min\hat{\lambda}_{ihct}$ 为对应的进口质量最小值。式(12-12)是在企业层面上,以 t 期企业从各进口来源国 c 进口各产品 h 的进口金额(v_{ihct})为权重,对对应样本集合 Ω 加总标准化后的进口产品质量,得到每一年的企业进口产品总质量。为了对企业进口质量做进一步研究,按照联合国发布的广泛经济类别分类(BEC)产品分类标准,我们提取属于资本品的 HS6 代码,进行标准化并以进口金额为权重加总得出企业进口资本品质量,将剩余的 HS6 代码进行标准化并以进口金额为权重加总得出企业进口中间品质量。

(三) 控制变量

控制变量:①最终品进口关税(*constarf*),以关税下降为代表的最终品进口自由化会给国内企业带来国外产品的竞争冲击，并对创新产生影响。本章借鉴毛其淋、盛斌（2013）[①] 的方法获得中国 GB4 行业代码下各行业最终品关税。②企业年龄（ age ），使用当年年份与企业开业年份差值再加 1 的方法衡量企业年龄。③人力资本（ lnlabcap ），选用企业平均工资水平，即应付工资总额和应付福利总额加总除以从业人数来量化人力资本，并进行对数化处理。④政府补贴率（ subr ），量化为政府补贴与企业销售额的比值。⑤融资能力（ final ），量化为利息支出与固定资产净值平均余额的比值。⑥研发投入（ lnrd ），由于大量样本研发投入为 0，本章对其加 1 后进行对数化处理。⑦销售规模（ lnsize ），量化为企业销售额，并对其进行对数化处理。⑧企业所有制类型，量化为实收资本类型占比大于等于 50% 的资本性质，划分为国企（ dpub ）、外企（非港澳台）（ dforg ）、港澳台外资（ dhk ）、集体（ dcoll ）、民企五个部分。⑨本章通过加入两位行业代码、省份代码和年份的虚拟变量对行业特征差异、地区政策差异和外部环境变化进行控制。

四、内生性处理

本章研究的是进口质量对企业创新的影响，由于可能存在企业创新越多对进口产品质量需求越高的反向因果关系内生性问题。本章参考布兰比拉等（Brambilla 等，2016）[②]，构造了企业层面进口国人均国内生产总值（GDP）指标，按考察期内企业初始年份进口产品权重加总。其内在逻辑为，人均 GDP 越高的国家出口的产品质量越高，但企业创新行为显然不会受到进口来源国人均 GDP 的影响。我们按考察期初始年份企业进口产品权重加总，也避免了企业进口产品结构与创新活动反向因果的问题。工具变量的具体测算公式为：

$$fmpgdp_{it} = \sum_{hs6 \in cap}^{n1} \omega_{int} \sum_{c}^{m1} \omega_{inct} \times pgdp_{ct} \qquad (12\text{-}13)$$

---

① 毛其淋、盛斌：《贸易自由化、企业异质性与出口动态——来自中国微观企业数据的证据》，《管理世界》2013 年第 3 期。

② Brambilla I., Porto G. G., "High-income Export Destinations, Quality and Wages", *Journal of International Economics*, Vol. 98, 2016, pp. 21–35.

其中，m1 表示企业在一个 HS6 位代码产品下从不同国家进口的国家个数，n1 表示企业进口的 HS6 位码个数，ω_{int} 为企业 i 初次进口第 n 种海关 6 位码产品的金额占总进口金额的比例，ω_{inct} 为企业 i 在考察期初始年份进口第 n 种海关 6 位码产品从来源国 c 进口的金额占第 n 种产品总进口金额的比例，$pgdp_{ct}$ 为进口来源国 c 的人均 GDP。

五、数据说明

本章的数据来源主要是 2000—2007 年工业企业数据库和中国海关数据库。我们借鉴布兰特等（Brandt 等，2012)[1] 的匹配方法，将两个数据库中符合企业名称相同，或者电话号码后七位相同并且邮编相同的企业进行匹配，并以工业企业数据库中开业时间在 1949 年之后，企业年龄大于 1，新产品产值、资产总计、全部职工、平均工资、工业中间投入、产品销售收入、固定资产合计、工业增加值大于 0，海关数据库中进出口总额大于 0 为条件进行样本筛选，共得出样本 1531562 个。世界各国人口规模、人均国内生产总值数据来自世界银行数据库。

在企业进口质量测算方面，本章主要使用 2000—2007 年中国海关数据库，并做了如下处理：①剔除信息损失样本，包括没有企业名字、进口地名称、产品名字的样本；剔除单笔进口贸易交易规模在 50 美元以下，或者数量单位小于 1 的样本。②剔除企业名称中含有"进出口""贸易""商贸"的中间商样本。③将海关数据 HS8 分位编码同国际 HS6 分位编码对齐[2]，然后在 HS6 位产品编码基础上同 ISIC Rev. 2 的 3 分位编码和 SITC Rev. 2 的 3 分位编码、4 分位编码对齐，编码之间的转化标准来自 CEPII 的 BACI 数据库中的 Product Codes 文件。④保留 ISIC 编码处于 300—400 之间、SITC 4 分位编码位于 5000—9000 之间的制造业样本。⑤根据 Rauch（1999）剔除同质产品。⑥对同一产品数量单位不同情况，仅保留数量单位最多的样本。用

① Brandt L., Van Biesebroeck J., Zhang Y., "Creative Accounting or Creative Destruction? Firm-Level Productivity Growth in Chinese Manufacturing", *Journal of Development Economics*, Vol. 97, No. 2, 2012, pp. 339-351.
② 本节在 HS6 位产品编码层面测算产品质量的原因是 2000—2009 年，HS 产品编码经历了 1996 年版、2002 年版和 2007 年版三个版本。国际贸易组织仅给出了 HS6 编码对照表，为确保考察期内产品编码的一致性，本节将海关 HS8 位码产品信息加总到 HS6 位码。

CPI 指数处理平减通胀因素，用单位价值 5%—95% 平滑价格异常值。为保证回归的可信度，剔除总体样本量小于 100 的样本。

通过上述整理，我们最终获得 2000—2007 年 90972 家企业从 204 个国家和地区通过一般贸易进口有质量差异的制造业产品共 2050 类，样本总量为 4055485 个。使用式（12-10）对企业层面进口产品质量测算，显示 75% 以上的样本产品价格与进口数量显著负相关，与经济学常识相符。进口质量与进口来源国人均 GDP 显著正相关，符合经济学逻辑。[①] 在此基础上，本章将对进口产品质量按企业年份进行加总，并与工业企业数据库合并，最终获得样本 83465 个，资本品和中间品进口质量样本量为 36033 个。

第三节　进口产品质量对中国企业创新影响的实证分析

一、基准估计结果

表 12-1 报告了进口投入品质量对企业创新影响的估计结果。列（1）和列（2）为单变量 ols 回归和加入控制变量后的稳健标准误 ols 回归，计量估计结果显示企业进口质量的提升显著促进了企业创新。列（3）报告了 tobit 模型回归结果，结果显示所有变量对企业创新的影响方向未发生改变。列（4）为引入企业层面的进口来源国人均 GDP 作为工具变量处理内生性的回归，结果依然显著，并通过弱工具检验。列（5）报告了面板 xttobit 模型的回归结果，依然支持上述结论。在控制变量方面，各控制变量对创新的影响符合经济逻辑。其中，最终品关税对企业创新有负向影响，企业年龄、人力资本和政府补贴有正向影响，而企业融资能力对企业创新无显著影响，可能的原因是考察期内中国金融系统对企业的资金支持存在资源错配的问题。

以上结果验证了企业进口投入品质量的提升确实促进了企业创新，表明中国采取的鼓励企业进口高质量投入品政策可以有效促进企业创新，为中国

---

① 限于篇幅，本节质量测算的统计和检验结果未在正文报告，有兴趣的读者可向笔者索取。

经济的可持续增长提供动力，进口政策调整合理。

表 12-1　进口质量对企业创新的影响

变量	（1）ols 简单回归	（2）ols 回归	（3）tobit 回归	（4）ivtobit 回归	（5）xttobit 回归
qf	0.628*** (0.066)	0.689*** (0.084)	3.969*** (0.368)	20.394*** (5.142)	1.392*** (0.315)
$constarf$	—	−0.015*** (0.003)	−0.065*** (0.010)	−0.087*** (0.0153)	−0.083*** (0.012)
age	—	0.097*** (0.004)	0.329*** (0.007)	0.320*** (0.014)	0.281*** (0.009)
$\ln labcap$	—	0.611*** (0.032)	3.143*** (0.128)	1.676*** (0.385)	1.916*** (0.111)
$subr$	—	3.798*** (1.217)	20.776*** (4.892)	17.431** (8.295)	10.853*** (2.773)
$final$	—	0.009 (0.022)	0.141 (0.131)	−0.006 (0.328)	−0.071 (0.194)
常数项	1.474*** (0.033)	−1.110*** (0.426)	−22.523*** (0.518)	−43.677*** (2.516)	−19.403*** (0.4315)
内生性检验	—	—	—	6.22	—
弱工具检验	—	—	—	15.89	—
样本量	85037	83465	83465	27838	83465
$R^2 / Pseudo\ R^2$	0.001	0.174	0.051	—	—

注：括号内为稳健标准误，*、**、*** 分别表示在10%、5%和1%的显著性水平上变量显著。回归加入了企业属性、行业、地区和年份效应。
资料来源：根据海关数据库、工业企业数据库、世界银行数据库计算获得。

二、基于分样本的估计结果

为了进一步证明上述结论的稳健性，根据企业是否出口、企业所有制、企业所在区域及所在行业的相关属性进行分样本的稳健性检验。其中，表12-2的列（1）和列（2）为根据工业企业数据库和海关数据库匹配结果将企业划分为有出口行为企业和不出口企业。结果显示，发现大部分一般贸易下的进口企业均有出口行为，而且进口产品质量对企业创新的正向作用较不出口企业大，这主要是因为国外市场为出口企业的创新活动提供了更广阔的市场支持。列（3）—列（7）为根据企业属性划分的国有企业、外资企业（非港澳台）、港澳台企业、集体企业和民营企业。结果显示，在不同所有制企业中，进口质量对外资企业（非港澳台）创新的促进效果最大，其次为国有企业、港澳台企业和民营企业，对集体企业没有显著影响。列（8）—列（10）为根据企业邮编将其所在地按东中西三个地区分类，结果显示进口质量对东部地区企业创新活动影响最大，其次为中部地区和西部地区企业。列（11）—列（14）根据不同行业特性分为劳动密集型行业与资本密集型行业、竞争性行业与垄断性行业。① 结果显示，进口产品质量对所有行业企业的创新活动均有显著正向影响，且对劳动密集型行业和垄断性行业企业影响较大。

表 12-2　分样本稳健性分析

| 变量 | （1） | （2） | （3） | （4） | （5） | （6） | （7） |
	出口	非出口	国企	外企	港澳台	集体企业	民企及其他
qf	4.339***	4.086***	3.862***	8.962***	2.235*	0.732	2.017***
	(0.402)	(0.880)	(0.880)	(0.808)	(1.350)	(2.046)	(0.503)
常数项	−20.312***	−30.240***	−7.565***	−35.424***	−42.985***	−21.333***	−23.749***
	(0.573)	(1.217)	(1.099)	(1.080)	(2.077)	(2.545)	(0.783)
样本量	60227	23238	3598	35177	17098	2134	25760
Pseudo R^2	0.059	0.041	0.023	0.0107	0.013	0.031	0.028

| 变量 | （8） | （9） | （10） | （11） | （12） | （13） | （14） |
	东部地区	中部地区	西部地区	资本密集	劳动密集	垄断行业	竞争行业
qf	4.043***	3.142***	2.048*	2.227***	6.145***	4.163***	2.826***
	(0.416)	(0.965)	(1.169)	(0.456)	(0.880)	(0.673)	(0.529)
常数项	−24.656***	−12.677***	−11.235***	−15.563***	−27.570***	−21.729***	−20.299***
	(0.594)	(1.312)	(1.477)	(0.618)	(1.313)	(0.906)	(0.785)
样本量	76379	3503	3583	41789	25957	23236	42180
Pseudo R^2	0.046	0.043	0.047	0.053	0.035	0.050	0.056

注：括号内为稳健标准误，*、**、*** 分别表示在10%、5%和1%的显著性水平上变量显著。回归加入了企业属性、行业、地区和年份效应。

---

① 前者根据行业的劳动资本比进行划分，后者根据2004年经济普查数据计算的赫芬达尔-赫希曼指数进行划分。限于篇幅行业分类未在正文报告，有兴趣的读者可向笔者索取。

资料来源：根据海关数据库、工业企业数据库、世界银行数据库计算获得。限于篇幅，未显示控制变量。

三、区分资本品和中间品进口质量的估计结果

为进一步细致分析进口投入品质量对企业创新的影响，本节将进口投入品细分为资本品和中间品，表 12-3 报告了相关回归结果。列（1）和列（2）为稳健标准误的 ols 模型和 tobit 模型回归，结果显示进口资本品质量、进口中间品质量均对企业创新有正向显著影响。列（3）为引入企业层面进口来源国人均 GDP 作为工具变量处理内生性的 ivtobit 模型回归，结果依然显著，并通过弱工具检验。列（4）报告了面板 xttobit 模型的回归结果，依然支持企业进口资本品和中间品质量的提升能显著促进企业创新的结论。列（5）—列（7）报告了加入进口资本品质量平方项的 tobit 模型、ivtobit 模型和面板 xttobit 模型回归结果，发现进口资本品质量对企业创新的影响为倒"U"型，即其对企业创新的正向边际作用会随着质量的提升而下降，其拐点值分别为 0.652、0.499 和 0.609。中国 2000—2007 年进口资本质量的均值为 0.1837，远小于拐点值，进口资本品对企业创新主要体现为促进作用。

上述结果说明，将企业进口投入品区分为资本品和中间品后，进口质量对企业创新的促进作用依然存在，但资本品质量的正向边际作用随着进口质量的提升而逐渐减弱。可能的原因是随着资本品进口质量的提升，其对研发投入的替代效应不断增强，最终出现倒"U"型影响。

表 12-3　资本品和中间品进口质量对企业创新的影响

变量	（1） ols	（2） tobit	（3） ivtobit	（4） xttobit	（5） cap²+tobit	（6） cap²+ivtobit	（7） cap²+xttobit
$qfcap$	1.076*** (0.151)	5.710*** (0.681)	45.591*** (10.527)	2.064*** (0.588)	13.482*** (1.841)	123.987*** (46.530)	5.2364*** (1.4424)
$qfint$	1.208*** (0.123)	5.334*** (0.583)	37.412*** (8.150)	2.120*** (0.516)	6.395*** (0.633)	43.531*** (9.502)	2.5849*** (0.5513)
$qfcap^2$	—	—	—	—	−10.672*** (2.370)	−124.298** (58.715)	−4.3023** (1.7883)
常数项	−0.494 (0.480)	−16.949*** (0.766)	−26.094*** (3.728)	−15.501*** (0.618)	−17.760*** (0.789)	−31.929*** (5.952)	−15.8415*** (0.6346)

变量	（1）	（2）	（3）	（4）	（5）	（6）	（7）
	ols	tobit	ivtobit	xttobit	cap²+tobit	cap²+ivtobit	cap²+xttobit
内生性检验	—	—	13.74	—	—	12.79	—
弱工具检验	—	—	24.80	—	—	23.54	—
样本量	36033	36033	9217	36033	36033	9217	36033
R^2 / Pseudo R^2	0.190	0.051	—	—	0.052	—	—

注：括号内为稳健标准误，*、**、*** 分别表示在10%、5%和1%的显著性水平上变量显著。回归加入了企业属性、行业、地区和年份效应。

资料来源：根据海关数据库、工业企业数据库、世界银行数据库计算获得。限于篇幅，未显示控制变量。

第四节　进口产品质量影响中国企业创新的机制检验

根据本章理论部分的分析，我们将企业投入品进口质量对创新影响的机制分为市场扩大、技术溢出和成本下降三个路径，分别考察其对企业创新的影响。

一、市场扩大路径的机制检验

表12-4报告了市场扩大路径的机制检验，表明企业进口产品质量的上升确实扩大了市场规模进而促进了企业创新。列（1）为稳健标准差下的ols回归，结果显示企业进口质量的提升对销售规模有显著正向影响。列（2）为引入企业层面进口来源国人均GDP作为工具变量处理内生性的2sls回归，结果依然显著，并通过弱识别检验和弱工具检验。列（3）、列（4）分别报告了使用面板固定效应回归和使用工具变量的面板固定效应回归的结果，均显示企业进口质量的提升对市场规模有稳健显著的正效应。列（5）—列（7）报告了加入市场规模控制变量后的tobit模型、处理内生性的ivtobit模型和面板xttobit模型回归结果，显示市场规模对创新有显著正影响。而进口质量对企业创新的影响系数值分别从3.969、20.394、1.392下降为1.202、9.796、0.146，再次证明进口质量确实通过市场扩大路径促进了企业创新。

　　以上结果的经济学逻辑为企业通过进口高质量投入品提升了自身产成品的质量，使得消费者对其需求增加，足够的市场规模以及消费者的购买为企业创新提供了资金支持，促进了创新活动。从中国国情看，2000—2007 年间中国企业整体技术水平还相对落后，在"以进口促进出口"的贸易动机下，以"进口换市场，以市场促创新"成为这一时期中国企业创新的一个选择。

表 12-4　进口产品质量通过市场规模路径对企业创新的影响

变量	(1)	(2)	(3)	(4)	(5)	(6)	(7)
	市场规模 ols	市场规模 2sls	市场规模 FE	市场规模 FE+IV	企业创新 tobit	企业创新 ivtobit	企业创新 xttobit
qf	0.926***	2.295***	0.193***	4.955***	1.202***	9.796*	0.146
	(0.023)	(0.380)	(0.016)	(0.313)	(0.354)	(5.131)	(0.309)
ln*size*	—	—	—	—	2.781***	2.896***	2.604***
					(0.052)	(0.153)	(0.064)
常数项	9.239***	9.054***	10.581***	—	−46.347***	−47.990***	−43.336***
	(0.133)	(0.121)	(0.101)		(0.679)	(1.105)	(0.766)
弱识别检验	—	208.806	—	334.224	—	—	—
弱工具检验	—	179.328	—	340.055	—	3.75	—
样本量	83465	27838	83465	25543	83465	27838	83465
R^2/ Pseudo R^2	0.166	0.137	0.232	0.134	0.069		

注：括号内为稳健标准误，*、**、*** 分别表示在10%、5%和1%的显著性水平上变量显著。回归加入了企业属性、行业、地区和年份效应。

资料来源：根据海关数据库、工业企业数据库、世界银行数据库计算获得。限于篇幅，未显示控制变量。

二、技术溢出路径的机制检验

　　表 12-5 报告了技术溢出路径的机制检验，表明企业进口产品质量上升确实增加了研发投入进而促进了企业创新。其中，列（1）为稳健标准差下的 ols 回归，结果显示企业进口质量的提升对研发投入有显著正向影响。列（2）为引入企业层面进口来源国人均 GDP 作为工具变量处理内生性的 2sls 回归，结果依然显著，并通过弱识别检验和弱工具检验。列（3）、列（4）

分别报告了使用面板固定效应回归和使用工具变量的面板固定效应回归，两者的回归结果均显示进口质量的提升对研发投入有显著正向影响。列（5）—列（7）报告了加入企业研发投入控制变量后的 tobit 模型、使用工具变量的 ivtobit 模型和面板 xttobit 模型回归结果，显示企业研发投入对创新有显著正影响，且影响系数值分别从 3.969、20.394、1.392 下降为 2.538、12.105、1.381，表明进口质量确实通过技术溢出路径促进了企业创新。以上结果表明在 2000—2007 年中国企业为有效吸收高质量进口产品的技术溢出进行学习仿制，而增加了研发投入，这个观点可由当时中国仿制能力大幅提升得到印证。

表 12-5　进口产品质量通过研发投入路径对企业创新的影响

变量	（1） 研发 投入 ols	（2） 研发 投入 2sls	（3） 研发 投入 FE	（4） 研发投入 FE+IV	（5） 企业创新 tobit	（6） 企业创新 ivtobit	（7） 企业创新 xttobit
qf	0.498 ***	4.325 ***	0.344 ***	5.853 ***	2.538 ***	12.105 **	1.381 ***
	(0.046)	(0.794)	(0.047)	(0.977)	(0.367)	(5.399)	(0.334)
$\ln rd$	—	—	—	—	1.669 ***	1.427 ***	0.838 ***
					(0.022)	(0.056)	(0.022)
常数项	−1.685 ***	−0.714 ***	−1.487 ***	—	−15.413 ***	−17.738 ***	−16.486 ***
	(0.253)	(0.248)	(0.309)		(0.502)	(1.800)	(0.445)
弱识别检验	—	316.383	—	291.760			
弱工具检验	—	329.024	—	297.409	—	5.02	
样本量	72863	23494	72863	21013	72863	23494	72863
$R^2 / Pseudo\ R^2$	0.161	0.0349	0.085	0.075	0.078	—	—

注：括号内为稳健标准误，*、**、*** 分别表示在 10%、5% 和 1% 的显著性水平上变量显著。回归加入了企业属性、行业、地区和年份效应。

资料来源：根据海关数据库、工业企业数据库、世界银行数据库计算获得。限于篇幅，未显示控制变量。

三、成本下降路径的机制检验

由于缺少直接度量企业生产成本的量化指标，本节通过控制进口质量的技术溢出路径、市场扩大路径，将剩余进口质量对企业创新的影响，近似等同于成本下降路径对企业创新的影响。表 12-6 报告了成本下降路径的机制检验，表明企业进口产品质量的上升并未促进企业创新活动。列（1）、列（2）为稳健标准差下的 ols 回归和 tobit 回归，结果显示进口质量通过生产成本路径对企业创新为负向影响，但 tobit 回归结果不显著。列（3）为引入企业层面进口来源国人均 GDP 作为工具变量处理内生性的 ivtobit 回归，结果依然负向显著，并通过弱工具检验。列（4）报告了面板 xttobit 模型回归结果，显示虽然显著度下降，但进口质量通过生产成本路径对企业创新依然为负向影响。

以上结果表明，2000—2007 年间中国企业进口产品质量的提升并没有降低企业整体生产成本，使得企业有更多的资源用于创新。我们认为主要的原因是在此期间内中国企业总体技术水平落后，对核心零部件和高端资本品为代表的投入品进口为刚性需求，而这些产品具有明显的垄断产品特性，进口企业需要支付较高的垄断价格，企业整体生产成本无法降低，进而未对企业创新有正向影响。

表 12-6　进口产品质量通过成本下降路径对企业创新的影响

变量	(1) ols	(2) tobit	(3) ivtobit	(4) xttobit
qf	−0.114[*]	−0.258	−10.381[*]	−0.446
	(0.065)	(0.349)	(5.937)	(0.325)
lnrd	0.363[***]	1.100[***]	0.860[***]	0.634[***]
	(0.008)	(0.023)	(0.046)	(0.023)
ln$size$	0.478[***]	1.997[***]	2.695[***]	2.129[***]
	(0.012)	(0.057)	(0.186)	(0.065)
常数项	−5.750[***]	−47.081[***]	−50.478[***]	−47.868[***]
	(0.312)	(2.136)	(3.059)	(2.672)
内生性检验	—	—	3.68	—
弱工具检验	—	—	3.10	—
样本量	72861	72861	23493	72861
R^2/ Pseudo R^2	0.280	0.093		

注：括号内为稳健标准误，[*]、[**]、[***] 分别表示在 10%、5% 和 1% 的显著性水平上变量显著。回归加入了

企业属性、行业、地区和年份效应。

资料来源：根据海关数据库、工业企业数据库、世界银行数据库计算获得。限于篇幅，未显示控制变量。

第五节　进口产品质量对中国企业
创新持续时间影响的分析

上文虽然研究了进口产品质量对企业创新的影响及其机制路径，但均为短期效应，本部分将使用生存分析模型，继续探讨投入品进口质量对企业创新持续时间的影响。首先，定义企业持续创新视为存活，将在考察期内连续存活的样本视为右侧归并样本，使用 cox 模型分析进口质量对企业创新持续时间的影响。同时，由于考察期内部分企业存在多次不连续创新行为，本节假设企业每一次从不创新到创新的时间相互独立，重新定义企业创新的持续期为企业在考察期内的创新次数，进行稳健性分析。在考察期的选取方面，由于 2004 年新产品产值数据缺失，我们按照数据特点将 2000—2007 年（2004 年缺失）定义为长期考察期①，将 2000—2002 年、2001—2003 年、2005—2007 年三组连续三年的时间区间定义为中期考察期。

本节首先采用卡普兰—迈耶生存函数方法初步分析进口质量高低对企业创新持续时间的影响。根据幂律分布法则，我们将各考察期进口产品质量 75% 分位点作为高质量产品的标准，进口高质量产品（虚拟变量值为 1）的企业生存函数用虚线表示，进口低质量产品的企业生存函数用实线表示。图 12-1 到图 12-4 显示了 2000—2007 年、2000—2002 年、2001—2003 年、2005—2007 年进口高质量产品的企业相对进口低质量产品的企业的创新生存概率差别。结果表明，相对于进口低质量产品的企业，进口高质量产品的企业在各考察期内创新持续时间概率均更大。初步证实了进口质量的提升有助于企业持续创新。

接下来，本节转向更为严谨的计量分析，通过引入最终品关税、企业年龄、人力资本、政府补贴、企业融资能力变量，并控制企业类型、所在省份

---

① 由于 2004 年创新指标缺失，我们假设 2003 年和 2005 年连续，这样处理可能不太严谨，所以我们使用三年真实连续的分析结果进行稳健性对比。

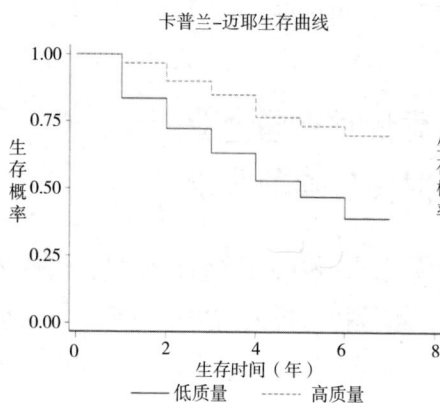

图 12-1　2000—2007 年生存曲线

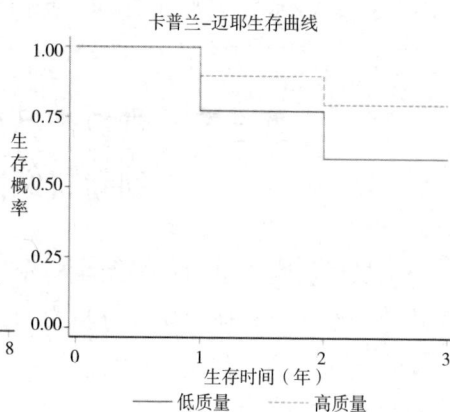

图 12-2　2000—2002 年生存曲线

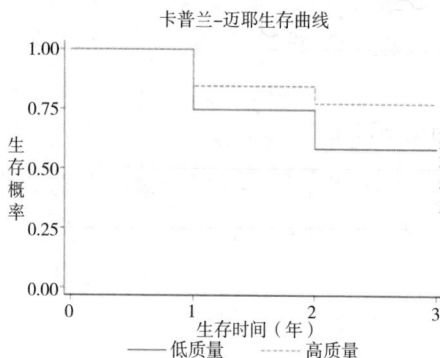

图 12-3　2001—2003 年生存曲线

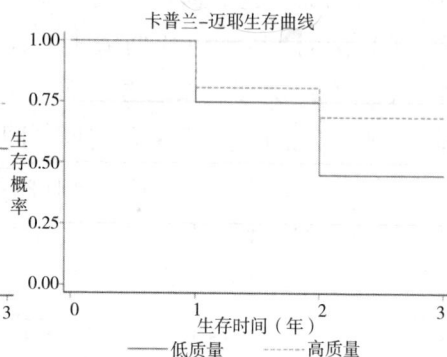

图 12-4　2005—2007 年生存曲线

特征和行业特征，使用 cox 模型分析进口质量对企业创新持续时间的影响。表 12-7 报告了相关回归结果，列（1）—列（4）分别为 2000—2007 年、2000—2002 年、2001—2003 年、2005—2007 年企业进口质量对创新持续时间的影响，结果显示进口质量的提升降低了企业退出创新的风险率，即提升了企业持续创新的概率。在 2000—2007 年和 2001—2003 年两个考察期内，进口质量的提升显著促进了企业持续创新概率。在 2000—2002 年和 2005—2007 年两个考察期内，进口质量的提升也促进了企业持续创新，但不显著。

列（5）为重新定义企业创新的持续期为企业在考察期内创新次数的稳健回归结果，也显示进口质量的提升显著促进了企业持续创新。综上分析，我们可以得出进口质量的提升不仅对企业创新有促进作用，而且对企业持续创新有正向影响，再次证明了中国鼓励企业进口高质量投入品政策的正确性。

表 12-7　进口质量选择对企业创新决策的动态影响

变量	(1) 2000—2007 年持续	(2) 2000—2002 年连续	(3) 2001—2003 年连续	(4) 2005—2007 年连续	(5) 2000—2007 年不连续
qf	−0.3494 ***	−0.039	−0.468 ***	−0.110	−0.3945 **
	(0.1248)	(0.183)	(0.158)	(0.102)	(0.1613)
constarf	−0.0217 ***	−0.003	−0.008 *	−0.006 *	−0.0336 ***
	(0.0043)	(0.005)	(0.004)	(0.003)	(0.0053)
age	−0.0212 ***	−0.021 ***	−0.024 ***	−0.041 ***	−0.0256 ***
	(0.0029)	(0.005)	(0.004)	(0.004)	(0.0034)
lnlabcap	−0.2023 ***	−0.060	−0.170 ***	−0.101 **	−0.3329 ***
	(0.0455)	(0.068)	(0.056)	(0.040)	(0.0594)
subr	1.5858 ***	−0.026	1.701 *	−0.602	1.5650 ***
	(0.4697)	(1.377)	(0.877)	(0.696)	(0.4773)
final	0.1119 ***	−0.006	−0.082	0.047	0.1978 ***
	(0.0377)	(0.241)	(0.348)	(0.144)	(0.0560)
样本量	2121	2165	2779	5547	2121

注：括号内为稳健标准误，*、**、*** 分别表示在10%、5%和1%的显著性水平上变量显著。回归加入了企业属性、行业、地区和年份效应。

资料来源：根据海关数据库、工业企业数据库、世界银行数据库计算获得。限于篇幅，未显示控制变量。

本章小结

一、基本结论

本章基于 2000—2007 年工业企业数据库和海关数据库，考察了一般贸易下企业层面投入品进口质量对企业创新的影响。研究结果发现：

第一，企业进口产品质量的提升显著促进了创新，进口资本品和中间品质量均对企业创新有显著正向影响，其中，进口资本品质量对企业创新有倒"U"型影响。在分样本方面，进口产品质量对出口企业、外资企业、东部地区企业、劳动密集型企业和垄断性企业创新活动的促进作用更大。

第二，进口产品质量从技术溢出和市场规模两个路径显著促进了企业创新，但是，生产成本路径不是影响企业创新的主要路径，这说明中国企业通过进口高质量投入品提升创新能力的侧重点是吸收技术外溢和获得更大的市场，而不是降低生产成本。

第三，在中长期内，相对于进口低质量产品的企业，进口高质量产品的企业创新持续时间概率更大，即进口投入品质量的提升有利于增加企业持续创新的时间。

二、政策建议

（一）继续采取鼓励企业进口高质量投入品的贸易政策

针对一般贸易，投入品进口质量的提升，不仅能够促进企业创新，而且，还可以增加企业持续创新时间。这表明中国当前鼓励企业进口高质量投入品的政策是合理和必要的，能为中国经济的可持续增长提供动力。

（二）帮助企业提升吸收技术外溢的能力

中国企业通过进口高质量投入品提升创新能力的侧重点之一是吸收技术外溢，这就要求中国进口政策在倾向高质量产品的同时，要在吸收环节帮助企业提升吸收高质量进口产品技术外溢的能力。具体措施包括：通过公共财政支持科研院所大力发展基础创新，为企业吸收技术外溢提供良好的技术支持平台；以国家自主创新示范区和高新区为区域创新平台，打破创新资源配置的条件分割，将企业间的创新资源整合，实现企业吸收技术外溢后的二次外溢和共同提升。

（三）帮助企业拓宽国内外市场

中国企业通过进口高质量投入品提升创新能力的另一个侧重点是扩大市场份额，这需要一个庞大的销售市场作为支撑。中国政府应破除国内区域市场分割和行业垄断，提升市场化程度；对外继续扩大对外开放，积极主导、参与区域合作和自贸区建设，继续实行鼓励企业出口的政策，通过积极拓展国内外市场来促进企业创新。

（四）增强企业在进口方面的议价能力，降低进口成本

本章发现进口质量并未通过成本下降路径促进企业创新，其可能的原因是中国企业在进口高质量产品时支付了高昂的垄断价格。因此，政府应通过积极参与区域贸易协定、降低关税、利用进口补贴、协调各进口企业组成行业进口协会等方式降低企业进口成本，增强企业进口的议价能力，让企业有更多资源用于创新。

（五）通过其他政策手段鼓励企业创新

为了避免中国企业出现进口依赖，被锁定在价值链低端位置，政府应在鼓励企业进口的同时，通过其他政策手段鼓励企业创新。如提升专利保护力度，降低专利交易成本，提升交易效率，完善科技创新的体制机制和收益分配政策，提升创新成果的市场转化效率等。

第 十 三 章

进口投入品与中国企业的就业变动

　　以往由于仅能获得微观企业生产和出口方面的数据，与此同时，国际贸易模型都基本假设进口产品是最终产品，即进口产品主要服务于进口国的国内消费者，而不是服务于进口国的生产企业，因此，早期的实证研究主要集中在企业出口行为方面。近年来，由于企业进口数据的出现，企业层面的研究开始向进口贸易方面延伸。关于贸易自由化与就业的关系，大量文献从国家层面或行业层面进行广泛的讨论，但是主要是讨论出口贸易与总体就业变动的关系，只有少数文献从进口贸易政策（关税）的角度研究了进口贸易与企业就业的关系，而从企业生产要素结构变动角度的研究几乎没有。基于此，本章重点研究进口投入品对中国企业就业变动的影响。其中，企业就业变动包括就业增长率、就业创造率、就业破坏率、样本期内就业增长波动率；进口包括企业进口强度、进口来源国数、进口产品数、进口产品属性、进口来源国属性、进口贸易方式等特征。

第一节　进口贸易影响劳动力市场的研究进展

　　贸易开放对国内产品市场影响的研究已经非常成熟，而对要素市场的影响则侧重于生产要素在行业间的流动，尤其是劳动力在行业间的再配置。随着微观企业数据和劳动力数据的大量出现，进口贸易对劳动力市场影响的研究日益微观化。近年来，大量文献主要从新新贸易理论出发，开始研究进口贸易对进口国不同企业、不同劳动者的差异化影响。本节将在系统梳理最新相关国外文献的基础上，探究进口贸易对当地劳动力市场的影响。本节主要包括四部分内容：首先，分析进口贸易对企业的冲击；其次，分析进口贸易对进口国劳动者流动的影响；再次，分析进口贸易冲击后的劳动力市场再均衡；最后，分析进口贸易对劳动者教育投资决策的影响。

一、进口冲击下的企业生存状况

（一）横向进口竞争下的企业生存状况

从横向竞争看，进口会加剧该国同一行业的竞争程度。进口加剧该国行业的竞争程度，使竞争力较弱的企业销售遇冷，销售收入和利润下降，被迫退出市场；竞争力较强的企业得以存活。一些劳动者在进口竞争的冲击下虽然保住了工作，但就业质量有所恶化，与此同时，另一部分劳动者则不得不重新找工作，从而导致劳动者跨行业或跨地区流动。从现实来看，劳动者的流动受到多种因素阻碍，失业问题不可避免。

进口竞争冲击下，不同企业在就业和工资方面的反应存在差异。伊茨霍基和赫尔普曼（Itskhoki 和 Helpman，2015）[1] 通过理论分析发现，贸易冲击会使得劳动力在同行业中的不同企业之间进行再配置。他们将企业分为三类：继续存活的高生产率企业、继续存活的低生产率企业和退出市场的低生产率企业。第一类企业在贸易冲击下就业规模会增加，第二类企业的就业规模会缩小但仍留在行业内，第三类企业则会退出市场。在此背景下，相对于仍留在市场的低生产率企业，继续存活的高生产率企业支付的工资水平和工作保障均较高。格罗扎德等（Groizard 等，2015）[2] 利用 1992—2004 年加利福尼亚制造业企业数据研究发现，投入品和最终产品进口关税下降带来的进口冲击，与行业中低生产率企业的就业破坏、高生产率企业的就业创造以及低生产率企业退出市场的概率均密切相关，且投入品关税下降对企业就业波动的影响幅度显著大于最终产品关税下降带来的影响。

---

① Itskhoki O., Helpman E., "Trade Liberalization and Labor Market Dynamics with Heterogeneous Firms", *Princeton Papers*, 2015.

② Groizard J. L., Ranjan P., Rodriguez-Lopez A., "Trade Costs and Job Flows: Evidence from Establishment-Level Data", *Economic Inquiry*, Vol. 53, No. 1, 2015, pp. 173-204.

（二）纵向进口互补下的企业生存状况

从纵向互补来看，进口投入品对该国进口企业有益。新的、高质量的、具有技术含量的进口投入品，会增强进口企业的新产品优势、质量优势以及高生产率优势，使其销售收益和利润增加，生产扩大，进而增加劳动者雇佣人数，尤其增加高技能劳动者的就业人数。

随着中间品贸易的稳步增长，进口贸易与劳动力市场之间的关系发生了微妙的变化。克里诺等（Crino 等，2011）[1] 利用 27 个转型国家的企业层面数据，研究发现，进口投入品会促进企业增加对技能工人的需求，其中的影响机制是投入品进口给企业带来新产品的产出、产品质量的提升或新技术的采用，而这些活动都增加了对技能员工的需求。蒋（Jiang，2015）[2] 采用 39 个国家的样本，将国际贸易对就业的影响分成 5 个部分（出口对本国就业、进口对本国就业、出口中的进口成分对本国就业、进口中的出口成分对本国就业、第三方市场上进口竞争对本国就业），研究结果发现，2009 年，中间产品贸易创造了 8800 万个工作岗位，占国际贸易创造就业的 14%。费德里科（Federico，2014）[3] 采用 1995—2007 年意大利 320 个制造行业的数据，研究发现，低收入国家的进口竞争通过内部产业关联来影响就业，低收入国家的进口渗透率导致下游行业就业减少，上游行业就业增加。

二、进口冲击下的劳动者流动及其阻碍因素

进口竞争行业在进口贸易的影响下，如果就业规模萎缩，说明存活企业没有完全吸收死亡企业所释放的全部劳动力资源。那么，多余的劳动力就会流向有劳动力需求的其他部门或受到进口冲击较小的其他地区。从中期来看，劳动力会发生跨行业（部门）或跨地区的流动，即"换工作"或"搬家"。从理论上来看，劳动力可以自由流动，而实际上，劳动者流动是不完全的，往往受到多种因素的阻碍。

---

① Crino Dutt P., Mihov I., Van Zandt T., "Does WTO Matter for the Extensive and the Intensive Margins of Trade?", *CEPR Discussion Paper*, 2011.

② Jiang X., "Employment Effects of Trade in Intermediate and Final Goods: An Empirical Assessment", *International Labour Review*, Vol. 54, No. 2, 2015, pp. 147-164.

③ Federico S., "Industry Dynamics and Competition from Low-Wage Countries: Evidence on Italy", *Oxford Bulletin of Economics and Statistics*, Vol. 76, No. 3, 2014, pp. 389-410.

（一）进口冲击下的劳动者流动

1. 劳动者跨行业（部门）流动

一方面，在进口竞争的冲击下，劳动力会从竞争冲击较大的行业转向进口冲击较小的行业、从正规部门流向非正规部门。多诺索等（2015）发现西班牙在面临国外进口竞争时，劳动者从制造业流向了建筑业。戈德堡和帕夫尼克（Goldberg 和 Pavcnik，2007）[1] 指出，进口贸易带来的竞争使得企业生产的产品面临不确定性，进而企业更愿意雇佣非正规部门的人员。帕斯（Paz，2014）[2] 发现巴西在 1989—2001 年进口关税下降期间，制造业非正规就业的占比快速上升，正规部门就业的平均工资水平下降。科萨尔等（Coşar 等，2016）[3] 也发现，进口自由化对工作流动和非正规就业增长存在促进作用。另一方面，进口互补机制导致劳动者从非正规部门流向正规部门。富加扎和菲斯（Fugazza 和 Fiess，2010）[4] 的研究发现，进口投入品提升了非正规部门的生产率水平，降低了非正规就业水平。麦凯格和帕夫尼克（McCaig 和 Pavcnik，2015）[5] 以越南 1999—2009 年的劳动力市场为研究对象，发现贸易开放后劳动者从非正规部门流向正规部门。具体来看：第一，年轻工人，尤其是移民，更可能在正规部门工作并且始终留在正规部门中；第二，在不同劳动群组中，非正规就业人员占就业人员的比例下降；第三，在非正规部门中，相对其他类型工人而言，受过良好教育的年轻男性城镇工人更可能流向正规部门，没有受过良好教育的年长的女性农村劳动者很难在正规部门找到工作；第四，劳动者的就业正规化与职业升级同时发生。

---

① Goldberg P. K., Pavcnik N., "Distributional Effects of Globalization in Developing Countries", *Journal of Economic Literature*, Vol. 45, No. 1, 2007, pp. 39-82.

② Paz L. S., "The Impacts of Trade Liberalization on Informal Labor Markets: A Theoretical and Empirical Evaluation of the Brazilian Case", *Journal of International Economics*, Vol. 92, No. 2, 2014, pp. 330-348.

③ Coşar A. K., Guner N., Tybout J., "Firm Dynamics, Job Turnover, and Wage Distributions in an Open Economy", *American Economic Review*, Vol. 106, No. 3, 2016, pp. 625-663.

④ Fugazza M., Fiess N. M., "Trade Liberalization and Informality: New Stylized Facts", *UN Policy Issues in International Trade and Commodities Study Series*, 2010.

⑤ McCaig B., Pavcnik N., "Informal Employment in a Growing and Globalizing Low-Income Country", *American Economic Review*, Vol. 105, No. 5, 2015, pp. 545-550.

2. 劳动者跨地区的流动

贸易开放带来的劳动力流动，除了跨行业（部门）的流动外，还会出现跨地区的流动，从受到进口供给冲击较大的地区转移到受到进口供给冲击较小的地区，或从出口需求较小的地区转移到出口需求较大的地区（Autor 等，2014）。门德斯（2015）的研究发现，来自中国的进口冲击会导致墨西哥劳动力的跨地区移动。制造业劳动力以没有大学教育背景的低端劳动力为主，而这些劳动力跨地区流动率一般比较低（Notowidigdo，2010[1]）。

此外，全球化可能会提升劳动力市场上雇员与雇主的匹配效率，而这一效应一直被忽视。戴维森和绍尔（Davidson 和 Schaur，2016）[2] 利用瑞士的雇员与雇主匹配数据进行研究，研究结果显示，贸易开放改善了具有较大比较优势行业中雇主与雇员的匹配效果。

（二）阻碍劳动者自由流动的因素

在进口贸易的影响下，劳动者将面临跨行业或跨地区的流动。实际上，劳动者跨部门、跨行业的流动是不完全的。劳动者流动成本、劳动力市场灵活性、劳动者特殊技能可能是影响劳动者流动的重要因素。劳动者自由流动障碍会影响劳动力市场对进口冲击的调整速度，进而影响进口贸易带来的福利效应。

1. 劳动者流动成本高低

关于在贸易冲击下劳动者流动的研究，一个重要的领域是测度劳动者跨行业的流动成本。部分学者针对单个国家进行了研究。阿图克等（Artuç 等，2010）[3] 以美国为研究对象，测算了劳动者跨行业流动的成本。他们在动态劳动力调整的理性预期模型中使用 Euler-type 均衡条件，利用美国当前人口调查（Current Population Survey，CPS）数据测度出了美国劳动者跨行业流动成本的中位数和方差。他们发现，劳动者跨行业流动成本的中位数和方差的数值均较大，这说明进口国劳动力市场面对进口贸易冲击的调整很缓

---

① Notowidigdo M. J., "The Incidence of Local Labor Demand Shocksn", *MIT Mimeo*, 2010.

② McManus Davidson T. C., Schaur G., "The Effects of Import Competition on Worker Health", *Journal of International Economics*, Vol. 102, 2016, pp. 160-172.

③ Artuç E., Chaudhuri S., McLaren J., "Trade Shocks and Labor Adjustment: A Structural Empirical Approach", *American Economic Review*, Vol. 100, No. 3, 2010, pp. 1008-1045.

慢。伯纳德等（2011）[1] 则采用结构动态均衡模型估计了巴西劳动力市场，进而研究贸易带来的转型动态影响。模型估计得出，劳动者跨行业移动成本的中位数为平均年度工资的 1.4—2.7 倍，但不同劳动者的移动成本存在较大分布差异。另外，他们使用反事实估计模型发现：（1）很多劳动力市场面对贸易自由化都会有所反应，不过反应具有几年的滞后期；（2）劳动力市场调整的滞后性，导致贸易带来的潜在加总福利会显著减少；（3）进口贸易带来的福利效应，取决于首期行业的就业规模、劳动者的特征，比如年龄和受教育水平。

部分学者以国际样本进行了研究，例如阿图克等（2015）[2] 测算了 1986—2007 年 25 个发达国家和 31 个发展中国家的劳动力流动成本。测算结果表明：（1）从整体来看，发展中国家的劳动力流动成本相当于劳动者年度工资的 3.71 倍，而发达国家劳动力流动成本相当于劳动者年度工资的 2.76 倍。（2）从各大洲来看，沙特阿拉伯是 4.0 倍、东欧和中亚为 3.95 倍、南亚为 3.88 倍、中东和北非为 3.59 倍、东亚和太平洋地区为 3.46 倍以及拉丁美洲为 3.23 倍。（3）从具体国家来看，菲律宾的劳动力流动成本最高，为年度工资的 5.06 倍，而中国的劳动力流动成本最低，为年度工资的 2.75 倍。除此之外，他们通过匹配可观测的行业劳动力配置情况与内含劳动力跨行业流动成本的理论模型预测的劳动力配置之差，来估算出劳动力跨行业流动成本，发现不同国家的劳动力流动成本存在显著差异，但他们都与该国发展水平（人均 GDP、教育参与率）成反比，与该国经济中的摩擦、扭曲和限制成正比。最后，他们还使用这些估算结果来探讨劳动力市场对贸易政策的反应情况。通过估算，他们发现当地劳动力市场对贸易开放的调整时间平均为 6 年，在劳动力成本较高的国家则市场调整成本越高，市场调整时间更长，贸易调整的成本代价越大。

2. 劳动力市场灵活性

当地劳动力市场的灵活性（主要是指该国的劳动相关法律法规方面）

---

[1]　Bernard A. B., Redding S. J., Schott P. K., "Multiproduct Firms and Trade Liberalization", *The Quarterly Journal of Economics*, Vol. 126, No. 3, 2011, pp. 1271-1318.

[2]　Artuc E., Lederman D., Porto G., "A Mapping of Labor Mobility Costs in the Developing World", *Journal of International Economics*, Vol. 95, No. 1, 2015, pp. 28-41.

直接影响企业的雇佣和解雇成本。劳动力市场灵活性程度较低，会显著限制进口贸易冲击下劳动力的自由流动（Donoso 等，2015；Cosar 等，2016），降低了资源再配置效率和总体生产率水平的提升（Kambourov 等，2009[1]；Kang，2015[2]），带来了短期失业问题（Helpman 等，2010[3]；Cacciatore，2014[4]）。各国在劳动力市场灵活性方面的差异，日益成为该国的一个比较优势（Tolich 等，1999[5]；Cunat 和 Melitz，2012[6]；Helpman 等，2010；Gan 等，2016[7]）。传统贸易理论指出，贸易开放后，一国总体福利增加，因为劳动力等要素可以流向本国具有比较优势的行业，进而提高该国的整体生产率水平。这一结论依赖于该国劳动力市场的灵活性。卡姆波罗夫（Kambourov，2009）[8] 研究了对外贸易改革对一国劳动力市场再配置的影响，研究发现，如果一国开放贸易，但劳动力市场缺乏灵活性时，比如解雇员工的成本很高，那么贸易开放带来的福利增加会大打折扣，较高的员工解雇成本，不仅影响到企业解雇员工的决策，也影响到企业雇佣新员工的决策；如果贸易开放的同时，没有开放劳动力市场，那么劳动力跨行业的流动会降低 30%，相应的产出和劳动生产率的提升也会损失。企业解雇成本通常归为以下几类：（1）提前通知成本；（2）被解雇员工的补偿金；（3）被解雇员工的额外工龄费；（4）解雇雇员的工资损失；（5）监管集体解雇的具体法规。在拉丁美洲，对于工作 1 年的员工，解雇员工的成本，平均而言

① Kambourov G., Manovskii I., "Occupational Mobility and Wage Inequality", *The Review of Economic Studies*, Vol. 76, No. 2, 2009, pp. 731-759.

② Kang Y., "Trade, Labour Market Rigidity, and Aggregate Productivity in OECD Countries", *Applied Economics*, Vol. 47, No. 6, 2015, pp. 531-543.

③ Helpman E., Itskhoki O., Redding S., "Inequality and Unemployment in a Global Economy", *Econometrica*, Vol. 78, No. 4, 2010, pp. 1239-1283.

④ Cacciatore M., "International Trade and Macroeconomic Dynamics with Labor Market Frictions", *Journal of International Economics*, Vol. 93, No. 1, 2014, pp. 17-30.

⑤ Tolich M., Davidson C., *Starting Fieldwork: An Introduction to Qualitative Research Work in New Zeland*, Oxford University Press, 1999.

⑥ Cunat A., Melitz M. J., "Volatility, Labor Market Flexibility, and the Pattern of Comparative Advantage", *Journal of the European Economic Association*, Vol. 10, No. 2, 2012, pp. 225-254.

⑦ Gan L., Hernandez M. A., Ma S., "The Higher Costs of Doing Business in China: Minimum Wages and Firms' Export Behavior", *Journal of International Economics*, Vol. 100, 2016, pp. 81-94.

⑧ Kambourov G., "Labour Market Regulations and the Sectoral Reallocation of Workers: The Case of Trade Reforms", *Review of Economic Studies*, Vol. 76, No. 4, 2009, pp. 1321-1358.

相当于其 2 个月的工资；而对于工作 10 年的员工，平均而言相当于其 11 个月的工资。从政策角度来说，贸易开放需要与劳动力市场开放相互协调一致。

随着行业内贸易不断开放，同行业的进口导致国内市场竞争加剧，迫使低生产率企业退出市场（市场选择效应），带来行业总生产率提升。市场选择效应将资源配置给较高生产率的企业，这个过程也会因为当地劳动力市场刚性而受阻。康（Kang，2015）[①] 考察了 1971 — 2003 年的 19 个 OECD 国家，研究结果显示，一国的劳动力市场刚性会降低其全要素生产率水平的提升，尤其对于劳动力市场严重僵化、外资 R&D 资本存量较小的国家，贸易开放可能会拉低该国的生产率水平。卡恰托雷（Cacciatore，2014）[②] 采用理论模型分析方法指出对外贸易在短期内会带来失业；劳动力市场僵化短期内虽可减少失业损失，却降低了一国的贸易收益。科萨尔等（2016）的研究发现，员工解雇成本的下降，强化了进口贸易自由化对工作流动和非正规就业率增长的促进作用。

此外，劳动力的特殊专业技能在跨行业流动中也会构成一定的障碍。布吕哈特等（Brülhart 等，2006）[③] 采用 1995 — 2000 年英国制造业部门的数据，研究发现，低技能劳动者流动率比高技能劳动者流动率要高，因为劳动者流动成本与其行业专用技能呈正向关系，专业技能水平越高的劳动者流动成本越高。科萨尔（2013）[④] 针对巴西的研究发现，贸易开放下劳动力市场的动态调整具有三个特征，分别是出口导向部门在劳动力净吸收方面速度缓慢、离职工人再就业的成本很高、年长劳动者就业再调整负担非常大；相比就业搜寻摩擦，劳动者的特殊专业技能对再就业过程的影响更大。

① Kang Y., "Trade, Labour Market Rigidity, and Aggregate Productivity in OECD Countries", *Applied Economics*, Vol. 47, No. 6, 2015, pp. 531-543.

② Cacciatore M., "International Trade and Macroeconomic Dynamics with Labor Market Frictions", *Journal of International Economics*, Vol. 93, No. 1, 2014, pp.17-30.

③ Brülhart M., Elliott R. J., Lindley J., "Intra-Industry Trade and Labour-Market Adjustment: A Reassessment Using Data on Individual Workers", *Review of World Economics*, Vol. 142, No. 3, 2006, pp. 521-545.

④ Coşar A. K., "Adjusting to Trade Liberalization: Reallocation and Labor Market Policies", *University of Chicago Mimeo*, 2013.

三、进口冲击后的劳动力市场再均衡

劳动力自由流动之后，劳动力市场再次达到均衡状况。在新的均衡下，总就业规模和工资水平如何？进口竞争部门的就业规模和工资水平如何？单个劳动者就业与工资情况如何？这与劳动力流出行业的劳动密集度、劳动力流入行业的劳动密集度密切相关。如果前者大于后者，在工资不变条件下（工资刚性或最低工资标准），可能出现失业问题；在工资可变条件下，就业规模不变，工资可能下降；如果前者小于后者，工资则会上涨。可见，新均衡下进口竞争行业的就业规模减小，工资变化不确定；所有行业的总就业规模和工资的变化也具有不确定性。以上分析在劳动力同质假定下成立。但是，当劳动力异质时，如高技能劳动力与低技能劳动力，上述结论就会发生改变。比如，当生产需要资本、低技能劳动力和高技能劳动力等三种要素，那么，进口竞争下退出市场的企业会释放这三种要素。如果流出资源的进口竞争行业是低技能劳动者密集型，而流入资源的其他行业是高技能劳动者密集型，那么，低技能劳动力将面临工资减少或失业的风险，高技能劳动者工资将可能提升、就业机会增加。

（一）进口竞争行业就业减少、工资变动不确定

众多学者的研究基本达成一致：来自低工资国家的进口竞争会导致进口国进口竞争行业的就业总量减少，但对于其工资水平的影响仍不确定。

1. 进口贸易政策对就业和工资的影响

第一，对就业的影响。费德里科（2014）针对意大利的研究发现，低工资国家的进口竞争与意大利制造业在 1995—2007 年的就业呈现负向关系。多诺索等（2015）发现，在制成品进口冲击下，西班牙的制造业就业量下降。第二，对工资的影响。科萨尔等（2016）采用哥伦比亚企业层面的数据研究发现，进口关税下降使得该国平均工资和工作转换率均有所提升。麦克拉伦和哈科巴扬（McLaren 和 Hakobyan，2010）[①] 研究了面对 NAFTA 的关税下降美国劳动力市场发生的变化，发现受到墨西哥进口增加影响较大的

---

① McLaren J., Hakobyan S., "Looking for Local Labor Market Effects of NAFTA", *NBER Working Papers*, 2010.

行业和地区的工资出现了下降。

2. 进口贸易流量对就业和工资的影响

进口贸易流量的代理变量，早期主要采用总进口渗透率，近期众多学者开始采用单个或少数进口来源国的进口额计算的进口渗透率，将一国受到的进口冲击归于某个或少数国家。莱温加（Revenga，1992）[1] 研究了日益增加的进口竞争对美国制造业就业和工资水平的影响，采用1977—1987年制造业面板数据，结果显示，进口价格的变动对于制造业就业和工资水平都有显著影响；美元在1980—1985年的升值，使得受到贸易冲击的制造业工人工资下降2个百分点，就业降低4.5—7.5个百分点。伯纳德等（2006）[2] 利用1977—1997年美国制造业企业数据发现，来自低收入国家的进口使得美国制造业企业增长缓慢、更容易退出市场。阿查里亚（Acharya，2017）[3] 利用1992—2007年加拿大88个行业数据，研究发现，进口增长会抑制就业增长，但抑制幅度很小，相当于减少了加拿大就业增长率的2%，或减少了2007年加拿大0.036%的就业岗位。

（二）劳动者个体的就业、工资差异性

1. 不同技能水平的劳动者

就业效应存在劳动者差异性。从技能异质角度看，一般认为，对于发达国家而言，来自低收入国家的进口会减少其低技能、低学历劳动力的就业机会，增加了高技能、高学历劳动者的就业机会；而对发展中国家而言，来自发达国家的进口增加，会导致低技能工人的需求增加，对高技能工人就业的影响不确定；对经济转型国家而言，来自发达国家的进口，会导致高技能工人就业和工资的增加。与此略有不同的是，赫尔普曼等（Helpman 等，

---

① Revenga A. L., "Exporting Jobs? The Impact of Import Competition on Employment and Wages in US Manufacturing", *The Quarterly Journal of Economics*, Vol. 107, No. 1, 1992, pp. 255-284.

② Bernard A. B., Jensen J. B., Schott P. K., "Survival of the Best Fit: Exposure to Low-Wage Countries and the (Uneven) Growth of US Manufacturing Plants", *Journal of International Economics*, Vol. 68, No. 1, 2006, pp. 219-237.

③ Acharya R. C., "Impact of Trade on Canada's Employment, Skill and Wage Structure", *The World Economy*, Vol. 40, No. 5, 2017, pp. 849-882.

2010)[1] 研究了贸易对不同能力水平工人的影响，发现在进行贸易后，与低能力工人和高能力工人相比，中等能力工人的平均工资将下降、失业率将增加。坎德尔瓦尔等（Khandelwal 等，2010)[2] 的研究指出进口会导致非常规技能工人的需求量增加。阿米蒂和卡梅伦（Amiti 和 Cameron，2012)[3] 的研究发现，随着进口投入品关税的下降，在印度尼西亚制造业企业中，非生产性工人的工资相对于生产性工人的工资是下降的。费雷拉等（Ferreira 等，2007)[4] 及迪克斯-卡内罗和科瓦克（Dix-Carneiro 和 Kovak，2015)[5] 讨论了巴西的进口贸易自由化对技能工人的工资溢价问题。

2. 不同性别的劳动者

贸易开放，通过引入外国竞争，降低了性别歧视，增加了女性就业。爱丁顿和关（Ederington 和 Guan，2010)[6] 使用哥伦比亚企业数据进行研究，发现在关税下降幅度最大的行业中，女性蓝领工人相对于男性蓝领工人的人数在增多。阿瓜约等（Aguayo 等，2010)[7] 使用墨西哥家户调查数据和企业层面数据进行研究，发现伴随 NAFTA 建立带来的进口关税下降，增加了行业内和行业间对女性劳动力的需求。从进口保护角度来看，阿瓦萨（Avsar，2014)[8] 采用 211 个国家的面板数据，研究了进口保护对女性劳动参与率的影响，研究发现，进口保护提升了资本丰裕国家的女性劳动参与率，但降低了劳动丰裕国家的女性劳动参与率。与之相反，索雷和佐

① Helpman E., Itskhoki O., Redding S., "Unequal Effects of Trade on Workers with Different Abilities", *Journal of the European Economic Association*, Vol. 8, No. 2-3, 2010, pp. 421-433.

② Khandelwal A., "The Long and Short (of) Quality Ladders", *The Review of Economic Studies*, Vol. 77, No. 4, 2010, pp. 1450-1476.

③ Amiti M., Cameron L., "Trade Liberalization and the Wage Skill Premium: Evidence from Indonesia", *Journal of International Economics*, Vol. 87, No. 2, 2012, pp. 277-287.

④ Ferreira F. H. G., Leite P. G., Wai-Poi M., "Trade Liberalization, Employment Flows, and Wage Inequality in Brazil", *The World Bank*, 2007.

⑤ Dix-Carneiro R., Kovak B. K., "Trade Liberalization and the Skill Premium: A Local Labor Markets Approach", *American Economic Review*, Vol. 105, No. 5, 2015, pp. 551-557.

⑥ Ederington L. H., Guan W., "How Asymmetric is US Stock Market Volatility?", *Journal of Financial Markets*, Vol. 13, No. 2, 2010, pp. 225-248.

⑦ Aguayo-Tellez E., Airola J., Juhn C., Villegas-Sanchez C., "Did Trade Liberalization Help Women? The Case of Mexico in the 1990s", *Research in Labor Economics*, 2010, pp. 1-35.

⑧ Avsar V., "Import Protection and Female Labor", *Singapore Economic Review*, Vol. 59, No. 5, 2014, pp. 1-8.

比（Sauré 和 Zoabi，2014）[1] 却发现进口自由化降低了资本丰裕国家的女性劳动参与率，他们将行业分为女性密集型行业和男性密集型行业，当女性密集型行业是资本密集型行业时，贸易开展会导致女性密集型行业扩张、男性密集型行业萎缩，男性劳动力从男性密集型行业流向女性密集型行业，稀释女性密集型行业的资本劳动比。基于资本和女性劳动力较高的互补关系，女性劳动力的边际生产力下降幅度大于男性劳动力的边际生产力，因此，男女之间的工资差距会拉大，女性劳动参与率会降低。也就是说，资本丰裕国家与资本稀缺国家的贸易一体化，会使得资本丰裕国家的女性劳动参与率下降（正规就业概率下降、周工作小时减少）以及女性相对男性的工资下降。

四、进口贸易对劳动力其他方面的影响

除了对就业和工资产生影响之外，进口贸易还对劳动者其他方面也有影响，如教育投资决策。如果流出资源的进口竞争行业是低技能劳动者密集型，而流入资源的其他行业是高技能劳动者密集型时，释放出来的低技能劳动者可能会失业，释放出来的高技能劳动者可能面临技能折价风险、工资减少，但高技能劳动者失业风险远低于低技能劳动者。在这种情况下，不论工资刚性下的失业风险，还是工资弹性下的工资减少风险，低技能劳动者均面临严峻的挑战，对低技能劳动者来说，增加教育投资（即增加受教育年限），是规避失业的重要途径。

从针对发展中国家的研究来看，相关研究讨论了进口关税改变对教育投资的影响。比如，爱德蒙等（Edmond 等，2010）[2] 检验了印度 1991 年的贸易改革带来的影响，发现生活在关税降幅较大地区的儿童就学率有小幅提升，收入提高是增加儿童接受教育机会的重要因素。面对未来工作对技能需求的预期，劳动者对人力资本投资也会发生改变。奥斯特和斯坦伯格

① Sauré P., Zoabi H., " International Trade, the Gender Wage Gap and Female Labor Force Participation", *Journal of Development Economics*, Vol. 111, 2014, pp. 17–33.

② Edmond E. V., Pavcnik N., Topalava P., " Trade Adjustment and Human Capital Investments: Evidence from Indian Tariff Reform", *American Economic Journal: Applied Economics*, Vol. 2, No. 4, 2010, pp. 42–75.

（*Oster* 和 *Steinberg*，2013）[1] 的研究发现，技能型工作机会的增加提升了印度小学入学率。

　　从针对发达国家的研究来看，相关研究更加关注来自低工资国家的进口竞争对发达国家教育投资的影响。众多学者形成了基本共识：来自低工资国家的进口竞争导致富裕国家（发达国家）的低技能劳动者相对工资下降（Bernard 等，2006；Auer 和 Fischer，2010；Ebenstein 等，2011；Autor 等，2013a；Pierce 和 Schott，2016a），技能劳动者的工资相对提高并且工作稳定，技能工人与非技能工人的工资差距拉大（Feenstra 和 Hanson，1996[2]），进而增加了发达国家劳动者对教育的投资。具体而言，阿查里亚（2017）研究了 1992—2007 年加拿大劳动者教育结构的变化，发现初中及以下劳动者占总体劳动者的比例从 1992 年的 51% 下降到 2007 年的 36%，高中学历的劳动者比例上升 8 个百分点（从 36% 上升到 44%），大学学历的劳动者比例上升 7 个百分点（从 13% 上升到 20%），但是加拿大的进口贸易对劳动者教育结构改变的影响程度仍不确定。大量的研究指出，如果生产中使用进口中间投入产品，企业将接受更加复杂的技术，带来技能偏向型技术进步，从而增加对技能工人的需求。众多文献对技能工人的界定采用劳动者受教育年数来衡量。受教育年数的增加，代表劳动者技能水平的提升。卡萨哈拉等（Kasahara 等，2016）[3] 采用印度尼西亚的企业数据，研究了企业开始进口中间品对其生产工人和管理人员（非生产工人）受教育年数的影响，通过预估企业进口中间品行为与技能偏向性技术进步的理论模型，发现企业进口中间品后的确提升了对各类技能工人受教育年数的要求，而对管理人员（非生产工人）受教育年数的要求影响不显著。

---

　　[1]　Oster E., Steinberg B. M., "Do IT Service Centers Promote School Enrollment? Evidence from India", *Journal of Development Economics*, Vol. 104, 2013, pp. 123-135.

　　[2]　Feenstra R. C., Hanson G. H., "Globalization, Outsourcing, and Wage Inequality", *NBER Working Papers*, 1996.

　　[3]　Kasahara H., Liang Y., Rodrigue J., "Does Importing Intermediates Increase the Demand for Skilled Workers? Plant-level Evidence from Indonesia", *Journal of International Economics*, Vol. 102, No. 1, 2016, pp. 242-261.

五、总结

本节试图通过文献梳理展现进口贸易对劳动力市场调整的影响。通过文献梳理，本节发现：第一，进口贸易带来的竞争效应会对国内企业造成冲击，一部分企业由于生产率较低、竞争力不强，生产规模缩小甚至会退出市场，高生产率的企业得以存活并发展壮大，从而导致国内劳动力市场的动态变化。第二，在进口竞争的冲击下，劳动力将面临跨行业或跨地区的流动。一方面，劳动力会从竞争冲击较大的行业转向进口冲击较小的行业、从正规部门流向非正规部门；另一方面，从受进口冲击较大的地区转移到受进口冲击较小的地区。但是，由于进口国的产业结构特征、劳动力流动成本的存在、劳动力市场灵活性较低，导致不是所有类型的劳动者都可以自由流动。第三，来自低工资国家的进口竞争会导致进口国进口竞争行业的就业总量减少，对于其工资水平的影响不确定。但是，对不同技能水平、不同性别劳动者的影响具有差异性。第四，进口冲击导致的劳动力市场调整，会影响劳动者的教育投资决策。

进一步来看，进口贸易导致的进口国劳动力市场调整，对进口国经济福利的影响至少包括两个方面：第一，资源再配置效应。国内劳动力跨行业或跨地区的流动，本质是资源再配置的过程，会影响进口国总体生产率水平。如果进口贸易带来的劳动力重置提升了资源配置效率，则会促进该国经济增长，反之会抑制其经济增长。第二，收入不平等效应。在进口竞争方面，如果受到冲击的是低技能劳动者，可能会促使其增加教育投资；如果受到冲击的是高技能劳动者，可能会抑制其教育投资。而现实往往是，发展中国家的劳动者减少教育投资，发达国家的劳动者增加教育投资，进而拉大发展中国家和发达国家之间的收入差距。在进口投入方面，由于进口投入通常是技能偏向性的，导致进口企业增加对技能型工人的需求，导致技能工人的工资上涨，会拉大企业内技能工人和非技能工人的收入差距，不论是发达国家还是发展中国家均发现了同样的现象。可见，偏向技能型的进口贸易会加剧国家内的收入不平等。

第二节 进口投入品影响企业
就业变动的机制分析

有关对外贸易与就业之间关系的已有研究主要是基于国家或行业层面展开的，如格林纳韦等（Greenaway 等，1999）[1] 研究发现进口贸易和出口贸易都显著降低了英国制造业部门的劳动力需求。但是，近年来，随着微观企业进出口数据的出现，越来越多的学者开始从企业层面研究进口贸易与就业之间的关系。进口投入品可能通过以下几个渠道影响企业就业变动，具体分析如下：

第一，就业再配置效应。中间投入品进口的增加，可能对企业生产中的低端劳动力产生一定的替代效应，进而减少企业的就业规模（Rodriguez 和 Yu，2017[2]）。但这需要深入考察进口投入品与国内生产环节的关系。当进口中间投入品与国内生产环节关系是互补时，进口投入品可以促进企业创造就业；反之，当进口投入品与国内生产环节的关系是替代关系时，进口投入品会带来就业破坏，减少企业的就业规模（Harrison 和 McMillan，2011[3]）。

第二，生产率提升效应。蕴含国外先进技术的进口投入品（中间品和资本品）通过技术溢出，改进了企业的技术水平，提升了企业的生产率水平。阿米蒂和科宁斯（Amiti 和 Konings，2007）[4]、戈德堡等（Goldberg 等，2010）[5] 采用实证方法验证了进口投入品对企业生产率具有提升作用。进一

[1] Greenaway D., Hine R. C., Wright P., "An Empirical Assessment of the Impact of Trade on Employment in the United Kingdom", *European Journal of Political Economy*, Vol. 15, No. 3, 1999, pp. 485-500.

[2] Rodriguez-Lopez A., Yu M., "All-Around Table Liberalization and Firm-Level Employment: Theory and Evidence from China", 2017.

[3] Harrison A., McMillan M., "Offshoring Jobs? Multinationals and US Manufacturing Employment", *Review of Economics and Statistics*, Vol. 93, No. 3, 2011, pp. 857-875.

[4] Amiti M., Konings J., "Trade Liberalization, Intermediate Inputs, and Productivity: Evidence from Indonesia", *American Economic Review*, Vol. 97, No. 5, 2007, pp. 1611-1638.

[5] Goldberg P. K., Khandelwal A. K., Pavcnik N., et al., "Imported Intermediate Inputs and Domestic Product Growth: Evidence from India", *The Quarterly Journal of Economics*, Vol. 125, No. 4, 2010, pp. 1727-1767.

步，巴斯和施特劳斯－卡恩（Bas 和 Strauss-Kahn，2014）[①]、哈尔彭等（Halpern 等，2015）[②] 采用企业微观数据对进口投入品提升企业生产率的机制进行了识别，发现进口投入品的产品种类生产互补渠道和技术溢出渠道是两个重要影响机制。企业生产率提升后，一方面技术对工人替代会带来劳动力的节约效应；另一方面会带来对技术工人偏向型需求增加效应，正负两种效应共同作用决定企业的就业规模变化（Meschi 等，2016[③]）。

第三，出口市场扩张效应。高技术或高质量的进口投入品使得进口企业的产出品在国际市场上更具有竞争力，企业的出口市场份额增加，就业规模扩大。达米安等（Damijan 等，2014）[④] 侧重于研究进口中间品种类变动对斯洛文尼亚企业出口的影响。巴斯和施特劳斯－卡恩（2014）研究了 1996—2005 年进口投入品对法国企业出口的正向影响。冯等（Feng 等，2016）[⑤] 使用 2002—2006 年中国制造业企业数据，研究发现中间品进口与中国企业出口行为密切相关，增加使用进口中间品的企业在出口金额和出口范围上都出现了增加，尤其对于私营企业和初始为非贸易企业影响更显著；从高收入的 G7 国家进口中间产品有助于增加中国企业对这些高收入国家的出口，这说明中间进口品有助于中国企业扩大出口市场深度和广度，中间品进口能够抵消汇率水平变化对企业出口额及扩展边际的影响（田朔等，2015[⑥]），而出口扩大又能显著带来中国企业就业规模的增加。

综上所述，进口投入品对企业就业变动的影响受制于进口投入品属性，

---

① Bas M., Strauss-Kahn V., "Does Importing More Inputs Raise Exports? Firm-Level Evidence from France", *Review of World Economics*, Vol. 150, No. 2, 2014, pp. 241-275.

② Halpern L., Koren M., Szeidl A., "Imported Inputs and Productivity", *American Economic Review*, Vol. 105, No. 12, 2015, pp. 3660-3703.

③ Meschi E., Taymaz E., Vivarelli M., "Globalization, Technological Change and Labor Demand: A Firm-Level Analysis for Turkey", *Review of World Economics*, Vol. 152, No. 4, 2016, pp. 655-680.

④ Damijan J. P., Konings J., Polanec S., "Import Churning and Export Performance of Multi-Product Firms", *The World Economy*, Vol. 37, No. 11, 2014, pp. 1483-1506.

⑤ Feng L., Li Z., Swenson D. L., "The Connection Between Imported Intermediate Inputs and Exports: Evidence from Chinese Firms", *Journal of International Economics*, Vol. 101, 2016, pp. 86-101.

⑥ 田朔、张伯伟、慕绣如：《汇率变动、中间品进口与企业出口》，《世界经济与政治论坛》2015 年第 4 期。

并可能会通过就业再配置效应、生产率提升效应和出口市场扩张效应三个渠道来实现，当进口投入品与国内生产是互补关系时，如果生产率提升带来的技能劳动力需求增加幅度大于对非技能劳动力减少幅度、出口市场扩张效应拉动就业增长显著，那么，进口投入品会促进企业就业创造和就业规模增加，反之亦然。

第三节　中国企业进口与企业就业的特征事实

一、中国企业参与进口贸易的情况

中国海关数据库包括了中国从事进出口贸易的所有企业样本。根据企业是否从事进口、出口贸易的情况，本节将所有贸易企业划分为纯进口企业、纯出口企业和有出口的进口企业。通过对2000—2006年海关数据库中企业数进行统计，本节发现：三类贸易企业数均呈现出增长趋势，纯进口企业数从2000年的18409家增加至2006年的34711家，增长率达88.55%；有出口的进口企业数从2000年的43032家增加到2006年的83865家，增长率达94.89%。如表13-1所示，在三类贸易企业中，有出口的进口企业数最多，其占比在40%以上。从企业的进口额来看，纯进口企业和有出口的进口企业的进口额均呈现增长趋势，且增长额均高达5倍左右；但是，有出口的进口企业进口额占中国进口总额比重每年均在85%以上。

中国工业企业数据库包括了中国规模以上的所有工业企业样本，包括贸易企业和非贸易企业。本节根据企业是否从事进口、出口贸易将该数据库中的企业划分为非贸易企业、纯出口企业、纯进口企业和有出口的进口企业四类。根据表13-2的统计结果，可知：2000—2006年，虽然非贸易企业个数占总企业个数比重维持在80%的高水平上，却呈现逐年减少趋势；从事进口贸易的企业个数呈现递增趋势，从2000年的14456家上涨到2006年的33159家，增长率达129.38%；进口企业个数占比在样本期内也从9.73%上升到11.26%。在进口企业样本中，有出口的进口企业一直为主导力量。在进口金额方面，纯进口企业和有出口的进口企业的进口额均为递增趋势，分别增长了 4 倍和 3 倍，有出口的进口企业在进口额方面仍为主导力量，其进口额占所有工业企业进口总额的 89% 以上。

总的来看，统计结果显示：从企业个数来看，进口企业个数逐年递增，并且有出口的进口企业数增长更快；从进口额来看，有出口的进口企业在进口贸易中一直起着主体作用。

表 13-1　中国海关数据库中三类贸易企业个数和进口额的分布

(单位:%)

变量名称	企业类型	2000年	2001年	2002年	2003年	2004年	2005年	2006年
企业个数占比	纯出口企业	23.37	24.63	24.92	27.91	32.07	34.60	40.17
	纯进口企业	22.96	23.01	22.83	20.75	19.09	16.63	17.51
	有出口的进口企业	53.67	52.36	52.25	51.34	48.84	48.76	42.31
进口额占比	纯进口企业	10.52	12.73	12.70	13.59	13.80	14.27	14.92
	有出口的进口企业	89.48	87.27	87.30	86.41	86.20	85.73	85.08

注：根据中国海关数据库整理计算。

表 13-2　中国工业企业数据库中四类企业个数和进口额的分布

(单位:%)

变量名称	企业类型	2000年	2001年	2002年	2003年	2004年	2005年	2006年
企业个数占比	非贸易企业	87.89	86.65	85.70	84.94	83.57	83.22	82.09
	纯出口企业	2.39	3.09	3.61	4.30	5.16	5.75	6.65
	纯进口企业	1.74	1.85	1.91	1.79	1.86	1.68	2.00
	有出口的进口企业	7.99	8.41	8.77	8.97	9.40	9.35	9.26
进口额占比$^\Delta$	纯进口企业	7.72	9.15	9.23	10.38	10.93	10.06	9.54
	有出口的进口企业	92.28	90.79	90.71	89.52	88.89	90.17	90.26

注：Δ 表示进口额占比，以纯进口企业的进口额占比为例，是指纯进口企业的进口额占所有进口企业进口总额的比重。根据中国海关数据库整理计算。

二、中国企业进口投入品的情况

从进口的产品属性来看，进口资本品的企业个数呈现增长趋势，从 2000 年的 8098 家增长到 2006 年的 16137 家，其中，如表 13-3 所示，纯进口企业个数占资本品进口企业总个数的比重基本维持在 18% 左右，而有出口的进口企业个数占比维持在82%的高位上。同期，中间品进口企业[1]数也呈现较快增长，从2000年的13647家上涨到2006年的29843家，其中，纯进口企业占中间品进口企业总个数比重仅为15%左右，而有出口的进口企业数比重高达85%。可见，有出口的进口企业是从事资本品和中间品进口的主体企业。

此外，在2000—2006年间，在有出口的进口企业样本中，以加工贸易进口为主的企业（简称"加工贸易企业"）个数占总企业个数比重从2000年的70.25%下降至2006年的57.33%，减少了10多个百分点。同期，越来越多的企业通过一般贸易方式从事投入品的进口贸易。不论采用哪种贸易方式进口投入品，必然对进口企业的生产结构产生影响，进而对劳动力需求产生替代或互补作用，影响企业的就业变动。

表13-3　进口资本品企业和进口中间品企业的个数分布　　（单位:%）

企业类型	企业个数占比	2000年	2001年	2002年	2003年	2004年	2005年	2006年
进口资本品企业	纯进口企业占比	18.28	19.00	19.01	17.72	17.66	15.39	18.51
	有出口的进口企业占比	81.72	81.00	80.99	82.28	82.34	84.61	81.49
进口中间品企业	纯进口企业占比	16.04	16.08	16.02	14.97	15.14	14.09	15.25
	有出口的进口企业占比	83.96	83.92	83.98	85.03	84.86	85.91	84.75

三、中国四类企业的就业情况

从就业情况来看，四类企业的就业规模、就业增长率、就业创造率、就业破坏率和就业增长的变化率的情况如表13-4所示。具体来看：平均而言，在就业规模方面，有出口的进口企业就业规模最大，纯进口企业就业规模次之，纯出口企业为第三，非贸易企业的就业规模最小；在就业增长率方面，有出口的进口企业就业增长率最大，非贸易企业就业增长率最

---

[1]　说明，中间品进口企业，指中间品进口额大于0的企业；同理，资本品进口企业，指资本品进口额大于0的企业。注意，企业可能同时进口资本品和中间品，故资本品进口企业数与中间品进口企业数存在重叠。

小；在就业创造率方面，有出口的进口企业的就业创造能力最强，非贸易企业的就业创造能力最弱；在就业破坏率方面，非贸易企业的就业破坏率最高，有出口的进口企业的就业破坏率最小；在就业增长的变化率方面，纯进口企业的就业增长的变化率最小，纯出口企业的就业增长的变化率最大。

表 13-4　2000—2006 年中国四类企业的就业情况

（单位：千人；%）

企业类型	非贸易企业		纯出口企业		纯进口企业		有出口的进口企业	
变量名称	均值	标准差	均值	标准差	均值	标准差	均值	标准差
就业规模	243.26	1085.76	316.03	1256.27	434.06	2305.61	539.24	1755.46
就业增长率	1.10	41.90	2.50	41.10	4.30	40.80	5.90	39.10
就业创造率	12.10	27.60	13.30	27.10	13.50	26.90	14.40	27.50
就业破坏率	11.00	27.00	10.90	25.70	9.20	26.40	8.40	23.00
就业增长的变化率	28.00	33.50	29.80	31.30	27.20	32.10	27.60	30.20
样本量	1261264		71391		27478		134366	

第四节　进口投入品影响中国企业就业变动的计量模型构建

一、计量模型

借鉴库兹和森西斯（Kurz 和 Senses，2016）[①] 的做法，本章设定如下实证模型：

$$ED_{ijt} = \alpha_0 + \alpha_1 Import_{ijt} + X_{it}\varphi + \gamma_j + \gamma_p + \gamma_t + \varepsilon_{ijt} \qquad (13-1)$$

其中，i 表示企业，j 表示行业，ED_{ijt} 表示企业的就业变动情况，$Import_{ijt}$ 表

---

① Kurz C., M. Z. Senses, "Importing, Exporting, and Firm-level Employment Volatility", *Journal of International Economics*, Vol. 98, 2016, pp. 160-175.

示企业投入品进口状况；γ_p，γ_j，γ_t 分别是省份、行业和年份的虚拟变量，ε_{ijt} 是随机误差项。

X_i 表示企业层面的控制变量，包括：企业资本密集度（lkl），用企业固定资产净值平均余额与全部职工数比值来衡量；企业年龄（$lnage$），用企业所在年份减去企业建立年份加1，企业年龄越长，就业规模可能越稳定，就业创造能力可能越小；企业平均工资水平（$lnave\_wage$）采用人均工资表示企业的人力资本水平，人力资本水平越高，生产率越高，企业就业规模可能越小；企业销售额（$lnsales$），采用企业工业销售额的自然对数来衡量，用于控制企业销售情况对就业规模的影响；企业相对生产率水平（$relative\_tfp$），借鉴格罗扎德等（Groizard 等，2015）[①] 的做法，企业在行业 j 中相对生产率的测度，首先计算劳动生产率（总销售额/总就业人数），然后在行业内排序，最后标准化在（0，2）范围之内；出口的虚拟变量（d_$export$），出口额大于0则为1，反之为0；外资企业虚拟变量（d_mnc），如果是外资企业则为1，反之为0。

二、变量测度

企业就业变动包括就业创造、就业破坏、就业增长和就业增长的变化率四个指标，具体计算方法如下。

1. 就业创造

借鉴格罗扎德等（2015）、毛其淋和许家云（2016）[②] 的做法，就业创造定义为 $Creation\_E_{it} = \max(\Delta E_{it}, 0)$，其中，$\Delta E_{it} = \ln E_{it} - \ln E_{it-1}$。

2. 就业破坏

定义为 $Destruction\_E_{it} = \max(-\Delta E_{it}, 0)$。

3. 就业增长

定义为 $Growth\_E_{it} = \Delta E_{it} = Creation\_E_{it} - Destruction\_E_{it}$。

---

① Groizard J. L., Ranjan P., Rodriguez-Lopez A., "Trade Costs and Job Flows: Evidence from Establishment-Level Data", *Economic Inquiry*, Vol. 53, No. 1, 2015, pp. 173-204.

② 毛其淋、许家云：《中间品贸易自由化与制造业就业变动——来自中国加入 WTO 的微观证据》，《经济研究》2016 年第 1 期。

4. 就业增长的变化率

采用残差法（Kurz 和 Senses，2016）进行测度，具体分两个步骤：第一步计算企业的就业增长率：$\gamma_{ijt} = \ln E_{it} - \ln E_{it-1} = \varphi_i + \mu_{jt} + \nu_{it}$，其中，$\varphi_i$ 表示企业层面的固定效应；μ_{jt} 表示行业年份的固定效应（用于捕捉特定冲击，比如要素价格、生产率和需求冲击）。企业就业增长率，去除企业层面的固定效应和行业—年份固定效应后，剩下的估计残差 ν_{it} 反映了企业就业增长在 t 年与企业平均和行业平均就业增长率的偏离度。第二步计算在样本期 w 内的残差增长率的标准差，即就业增长的变化率：$\sigma_i^w = \text{Vol}(\gamma_i) = \sqrt{[1/(w-1)] \sum \nu_{it}^2}$。其中 w 为考察期，本章样本期是 7 年。原理是将 2000—2006 年的 7 年样本期数据压缩为 1 年的横截面数据。需要说明的是，在计算企业就业增长的变化率时，纳入计算样本的企业至少存活三年。

企业进口投入品从不同维度进行测度，具体如下：

1. 进口强度（ *import_intensity* ）

指企业进口投入品额占企业工业总产出的比重，反映企业生产对进口投入品的依赖程度；进口产品数（N_product），反映进口产品多样化程度，其中，每个 HS6 位码视为一种产品；进口来源地数（N_country），反映进口来源地的多样化程度。

2. 不同属性产品的进口额

不同属性产品包括中间品（ *Import_int* ）和资本品（ *Import_cap* ）[①]，同质产品（ *Import_hom* ）、参考价格产品（ *Import_ref* ）和差异化产品（ *Import_dif* ）[②]。

3. 不同进口来源国的进口额

不同进口来源国包括高收入国家（ *high* ）、中等收入国家（ *middle* ）和低收入国家（ *low* ）[③]。

---

① 按 BEC（Classification by Broad Economic Categories）分类编码对进口产品进行分类：BEC 代码为 "111" "121" "21" "22" "31" "322" "42" "53" 为中间品；BEC 代码为 "41" "521" 为资本品。

② 据 Rauch（1999）的划分标准，将能够在交易所交易的产品视为同质产品；将拥有指导价格的商品视其为参考价格产品（差异度较小产品），剩余产品视为异质产品。

③ 低收入国家的界定，采用 2006 年世界银行对国家类别的划分标准。

4. 不同贸易方式的进口额

不同贸易方式包括一般贸易（general）和加工贸易（processing）①。

三、数据说明

本章主要涉及两套数据。第一套是中国工业企业数据库；第二套是中国海关数据库。需要说明的是，在考察进口投入品对企业就业变动影响时，采用持续存活且所有核心变量都没有缺失的工业企业数据库中进口企业样本。

第五节　进口投入品对中国企业就业
变动影响的实证分析

进口投入品可能会影响到企业生产状况，进而改变企业对劳动者需求情况，导致企业就业规模发生变动。因此，本节将主要讨论进口企业的就业规模变动问题，选定至少存活两期的进口企业样本，通过分解企业进口投入品的不同特征，探究进口投入品对企业就业规模变动的影响。

一、基于进口强度、进口来源国数和进口产品数的检验

表13-5估计了企业层面的进口强度、进口来源国数、进口产品数对企业就业变动的影响，其中企业就业变动包括就业增长、就业创造和就业破坏三个指标。表13-5的列（1）至列（3）是基于全部进口企业样本的估计结果，从中可以看出，投入品进口强度对企业就业增长、就业创造均存在显著正的影响，这说明投入品进口强度的增加显著促进了企业就业增长，并通过就业创造提升渠道来实现；进口来源国数增多，即进口来源国多元化，会显著通过降低就业破坏率来促进企业就业增长；进口产品数增多，即进口产品多元化，会显著通过提升就业创造和降低就业破坏两个渠道来促进企业就业增长。

前文的特征事实显示有出口行为的进口企业和纯进口企业在就业变动上

---

① 本章对加工贸易界定为：进料加工贸易和来料加工装配贸易。其他贸易方式，是除了加工贸易和一般贸易以外的所有方式，由于其进口占比较低，故不考虑。

存在明显差异。为此，本节将进口企业进一步划分为有出口行为的进口企业和纯进口企业两个子样本。表 13-5 的列（4）至列（6）是有出口行为的进口企业样本的估计结果，表明进口强度的增加显著通过提升企业就业创造和降低就业破坏两个渠道来促进此类进口企业的就业增长；进口来源国数增多会显著通过降低就业破坏率来促进企业就业增长；进口产品数的增加则显著通过提升企业就业创造和降低就业破坏两个渠道来促进此类进口企业的就业增长，但进口产品数促进企业就业增长效应小于进口强度。表 13-5 的列（7）至列（9）是纯进口企业样本的估计结果，表明进口强度的增加显著通过降低就业破坏来促进企业就业增长，但进口来源国数和进口产品数的增加对纯进口企业的就业增长没有显著影响。

比较表 13-5 的列（4）至列（9）的第一行和第三行，可以发现进口强度增加对有出口行为的进口企业就业增长效应大于其对纯进口企业的就业增长效应；而进口产品数增加会显著促进有出口行为的进口企业的就业增长，而对纯进口企业的就业增长没有显著影响。

此外，在控制变量中，人均资本量、企业相对生产率、平均工资水平对企业的就业增长影响均显著为负。这说明企业在资本深化和技术升级时，资本和技术会对劳动力产生替代作用，进而减少对劳动力的需求；而企业销售额增加对其就业增长存在显著正影响，说明随着企业销售额的增加，企业会增加劳动力的雇佣。

表 13-5　基于进口强度、进口来源国数和进口产品数的估计

变量	全部进口企业			有出口行为的进口企业			纯进口企业		
	就业增长 (1)	就业创造 (2)	就业破坏 (3)	就业增长 (4)	就业创造 (5)	就业破坏 (6)	就业增长 (7)	就业创造 (8)	就业破坏 (9)
import_intensity	0.004 **	0.003 *	-0.001	0.013 ***	0.004 *	-0.009 ***	0.002 ***	-0.000	-0.002 ***
	(2.48)	(1.86)	(-1.24)	(2.74)	(1.69)	(-3.07)	(6.81)	(-0.10)	(-7.86)
N_country	0.001	0.000	-0.001 *	0.001	-0.000	-0.001 *	0.003	0.002	-0.001
	(1.33)	(0.42)	(-1.71)	(0.82)	(-0.38)	(-1.94)	(0.88)	(0.84)	(-0.51)
N_product	0.001 ***	0.001 ***	-0.000 ***	0.001 ***	0.001 ***	-0.000 ***	0.000	0.001 *	0.000
	(6.25)	(6.21)	(-2.99)	(5.89)	(5.54)	(-3.09)	(0.67)	(1.71)	(0.50)

续表

变量	全部进口企业			有出口行为的进口企业			纯进口企业		
	就业增长 (1)	就业创造 (2)	就业破坏 (3)	就业增长 (4)	就业创造 (5)	就业破坏 (6)	就业增长 (7)	就业创造 (8)	就业破坏 (9)
lkl	-0.218 ***	-0.114 ***	0.104 ***	-0.229 ***	-0.119 ***	0.109 ***	-0.186 ***	-0.099 ***	0.086 ***
	(-34.24)	(-30.17)	(27.89)	(-30.63)	(-26.35)	(25.28)	(-9.40)	(-9.08)	(7.04)
lnage	-0.076 ***	-0.068 ***	0.008	-0.069 ***	-0.061 ***	0.008	-0.067 *	-0.093 ***	-0.026
	(-7.68)	(-10.23)	(1.29)	(-6.59)	(-8.25)	(1.31)	(-1.73)	(-4.38)	(-0.79)
lnave_wage	-0.217 ***	-0.108 ***	0.109 ***	-0.223 ***	-0.112 ***	0.111 ***	-0.206 ***	-0.111 ***	0.095 ***
	(-31.11)	(-24.84)	(25.01)	(-27.02)	(-21.21)	(22.06)	(-9.56)	(-8.57)	(7.61)
lnsales	0.174 ***	0.062 ***	-0.112 ***	0.167 ***	0.060 ***	-0.107 ***	0.190 ***	0.071 ***	-0.119 ***
	(30.11)	(18.41)	(-27.27)	(25.38)	(15.88)	(-22.72)	(10.48)	(6.94)	(-9.08)
relative_tfp	-0.836 ***	-0.358 ***	0.478 ***	-0.938 ***	-0.445 ***	0.493 ***	-0.610 ***	-0.256 ***	0.354 ***
	(-16.63)	(-12.19)	(13.44)	(-14.16)	(-11.14)	(11.50)	(-6.41)	(-4.92)	(4.35)
d_export	0.001	-0.004	-0.005	—	—	—	—	—	—
	(0.18)	(-0.89)	(-1.31)						
d_mnc	0.013	0.015 *	0.002	0.008	0.015	0.006	-0.033	-0.003	0.030
	(1.00)	(1.77)	(0.27)	(0.61)	(1.57)	(0.82)	(-0.63)	(-0.12)	(0.76)
样本量	161671	161671	161671	134268	134268	134268	27403	27403	27403
R^2	0.192	0.112	0.161	0.196	0.115	0.162	0.172	0.119	0.124

注：*** $p<0.01$，** $p<0.05$，* $p<0.1$，括号内为处理异方差后的 t 值，以上估计均控制了地区、行业、年份效应和常数项，因简洁而略去。

二、基于不同属性进口品的检验

关于产品属性差异，本节分别从进口产品用途、进口产品差异化两个视角进行考察。具体如下：表 13-6 估计了资本品进口额和中间品进口额对企业就业变动的影响。表 13-6 的列（1）至列（3）是基于全部进口企业样本的估计结果，结果显示资本品进口额增加显著通过提高就业创造和降低就业破坏两个渠道促进企业的就业增长，并且就业创造效应大于降低就业破坏效应；中间品进口额的增加显著通过降低就业破坏这一渠道促进企业的就业增长。表 13-6 的列（4）至列（6）是对有出口行为的进口企业样本的估计结果，结果显示资本品和中间品进口额的增加均显著提高了有出口行为的进口企业的就业增长。可能的原因是，进口的资本品和中间品优化了企业生产要素结构，提高了企业生产率，促进了企业销售额增加，进而增加了劳动力的雇佣。表 13-6 的列（7）至列（9）是对纯进口企业样本的估计结果，结果显示两类产品的进口额对该类企业的就业变动影响均不显著。

比较表 13-6 的列（4）至列（9）的第一行和第二行可知，资本品和中间品的进口对有出口行为的进口企业就业增长有显著影响，而对纯进口企业的就业增长没有显著影响。这可能是因为有出口行为的进口企业在面临国内和国外两个销售市场时对进口投入品使用更为敏感。具体来说，进口的资本品和中间品会提升企业的生产率水平，当企业生产率水平提高后，企业在国内外两个销售市场的竞争力得以提升，销售额出现显著增加，并且两个市场销售额的增加带来就业增长幅度大于企业生产率提升带来的就业减少幅度，总体上，有出口行为的进口企业呈现就业增长现象。与之对应的，纯进口企业只面临国内销售市场，在进口投入品带来生产率提升后，会有两股相反的力量相互作用影响其就业变动，即生产率提升后的劳动力节约效应与国内销售市场扩大带来劳动需求效应增加相互抵消，最终呈现不显著的结果。可见，进口投入品对企业就业变动的影响主要体现在有出口行为的进口企业样本上。

表 13-6　基于资本品进口与中间品进口的估计

变量	全部进口企业			有出口行为的进口企业			纯进口企业		
	就业增长 (1)	就业创造 (2)	就业破坏 (3)	就业增长 (4)	就业创造 (5)	就业破坏 (6)	就业增长 (7)	就业创造 (8)	就业破坏 (9)
Import_cap	0.014 ***	0.011 ***	-0.003 ***	0.014 ***	0.011 ***	-0.004 ***	-0.009	-0.005	0.004
	(7.40)	(7.82)	(-2.98)	(7.18)	(7.15)	(-3.46)	(-1.21)	(-1.06)	(0.78)
Import_int	0.006 *	0.002	-0.004 **	0.007 *	0.002	-0.006 ***	0.016	0.021	0.005
	(1.69)	(0.75)	(-2.05)	(1.68)	(0.46)	(-2.58)	(0.80)	(1.53)	(0.48)
lkl	-0.193 ***	-0.105 ***	0.088 ***	-0.211 ***	-0.117 ***	0.095 ***	-0.153 ***	-0.087 ***	0.066 ***
	(-15.17)	(-13.63)	(12.15)	(-14.13)	(-12.73)	(11.14)	(-4.13)	(-3.76)	(3.60)

续表

变量	全部进口企业			有出口行为的进口企业			纯进口企业		
	就业增长 (1)	就业创造 (2)	就业破坏 (3)	就业增长 (4)	就业创造 (5)	就业破坏 (6)	就业增长 (7)	就业创造 (8)	就业破坏 (9)
lnage	-0.116***	-0.098***	0.018	-0.125***	-0.099***	0.025*	-0.300**	-0.210**	0.090
	(-5.00)	(-5.92)	(1.44)	(-4.71)	(-5.16)	(1.88)	(-2.08)	(-2.32)	(1.25)
lnave_wage	-0.202***	-0.109***	0.093***	-0.201***	-0.113***	0.087***	-0.212***	-0.115***	0.097***
	(-15.10)	(-12.23)	(11.10)	(-13.94)	(-11.36)	(10.22)	(-3.57)	(-3.03)	(3.41)
lnsales	0.122***	0.042***	-0.080***	0.118***	0.043***	-0.076***	0.211***	0.105***	-0.106***
	(10.85)	(5.61)	(-10.36)	(9.15)	(5.08)	(-8.58)	(3.47)	(2.84)	(-3.24)
relative_tfp	-0.562***	-0.236***	0.326***	-0.593***	-0.261***	0.332***	-0.530***	-0.310**	0.220**
	(-8.10)	(-5.38)	(6.38)	(-7.31)	(-5.60)	(5.44)	(-2.88)	(-2.46)	(2.29)
d_export	-0.005	-0.011	-0.006	—	—	—	—	—	—
	(-0.38)	(-1.16)	(-0.77)						
d_mnc	-0.005	-0.004	0.001	-0.023	-0.024	-0.001	-0.119	0.051	0.169
	(-0.24)	(-0.27)	(0.08)	(-1.10)	(-1.52)	(-0.07)	(-0.81)	(0.60)	(1.37)
样本量	161561	161561	161561	134223	134223	134223	27338	27338	27338
R^2	0.184	0.106	0.165	0.179	0.112	0.140	0.165	0.138	0.095

注：*** $p<0.01$、** $p<0.05$、* $p<0.1$，括号内为处理异方差后的 t 值，以上估计均控制了地区、行业、年份效应和常数项，因简洁而略去。

表 13-7 估计了不同差异程度产品进口对企业就业变动的影响。表 13-7 的列（1）至列（3）是对全部进口企业样本的估计结果，可知：异质产品进口额对就业增长存在显著正的影响，说明进口更多的异质产品有助于企业就业增加，并显著通过提升就业创造和降低就业破坏两个渠道实现企业就业增加；参考价格进口产品和同质进口产品增多对企业就业增长均没有显著影响，但同质进口产品增多显著增加了就业破坏效应，不过影响幅度不大。异质进口产品的使用，有助于企业生产出差异化的最终品，进而其在销售市场具有一定的产品垄断定价能力，带来其利润增加和业务发展，进而对劳动力需求得以增加；而同质产品带来的就业破坏效应，可

能是因为同质产品对企业已有生产环节存在替代作用，使得企业就业需求减少。

表 13-7 的列（4）至列（6）是对有出口行为的进口企业样本的估计结果，可知，不同差异度的进口产品对有出口行为的进口企业就业的影响与对总体进口企业的影响基本一致。表 13-7 的列（7）至列（9）是对纯进口企业样本的估计结果，表明各类产品的进口额对企业就业变动均没有显著影响。这再次验证了进口投入品对企业就业变动主要体现在有出口行为的进口企业样本上。

表 13-7 基于异质产品、参考价格产品与同质产品进口的估计

变量	全部进口企业			有出口行为的进口企业			纯进口企业		
	就业增长 (1)	就业创造 (2)	就业破坏 (3)	就业增长 (4)	就业创造 (5)	就业破坏 (6)	就业增长 (7)	就业创造 (8)	就业破坏 (9)
Import_dif	0.017*** (4.14)	0.008*** (2.62)	-0.009*** (-3.84)	0.016*** (3.49)	0.007** (2.19)	-0.009*** (-3.45)	0.021 (0.76)	0.018 (1.12)	-0.003 (-0.14)
Import_ref	0.005 (1.35)	0.003 (0.92)	-0.003 (-1.19)	0.005 (1.11)	0.001 (0.41)	-0.004 (-1.38)	-0.002 (-0.06)	0.014 (1.27)	0.016 (0.69)
Import_hom	-0.004 (-1.44)	-0.001 (-0.24)	0.004** (2.17)	-0.004 (-1.41)	0.001 (0.04)	0.004** (2.50)	0.020 (0.86)	0.009 (0.62)	-0.011 (-0.69)
lkl	-0.200*** (-10.45)	-0.111*** (-9.27)	0.089*** (9.51)	-0.221*** (-9.82)	-0.127*** (-9.07)	0.095*** (8.33)	-0.161* (-1.89)	-0.093* (-1.91)	0.067 (1.51)
lnage	-0.059* (-1.70)	-0.069*** (-3.04)	-0.009 (-0.50)	-0.069* (-1.86)	-0.077*** (-3.18)	-0.007 (-0.37)	-0.004 (-0.02)	-0.046 (-0.31)	-0.042 (-0.29)
lnave_wage	-0.205*** (-11.55)	-0.107*** (-8.78)	0.098*** (9.47)	-0.216*** (-11.16)	-0.116*** (-8.78)	0.099*** (8.63)	-0.190** (-2.54)	-0.067** (-2.05)	0.123** (2.22)
lnsales	0.130*** (8.36)	0.052*** (5.19)	-0.078*** (-8.58)	0.126*** (7.68)	0.049*** (4.45)	-0.076*** (-7.93)	0.103 (1.06)	0.072* (1.88)	-0.031 (-0.39)
relative_tfp	-0.806*** (-5.87)	-0.342*** (-5.09)	0.463*** (5.31)	-0.810*** (-4.76)	-0.326*** (-3.99)	0.485*** (4.39)	-0.496* (-1.67)	-0.218 (-0.98)	0.278* (1.73)
d_export	0.013 (0.62)	-0.006 (-0.40)	-0.018 (-1.57)	—	—	—	—	—	—

续表

变量	全部进口企业			有出口行为的进口企业			纯进口企业		
	就业增长(1)	就业创造(2)	就业破坏(3)	就业增长(4)	就业创造(5)	就业破坏(6)	就业增长(7)	就业创造(8)	就业破坏(9)
d_mnc	-0.037	-0.019	0.018	-0.049 **	-0.032 *	0.018	-0.348 ***	-0.210 ***	0.138 *
	(-1.39)	(-1.02)	(1.13)	(-2.08)	(-1.84)	(1.43)	(-2.72)	(-2.65)	(1.96)
样本量	28966	28966	28966	25998	25998	25998	2968	2968	2968
R^2	0.193	0.111	0.181	0.193	0.119	0.164	0.176	0.146	0.116

注：*** $p<0.01$、** $p<0.05$、* $p<0.1$，括号内为处理异方差后的 t 值，以上估计均控制了地区、行业、年份效应和常数项，因简洁而略去。

三、基于不同进口来源国的检验

表13-8估计了来自不同收入水平国家的进口额对企业就业变动的影响。表13-8的列（1）至列（3）是对全部进口企业样本的估计结果。结果显示，从低收入国家的投入品进口，通过提升就业创造和降低就业破坏两个渠道促进了企业的就业增长。这可能是因为，来自低收入国家的投入品价格相对低廉，可以降低企业生产成本，增加企业利润，促进了企业成长，进而增加企业对劳动力雇佣。分样本来看，如表13-8的列（4）至列（9）所示，对于有出口行为的进口企业而言，来自中等收入国家投入品的进口主要通过降低就业破坏渠道实现该类企业就业增长，而来自低收入国家进口增加主要通过提高就业创造渠道实现该类企业就业增长；对于纯进口企业样本而言：来自高、中、低收入国家的进口增多对其就业变动均没有显著影响。

表13-8　基于来自高收入国家、中收入国家和低收入国家进口的估计

变量	全部进口企业			有出口行为的进口企业			纯进口企业		
	就业增长(1)	就业创造(2)	就业破坏(3)	就业增长(4)	就业创造(5)	就业破坏(6)	就业增长(7)	就业创造(8)	就业破坏(9)
high	0.007	0.003	-0.004	0.008	0.003	-0.005	-0.001	-0.008	-0.006
	(0.70)	(0.46)	(-0.71)	(0.67)	(0.36)	(-0.76)	(-0.03)	(-0.22)	(-0.30)

续表

变量	全部进口企业			有出口行为的进口企业			纯进口企业		
	就业增长(1)	就业创造(2)	就业破坏(3)	就业增长(4)	就业创造(5)	就业破坏(6)	就业增长(7)	就业创造(8)	就业破坏(9)
middle	0.009	0.001	-0.007 *	0.010 *	0.002	-0.008 *	0.011	0.015	0.004
	(1.62)	(0.40)	(-1.92)	(1.78)	(0.62)	(-1.87)	(0.45)	(1.10)	(0.29)
low	0.011 ***	0.007 **	-0.004 *	0.010 ***	0.007 **	-0.003	0.028	0.014	-0.014
	(2.81)	(2.39)	(-1.82)	(2.68)	(2.56)	(-1.45)	(1.28)	(0.79)	(-1.14)
lkl	-0.230 ***	-0.127 ***	0.103 ***	-0.243 ***	-0.136 ***	0.107 ***	-0.005	0.005	0.010
	(-7.44)	(-6.66)	(5.95)	(-7.40)	(-6.75)	(5.26)	(-0.08)	(0.11)	(0.35)
lnage	-0.156 **	-0.134 ***	0.021	-0.143 **	-0.124 ***	0.019	-0.206	-0.182	0.023
	(-2.45)	(-3.44)	(0.56)	(-2.05)	(-2.75)	(0.50)	(-1.11)	(-1.60)	(0.25)
lnave_wage	-0.189 ***	-0.110 ***	0.078 ***	-0.185 ***	-0.106 ***	0.078 ***	-0.220 *	-0.118	0.102
	(-6.48)	(-6.15)	(4.27)	(-6.04)	(-5.86)	(3.82)	(-1.68)	(-1.37)	(1.56)
lnsales	0.179 ***	0.085 ***	-0.094 ***	0.156 ***	0.066 ***	-0.089 ***	0.242 **	0.127 **	-0.114 *
	(6.58)	(4.57)	(-5.83)	(5.67)	(3.46)	(-5.20)	(2.33)	(2.08)	(-1.78)
relative_tfp	-0.541 ***	-0.328 **	0.213 ***	-0.506 **	-0.333 **	0.173 **	-0.543	-0.278	0.265
	(-3.21)	(-2.50)	(3.37)	(-2.37)	(-1.96)	(2.47)	(-1.31)	(-1.38)	(1.12)
d_export	0.009	-0.009	-0.017	—	—	—			
	(0.22)	(-0.30)	(-0.87)						
d_mnc	-0.070 *	-0.040	0.030	-0.057	-0.023	0.034	—	—	—
	(-1.80)	(-1.25)	(1.49)	(-1.40)	(-0.70)	(1.62)			
样本量	15229	15229	15229	14099	14099	14099	1130	1130	1130
R^2	0.188	0.122	0.147	0.183	0.120	0.139	0.235	0.163	0.198

注：*** $p<0.01$、** $p<0.05$、* $p<0.1$，括号内为处理异方差后的 t 值，以上估计均控制了地区、行业、年份效应和常数项，因简洁而略去。

四、基于不同进口贸易方式的检验

表 13-9 估计了不同贸易方式下的进口额对企业就业变动的影响。表 13-9 的列（1）至列（3）是对全部进口企业样本的估计结果，发现加工贸易进口额的增加主要通过提升就业创造渠道显著促进了企业就业增长。原因

可能是，加工贸易大多数是生产劳动密集型产品或零部件。加工贸易的免进口关税政策，降低了进口投入品的成本，增加了劳动密集型产品生产企业的利润，促进了其对劳动力的需求。分样本来看，如表13-9的列（4）至列（9）所示，对于有出口行为的进口企业而言，加工贸易进口额增加显著促进了企业就业创造水平，降低了企业就业破坏水平，进而提高了该类进口企业的就业增长；对纯进口企业而言，一般贸易进口却增加了企业就业破坏水平，可能是因为一般贸易进口产品对企业原有的生产阶段产生了替代效应，进而对企业就业带来负面影响。

比较表13-9的列（4）至列（9）的第一行和第二行可知，加工贸易进口促进有出口行为的进口企业就业增长效应大于一般贸易进口带来的就业增长效应；并且加工贸易不仅会给企业带来就业创造，还会降低就业破坏；而一般贸易进口则主要通过提升就业创造促进企业扩大就业，且影响幅度较小。与此同时，加工贸易进口和一般贸易进口对纯进口企业的就业增长没有显著影响。可见，加工贸易进口在促进企业（有出口行为的进口企业）扩大就业方面起到显著积极作用。

表 13-9　基于一般贸易进口和加工贸易进口的估计

变量	全部进口企业			有出口行为的进口企业			纯进口企业		
	就业增长 (1)	就业创造 (2)	就业破坏 (3)	就业增长 (4)	就业创造 (5)	就业破坏 (6)	就业增长 (7)	就业创造 (8)	就业破坏 (9)
general	0.004 (1.37)	0.003 (1.44)	-0.001 (-0.43)	0.005 * (1.69)	0.004 ** (2.04)	-0.000 (-0.17)	-0.102 (-1.35)	-0.067 (-1.13)	0.035 * (1.87)
processing	0.010 ** (2.31)	0.007 ** (1.97)	-0.003 (-1.33)	0.015 *** (3.32)	0.009 ** (2.45)	-0.006 ** (-2.46)	—	—	—
lkl	-0.208 *** (-10.73)	-0.123 *** (-10.05)	0.085 *** (8.83)	-0.213 *** (-10.22)	-0.130 *** (-9.82)	0.083 *** (8.25)	-1.144 *** (-3.01)	-0.763 *** (-2.67)	0.380 *** (3.47)
lnage	-0.175 *** (-4.84)	-0.139 *** (-5.30)	0.035 * (1.95)	-0.191 *** (-5.24)	-0.154 *** (-5.46)	0.036 * (1.94)	-0.053 (-0.07)	0.152 (0.25)	0.205 (0.96)
lnave_wage	-0.206 *** (-11.75)	-0.123 *** (-9.90)	0.083 *** (7.79)	-0.216 *** (-12.10)	-0.136 *** (-11.14)	0.080 *** (7.77)	-0.034 (-0.18)	-0.126 (-0.86)	-0.091 (-1.61)

续表

变量	全部进口企业			有出口行为的进口企业			纯进口企业		
	就业增长 (1)	就业创造 (2)	就业破坏 (3)	就业增长 (4)	就业创造 (5)	就业破坏 (6)	就业增长 (7)	就业创造 (8)	就业破坏 (9)
lnsales	0.096 ***	0.035 ***	-0.061 ***	0.093 ***	0.036 ***	-0.056 ***	0.716 **	0.559 **	-0.156
	(5.83)	(2.68)	(-6.48)	(5.72)	(3.03)	(-5.85)	(2.28)	(2.56)	(-1.55)
relative_tfp	-0.635 ***	-0.289 ***	0.346 ***	-0.549 ***	-0.276 ***	0.272 ***	-0.295	-1.150	-0.855
	(-6.54)	(-4.58)	(3.36)	(-5.66)	(-5.46)	(3.37)	(-0.09)	(-0.50)	(-0.90)
d_export	0.003	0.016	0.013	—	—	—	—	—	—
	(0.15)	(0.93)	(1.31)						
d_mnc	-0.032	-0.022	0.011	-0.024	-0.017	0.007	—	—	—
	(-1.14)	(-0.99)	(0.81)	(-0.79)	(-0.75)	(0.46)			
样本量	88683	88683	88683	84291	84291	84291	4392	4392	4392
R^2	0.197	0.132	0.145	0.196	0.143	0.129	0.707	0.715	0.861

注：*** $p<0.01$、** $p<0.05$、* $p<0.1$，括号内为处理异方差后的 t 值，以上估计均控制了地区、行业、年份效应和常数项，因简洁而略去。

五、稳健性检验

为了检验前文回归结果的稳健性，本章采用剔除不显著解释变量的方法进行稳健性检验。前文的解释变量 d_export（是否为出口企业）和 d_mnc（是否为外资企业）估计系数均不显著，这可能会影响核心解释变量的估计结果，故剔除这两个变量进行重新估计。核心解释变量（进口强度、进口来源国数、进口产品数、进口不同属性的产品、从不同来源国的进口、不同贸易方式的进口）估计系数的显著性和符号均与前文估计结果基本一致。[①]可见，剔除不显著解释变量后，本节的回归结果依旧稳健。

---

① 限于篇幅，稳健性结果未报告，有兴趣的读者可向笔者索取。

本章小结

一、基本结论

维持稳定的就业增长是国家政府面临的严峻挑战。如何创造更多的就业岗位、扩大就业规模，最终还是要依靠微观企业。本章使用 2000—2006 年中国工业企业数据库和中国海关数据库合并的微观企业数据，实证分析了进口投入品对企业就业变动的影响。研究结果发现：

第一，相对于非贸易企业、纯出口企业和纯进口企业，有出口行为的进口企业就业规模最大、就业增长最快、就业创造最多、就业破坏最少。

第二，进口强度、进口产品数、进口来源国收入水平以及进口产品属性，都是影响企业就业变动的显著因素。进口强度越大、进口产品数越多，企业就业增长就越快；其原因在于进口投入品会改变企业的生产内部结构，可能通过就业再配置效应、生产率提升效应和出口市场扩张效应三个渠道促进企业就业增长。

第三，相对于一般贸易方式进口，加工贸易方式进口对企业就业增长效果更为显著，其原因可能是，从事加工贸易更多为劳动密集型企业和劳动密集生产环节，对劳动力需求较大。

第四，相对于同质产品进口的就业破坏作用，异质产品进口的就业创造效果更为显著。原因在于异质进口品会增加企业产出品的差异化程度，给企业带来一定的垄断定价能力，促进企业发展和对劳动力需求的增加，而同质产品可能会对企业原本生产环节产生替代，降低企业对劳动力的需求。

第五，进口投入品显著促进企业就业增长的效应主要体现在有出口行为的进口企业样本上，这间接说明中国企业参与全球价值链分工对其就业规模会产生积极的影响。

二、政策建议

本章的研究结论为理解进口贸易增长与制造业企业就业的关系提供了一个新的发现，也为客观评价中国对外贸易福利提供了一个新的企业层面视角。在新的发展时期,一方面,国际经济环境日益复杂,劳动力低成本优势在人口老龄化背景下逐步消失,中国出口增长乏力,亟须加快培育国际经济合作和竞争新优势;另一方面,党的十九大报告明确提出,就业是最大的民生,要坚持就业优先战略和积极就业政策,实现更高质量和更充分就业。因此,充分发挥进口贸易对中国工业企业就业的促进作用就具有十分重要的现实意义。

本章研究结论具有较强的政策启示意义。今后,为了更加精准发挥进口贸易对国内经济和就业的促进作用,结合企业发展的实际情况,中国的进口贸易相关政策应该进一步细化,根据不同类型进口商品对国内经济和就业的影响,制定有差异的政策;针对加工贸易进口、从不同类型进口来源国的进口制定不同的政策;高度重视同时进口和出口的企业,这类企业既充分利用了国外资源,又积极开拓了国外市场,高度参与了国际分工和全球化,企业的就业增长效应最显著,可能是中国今后实现扩大就业规模、更高质量和更充分就业的主体企业,为此,建议国家政府指定相关部门,实地调研这类企业在实际发展过程中遇到的问题,特别是进口贸易存在的问题,制定有针对性的政策缓解企业进口贸易面临的困境,促进这类企业的发展,从而带动国内的就业。

第 十 四 章

进口结构与经济增长：来自全球的证据

从企业的角度来看，进口一般是为企业自身发展服务的，进口中间品和资本品都是为企业生产服务的，但是，进口不同类型的中间品和资本品对企业的影响不同，例如，高技术资本品、低技术资本品进口对企业生产率、市场竞争力的影响都可能不同。从国家的角度来看，不同类型产品进口对企业的影响不同，从而就会导致不同类型商品进口对国家经济的影响不同。也就是说，在谈论进口对进口国经济的影响时，不仅要看进口了多少，而且，还要看进口了什么类型的产品。因此，在考察进口与经济增长的关系时，不仅要关注进口规模对经济增长的影响，还要关注进口结构对经济增长的影响。基于此，本章利用 2001—2017 年全球 104 个国家的数据，基于进口商品结构、进口技术结构、进口产品多样性三个视角，实证分析了进口结构对经济增长的影响。

第一节　进口结构影响经济增长的研究进展

对外贸易与经济增长一直是国际贸易学研究的重要内容。从已有文献来看，研究进口对经济增长的文献绝大多数都是同时研究进口和出口对经济增长的影响，并将二者的作用进行对比。赵陵等（2001）[①] 发现，短期内出口

————————

① 赵陵、宋少华、宋泓明：《中国出口导向型经济增长的经验分析》，《世界经济》2001 年第 8 期。

对经济增长具有促进作用，长期来看进口对经济增长的促进作用也很明显，通过"溢出效应"与"扩散效应"，进口能够优化产业结构、改善国内需求结构，促进经济增长。塔那维鲁和拉贾古鲁（Thangavelu 和 Rajaguru，2004）[①] 将亚洲迅速发展的九个国家作为研究对象，分析了进口与生产率之间的关系，发现进口贸易对生产率的积极影响较大。魏浩和毛日昇（2009）[②] 的研究发现，从促进经济增长的动态效应来看，出口的短期效应明显，进口的长期效应明显；从对经济增长的贡献率来看，出口对 GDP 的贡献率最大，进口对 GDP 的贡献率逐渐增加。奥古斯（Awokuse，2007）[③] 通过考察进出口扩张对三个转型经济体经济增长的作用，认为进口贸易和出口贸易都能刺激经济增长。奥古斯（Awokuse，2008）[④] 认为，进口规模的扩大可能在刺激总体经济方面发挥补充作用，进口的中间产品为出口部门提供了必要的生产要素，进口贸易也能通过技术扩散效应促进经济增长。赵文军、于津平（2012）[⑤] 以全要素生产率作为经济增长的衡量指标，发现出口对工业经济增长方式转变不具有明显促进作用，进口对工业经济增长方式转型存在推进作用。格罗斯曼和赫尔普曼（Grossman 和 Helpman，2015）[⑥] 认为，进口贸易会通过国际知识溢出效应、技术扩散效应对经济增长产生正效应。谷克鉴、陈福中（2016）[⑦] 提出，随着贸易政策的内生化程度日益提高，进口贸易对经济增长的作用越来越重要，出口则相反。

[①]　Thangavelu S. M., Rajaguru G., "Is There an Export or Import-Led Productivity Growth in Rapidly Developing Asian Countries? A Multivariate VAR Analysis", *Applied Economics*, Vol. 36, No. 10, 2004, pp. 1083-1093.

[②]　魏浩、毛日昇：《中国经济发展的主导因素及其效应的动态分析——基于 1978—2007 年的实证研究》，《数量经济技术经济研究》2009 年第 8 期。

[③]　Awokuse T. O., "Causality Between Exports, Imports, and Economic Growth: Evidence from Transition Economies", *Economics Letters*, Vol. 94, No. 3, 2007, pp. 389-395.

[④]　Awokuse T. O., "Trade Openness and Economic Growth: is Growth Export-led or Import-led?", *Applied Economics*, Vol. 40, No. 2, 2008, pp. 161-173.

[⑤]　赵文军、于津平：《贸易开放、FDI 与中国工业经济增长方式——基于 30 个工业行业数据的实证研究》，《经济研究》2012 年第 8 期。

[⑥]　Grossman G. M., Helpman E., "Globalization and Growth", *American Economic Review*, Vol. 105, No. 5, 2015, pp. 100-104.

[⑦]　谷克鉴、陈福中：《净出口的非线性增长贡献——基于 1995—2011 年中国省级面板数据的实证考察》，《经济研究》2016 年第 11 期。

目前，大多数学者仍然是研究进口规模与经济增长的关系，很少有学者研究进口结构对经济增长的影响。基姆等（Kim 等，2007）[1] 认为，如果一个国家进口较多的消费品，那么，这不太可能会增加经济活动，如果进口产品大多由资本品、中间品和技术类商品组成，那么，进口会促进整体的经济增长。彭斯达等（2008）[2] 的研究发现，中国投入品的进出口、最终消费品的出口都能促进经济增长，但投入品的进口对经济增长的正效应更加明显，消费品的进口对经济增长有反向作用。裴长洪（2013）[3] 将进口商品分为初级品、中间品、资本品和消费品，从进口结构变化指数、进口结构变化贡献度和进口趋势指数三方面描述了进口贸易结构变化的规律及其与经济增长的正向关联性。魏浩、耿园（2016）[4] 的研究表明，进口商品技术含量的提升会促进中国工业经济发展方式的转变，没有直接分析进口技术结构与经济增长之间的关系。

综上所述，目前，关于进口与经济增长的已有研究大多是针对进口总量与经济增长的分析，侧重于研究一国或少数几国的进口贸易变化规律，不仅缺乏对进口结构的详尽分解，也缺乏对全球进口结构的大样本分析。只有弄清楚进口结构促进经济增长的全球规律，才能在中国进口现状的基础上，为扩大进口规模、优化进口结构提出切实可行的政策建议。鉴于此，本章测算了全球 104 个国家 2001—2017 年的进口贸易结构，分别将实际 GDP 和人均实际 GDP 作为经济增长的衡量指标，实证检验了进口贸易结构与经济增长的关系，以期从进口结构视角为中国经济增长找出新的源泉。与已有研究相比，本章的贡献在于：不是从进口规模视角，而是从进口结构视角出发，实证考察了进口结构对经济增长的影响；将进口结构扩展到多个维度，分别考察了进口商品结构、进口技术结构和进口产品多样性对经济增长的影响。

---

① Kim S., Lim H., Park D., "Could Imports Be Beneficial for Economic Growth? Some Evidence from Republic of Korea", *ERD Working Paper Series*, 2007.

② 彭斯达、陈继勇、杨余:《我国对外贸易商品结构和方式与经济增长的相关性比较》，《国际贸易问题》2008 年第 3 期。

③ 裴长洪:《进口贸易结构与经济增长：规律与启示》，《经济研究》2013 年第 7 期。

④ 魏浩、耿园:《进口商品技术水平与中国工业经济发展方式转变》，《学术研究》2016 年第 9 期。

第二节 进口结构影响经济增长的理论分析

一、理论分析

在费德（Feder，1983）[1]、赫尔泽和诺瓦克莱曼（Herzer 和 Nowak-Lehnmann，2006）[2] 研究的基础上，本章通过构建一个理论模型来研究进口结构对经济增长的影响。这里考虑一个经济体由 N 个部门组成，其中 Z 个是进口部门。假定每个部门仅有一个代表性企业 $i \in [1, N]$，在新古典生产函数的基础上，该企业 i 在时间 t 的产出情况可以表示成如下形式：

$$Y_{it} = F_{it}(K_{it}, L_{it}, W_t) \qquad (14-1)$$

其中，K_{it} 和 L_{it} 分别表示该代表企业 t 年的资本和劳动投入，生产函数 $F(\cdot)$ 是规模报酬不变的生产函数。W_t 代表公共知识的综合指数，表示公共知识资本对企业生产活动的外部性收益。进口部门的增加或者进口产品多样化对知识积累的影响主要表现为以下两方面：第一，横向竞争效应。相比于非进口部门，进口部门的增加，总体上更容易激化国内行业的现有竞争格局。面对外部竞争压力的现有同行业企业，必须要通过研发创新等方式来提升自身竞争力，从而加速企业的知识资本积累，产生整合效应和规模经济效应。第二，横向学习效应。进口部门的增加或者进口产品种类的增加，使得本土企业学习进口产品中所蕴含的技术，从而提高自身的生产率，且成功学习的本土企业，也会成为国内同行业其他企业的模仿学习对象，这种进口产品所带来的横向学习效应就会逐步扩散到整个行业，从而产生正外部性、带动关联企业的协同发展。

为简单起见，假设知识积累只发生在进口部门，且每个进口部门都创造同样的知识数量，将其记为 W_e，则经济体的知识资本总量为：

$$W_t = Z_t W_{et} \qquad (14-2)$$

① Feder G., "On Exports and Economic Growth", *Journal of Development Economics*, Vol. 12, No. 1-2, 1983, pp. 59-73.

② Herzer D., Nowak-Lehnmann D. F., "What Does Export Diversification Do for Growth? An Econometric Analysis", *Applied Economics*, Vol. 38, No. 15, 2006, pp. 1825-1838.

给定 W_{et} 为不可直接观测的常数，则经济体中的知识资本存量可以用如下函数来表示：

$$W_t = G(Z)_t \qquad (14-3)$$

此外，一些研究文献证明学习效应明显依赖于进口部门的组成（Chuang，1998[①]；Matsuyama，1992[②]），比如，进口高技术产品部门的学习效应要大于进口低技术产品部门的学习效应，进口资本品部门的学习效应要大于进口中间品和消费品部门的学习效应。虽然不同的进口部门拥有不同的学习效应，但经济体中的知识资本存量会随着各个部门的进口份额而增加。因此，在式（14-3）的基础上，经济体中的知识资本存量可以表示成以下形式：

$$W_t = G(Z_t, \ IX_t) \qquad (14-4)$$

这里，Z_t 表示进口部门的数量，IX_t 表示不同进口部门的进口额占总进口额的比重。

作为一种公共物品，知识资本对所有部门的影响都相同，且式（14-1）表示的生产函数是规模报酬不变的。在完全竞争市场上，每个企业都是价格的接受者，在价格既定的情况下，总量生产函数可以由单个部门（企业）的生产函数简单加总得到：

$$Y_t = \sum_{i=1}^{N} Y_{it}, \ K_t = \sum_{i=1}^{N} K_{it}, \ L_t = \sum_{i=1}^{N} L_{it} \qquad (14-5)$$

将知识资本存量的方程（14-4）代入方程（14-5）得到如下形式的总量生产函数表达式：

$$Y_t = \sum_{i=1}^{N} Y_{it} = F_t(K_t, \ L_t, \ W_t) = F_t(K_t, \ L_t) \ G(Z_t, \ IX_t) = K_t^\alpha L_t^\beta Z_t^\gamma IX_t^\delta$$

$$(14-6)$$

对方程（14-6）两边取自然对数，可以得到以下形式：

$$\ln Y_t = \alpha \ln K_t + \beta \ln L_t + \gamma \ln Z_t + \delta \ln IX_t \qquad (14-7)$$

其中，K_t 表示经济体中的资本总量；L_t 表示劳动力总量；α、β、γ、δ 都

---

① Chuang Y. C., "Learning by Doing, the Technology Gap, and Growth", *International Economic Review*, Vol. 39, No. 3, 1998, pp. 697-721.

② Matsuyama K., "Agricultural Productivity, Comparative Advantage, and Economic Growth", *Journal of Economic Theory*, Vol. 58, No. 2, 1992, pp. 317-334.

是常数；Z_t 表示进口产品种类多样化，进口产品的多样化拓展了知识技术积累的来源渠道；IX_t 代表进口结构升级，反映了进口商品结构、进口技术结构的高级化。

二、影响机制

进口结构主要通过技术扩散效应、进口竞争效应、进口产品多样化效应三个渠道影响一国的经济增长。具体分析如下：

（一）技术扩散效应

在解释进口结构对经济增长的影响时，技术扩散效应发挥着重要的作用。具体的影响路径如下：第一，进口结构可通过技术扩散效应提高本国企业的创新能力，促进经济增长（Kasahara 和 Rodrigue，2008[1]；Bisztray 等，2018[2]）。通过技术扩散效应，一国企业能够通过模仿，将进口的大量资本品和技术密集型产品消化吸收为自身的生产技术，可以利用进口来源国的研发来提高国内企业的创新能力，提高国内企业的生产率，进而为促进经济增长提供条件与动力。第二，进口结构可通过技术扩散效应带动关联企业的协同发展，促进经济增长（Herzer 和 Nowak-Lehnmann，2006[3]）。技术扩散效应不仅体现在本国企业学习国外技术方面，还表现在国内企业之间的互相学习。成功掌握国外先进技术的企业，容易被同行业的其他企业进行模仿，这种国内企业之间的技术扩散效应，能够促进关联企业的协同发展，提高整个国家的平均生产率水平，进而促进经济增长。第三，进口结构可通过技术扩散效应培养本国企业的技能工人，促进经济增长（林毅夫，2011[4]）。进口技术特别是高技术工业制成品有利于本国企业培养技能工人，提高劳动生产率，技术扩散效应能够使发展中国家利用后发优势，达到比处于世界技术前沿国家更快的技术进步速度，从而缩小与发达国家的收入差距，促进自身的

① Kasahara H., Rodrigue J., "Does the Use of Imported Intermediates Increase Productivity? Plant-Level Evidence", *Journal of Development Economics*, Vol. 87, No. 1, 2008, pp. 106-118.

② Bisztray M., Koren M., Szeidl A., "Learning to Import from Your Peers", *Journal of International Economics*, Vol. 115, No. 11, 2018, pp. 242-258.

③ Herzer D., Nowak-Lehnmann D. F., "What Does Export Diversification Do for Growth? An Econometric Analysis", *Applied Economics*, Vol. 38, No. 15, 2006, pp. 1825-1838.

④ 林毅夫：《新结构经济学——重构发展经济学的框架》，《经济学（季刊）》2011 年第 1 期。

经济增长。

（二）进口竞争效应

在解释进口结构对经济增长的影响时，进口竞争效应发挥着重要的作用。具体的影响路径如下：第一，一国的进口结构能够通过进口竞争的激励效应促进经济增长。消费品的进口会导致国外同类产品替代本国产品，国内市场竞争加剧，国内企业试图通过创新逃离竞争，为了继续生存加大研发投资、更新机器设备，提高自身的生产率水平，进而促进一国的经济增长，这一效应也称为"鲇鱼效应"（Tybout 和 James，2003[①]）。第二，一国的进口结构会通过进口竞争的规模效应阻碍经济增长。一国大量进口消费品，可能会压缩本土企业的市场份额和生产规模，加上国内的一些企业难以承担创新前期的高额成本，最终会选择"低质低价"的发展路线，从而不利于一国的经济增长，这一效应也称为"气馁效应"（Liu 和 Rosell，2013[②]）。因此，进口结构能够通过进口竞争效应促进一国的经济增长，是激励效应和规模效应的综合作用。此外，进口竞争的激励效应和规模效应严重依赖于企业的相对生产率水平（简泽等，2014[③]）。对于低生产率的企业来说，进口竞争负向的规模效应超过了正向的激励效应；对于高生产率的企业来说，进口竞争正向的激励效应超过了负向的规模效应。因此，通过进口竞争效应，消费品进口对那些高生产率的企业有明显的正向作用。

（三）进口产品多样化效应

在解释进口结构对经济增长的影响时，进口产品多样化效应发挥着重要的作用。具体的影响路径如下：第一，进口多样化的产品能够通过提升国内消费者的福利水平，促进经济增长（Broda 和 Weinstein，2004[④]）。进口国内没有的新产品或者高质量产品，可以改变消费者的消费倾向，增加消费者购买

[①] Tybout, James R., "Plant-and Firm-Level Evidence on New Trade Theories", *Handbook of International Trade*, Vol. 1, No. 1, 2003, pp. 388−415.

[②] Liu R., Rosell C., "Import Competition, Multi-Product Firms, and Basic Innovation", *Journal of International Economics*, Vol. 91, No. 2, 2013, pp. 220−234.

[③] 简泽、张涛、伏玉林：《进口自由化、竞争与本土企业的全要素生产率——基于中国加入 WTO 的一个自然实验》，《经济研究》2014 年第 8 期。

[④] Broda C., Weinstein D. W., "Variety Growth and World Welfare", *American Economic Review*, Vol. 94, No. 2, 2004, pp. 139−144.

的产品种类数量，提升国内消费者的福利水平，增加进口国的贸易收益，从而有利于进口国的经济增长。第二，进口多样化的产品能够通过降低创新成本、优化资源配置，促进经济增长（Parteka 和 Tamberi，2013[①]）。进口多样化的产品一方面有利于积累知识资本，降低创新成本，带动关联企业的协同发展；另一方面也有利于提高资本利用效率，优化资源配置，促进经济增长。第三，进口多样化的产品能够通过降低市场不确定性、规避风险，促进经济增长（Bleaney 和 Greenaway，2001[②]；Parteka 和 Tamberi，2013）[③]。较为集中的进口产品结构可能使得风险规避性质的投资减少，在此情形下，进口国国内的商品价格必将更易受到世界经济波动的影响，导致投资和经济发展等多方面的宏观经济计划无法顺利实施。多样化的进口产品结构有利于降低市场不确定性带来的风险，增强一国应对特殊冲击的能力，进而为实现经济增长提供较为稳定的环境。

第三节　进口结构影响经济增长的计量模型构建

一、计量模型

在前文理论分析的基础上，本章借鉴贾雷乌和庞塞（Jarreau 和 Poncet，2012）[④]、弗拉谢尔等（Flachaire 等，2014）[⑤]、阿莱西那等（Alesina 等，

① Parteka A., Tamberi M., "Product Diversification, Relative Specialisation and Economic Development: Import-Export Analysis", *Journal of Macroeconomics*, Vol. 38, No. 12, 2013, pp. 121-135.

② Bleaney M., Greenaway D., "The Impact of Terms of Trade and Real Exchange Rate Volatility on Investment and Growth in Sub-Saharan Africa", *Journal of Development Economics*, Vol. 65, No. 2, 2001, pp. 491-500.

③ Parteka A., Tamberi M., "What Determines Export Diversification in the Development Process? Empirical Assessment", *The World Economy*, Vol. 36, No. 6, 2013, pp. 807-826.

④ Jarreau J., Poncet S., "Export Sophistication and Economic Growth: Evidence from China", *Journal of Development Economics*, Vol. 97, No. 2, 2012, pp. 281-292.

⑤ Flachaire E., García-Peñalosa C., Konte M., "Political Versus Economic Institutions in the Growth Process", *Journal of Comparative Economics*, Vol. 42, No. 1, 2014, pp. 212-229.

2016)[①]、迈克尔（Michael，2016）[②] 等文献的做法，构建如下计量模型：

$$\ln Y_{it} = \alpha + \beta ImportVariables_{it} + X_{it}\varphi + \eta_i + \mu_t + \varepsilon_{it} \qquad (14-8)$$

其中，i 代表国家；t 代表年份；$\ln Y_{it}$ 代表实际 GDP 的对数形式或者实际人均 GDP 的对数形式，用来衡量各国的经济增长情况；$ImportVariables_{it}$ 代表 i 国第 t 年进口结构的相关指标；X_{it} 代表控制变量，包括物质资本存量、劳动力数量、平均受教育水平、技术水平、贸易自由度等控制变量。为控制国家、年份的不可观测冲击，本章还考虑了国家、年份层面的固定效应（η_i 和 μ_t）。

二、变量说明

（一）被解释变量

除了采用实际 GDP 的对数形式衡量经济增长外，本章还借鉴帕斯卡利（Pascali，2017）[③] 的做法，采用实际人均 GDP 的对数形式衡量经济增长，这样既能把人口指标考虑在内，又排除了通货膨胀因素的干扰。数据来源于世界银行 WDI 数据库，按照 2011 年购买力平价计算。

（二）核心解释变量

1. 进口商品结构

本章按照经济大类（BEC）标准把进口商品划分为资本品（kimpshare）、中间投入品（rimpshare）和消费品（cimpshare），并将这三类产品进口额占总进口额的比重作为核心解释变量纳入计量方程，分别研究进口商品结构对经济增长的影响。

2. 进口技术结构

为了避免资源类产品对国家贸易结构的干扰，本章借鉴魏浩等（2016）[④] 的方法，剔除资源类产品，通过测算各类技术性产品的技术含量

---

① Alesina A., Harnoss J., Rapoport H., "Birthplace Diversity and Economic Prosperity", *Journal of Economic Growth*, Vol. 21, No. 2, 2016, pp. 101-138.

② Michael J., "The Impact of Exports on Economic Growth: It's the Market Form", *The World Economy*, Vol. 40, No. 6, 2016, pp. 1040-1052.

③ Pascali L., "The Wind of Change: Maritime Technology, Trade, and Economic Development", *American Economic Review*, Vol. 107, No. 9, 2017, pp. 2821-2854.

④ 魏浩、赵春明、李晓庆：《中国进口商品结构变化的估算：2000—2014 年》，《世界经济》2016年第4期。

指标，在用肘函数方法确定商品分类组数的基础上，采用 K 均值算法对技术性商品进行分类，将技术特征明显的商品分为低技术产品（LT）、中等技术产品（MT）、高技术产品（HT）① 三类，然后将三类产品的进口额占进口总额的比重作为核心解释变量分别纳入计量方程，分析进口技术结构对经济增长的影响。

3. 进口产品多样化

本章采用 3 种方法测度进口产品多样化。具体如下：

第一种方法是产品种类数目（lnkind）。借鉴杨晓云（2013）② 的做法，本章将不同的编码定义为不同的产品，各国进口的产品种类数目由 SITC Rev. 3 五位码划分的进口产品种类加总得到，以此来衡量各国进口产品的多样性。

第二种方法是 diversity 多样性指数（lndiversity）。借鉴张国林、任文晨（2015）③ 的做法，在金融生态多样性指数的基础上，本章构建进口产品 diversity 多样性指数，公式如下：

$$diversity = \left[\sum_{j=1}^{m} \left(\frac{s_j}{s} \right)^2 \right]^{-1} \tag{14-9}$$

s_j 表示第 $j(1 \leqslant j \leqslant m)$ 类进口产品的进口额，s 表示进口总额，s_j/s 表示第 j 类进口产品的进口额占整个进口总额的比重，diversity 的取值由进口产品种类数 m 和各类进口产品的均匀分布情况 s_j/s 共同决定，其值介于 1—m 之间，其值越大表示进口产品多样性越高。

第三种方法是 shannon 多样性指数（shannon_index）。该指数是借用信息论中不定性的研究方法，度量系统结构组成复杂程度的指数，是景观生态学中最具代表性的景观指数之一。本章借鉴该指数的构建方法计算进口产品 shannon 多样性指数，具体公式为：

$$H = - \sum_{j=1}^{m} p_j \log_2 p_j \tag{14-10}$$

---

① 本书这里的"中等技术产品"包括中低技术产品、中等技术产品和中高技术产品，"高技术产品"包括高技术产品和特高技术产品。

② 杨晓云：《进口中间产品多样性与企业产品创新能力——基于中国制造业微观数据的分析》，《国际贸易问题》2013 年第 10 期。

③ 张国林、任文晨：《金融生态多样性与出口结构优化》，《技术经济》2015 年第 9 期。

p_j 表示 $j(1 \leqslant j \leqslant m)$ 类产品在各国进口总额中所占的份额。如果一个国家只进口一种商品时，$H=0$；如果一个国家进口的产品种类增加或者是进口既定种类产品的进口份额相似时，H 值也相应地增加。因此，该指数可以精确地分析各国进口产品种类所占份额的变化情况。H 值越大，表明各国进口的产品越多样化。

（三）控制变量

1. 物质资本存量的对数（$\ln K$）

资本对经济增长的贡献主要通过经济体自身资本形成总额反映（谷克鉴、陈福中，2016①）。根据世界银行的定义，物质资本是生产中使用的建筑物、机器、技术装备加上原材料、半成品和制成品等存货（沈坤荣、李剑，2003②）。因此，本章借鉴伊斯特里和莱文（Easterly 和 Levine，2001）③的做法，使用佩恩世界表（9.1版）（Penn World Table Version 9.1）公布的资本存量数据，资本存量基于2011年购买力平价计算。

2. 劳动力的对数（$\ln L$）

生产函数表明，经济增长需要劳动和资本两种基本的要素投入，劳动力越丰裕，越能促进经济增长。本章借鉴弗罗因德和博拉基（Freund 和 Bolaky，2008）④的做法，用劳动力数量衡量各国的劳动要素投入情况。数据来源于世界银行 WDI 数据库。

3. 人均受教育水平（*primary* 和 *secondary*）

人力资本是影响经济增长的重要因素之一（Barro，2001⑤），高质量的人力资本不仅可以促进技术进步、提高生产效率，还可以弥补一国（或地区）经济发展过程中自然资源不足的劣势。本章借鉴布兰查德等

---

① 谷克鉴、陈福中：《净出口的非线性增长贡献——基于1995—2011年中国省级面板数据的实证考察》，《经济研究》2016年第11期。

② 沈坤荣、李剑：《中国贸易发展与经济增长影响机制的经验研究》，《经济研究》2003年第5期。

③ Easterly W., Levine R., "What Have We Learned from A Decade of Empirical Research on Growth? It's Not Factor Accumulation: Stylized Facts and Growth Models", *The World Bank Economic Review*, Vol. 15, No. 2, 2001, pp. 177-219.

④ Freund C., Bolaky B., "Trade, Regulations, and Income", *Journal of Development Economics*, Vol. 87, No. 2, 2008, pp. 309-321.

⑤ Barro R. J., "Human Capital and Growth", *American Economic Review*, Vol. 91, No. 2, 2001, pp. 12-17.

（Blanchard 等，2017）[①] 的做法，采用小学入学率（primary）和初中入学率（secondary）作为教育水平的衡量标准，数据来源于世界银行 WDI 数据库。

4. 技术水平（rd）

一国技术水平升高，能够提高本国的生产率水平、促进经济增长。本章借鉴李和金（Lee 和 Kim，2009）[②] 的做法，采用研究开发费用占 GDP 比重来衡量技术水平，数据来源于世界银行 WDI 数据库。

5. 贸易自由度（tradefreedom）

贸易自由化程度会直接影响一国的贸易环境质量，好的贸易环境能够促进进出口贸易的发展，从而为经济增长提供有效的外部支撑。借鉴多尔和克莱（Dollar 和 Kraay，2004）[③] 的做法，本章采用全球经济自由度指数中的贸易自由度指数表示该指标。贸易自由度指数包括贸易加权的平均关税率和非关税壁垒数量两类指标，能较好地衡量各国的贸易环境质量。该指数越高，代表贸易自由度越高。数据来源于《华尔街日报》和美国传统基金会发布的《经济自由度指数》年度报告。

6. 资本劳动比的对数（lnklratio）

上述物质资本存量的对数、劳动力的对数均为被解释变量 GDP 的控制变量，而资本劳动比是被解释变量人均 GDP 的控制变量。从生产函数来看，劳动力与物质资本是最重要的两项投入要素，本章用资本存量除以劳动力数量，即可得资本劳动比。

三、主要变量的描述性分析

由于 Penn World Table Version 9.1 中的物质资本存量数据仅到 2017 年，各国 2017 年之后的物质资本存量数据缺失严重，因此，本章选择的样本期

① Blanchard Emily J., William W., Olney, "Globalization and Human Capital Investment: Export Composition Drives Educational Attainment", *Journal of International Economics*, Vol. 106, No. 5, 2017, pp. 165-183.

② Lee K., Kim B. Y., "Both Institutions and Policies Matter but Differently for Different Income Groups of Countries: Determinants of Long-Run Economic Growth Revisited", *World Development*, Vol. 37, No. 3, 2009, pp. 533-549.

③ Dollar D., Kraay A., "Trade, Growth, and Poverty", *The Economic Journal*, Vol. 114, No. 493, 2004, pp. F22-F49.

为 2001—2017 年。本章最初可以查到的样本为 223 个国家，但是，由于各变量匹配过程中会造成一些数据的缺失，因此，本章最终的样本为 104 个国家。计量模型中涉及的主要变量的描述性统计如表 14-1 所示。

表 14-1 主要变量的描述性统计

类别	变量	变量含义	观测值	均值	标准差	最小值	最大值
被解释变量	lngdp	实际 GDP 取对数	1837	25.491	2.132	19.471	30.685
	ln$pcgdp$	人均实际 GDP 取对数	1837	9.418	1.093	6.385	11.500
核心解释变量	lnimp	进口额取对数	1904	23.630	2.210	17.166	28.511
	$kimpshare$	资本品进口份额	1462	0.155	0.045	0.003	0.431
	$rimpshare$	中间品进口份额	1462	0.504	0.111	0.215	0.843
	$cimpshare$	消费品进口份额	1462	0.207	0.080	0.030	0.574
	LT	低技术产品进口份额	1513	0.022	0.022	0.000	0.186
	MT	中等技术产品进口份额	1513	0.304	0.065	0.002	0.555
	HT	高技术产品进口份额	1513	0.232	0.068	0.019	0.528
	ln$kind$	进口产品种类取对数	1666	7.831	0.368	3.219	8.005
	ln$diversity$	$diversity$ 多样性指数的对数	1547	4.251	0.722	0.089	5.710
	$shannon\_index$	$shannon$ 多样性指数	1547	5.730	0.541	0.303	6.490
控制变量	ln$K$	物质资本存量取对数	1768	12.950	2.124	7.250	18.478
	ln$L$	劳动力数量取对数	1751	15.419	1.706	11.147	20.484
	ln$klratio$	资本劳动比值取对数	1751	-2.426	1.240	-6.692	-0.258
	$primary$	小学入学率取对数	1547	4.642	0.102	4.053	5.016
	$secondary$	中学入学率取对数	1369	4.421	0.413	1.930	5.099
	rd	研究开发费用占 GDP 的比重	1083	1.083	0.961	0.015	4.429
	$tradefreedom$	贸易自由度指数	1738	75.378	11.653	0.000	95.000

第四节 进口结构对经济增长
影响的实证分析

本节首先采用 OLS 方法进行估计，同时控制了国家固定效应和年份固定效应。此外，在本章的计量模型中，核心解释变量可能和被解释变量存在双向因果关系，即各国的进口规模、进口结构会促进各国的经济增长，与此同时，各国的经济增长可能会反过来促进各国的进口规模、进口结构。鉴于此，本节还采取工具变量法，解决可能存在的内生性问题。本节选取核心解释变量的滞后一期作为工具变量（Dollar 和 Kraay，2004[①]），并采用 2SLS 方法进行估计。本节将主要自变量的滞后一期作为工具变量，一方面，从外生性的角度来说，滞后一期的进口为历史数据，当期的经济增长无法影响滞后一期的进口；另一方面，基于相关性的视角，如果滞后一期的进口规模较大或者进口结构较高级，那么滞后一期进口的溢出效应可能会影响当期的进口规模和进口结构，从而促进当期的经济增长。

一、基准回归结果

（一）进口规模与经济增长的回归结果

在采用实证方法检验进口结构对经济增长的影响之前，本节首先将进口规模作为核心解释变量进行回归。如表 14-2 所示，列（2）、列（4）的回归系数大于列（1）、列（3），这说明内生性的问题使得 OLS 的结果产生明显的向下偏移，从而低估了进口规模对经济增长的影响。*Kleibergen-Paap rk LM* 统计量（表格中简写为"*K-P LM* 统计量"）p 值低于 0.001，拒绝了"不可识别"的原假设，*Kleibergen-Paap rk Wald F* 统计量（表格中简写为"*K-P Wald F* 统计量"）较大，从而拒绝了"弱工具变量"的原假设，说明本节选取的工具变量较为合理。列（2）、列（4）的估计结果表明，进口规模对经济增长的系数为正，且在1%的显著性水平上显著，说明进口规模的

---

① Dollar D., Kraay A., "Trade, Growth, and Poverty", *The Economic Journal*, Vol. 114, No. 493, 2004, pp. F22-F49.

扩大对经济增长具有显著的正效应，这与塔那维鲁和拉贾古鲁（2004）[1] 的研究结论一致。

表 14-2　进口规模与经济增长的回归结果

被解释变量	GDP		人均 GDP	
估计方法	OLS	2SLS	OLS	2SLS
估计方程	（1）	（2）	（3）	（4）
lnimp	0.310***	0.347***	0.328***	0.375***
	(0.031)	(0.017)	(0.040)	(0.021)
ln$K$	0.081**	0.081***	—	—
	(0.033)	(0.017)		
ln$L$	0.316***	0.316***	—	—
	(0.103)	(0.046)		
ln$klratio$	—	—	0.104***	0.104***
			(0.037)	(0.020)
$primary$	−0.043	−0.037	−0.076	−0.069
	(0.106)	(0.058)	(0.145)	(0.070)
$secondary$	0.139**	0.121***	0.031	0.008
	(0.068)	(0.035)	(0.070)	(0.038)
rd	−0.034	−0.031**	−0.022	−0.018
	(0.025)	(0.012)	(0.024)	(0.013)
$tradefreedom$	0.001**	0.001**	0.002**	0.001**
	(0.001)	(0.000)	(0.001)	(0.001)
_$cons$	12.165***	—	2.176	—
	(1.753)		(1.311)	
国家固定效应	是	是	是	是
年份固定效应	是	是	是	是
K-P LM 统计量	—	160.126***	—	159.377***
K-P Wald F 统计量	—	1633.930	—	1626.308

---

[1] Thangavelu S. M., Rajaguru G., "Is There an Export or Import-Led Productivity Growth in Rapidly Developing Asian Countries? A Multivariate VAR Analysis", *Applied Economics*, Vol. 36, No. 10, 2004, pp. 1083-1093.

续表

被解释变量	GDP		人均 GDP	
估计方法	OLS	2SLS	OLS	2SLS
估计方程	（1）	（2）	（3）	（4）
N	914	909	914	909
R^2	0.885	——	0.822	——

注：括号内的值为稳健标准误；*、**、***分别表示在10%、5%和1%的显著性水平上变量显著。

（二）进口商品结构与经济增长的回归结果

表14-3是基于进口商品结构（BEC标准）的回归。从资本品的回归系数来看，列（1）、列（2）的回归系数显著为正，说明资本品进口份额的增加对经济增长产生显著的正作用。资本品能够通过技术扩散效应提高进口国的技术水平，改善生产的工艺流程，从而提升进口国的生产效率，促进进口国的经济增长（陈爱贞和刘志彪，2015）[①]。

从中间品的回归系数来看，列（3）、列（4）的回归系数显著为负，表明中间品的进口对经济增长具有明显的抑制作用，这一点与预期不符。对此可能的解释如下：一方面，中间品进口份额的增加能够降低创新成本，对国内创新产生互补效应，提升国内企业的生产率，促进国家的经济增长（Imbruno和Ketterer，2018[②]）；另一方面，如果能够进口到质量高又便宜的中间品，国内的企业就会购买国外的中间品，而不是自己制造，这样进口的中间品就会减少企业创新，对国内创新产生替代效应，不利于经济发展（Liu等，2016[③]）。因此，进口中间品对经济增长的作用既取决于其对国内创新的互补效应，又取决于其对国内创新的替代效应。表14-3的回归结果表明，中间品进口份额的系数为负，说明中间品的进口份额对国内创新的替代效应大于互补效应。此外，中间品进口份额的增加能否提高生产率、促进

[①]　陈爱贞、刘志彪：《进口促进战略有助于中国产业技术进步吗?》，《经济学动态》2015年第9期。

[②]　Imbruno M., Ketterer T. D., "Energy Efficiency Gains from Importing Intermediate Inputs：Firm-Level Evidence from Indonesia", *Journal of Development Economics*, Vol. 135, No. 12, 2018, pp. 117–141.

[③]　Liu Q., Qiu L. D., "Intermediate Input Imports and Innovations：Evidence from Chinese Firms' Patent Filings", *Journal of International Economics*, Vol. 103, No. 11, 2016, pp. 166–183.

经济增长，主要取决于企业的吸收能力能否与进口的中间品匹配（Augier等，2013[1]）。只有加强人力资本投资、增加研发补贴，才能充分发挥进口中间品对生产率的提升作用（Okafor 等，2017[2]）。

从消费品的回归系数来看，列（5）、列（6）的回归系数为正，但不显著，消费品的进口份额对经济增长的作用具有不确定性。对此可能的解释是，进口的消费品主要通过竞争效应影响经济增长，进口竞争对本土企业全要素生产率的影响是激励效应和规模效应综合作用的结果。对于低效率的企业，进口竞争负向作用的规模效应超过了正向作用的激励效应，进口竞争阻碍了低效率企业全要素生产率的增长，对于高效率的企业则相反，因此，消费品进口份额对经济增长的作用是不确定的。

表 14-3　进口商品结构与经济增长的回归结果（2SLS）

BEC 分类	资本品		中间品		消费品		三类产品	
被解释变量	GDP	人均 GDP	GDP	人均 GDP	GDP	人均 GDP	GDP	人均 GDP
估计方程	(1)	(2)	(3)	(4)	(5)	(6)	(7)	(8)
kimpshare	1.981***	1.762***	—	—	—	—	1.194***	1.156***
	(0.216)	(0.238)					(0.247)	(0.283)
rimpshare	—	—	-1.395***	-1.214***			-1.062***	-0.813***
			(0.155)	(0.162)			(0.172)	(0.184)
cimpshare	—	—	—	—	0.218	0.431	-0.005	0.429
					(0.332)	(0.359)	(0.332)	(0.376)
lnK	0.065**		0.047*		0.045		0.058**	
	(0.030)	—	(0.027)	—	(0.032)		(0.028)	
lnL	0.181**		0.195***		0.355***		0.133*	
	(0.079)		(0.069)		(0.077)		(0.075)	
lnklratio	—	0.115***		0.099***		0.079**		0.107***
		(0.031)		(0.029)		(0.032)		(0.031)

---

[1]　Augier P., Cadot O., Dovis M., "Imports and TFP at the Firm Level: The Role of Absorptive Capacity", *Canadian Journal of Economics*, Vol. 46, No. 3, 2013, pp. 956-981.

[2]　Okafor L. E., Bhattacharya M., Bloch H., "Imported Intermediates, Absorptive Capacity and Productivity: Evidence from Ghanaian Manufacturing Firms", *The World Economy*, Vol. 40, No. 2, 2017, pp. 369-392.

续表

BEC 分类	资本品		中间品		消费品		三类产品	
被解释变量	GDP	人均 GDP	GDP	人均 GDP	GDP	人均 GDP	GDP	人均 GDP
估计方程	(1)	(2)	(3)	(4)	(5)	(6)	(7)	(8)
primary	0.035	0.054	0.077	0.090	0.009	0.016	0.075	0.079
	(0.090)	(0.106)	(0.091)	(0.108)	(0.092)	(0.106)	(0.088)	(0.103)
secondary	0.159***	0.086*	0.185***	0.109**	0.198***	0.146***	0.167***	0.103**
	(0.050)	(0.048)	(0.051)	(0.049)	(0.050)	(0.051)	(0.052)	(0.051)
rd	−0.090***	−0.080***	−0.074***	−0.067***	−0.085***	−0.079***	−0.080***	−0.074***
	(0.019)	(0.019)	(0.022)	(0.021)	(0.020)	(0.020)	(0.021)	(0.020)
tradefreedom	0.005***	0.005***	0.006***	0.006***	0.005***	0.006***	0.005***	0.006***
	(0.001)	(0.001)	(0.001)	(0.001)	(0.001)	(0.001)	(0.001)	(0.001)
国家固定效应	是	是	是	是	是	是	是	是
年份固定效应	是	是	是	是	是	是	是	是
$K-P\ LM$ 统计量	95.427***	99.233***	123.712***	125.728***	86.390***	88.197***	107.459***	110.155***
$K-P\ Wald\ F$ 统计量	360.930	390.067	345.267	365.242	280.826	291.523	27.143	27.425
N	712	712	712	712	712	712	712	712

注：括号内的值为稳健标准误；*、**、*** 分别表示在 10%、5%和 1%的显著性水平上变量显著。

（三）进口技术结构与经济增长的回归结果

从表 14-4 的回归结果来看，从单独考察来看，低技术产品进口份额（*LT*）的回归系数为负，但不显著，中等技术产品进口份额（*MT*）、高技术产品进口份额（*HT*）的系数显著为正。也就是说，进口低技术产品对国内经济增长的作用不明显。相对于低技术产品来说，经济实现增长主要依靠中等技术产品、高技术产品进口份额的增加。综合考察三类技术产品对经济增长的影响，与单独考察的结果大体一致。总之，进口技术结构优化，进口中等技术产品和高技术产品有利于促进进口国的经济增长。

表 14-4 进口技术结构与经济增长的回归结果（2SLS）

进口技术结构	低技术产品		中等技术产品		高技术产品		三类技术产品	
被解释变量	GDP	人均 GDP	GDP	人均 GDP	GDP	人均 GDP	GDP	人均 GDP
估计方程	（1）	（2）	（3）	（4）	（5）	（6）	（7）	（8）
LT	-0.478	-0.146	—	—	—	—	-0.663*	-0.435
	(0.332)	(0.340)					(0.377)	(0.368)
MT	—	—	1.153***	1.307***	—	—	1.301***	1.428***
			(0.199)	(0.210)			(0.180)	(0.193)
HT	—	—	—	—	0.970***	0.904***	0.954***	0.916***
					(0.190)	(0.193)	(0.179)	(0.194)
lnK	0.067**	—	0.118***	—	0.067**	—	0.113***	—
	(0.030)		(0.026)		(0.029)		(0.025)	
lnL	0.315***	—	0.337***	—	0.319***	—	0.307***	—
	(0.076)		(0.072)		(0.073)		(0.073)	
lnklratio	—	0.100***	—	0.147***	—	0.097***	—	0.146***
		(0.030)		(0.028)		(0.030)		(0.027)
primary	-0.196*	-0.217*	-0.191**	-0.216**	-0.122	-0.151	-0.129	-0.154
	(0.101)	(0.115)	(0.092)	(0.103)	(0.099)	(0.113)	(0.091)	(0.103)
secondary	0.315***	0.203***	0.299***	0.197***	0.337***	0.221***	0.317***	0.210***
	(0.046)	(0.044)	(0.050)	(0.052)	(0.051)	(0.046)	(0.050)	(0.048)
rd	-0.062***	-0.055***	-0.036*	-0.032	-0.045**	-0.044**	-0.034*	-0.027
	(0.020)	(0.020)	(0.020)	(0.020)	(0.021)	(0.021)	(0.020)	(0.020)
tradefreedom	0.005***	0.005***	0.004***	0.005***	0.005***	0.006***	0.005***	0.005***
	(0.001)	(0.001)	(0.001)	(0.001)	(0.001)	(0.001)	(0.001)	(0.001)
国家固定效应	是	是	是	是	是	是	是	是
年份固定效应	是	是	是	是	是	是	是	是
K-P LM 统计量	75.155***	74.815***	24.714***	24.761***	114.413***	115.738***	80.548***	80.455***

续表

进口技术结构	低技术产品		中等技术产品		高技术产品		三类技术产品	
被解释变量	GDP	人均 GDP	GDP	人均 GDP	GDP	人均 GDP	GDP	人均 GDP
估计方程	(1)	(2)	(3)	(4)	(5)	(6)	(7)	(8)
K-P Wald F统计量	20.885	20.514	34.442	35.981	505.399	510.271	68.173	67.613
N	812	812	812	812	812	812	812	812

注：括号内的值为稳健标准误；$*$、$**$、$***$ 分别表示在 10%、5% 和 1% 的显著性水平上变量显著。

（四）进口产品多样性与经济增长的回归结果

为进一步验证进口产品多样性对经济增长的正效应，这里分别将产品种类数目、金融生态多样性指数和景观多样性指数作为进口产品多样性的衡量指标，分析进口产品多样性与经济增长的关系，回归结果如表 14-5 所示。表 14-5 的结果表明，无论是直接采用进口产品种类数目衡量，还是采用构建的 diversity 多样性指数、shannon 多样性指数衡量，进口产品多样性对经济增长具有稳健的正效应。

表 14-5　进口产品多样化与经济增长的回归结果（2SLS）

进口产品多样化	产品种类数目		diversity 多样性指数		shannon 多样性指数	
被解释变量	GDP	人均 GDP	GDP	人均 GDP	GDP	人均 GDP
估计方程	(1)	(2)	(3)	(4)	(5)	(6)
ln$kind$	2.669*** (0.343)	3.313*** (0.378)	—	—	—	—
ln$diversity$	—	—	0.053** (0.023)	0.059** (0.024)	—	—
$shannon\_index$	—	—	—	—	0.161*** (0.042)	0.178*** (0.047)
ln$K$	0.111*** (0.025)	—	0.078*** (0.029)	—	0.089*** (0.028)	—
ln$L$	0.429*** (0.065)	—	0.309*** (0.073)	—	0.297*** (0.071)	—

续表

进口产品多样化	产品种类数目		diversity 多样性指数		shannon 多样性指数	
被解释变量	GDP	人均 GDP	GDP	人均 GDP	GDP	人均 GDP
估计方程	(1)	(2)	(3)	(4)	(5)	(6)
ln*klratio*	—	0.134 *** (0.027)	—	0.109 *** (0.030)	—	0.122 *** (0.029)
primary	−0.361 *** (0.092)	−0.428 *** (0.099)	−0.188 * (0.097)	−0.211 * (0.110)	−0.203 ** (0.093)	−0.228 ** (0.105)
secondary	0.226 *** (0.053)	0.124 ** (0.059)	0.301 *** (0.052)	0.184 *** (0.052)	0.282 *** (0.053)	0.164 *** (0.055)
rd	−0.025 (0.020)	−0.018 (0.020)	−0.054 *** (0.021)	−0.053 ** (0.021)	−0.049 ** (0.021)	−0.047 ** (0.020)
tradefreedom	0.004 *** (0.001)	0.004 *** (0.001)	0.005 *** (0.001)	0.005 *** (0.001)	0.005 *** (0.001)	0.005 *** (0.001)
国家固定效应	是	是	是	是	是	是
年份固定效应	是	是	是	是	是	是
K-P LM 统计量	25.138 ***	23.594 ***	76.256 ***	76.563 ***	71.694 ***	72.067 ***
K-P Wald F 统计量	43.439	46.109	96.228	97.044	94.702	94.131
N	812	812	812	812	812	812

注：括号内的值为稳健标准误；*、**、*** 分别表示在 10%、5% 和 1% 的显著性水平上变量显著。

二、稳健性检验

本节采用改变控制变量的方法进行稳健性检验。本节借鉴李和金（2009）[1] 的做法，采用中学入学率（*secondary*）和大学入学率（*tertiary*）共同衡量一国的平均受教育水平；借鉴纳加维和斯特罗齐（Naghavi 和 Strozzi，2015）[2] 的做法，采用专利授予总量（*patent*）、R&D 费用占 GDP 的

---

[1] Lee K., Kim B. Y., "Both Institutions and Policies Matter but Differently for Different Income Groups of Countries: Determinants of Long-Run Economic Growth Revisited", *World Development*, Vol. 37, No. 3, 2009, pp. 533-549.

[2] Naghavi A., Strozzi C., "Intellectual Property Rights, Diasporas, and Domestic Innovation", *Journal of International Economics*, Vol. 96, No. 1, 2015, pp. 150-161.

比重（*rd*）共同衡量一国的技术水平，借鉴魏浩、毛日昇（2009）[①] 的做法，综合考虑出口总额占 GDP 的比重（*expshare*）、对外直接投资额占 GDP 的比重（*fdishare*）对经济增长的影响。其中，大学入学率和对外直接投资的数据来源于世界银行 WDI 数据库，专利授予量的数据来源于世界知识产权组织数据库（WIPO），出口额的数据来源于联合国贸易商品统计数据库（UN Comtrade）。在基准回归的基础上，本节将人均 GDP 作为被解释变量，采用 OLS 和 2SLS 方法重新对模型进行估计，回归结果如表 14-6、表 14-7和表 14-8 所示。结果表明，在原有模型的基础上，通过改变控制变量方法重新估计，基准回归的结果依然稳健可靠。

表 14-6　进口商品结构与经济增长的回归结果

BEC 分类	资本品		中间品		消费品	
估计方法	OLS	2SLS	OLS	2SLS	OLS	2SLS
估计方程	（1）	（2）	（3）	（4）	（5）	（6）
kimpshare	1. 188 ***	2. 142 ***	—	—	—	—
	（0. 364）	（0. 279）				
rimpshare	—	—	−0. 903 ***	−1. 469 ***	—	—
			（0. 278）	（0. 198）		
cimpshare	—	—	—	—	0. 914	0. 592
					（0. 573）	（0. 447）
ln*klratio*	0. 050	0. 058	0. 057	0. 067 *	0. 032	0. 036
	（0. 092）	（0. 040）	（0. 082）	（0. 036）	（0. 088）	（0. 040）
secondary	0. 059	0. 044	0. 075	0. 073	0. 082	0. 081
	（0. 146）	（0. 076）	（0. 141）	（0. 078）	（0. 140）	（0. 074）
tertiary	0. 111	0. 114 ***	0. 081	0. 065 **	0. 106	0. 106 ***
	（0. 074）	（0. 033）	（0. 065）	（0. 031）	（0. 074）	（0. 033）
patent	−0. 004	−0. 006	0. 001	0. 003	0. 002	0. 001
	（0. 015）	（0. 007）	（0. 015）	（0. 008）	（0. 015）	（0. 008）

① 魏浩、毛日昇：《中国经济发展的主导因素及其效应的动态分析——基于 1978—2007 年的实证研究》，《数量经济技术经济研究》2009 年第 8 期。

续表

BEC 分类	资本品		中间品		消费品	
估计方法	OLS	2SLS	OLS	2SLS	OLS	2SLS
估计方程	（1）	（2）	（3）	（4）	（5）	（6）
rd	−0.095 **	−0.110 ***	−0.085 *	−0.091 ***	−0.086 *	−0.082 ***
	（0.046）	（0.024）	（0.046）	（0.025）	（0.048）	（0.024）
tradefreedom	0.005 ***	0.005 ***	0.006 ***	0.007 ***	0.005 ***	0.005 ***
	（0.002）	（0.001）	（0.002）	（0.001）	（0.002）	（0.001）
expshare	0.188	0.252 ***	0.226	0.300 ***	0.144	0.131 *
	（0.145）	（0.070）	（0.146）	（0.066）	（0.155）	（0.069）
fdishare	−0.027	−0.039	−0.025	−0.032	−0.007	−0.009
	（0.018）	（0.025）	（0.016）	（0.026）	（0.019）	（0.025）
_*cons*	8.657 ***		9.287 ***		8.533 ***	
	（0.746）	—	（0.715）	—	（0.728）	—
国家固定效应	是	是	是	是	是	是
年份固定效应	是	是	是	是	是	是
K-P LM 统计量	—	79.665 ***	—	98.141 ***	—	68.005 ***
K-P Wald F 统计量	—	294.764	—	231.980	—	162.366
N	591	587	591	587	591	587
R^2	0.662	—	0.673	—	0.639	—

注：括号内的值为稳健标准误；*、**、*** 分别表示在 10%、5% 和 1% 的显著性水平上变量显著。

表 14-7 进口技术结构与经济增长的回归结果

进口技术结构	低技术产品		中等技术产品		高技术产品	
估计方法	OLS	2SLS	OLS	2SLS	OLS	2SLS
估计方程	（1）	（2）	（3）	（4）	（5）	（6）
LT	0.154	−0.010	—	—	—	—
	（0.312）	（0.465）				
MT	—	—	0.960 **	1.254 ***	—	—
			（0.394）	（0.236）		

续表

进口技术结构	低技术产品		中等技术产品		高技术产品	
估计方法	OLS	2SLS	OLS	2SLS	OLS	2SLS
估计方程	（1）	（2）	（3）	（4）	（5）	（6）
HT	—	—	—	—	0.591**	0.916***
					(0.289)	(0.205)
ln*klratio*	0.071**	0.070*	0.113	0.126***	0.059	0.053
	(0.029)	(0.038)	(0.075)	(0.034)	(0.087)	(0.038)
secondary	0.110*	0.109	0.103	0.101	0.140	0.157**
	(0.057)	(0.070)	(0.151)	(0.074)	(0.154)	(0.070)
tertiary	0.134***	0.135***	0.120	0.115***	0.134*	0.134***
	(0.031)	(0.035)	(0.075)	(0.035)	(0.074)	(0.033)
patent	−0.007	−0.006	−0.006	−0.006	−0.005	−0.004
	(0.008)	(0.009)	(0.018)	(0.008)	(0.017)	(0.008)
rd	−0.030	−0.033	−0.020	−0.016	−0.031	−0.030
	(0.025)	(0.024)	(0.053)	(0.024)	(0.052)	(0.024)
tradefreedom	0.005***	0.005***	0.005***	0.005***	0.006***	0.006***
	(0.001)	(0.001)	(0.002)	(0.001)	(0.002)	(0.001)
expshare	−0.029	−0.022	−0.056	−0.066	0.037	0.069
	(0.068)	(0.070)	(0.150)	(0.065)	(0.170)	(0.077)
fdishare	−0.013	−0.014	−0.001	0.002	−0.025	−0.031
	(0.035)	(0.026)	(0.037)	(0.032)	(0.024)	(0.025)
_*cons*	8.540***	—	8.415***	—	8.182***	—
	(0.274)		(0.794)		(0.808)	
国家固定效应	是	是	是	是	是	是
年份固定效应	是	是	是	是	是	是
K-P LM 统计量	—	35.930	—	101.781	—	68.789
K-P Wald F 统计量	—	32.911	—	436.936	—	62.521
N	666	662	666	662	666	662
R^2	0.628	—	0.656	—	0.642	—

注：括号内的值为稳健标准误差；*、**、***分别表示在10%、5%和1%的显著性水平上变量显著。

表 14-8　进口产品多样性与经济增长的回归结果

估计方法	OLS	2SLS
估计方程	（1）	（2）
ln*kind*	2.600***	3.176***
	（0.552）	（0.317）
ln*klratio*	0.102	0.109***
	（0.067）	（0.031）
secondary	0.007	−0.015
	（0.125）	（0.075）
tertiary	0.150**	0.154***
	（0.063）	（0.035）
patent	0.003	0.005
	（0.016）	（0.008）
rd	−0.013	−0.009
	（0.051）	（0.023）
tradefreedom	0.005***	0.005***
	（0.002）	（0.001）
expshare	−0.071	−0.081
	（0.165）	（0.072）
fdishare	−0.005	−0.003
	（0.029）	（0.028）
_cons	−11.639**	—
	（4.518）	
国家固定效应	是	是
年份固定效应	是	是
K-P LM 统计量	—	25.637***
K-P Wald F 统计量	—	404.766
N	666	662
R^2	0.708	—

注：括号内的值为稳健标准误；*、**、***分别表示在10%、5%和1%的显著性水平上变量显著。

三、基于进口国异质性视角的进一步分析

根据国际货币基金组织（IMF）的划分方法，本节将样本中的国家分为发展中国家和发达国家，分别研究进口结构与经济增长的关系。该部分将人均 GDP 作为被解释变量，采用 2SLS 方法进行回归分析。

（一）进口商品结构视角

如表 14-9 所示，列（1）—列（3）的结果表明，对于发展中国家来说，资本品进口份额的回归系数显著为正，中间品进口份额的回归系数显著为负，消费品进口份额的回归系数显著为正。列（4）—列（6）的结果表明，对于发达国家来说，资本品进口份额的回归系数显著为正，中间品进口份额的回归系数显著为负，消费品进口份额的回归系数显著为负。以上结果表明，资本品、中间品进口份额的增加对发展中国家、发达国家的经济增长具有相同的影响，与基准回归的结果保持一致，消费品进口对发展中国家、发达国家的经济增长具有不同的影响。与基准回归不同的是，消费品进口份额的增加对发达国家经济增长具有显著的负效应。原因可能是：第一，相比于自身生产的产品，发达国家进口的大多数产品是低廉的劳动密集型产品，这些产品依靠自身的价格优势会侵占发达国家的市场份额，对发达国家低效率企业的规模效应较大。第二，发达国家进口的最终消费品往往价格低，产品质量、技术复杂度等都比不上本国企业生产的产品，进口竞争对发达国家高效率企业的激励效应较小，所以，即使市场份额大大缩小，发达国家的本土企业也不会增加研发投资。总而言之，进口竞争对发达国家低效率企业的规模效应较大，对高效率企业的激励效应较小，进口大量的最终消费品不利于发达国家的经济增长。

表 14-9　进口商品结构与经济增长的回归结果（2SLS）

进口国发展程度	发展中国家			发达国家		
BEC 分类	资本品	中间品	消费品	资本品	中间品	消费品
估计方程	（1）	（2）	（3）	（4）	（5）	（6）
kimpshare	1.365 *** (0.289)	—	—	1.354 *** (0.297)	—	—

续表

进口国发展程度	发展中国家			发达国家		
BEC 分类	资本品	中间品	消费品	资本品	中间品	消费品
估计方程	(1)	(2)	(3)	(4)	(5)	(6)
rimpshare	—	-0.776*** (0.179)	—	—	-0.837*** (0.214)	—
cimpshare	—	—	0.905** (0.407)	—	—	-0.952** (0.431)
controls	是	是	是	是	是	是
国家固定效应	是	是	是	是	是	是
年份固定效应	是	是	是	是	是	是
K-P LM 统计量	74.532***	52.271***	38.735***	36.831***	71.052***	55.405***
K-P Wald F 统计量	233.922	140.978	93.246	157.234	197.699	200.646
N	361	361	361	351	351	351

注:括号内的值为稳健标准误;*、**、***分别表示在10%、5%和1%的显著性水平上变量显著。

(二) 进口技术结构视角

如表14-10所示,列(1)—列(3)的回归结果说明,对于发展中国家而言,低技术产品进口份额的回归系数不显著为正,中等技术产品、高技术产品进口份额的回归系数显著为正。列(4)—列(6)的回归结果表明,对于发达国家而言,低技术产品、中等技术产品进口份额的回归系数不显著为正,高技术产品进口份额的回归系数显著为正。

以上结果表明,进口技术结构对发展中国家、发达国家经济增长的影响具有异质性,主要表现为中等技术产品、高技术产品进口份额的增加都能够促进发展中国家的经济增长,只有高技术产品进口份额的增加能够促进发达国家的经济增长。原因可能是:样本期内,绝大多数的发展中国家都处于全球价值链的低端,甚至有些国家只是从事简单的组装工作,从这个层面来看,发展中国家进口的中等技术产品和高技术产品通常都会超过自身生产产品的技术水平,更容易通过技术扩散效应提升自身的生产率水平,促进发展中国家的经济增长。此外,对于发达国家来说,由于其进口产品的技术含量绝大多数都低于本国自身生产的产品,低技术产品和中等技术产品进口份额的增加在发达国家几乎不能产生技术扩散效应，只有高技术产品进口份额的增加才能通过技术扩散效应提高企业的创新能力、培养企业的技能工人，进而提升企业生产率，促进发达国家的经济增长。

表 14-10 进口技术结构与经济增长的回归结果（2SLS）

进口国发展程度	发展中国家			发达国家		
进口技术结构	低技术	中等技术	高技术	低技术	中等技术	高技术
估计方程	（1）	（2）	（3）	（4）	（5）	（6）
LT	0.525 (0.356)	—	—	0.175 (0.736)	—	—
MT	—	1.232*** (0.203)	—	—	0.197 (0.348)	—
HT	—	—	0.605*** (0.191)	—	—	0.926*** (0.196)
controls	是	是	是	是	是	是
国家固定效应	是	是	是	是	是	是
年份固定效应	是	是	是	是	是	是
K-P LM 统计量	15.255***	68.753***	40.108***	14.432***	50.318***	54.129***
K-P Wald F 统计量	21.363	261.686	29.547	9.136	168.573	121.216
N	422	422	422	390	390	390

注：括号内的值为稳健标准误；*、**、*** 分别表示在 10%、5% 和 1% 的显著性水平上变量显著。

（三）进口产品多样性视角

如表 14-11 所示，列（1）、列（2）的回归结果表明，进口产品种类的多样化能够促进发展中国家和发达国家的经济增长，与基准回归结果保持一致。

表 14-11 进口产品多样性与经济增长的回归结果（2SLS）

进口国发展程度	发展中国家	发达国家
估计方程	（1）	（2）
lnkind	2.148*** (0.425)	9.026*** (1.291)

进口国发展程度	发展中国家	发达国家
估计方程	（1）	（2）
controls	是	是
国家固定效应	是	是
年份固定效应	是	是
K-P LM 统计量	22.050***	34.029***
K-PWald F 统计量	28.269	35.252
N	422	390

注：括号内的值为稳健标准误；*、**、*** 分别表示在 10%、5% 和 1% 的显著性水平上变量显著。

本章小结

一、研究结论

本章首先构建了理论模型，分析了进口结构对经济增长的影响机制，随后利用全球样本数据，基于进口商品结构、进口技术结构、进口产品多样性三个视角，实证分析了进口结构对经济增长的影响。研究发现：

第一，资本品进口份额的增加对经济增长具有显著的正效应，中间品进口份额的增加对经济增长具有明显的抑制作用，消费品进口份额的增加对经济增长的促进作用不显著。资本品和中间品进口份额的增加对发展中国家、发达国家经济增长的作用始终与全部样本的回归结果是一致的，而消费品进口份额增加对不同类型国家经济增长的作用却存在异质性。消费品进口份额的增加对发展中国家经济增长具有显著的正效应，消费品进口份额的增加对发达国家经济增长具有显著的负效应。

第二，相对于低技术密集型产品来说，中等技术产品和高技术产品的进口份额增加对经济增长具有显著的促进作用。低技术产品进口份额增加对发展中国家经济增长的正作用不显著，中等技术产品、高技术产品的进口份额增加对发展中国家的经济增长具有显著的正作用；低技术产品、中等技术产品进口份额的增加对发达国家经济增长的作用并不显著，只有高技术产品进口份额的增加，才能促进发达国家的经济增长。

第三，进口产品多样化有利于促进进口国的经济增长。无论是直接采用进口产品种类数目衡量，还是采用构建的 diversity 多样性指数、shannon 多样性指数衡量，进口产品多样性对经济增长具有稳健的正效应。进口产品多样化对不同发展程度的进口国具有相同的影响，进口产品多样化对发展中国家、发达国家的经济增长具有显著的正效应。

二、政策建议

本章的结论对于当前的中国具有十分重要的指导意义。进口贸易对中国今后的经济发展具有十分重要的作用，扩大进口规模、优化进口商品结构和技术结构、实施进口产品多样化战略，既能有效地解决"逆全球化"趋势下严峻的贸易摩擦、贸易平衡问题，又能为中国的经济增长找到新的动力源泉。在本章研究结论的基础上，结合中国自身的贸易特征，本章提出以下政策建议：

（一）更加重视进口的经济增长效应

对于像中国这样的发展中大国，扩大进口贸易是实现经济增长的一种有效手段。适当扩大进口规模，以发挥进口规模对经济增长的长期带动作用，但是，我们也应该清醒地认识到，扩大进口不是中国经济发展的根本目的，而是为中国经济发展服务的一种手段，是整合世界各国生产要素资源的一种手段，是加快培育国际经济合作和竞争新优势、建设贸易强国的一种手段。

（二）积极扩大资本品和消费品的进口

根据本章的研究结论可知，在调整进口商品结构的过程中，中国要结合自身产业发展的现实以及进口贸易的实际情况，注重资本品对经济增长的显著促进作用，努力提高资本品的进口份额，以进口先进的机器设备加快产业发展方式的转变。消费品进口份额的增加对发展中国家经济增长具有显著的正效应，因为进口消费品导致的进口竞争会加剧国内市场竞争，进而影响国内企业的行为，从而优化国内资源配置。目前，消费品进口在中国进口中的份额较低，扩大消费品进口规模具有很大的空间，从现实情况来看，国内供给无法满足国内消费升级导致的巨大高端消费，扩大消费品特别是高端消费品进口有很大的潜力。

（三）增加中等技术产品和高技术产品的进口

中国正处于向价值链高端攀升的过程中，正在摆脱只是从事简单的组装工作（Cui 和 Syed，2007[①]），中等技术产品特别是高技术产品的进口，不仅能够使中国企业提高生产率，也能充分利用其中的技术扩散效应，增强自身的创新能力。要特别指出的是，企业在单纯提高进口商品技术含量的同时，也要努力提升人力资本的水平，加强员工的培训，充分引进高端技术人才，只有这样，中国企业对先进技术消化、吸收、模仿的能力才会提升，技术引进才能真正地变为技术进步。

（四）实施进口产品多样化战略

一方面，对于已经进口的产品来说，进一步拓展进口来源渠道，从不同国家、不同企业进口同类型、不同质量或者相同质量的产品，只有这样，国内的消费者和企业可选择的进口产品种类才会增加，才有利于进口风险的防范，降低进口的不确定性，进而确保经济增长稳定；另一方面，对于一些新型的核心技术、关键零部件、高技术产品来说，国家政府可以战略性地鼓励和推动中国企业采取联合采购、集中采购的方式，不仅可以攻破出口企业对中国的出口限制，而且，还可能规避进口价格过高的风险。

---

① Cui L., Syed M. H., "The Shifting Structure of China's Trade and Production", *International Monetary Fund*, 2007.

第 十 五 章

中国积极扩大进口的政策建议

本章首先对进口在经济发展中的作用进行了分析；其次，分析了中国积极扩大进口的必要性；再次，详细剖析了中国进口发展存在的问题；最后，从宏观角度提出了中国积极扩大进口的政策建议。

第一节　进口在经济发展中的作用

长期以来，在评价对外贸易对经济增长的贡献时，人们几乎都把关注的焦点放在出口或是贸易顺差上，似乎只有出口才对经济增长起推动作用，只有贸易顺差对经济增长才有积极作用。在进出口贸易工作中，顺差就是成绩，逆差就是目的，几乎成为政府官员追求业绩的目标，很少有人对进出口贸易的逆差与顺差问题进行深入的研究。一部分人认为中国需要贸易逆差，一部分人认为中国一直在搞赔本性出口创汇，中国现在不需要贸易逆差。其主要的分歧在于：进口在经济发展中的作用。本节将详细分析进口在经济发展中的作用。

一、对进口作用的重新认识

（一）进口与经济增长

现代经济理论认为，经济增长的主要因素是要素供给的增加和全要素生产率的提高。要素供给的增加包括资本和劳动供给的增加，全要素生产率的提高则包括产业结构优化、规模经济、制度创新等，而这些因素都与进口有密切关系。因为进口中往往包含大量的先进设备和先进技术，它虽然不会直接对 GDP 总额产生正向促进作用，但是大量先进设备和技术的进口会促进科技进步和生产率的提高，会促进经济集约化增长程度的提高，从而促进 GDP 增长率的提高。所以说，如果一国的进口结构保持以先进技术、生产设备和国内短缺资源、原材料为主的格局，进口在一定时期中增加较快，甚至出现适度的贸易逆差也是可以容忍的。20 世纪 90 年代以来美国经济增长的实例也可以佐证这一点（张亚斌等，2002①）。20 世纪 90 年代美国经济的高速增长得益于高科技贸易进口的增加。统计资料显示，随着美国先进技术进口所占比重逐渐提高，美国高科技产业对经济增长的贡献度也不断增强，在美国经济增长中，至少有 27% 要归功于高科技产业及高新技术的进口，高科技产业已经成为美国经济发展的有力推动力。

有关研究结果表明（夏先良，2002②）：进口参数对经济增长率的变化具有显著影响，出口参数则没有进口增长率对经济增长的贡献那样显著。在未考虑时滞效应时，回归结果表明，出口增长率与经济增长率呈负相关关系，进口增长率与经济增长率具有显著的正相关性。当考虑时滞效应以后，回归结果显示，进口增长率、出口增长率都对经济增长具有正相关贡献，出口部分增长也会拉动经济增长。但进口增长率仍然比出口增长率对经济增长的影响更加显著，在同样增长率下，进口大约比出口对经济增长的贡献大一倍。此外，也有研究表明（张小宇等，2019③），虽然出口贸易和进口贸易对经济增长均具有促进作用，但是，在 1978 年实施改革开放、2001 年加入世贸组织和 2008 年爆发国际金融危机等重要时间节点上，出口贸易对经济增长表现出逐渐减弱的拉动效应，而进口贸易表现出稳步增加的促进效应。

（二）进口与就业

人们总是认为进口会冲击国内产业，增加失业。这主要是因为：（1）

① 张亚斌、易红星、林金开：《进口贸易与经济增长的实证分析》，《财经理论与实践》2002 年第 6 期。

② 夏先良：《追求最大限度充分就业——中国进口贸易宏观分析与政策选择》，《国际贸易》2002 年第 3 期。

③ 张小宇、刘永富、周锦岚：《70 年中国对外贸易与经济增长的动态关系研究》，《世界经济研究》2019 年第 10 期。

国内市场被进口品替代而挤出本国劳动力就业机会；（2）进口先进设备使资本有机构成提高，表现出机器排挤工人现象；（3）新产品的进口，导致原有产品的淘汰，进而导致很多劳动密集型的企业倒闭，工人失业增加。

实际上，进口对就业的影响因情形不同而不同。最有利的情形是伴随进口扩大的产业升级，随着生产要素流向高效率产业，劳动力也随之流向高效率产业。在灵活的经济结构中，如果高效率产业具有更高的增长率或较高的就业弹性，进口和产业升级带来的经济增长可以增加就业。以美国为例（季铸，2002①），1995—2000 年，美国电脑和芯片业产值从 857.7 亿美元增加到 2661.6 亿美元，增长 210.31%，就业人数从 55 万增加到 60 万，增长 9.09%，就业弹性系数（就业增长率/产业增长率）为 0.043，就业弹性非常小，电脑和芯片产业每增长 1%，就业才增加 0.043%。同期美国计算机软件业产值从 1849.3 亿美元增加到 3296.2 亿美元，增长 78.2%，就业人数从 120 万增加到 211 万，增长 75.8%，就业弹性系数为 0.969，就业弹性比较大，计算机软件业每增长 1%，就业可以增加 0.969%。同期汽车业产值从 3162.7 亿美元增加到 3435.5 亿美元，增长 8.62%，就业人数从 95 万增加到 96 万，增长 1.05%，就业弹性系数为 0.121。相比之下，就业弹性高的产业比就业弹性低的产业更能吸纳就业。如果汽车产业的工人因失业而转移，在相同产业增长率下，转移到电脑或芯片业可能过剩，转移到软件业可能不足。

可见，经济增长不仅来自技术创新，同时还来自进口带来的以产业升级为特征的结构效率，所以，不应当只看到进口对就业率的负效应作用就动起限制进口的念头。在中国国内就业压力十分严峻的时期，更是要看到进口的就业创造效应。

（三）进口与保护

中国实施进口限制，主要出于国家财政收入和保护国内有关企业和产业的考虑。但是中国的进口限制并没有达到预期的效果。

1. 中国的高关税政策并没有增加政府的收入

首先，由于国内市场保护激发了各类大量的走私行为，对正常进口的冲

---

① 季铸：《进口贸易与经济增长的动态分析》，《财贸经济》2002 年第 11 期。

击越来越大，高关税只是给走私者带来了丰厚的利润。其次，进出口企业为了获得进出口许可证或进出口自主权而进行"寻租"活动，使国家的很大一部分利益被政府官员和企业获得。有关研究表明：中国降低进口关税、提高进口自由化程度的举措，不仅会抑制走私，而且通过海关过货的进口规模会大幅度增加，即使税率降低，关税总额的规模也会继续增加。

2. 保护对象发生错位

中国的进口限制本来是要保护中国的民族产业，但是，中国现行的关税政策保护的却是整个中国市场，当然也包括在华投资的外商企业。但是，在很多行业里，外商企业在中国的整个市场中有很大的份额，有的甚至达到垄断的地步。由此，可以看出，在这种情况下，中国保护的对象其实是外商企业，而不是中国的幼稚产业和民族产业，不仅没有达到保护中国企业和产业的目的，反而保护了外商投资企业，使中国的部分产业受制于人，影响中国的经济安全。

3. 名义关税和实际关税差距较大

长期以来，中国关税水平"名不符实"，海关统计数据表明：1998 年，中国的名义关税税率为 35.6%，而实际征收税率仅为 2.7%。到 2016 年，中国的名义关税税率降为 9.8%，而实际征收税率为 2.48%。虽然名义关税税率已大幅度下降，但是，名义征收税率与实际征收税率的差额仍然很大，高达 7% 以上，远高于发达国家的水平，处于严重背离的状态。2015 年，美国的名义关税税率为 3.5%，实际征收税率为 1.7%，名义关税税率与实际征收税率仅有 1.8% 的差额，远远小于中国 7% 的差额（李钢、叶欣，2017[①]）。由此可见，中国关税的虚保护现象十分严重，这一现象不仅没有达到保护的效果，反而成为其他国家给中国制造障碍的把柄。

（四）进口与出口

进口增长是出口竞争力提高和出口扩大的基本保证，只有适度的进口，才能保证持续、稳定的出口，才能使出口产品不断地升级，具有国际竞争力。

---

① 李钢、叶欣：《新形势下中国关税水平和关税结构的合理性探讨》，《国际贸易问题》2017 年第 7 期。

1. 进口有效地缓解了中国经济发展的供给瓶颈

人口众多，人均占有资源不足，是制约中国经济发展的一个重要因素。增加进口，可以充分利用国内外两种资源，为突破资源和技术约束发展经济开辟了一条新道路。扩大先进技术、技术设备和有效产品、原材料的进口规模，有利于提升中国产业竞争力水平，有利于增强中国出口竞争力和扩大出口。

2. 国内消费并不总是由国内的产品来满足的

如果没有进口产品，有些潜在需求就得不到开发，也就形不成实际的消费需求，也就不能推动经济的增长。在这种条件下，满足潜在需求的外国进口产品，能够扩大消费领域、提高消费质量、改变消费方式和习惯，开拓新的消费市场。由此带动中国有关生产领域的变化，导致新的投资生产。典型的例子就是中国的彩电、手机等产业，开始时，中国的这些消费品都是进口的，然后国内企业开始模仿生产直到拥有自主知识产权，在满足国内消费需求的情况下开始大量出口，成为出口大国。

3. 进口带来外来竞争压力

通过国外产品和企业的进入，引进外来竞争，有利于打破中国长期存在的经济和体制垄断，从而提高中国企业的生产效率和产品质量，有利于培育新的出口增长动力，形成有能力应对全球化挑战的新的出口部门和竞争性产业，为中国的持续出口打下基础。

二、中国与世界其他国家的国际经验

（一）中国的经验

有关数据和研究表明，自改革开放以来，进口在中国经济发展中起着重要的作用，甚至大于出口，而且对出口提出了质疑。主要表现为：

第一，中国的进口增长率与 GDP 增长率的变化趋势具有很强的一致性，在进口增长速度快的年份，经济增长率（用 GDP 增长率表示）呈上升趋势，而在进口增长速度放慢甚至出现负增长的年份，经济增长率也呈明显的下降趋势。只是进口增长率的变化幅度更大，而且其在时间上有先于 GDP 增长率变化的趋势，很明显，进口对经济增长有明显的促进作用（张亚斌等，2002）。

第二，考察中国 1980—1999 年国民经济的有关数据可以发现：在中国贸易顺差的年份，经济增长反而趋缓，贸易顺差与国内生产总值增长之间呈一种负相关的关系（张小济、胡江云，1999①）；而在贸易逆差的年份，经济增长大多较快，如 1985 年和 1993 年中国贸易逆差分别高达 448.9 亿元和701.4 亿元，相应经济增长都高达 13.5%，而同期净出口的贡献率分别为-3.4%和-1.5%。也就是说，在中国进口对经济增长作用大于出口。

第三，有关研究表明：中国的出口增长奇迹名与实不符，存在巨大的差距。对于出口乃至外资对中国经济的贡献，有关学者得出的结论是：国内官方和主流学派所提供的证据不足以证明国内经济正在走外向化的道路，以及改革开放之后国民经济是由出口带动的，更不能肯定外资和外商直接投资显著改善国内经济效益和促进经济发展。对于中国经济而言，出口只起到了一个间接的作用，中国经济在过去 20 年的增长更多依靠内部规律。

（二）国际经验

1. 进口在经济发展中作用的国际经验

无论是发达国家还是发展中国家，在经济发展的某一时期或某个阶段，进口贸易对一国经济发展的推动作用都会大于出口贸易。第二次世界大战后至今，发达国家如美国，发展中国家如印度和巴西等，在经济增长过程中，进口贸易的作用都大于出口贸易。具体分析如下（陈家勤，1999②）：

对于印度来说，1951—1996 年，印度每年的平均进口依存度为 8.5%，高于平均出口依存度的 7.1%，年均进口增长率为 9.8%，高于年均出口增长率的 9.1%。进口依存度高于出口依存度，进口增长率高于出口增长率，都说明了在印度的经济发展过程中，进口贸易的作用大于出口贸易。

对于巴西来说，在 20 世纪 60 年代、70 年代和 80 年代，进口增长率分别为 8.0%、27.3%、-2.6%，进口依存度分别为 7.3%、8.8%、7.1%，而同期的国内生产总值增长率分别为 6.5%、8.7%、1.8%，可见，进口增长率与国内生产总值增长率之间显然存在较强的相关性，而从同期的出口指标来看，这种相关性就没有进口这样强。

---

① 张小济、胡江云：《在自由贸易的背后——进口贸易与国民经济发展》，《国际贸易》1999 年第4 期。

② 陈家勤：《适度增加进口的几点思考》，《国际贸易问题》1999 年第 7 期。

对于韩国来说，在韩国的经济增长过程中，在 20 世纪 50 年代、60 年代和 70 年代，进口增长率分别为 1.4%、17.4%、29.0%，出口增长率分别为 17.4%、38.5%、37.5%，而同期的国内生产总值增长率分别为 3.6%、5.6%、8.3%，很明显，在这 30 年间，进口增长率与国内生产总值增长率之间的相关性较强。

2. 世界大国发展经济成败的经验

从战略角度来看，深入研究世界上经济大国的发展道路和成败经验对中国有重要的启示意义。这里我们主要研究了美、俄、日三个大国（朱文晖，1998①）。具体来看：

在美国经济发展的整个历史过程中，出口占的比重非常的小，19 世纪的出口主要以农产品为主，第一次世界大战前开始出口汽车等制造业产品；美国出口大量增加，则是在两次世界大战严重破坏了欧洲的生产能力以后的事情。总的来说，出口一直没有在美国的经济增长中占有导向性的作用。

俄罗斯虽然是世界上幅员最大、资源最丰富的国家，但是，其综合实力在国际上并不领先。究其根源，俄罗斯是将大量的资源倾注于以军事工业为主的投资之中，形成的军事技术和生产能力未能为消费服务，投资和消费的关系得不到合理的解决，经济增长无法从消费方面得到持久的支持，使整体经济在与美国的争霸中失去后劲，最终在 20 世纪 80 年代末被拖垮。

众所周知，日本经济已经连续很多年处于衰退之中，其失败的原因有很多，最根本的是，日本的国内消费和市场一直没有开发出来，在国际市场无法容纳更多出口的时候，内部消费无法带动经济的增长，过去出口以及为出口而形成的投资机制也无法顺利进行，因此，整个经济出现停滞以至于衰退趋势。

从上述的历史经验来看，大国发展必须处理好投资、消费和出口的关系，出口导向和单纯的投资主导可以取得一定时期的高速增长，却最终要面对内需扩张的转换，转换得不好就会出现经济问题甚至是经济危机，俄罗斯、日本和东南亚金融危机就是典型的例子，中国应该从中好好地吸取他国教训。

---

① 朱文晖：《中国出口导向战略的迷思——大国的经验与中国的选择》，《战略与管理》1998 年第 5 期。

第二节　中国积极扩大进口的必要性

一、中国扩大进口的背景

（一）中国国内经济发展的需要：需要增加进口

近几十年来，中国经济一直保持持续稳定的增长，目前，中国经济已经进入了一个新的阶段：中国经济总量挤到了大国的行列，中国已经进入了工业化的后期，经济发展方式由高速发展转变为高质量发展，中国经济发展对进口的需求日益增加。这里我们主要介绍三种代表性产品的进口需求。具体如下：

1. 工业产品

以机床为例，2002 年，中国金属加工机床工业总产值和进口额都达到近 30 亿美元，全年消费量超过 55 亿美元，中国首次成为机床消费世界第一大国和机床进口全球第一大国。2001—2011 年，中国金属加工机床消费快速增长，从 2001 年的 29.7 亿美元增长到 2011 年的 390.9 亿美元，增长了12.16 倍，与此同时，中国机床进口量在 2000—2011 年也呈现上行趋势，进口额在 2011 年达到高峰，为 203 亿美元，机床进口趋势与中国经济转型升级的步伐相吻合。[①] 中国机床消费的强劲势头引起了美国、德国、日本、瑞士、意大利、韩国等国家的高度关注。

2. 生产要素

以木材为例，近年来，中国木材消费量持续上升，2007 年，中国木材消费总量为 3.8 亿立方米，2017 年增长至 6 亿立方米，年均增长率为4.67%。2017 年，中国木材消费总量中建筑业用材 1.86 亿立方米，约占全国木材消费量的 31%；造纸用材 1.74 亿立方米，占总消费量的 29%；出口用材 1.14 亿立方米，占总消费量的 19%；国内家具用材 7200 万立方米，占总消费量的 12%。受国家政策调整影响，尤其是 2017 年全面禁止天然林商

---

① 《2018 年中国机床工具市场与产业形势分析》，见 http://www.chinamae.com/shownews_166772_17.html，2019-1-19。

业性采伐后，国产商品木材供应减少，国内木材市场资源供给严重不足，进口木材市场增长迅猛，进口木材已成为中国木业生产的主要来源，对外依存度超过 60%。

3. 农产品

以食糖为例，从消费形势上看，受食品工业的高速增长、人口增加以及经济快速增长、消费水平提高等因素影响，中国食糖消费的年均增长率将不会低于 5%，国内食糖市场供需缺口呈现不断拉大的变化趋势。2003 年，中国食糖进口量为 77.51 万吨，到 2017 年进口量已增长到 229.02 万吨，年均增长率为 7.49%[①]，2018 年中国进口量 280.0 万吨。[②] 食糖进口需求量大的主要原因是由于中国糖料种植面积和制糖企业生产能力有限，中国糖业生产极限估计在 1300 万吨左右，从 2004 年开始，中国食糖消费每年以不少于100 万吨的速度增长，食糖消费出现不可逆转的快速增长趋势，食糖供求情况进入"供小于求"的局面，并且这种局面难以改变，这就意味着中国必然成为食糖进口大国。

正如澳大利亚《金融评论报》的文章所说：中国消费者将成为备受全球瞩目的力量，中国沿海居民收入的猛增推动了对汽车、手机、房产和耐用品的需求，带动了进口的快速增长。中国对进口商品的需求，既反映了中国是西方国家进口产品的"最终组装者"，也说明了中国国内需求迅速扩大的现实。中国正从出口大国转变为进口消费大国，并已成为韩国、日本、澳大利亚等国家经济增长的重要源泉，将来随着中国农村地区的发展，农民将成为推动中国消费增长的另一股主要力量。

（二）跨国公司战略行为的变化：实施市场战略

中国经济的发展速度与发展潜力使得中国成为举世瞩目的潜在目标市场，从而导致中国在跨国公司战略中的地位正在悄然发生改变：中国不再是跨国公司单纯的生产制造基地，而是一个必须重视、利用的大市场，是跨国公司全球事业的重要支柱。顺应这种趋势，跨国公司不仅对在中国的管理体制作出了相应的调整，而且，还逐渐地把中国建设成综合性基地，在中国设

---

① 《2018 年我国食糖进口优惠政策取消，国内糖价的下行压力将得到一定缓解》，见 https：//m. chyxx. com/view/677726. html。

② 《2018 年中国食糖产业市场供需情况分析》，见 https：//m. chyxx. com/view/783166. html。

立地区总部，实施中国市场战略，即由生产基地转变为生产和销售基地。美国《财富》杂志的调查显示：有92%的跨国公司计划在中国设立地区总部。可见，没有坚定的中国战略，就无法实现全球化，从而也就不能实现跨国公司的利益最大化。这就意味着跨国公司在中国的生产将从出口转向逐渐面对中国的国内市场。

这一点已经成为日立、东芝、通用、杜邦等全球知名公司的共识。自从2001年跨国公司逐渐加大了在华投资力度，投资战略也从"中国事业战略"向"中国市场战略"转变，逐步建立起以中国市场为对象的营销体系。以日本著名跨国企业东芝公司为例：20世纪，东芝公司把中国视为生产制造基地，但现在，东芝公司进一步完善了中国作为地区总部的体制，在中国市场上的发展与管理战略是在中国市场上制定的，而不再像以前那样，在东京制定。同时，东芝公司将设计、销售与生产一起纳入东芝公司在中国的事业体系，使中国成为综合性基地，而不仅仅是作为制造基地的功能。截至2011年，东芝公司在中国发展了64家合资、独资企业，投资总额逾80亿元人民币，而且，中国与欧洲、美洲、亚洲一起，已经成为东芝全球市场除日本以外的四大区域之一，且是唯一以国家为单位的市场。

日本汽车在中国的失败很好地说明了中国市场的重要性。20世纪末，由于日本人长期轻视中国，为此日本汽车付出过高昂的代价。20世纪80年代，中国数不清的汽车招商团去过日本，希望日本汽车巨头到中国来投资建厂，效果都不好，到了90年代后期，日本人突然发现，中国的私家轿车需求开始了井喷式的发展，而此时，欧美汽车商不仅在中国建起了遍地的合资企业，而且欧美汽车品牌在中国逐渐深入人心，在中国市场上牢牢占据了优势地位。日本尽管拥有一大批在全世界名列前茅的汽车巨头，但在中国，他们的市场占有率都很低。进入21世纪以后，日本汽车企业开始了亡羊补牢式的战略调整，在丰田的世界战略中，中国占了最重要的位置，三菱则把今后的轿车生产重点放在了中国。① 日本汽车曾经在中国失败的原因在于：长

---

① 《后悔轻视中国市场 日本汽车"亡羊补牢"》，见 http://info. hc360. com/HTML/001/002/003/013/83960. htm。

期以来，日本一直忽视中国这个巨大优质的制造基地的价值，更没有预见到制造基地与销售市场之间的连通性。如今日本汽车跨国公司通过采取补救措施，在中国的市场占有率已经得到了大幅度提升，2016 年年底日本汽车在中国市场上的占有率为 15.6%，2017 年年底该数据上升至 17%。[1]

（三）中国对外经济环境的制约：国际经济摩擦加剧

在中国对外贸易特别是出口贸易迅猛发展的同时，中国遭受的国际贸易摩擦也日益增加。目前，中国已成为反倾销案涉案最多的国家。1995—2016 年，中国遭受的反倾销案件占全球案件的近 1/4，总共 1217 起。中国遭受的反倾销执行率大于全球水平，对中国反倾销调查最多的五个国家和地区分别是印度、美国、欧盟、阿根廷和巴西；在中国出口的 18 类出口产品中，除动植物油脂之外，其他的 17 类产品全部都遭受了反倾销，其中，钢铁、铝等贱金属及其制品、化工产品和机电产品是遭受国外反倾销最多的 3 类产品。[2] 2016 年，中国共遭遇来自 27 个国家（地区）发起的 119 起贸易救济调查案件，其中反倾销 91 起，反补贴 19 起，保障措施 9 起，案件数量和涉案金额同比分别上升 36.8% 和 76%。

由于传统的贸易壁垒大大削减，主要贸易国家为保护国内市场，纷纷转向反倾销、技术性贸易壁垒、特殊保障、绿色贸易壁垒、非市场经济地位等更加隐蔽的贸易保护手段。在限制进口措施领域，针对中国出口产品的各类贸易救济措施和贸易壁垒将日益增强；在服务贸易领域，针对中国服务业市场准入政策是否构成贸易壁垒的纠纷将不断激化；在知识贸易领域，针对中国是否依法保护知识产权的摩擦将愈加强烈；在贸易制度领域，针对中国贸易制度能否统一实施问题上的冲突也将持续升级。

值得注意的是，尽管目前挑起争端的主要是美日欧等主要发达国家，但已逐步向发展中国家蔓延，而且这种趋势还在发展。2003 年，全球共有 17 个国家和地区对中国发起了 49 起反倾销调查，其中，亚非国家 7 个，发起了 24 起反倾销调查，这些国家包括土耳其、印度、印度尼西亚、韩国、泰

① 肖逸思：《丑闻频出 日系车在中国市场占有率为何不降反升?》，见 http://auto.china.com.cn/news/20180518/688118.shtml。
② 宋利芳：《中国遭受反倾销案件占全球近 1/4，未来仍会增加》，见 http://www.sohu.com/a/235678501_100160903。

国、埃及、南非。自 2008 年国际金融危机爆发以来，全球经济复苏乏力，国际贸易增速明显下滑，一些国家和地区贸易保护主义抬头，在此背景下，中国面临的贸易摩擦形势将更加严峻，尤其是近年来钢铁贸易摩擦案件集中爆发，贸易摩擦由传统的欧美等发达国家向亚洲、拉美、非洲的发展中国家蔓延的新趋势更加明显。可见，在以后相当长的一个时期内，中国将面对一个国际贸易摩擦的高发期，这将是中国经济特别是对外贸易发展进程中，不得不面对的日益严峻的国际经济环境。基于此，扩大进口特别是战略性的主动扩大进口，就可以在一定程度上有效地缓解贸易摩擦。

(四) 中国经济发展的必然：成为经济强国的需要

第一，从历史上经济强国的发展道路和成败经验来看，中国也应该增加进口。根据中国的现实情况和国情，在世界所有的国家里包括美国的历史经验均值得借鉴。在美国经济发展的整个历史过程中，出口占的比重非常的小，美国出口大量增加是在两次世界大战严重破坏了欧洲的生产能力以后的事情。总的来说，出口一直没有在美国的经济成长中占有导向性的作用。相反，与很多国家一直追求并保持对外贸易顺差不同，进口大于出口、保持巨额贸易逆差成为美国对外贸易的一个显著的特点。

第二，从进口和出口作为国际经济职能的手段来看，中国也应该利用增加进口，提高国际地位。对外贸易按流向来分可以分为进口和出口。从作为国际经济职能的手段来说，当国际市场处于供不应求的状态时，出口国在国际市场上处于主动地位，具有主动权，进口国处于被动地位；当国际市场处于供过于求的状态时，进口国在国际市场上处于主动地位，具有主动权，出口国处于被动地位。目前，世界经济的现状是，除中国之外，世界各国普遍处于经济低迷时期，因此，导致在国际市场上出口国处于被动地位，进口国处于主动地位。所以，中国应该把握好这个机遇，增加中国经济发展所需的战略性进口。

另外，进口国得到的是实物资产，而出口国得到的仅仅是进口国的流通货币，不能使出口国的人民得到真正的实惠，而且还存在贬值的风险，即一旦外汇货币贬值，出口国由贸易顺差积累的外汇储备就会相应地贬值，大大损害出口国的利益。

二、中国扩大进口应该注意的问题

(一) 增加战略性进口

在当前的国际背景下，中国如果还一直单方面大力发展出口可能是行不通的，可能还是一个灾难。由于在一连串的经济危机和金融危机之后，国际市场一直处于疲软状态，国际市场收缩，这虽然使中国出口压力剧增，但是，对于中国增加战略性进口却是一个重大机遇。增加战略性进口，不仅可以缓解中国面对的严峻的国际经济摩擦，特别是与中国有巨额贸易逆差国家之间的经济摩擦，还可以进口一些出口国以前限制出口到中国而中国又急需进口的重要产品。这里所说的战略性进口主要是指：

1. 进口商品是有选择性的

主要包括中国经济发展急需的各种生产原材料，例如，机床、木材、民用食糖等，特别是石油、先进生产技术的进口，还有服务贸易项目下高级人才的引进。

2. 进口地区是有选择性的

联合国的统计数据显示：2018 年，中国对外贸易顺差总额高达 3592.5亿美元，其中，中国大陆的前 10 大贸易顺差国家（地区）分别是美国、中国香港、荷兰、印度、英国、墨西哥、越南、波兰、孟加拉国、西班牙；前10 大贸易逆差国家（地区）分别是中国台湾、韩国、澳大利亚、巴西、瑞士、日本、德国、沙特阿拉伯、安哥拉、马来西亚。可以看出，中国的出口与进口总体上并不对称。因此，中国在扩大进口的时候，就应该从与中国贸易逆差较大的国家（地区）进口，尽量减少其他国家（地区）与中国的贸易逆差额度，从而缓解经济摩擦。

3. 要特别注重增加从亚非发展中国家的进口

对于中国来说，越来越多的贸易争端正来自被忽视的亚非新兴市场。中国政府应该高度重视这一问题，并提高到国家战略的角度。因为亚非市场和欧美市场具有很强的关联性，很多产品在欧美市场遭受反倾销后开始转移到亚非市场。中国企业如果在亚非市场再次遭遇大规模反倾销，就意味着丢失全球市场的危险，也就有可能导致中国对外贸易的崩溃，应该积极防范这个潜在风险。

因此，为了确保实现战略性进口的目的，这就需要国家建立进口监控机制，根据中国经济发展的需要，依据中国国际市场面临的经济环境，调控中国进口的地理方向和进口商品结构，避免无序和无目的进口，确保国家整体利益最大化。

（二）协调好投资体系和国内消费的关系

自改革开放以来，中国一直实行的是出口导向型的外贸政策，所以，中国的工业投资体系分为两个部分：一部分是为满足出口、加工贸易服务的体系——外生循环投资体系，一部分是为满足国内市场需求服务的体系——内生循环投资体系。这种情况导致了国内产品需求结构与外生循环投资体系的生产结构出现了较大的差异，所以，在扩大进口过程中，就会出现怎样协调外生循环投资体系向内生循环投资体系顺利转变的问题，怎样引导外生循环投资体系向国内产品需求结构靠拢的问题。

关于这个问题，日本的历史经验可以为我们提供一些启示。众所周知，日本经济已经连续多年处于衰退之中，其失败的原因有很多，出口导向战略的失败便是一个很重要的原因。从里根执政美国和撒切尔夫人执政英国开始，日本的主要出口国家美、欧等国开始注重国内的生产，提高本国的生产效率，使国际市场无法容纳更多的出口，因此导致日本无法保持过去的增长速度，进而导致金融体系出现问题，终身雇佣制也成为经济发展的包袱。在整个过程中，最根本的原因是，日本的国内消费和市场一直没有开发出来，内部消费无法带动经济增长，过去出口以及为出口而形成的投资机制也无法顺利进行，因此，整个经济出现停滞以至于衰退趋势。

从上述的分析来看，大国发展必须处理好投资体系和国内消费的关系，这两者之间的关系是否协调一致决定着这个国家的经济能否持续稳定地发展。同样，在中国扩大进口的过程中，协调外生循环投资体系向内生循环投资体系的顺利转变，合理引导外生循环投资体系向国内产品需求结构的靠拢是中国经济是否能持续稳定发展的关键，转换得不好就会出现经济问题，中国应该高度重视起来。这个转换的过程不是一蹴而就的事情，而是一个中长期的过程，因为开发国内消费需求、提高消费结构要与国家的经济水平相适应，目前中国与发达国家的经济差距还很大。

（三）利用增加进口加速亚洲地区一体化的步伐

在全球化的进程中，有一个很明显的现象就是区域经济一体化的步伐明显加快，国家之间的竞争已经转变为地区与地区之间的竞争。欧盟和北美自由贸易区的一体化发展速度比较快、一体化程度比较高，而亚洲地区一体化的进程明显较慢。原因之一是，东盟方面比较消极，东盟认为中国的出口产品和他们的产品具有替代性，一旦合作，其出口就存在危机，从而影响他们经济的正常发展。

然而，世界银行发布的报告表明，东盟和其他国家的这种担心是不必要的。世界银行的一份研究报告认为[①]：东亚地区中高等收入经济体的整合有利于扩大市场，强化竞争，加快技术传播，但更重要的是，由此产生的政策协调将会巩固宏观经济稳定，进一步强化积累知识实现长远效益的动力。2017年中国和东盟贸易额达5148.2亿美元，是2003年的6.6倍，占中国对外贸易总额的比重进一步上升到1/8。截至2018年，中国已连续10年保持为东盟第一大贸易伙伴，东盟已成为中国第二大贸易伙伴。

因此，中国应该抓住目前的机遇，通过积极从亚洲增加进口这个手段，协调各方利益，加强中国与亚洲其他国家和地区之间的经济合作，从而带动并加速亚洲地区一体化的步伐。这就要求亚洲其他国家在对外贸易中改变战略思路，以大局为重，重视与中国之间的经济关系，在经济上与这些国家优势互补，形成真正的利益共同体，这样才能共同抵御外部风险，提高所有国家特别是小国的国际地位。

（四）加强对跨国公司的监管和对国内市场的重视

跨国公司在中国战略的变化、中国进口的增加和亚洲地区一体化进程的加快等，必定会导致跨国公司对中国市场和中国企业的冲击。这就要求中国政府加强对跨国公司的监管、改变中国企业的竞争思路。具体来看：

加强对跨国公司的监管，主要是为了避免跨国公司凭借自身的优势、利用非正当竞争手段对中国企业进行挤压，从而导致跨国公司对中国国内市场的垄断，对中国产业的控制，进而控制中国经济，影响中国经济的自主权。因此，对跨国公司的监管主要是：

---

① 世界银行最新研究：《东亚可以恢复活力》，中国网，2002年10月9日。

1. 对转移定价的监控

跨国公司在中国的子公司同母公司或其他子公司的内部贸易与关联贸易会大量增加，其通过转移价格进行内部与关联交易的数量也会不断增加。在通过转移价格进行内部与关联交易时，他们会有系统地操纵价格，以逃避所得税和关税，这必然会对中国的税收造成损失。据估算，跨国公司每年避税给中国造成的税收损失在 300 亿元以上。其中，转让定价实现的避税总额占整个跨国公司避税总额的 60%。① 所以，中国应该加快建立和完善对跨国公司转移价格的监控体系。

2. 对建立工会的监控

沃尔玛、柯达、三星、戴尔、肯德基、麦当劳在内的一批在华外资企业无视中国法律，都存在多年未建工会或工会组织不健全的问题。有鉴于此，中国政府应该要求这些企业依法组建并健全工会制度，并动员全社会力量进行监督。这样不仅有利于保障中国工人的利益，还有利于中国内资企业平等的竞争。

中国企业改变竞争思路，主要就是要注重对国内市场的占有。随着全球经济日益一体化，中国的国内市场本身就是国际市场，中国企业如果不注意保护和占领国内市场，只知道盲目地追求出口，到头来只能事倍功半。同样，中国培育跨国公司不一定要先占领国际市场。目前，由于品牌之争已经成为国际市场利润之争的核心，因此，保护本国的品牌和知识产权应该成为培育中国跨国公司战略的一部分内容，其核心任务是打破发达国家的知识垄断。由于中国是一个经济大国，经济活动总量大，消费总水平高，国内市场十分广阔，可开拓的潜力也很大，因此，中国可以在主要依靠国内市场的情况下实施中国培育跨国公司的战略，先占领国内市场，再占领国际市场。如果连国内市场都不能占领，占领国际市场就成为一句空话，也就不可能实现培育跨国公司的战略。

值得注意的是，这里所说的注重国内市场，并不是说要放弃国际市场，而是，既要充分利用国内市场，又要积极开拓国际市场，使两者相互促进。

---

① 参见《跨国公司每年少缴 300 亿，国税总局立规反避税》，《中华工商时报》2004 年 11 月 10 日。

这样才能使中国的经济发展逐步走上新台阶；反之，片面强调国内市场的重要性，不努力开拓国际市场，不积极参与国际经济合作，往往会使本国技术落后、国际竞争力减弱，造成经济发展的停滞。

第三节　中国进口发展存在的问题

一、进口地区结构有待于进一步优化

中国进口地区结构过于集中的现象比较突出。从洲际地区来看，中国进口严重依赖亚洲，中国大约 3/5 的进口来自亚洲，中国进口在大洋洲和北美洲的地区结构最为失衡。从区域来看，中国在欧盟的进口过度依赖德国，在拉美的进口过度依赖巴西。1998—2018 年，中国在拉美地区的整体进口地区结构表现为恶化的趋势，中国在欧盟的整体进口地区结构自 2002 年以来整体表现为稳定的趋势，其他地区的整体进口地区结构在不断优化，但是优化速度比较缓慢，其中东盟的整体进口地区结构优化最为显著。

二、对发达国家高技术产品的依赖过大

从发达国家在中国进口商品结构中的地位来看，发达国家在中国中高技术产品、高技术产品、特高技术产品等各类产品进口总额中的比例一直保持较高的份额，2000—2014 年，都在 50% 以上。从具体国家来看，美国、日本、德国在中国技术类产品特别是中高技术产品、高技术产品、特高技术产品的进口中占有较高的份额，美国、日本、德国是中国特高技术产品的主要进口国，2014 年，三个国家在中国特高技术产品进口中的份额都在 17% 左右。总的来看，虽然发达国家在中国总进口中的份额有所下降，但是，发达国家仍然是中国主要的进口国，发达国家是中国中等技术以上产品的主要进口来源国，中国高技术产品进口对日本、美国、德国的依赖程度很大，这三个国家占中国高技术进口的半壁江山，这种格局在近十年基本没有发生变化。

三、进口商品技术结构还需继续优化

从中国与菲律宾、马来西亚、巴西、南非、墨西哥、泰国、印度、印度

尼西亚、越南、俄罗斯等 10 个发展中国家相比，2000 年，高技术在中国进口中的比例只高于印度，中高技术在中国进口中的比例只高于菲律宾、马来西亚、南非、印度和俄罗斯；2014 年，高技术在中国进口中的比例只高于巴西、泰国、印度、印度尼西亚和越南，中高技术在中国进口中的比例只高于菲律宾、南非和印度。这就说明，与发展中国家相比，中高技术产品、高技术产品在中国进口总额中的份额还是偏低。中国与韩国、美国、荷兰、日本、新加坡、英国、德国、法国等 8 个发达国家相比，除了日本、韩国之外，2014 年，中国与其他 6 个国家的进口商品结构基本类似。2000 年，高技术产品在中国进口总额中的比例低于所有其他 6 个发达国家，2014 年，高技术产品在中国进口总额中的比例已经基本与其他 6 个发达国家持平，但是，特高技术产品在中国进口总额中的比例小于全部 8 个发达国家。从中国进口结构与世界整体进口结构的比较来看，中国进口相对较多的商品是非农业型初级产品、中等技术产品、中高技术产品。高技术产品一直是国际进口贸易的第一大商品，一直占据国际进口市场 20% 左右的份额，但是，高技术产品在中国进口中所占份额直到 2012 年才达到世界整体水平，特高技术产品在中国进口总额中的比例仍然低于世界整体水平。可见，中国政府要特别重视进口商品技术结构的优化，从而进一步提高中国进口整体技术水平。

四、进口定价权缺失问题日益凸显

中国进口规模的扩大并没有带来中国对进口商品定价权的提升，相反，中国进口商品定价权缺失问题日益凸显，成为中国政府面临的严峻挑战。中国商务部的报告指出，中国在国际贸易体系的定价权几乎全面崩溃，存在"中国买什么，国际市场就涨什么，中国卖什么，国际市场就跌什么"的现象。在国际市场中，虽然中国占 65% 的全球铁矿石进口量，但是，没有定价权，不仅是铁矿石，石油、铜、粮食等大宗商品的进口也面临类似局面，供需矛盾突出，进口依存度不断增加，海外收购遭遇阻力，对市场的非理性波动只能被动适应。根据中国商务部和国家统计局的数据显示，中国诸如原油、成品油、铁矿石和铜等原材料的进口价格大部分都保持着极高的增长速度。可见，中国进口增加对全球商品市场具有一定的影响力，但是，这种影响力仅仅体现在需求拉动方面，并没有掌握商品的国际定价话语权，要随时被动承担国际市场价格上涨的风险，这也正成为制约中国自身经济发展的一道"魔咒"，作为最大的国际买家在定价权上的缺失，使中国蒙受了巨大的损失。

进口价格上涨或者波动幅度较大，除了会直接导致中国付出较大的支付成本，还会间接导致中国国内消费价格提升、生产成本提升，进而降低中国出口商品的竞争力，不利于中国国内经济以及对外贸易的稳定发展。另外，大量的研究表明，进口价格的快速攀升会产生诸如贫困增加、社会动荡和国内通货膨胀加剧等重要社会经济问题。

五、中国和部分进口来源国未签订自贸区协议

根据 WTO 的数据显示，世界各国签订的区域贸易协定共计 286 个，中国签订的协议占总数的 4.9%。在 286 个区域贸易协定中，至少 114 个协定涉及"一带一路"沿线国家，其中，俄罗斯、土耳其和欧盟与"一带一路"沿线国家签订的协议较多，例如，俄罗斯与白俄罗斯、塔吉克斯坦、土库曼斯坦和乌兹别克斯坦等 7 国签订了贸易协定；土耳其与阿尔巴尼亚、波黑、马其顿等 11 国签订了贸易协定；欧盟与以色列、黎巴嫩、乌克兰等 12 国签订了贸易协定。

中国的自由贸易区建设起步于 2002 年的中国—东盟自贸区，5 年之后在党的十七大上，中国提出实施自由贸易区战略，第一次把自贸区建设提升到了国家战略的层面。党的十八大进一步要求，加快实施自由贸易区战略。在此基础上，2015 年年底，国务院发布的《关于加快实施自由贸易区战略的若干意见》明确提出，中国要逐步构筑以周边为基础，辐射"一带一路"，面向全球的高标准自由贸易区网络。从 2002 年到现在，经过 17 年的努力，截至 2019 年，中国陆续签署了 17 个自贸协定，涉及 25 个国家和地区，这些自贸区包括亚洲的东盟 10 国，以及韩国、巴基斯坦、马尔代夫 13 个国家，还有美洲的智利、秘鲁、哥斯达黎加 3 个国家，大洋洲的澳大利亚和新西兰，欧洲的冰岛和瑞士，欧亚地区的格鲁吉亚，还有非洲的毛里求斯。[1] 总的来看，中国实施自由贸易区战略以来，取得了突破性的进展，但

---

[1]　http://www.nbd.com.cn/articles/2014-12-04/1391088.html。

是，中国签订的协议主要涉及东南亚国家，很少涉及中亚、中东欧、西亚以及中东国家，不利于中国从这些国家的进口、进口地区结构的优化。

六、部分进口来源国的国内政治不稳定

部分进口来源国国内政治不稳定，武装冲突时常发生，政局动荡。在武装冲突方面，有关统计数据①显示，2000—2015年，全球发生了58场武装冲突，其中24场武装冲突发生在"一带一路"沿线国家，如印度、印度尼西亚、阿富汗、泰国、伊拉克、沙特阿拉伯、也门、巴基斯坦、以色列、黎巴嫩、吉尔吉斯斯坦等17个国家。在政局动荡方面，哈萨克斯坦和乌兹别克斯坦总统已当政20多年，存在权力交接问题；中南半岛的缅甸、越南、柬埔寨等国颜色革命暗流汹涌；巴基斯坦长期存在国家认同错位、弱势民主和军人干政等政治结构性问题；埃及、土耳其国内局势处于连续动乱之中；斯里兰卡、孟加拉国、马尔代夫和尼泊尔的政局走向，也存在不稳定性②；泰国频繁更换领导人，近十年来已先后有6位总理执政。部分进口来源国政治不稳定，将直接影响到产品生产、金融服务、物流服务等活动，进而影响与中国的经贸往来。

七、部分进口来源国的基础设施不发达

影响一个地区出口贸易的基础设施包括三类：交通基础设施、能源基础设施和线网基础设施。从国内交通基础设施来看，根据世界银行企业调查数据显示，14个"一带一路"沿线国家超过15%的企业认为交通是一个重要的制约因素，其中还不乏一些收入较高的国家，如捷克、立陶宛以及俄罗斯。从国际交通基础设施来看，也存在诸多不便。例如，新欧亚大铁路途经多个国家，轨距不同，换轨操作费时耗力；各国口岸合作机制尚未形成，通行便利化程度不够，物流成本偏高。从能源基础设施来看，2013年，世界人均能源使用量为1894千克石油当量，32个"一带一路"沿线国家没有达到世界平均水平，其中柬埔寨、斯里兰卡、缅甸、也门等国人均能源使用量

---

① 数据来源：http://www.systemicpeace.org/warlist/warlist.htm。
② 参见蒋姮：《"一带一路"地缘政治风险的评估与管理》，《国际贸易》2015年第8期。

不足 500 千克石油当量。从线网基础设施来看，中国进口商经常通过互联网寻找国外潜在的供应商、与供应商沟通，因此，出口国线网基础设施将直接影响到对外贸易。2015 年世界每 100 人的互联网用户为 44 人，24 个"一带一路"沿线国家的每 100 人互联网用户低于世界平均值，如阿富汗仅为 8 人，东帝汶 13 人，孟加拉国 14 人。因此，总体来看，中国进口来源国特别是部分"一带一路"沿线国家的基础设施比较落后，制约着中国在这些国家从事进口贸易。

八、部分进口来源国的贸易便利水平低

世界经济论坛 2016 年发布了《全球贸易便利化报告》，报告对 2016 年 136 个国家的贸易便利化水平进行评分和排名。数据显示，136 个国家中包括 54 个"一带一路"沿线国家，其中，19 个国家排名前 50 位，23 个国家排名 50—100 位，12 个国家排名 100 位以后，如塔吉克斯坦、巴基斯坦、伊朗、也门等。世界银行发布的《2017 全球营商环境报告》数据显示，新加坡办理出口手续仅需花费 14 个小时，出口费用为 372 美元；中国办理出口手续需花费 47.1 小时，出口费用为 607 美元；而哈萨克斯坦、乌兹别克斯坦、塔吉克斯坦、俄罗斯、蒙古等国办理出口手续需花费 100 小时以上、出口费用 500 美元以上。总体来看，中国进口来源国特别是部分"一带一路"沿线国家的贸易便利水平较低，主要体现在通关时间长、费用高，这直接影响了中国从这些国家的进口贸易。

第四节　中国积极扩大进口的政策建议

一、实施进口市场多元化战略

目前，中国正处于从贸易大国、经济大国向贸易强国、经济强国转变的过程中，在此过程中，中国对外贸易、经济的发展壮大势必会冲击现有的世界贸易格局、世界经济格局，从而出现贸易摩擦、"中国威胁论"、贸易失衡等问题，这些问题得到妥善处理以营造良好的国际环境对中国至关重要，是中国贸易、经济可持续发展的前提条件。为了缓解这些问题，

战略性进口以及进口市场多元化便是一个很重要且具有可操作性的战略。增加从与中国贸易是逆差国家的进口，可以在一定程度上缓解贸易失衡问题；增加从具有"中国威胁论"言论国家的进口，可以让这些国家意识到，中国的经济发展是一种共享型的发展；对于某些特殊的进口商品，例如，不可再生资源（铁矿石、石油等）、高技术产品等，虽然这些产品只有少数既定国家出口，但是，仍然可以在一定程度上通过改变进口市场地区结构、增加从其他国家的进口来提升中国进口的话语权。总的来看，与出口市场多元化战略一样，进口市场多元化战略将是今后中国经济发展过程中一项不可忽视的新战略。

进口市场多元化战略的目的是降低进口对部分地区过度依赖的风险、通过多渠道进口提升中国在进口中的话语权、增加从特定国家的进口以加强两国的关系等。基于进口贸易稳定发展和可持续发展的视角，中国政府应该高度重视进口市场多元化战略，根据中国经济发展的需求、世界经济发展的趋势，制定新的进口市场多元化战略，优化进口地区结构，推动进口地区结构多元化，适度降低重要战略性资源能源、高技术商品的进口市场集中度，降低由于进口市场集中度较高带来的贸易中断风险，改善由于进口过于集中缺少定价权、进口利益过低的局面。

但是，要明确指出的是，进口市场多元化战略不能简单地理解为增加从发展中国家的进口、减少从发达国家的进口，即为了提高发展中国家在中国进口总额中的比例，减少从发达国家的进口，因为发达国家生产的一些产品特别是部分高技术产品、中高技术产品，虽然发展中国家也出口相同名称的产品，但是，产品的质量有本质的差别，二者之间是不可能互相替代的。因此，所谓的进口市场多元化战略的内涵应该是：优化发达国家进口来源国的内部结构、发展中国家进口来源国的内部结构，提高同类商品进口来源国之间的相互竞争；中国进口商品中的非高技术类商品、发展中国家生产的可替代发达国家的部分产品，可以从发达国家进口转移到从发展中国家进口；针对高技术类商品的进口，中国必须从技术水平最高的发达国家增加进口规模，并重视进口来源国的多元化。

另外，对于消费性而非生产性产品来说，特别是与中国国内已有产品具有水平性差异而不是垂直性差异的产品，中国要发挥国内巨大市场规模的吸引力和影响力，增加从"金砖国家"、中国周边国家的进口，提高同新兴市场国家和发展中国家的经贸合作，形成中国与这些国家共同发展的局面与现实，从而为中国营造良好的国际舆论，这既是中国承担国际责任的体现，也有利于中国处理与其他国家之间的贸易争端。

二、优化进口商品技术结构

对于发展中国家来说，通过进口特别是进口高技术含量制成品，是利用后发优势提高本国技术水平、缩小与发达国家差距的重要途径之一。这也是发展中国家主要进口中高技术含量制成品的原因之一。当前，中国工业正处于进军世界先进制造业领域的关键阶段，因此，中国政府应该高度重视进口技术结构优化问题，亟须制定国家层面的进口战略，规范进口秩序，防范进口技术水平下降、进口技术结构恶化的倾向，提高进口的整体技术含量，优化进口技术结构，增加高技术产品特别是特高技术产品的进口，从而促进国内产业结构的转型升级，加快建成工业强国。

从国际比较来看，高技术产品、特高技术产品在中国进口中的份额不高，比很多国家都要低，因此，中国优化进口商品结构的主要任务是，防范进口商品结构低端化，进一步扩大高技术产品、特高技术产品的进口规模，提高高技术产品、特高技术产品在中国进口中的份额。今后，在优化进口商品结构方面，中国政府要重视以下几个问题：

第一，除了鼓励继续进口大量零部件、半制成品之外，在世界经济低迷时期，国家政府还应该鼓励内资企业大幅增加先进机器设备类等高技术性商品的进口，进行新一轮大规模的技术改造，以便大力发展知识技术密集、物质资源消耗少的战略性新兴产业。

第二，国家政府应该扩大优惠利率进口信贷覆盖面，将《鼓励进口技术和产品目录》纳入支持范围，制定配套的财政政策、货币政策等，缓解内资企业的资金短缺，鼓励和帮助内资企业扩大高技术产品的进口规模，进而促进内资企业产业结构的升级。

第三，国家政府应该通过简化程序、增强透明、统一标准、完善规范、减少限制等一系列措施，改革海关监管、检验检疫等管理体制，提高进口贸易的便利化程度，降低进口贸易的关税和非关税壁垒，进而降低进口贸易活动中的交易成本，提高进口贸易的效率，从而刺激企业扩大进口的积极性。

第四，发达国家是技术领先国，是高技术产品的主要出口国，但是，发达国家高科技产品出口对中国有很多限制条件，这就需要中国政府出面和发达国家进行双边贸易谈判或者构建自由贸易区，争取让发达国家特别是美国和德国降低对中国出口高技术产品的限制，这是一项急迫的事情。

第五，进一步加大从发达国家引进外资的规模，通过外资企业投资带动高技术产品的进口，在一定程度上化解发达国家对中国出口高技术产品的限制。

第六，为了避免技术外漏和被模仿，出口高技术产品、特高技术产品的发达国家对进口国国内的知识产权保护程度十分重视，因此，国家政府应该重视提高国内知识产权保护程度，为增加进口高技术产品创造良好的国内制度环境。

三、提升进口定价权

对于中国经济发展急需从外部进口的各类不可再生资源能源、技术含量较高的制成品或者是半制成品，这些产品的进口对维护中国经济的平稳运行、转变经济发展方式等都至关重要，但是，这些产品在国际市场上一般具有卖方垄断的特征，资源能源等产品出口国凭借资源禀赋垄断、高技术产品出口国凭借对核心技术和关键零部件的垄断向中国索要高价、垄断价格，作为买方的中国企业就会在交易过程中处于被动地位，失去在国际市场中的价格话语权。

根据中国的国情以及中国在国际分工中处于世界加工厂的地位来看，中国在今后的数年将继续大量进口农业型初级产品、非农业型初级产品、中等技术产品、高技术产品，以满足国内生产和生活消费的需要。因此，对于中国政府来说，由于不同类型商品属性不同，影响进口价格的因素也不同，中国政府必须对不同类型商品进口价格实施"分类治理"，即针对不同类型商品制定有差异的政策。

具体来看：首先，针对非农业型初级产品，中国要想提高进口商品的定价权，必须降低国际运输成本。这就要求中国必须大力发展国际运输业。近年来，虽然中国国际运输能力有所提升，空运和其他运输发展较快，但是，中国与美国、日本、德国等国家的差异还是很大的，尤其是在海上运输方面。海上运输是很多进口商品的主要运输途径，这直接影响中国进口商品的成本和价格。因此，中国大力发展海上运输迫在眉睫，这不仅有利于降低进口价格，也有利于提升出口竞争力。其次，针对农业型初级产品，必须完善国内期货交易市场，提高期货交易规模。中国应当对现有的行政审批制度进行改革，减少审批环节，完善上市体制和上市方式，以期推出更多成熟有效的期货品种，充分发挥期货市场对商品价格的辐射作用。最后，针对高技术产品，由于发达国家对高端技术的控制日益严格，发达国家对出口高科技产品到中国的出口限制越来越多，中国要想获得经济发展所需的高技术是很困难的，打破发达国家的技术垄断，必须依靠提高自身的技术水平，增加自主供给。这就要求中国增加研发经费的投入，培养大批高端研发人员。

四、注重防范进口来源国的政治风险

部分进口来源国的国内政治不稳定，但是，这些国家拥有丰富的自然资源，能够为中国的经济发展提供重要的原材料，例如，伊拉克、沙特阿拉伯等国，因此，中国仍应重视与此类国家的贸易往来。然而，此类国家的政治风险客观存在，中国应采取相应的措施防范政治风险。具体来看，一方面，完善政治风险评估机制和预警机制。中国风险评估机制以及预警机制已经逐渐形成，建议从以下方面进一步完善：部分国家特别是"一带一路"沿线国家与中国的贸易往来不够密切，并未纳入中国风险评估机制，建议纳入更多的沿线国家；在借鉴国际数据的基础上，通过驻外大使馆、海外华人、外派工作人员等渠道，建立自己的数据收集系统，提高数据的可信度与时效性。另一方面，提高企业的风险防范意识。政治风险对中国进口贸易可能的影响包括延期发货、货物无法生产、货物扣留、货物运输途中损毁等，企业从此类国家进口商品时，应密切关注进口来源国最新的政治动态，选择合适的结算工具，投保相应的保险。

五、积极应对"中国威胁论"的不利影响

中国部分进口来源国特别是"一带一路"沿线国家受到"中国威胁论"这种错误认识的影响，在与中国的贸易往来中有所顾虑，对中国的国际合作

造成不利的影响，因此，中国应合理应对"中国威胁论"。具体来看，第一，加强国家高层之间的交流沟通。事实上，部分国家特别是"一带一路"沿线国家对中国并不够了解，之所以会有"中国威胁论"的错误认识，主要是受到了西方媒体的影响。鉴于此，中国应当加强与进口来源国国家高层之间的交流沟通，积极向沿线各国阐明中国希望双方合作共赢、共同发展的立场。第二，国内媒体和学者应发挥引导作用。面对西方媒体对"中国威胁论"的不实宣传，媒体应积极回应，引导国际舆论，将"中国声音"传到中国进口来源国特别是"一带一路"沿线国家去；学者加强对"中国威胁论"的相关研究，密切关注"中国威胁论"的发展动向，在西方媒体掀起新一轮的"中国威胁论"时，能够进行有理有据的驳斥。第三，吸引进口来源国的学生来华留学。部分进口来源国特别是"一带一路"沿线国家对中国国情和相关政策并不了解，吸引这些国家的学生来华留学，能够让这些国家对中国有进一步了解，从而改变"中国威胁论"的错误认识。同时，来华留学生能够学习汉语、了解中国贸易政策、提供本国供应商信息等，有助于扩大中国与这些国家的贸易往来。

六、重点挖掘从"一带一路"沿线国家进口贸易的新增长点

共建"一带一路"，不仅为世界各国发展提供了新机遇，也为中国开放发展开辟了新天地。因此，中国要积极扩大从"一带一路"沿线国家的进口，从而服务于"一带一路"建设。我们将"一带一路"沿线国家分为三类：高收入国家、资源丰富的国家、其余国家。第一，从高收入国家可以适当增加消费品的进口。高收入国家包括新加坡、文莱、波兰和捷克等 17 个国家。扩大从高收入国家消费品的进口，能够实现进口商品种类的多元化和进口地区结构的多元化，有利于提升中国的消费者福利水平，同时缓解中国与这些国家的贸易摩擦。第二，扩大从资源丰富国家的原材料进口，特别是中国经济发展中所必需的重要原材料。燃料出口占比 50% 以上的沿线国家包括伊拉克、文莱、科威特等 11 个国家，矿石和金属出口占比 10% 以上的沿线国家包括蒙古国、亚美尼亚、巴林、格鲁吉亚等 6 个国家。中国应该高度重视增加从这类国家的进口贸易。第三，进口其余国家具有比较优势的产品。本节将不属于上述两类国家的沿线各国定义为其余国家，对于此类国

家，中国可重点进口其具有比较优势的产品。

七、加快进口来源国的基础设施建设

部分进口来源国特别是"一带一路"沿线国家的基础设施落后严重影响了中国的进口发展。因此，中国要积极参与推动进口来源国的基础设施建设。以"一带一路"沿线国家为例，第一，加快对沿线地区交通基础设施建设。交通基础设施落后导致贸易成本高、贸易便利水平低，因此，在"一带一路"倡议的实施过程中，中国应该率先实现道路联通，为其余"四通"打下基础。重点加快跨境公路、铁路的建设，通过国际高速公路和铁路的衔接，打通沿线各国的陆上运输；推进沿线各国签订《国际道路运输便利化协定》，提升贸易便利化水平；加快沿线港口的建设，各国形成口岸合作机制；在建设国际道路的过程中，沿线各国加强交流沟通，统一铁路轨距标准，为今后长期的贸易往来打下基础。第二，加快沿线地区能源基础设施建设。部分"一带一路"沿线国家能源资源丰富，中国与这些国家有密切的贸易往来。能源管道的建设能够减少能源贸易成本，提升贸易便利化水平。在建设的过程中加强与东道国的交流沟通，积极与东道国谈判。第三，加大对沿线落后地区基础设施建设的援助。沿线部分国家收入水平低，国内基础设施建设资金匮乏、劳动力短缺，中国可加大对这些国家基础设施建设的投资，提供技术援助，尽早实现互联互通。

参 考 文 献

［1］陈爱贞、刘志彪：《进口促进战略有助于中国产业技术进步吗?》，《经济学动态》2015 年第 9 期。

［2］陈博文、钟钰、刘佳：《基于市场势力视角对我国大米进口市场结构的研究》，《国际贸易问题》2015 年第 3 期。

［3］陈家勤：《适度增加进口的几点思考》，《国际贸易问题》1999 年第 7 期。

［4］程欣、帅传敏、严良、范陆薇：《中国铁矿石进口市场结构与需求价格弹性分析》，《资源科学》2014 年第 9 期。

［5］程中海、南楠、张亚如：《中国石油进口贸易的时空格局、发展困境与趋势展望》，《经济地理》2019 年第 2 期。

［6］初晓、李平：《中间品进口对中国全要素生产率的影响——基于技术溢出的视角》，《世界经济与政治论坛》2017 年第 4 期。

［7］楚明钦、丁平：《中间品、资本品进口的研发溢出效应》，《世界经济研究》2013 年第 4 期。

［8］董桂才：《我国战略性资源进口的依赖性及其对资源供给安全的影响》，《国际贸易问题》2009 年第 3 期。

［9］董志凯主编：《1949—1952 年中国经济分析》，中国社会科学出版社 1996 年版。

［10］杜修立、王维国：《中国出口贸易的技术结构及其变迁：1980—2003》，《经济研究》2007 年第 7 期。

[11] 樊纲、关志雄、姚枝仲:《国际贸易结构分析:贸易品的技术分布》,《经济研究》2006 年第 8 期。

[12] 冯雷:《进口贸易是通向贸易强国的关键——转变外贸发展方式的战略研究》,《国际贸易》2014 年第 12 期。

[13] 高凌云、王洛林:《进口贸易与工业行业全要素生产率》,《经济学(季刊)》2010 年第 2 期。

[14] 高越、任永磊、冯志艳:《贸易便利化与 FDI 对中国出口增长三元边际的影响》,《经济经纬》2014 年第 6 期。

[15] 谷克鉴、陈福中:《净出口的非线性增长贡献——基于 1995—2011 年中国省级面板数据的实证考察》,《经济研究》2016 年第 11 期。

[16] 海关总署统计分析司编著:《改革开放 40 年中国对外贸易发展报告》,中国海关出版社 2018 年版。

[17] 季铸:《进口贸易与经济增长的动态分析》,《财贸经济》2002 年第 11 期。

[18] 简泽、张涛、伏玉林:《进口自由化、竞争与本土企业的全要素生产率——基于中国加入 WTO 的一个自然实验》,《经济研究》2014 年第 8 期。

[19] 金碚:《中国工业化的资源路线与资源供求》,《中国工业经济》2008 年第 2 期。

[20] 李兵:《进口贸易结构与我国经济增长的实证研究》,《国际贸易问题》2008 年第 6 期。

[21] 李钢、叶欣:《新形势下中国关税水平和关税结构的合理性探讨》,《国际贸易问题》2017 年第 7 期。

[22] 李宏彬、马弘、熊艳艳、徐嫄:《人民币汇率对企业进出口贸易的影响——来自中国企业的实证研究》,《金融研究》2011 年第 2 期。

[23] 李辉:《我国进口商品贸易结构问题的研究——基于 2001—2010 年数据的经验分析》,《云南财经大学学报》2012 年第 2 期。

[24] 李坤望、蒋为、宋立刚:《中国出口产品品质变动之谜:基于市场进入的微观解释》,《中国社会科学》2014 年第 3 期。

[25] 李小平、卢现祥、朱钟棣:《国际贸易、技术进步和中国工业行

业的生产率增长》,《经济学(季刊)》2008 年第 2 期。

[26] 林大燕、朱晶:《不完全竞争下进口结构变动对中国大豆进口价格的影响研究》,《管理评论》2016 年第 9 期。

[27] 林连德编著:《当代中日贸易关系史》,中国对外经济贸易出版社 1990 年版。

[28] 林毅夫:《新结构经济学——重构发展经济学的框架》,《经济学(季刊)》2011 年第 1 期。

[29] 隆国强:《着力扩大进口 实现"压顺差"目标》,《国际贸易》2007 年第 4 期。

[30] 马述忠、张洪胜、王笑笑:《融资约束与全球价值链地位提升——来自中国加工贸易企业的理论与证据》,《中国社会科学》2017 年第 1 期。

[31] 毛其淋、盛斌:《贸易自由化、企业异质性与出口动态——来自中国微观企业数据的证据》,《管理世界》2013 年第 3 期。

[32] 毛其淋、许家云:《中间品贸易自由化与制造业就业变动——来自中国加入 WTO 的微观证据》,《经济研究》2016 年第 1 期。

[33] 裴长洪、盛逖:《中国进出口贸易不平衡及其调整战略》,《财经问题研究》2007 年第 4 期。

[34] 裴长洪主编:《共和国对外贸易 60 年》,人民出版社 2009 年版。

[35] 裴长洪:《进口贸易结构与经济增长:规律与启示》,《经济研究》2013 年第 7 期。

[36] 彭斯达、陈继勇、杨余:《我国对外贸易商品结构和方式与经济增长的相关性比较》,《国际贸易问题》2008 年第 3 期。

[37] 钱学锋、王胜、黄云湖、王菊蓉:《进口种类与中国制造业全要素生产率》,《世界经济》2011 年第 5 期。

[38] 钱学锋、熊平:《中国出口增长的二元边际及其因素决定》,《经济研究》2010 年第 1 期。

[39] 商务部国际贸易经济合作研究院编:《迈向贸易强国之路——40 年改革开放大潮下的中国对外贸易》,中国商务出版社 2018 年版。

[40] 沈觉人主编:《当代中国对外贸易》(下册),当代中国出版社

1992 年版。

　　[41] 沈坤荣、李剑:《中国贸易发展与经济增长影响机制的经验研究》,《经济研究》2003 年第 5 期。

　　[42] 盛斌、吕越:《对中国出口二元边际的再测算:基于 2001—2010 年中国微观贸易数据》,《国际贸易问题》2014 年第 11 期。

　　[43] 施炳展、邵文波:《中国企业出口产品质量测算及其决定因素——培育出口竞争新优势的微观视角》,《管理世界》2014 年第 9 期。

　　[44] 施炳展、王有鑫、李坤望:《中国出口产品品质测度及其决定因素》,《世界经济》2013 年第 9 期。

　　[45] 施炳展:《中国出口增长的三元边际》,《经济学(季刊)》2010 年第 4 期。

　　[46] 石广生主编:《中国对外经济贸易改革和发展史》,人民出版社 2013 年版。

　　[47] 司伟、张猛:《中国大豆进口市场:竞争结构与市场力量》,《中国农村经济》2013 年第 8 期。

　　[48] 陶新宇、靳涛、杨伊婧:《"东亚模式"的启迪与中国经济增长"结构之谜"的揭示》,《经济研究》2017 年第 11 期。

　　[49] 田朔、张伯伟、慕绣如:《汇率变动、中间品进口与企业出口》,《世界经济与政治论坛》2015 年第 4 期。

　　[50] 王红梅、王林、黄艳:《国际研发、知识产权保护水平与进口贸易的研发外溢效应——基于我国省际面板数据的实证研究》,《国际贸易问题》2017 年第 9 期。

　　[51] 王明益:《中国出口产品质量提高了吗》,《统计研究》2014 年第 5 期。

　　[52] 王小鲁、樊纲、刘鹏:《中国经济增长方式转换和增长可持续性》,《经济研究》2009 年第 1 期。

　　[53] 王雅琦、张文魁、洪圣杰:《出口产品质量与中间品供给》,《管理世界》2018 年第 8 期。

　　[54] 王颖、肖国安、龚波、王琼:《全球化背景下中国大豆进口市场结构与价格弹性研究》,《财经理论与实践》2019 年第 2 期。

［55］魏浩、李晓庆：《中国进口贸易的技术结构及其影响因素研究》，《世界经济》2015 年第 8 期。

［56］魏浩、付天：《中国货物进口贸易的消费者福利效应测算研究——基于产品层面大型微观数据的实证分析》，《经济学（季刊）》2016 年第 4 期。

［57］魏浩、耿园：《进口商品技术水平与中国工业经济发展方式转变》，《学术研究》2016 年第 9 期。

［58］魏浩、郭也、周丽群：《中国货物贸易进口的产品结构和比较优势测算》，《国际贸易》2019 年第 5 期。

［59］魏浩、金晓祺、项松林：《对外贸易与我国的劳动力需求弹性》，《国际贸易问题》2013 年第 9 期。

［60］魏浩、李翀、赵春明：《中间品进口的来源地结构与中国企业生产率》，《世界经济》2017 年第 6 期。

［61］魏浩、李晓庆：《中国进口贸易的技术结构及其影响因素研究》，《世界经济》2015 年第 8 期。

［62］魏浩、毛日昇：《中国经济发展的主导因素及其效应的动态分析——基于 1978—2007 年的实证研究》，《数量经济技术经济研究》2009 年第 8 期。

［63］魏浩、巫俊：《知识产权保护、进口贸易与创新型领军企业创新》，《金融研究》2018 年第 9 期。

［64］魏浩、叶子丹、赵春明：《中国进口地区结构及其变化趋势的测算研究》，《世界经济与政治论坛》2014 年第 5 期。

［65］魏浩、张瑞、王徽：《进口专业化与中国工业行业的经济增长》，《国际商务（对外经济贸易大学学报）》2018 年第 1 期。

［66］魏浩、赵春明、李晓庆：《中国进口商品结构变化的估算：2000—2014 年》，《世界经济》2016 年第 4 期。

［67］魏浩：《中国进出口地区结构及其对称性问题的实证研究》，《财贸经济》2007 年第 5 期。

［68］魏浩：《中国进口商品的国别结构及相互依赖程度研究》，《财贸经济》2014 年第 4 期。

[69] 夏先良：《追求最大限度充分就业——中国进口贸易宏观分析与政策选择》，《国际贸易》2002 年第 3 期。

[70] 谢建国、周露昭：《进口贸易、吸收能力与国际 R&D 技术溢出：中国省区面板数据的研究》，《世界经济》2009 年第 9 期。

[71] 邢孝兵、徐洁香、王阳：《进口贸易的技术创新效应：抑制还是促进》，《国际贸易问题》2018 年第 6 期。

[72] 徐现祥：《我国经济增长方式转变的实证分析》，《上海经济研究》2000 年第 3 期。

[73] 许家云、毛其淋、胡鞍钢：《中间品进口与企业出口产品质量升级：基于中国证据的研究》，《世界经济》2017 年第 3 期。

[74] 杨玲：《生产性服务进口复杂度及其对制造业增加值率影响研究——基于"一带一路"18 省份区域异质性比较分析》，《数量经济技术经济研究》2016 年第 2 期。

[75] 杨晓云：《进口中间产品多样性与企业产品创新能力——基于中国制造业微观数据的分析》，《国际贸易问题》2013 年第 10 期。

[76] 杨子荣、张鹏杨：《金融结构、产业结构与经济增长——基于新结构金融学视角的实证检验》，《经济学（季刊）》2018 年第 2 期。

[77] 叶灵莉、赵林海：《进口贸易结构与技术进步的实证研究》，《科学学与科学技术管理》2008 年第 8 期。

[78] 于洪霞、龚六堂、陈玉宇：《出口固定成本融资约束与企业出口行为》，《经济研究》2011 年第 4 期。

[79] 余淼杰、崔晓敏、张睿：《司法质量、不完全契约与贸易产品质量》，《金融研究》2016 年第 12 期。

[80] 余淼杰、李晋：《进口类型、行业差异化程度与企业生产率提升》，《经济研究》2015 年第 8 期。

[81] 张国林、任文晨：《金融生态多样性与出口结构优化》，《技术经济》2015 年第 9 期。

[82] 张杰、郑文平、陈志远：《进口与企业生产率——中国的经验证据》，《经济学（季刊）》2015 年第 3 期。

[83] 张杰：《进口对中国制造业企业专利活动的抑制效应研究》，《中

国工业经济》2015 年第 7 期。

　　[84] 张庆萍、朱晶:《世界小麦出口市场格局变动对中国小麦进口来源结构的影响》,《世界农业》2016 年第 10 期。

　　[85] 张融、李先德:《中国大麦进口的市场结构与市场势力》,《世界农业》2015 年第 9 期。

　　[86] 张小济、胡江云:《在自由贸易的背后——进口贸易与国民经济发展》,《国际贸易》1999 年第 4 期。

　　[87] 张亚斌、易红星、林金开:《进口贸易与经济增长的实证分析》,《财经理论与实践》2002 年第 6 期。

　　[88] 张翅、陈雯、骆时雨:《中间品进口对中国制造业全要素生产率的影响》,《世界经济》2015 年第 9 期。

　　[89] 赵陵、宋少华、宋泓明:《中国出口导向型经济增长的经验分析》,《世界经济》2001 年第 8 期。

　　[90] 赵文军、于津平:《贸易开放、FDI 与中国工业经济增长方式——基于 30 个工业行业数据的实证研究》,《经济研究》2012 年第 8 期。

　　[91] 赵勇、雷达:《金融发展、出口边际与"汇率不相关之谜"》,《世界经济》2013 年第 10 期。

　　[92] 中华人民共和国国务院新闻办公室:《中国与世界贸易组织》白皮书,2018 年版。

　　[93] 朱文晖:《中国出口导向战略的迷思——大国的经验与中国的选择》,《战略与管理》1998 年第 5 期。

　　[94] 祝树金、奉晓丽:《我国进口贸易技术结构的变迁分析与国际比较: 1985—2008》,《财贸经济》2011 年第 8 期。

　　[95] Acharya R. C., "Impact of Trade on Canada's Employment, Skill and Wage Structure", *The World Economy*, Vol. 40, No. 5, 2017.

　　[96] Acharya R. C., Keller W., "Technology Transfer Through Imports", *Canadian Journal of Economics*, Vol. 42, No. 4, 2009.

　　[97] Aguayo-Tellez E., Airola J., Juhn C., Villegas-Sanchez C., "Did Trade Liberalization Help Women? The Case of Mexico in the 1990s", *Research in Labor Economics*, 2010.

［98］Almeida R., Fernandes A. M., "Openness and Technological Innovations in Developing Countries: Evidence from Firm-Level Surveys", *The Journal of Development Studies*, Vol. 44, No. 5, 2008.

［99］Amiti M., Freund C., "An Anatomy of China's Trade Growth", *National Bureau of Economic Research*, 2007.

［100］Amiti M., Khandelwal A. K., "Import Competition and Quality Upgrading", *Review of Economics and Statistics*, Vol. 95, No. 2, 2013.

［101］Amiti M., Konings J., "Trade Liberalization, Intermediate Inputs, and Productivity: Evidence from Indonesia", *American Economic Review*, Vol. 97, No. 5, 2007.

［102］Amurgo-Pacheco A., Pierola M. D., "Patterns of Export Diversification in Developing Countries: Intensive and Extensive Margins", *The World Bank Policy Research Working Paper*, No. 4473, 2008.

［103］Andersson M., "Entry Costs and Adjustments on the Extensive: An Analysis of How Familiarity Breeds Exports", *CESIS Working Paper*, No. 81, 2007.

［104］Antràs, Pol, et al., "The Margins of Global Sourcing: Theory and Evidence from U. S. Firms", *The American Economic Review*, Vol. 107, No. 9, 2017.

［105］Artuç E., Chaudhuri S., McLaren J., "Trade Shocks and Labor Adjustment: A Structural Empirical Approach", *American Economic Review*, Vol. 100, No. 3, 2010.

［106］Artuc E., Lederman D., Porto G., "A Mapping of Labor Mobility Costs in the Developing World", *Journal of International Economics*, Vol. 95, No. 1, 2015.

［107］Auer R., Fischer A. M., "The Effect of Low-Wage Import Competition on U. S. Inflationary Pressure", *Journal of Monetary Economics*, Vol. 57, No. 4, 2010.

［108］Augier P., Cadot O., Dovis M., "Imports and TFP at the Firm Level: The Role of Absorptive Capacity", *Canadian Journal of Economics*,

Vol. 46, No. 3, 2013.

[109] Autor D. H., Dorn D., Hanson G. H., "The China Shock: Learning from Labor-Market Adjustment to Large Changes in Trade", *Annual Review of Economics*, Vol. 8, 2016.

[110] Autor D. H., Dorn D., Hanson G. H., et al., "Trade Adjustment: Worker-Level Evidence", *The Quarterly Journal of Economics*, Vol. 129, No. 4, 2014.

[111] Avsar V., "Import Protection and Female Labor", *Singapore Economic Review*, Vol. 59, No. 5, 2014.

[112] Awokuse T. O., "Causality Between Exports, Imports, and Economic Growth: Evidence from Transition Economies", *Economics Letters*, Vol. 94, No. 3, 2007.

[113] Awokuse T. O., "Trade Openness and Economic Growth: is Growth Export-led or Import-led?", *Applied Economics*, Vol. 40, No. 2, 2008.

[114] Awokuse, T. O., and Hong Yin, "Intellectual Property Rights Protection and the Surge in FDI in China", *Journal of Comparative Economics*, Vol. 38, No. 2, 2010.

[115] Baldwin, Richard E., and Daria Taglioni, "Gravity for Dummies and Dummies for Gravity Equations", *National Bureau of Economic Research*, 2006.

[116] Balsvik R., Jensen S., Salvanes K. G., "Made in China, Sold in Norway: Local Labor Market Effects of An Import Shock", *Journal of Public Economics*, Vol. 127, 2015.

[117] Bas M., Strauss-Kahn V., "Does Importing More Inputs Raise Exports? Firm-Level Evidence from France", *Review of World Economics*, Vol. 150, No. 2, 2014.

[118] Behrens K., Corcos G., Mion G., "Trade Crisis? What Trade Crisis?", *Review of Economics and Statistics*, Vol. 95, No. 2, 2013.

[119] Bellone, Flora, et al., "Financial Constraints and Firm Export Behavior", *The World Economy*, Vol. 33, No. 3, 2010.

[120] Berman, Nicolas, and Jérôme Héricourt, "Financial Factors and the

Margins of Trade: Evidence from Cross-Country Firm-Level Data", *Journal of Development Economics*, Vol. 93, No. 2, 2010.

[121] Bernard A. B., Eaton J., Jensen J. B., et al., "Plants and Productivity in International Trade", *American Economic Review*, Vol. 93, No. 4, 2003.

[122] Bernard A. B., Jensen J. B., Redding S. J., et al., "The Margins of U. S. Trade", *American Economic Review*, Vol. 99, No. 2, 2009.

[123] Bernard A. B., Redding S. J., Schott P. K., "Multiproduct Firms and Trade Liberalization", *The Quarterly Journal of Economics*, Vol. 126, No. 3, 2011.

[124] Bianco D., Niang A. A., "On International Spillovers", *Economics Letters*, Vol. 117, No. 1, 2012.

[125] Bisztray M., Koren M., Szeidl A., "Learning to Import from Your Peers", *Journal of International Economics*, Vol. 115, No. 11, 2018.

[126] Blanchard E., Willmann G., "Trade, Education, and the Shrinking Middle Class", *Journal of International Economics*, Vol. 99, No. 3, 2016.

[127] Blaum J., Lelarge C., Peters M., "The Gains From Input Trade in Firm-Based Models of Importing", *National Bureau of Economic Research*, No. 21504, 2015.

[128] Bleaney M., Greenaway D., "The Impact of Terms of Trade and Real Exchange Rate Volatility on Investment and Growth in Sub-Saharan Africa", *Journal of Development Economics*, Vol. 65, No. 2, 2001.

[129] Bøler E. A., Moxnes A., Ulltveit-Moe K. H., "R&D, International Sourcing, and the Joint Impact on Firm Performance", *American Economic Review*, Vol. 105, No. 12, 2015.

[130] Brambilla I., Porto G. G., "High-income Export Destinations, Quality and Wages", *Journal of International Economics*, Vol. 98, 2016.

[131] Brandt L., Van Biesebroeck J., Zhang Y., "Creative Accounting or Creative Destruction? Firm-Level Productivity Growth in Chinese Manufacturing", *Journal of Development Economics*, Vol. 97, No. 2, 2012.

［132］Branstetter, Lee, et al., "Do Stronger Intellectual Property Rights Increase International Technology Transfer? Empirical Evidence from U. S. Firm-Level Panel Data", *Quarterly Journal of Economics*, Vol. 121, No. 1, 2006.

［133］Briggs, Kristie, "Does Patent Harmonization Impact the Decision and Volume of High Technology Trade", *International Review of Economics & Finance*, Vol. 25, 2013.

［134］Broda C., Weinstein D. W., "Variety Growth and World Welfare", *American Economic Review*, Vol. 94, No. 2, 2004.

［135］Broda C., Weinstein D. E., "Globalization and the Gains from Variety", *The Quarterly Journal of Economics*, Vol. 121, No. 2, 2006.

［136］Brülhart M., Elliott R. J., Lindley J., "Intra-Industry Trade and Labour-Market Adjustment: A Reassessment Using Data on Individual Workers", *Review of World Economics*, Vol. 142, No. 3, 2006.

［137］Cacciatore M., "International Trade and Macroeconomic Dynamics with Labor Market Frictions", *Journal of International Economics*, Vol. 93, No. 1, 2014.

［138］Cadot O., Carrère C., Strauss-Kahn V., "Export Diversification: What's Behind the Hump?", *Review of Economics and Statistics*, Vol. 93, No. 2, 2011.

［139］Çetintaş H., Barişik S., "Export, Import and Economic Growth: The Case of Transition Economies", *Transition Studies Review*, Vol. 15, No. 4, 2009.

［140］Chaney T., "Distorted Gravity: the Intensive and Extensive Margins of International Trade", *American Economic Review*, Vol. 98, No. 4, 2008.

［141］Chaney, Thomas, "Liquidity Constrained Exporters", *Journal of Economic Dynamics and Control*, Vol. 72, 2016.

［142］Chang P. H. K., "Export Diversification and International Debt Under Terms-of-Trade Uncertainty: An Intertemporal Approach", *Journal of Development Economics*, Vol. 36, No. 2, 1991.

［143］Chen B., Jacks D. S., "Trade, Variety, and Immigration", *Economics Letters*, Vol. 117, No. 1, 2012.

[144] Chen B., Ma H., "Import Variety and Welfare Gain in China", *Review of International Economics*, Vol. 20, No. 4, 2012.

[145] Christodoulopoulou S., "The Effects of Multilateral Trade Liberalization on the Extensive and the Intensive Margins of Trade", *MPRA Paper* 29169, University Library of Munich, Germany, 2010.

[146] Chuang Y. C., "Learning by Doing, the Technology Gap, and Growth", *International Economic Review*, Vol. 39, No. 3, 1998.

[147] Coe D. T., Helpman E., Hoffmaister A. W., "North-South R&D Spillovers", *The Economic Journal*, Vol. 107, No. 440, 1997.

[148] Coe D. T., Helpman E., "International R&D Spillovers", *European Economic Review*, Vol. 39, No. 5, 1995.

[149] Colantone I., Crinò R., "New Imported Inputs, New Domestic Products", *Journal of International Economics*, Vol. 92, No. 1, 2014.

[150] Coşar A. K., Guner N., Tybout J., "Firm Dynamics, Job Turnover, and Wage Distributions in an Open Economy", *American Economic Review*, Vol. 106, No. 3, 2016.

[151] Coughlin C. C., "Extensive and Intensive Trade Margins: A State-By-State View", *Federal Reserve Bank of St. Louis Working Papers*, 2012.

[152] Crozet M., Head K., Mayer T., "Quality Sorting and Trade: Firm-Level Evidence for French Wine", *The Review of Economic Studies*, Vol. 79, No. 2, 2012.

[153] Cui L., Syed M. H., "The Shifting Structure of China's Trade and Production", *International Monetary Fund*, 2007.

[154] Cunat A., Melitz M. J., "Volatility, Labor Market Flexibility, and the Pattern of Comparative Advantage", *Journal of the European Economic Association*, Vol. 10, No. 2, 2012.

[155] Damijan J. P., Konings J., Polanec S., "Import Churning and Export Performance of Multi-Product Firms", *The World Economy*, Vol. 37, No. 11, 2014.

[156] De Benedictis L., Gallegati M., Tamberi M., "Overall Trade

Specialization and Economic Development: Countries Diversify", *Review of World Economics*, Vol. 145, No. 1, 2009.

[157] Debaere P., Mostashari S., "Do Tariffs Matter for the Extensive Margin of International Trade? An Empirical Analysis", *Journal of International Economics*, Vol. 81, No. 2, 2010.

[158] Dix-Carneiro R., Kovak B. K., "Trade Liberalization and the Skill Premium: A Local Labor Markets Approach", *American Economic Review*, Vol. 105, No. 5, 2015.

[159] Dollar D., Kraay A., "Trade, Growth, and Poverty", *The Economic Journal*, Vol. 114, No. 493, 2004.

[160] Donoso V., Martín V., Minondo A., "Do Differences in the Exposure to Chinese Imports Lead to Differences in Local Labour Market Outcomes? An Analysis for Spanish Provinces", *Regional Studies*, Vol. 49, No. 10, 2015.

[161] Dutt P., Mihov I., Van Zandt T., "Does WTO Matter for the Extensive and the Intensive Margins of Trade", *CEPR Discussion Papers*, 2011.

[162] Eaton J., Kortum S., Kramarz F., "An Anatomy of International Trade: Evidence From French Firms", *Econometrica*, Vol. 79, No. 5, 2011.

[163] Ebenstein A., Harrison A., McMillan M., et al., "Estimating the Impact of Trade and Offshoring on American Workers Using the Current Population Surveys", *The World Bank*, 2011.

[164] Edmond E. V., Pavcnik N., Topalava P., "Trade Adjustment and Human Capital Investments: Evidence from Indian Tariff Reform", *American Economic Journal: Applied Economics*, Vol. 2, No. 4, 2010.

[165] Fajgelbaum P. D., Khandelwal A. K., "Measuring the Unequal Gains From Trade", *The Quarterly Journal of Economics*, Vol. 131, No. 3, 2016.

[166] Fajgelbaum P., Grossman G. M., Helpman E., "Income Distribution, Product Quality, and International Trade", *Journal of Political Economy*, Vol. 119, No. 4, 2011.

[167] Feder G., "On Exports and Economic Growth", *Journal of Development Economics*, Vol. 12, No. 1-2, 1983.

[168] Federico S., "Industry Dynamics and Competition from Low-Wage Countries: Evidence on Italy", *Oxford Bulletin of Economics and Statistics*, Vol. 76, No. 3, 2014.

[169] Feenstra R. C., Hanson G. H., "Globalization, Outsourcing, and Wage Inequality", *National Bureau of Economic Research*, 1996.

[170] Feenstra R. C., Romalis J., "International Prices and Endogenous Quality", *The Quarterly Journal of Economics*, Vol. 129, No. 2, 2014.

[171] Felbermayr G. J., Kohler W., "Exploring the Intensive and Extensive Margins of World Trade", *Review of World Economics*, Vol. 142, No. 4, 2006.

[172] Feng L., Li Z., Swenson D. L., "The Connection Between Imported Intermediate Inputs and Exports: Evidence from Chinese Firms", *Journal of International Economics*, Vol. 101, 2016.

[173] Ferreira F. H. G., Leite P. G., Wai-Poi M., "Trade Liberalization, Employment Flows, and Wage Inequality in Brazil", *The World Bank*, 2007.

[174] Frensch R., "Trade Liberalisation and Import Margins", *FIW Working Paper Series*, No. 039, 2009.

[175] Freund C., Bolaky B., "Trade, Regulations, and Income", *Journal of Development Economics*, Vol. 87, No. 2, 2008.

[176] Fugazza M., Fiess N. M., "Trade Liberalization and Informality: New Stylized Facts", *UN Policy Issues in International Trade and Commodities Study Series*, 2010.

[177] Gan L., Hernandez M. A., Ma S., "The Higher Costs of Doing Business in China: Minimum Wages and Firms' Export Behavior", *Journal of International Economics*, Vol. 100, 2016.

[178] Gervais A., "Product Quality and Firm Heterogeneity in International Trade", *Canadian Journal of Economics*, Vol. 48, No. 3, 2015.

[179] Goldberg P. K., Khandelwal A. K., Pavcnik N., et al., "Imported Intermediate Inputs and Domestic Product Growth: Evidence from India", *The Quarterly Journal of Economics*, Vol. 125, No. 4, 2010.

［180］Goldberg P. K., Pavcnik N., "Distributional Effects of Globalization in Developing Countries", *Journal of Economic Literature*, Vol. 45, No. 1, 2007.

［181］Goldberg P. K., Verboven F., "The Evolution of Price Dispersion in the European Car Market", *The Review of Economic Studies*, Vol. 68, No. 4, 2001.

［182］Goldberg P., Khandelwal A., Pavcnik N., et. al., "Trade Liberalization and New Imported Inputs", *American Economic Review*, Vol. 99, No. 2, 2009.

［183］Greenaway D., Hine R. C., Wright P., "An Empirical Assessment of the Impact of Trade on Employment in the United Kingdom", *European Journal of Political Economy*, Vol. 15, No. 3, 1999.

［184］Greenland A., Lopresti J., "Import Exposure and Human Capital Adjustment: Evidence from the U. S.", *Journal of International Economics*, Vol. 100, 2016.

［185］Groizard J. L., Ranjan P., Rodriguez-Lopez A., "Trade Costs and Job Flows: Evidence from Establishment-Level Data", *Economic Inquiry*, Vol. 53, No. 1, 2015.

［186］Grossman G. M., Helpman E., "Innovation and Growth in the Global Economy", *MIT Press*, Vol. 1, No. 2, 1991.

［187］Grossman G. M., Helpman E., "Globalization and Growth", *American Economic Review*, Vol. 105, No. 5, 2015.

［188］Hallak J. C., Schott P. K., "Estimating Cross-Country Differences in Product Quality", *The Quarterly Journal of Economics*, Vol. 126, No. 1, 2011.

［189］Hallak J. C., "Product Quality and the Direction of Trade", *Journal of International Economics*, Vol. 68, No. 1, 2006.

［190］Halpern L., Koren M., Szeidl A., "Imported Inputs and Productivity", *American Economic Review*, Vol. 105, No. 12, 2015.

［191］Harrison A., McMillan M., "Offshoring Jobs? Multinationals and

U. S. Manufacturing Employment", *Review of Economics and Statistics*, Vol. 93, No. 3, 2011.

[192] Hausmann R., Hwang J., Rodrik D., "What You Export Matters", *Journal of Economic Growth*, Vol. 12, No. 1, 2007.

[193] Hellvin L., "Vertical Intra-Industry Trade between China and OECD Countries", *OECD Development Centre Working Paper*, No. 114, 1996.

[194] Helpman E., Itskhoki O., Redding S., "Inequality and Unemployment in a Global Economy", *Econometrica*, Vol. 78, No. 4, 2010.

[195] Helpman E., Melitz M., Rubinstein Y., "Estimating Trade Flows: Trading Partners and Trading Volumes", *The Quarterly Journal of Economics*, Vol. 123, No. 2, 2008.

[196] Herzer D., Nowak-Lehnmann D. F., "What Does Export Diversification Do for Growth? An Econometric Analysis", *Applied Economics*, Vol. 38, No. 15, 2006.

[197] Hummels D., Klenow P. J., "The Variety and Quality of a Nation's Exports", *American Economic Review*, Vol. 95, No. 3, 2005.

[198] Imbruno M., Ketterer T. D., "Energy Efficiency Gains from Importing Intermediate Inputs: Firm-Level Evidence from Indonesia", *Journal of Development Economics*, Vol. 135, No. 12, 2018.

[199] Itskhoki O., Helpman E., "Trade Liberalization and Labor Market Dynamics with Heterogeneous Firms", *Princeton Papers*, 2015.

[200] Ivus, Olena, "Do Stronger Patent Rights Raise High-Tech Exports to the Developing World?", *Journal of International Economics*, Vol. 81, No. 1, 2010.

[201] Jarreau J., Poncet S., "Export Sophistication and Economic Growth: Evidence from China", *Journal of Development Economics*, Vol. 97, No. 2, 2012.

[202] Jiang X., "Employment Effects of Trade in Intermediate and Final Goods: an Empirical Assessment", *International Labour Review*, Vol. 54, No. 2, 2015.

[203] Kambourov G., Manovskii I., "Occupational Mobility and Wage Inequality", *The Review of Economic Studies*, Vol. 76, No. 2, 2009.

[204] Kancs D. A., "Trade Growth in a Heterogeneous Firm Model: Evidence From South Eastern Europe", *World Economy*, Vol. 30, No. 7, 2007.

[205] Kang Y., "Trade, Labour Market Rigidity, and Aggregate Productivity in OECD Countries", *Applied Economics*, Vol. 47, No. 6, 2015.

[206] Kasahara H., Lapham B., "Productivity and the Decision to Import and Export: Theory and Evidence", *Journal of International Economics*, Vol. 89, No. 2, 2013.

[207] Kasahara H., Rodrigue J., "Does the Use of Imported Intermediates Increase Productivity? Plant-Level Evidence", *Journal of Development Economics*, Vol. 87, No. 1, 2008.

[208] Kehoe T. J., Ruhl K. J., "How Important is the New Goods Margin in International Trade?", *Journal of Political Economy*, Vol. 121, No. 2, 2013.

[209] Keller W., "Do Trade Patterns and Technology Flows Affect Productivity Growth?", *The World Bank Economic Review*, Vol. 14, No. 1, 2000.

[210] Kemeny T., Rigby D., Cooke A., "Cheap Imports and the Loss of US Manufacturing Jobs", *The World Economy*, Vol. 38, No. 10, 2015.

[211] Khandelwal A. K., Schott P. K., Wei S. J., "Trade Liberalization and Embedded Institutional Reform: Evidence From Chinese Exporters", *American Economic Review*, Vol. 103, No. 6, 2013.

[212] Khandelwal A., "The Long and Short (of) Quality Ladders", *The Review of Economic Studies*, Vol. 77, No. 4, 2010.

[213] Kim S., Lim H., Park D., "Could Imports Be Beneficial for Economic Growth? Some Evidence from Republic of Korea", *ERD Working Paper Series*, 2007.

[214] Krugman P., "Scale Economies, Product Differentiation, and the Pattern of Trade", *The American Economic Review*, Vol. 70, No. 5, 1980.

[215] Kugler M., Verhoogen E., "Prices, Plant Size, and Product Quality", *The Review of Economic Studies*, Vol. 79, No. 1, 2012.

[216] Lall S., Weiss J., Zhang J., "The 'Sophistication' of Exports: A

New Trade Measure", *World Development*, Vol. 34, No. 2, 2006.

[217] Lawless M., "Deconstructing Gravity: Trade Costs and Extensive and Intensive Margins", *Canadian Journal of Economics*, Vol. 43, No. 4, 2010.

[218] Liu Q., Qiu L. D., "Intermediate Input Imports and Innovations: Evidence from Chinese Firms' Patent Filings ", *Journal of International Economics*, Vol. 103, No. 11, 2016.

[219] Liu R., Rosell C., "Import Competition, Multi-Product Firms, and Basic Innovation", *Journal of International Economics*, Vol. 91, No. 2, 2013.

[220] Lööf H., Andersson M., "Imports, Productivity and Origin Markets: the Role of Knowledge-Intensive Economies ", *World Economy*, Vol. 33, No. 3, 2010.

[221] Madsen J. B., " Technology Spillover Through Trade and TFP Convergence: 135 Years of Evidence for the OECD Countries ", *Journal of International Economics*, Vol. 72, No. 2, 2007.

[222] Manova, Kalina, " Credit Constraints, Heterogeneous Firms and International Trade", *The Review of Economic Studies*, Vol. 80, No. 2, 2013.

[223] Manova, Kalina, et al., "Firm Exports and Multinational Activity Under Credit Constraints", *The Review of Economics and Statistics*, Vol. 97, No. 3, 2015.

[224] Marvasi E., " The Sophistication of China's Exports, Imports and Intermediate Products", *The Chinese Economy*, *Springer*, *Berlin*, *Heidelberg*, 2012.

[225] McCaig B., Pavcnik N., "Informal Employment in a Growing and Globalizing Low-Income Country ", *American Economic Review*, Vol. 105, No. 5, 2015.

[226] McManus Davidson T. C., Schaur G., " The Effects of Import Competition on Worker Health ", *Journal of International Economics*, Vol. 102, 2016.

[227] Melitz M. J., "The Impact of Trade on Intra-industry Reallocations and Aggregate Industry Productivity", *Econometrica*, Vol. 71, No. 6, 2003.

[228] Mendez O., "The Effect of Chinese Import Competition on Mexican Local Labor Markets", *The North American Journal of Economics and Finance*,

Vol. 34, 2015.

[229]Meschi E., Taymaz E., Vivarelli M., "Globalization, Technological Change and Labor Demand: A Firm-Level Analysis for Turkey", *Review of World Economics*, Vol. 152, No. 4, 2016.

[230]Michael J., "The Impact of Exports on Economic Growth: It's the Market Form", *The World Economy*, Vol. 40, No. 6, 2016.

[231]Minetti, Raoul, and Susan Chun Zhu, "Credit Constraints and Firm Export: Microeconomic Evidence from Italy", *Journal of International Economics*, Vol. 83, No. 2, 2011.

[232]Minondo A., Requena F., "Welfare Gains from Imported Varieties in Spain, 1988 – 2006", *Institu-to Valenciano de Investigaciones Económicas SA (Ivie)*, 2010.

[233]Muûls, Mirabelle, "Exporters, Importers and Credit Constraints", *Journal of International Economics*, Vol. 95, No. 2, 2015.

[234]Muûls, Mirabelle, Mauro Pisu, "Imports and Exports at the Level of the Firm: Evidence from Belgium", *The World Economy*, Vol. 32, No. 5, 2009.

[235] Naghavi A., Strozzi C., "Intellectual Property Rights, Diasporas, and Domestic Innovation", *Journal of International Economics*, Vol. 96, No. 1, 2015.

[236]Okafor L. E., Bhattacharya M., Bloch H., "Imported Intermediates, Absorptive Capacity and Productivity: Evidence from Ghanaian Manufacturing Firms", *The World Economy*, Vol. 40, No. 2, 2017.

[237] Parteka A., Tamberi M., "Product Diversification, Relative Specialisation and Economic Development: Import–Export Analysis", *Journal of Macroeconomics*, Vol. 38, No. 12, 2013.

[238]Parteka A., Tamberi M., "What Determines Export Diversification in the Development Process? Empirical Assessment", *The World Economy*, Vol. 36, No. 6, 2013.

[239] Pascali L., "The Wind of Change: Maritime Technology, Trade,

and Economic Development", *American Economic Review*, Vol. 107, No. 9, 2017.

[240] Paz L. S., "The Impacts of Trade Liberalization on Informal Labor Markets: A Theoretical and Empirical Evaluation of the Brazilian Case", *Journal of International Economics*, Vol. 92, No. 2, 2014.

[241] Perla J., Tonetti C., Waugh M. E., "Equilibrium Technology Diffusion, Trade, and Growth", *National Bureau of Economic Research*, 2015.

[242] Persson M., "Trade Facilitation and the Extensive and Intensive Margins of Trade", *Working Papers, Lund University, Department of Economics*, 2008.

[243] Pierce J. R., Schott P. K., "The Surprisingly Swift Decline of U. S. Manufacturing Employment", *American Economic Review*, Vol. 106, No. 7, 2016.

[244] Rauch J. E., "Networks Versus Markets in International Trade", *Journal of International Economics*, Vol. 48, No. 1, 1999.

[245] Revenga A. L., "Exporting Jobs? The Impact of Import Competition on Employment and Wages in US Manufacturing", *The Quarterly Journal of Economics*, Vol. 107, No. 1, 1992.

[246] Rivera-Batiz L. A., Romer P. M., "International Trade with Endogenous Technological Change", *European Economic Review*, Vol. 35, No. 4, 1991.

[247] Rodrik D., "What's So Special about China's Exports?", *China & World Economy*, Vol. 14, No. 5, 2006.

[248] Romer P., "New Goods, Old Theory, and the Welfare Costs of Trade Restrictions", *Journal of Development Economics*, Vol. 43, No. 1, 1994.

[249] Santacreu A. M., "Innovation, Diffusion, and Trade: Theory and Measurement", *Journal of Monetary Economics*, Vol. 75, 2015.

[250] Sauré P., Zoabi H., "International Trade, the Gender Wage Gap and Female Labor Force Participation", *Journal of Development Economics*, Vol. 111, 2014.

[251]Schott P. K., "Across-Product Versus Within-Product Specialization in International Trade", *Quarterly Journal of Economics*, Vol. 119, No. 2, 2004.

[252]Smith, Pamela J. D., "Are Weak Patent Rights a Barrier to U. S. Exports", *Journal of International Economics*, Vol. 48, No. 1, 1999.

[253]Thangavelu S. M., Rajaguru G., "Is There an Export or Import-Led Productivity Growth in Rapidly Developing Asian Countries? A Multivariate VAR Analysis", *Applied Economics*, Vol. 36, No. 10, 2004.

[254] Topalova P., Khandelwal A., "Trade Liberalization and Firm Productivity: The Case of India", *Review of Economics and Statistics*, Vol. 93, No. 3, 2011.

[255] Tybout, James R., "Plant-and Firm-Level Evidence on New Trade Theories", *Handbook of International Trade*, Vol. 1, No. 1, 2003.

[256]Verhoogen E. A., "Trade, Quality Upgrading, and Wage Inequality in the Mexican Manufacturing Sector", *The Quarterly Journal of Economics*, Vol. 123, No. 2, 2008.

[257] Voigtlaender N., Saravia D., "Imported Inputs, Quality Complementarity, and Skill Demand", *Society for Economic Dynamics*, Meeting Papers, 2015.

[258]Wong C. Y., Siow G., Li R., et al., "The Impact of China on the Emerging World: New Growth Patterns in Chinese Import-Export Activities", *Engineering Economics*, Vol. 24, No. 4, 2013.

[259]Wörz J., "Skill Intensity in Foreign Trade and Economic Growth", *Empirica*, Vol. 32, No. 1, 2005.

[260] Yang, Chih-Hai, Yi-Ju Huang, "Do Intellectual Property Rights Matter to Taiwan's Exports? A Dynamic Panel Approach", *Pacific Economic Review*, Vol. 14, No. 4, 2009.

[261]Yasar M., "Imported Capital Input, Absorptive Capacity, and Firm Performance: Evidence from Firm-Level Data", *Economic Inquiry*, Vol. 51, No. 1, 2013.

[262]Yu M., Li J., "Imported Intermediate Inputs, Firm Productivity and

Product Complexity", *The Japanese Economic Review*, Vol. 65, No. 2, 2014.

[263]Zhang J., Zhou C., Witteloostuijn A. V., Ebber H., "What Does the Chinese Market Need? An Empirical Study of the Determinants of Chinese Imports, 1996-2008", *Asia Pacific Business Review*, Vol. 19, No. 3, 2013.

索　引

后　记

　　2004 年前后，国内学术界关于国际贸易摩擦、外贸依存度偏高、经济安全、贸易强国等问题的讨论特别多。基于经济全球化的发展态势和经济强国发展的历史经验，一个基本判断是，中国对外开放的重点将会逐渐从过度重视出口转变为进口和出口并重，进口在中国经济发展中的地位将日益凸显，扩大进口是缓解国际贸易摩擦、提高国家经济安全、促进国内经济增长、建设贸易强国的有效手段。2004 年，学术界提出要对中国现行外贸政策进行反思，明确提出要对进口在经济发展中的作用进行重新认识，应高度重视进口的作用，我国未来将成为进口大国。我开始把研究重心转向进口贸易。

　　近年来，积极扩大进口已经成为国家重大发展战略。自 2012 年以来，国家政府对进口贸易日益重视，出台了一系列扩大进口的贸易政策和指导意见。例如，2012 年 11 月党的十八大报告明确指出，适应经济全球化新形势，必须实行更加积极主动的开放战略，要坚持出口和进口并重，全面提高开放型经济水平。这是国家政府首次明确提出要重视进口贸易在经济发展中的作用、扩大进口贸易，这表明改革开放四十多年来的出口导向型的贸易政策正在被"有进有出"的贸易政策所取代。2014 年《国务院办公厅关于加强进口的若干意见》进一步指出，实施积极的进口促进战略。2017 年 5 月 14 日，国家主席习近平在"一带一路"国际合作高峰论坛上宣布，中国将从 2018 年起举办中国国际进口博览会。从这个时候开始，国内很多学者、政府部门和媒体才真正地关注进口问题。

中国国际进口博览会是习近平总书记亲自谋划、亲自提出、亲自部署、亲自推动的，是以习近平同志为核心的党中央着眼推动新一轮高水平对外开放作出的重大决策，是中国主动向世界开放市场的重大举措。2018 年 11 月 5 日，国家主席习近平在首届中国国际进口博览会开幕式上向世界宣布，中国将进一步扩大开放，推进开放的五项措施之一是激发进口潜力；中国主动扩大进口，不是权宜之计，而是面向世界、面向未来、促进共同发展的长远考量；中国国际进口博览会不仅要年年办下去，而且要办出水平、办出成效、越办越好。

与出口贸易相比，学者们、各级政府部门对进口贸易的认识是不清楚、不全面、不科学的，对进口的作用缺乏深刻、准确的认知，不利于积极扩大进口战略的推进。随着国家越来越重视进口，政府部门对进口贸易研究的需求日益增加。我申请的关于进口贸易问题研究的课题得到国家自科基金、教育部社科基金、北京市社科基金的支持，并于 2019 年拟题参加全国性的招标，获得了国家社科基金重大项目"中国主动扩大进口问题研究"（项目编号 19ZDA068），为进一步深入研究进口贸易问题提供了新的契机。本书是国家社科基金重大项目的阶段性研究成果。

在研究的过程中，我的导师、南京大学张二震教授自始至终给予关心和支持。北京师范大学经济与工商管理学院戚聿东院长、孙志军书记一直提供各种帮助和支持。王善迈教授、李实教授、李翀教授、赖德胜教授、胡必亮教授等一直给予鼓励和指导。还有很多校内外其他领导、老师和朋友在不同时期、不同方面也都给予了各种各样的帮助，名字无法一一列举，在此一并表示感谢。

在写作的过程中，李晓庆、林薛栋、巫俊、王超男、张文情、项光辉、郭也、白明浩、耿园、张瑞和张世铮等博士生和硕士生参与了数据处理、讨论和修改等工作。在书稿初稿完成以后，首先由我对初稿进行修改、删减、补充和校对，由连慧君、王超男分别对稿件进行校对，最后由我对全部书稿进行了统稿和最终定稿。

人民出版社经济与管理编辑部郑海燕主任为本书的出版付出了大量心血，特此致谢！

《国家哲学社会科学成果文库》的评审专家对本书提出了建设性的建

议，在此对评审专家表示感谢！尽管我在研究中做了不少努力，但由于水平有限，书中难免还存在一定的不足之处，敬请同行和读者批评指正。

魏　浩

2021 年 3 月于北京师范大学

策划编辑：郑海燕

责任编辑：张　燕

封面设计：肖　辉　汪　阳

版式设计：肖　辉　周方亚

责任校对：史伟伟

图书在版编目（CIP）数据

积极扩大进口与中国经济增长/魏浩 著.—北京：人民出版社，2021.5
（国家哲学社会科学成果文库）
ISBN 978－7－01－022917－1

Ⅰ.①积⋯　Ⅱ.①魏⋯　Ⅲ.①进口贸易-关系-中国经济-经济增长-研究
　Ⅳ.①F124.1②F752.61

中国版本图书馆 CIP 数据核字（2020）第 256926 号

积极扩大进口与中国经济增长

JIJI KUODA JINKOU YU ZHONGGUO JINGJI ZENGZHANG

魏　浩　著

人民出版社 出版发行
（100706　北京市东城区隆福寺街 99 号）

北京盛通印刷股份有限公司印刷　新华书店经销

2021 年 5 月第 1 版　2021 年 5 月北京第 1 次印刷
开本：710 毫米×1000 毫米 1/16　印张：32.75
字数：530 千字

ISBN 978－7－01－022917－1　定价：162 元

邮购地址　100706　北京市东城区隆福寺街 99 号
人民东方图书销售中心　电话（010)65250042　65289539